JIANGMEN
YEARBOOK

江门年鉴

JIANGMEN YEARBOOK

江门市人民政府地方志办公室 编

2017

方志出版社
Publishing House of Local Records

图书在版编目（CIP）数据

江门年鉴. 2017 / 江门市人民政府地方志办公室编. —
北京：方志出版社，2017.11
ISBN 978-7-5144-2775-2

Ⅰ. ①江… Ⅱ. ①江… Ⅲ. ①江门市 – 2017 – 年鉴
Ⅳ. ①Z526.53

中国版本图书馆CIP数据核字（2017）第296790号

江门年鉴（2017）

编　　辑：江门市人民政府地方志办公室
责任编辑：冯　松
出 版 人：冀祥德
出 版 者：方志出版社
地址　北京市朝阳区潘家园东里9号（国家方志馆4层）
邮编　100021
网址　http://www.fzph.org
发　　行：方志出版社图书经销中心
电话　（010）67110500
经　　销：各地新华书店
印　　刷：江门市蓬江区新教彩印有限公司
开　　本：889mm × 1194mm　1/16
印　　张：40
字　　数：1206千
版　　次：2017年11月第1版　2017年11月第1次印刷
印　　数：001 ~ 800册
ISBN　978-7-5144-2775-2　　　定　　价：180.00元

编辑说明

一、《江门年鉴》是地方综合年鉴。它以马列主义、毛泽东思想、邓小平理论、“三个代表”重要思想、科学发展观和习近平新时代中国特色社会主义思想为指导，坚持辩证唯物主义和历史唯物主义立场、观点和方法，旨在全面、系统、准确地反映江门市自然、政治、经济、文化、社会等方面的基本情况，为读者了解和研究江门市提供基本资料。

二、《江门年鉴》采用分类编辑法。全书由卷首、百科、卷尾3个基本部分组成；框架结构分编目、类目、条目3个层次；在少数分目中，增加子分目的层次。卷首设特载、江门之最、大事记、概况；卷尾设社会经济统计资料、文献法规、附录、索引。

三、《江门年鉴》创刊于1997年，始为两年一鉴，从2001年起，一年一鉴。记述的内容是江门市的大事、要事和新事。《江门年鉴（2006）》曾使用过年号。本期年鉴的记述时间界限为2016年1月1日至2016年12月31日止。全书所设条目，多为常设条目。

四、本年鉴采用的稿件均由江门市各市（区）、各部门、各单位专人撰写，并经单位审核。凡涉及国民经济和社会发展的统计数据，由地方志办公室与统计部门核对。对于统计口径、时限范围不一，条目中有些数字与统计部门的数据不一致的地方，使用时以江门市统计局出版的《江门统计年鉴》数据为准。

江门年鉴编辑部

主　任：吴国杰（2016年1月-2017年1月）　赖燕芬（自2017年1月始）

副主任：罗会明　刘　萍　邝晓宁

成　员：刘丽萍　李文迪　岑鲁宁　关明珠　杨清华　黄晓益

审　读：刘　庄　吕伟英　罗国嗣

封面图片：江门大道新南路互通立交（司徒俊杰 摄）

目录
MULU

党政机关

社会团体

军事

法治

农 业

工 业

信息业

商贸业

邮政 物流

旅游业

金融业

财政·税收

经济监督管理

口 岸

交 通

城乡建设

科技·教育

教　育

文化

卫生·体育

社会民生

人 物

区·县（市）概况

社会经济统计资料

文献法规专载

附 录

江 门 市 地 图

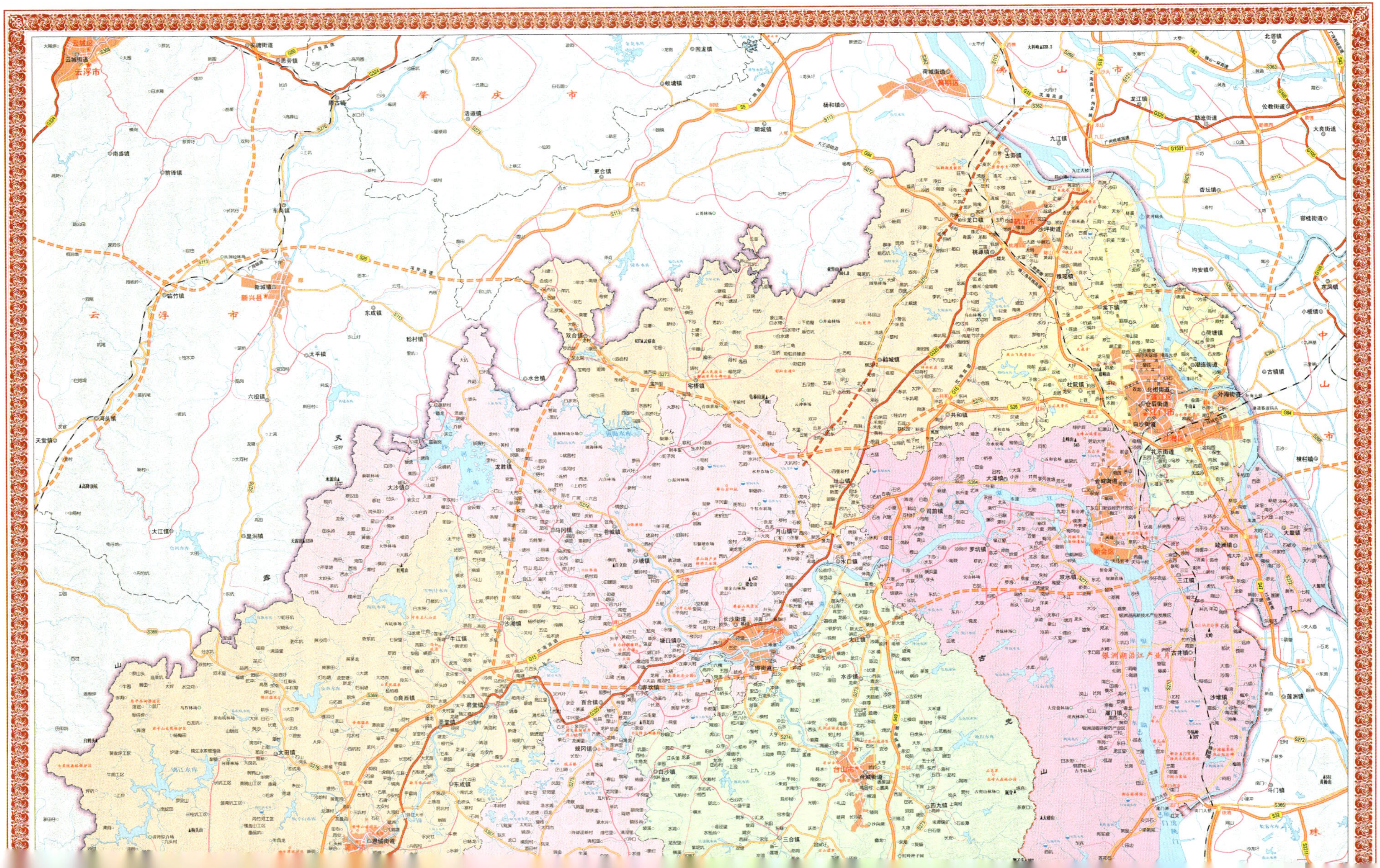

江门市行政区划简表

市（区）	镇、街道名称	镇	街道	村委会	居委会	面积（平方千米）	人口（万人）
蓬江区	镇：荷塘、棠下、杜阮 街道：环市、仓后、堤东、北街、白沙、潮连	3	6	56	84	322.0	72.7
江海区	街道：外海、礼乐、江南、滘头、滘北	0	5	36	23	109.2	25.7
新会区	镇：大泽、司前、罗坑、双水、三江、睦洲、大鳌、崖门、古井、沙堆 街道：会城	10	1	193	31	1354.7	85.6
台山市	镇：大江、水步、白沙、四九、三合、冲蒌、深井、端芬、斗山、都斛、北陡、汶村、海宴、川岛、广海、赤溪 街道：台城	16	1	277	37	3284.8	94.6
开平市	镇：水口、月山、沙塘、龙胜、马冈、塘口、蚬岗、百合、赤坎、金鸡、苍城、大沙、赤水 街道：长沙、三埠	13	2	226	41	1657.0	70.1
鹤山市	镇：雅瑶、龙口、桃源、古劳、址山、宅梧、双合、鹤城、共和 街道：沙坪	9	1	112	26	1082.7	49.8
恩平市	镇：大槐、良西、圣堂、君堂、东成、牛江、大田、沙湖、那吉、横陂 街道：恩城	10	1	151	23	1693.6	49.6
	合　计	61	17	1051	265	9504.0	448.1

本表数据来源：2013年江门统计年鉴。

江门市国土资源局　广东省地图院　合编　责任编辑：付振华　审校：冯万光　黄　斌　李景明　地图编制：张景峰

广东省地图出版社出版、发行　2014年1月第4版　2014年1月第4次印刷　印数：6001—8000　书号：ISBN 978-7-80721-125-9/K·1548　审图号：粤S（2014）004号　定价：280元

审图号：粤S(2014) 004 号

江门市区图

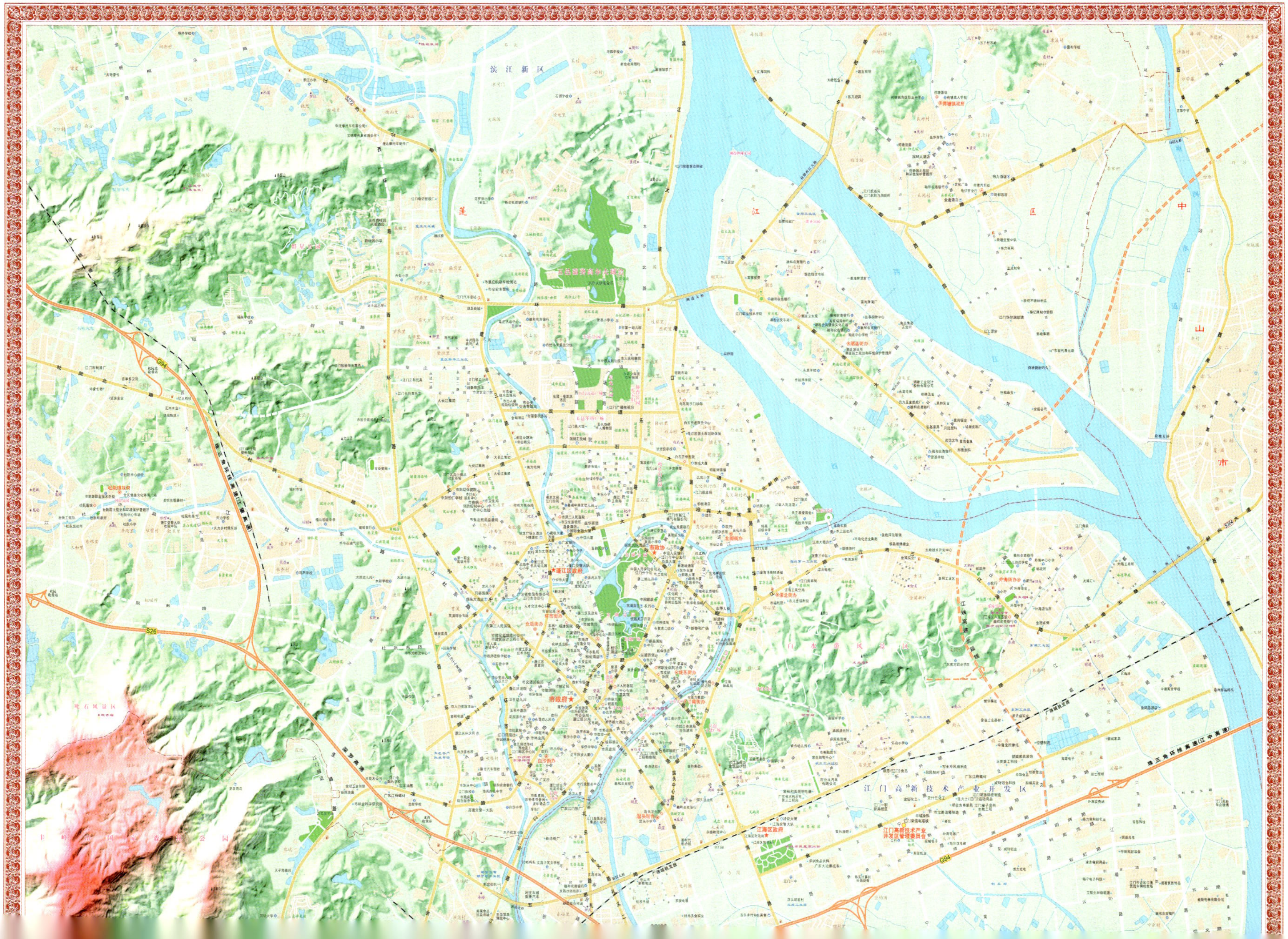

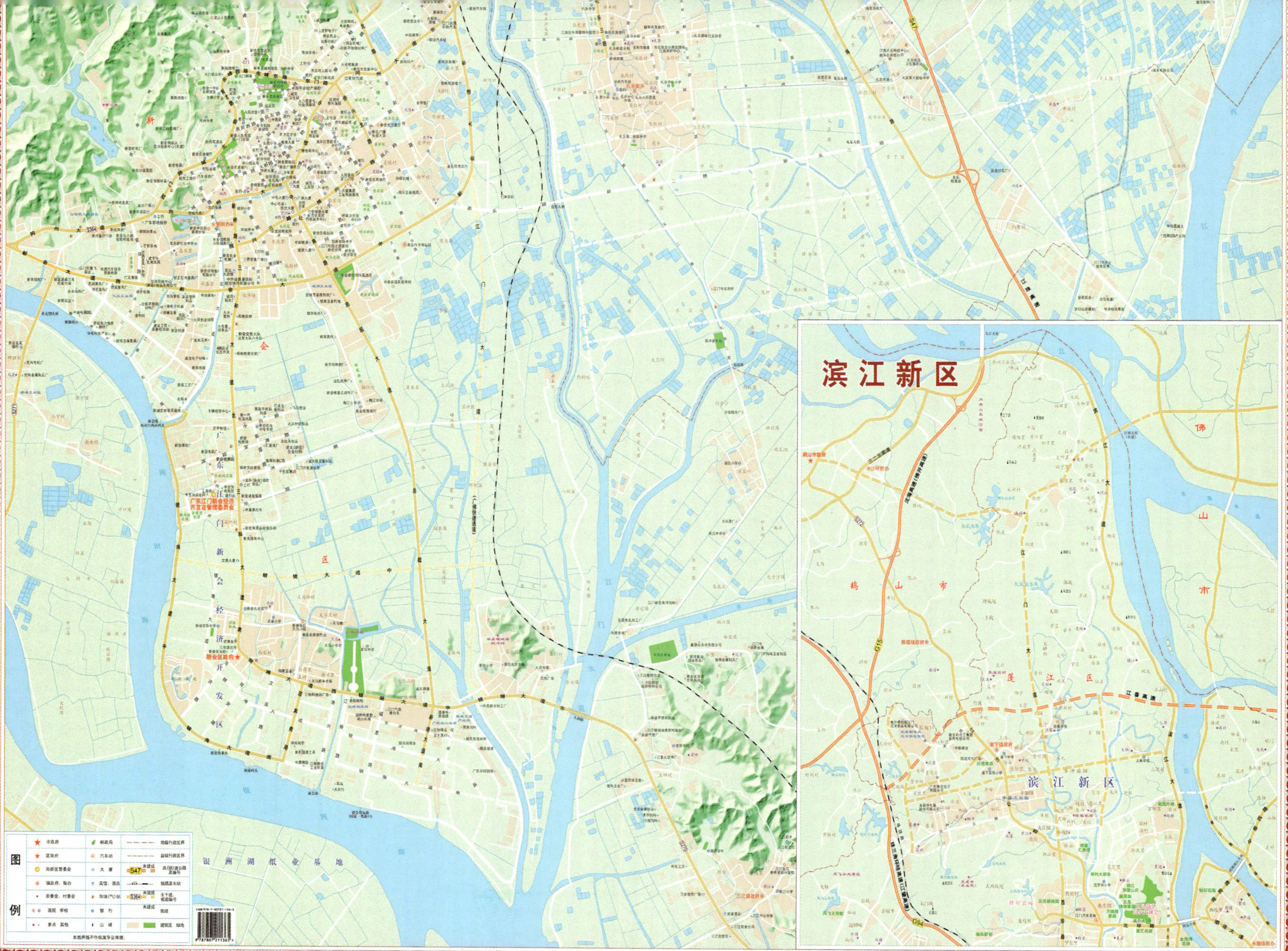

江门市国土资源局 广东省地图院 合编 策划：付振华 冯万光 责任编辑：付振华 审图：冯万光 黄斌 李景明

广东省地图出版社出版、发行 2014年5月第5版 2014年5月第6次印刷 印数：5001-6000 书号：ISBN 978-7-80721-136-5/K·1549 审图号：粤S(2014) 号 定价：200元

审图号：粤S(2014)063号

土地面积9505.42平方公里

年末常住人口454.40万人

年末户籍总人口393.93万人

地区生产总值2418.78亿元

第一产业188.97亿元

第二产业1150.77亿元

第三产业1079.05亿元

人均地区生产总值53374元

规模以上工业增加值1065.80亿元

固定资产投资1517.77亿元

货物周转量169.44亿吨公里

客运周转量60.65亿吨公里

货物吞吐量7923万吨

邮电业务总量（2010年不变价）166.02亿元

社会消费品零售总额1159.06亿元

数字江门 2016

居民消费价格指数102.2%

出口总额993.6亿元

进口总额268.2亿元

实际利用外商直接投资4.76亿美元

地方公共财政预算收入204.17亿元

地方公共财政预算支出293.21亿元

国税收入269.81亿元

地税收入147.25亿元

城乡居民储蓄存款余额2401.42亿元

城镇常住居民人均可支配收入29557元

农村常住居民人均可支配收入15226元

高等学校在校学生数4.01万人

医院、卫生院床位数21329张

▲　2016年1月19日，中国人民政治协商会议第十二届江门市委员会第五次会议在江门召开。图为大会现场（市政协 供稿）

▲　2016年1月20日，江门市第十四届人民代表大会第六次会议在江门召开。图为大会开幕式（陈彬 摄）

▲ 2016年5月9日，香港“一带一路”国际研究院商务访问团到中欧（江门）中小企业国际合作区考察。图为访问团在鹤山工业城考察的合照（李绮文 摄）

▲ 2016年9月29日，第二届珠西先进装备制造业投资贸易洽谈会在佛山市顺德区举行（市商务局 供稿）

▲ 2016年10月26日，“梁思成杯”首届全球侨乡建筑设计大赛颁奖典礼在广州举行，图为颁奖典礼现场 （市住房和城乡建设局 供稿）

▶ 2016年11月1日，江门海关“一窗通”业务改革项目启动（黄志刚 摄）

▲ 2016年11月3日，江门市“邑门式”政务服务全面启动仪式在市行政服务中心举行（市行政服务中心 供稿）

▲ 2016年1月8日，江门市首届“国学经典吟诵大赛”在紫茶小学举行（市教育局 供稿）

▲ 2016年1月20日，江门市教育局举办江门市第一届中小学生行进管乐、行进打击乐和行进课堂乐汇报展演（市教育局 供稿）

▲ 2016年1月28日，江门市2016“星海湾”之夜新春音乐会在东湖影剧院举行。图为江门乐团携手朱亦兵大提琴乐团表演（市文广新局 供稿）

▲ 2016年3月8日，江门五邑联合文化馆启动仪式暨文化惠民送戏下乡——走进北陡在台山市北陡镇举行（市文广新局 供稿）

◀ 2016年3月16日，大型原创音乐舞蹈文艺晚会《梦圆侨都》在江门东湖影剧院上演（市文广新局 供稿）

◀ 2016年3月29日，五邑大学教育装备学院举行揭牌仪式（郑上波 摄）

◀ 2016年6月17日，江门市举行第三届国学小达人比赛

（市教育局 供稿）

◀ 2016年6月17日，江门市举行青少年禁毒教育活动季启动仪式

（市教育局 供稿）

◀ 2016年6月23日，江门市首届粤剧曲艺私伙局大赛在东湖广场文化大舞台举行

（市文广新局 供稿）

◀ 2016年7月21日，“金山伯的荣耀——中国侨都·江门近代侨汇展”在北京水立方展出

（市文广新局 供稿）

◀ 2016年9月，（广东省特级站）开平市长沙文体活动中心大楼建成开放

（市文广新局 供稿）

▲ 2016年5月12日，江门市成立应急救援志愿服务总队。图为主题宣传活动暨服务总队成立场面（市民政局 供稿）

▲ 2016年6月30日，在“善行侨乡——2016年江门市慈善公益晚会”上，爱心企业和个人纷纷慷慨解囊，踊跃捐款（市民政局 供稿）

▲　2016年10月29日，第四届千人相亲会在元宝山体育公园举行，男女嘉宾共1768人参加，当晚有406对嘉宾牵手成功（市妇联 供稿）

▲　2016年12月4日，国际残疾人日期间，江门市残联组织200名残疾人到佛山市公益旅游。图为参加旅游活动人员的合影（市残联 供稿）

▲ 2016年7月，“硅谷•深圳•江门”三地创业创新论坛在江门举办（市侨联 供稿）

▲ 2016年9月，市侨联召开江门市第七次归侨侨眷代表大会（市侨联 供稿）

▲ 2016年11月，由市侨联主办，、市华侨历史学会承办的纪念孙中山先生诞辰150周年暨辛亥革命105周年研讨会在江门举行（市侨联 供稿）

◀ 图为被广东省省长朱小丹评价为“极具珠三角地域特色的南国水乡、拥有原始生态的湿地地貌、是桑基鱼塘的‘活化石’”的鹤山古劳水乡（黄继明 摄）

▶ 2016年9月12日，恩平市那吉镇被列为广东省首批森林小镇建设项目示范点（市林业和园林局 供稿）

◀ 2016年，开平孔雀湖成功申报为国家级湿地公园（试点）（市林业和园林局 供稿）

▲ 江门市长堤历史文化街区俯瞰（黄健源 摄）

◀ 开平市赤坎古镇（方华琪 摄）

▶ 新会区举行第十三届圭峰之春文化庙会（岑锡斌 摄）

▲　2016年5月28日，由珠海、中山、江门、阳江四地环保部门共同主办的第八届“珠中江+阳江”中学生环保活动（“变废为宝”环保创意手工作品制作大赛决赛）在中山市职业技术学院举行。图为赛后江门市师生合影（市环保局 供稿）

▲　2016年8月30日，江门市科协组织科普一日游活动。图为活动队伍合影（市科协 供稿）

◀ 2016年11月26日，第四届中国侨都（江门）健走马拉松大赛在江门三区四市举行（黄汉明 摄）

▲ 2016年12月18日，江澳中学生体育文化交流活动在江门市体育馆举行（市教育局 供稿）

▲ 2016年3月30日，“映美杯”2016-2025年江门市青少年校园足球四级联赛举行开幕仪式（市教育局 供稿）

▲ 2016年3月4日，武警江门市支队官兵到双合镇开展关爱留守儿童活动

（武警江门市支队 供稿）

▲ 2016年3月11日，江门支队参加驻地植树节活动（武警江门市支队 供稿）

▲ 2016年7月28日，江门市文化馆在东湖文艺舞台举办“八一”文艺晚会

（市文广新局 供稿）

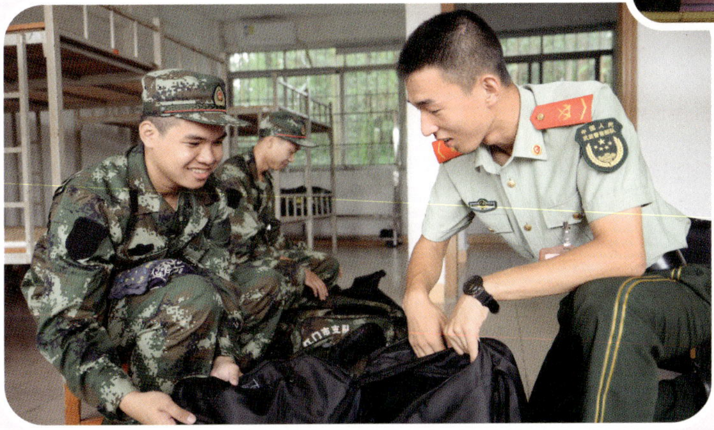

▲ 2016年9月10日，新兵进入军营的第一天（武警江门市支队 供稿）

蓬江区

▶ 2016年4月30日，蓬江区举办“青创出发 潮爱骑行”活动。图为骑行活动出发情景（蓬江区地方志办 供稿）

◀ 2016年9月3日，蓬江区在潮连街全民健身广场举办“2016江门市蓬江区第一届祠堂文化节开幕式暨‘中国体育彩票杯’太极拳汇演活动

（蓬江区地方志办 供稿）

◀ 2016年11月8日，2016中欧（蓬江）智能制造产业论坛暨投资环境推介会在江门举行

（蓬江区地方志办 供稿）

江海区

▶ 2016年4月30日，江门演艺中心落成（江海区地方志办 供稿）

▶ 2016年9月19日，江门造纸厂实行三旧改造。图为待拆除的烟囱（江海区地方志办 供稿）

▶ 2016年10月1日，在江海区文化馆广场举行高新区（江海区）南粤幸福周暨欢度国庆文体系列活动（江海区地方志办 供稿）

新会区

▶ 2016年10月13日，第二届中国（新会）香文化博览会暨首届新会小冈香文化博览会在小冈香业城开幕（新会区地方志办 供稿）

▶ 2016年12月28日，江门大道中五洞立交至东甲立交段主道通车（杨荣春 摄）

▲ 全国农村综合改革示范试点经验在全省推广（杨荣春 摄）

▲ 新会区小鸟天堂获国家林业局批准成为国家级湿地公园试点。图为小鸟天堂一角（杨荣春 摄）

台山市

▲ 2016年6月30日，江门市2016年慈善公益晚会在台山举行（台山市地方志办 供稿）

▶ 2016年1月27日，开平市塘口镇仓东村举行了“联合国教科文组织亚太区文化遗产保护奖”颁奖典礼。联合国官员古榕女士（Ms Gurung）（左六）亲临该村为“仓东教育基地”颁发了优秀奖奖牌（谭金花　供稿）

◀ 2016年4月15日上午，全国首个县级跨境电子商务快件分拣清关中心项目——开平市跨境电子商务快件分拣清关中心在开平市翠山湖工业园正式启用（开平市翠山湖管委会　供稿）

◀ 2016年5月26日上午，开平市卫浴产业“航母”项目——中国（水口）卫浴博览城在水口镇举行奠基庆典（开平市水口镇 供稿）

恩平市

▲　2016年5月27日，恩平市党规党纪知识竞赛决赛在恩平市委党校举办（恩平市地方志办 供稿）

▲　2016年11月26日，恩平市第二届健走马拉松活动，6000多名市民参与了活动（郑伟稂 摄）

鹤山市

▲ 2016年9月27日，“珠三角乡村生态旅游目的地”揭幕仪式在古劳水乡游客服务中心举行（鹤山市地方志办 供稿）

▲ 2016年10月7日，非遗文化展演之2016年鹤山狮王（传统地狮）争霸赛在十里方圆举行（鹤山市地方志办 供稿）

特载
HIGHLIGHTS

政府工作报告

——2017年1月4日在江门市第十五届人民代表大会第一次会议

过去五年工作回顾

过去五年，市政府在省委、省政府和市委的正确领导下，在市人大及其常委会和市政协的监督支持下，狠抓“种树、搭桥修路、抓大项目”，围绕“兴业惠民、治吏简政”，全力打造“三门”[1]建设“三心”[2]。地区生产总值五年年均增长8.3%，成为全国小微企业创业创新基地示范城市、珠三角国家自主创新示范区、“中国制造2025”试点示范城市群的重要一员。特别是2016年，全市固定资产投资突破1500亿元，金融机构本外币贷款余额超2400亿元，均实现五年倍增；本外币存款余额突破4000亿元，一般公共预算收入突破200亿元，推动“放管服”[3]改革的做法得到李克强总理充分肯定，实现了第十四届政府工作良好收官、“十三五”规划顺利开局。

过去五年，是转型蓄势、谋局珠西的五年

我们不断深化江门发展思路，逐步强化“大江门”观念，凝聚各级各部门以及广大干部群众的力量，推动江门再出发。深化“三边”[4]战略，对外推动“东联西拓”[5]，主动对接广佛、深港澳两大龙头，对内推动“东提西进、同城共融”。牢牢把握发展实体经济这一根本，出台实施珠西行动、创新驱动等工作纲要及行动方案，制定并通过江门市国民经济和社会发展第十三个五年规划纲要和20个“十三五”重点专项规划。加快城市转型，目标由打造“三宜”（宜居宜游宜业）生态型城市提升为“四宜”（宜居宜游宜业宜创）的一流城市。推进文化名市建设，通过全国文明城市复评，立足侨、跳出侨，打造“中国侨都”城市名片。着力推进法治、透明、诚信、效率政府建设，提升政府“三为”（为企业、为群众、为基层）服务水平，营造良好政务环境。

我们抢抓作为“珠西战略”[6]策源地的机遇，全面落实省赋予的主战场、增长极新定位，推进产业结构转型升级。装备制造业占全市工业比重从2014年的24.7%提升到2016年的27.4%，工业技改投资年均增长93.5%，连续三年增速居全省前三位。珠三角（江门）国家自主创新示范区、广东（江门）大广海湾经济区、中欧（江门）中小企业国际合作区上升至国家战略层面，“1+6”核心园区[7]整合发展，江门产业转移工业园连续五年获省考评优秀等次，华夏幸福基业在华南地区布局的首个产业新城项目落户高新区。广东中车获动车组制造许可证，“江门制造”城际动车组交付使用，沈阳机床智能云制造华南总部落户。大力推进产业、交通、城建三大类项目建设，五年固定资产投资累计5800多亿元。实施精准招商，2014年以来全市共新引进投资额亿元以上装备制造业项目78个，计划总投资550.7亿元。

过去五年，是创新发展、经济提质的五年

我们大力实施创新驱动战略，在全国率先制定科技型小微企业认定标准、“小微双创”指数评价体系，出台实施“1+8”科技创新扶持政策[8]和“雏鹰计划”[9]及“1+15”政策体系[10]。成为全国科技进步考核先进市、国家知识产权试点城市、全国博士后创新示范中心试点和广东省小微企业创业创新综合改革试点市。江门中微子实验项目加快建设。全市高新技术企业数量增长2倍，总量达357家。新建3家国家级企业技术中心、2家院士工作站、115家省级工程技术研究中心。推动五邑大学开门办学，启动“环五邑大学创新经济圈”建设。江门火炬创业园、江门高新区成为国家级“小微双创”示范基地，推动“中国青创汇”、中国（江门）“侨梦苑”华侨华人创新产业聚集区、南方教育装备创新产业城等“双引双创”[11]平台落户，成功举办“中国青创汇”双创周活动。全市市场主体总数突破27万户，期末注册资本3465亿元，分别比2011年底增长

42%、76%。

我们紧紧围绕供给侧结构性改革，制订有江门特色的“六新六去”[12]工作清单。成为“中国国际特色旅游目的地”创建城市和全省旅游综合改革示范市，全市旅游总收入连续五年增长超过20%，五年实现收入翻番。全面启动中国侨都潮人径建设，引进赤坎古镇华侨文化展示旅游项目、地中海俱乐部等旅游项目。金融生态环境不断优化，成为全国小微企业信用体系建设试验区，与澳门签订金融合作备忘录，新引入各类金融机构40家、总数达118家，境内外上市企业新增8家、累计达18家，新三板挂牌企业新增13家，完成广东省农村普惠金融建设恩平试点任务。加快发展现代农业，国家级农业主题公园、省级农产品加工示范园区、省农科院现代农业促进中心落户，五年来新增农民专业合作社1297家、市级以上重点农业龙头企业27家，“政银保”[13]工作经验在全国推广，建设高标准基本农田90.1万亩，获全省耕地保护考核一等奖。崖门国家一级渔港建成并投入使用。

过去五年，是交通突破、城局拓开的五年

我们主动谋划珠西综合交通枢纽江门站，由城际轨道支线变综合交通枢纽，并纳入省“十三五”规划；调整江门大道规划，由单“Y”型变双“Y”型，由交通干线变城市快速。开展交通大会战，五年累计交通建设投入超400亿元。建成江顺大桥、江门大道北、江门大道中五洞-东甲立交段主线、广珠铁路、江罗高速、广中江高速一期、新台高速南延线、佛开高速九江大桥至三堡段扩建等一批交通基础设施，江门大道南、台开快速路及中开、高恩等高速公路、深茂铁路、高新区码头等加快推进。“东部一体、西部协同”区域错位发展格局初步形成，中心城区框架进一步拉开，滨江新城加快建设，台开同城建设启动。

我们提出公园城市建设目标，创新设立公园建设分级标准，启动创建国家森林城市工作，打造七大龙头公园[14]，新增森林公园52个、湿地公园6个，新建改建村居公园773个，基本实现“一村（社区）一公园”。加大生态环境保护力度，通过立法形式加强对潭江流域、市区山体保护，实施河长制，城镇生活垃圾无害化处理率达100%、污水处理率达91%，空气质量总体居全国74个重点城市前列。节约集约用地水平不断提高，完成“三旧”改造[15]7034亩。

我们启动中国侨都“十个一”[16]建设，分别在马来西亚、香港和印尼成功举办三届世界江门青年大会，以“五邑银信”为重要组成部分的《侨批档案》入选世界记忆遗产名录，江门史迹点入选海上丝绸之路中国史迹首批申遗遗产点，开平塘口仓东村荣获联合国教科文组织亚太区文化遗产保护奖优秀奖。我们策划提出了五邑天地及蓬江33墟街、江海南岸印迹、新会学宫文心、鹤山岭南鹤武、台山海丝游归、开平碉楼逸风、恩平恩州学泉等特色文化品牌，启动第一批12个特色小镇[17]建设。

过去五年，是保障民生、共建共享的五年

我们统筹城乡精准扶贫精准脱贫，推进“大民政”工作，每年办好十大民生实事，加大公共服务投入，五年全市各级财政民生投入累计超700亿元，年均增长25%。全面实现贫困村基本脱贫，“邑家园”家庭综合服务中心实现村（居）全覆盖。实现企业职工养老、基本医疗、失业、工伤和生育保险市级统筹，实现城乡居民基本养老保险全覆盖、城乡居民基本医疗保险一体化，各项保障待遇稳步提升，低保标准、特困人员供养、孤儿供养、残疾人扶助等社会救助水平大幅提高。列入全国第一批医养结合试点地区，建立城乡一体化的居民社会养老保险制度。超额完成省下达的保障性住房建设和华侨农场、农村危房改造任务。解决8.5万农村居民饮水安全问题。大力促进就业创业，五年间全市城镇新增就业23.9万人，失业人员再就业16.6万人，建立省级高技能人才公共实训基地，每年新增高技能人才1万人以上。被授予“广东省推进教育现代化先进市”，所有市（区）通过国家义务教育发展基本均衡县验收。启动卫生强市建设，建成一批国家、省和市卫生镇村，基层医疗卫生服务体系和食品药品安全治理体系不断完善，“全面两孩”政策有序实施。建成江门演艺中心、生命安全体验馆和新的市工人文化宫、妇女儿童活动中心，江门体育中心建设扎实推进。荣获“中国舞蹈之城”称号，江门五邑联合文化场馆建设项目入选文化部国家文化创新工程，成功举办四届江门健走马拉松大赛。“平安江门”建设力度不断加大，成立食品药品与环境犯罪侦查支队。各类生产安全事故持续下降，社会大局和谐稳定。外事、港澳、对台、民族、宗教、人防、打私、优抚、双拥、统计、审计、新闻、出版、方志、气象、应急等工作均取得新进展。

过去五年，是简政提速、政府提效的五年

我们不断深化“三就”[18]，推行“两无两藏”[19]，持续推进“放管服”改革，多项措施走在全国、全省前列。出台涉企行政事业性、经营服务性、行政审批中介服务收费目录和“1+3”清单[20]，持续简政放权，五年市、县两级共调整审批事项3264项，精简比例达43%。完成新一轮政府职能转变和机构改革，理顺江门高新区、滨江新城体制机制，综合行政执法体制、简政强镇等改革稳步推进，推动镇（街）合并、园镇融合提质发展。探索推动以PPP模式[21]为重点的投融资体制改革，组建粤科江门创新创业投资母基金，成立江门市金融投资控股有限公司。大力推进商事制度改革，在全国率先实现工商登记“九证合一”[22]，在全省率先启用“双随机一公开”[23]抽查系统。落实“营改增”改革，实现国地税联合办税。建成跨境电子商务领域“单一窗口”。推动“互联网+政务服务”，开展“邑门式”行政服务[24]改革，自然人“邑门式”[25]实现镇（街）、村（居）全覆盖，法人“邑门式”[26]试点启动。开通“微市长”“邑网通”“邑微警”等网络服务平台，“微市长”获评“粤治”政府治理创新十佳案例。成立网络信息统筹局，建成覆盖全行业的政企通信息平台，开通公共资源电子交易全覆盖的“全市一张网”平台，获评全国十佳创新型公共资源交易机构。共办理人大代表建议586件、政协提案764件，满意率达99.1%和99.9%。被评为全国法治城市、法治县（市、区）创建活动先进单位、“六五”全国法治宣传教育先进城市，成为全省首批制定地方性法规的地级市，建立四级公共法律服务网络，一村（社区）一法律顾问工作实现全覆盖。扎实开展党的群众路线教育实践活动、“三严三实”[27]专题教育、“两学一做”[28]学习教育，落实中央八项规定精神，大力整治“四风”[29]，市直党政机关和参公单位“三公”经费[30]财政拨款总支出连续五年“零增长”。加强政府党风廉政建设，严格落实“一岗双责”，坚决查处违纪违法案件。

各位代表，过去五年我们在市委的正确领导下，在市人大、市政协与各民主党派的大力支持下，在全市人民、外来投资者和建设者以及驻江门军警部队的共同努力下，在港澳台同胞、海外侨胞以及国际友人的关心帮助下，经济社会发展建设都取得了显著进步。在此，向所有参与、支持和关心江门发展建设的各界人士，表示崇高的敬意和衷心的感谢！

我们也清醒地认识到江门发展仍存在短板和挑战：实体经济发展不快，自主创新能力不足，区域发展不平衡；环保问题依然突出，教育、医疗、卫生、养老、公交等公共服务供给不足，对困难群众和特殊群体的帮扶力度还需加大；政府债务风险防控压力大；公务员队伍敢闯会创、担当干事能力不足，执行力不强，政府廉政建设任务繁重。我们将采取更有力措施，认真加以解决。

今后五年的目标任务

今后五年政府工作的指导思想是：高举中国特色社会主义伟大旗帜，以邓小平理论、“三个代表”重要思想、科学发展观为指导，全面贯彻党的十八大和十八届三中、四中、五中、六中全会精神，深入学习贯彻习近平总书记系列重要讲话精神，按照“五位一体”[31]总体布局和“四个全面”[32]战略布局，坚持创新、协调、绿色、开放、共享的发展理念，围绕“三个定位、两个率先”[33]和“兴业惠民、治吏简政”的要求，坚持工业立市不动摇，落实“三战略、三带动”[34]，实施“三个千亿计划”行动[35]，深化供给侧结构性改革，创新加快发展，提升城市品质，增进民生福祉，加强政府建设，全力打造“三门”、建设“三心”，率先全面建成小康社会。

今后五年我市经济社会发展的主要目标是：经济综合实力显著增强，地区生产总值和人均地区生产总值增幅高于全国、全省和珠三角平均水平，经济质量明显提升，经济总量在全省位次前移，城乡居民收入与经济发展同步增长，产业发展迈向中高端水平，珠西综合交通枢纽格局初具雏形，重点领域和关键环节改革取得决定性成果，打造全省一流的政务环境、市场环境、社会环境，实现文明程度更高，城乡环境更美，社会治理更完善，人民有更多的获得感、幸福感，加快建设“珠西产城枢纽、文明岭南儒城、秀美五邑天地、世遗中国侨都”，到2018年与全省同步全面建成小康社会。

实现上述奋斗目标，要重点抓好六个方面工作：

一是坚持重微双擎，推动创新加快。建设“制造强市”，充分发挥重大平台作用，加快重大工程建设，推动重大项目突破，强化重大企业培育，继续擦亮“小微双创”品牌，着力以智造重振“江门制造”、以双创打造

“江门创造”、以匠心夯实“江门质造”，改造提升旧动能，加快培育新动能，大力发展实体经济。集中力量实施“珠西战略”，提升产业平台发展水平，统筹抓好珠三角（江门）国家自主创新示范区、广东（江门）大广海湾经济区与中欧（江门）中小企业国际合作区三大平台建设，加快推动“1+6”核心园区扩能增效。围绕“4+1”产业体系[36]，加快发展新一代信息技术、高端制造、生物、绿色低碳、数字创意等战略性新兴产业，培育生产性服务业，做大做强轨道交通、重卡和商用车、新材料新能源及装备、教育装备、大健康等五大产业集群。扩大产业投资，持续保持先进（装备）制造投资增幅高于工业投资增幅、工业投资增幅高于固定资产投资增幅的态势。实施创新驱动发展战略，以高新技术企业培育为重点推动实现“五个倍增”[37]。坚持引进高层次人才和高技能人才并重，积极培育本地人才，打造人才强市。激发民营经济活力，打造全国“小微双创”之都、全球华侨华人双创之城，形成创新型经济发展格局。

二是坚持承东启西，推动区域协同。充分发挥江门区位优势，持续向东主动对接广佛都市圈、深港澳经济圈两大龙头，重点推动“珠中江阳”新型都市圈建设和“江深合作”“江佛一家”，主动融入粤港澳大湾区，并传递战略西拓能量，做好“传”“接”的“中卫”角色。实施大交通发展战略，加快打造珠西综合交通枢纽“一站四门户”[38]格局，重点建设客运、物流“两中心”，构建“三大黄金通道”[39]，打通深（中）江（阳）西拓大通道。推动构建集铁路、公路、机场、港口、城市轨道于一体的海陆空综合交通体系。进一步深化“东提西进、同城共融”战略，打造“一主一副”大城格局，建设“四宜”“五高”[40]的一流城市，促进“人产城”融合。东部蓬江新鹤作为主中心，以江门大道为主轴，稳妥推进行政区划调整，强化中心城区带动力与辐射力，打造“珠西新中心、深港澳基地”；西部台开恩以台开同城为牵引，以台开快速路建设为突破，构建江门“副中心”，带动台开恩协同共进，打造“江门西门户、粤西桥头堡”。

三是坚持青山绿水，推动环境优化。加强城市设计，推动城市修善，加快形成主体功能区布局。强化红线意识，严格落实生态控制线、林业生态红线、海洋生态红线、耕地保护红线，严格按照环境容量及总量控制目标进行结构调整和精准招商。持续绿化美化城市，推进公园城市建设，构建市域公园体系，创建国家森林城市。集中力量加强环境保护，推动生态修复，深入实施水、大气、土壤等污染防治行动，重点推进潭江流域、城市黑臭水体整治，消除劣V类水体。

四是坚持承古创今，推动文旅振兴。加强城市人文修育，培育文化整体意识，塑造城市精神，建设文化强市。守护城市历史文脉传承，以白沙文化为根源打造文明岭南儒城，加强世界遗产、名镇名村、历史建筑、历史街区和工业遗产等保护和活化，力争成为拥有三处世界遗产[41]的城市，打造“秀美五邑天地”文旅品牌。发挥“中国第一侨乡”优势，擦亮“中国侨都”城市品牌，建设侨务强市。巩固文明城市创建成果，提升城市文明水平与市民素质，全面构建现代公共文化服务体系，开展丰富多彩的普惠性文化活动，推动文化资源向基层延伸。壮大文化产业，促进文化与旅游、科技等融合发展。

五是坚持保障惠民，推动民生改善。持续加大民生投入，着力提升底线民生保障水平，实施就业创业优先战略，提高城乡居民收入水平，确保全面小康覆盖全市域的所有人口。从解决人民群众最关心最直接最现实的问题入手，促进教育资源优质均衡，补足区域性教育学位不足的短板，努力办市民满意的教育，推进“邑家园”和居家养老服务“两个全覆盖”，抓好六项底线民生保障[42]，全面完成精准扶贫精准脱贫任务，提高农村医疗服务水平，建立城乡医保一体化制度，加快公交一体，让人民群众共享更多的发展成果。

六是坚持去繁就简，推动政府提效。继续深化“三就”，推行“两无两藏”，深入推进现代市场体系、财政体制、投融资体制、行政管理体制等重点领域改革，打造市场化、国际化、法治化的营商环境，以全面深化改革之痛，解企业创业创新之锁，释社会市场活力之能，拓创新加快发展之路。坚持“市场事，市场定；社会事，社会建；政府事，公平办”。进一步明晰市县镇村权责利关系，市一级强化统筹协调监督，县一级突出建设管理服务，镇（街）、村（社区）重在社会治理和公共服务，促进上下联动、协调同步。

2017年重点工作

2017年是新一届政府承前启后的开局之年，也是率先全面建成小康社会的关键之年。今年政府工作的总体要求是全面贯彻落实党的十八大、十八届三中、四中、五中、六中全会、中央经济工作会议、省委十一届八次全会、省委经济工作会议和市第十三次党代会精神，围绕“兴业惠民、治吏简政”，把握稳中求进总基调，坚持发展第一要务，以“六新六去”全面推进供给侧结构性改革，紧盯实体经济，落实“三个千亿计划”行动，擦亮“小微双创”品牌，着力促发展、重创新、抓改革、优环境、惠民生、防风险，推动江门奋进前行。

今年全市经济发展的预期目标为生产总值增长7.5%以上，一般公共预算收入增长7.5%以上（其他指标见附件）

做好全年工作，要围绕人产城融合，发展新经济、培育新动能，重点统筹推进产业振兴、创新驱动；大城格局、枢纽带动；实事惠民、服务联动；政府建设、改革推动。

一、产业振兴 创新驱动

重振“江门制造”。推动园区扩能增效，加快江门高新区华夏幸福珠西产业新城建设，启动龙溪湖水系核心区开发，打造全球华侨华人“双引双创”特色小镇；有序推动广东（江门）大广海湾经济区开发，优先发展先导区，启动粤澳产业合作示范区和珠西化工基地建设，争取台山核电投入商业运营；加快中欧（江门）中小企业国际合作区建设，完善核心区配套设施，加强与欧洲在机械装备、电力设备、电子信息、新能源汽车等产业对接合作。加大江沙示范园区建设力度，优先安排珠西智谷孵化成功企业落户。推进“1+6”核心园区建设，大力推动“七个一”专项行动[43]，盘活闲置土地1000亩以上、处置空置厂房10万平方米以上。推进江门信息大道建设，在全市域打造全光网城市，规划建设“数据工厂”，加快滨江新城省级大数据产业园建设。力抓工业投资，实施对工业投资特别是重大产业项目投资的专项考核。集中解决一批项目开工难、落地难问题，在用地、环保、建设等环节简化手续、提升效率，确保年内建成一批、新开工一批、引进一批优质产业项目。全面加大招商引资力度，建立全市招商统筹协调指导机制，做好产业规划和链条设计，集中精力集聚资源，落实以商引商、中介招商，推动精准招商，力求在重大产业项目引进和培育上取得新突破。鼓励企业增资扩产，实现“吹糠见米”。厚植民营经济，切实落实民营经济“十二条”[44]，让各项政策全部落地兑现，保障民营经济生存空间，提振民营企业发展信心，充分发挥各级工商联、商会、行业协会桥梁纽带作用，推动“邑商再出发”。市场主体净增2万家以上，力争总量突破30万家。加大骨干龙头企业培育力度，加快培育3家以上产值超百亿元、具有核心竞争力的龙头企业，培育更多在全国、全省同行业领先的“单打冠军”和“团体冠军”。弘扬“工匠精神”，促进品牌建设，重视老字号品牌的传承与保护，培育更多“百年老店”。推动外经贸持续正向增长，持续优化外贸结构，大力发展一般贸易，加快发展服务贸易，发展外贸新业态，加快搭建外贸综合服务平台，推动大广海湾保税物流中心（B型）申报，加大出口产品质量安全示范区建设力度，提高口岸通关效率，提升利用外资和外经贸效益水平。夯实“江门质造”，实施质量强市战略，启动“全国质量强市示范城市”“全国知名品牌示范区”创建工作，以打造国家地理标志、名牌产品、驰名（著名）商标和标准制修订为引领，创建广东省名牌产品15个，制修订国家标准、行业标准、广东省地方标准5项。提升现有检测服务平台能力，推动国家级珠西综合质量检测服务平台建设。

加快“江门创造”。抓好珠三角（江门）国家自主创新示范区建设，打造“1+6+N”创新格局[45]，围绕珠西智谷、珠西创城、冈州创客等创新载体，加快建设“四众”[46]平台，R&D[47]占GDP比重提升至2.3%以上。大力培育高新技术企业、引领型创新企业和科技型小微企业，高新技术企业数量突破500家，入库培育存量300家。精准扶持、重点培育科技型小微企业，总数突破2000家。推动科技成果实现产业化600项，创建50家企业工程技术研究中心，加大知识产权保护力度。加强引进各类新型研发机构，加快江门中微子实验项目进度，新建市级以上孵化器3家以上，组织200项市级重点科技计划项目，开展产学研项目100项。建设“环五邑大学创新经济圈”，打造开放式创新共同体。全力支持五邑大学加快创建特色鲜明广东省高水平工科大学，加强学科建设，加大各类高层次人才引进力度，成为高等人才培养的“蓄水池”。继续推动五邑大学开门办学，加强校企合作、校校合作、校政合作，推进五邑大学与各市（区）共建一批产业学院、研究院[48]，探索五邑大学与海外大学联合办学。打造“学院之城”，建立江门五邑高等学校（学院）校院联盟，支持江门职业技术学院建成省级示范性高等职业院校，并与台山合作办好新宁学院，力争设立广东江门中医药职业学院，加快推进广东江门幼儿师范高等专科学校建设，提升广东南方职业学院、江门技师学院、台山厨艺学院发展水平，推动江门市广播电视大学转型成为江门（五邑）开放大学，打造全民学习和终身教育的共享平台。巩固提升各市（区）中职学院发展，鼓励有条件的学校升格为高职院校。深化“小微双创”，抓好全国“小微双创”基地示范城市和省“小微双创”综合改革试点市建设，深入推进“中国青创汇”、中国（江门）“侨梦苑”华侨华人创新产业聚集区等建设，充分发挥“侨创基金”作用，完善提升小微企业技术、金融等公共服务平台。做好全国小微企业信用体系建设试验区工作，推动第三方信用评级。推进“小微双创”城市联盟建设，加强与广州、深圳、佛山等城市合作。创新人才培养、引进和使用制度，落实人才强市“十四条”[49]，完善人才评价机制，打造江门“人才岛”[50]。加强院士工作站、博士后科研工作站、博士后创新实践基地和五邑侨智库等新型智库建设，高标准建设全国博士后创新（江门）示范中心。开展企业家人才培训，培育“邑商精英”。探索建立中欧高技能人才培训合作（一试两证[51]）示范学院，建立高技能人才“菜单式”培训模式[52]，创建全国高技能人才示范城市。鼓励本地大学生回城返乡支持家乡建设。

推动“六新六去”。落实并完善供给侧结构性改革“六新六去”工作清单。加强对低效用地、低效厂房的盘活利用，重点围绕江门大道中加快一批“三旧”改造项目，实现“二次开发”和“二次利用”，鼓励“棚改厂”“工改工”“单层改多层”。健全新增建设用地指标分配与盘活存量建设用地挂钩机制，优先保障制造业项目用地。促进房地产去库存，研究建立房地产平稳健康发展长效机制。继续落实“六个优先”[53]，促进企业技术改造，完成技改投资增长25%以上，力促重大技改项目突破，推动“互联网+”、智能制造等新技术应用，继续在重点行业实施机器人应用工程，促进装备升级、工艺升级、产品升级。优化能源产业结构，深化电力体制改革。积极培育服务业新业态，加快发展工业设计、现代物流、电子商务、法律、中介等生产性服务业，整合设立江门“市长杯”工业设计大赛。以珠西会展中心建成运营为契机，促进全市会展资源与力量整合，发展壮大会展产业链，塑造会展品牌。探索现代商业模式。强化金融对企业的支撑，争取1－2家企业上市，鼓励中小微企业在新三板和股权交易中心挂牌融资，支持企业并购重组，做大做强现有上市公司。继续推动政府投融资改革，建立健全PPP项目管理运行机制，积极发展混合所有制经济。发挥先进装备制造产业基金（40亿元）、创业创新基金（20亿元）、PPP融资支持基金（50亿元）等政府投资基金的作用，支持实体经济与创新经济发展。完成国有“僵尸企业”出清重组工作，促进平台公司向实体化转型，持续推进国资优化重组，探索建立国资外派监事会制度，加快金控公司发展，推进国有资产资本化、证券化，推动国有企业重组上市。深化江澳金融合作。落实台山、开平普惠金融“村村通”建设。着力防风险，强化风险预警，应对财政收支等压力，促进经济健康平稳。

推进全域旅游。开展中国国际特色旅游目的地创建、世界旅游组织可持续发展中国观测点申报工作，构建环圭峰山国家旅游产业集聚区和台开恩世遗文化旅游区，推动台山和开平创建全国全域旅游示范区。推动旅游景区创A和龙头项目建设，加快碉楼文化旅游区创建国家5A级旅游景区工作，推进开平赤坎古镇项目建设，抓好新会美丽湖湾、台山滨海旅游、恩平航空小镇等龙头项目招商建设。按照“主客共享”全域旅游理念，加强游客集散中心、文旅步径、温泉旅居、旅游驿站、特色街区、特色民宿、游艇基地等基础工程建设，培育游艇、航空、工业、乡村等旅游新业态，推进“醉美江门百村”建设。

深化农业强市建设。大力发展现代农业，推进农业供给侧结构性改革，加大优势特色农产品产业扶持力度，积极培育新型农业经营主体、新型职业农民，加强与农业科研机构的合作，新增市级以上重点农业龙头企业10家以上、市级农民专业合作示范社15家、家庭农场15家以上、农业新型研发机构5家。继续推进农业“政银保”项目。抓好广东省农产品加工示范区、粤台（江门）农业合作试验区、以江门市现代农业综合示范基地为核心的“现代种业长廊”建设。全面建设镇级农产品质量监测站，创建国家农产品质量安全市。稳步推进第三次全国农业普查工作。加快推动气象现代化。落实粮食安全责任制。加快美丽乡村建设，推进新农村连片示范建设，新增开展73条行政村村庄整治，完成137条乡村绿化美化工程建设，加快推进台山全域开展农村人居环境综合整治。全面完成22.4万亩和启动新建20.2万亩高标准基本农田建设，加强水利设施和农村电网改造建设，提升“三防”应急能力。深入推进农村综合改革，深化新会全国农村综合改革示范试点成果，推进鹤山国家级扶持村集体经济发展试点工作，建设农村产权流转管理服务平台，完善农村集体“三资”[54]管理。推进农村土地承包经营权确权，年底完成颁证超过70%。推进“政经分开”改革，探索农村土地所有权、承包权、经营权“三权分置”，进一步强化基层党组织领导，明晰自治组织、经济组织和社会组织的权责利，重点理顺好农民、村（居）民、社员股民的权益关系。大力发展海洋经济，合理开发海洋资源，开展第一次全国海洋经济调查。加快渔船更新改造，发展远海捕捞业，推进台山烽火角区域性避风锚地、下川岛独湾码头防波堤建设。

二、大城格局 枢纽带动

深化“东提西进”。构建“一主一副”城市空间布局，蓬江重点谋划滨江新城智慧城，打造金融商务会展中心和总部经济区，建设人产城融合发展的现代生态新城；江海重点谋划科创新城，聚合全市创新资源，推动高新区在全国位次前移；新会重点谋划枢纽新城，以珠西综合交通枢纽江门站建设重振门户功能，并推动会城构造“一轴三心”[55]格局；鹤山重点谋划物流新城和鹤山工业城，加快建设珠西物流枢纽中心、装备制造业重点发展区。扎实推进台开恩协同特别是台开同城交通工程、公交一体、产业园区、环境治理、服务窗口等一批示范工程建设，支持台山、开平率先实现服务事项全城通办，提升台开同城人居环境；台山主动谋划大广海湾“三港融合”（海港、铁路港、空港），重点发展台山工业新城，建设国家新型城镇化标准化试点，强化与开平的同城对接；开平重点提升翠山湖科技产业园建设，并加强沿潭江“三江六岸”[56]的规划，激活旧城；恩平重点谋划“一园三区”[57]联动发展，主动融入台开同城，提升在西部台开恩协同中的地位。提升城乡规划建设管理水平，结合新一轮城市总体规划、土地利用总体规划编制及城市规划体系完善，加强对重点发展区域的规划控制。加大控制性详细规划编制力度，全面落实“一张图”规划、“一个系统”管理、“一套标准”审批的规划管理模式。加大违法用地、违章建筑整治力度。加快城市管理体制改革，明确蓬江、江海建设管理主体责任，推进城市管理和综合执法数字化、精细化、智慧化，开展不动产登记数据整合和登记信息管理基础平台建设。逐步建立城乡统一的新型户籍制度，提高户籍人口城镇化率。加快推进地下综合管廊及“海绵城市”[58]建设工作。

推进“交通会战”。打造珠西综合交通枢纽“一站四门户”格局。全力加快珠西综合交通枢纽江门站建设，推动站房同步合建，力争于2018年6月与深茂铁路江茂段同步建成投入使用，推进广珠铁路客运改造工程动工准备，启动广佛江珠城轨建设，加紧深茂铁路深圳至江门段、江肇铁路前期工作。推进江门北站（鹤山）规划建设，加快南沙港铁路建设和鹤台铁路前期规划工作，打造广佛物流集散地。提升江门东站（江海）建设运营水平，谋划江门西站（台开恩）、江门南站（台山广海湾）。加快高速快速道路建设，江门大道南（东线）建设实现银鹭——三江段主道建成通车，三江——金门段上半年动工，江门大道北、江门大道中五洞——五邑路段辅道工程建成，迎宾西路江门大道中——杜阮互通段通车，抓好会港大道、五邑路的快速化改造，规划建设东部蓬江新鹤快速路网；加快台开快速路工程建设，推动国道G325改线（台开恩联城快速）、国道G240改线前期工作，打造西部台开恩联城路网；中开高速江门段率先动工建设，加快银洲湖大桥及双水至水步段建设；广中江高速二期建成通车，加快高恩高速、开平至阳春高速建设和沈海高速三堡至水口段、开阳段扩建，开展新会至高栏港、开平至台山、珠海香洲至台山、斗门至恩平等高速前期工作。推进完善综合交通体系。加快编制《江门市综合交通一体化规划（2016——2030）》。启动通用航空机场规划建设，积极谋划对接珠三角新干线机场（广州二机场）。加快高新区码头建设，开展银洲湖、广海湾港区规划建设，推动那扶河及镇海湾出海航道疏浚工程。加快提升公交一体化水平，整合提升全市汽运资源，重点推进市域公交化，利用江门大道率先实现东部快速公交，推进公交候车亭和首末站场建设改造，启动城市轨道交通前期研究工作。

建设公园城市。推进一批国家级、省级公园建设，提升圭峰山、白水带、龙舟山、大雁山、石花山、梁金山、鳌峰山等龙头公园建设水平，推进新会小鸟天堂、开平孔雀湖国家湿地公园建设，规划建设蓬江湖水系、江海礼乐田园、新会思成湖水系、鹤山古劳水乡、台山大隆洞、恩平沙湖等湿地公园，基本建成台山中国农业公园，广东镇海湾红树林湿地公园形成雏形，完成江门市植物园兰石珍稀植物园区及绿护桃源景区建设。新建改建145个村居公园，新增10个森林公园，建成5个镇级公园，新建慢行系统和城乡绿廊60公里。抓好创建国家森林城市工作，开展多种形式、多元投入的植树造林活动，加强林业生态重点工程建设与管护工作，全力推进生态公益林扩面和饮用水源水库第一重山商品林调整，省级以上生态公益林面积占林业用地比重提升至37%。强化森林防火基础设施建设。

加强环境整治。全面落实环保规划和环境功能区划，严格执行生态分区管理要求，坚守饮用水源保护区、自然保护区和生态严控区等环保“红线”，严把建设项目环保准入关。落实珠三角建设国家绿色发展示范区工作，开展生态文明示范建设。加大水环境综合整治力度，强化饮用水源保护，深入落实河长制，实施挂牌督办，重点抓好“一面六河”（潭江牛湾断面和天沙河、杜阮河、麻园河、龙溪河、会城河、紫水河6条重度黑臭水体）污水综合整治。加强工业污染源、农业污染源、生活污水和垃圾等专项整治，重点推进畜禽养殖业污染治理。加快新一轮镇村污水处理设施建设，完成恩平建设示范县任务，全市城镇污水处理率达到92.5%。完善城乡生活垃圾收运体系，推进城乡生活垃圾资源化利用和分类减量处理，全市农村生活垃圾有效处理率达98%以上。加强环境监管执法，严厉打击废水废气偷排等环境违法行为，落实去污染工作任务。加强机动车污染防治和城市扬尘污染防控，推进文明施工，确保空气质量稳定达标并持续向好。推进全市皮革、印染、陶瓷等重点行业和蓬江荷塘、台山广海、恩平沙湖等重点区域的环保专项整治工作。加强重金属、土壤、固体废物污染防治。

建设“世遗中国侨都”。坚持以“侨”为“桥”，着力聚侨情、引侨资、借侨智、重侨创。办好第三届世界广府人恳亲大会暨2017中国侨都（江门）华人嘉年华活动。加强江港澳合作，谋划融入粤港澳大湾区规划建设，加强与“一带一路”[59]沿线国家和地区合作，完善全球华侨华人“邑门式”服务平台。推进海上丝绸之路史迹点申遗，完成遗产点环境整治和保护展示工程，创建省级华侨文化生态保护实验区。建设“秀美五邑天地”，统筹整合蓬江33墟街、江海南岸印迹、新会学宫文心、鹤山岭南鹤武、台山海丝游归、开平碉楼逸风与恩平恩州学泉，推动第一批12个特色小镇建设，建成南粤古驿道江门示范段（海口埠－梅家大院）。继续推进自然村落历史人文普查工作。整合提升公共文化服务，提高江门五邑联合图书馆、文化馆、博物馆、美术馆综合服务水平，加快推进文化馆、美术馆建设和华博馆、图书馆升级改造。搭建“江门文化云”，实现市县两级公共图书馆通借通还，与镇（街）、村（居）、企业、中小学校和各高校图书馆资源共享，推进全民阅读。传承传统文化，提升江门五邑粤剧曲艺联盟影响力，进一步打响侨乡武术文化品牌。推进江门市档案中心建设和各市（区）国家综合档案馆达标工作。加大对公共文化的政府购买服务力度。推动传媒资源整合。加快工艺美术、印刷发行、健身竞技等文化体育产业发展。

三、实事惠民 服务联动

加大民生投入，全市安排民生支出227.2亿元，同比增长15%。进一步巩固创文成果，做好全国文明城市复评工作，按照制度统一、标准一致、水平均衡的原则，深入推进基本公共服务均等化综合改革，抓好十件民生实事落实，深化“大民政”工作，让全市人民共享改革发展成果。

坚持教育优先。加强学校规划建设，落实义务教育阶段公办学校建设“三二一”工程[60]，全市计划启动建设17所学校。推进学前教育优质普惠发展，进一步完善住宅小区配套幼儿园管理，全市规范化幼儿园比例达80%以上。完善教师队伍交流轮岗制度，促进义务教育优质均衡。推动普通高中教育优质特色多样化发展。继续推进国家级特殊教育改革试验区建设。创建广东省职业教育综合改革示范市，深化产教融合，推进现代职业教育结构优化，鼓励实践现代学徒制。大力扶持民办教育规范特色优质发展，支持混合所有制办学等新模式。进一步发展特色社区教育、老人教育，以江门社区大学、各市（区）社区学院为主体，整合社会各类教育资源。大力推进教育“名师工程”，加强高素质专业化教师队伍建设。加快江门智慧教育云平台建设，推进教育信息化。

建设“健康江门”。深化医药卫生体制改革，创建全省深化医药卫生体制综合改革示范市。提升县级公立医院医疗服务能力，争取县域内就诊率达到90%左右，基本实现大病不出县。开展“医联体”[61]管理，力争10月前完成县镇村医疗卫生服务一体化管理，完成10家基层医院的镇（街）分院建设、16家乡镇卫生院标准化建设和125间村卫生站公建民营建设，完善农村医疗服务。加快全市区域卫生信息平台建设，探索“互联网+分级诊疗”模式。加大对中医药医疗行业人才培养力度。加快发展社会办医，鼓励社会资本开办医疗机构。全面深化爱国卫生运动，积极探索健康城市、健康村镇建设，加强重大疾病防控，提升卫生应急能力。大力推广家庭医生制度、强化付费方式改革等医改举措。进一步完善食品药品监管体系建设，启动创建食品安全示范城市。加强计生服务管理，促进人口长期均衡发展。完善公共体育服务体系，建成并开放江门体育中心，加强社区体育设施建设。

推动精准扶贫。继续探索和提升统筹城乡精准扶贫精准脱贫工作，构建常态化、全覆盖的城乡扶贫长效机制，推动扶贫与低保“两线合一”，确保贫困发生率控制3%以内，实现30%以上建档立卡贫困户共5000人精准脱贫。继续开展百企扶百村、百医牵百村、千（万）义工助千户行动等不同类型社会扶贫模式，支持慈善机构参与扶贫开发。建立稳定的村级公共服务管理和资源管护考核奖补机制，村委会年集体收入进一步提高至18万元以上。

提升底线保障。不断提高城乡最低生活保障、特困人员供养、孤儿供养、城乡医疗救助、困难残疾人生活补贴和重度残疾人护理补贴标准，筑牢政府底线保障网。完善重特大疾病医疗救助制度，提高医疗救助标准，普及医疗救助和医疗保险同步结算服务。逐步建立适度普惠型儿童福利体系，加强关爱留守儿童工作。进一步完善残疾人社区康园网络建设，每个镇（街）至少建立1个社区康园中心。扶持380户困难残疾人家庭发展生产和自主创业。强化住房保障，完成棚户区和农村危房改造任务。

促进服务均等。统筹推进“邑家园”与农村基层公共服务平台建设，将各镇（街）“邑门式”与枢纽型“邑家园”有机结合，使“邑家园”成为“邑门式”的服务终端，推动服务延伸至村（居），实现服务就在“家门口”。推动“邑家园”+社区教育、“邑家园”+志愿服务，构建“三建”（党建社建群建）齐动、“三社”（社区社组社工）联动、“三工”（党工社工义工）互动基层服务模式，以普及电子义工证为纽带，以各村（居）“邑家园”全面建立志愿服务站为平台，以基层党员志愿服务带动社会志愿服务。建设以居家为基础、社区为依托、机构为支撑的养老服务体系，新增养老床位1500张，建立居家养老服务设施长效运作机制。引导社会组织规范有序发展并参与基层社会治理。

完善就业保障。实施就业实名制，开展精准化就业帮扶，鼓励多渠道多形式就业，全市城镇新增就业4.5万人以上，城镇失业人员再就业3万人，应届高校毕业生就业率达90%以上。加强本地紧缺专业人才培养，实施全民技能提升计划。完善就业创业政策，推进创业孵化基地建设，树立创业导师品牌。积极创建和谐劳动关系。适当降低社会保险费率，推进社会保险全覆盖，提高社会保险待遇，加强社保基金监管。完善全征地农民养老保障政策和社保基金预警机制。推进城乡医疗保险一体化。拓展社会保障卡功能。

打造平安江门。完善立体化、信息化社会治安防控体系，推进“综治中心+网格化+信息化”工作，开展“雪亮工程”[62]，深化平安创建。推进智能感知采集网、社会治安视频监控系统和云端警务建设，全面推广应用“门禁+视频”系统，打造“江门邑微警”网上公安局。树立安全发展理念，强化城市安全意识。实行维稳综治及安全生产党政同责、“一岗双责”、齐抓共管、失职追责。公开安全“黑名单”，抓好重点领域安全隐患排查整治，深入推进城市风险点、危险源排查管控，坚决遏制较大以上事故发生。进一步完善“大调解”工作格局，建立健全社会矛盾纠纷预防化解机制。完善突发事件应急机制建设，提高应急管理能力。

此外，进一步完善国防动员体系，落实双拥和优抚安置工作。继续做好统战、民族、宗教、对台、人防、打私、统计、方志、妇女儿童、红十字会等工作。

四、政府建设 改革推动

服务简便高效。要大行简政之道，深化以“三制”[63]为重点的“放管服”改革，“放”要快、“管”要精、“服”要优，营造一流的政务环境，进一步激发社会创造活力。加快简政放权。坚持简政先减证，按能放尽放、应放快放原则，放宽市场准入，降低准入准营门槛。深化商事制度改革，一季度实现银行开户许可等更多证照纳入“多证合一”改革，形成较为完整的市场准入便利化链条。积极推进电子营业执照和全程电子化登记，探索推动“证照分离”。实施承诺制，争取上半年实现政府投资项目试行承诺制，企业投资项目在“1+6”园区试点承诺制，加快项目落地。推行委托制，加快推进对“1+6”园区的委托授权，分期分批赋予“1+6”园区市一级经济管理权限。实施精准监管。全面推进“双随机一公开”监管，力争实现市县两级所有执法事项全覆盖，探索联合执法抽查，加强事中事后监管。深化清单制，加快推进行政审批事项标准化工作，抓好“1+3”清单动态管理。推动省以下环保机构监测监察执法垂直管理制度、审计制度、城市执法体制、盐业体制等改革。建立健全跨部门协同监管和联合惩戒机制，推进社会诚信体系建设。优化政府服务。按照标准、规范、透明的原则，推进“互联网+政务服务”，加快政务数据资源汇聚统筹，提升“12345”政府服务热线水平，完善“邑网通”“微市长”等政务服务平台，上半年完成法人“邑门式”行政服务改革和公共服务标准化建设，实行行政审批事项标准线上线下一体化运行，宁可数据在网上多跑几圈，也要让企业和群众少跑一轮。

办事依法透明。推进依法治市，建设法治政府和诚信政府。用好地方立法权，推进城乡建设与管理、环境保护、历史文化保护等领域立法。主动接受人大监督，认真执行市人大及其常委会各项决议决定，支持政协委员参政议政，提高人大代表议案、建议和政协提案办理水平。完善重大行政决策民主化、科学化、法治化程序。继续推进“七五”普法工作，开展高标准法治创建活动，全市60%以上镇（街）创建法治镇（街）。加强一村（社区）一法律顾问制度，完善公共法律服务实体平台建设。推进“两建”[64]工作，营造法治化营商环境。加强政务公开。完善财政预算执行管理，建立健全市县两级财政支出进度通报制度，落实支出进度与预算安排挂钩机制。建立市直单位网上办事大厅行政审批绩效评价机制，推进第三方评估行政审批和政务服务效能。探索建立行政执法裁量权管理及执法监督网上系统。继续推进公共资源交易体制改革，整合建立统一的公共资源交易平台，开展电子监管和信用管理，积极推进全省异地评标试点工作，探索公共资源大数据监测及分析。

队伍担当作为。抓好廉政建设，完善监察、司法、审计等联动的监督机制，严肃查处各类违纪违法案件。坚持厉行节约，强化“三公”经费管理，对公共资金、国有资产、国有资源和领导干部履行经济责任情况实行审计全覆盖。全面推行无纸化办公。健全问责机制，强化绩效管理，严肃整治行政“不作为、乱作为、慢作为”现象，锤炼一支不等不靠、不推不让、干净干事的公务员队伍。切实提升执行力，着力解决“一停二看三犹豫”问题，绝不允许以吃瓜群众的心态玩套路，必须敢闯会创、率先行动，以洪荒之力推动工作落实，结果说话。

“鸿鹄寄云霞，奋进趁年华”。未来五年是江门推动“兴业惠民、治史简政”的关键五年，任务光荣而艰巨，我们不做跟跑者、要做领头羊；不做守成者，要做创新客。新一届政府将在市委的正确领导下，不忘初心、继续前进，不辜负全市人民和所有关心江门发展建设的各界人士的殷切期望，齐心协力把江门发展好、建设好，率先全面建成小康社会，共创幸福美好生活！

附件：1. 2012－2016年江门市主要经济指标预计完成情况表

2. 2017年江门市经济社会发展主要预期目标表

3. 2017年江门市十件民生实事

4.《政府工作报告》有关用语说明

附件1：

2012－2016年江门市主要经济指标预计完成情况表

指　　标	2016年绝对值（亿元）	2016年绝对值（亿元）	近五年年均增速（%）
生产总值	—	7.4	8.3
一般公共预算收入	204.1	7.3	12.4
固定资产投资	1530	17	16.8
社会消费品零售总额	1156	12	11.4
外贸进出口总额	1213	正增长	1.1

注：一般公共预算收入为实际完成数，其他指标为预计完成数。

附件2：

2017年江门市经济社会发展主要预期目标表

指标名称	预期目标
地区生产总值	7.5%以上
人均地区生产总值	7.0%
一般公共预算收入	7.5%以上
固定资产投资	15%左右
社会消费品零售总额	10%
外贸进出口总额	正增长
R&D占生产总值比重	2.3%以上
居民人均可支配收入	与经济增长基本同步
居民消费价格指数涨幅	3%以内
城镇登记失业率	控制在3.2%以下
节能减排约束性指标	完成省下达的年度计划

附件3：

2017年江门市十件民生实事

一、保障底线民生。进一步提高六项底线民生保障补助标准。完善残疾人社区康园网络建设，每个镇（街）至少建立1个社区康园中心。扶持380户困难残疾人家庭发展生产和自主创业。

二、统筹精准扶贫。建立稳定的村级公共服务管理和资源管护考核奖补机制，村委会年集体收入进一步提高至18万元以上，全年脱贫5000人。

三、提升基层服务。统筹推进“邑家园”与农村基层公共服务平台建设，将各镇（街）“邑门式”与枢纽型“邑家园”有机结合，使“邑家园”成为“邑门式”的服务终端，实现服务就在“家门口”。推进73个镇（街）“综治中心+网络化+信息化”工作，深化平安创建。建立居家养老服务设施长效运作机制，新增养老床位1500张。

四、发展优质教育。推动城乡义务教育资源均衡配置，着力解决城区学位不足问题，落实“三二一”工程，鼓励支持优质民办学校建设。巩固提升高等教育发展水平，推进五邑大学与各市（区）共建一批产业学院、研究院，探索五邑大学与海外大学联合办学，力争设立广东江门中医药职业学院，加快推进广东江门幼儿师范高等专科学校建设。

五、促进就业创业。全市城镇新增就业4.5万人以上，城镇失业人员再就业3万人，应届高校毕业生就业率达到90%以上。

六、建设“健康江门”。推动县级医院在乡镇设立分院，10个试点分院按二级医院标准建设，实现标准化农村三级医疗卫生机构全覆盖。提高国家基本公共卫生服务项目经费至人均50元。

七、加强环境整治。加大水

环境综合整治力度，重点推进“一面六河”（潭江牛湾断面和天沙河、杜阮河、麻园河、龙溪河、会城河、紫水河6条重度黑臭水体）污水综合整治。全市城镇污水处理率达到92.5%，全市农村生活垃圾有效处理率达到98%以上。

八、建设公园城市。新建改建145个村居公园，新增10个森林公园，建成5个镇级公园，新建慢行系统和城乡绿廊60公里。

九、改善农村生活环境。推进新农村连片示范建设，新增开展73条行政村村庄整治。建设新农村公路50公里，推进台山市、鹤山市、恩平市村村通自来水工程建设，解决8万人农村饮水问题。

十、加快公共文化、体育、公交等服务体系建设。提高江门五邑联合图书馆、文化馆、博物馆、美术馆综合服务水平，搭建“江门文化云”，实现市县两级公共图书馆通借通还，与镇（街）、村（居）、企业、中小学校和各高校图书馆资源共享。传承传统文化，提升江门五邑粤剧曲艺联盟影响力。加强社区体育设施建设，建成并开放江门体育中心。加快整合提升公交一体化水平，利用江门大道率先实现东部快速公交，经江门大道开行4条以上公交线路；推进公交候车亭和首末站场建设改造，东部蓬江新鹤新建公交候车亭45个以上、公交站场2个。

附件4：

《政府工作报告》有关用语说明

1.“三门”：新一轮改革发展的“开放之门”，粤西进入珠三角的“方便之门”，珠三角通向粤西、广西乃至大西南的“辐射之门”。

2.“三心”：珠江西岸新的经济中心、创新中心和城市中心。

3.“放管服”：简政放权、放管结合、优化服务。

4.“三边”：沿江边、沿铁路和高速公路边、沿海边。

5.“东联西拓”：充分发挥江门区位优势，向东主动对接广佛都市圈、深港澳经济圈两大龙头，主动融入粤港澳大湾区，并传递战略西拓能量，做好“传”“接”的“中卫”角色。

6.“珠西战略”：即广东省委提出的推进珠江西岸先进装备制造产业带建设战略部署。

7.“1+6”核心园区：江门国家高新区、蓬江滨江新城、新会银洲湖、鹤山工业城、台山工业新城、开平翠山湖科技产业园、恩平工业园。

8.“1+8”科技创新扶持政策：即《江门市贯彻落实创新驱动发展战略加快建设创新型城市建设的实施意见》及8条关于加快科技创新的实施细则。

9.“雏鹰计划”：即《江门市国家小微企业创业创新基地城市示范工作方案（2015-2017年）》。

10.“1+15”政策体系：即《江门市支持小微企业创业创新若干政策措施》1个政策总纲，以及15个扶持政策和管理办法。

11.“双引双创”：即引资引智、创业创新。

12.“六新六去”：新技术（技改）、新实业、新消费、新金融、新城镇、新农村，去过剩、去库存、去低效、去负担、去污染、去繁就简。

13.“政银保”：是一种以政府财政投入的基金做担保、银行为符合贷款条件的担保对象提供贷款、保险公司对上述贷款本金提供保证保险的贷款模式。

14.七大龙头公园：圭峰山、白水带、龙舟山、大雁山、石花山、梁金山、鳌峰山。

15.“三旧”改造：旧城镇、旧厂房、旧村庄改造。

16.“十个一”：一个品牌（标识、全媒体）、一个经济发展平台、一个研究教育阵地、一个展馆、一座纪念碑、一条精品旅游线路、一批名镇名村名街名建筑、一批艺术作品、一个交流舞台、一个机构（相应的政策支持体系）。

17.第一批12个特色小镇：包括蓬江白沙的“33墟街”、潮连的“悦读小镇”，江海江南的“文创小镇”，新会会城的“文教小镇”、崖门的“旅游小镇”，台山都斛的“农业小镇”、川岛的“渔港小镇”、赤溪的“能源小镇”，开平赤坎的“赤坎古镇”，鹤山古劳的“功夫水乡”，恩平那吉的“森林小镇”、牛江的“航空小镇”。

18.“三就”：收费就低不就高、办事就简不就繁、服务就近不就远。

19.“两无两藏”：无收费、无门槛，藏富于民、藏富于企。

20.“1+3”清单：权责清单，负面清单、审批清单、监管清单。

21. PPP模式：Public－Private－Partnership的缩写，

指政府与私人组织之间为了合作建设城市基础设施项目，或是为了提供某种公共物品和服务，以特许权协议为基础，通过签署合同来明确双方的权利和义务，建立起“利益共享、风险共担、全程合作”的共同体关系。

22.“九证合一”：《营业执照》《组织机构代码证》《税务登记证》《社保登记证》《刻章许可证》《海关报关单位注册登记证》《出入境检验检疫报检企业备案表》《对外贸易经营者备案登记表》和统计部门的信息申报，改为一次申请、由工商部门核发加载统一社会信用代码和海关、商务、检验检疫部门编号或标识的《营业执照》。

23.“双随机一公开”：在监管过程中随机抽取检查对象，随机选派执法检查人员，抽查情况及查处结果及时向社会公开。

24.“邑门式”行政服务：指具有江门市特色的一门式一网式相结合的行政服务新模式。具体将实体办事大厅按部门分设的办事窗口整合为综合服务窗口，多门变一门，一窗能办多件事，并通过“邑门式”综合管理系统与网上办事大厅无缝对接。建立前台综合受理、后台分类审批、统一窗口出件的服务模式。

25.自然人“邑门式”：指主要提供面向市民个人办事的“邑门式”服务。

26. 法人“邑门式”：指主要提供面向企业办事的“邑门式”服务。

27.“三严三实”：严以修身、严以用权、严以律己，谋事要实、创业要实、做人要实。

28.“两学一做”：学习共产党党章党规，学习贯彻习近平总书记系列重要讲话精神，做合格党员。

29.“四风”：形式主义、官僚主义、享乐主义、奢靡之风。

30.“三公”经费：因公出国（境）经费、公务车购置及运行费、公务招待费。

31.“五位一体”：经济建设、政治建设、文化建设、社会建设、生态文明建设为一体的中国特色社会主义总体布局。

32.“四个全面”：全面建成小康社会、全面深化改革、全面依法治国、全面从严治党。

33.“三个定位、两个率先”：习近平总书记在2012年末视察广东时提出，广东要努力成为发展中国特色社会主义的排头兵、深化改革开放的先行地、探索科学发展的试验区，为率先全面建成小康社会、率先基本实现社会主义现代化而奋斗。

34.“三战略、三带动”：实施“珠西战略”、创新驱动发展战略、“大交通”发展战略，突出有效投资、新型消费、全面开放带动。

35.“三个千亿计划”行动：坚持每年策划推介产业、交通、城建三大领域总投资均超千亿元的重点项目，并有计划、有步骤分期分批推动落实。

36.“4+1”产业体系：装备制造、智能制造、绿色制造、精密制造和以北斗为重点的互联网应用产业。

37.“五个倍增”：“十三五”期间，R&D占GDP比重、高新技术产品产值占规上工业总产值比重、高新技术企业和科技型小微企业数量、科技孵化器及新型研发机构数量、规上工业企业建立研发机构的比例均实现倍增。

38.“一站四门户”：一站即珠西综合交通枢纽江门站，四门户即江门东、西、南、北站。

39.“三大黄金通道”：通过西部沿海高速主动对接港珠澳大桥，谋划建设香台高速，形成港澳地区连通大广海湾、粤西的“南通道”；对接深中通道，加快中开、开春高速建设，形成深（中）江（阳）“中通道”；加快推进广中江高速建设和佛开、开阳高速扩建，形成连通广佛都市圈的“北通道”。

40.“五高”：经济高质、城市高品、环境高雅、社会高尚、政府高效。

41.三处世界遗产：即世界文化遗产——开平碉楼与村落，世界记忆遗产——以“五邑银信”为重要组成部分的《侨批档案》，以及正在申遗的世界文化遗产——海上丝绸之路江门史迹点。

42.六项底线民生保障：城乡最低生活保障、特困人员供养、孤儿供养、城乡医疗救助、困难残疾人生活补贴和重度残疾人护理补贴、城乡居民养老保险基础养老金。

43.“七个一”专项行动：清理一批土地（项目）、规划“一张蓝图”、配建一套标准设施、推行“一条龙”服务、建设一批重点项目、打造一支专业队伍、实施一套分类考核办法。

44. 民营经济“十二条”：指《江门市关于进一步加快民营经济发展的若干措施》中12条扶持政策。

45.“1+6+N”创新格局：以江门国家高新区为示范区，以蓬江滨江新城、新会银洲湖、鹤山工业城、台山工业新城、开平翠山湖科技产业园、恩平工业园等6个分园区为功能区，以大广海湾经济区、中欧（江门）中小企业国际合作区、“环五邑大学创新经济圈”等为拓展区。

46.“四众”：众创、众包、众扶、众筹。

47. R&D：即Research and Development，指全社会研究与试验发展经费支出。

48.一批产业学院、研究院：包括五邑大学与蓬江共建“教育装备产业研究院”，与江门高新区共建“江门大健康国际创新研究院”，与新会共建“轨道交通产业学院”，与鹤山共建“江门新材料及装备国际创新研究院”和“珠西物流研究院”，与台山共建“海洋工程产业学院”，与开平共建“江门文化遗产保护开发及旅游规划创新研究院”，与恩平共建“特色农产品种植与深加工技术创新研究院”。

49.人才强市“十四条”：指《江门市人民政府关于完善体制机制加快建设人才强市的若干意见》中14条扶持政策。

50.江门“人才岛”：围绕潮连岛，依托江门职业技术学院、江门技师学院等，打造高技能人才基地和双创园。

51.一试两证：即考生通过一次鉴定考核可同时获得国家职业资格证书以及国际权威资格证书。

52.高技能人才“菜单式”培训模式：从受训对象（单位或群体）的实际现状和发展需求出发，采用模块化、菜单化手段对传统教育培训模式的创新、完善，由受训对象自主选择培训内容和培训师资，易被受训者所接受，更具灵活性、针对性和实效性。

53.“六个优先”：即优先推动企业“零增地”增资扩产，优先支持企业创新，优先推介江门品牌产品，优先扶持优质企业上市融资，优先保障上市企业提升产能，优先引导企业设备智能化改造。

54.农村集体“三资”：农村集体的资金、资产、资源。

55.“一轴三心”：“一轴”即启超大道，“三心”即会城北部圭峰名山绿心、中部学宫文心、南部万亩小鸟天堂田园绿心。

56.“三江六岸”：潭江及其支流苍江、蒌江穿开平城区而过，形成“三江六岸”城市环境。

57.“一园三区”：恩平工业园和米仓、东成、大槐三个片区。

58.“海绵城市”：指城市在适应环境变化和应对雨水带来的自然灾害具有良好的弹性。

59.“一带一路”：“丝绸之路经济带”和“21世纪海上丝绸之路”。

60.“三二一”工程：2016—2018年，蓬江、江海各要新建不少于3所义务教育阶段公办中小学校，新会、开平、鹤山各要新建不少于2所，台山、恩平各要新建不少于1所。

61.“医联体”：指区域医疗联合体，是将同一个区域内的医疗资源整合在一起，通常由一个区域内不同级别的医疗机构组成的一个医疗联合体。

62.“雪亮工程”：以视频监控系统为基础，以县、镇（街）、村（社区）三级综治信访维稳中心为抓手，以信息化建设为支撑，大力推进覆盖城乡、延伸入户的公共安全视频监控联网工程建设，发挥“群众雪亮的眼睛”优势，动员各级各部门、社会力量和广大群众共同参与防控体系建设。

63.“三制”：深化清单制，实施承诺制，推行委托制。

64.“两建”：建设社会信用体系、建设市场监管体系。

江门市2016年国民经济和社会发展计划执行情况与2017年计划草案的报告

一、2016年国民经济和社会发展计划执行情况

2016年，我市全面贯彻国家和省各项战略部署，落实市委十二届六次全会精神，在市人大及其常委会和市政协的监督支持下，深入推进“东提西进、同城共融”，全面落实“珠西战略”，着力抓改革、重创新、促发展、惠民生、保稳定，经济运行稳中有进、稳中向好，实现了“十三五”良好开局。

（一）推动“六新六去”[1]，供给侧结构性改革取得阶段性成果。

经济发展保持平稳。全年地区生产总值预计（下同）增长7.4%；规模以上工业增加值1000亿元，增长7%；固定资产投资1530亿元，增长17%；社会消费品零售总额1156亿元，增长12%；外贸进出口总额1212亿元，实现正增长，其中出口944.8亿元，增长1%；一般公共预算收入203亿元，增长6.5%。全市居民消费价格指数涨幅在3%以内。全市329项重点建设项目完成投资571亿元，占年度投资计划的107.3%。

“去降补”[2]工作稳步推进。出台“六新六去”工作清单。去产能任务全面完成。全年新增14家直购电大户；130户国有“僵尸企业”基本完成职工经济补偿和安置，其中105户已出清。房地产去库存成效显著。推动“农民安家贷”及公积金制度改革，商品房去库存提前完成三年任务。金融杠杆率保持合理水平。开展互联网金融专项整治，严厉打击非法集资，银行机构不良率长期低于全省平均水平。降成本成果突出。出台暖企减负、降价减费33项政策措施，全年为企业减负60亿元。补短板项目年度投资超250亿元。

（二）实施创新驱动发展战略，“小微双创”成效显著。

自主创新能力取得新突破。全年全社会研发投入达51亿元，占GDP比重达2.1%；专利申请量突破1万件，发明专利拥有量超过4.29件/万人。科技创新政策体系进一步完善，出台实施创新驱动发展战略、加快创新型城市建设等政策措施。科技创新平台建设有新进展，创建20家省级、77家市级企业工程研究中心，实施超过200项市级以上重点科技计划项目，新培育159家高新技术企业，高新技术企业达357家。推动五邑大学开门办学，启动“环五邑大学创新经济圈”建设。

“小微双创”提质发展。实施“1+15”扶持政策[3]，推进全国“小微双创”基地示范城市和省“小微双创”综合改革试点市建设。推出全国地级市首个小微企业名录库，4.6万多家小微企业入库。在全国首创科技型小微企业认定标准及“小微双创”指数评价体系，培育科技型小微企业1311家。成立“全国博士后创新（江门）示范中心”等创新人才服务平台，出台人才强市“十四”条[4]。成功主办“中国青创汇”。全国小微企业信用体系建设试验区建设持续推进，全年566家评级企业贷款利息减少8330万元。

（三）聚焦“珠西战略”，产业转型升级步伐加快。

产业平台发展质量进一步提升。珠三角（江门）国家自主创新示范区、广东（江门）大广海湾经济区、中欧（江门）中小企业国际合作区全部上升至国家战略层面。成功列入珠江西岸六市一区“中国制造2025”试点示范城市群，江门产业转移工业园连续五年省考评优秀。落实“六个优先”[5]，全年工业技改投资超170亿元，增长60%以上，110家企业上马“机器人应用”。

五大产业集群发展有新成效。轨道交通产业集群持续壮大。引进铁科院研发生产基地、鼎汉技术、克诺尔和众城交通装备等项目。重卡和商用车产业集群有新发展。鹤山市专用车产业基地建成，引进现代摩比斯机电挂车、广之粤清障车等项目，德尔福汽车零部件建成投产，迪生力汽配首发获证监会通过，富华工程装备新项目试产。新材料新能源及装备产业集群发展加快。台山核电一期进展顺利，二期列入国家“十三五”规划，海亮铜业投产，长优•优美科长信等增资扩产项目建成，地尔汉宇新能源汽车电机及江粉高科技产业园项目启动。教育装备产业集群加快发展。南方教育装备创新产业城开园，海峡两岸教育装备合作示范区、南方教育装备创新研究院以及五邑大学教育装备学院揭牌。大健康产业集群加速发展。微生态健康产业基地首期、百草壹号、滨崎食品首期等建成投产，江门大健康国际创新研究院启动建设。

现代服务业发展提速。生产性服务业有新进展。沈阳机床智能云制造华南总部落户高新区。金融业发展有新突破。江澳两地金融机构与江门企业达成贷款合作协议共43亿元，古兜控股成为中国温泉概念第一股，华津国际香港上市，高正信息、生和堂和芳源环保新三板挂牌。旅游业蓬勃发展。获批创建中国国际特色旅游目的地，古兜小镇入选2016“中国最美村镇”，赤坎镇入选第一批“中国特色小镇”。完成 1000公里中国侨都潮人径建设，推动开平碉楼文化旅游区创建国家5A级旅游区。全市旅游业收入408.6亿元，增长20.3%。

农业经济稳步提升。全市实现农业增加值182亿元，增长3%。新增市级以上重点农业龙头企业10家。广东省首个农产品加工示范区落户台山，引进中葡现代农业产业园、安全食品可追溯体系示范园等项目。广陈皮顺利入选广东省第一批立法保护的岭南中药材品种。农村土地承包经营权确权登记工作进展顺利。

（四）构建城乡发展新格局，生态文明建设取得新成效。

交通大会战深入实施。全年重大交通基础设施投资123亿元，珠西综合交通枢纽江门站规划设计加快推进。深茂铁路江茂段完成投资32.5亿元，南沙港铁路开展征地工作，广佛江珠城轨江门段已开展可行性研究报告审查，广珠铁路客运改造工程前期工作顺利。江门大道中蓬江段主道、五洞-东甲立交段主线、江罗高速、广中江高速一期建成通车。高恩高速江门段、中开高速江门段加快建设。佛开高速南段扩建工程、开春高速、国省道PPP项目相继开工。香洲至台山高速、新会至高栏港高速等区域对接通道前期研究工作持续推进。

城乡面貌持续改善。主城区集聚功能不断强化，东部蓬江新鹤主城格局进一步突显，引入华夏幸福共建高新区珠西产业新城，滨江新城会展中心、美吉特城市综合体即将完工投入使用。台开快速路加快建设，西部台开恩协同共进。基础保障能力进一步提升。新增光缆线路3050皮长公里，新建城市地下综合管廊1.3公里，新铺设市政天然气管道150公里、燃气管道85公里。能源基础设施项目持续推进。全市建成汽车充电桩100个，粤电新会电厂天然气热电联产、双水“上大压小”、华电江沙分布式能源等项目进展顺利。公交一体化深入推进。完成全市公交线路统一编号，新增东部公交线路7条，积极推动西部台开公交一体化。农村生活条件明显改善。推进“村村通”工程，行政村光网覆盖率达100%。

节能减排和环境保护力度持续加大。全年电机能效提升总功率12.2万千瓦，单位GDP能耗、化学需氧量、二氧化硫排放量等指标顺利完成省下达任务。大力推动环境整治，出台我市第一部地方性环保法规《江门市潭江流域水质保护条例》，全面落实河长制[6]。强力推动市区黑臭水体综合整治及生活、农业、垃圾、工业污染源4个专项整治工作。高标准建成生活垃圾无害化处理场5座，城乡生活垃圾收运处理体系基本建成，全市城镇生活垃圾无害化处理率100%，农村生活垃圾有效处理率97.4%。

公园城市建设扎实推进。七大龙头公园[7]、特色田园风光公园、江门植物园及城乡慢行系统等项目顺利推进。小鸟天堂和孔雀湖成功申创国家湿地公园。中国农业公园前期规划持续推进。完成新建改建村居公园433个、镇街公园21个。城市人均公园绿地面积达17.8平方米，建成区绿化覆盖率43.8%，建成区绿地率41.8%。累计完成森林碳汇工程建设1581亩，生态景观林带39.2公里，乡村绿化美化建设138条。

（五）深化重点领域改革，市场活力有效激发。

“放管服”[8]改革有力推动。调整理顺市区城乡规划管理体制，探索创新网络信息统筹、政府投融资和债务管理、轨道交通建设统筹等方面体制机制，市级统筹职能得到有效加强。优化完善大广海湾经济区等重大发展平台及有关市（区）产业园体制机制。推进行政审批事项标准化，健全“1+3”清单[9]动态管理调整机制，出台投资准入负面清单（2016年本）。清理规范行政审批中介服务，探索推动投资审批承诺制。

投融资及国有企业改革有效推进。鹤山成功发行12亿企业债券，成为全省首批发行企业债券的县级市。5个项目成为国家PPP示范项目，备用水源及国省道PPP项目成功实施。出台《江门市政府投资基金管理暂行办法》，设立先进装备制造产业等基金。深化国有企业改革，推动国资整合，全年市属企业实现营业收入增长62%。

营商环境不断优化。不断深化“三就”[10]，推行“两无两藏”[11]。在全国率先实行工商登记“九证合一”[12]，打造“无门槛”投资环境。全年新发展市场主体近4万户。推动“无收费”，落实23项国家定行政事业性收费的市县级涉企收入免征工作；全面实现省定行政事业性收费涉企“零收费”，免征11项省定行政事业性收费的市县级收入。每年为企业减负4亿元。深入推进社会信用体系建设，全面实施“黑名单”制度，大力推进“双公示”[13]。推进公共资源交易服务规范化、标准化和电子化，在全省率先建成公共资源电子交易全覆盖的“全市一张网”平台。

（六）加强民生保障，社会事业持续进步。

民生投入持续加大。全年各级财政民生类支出210.4亿元，可比口径增长13%，十件民生实事圆满完成。出台新时期城乡精准扶贫精准脱贫实施方案，实现扶贫对象城乡全覆盖，全市城乡贫困人口3300人脱贫。积极开展百企扶百村、百医牵百村、千（万）义工助千户行动。村委会年集体收入提高至15万元以上。顺利完成年度对口支援工作。

社会保障水平稳步提升。全市城镇和东部蓬江新鹤农村低保标准实现一体化，提高到600元/人月，西部台开恩农村低保标准提高到500元/人月。企业退休人员养老金达1896元/人月，失业保险费率降至1%。城乡医保财政补助标准由每人每年380元提高到420元。医疗救助对象政策范围内住院自付费用医疗救助比例提高到80%以上。城乡居民基本养老保险参保率达99%，基础养老金最低标准提高到110元/人月。困难残疾人生活补贴标准提高至1200元/人年，重度残疾人护理补贴标准提高至1800元/人年。列入全国第一批医养结合试点地区，新增养老床位3310张，基本实现城乡居家养老服务设施全覆盖。城乡家庭医生式服务试点稳步推进。继续提高孤儿和艾滋病病毒感染儿童供养水平。

就业和城乡居民收入保持稳定。全年城镇新增就业4.8万人，城镇登记失业率2.38%。全年居民人均可支配收入达2.4万元，增长9%。开工建设各类保障性住房650套，降低住房公积金贷款和提取门槛，提高住房公积金使用效率。

教育卫生文化体育事业稳步发展。积极开展“三二一”工程[14]。农林双朗小学、天鹅湾小学、江门市特殊教育学校建成启用，广雅学校动工，梁启超纪念中学获授首批“全国航天特色学校”。卫生强市建设全面展开，中心医院住院大楼扩建完成，累计建设乡镇卫生院64家。稳步推进“全面二孩”政策，人口自然增长率4.13‰。以文融城深入推进，全市8个文化场馆均达国家一级馆标准，93%的镇（街）综合文化站达到省一级站标准，江门史迹点入选海上丝绸之路中国史迹首批申遗遗产点。完成景堂图书馆扩建、谭逢敬艺术院、恩平文化馆等公共文化场馆建设，江门演艺中心、碉楼文化展示区等社会文化设施投入使用，五邑联合文化场馆建设及江门体育中心建设顺利。

社会治理水平持续提升。全市有70个镇（街）基本完成“邑门式”服务大厅[15]建设，1325个村（社区）“邑家园”家庭综合服务中心投入使用，各镇（街）完成枢纽型“邑家园”建设，实现“邑家园”服务全覆盖。新成立社会组织154个。政府购买社会服务规模持续加大。

由于国内外经济形势复杂，我市经济社会发展在计划执行过程中出现了一些新情况新问题，主要表现在：经济下行压力依然较大，主要经济指标增速回落；结构调整任务依然艰巨，自主创新能力有待提升；区域发展不平衡，基本公共服务体系仍不够健全，率先全面建成小康社会短板依然存在。对待这些问题，我们需高度重视，采取有力措施加以解决。

二、2017年国民经济和社会发展计划安排意见

2017年是新一届政府的开局之年，也是率先全面建成小康社会的关键之年。综合判断，2017年我市将面临更加复杂的发展环境。世界经济下行风险依然存在，国际产业布局、国际投资和贸易格局都将呈现新变化；国内经济增长总体平稳，但有效需求与有效供给结构性矛盾依然突出，传统动能提升和新动能培育制约因素较多，经济下行压力较大。

做好2017年全市经济社会发展工作，总的要求是全面贯彻落实党的十八大、十八届三中、四中、五中、六中全会、中央经济工作会议、省委十一届八次全会、省委经济工作会议和市第十三次党代会精神，围绕“兴业惠民、治吏简政”，把握稳中求进总基调，坚持发展第一要务，以“六新六去”全面推进供给侧结构性改革，紧盯实体经济，落实

“三个千亿计划”行动[16]，擦亮“小微双创”品牌，着力促发展、重创新、抓改革、优环境、惠民生、防风险，推动江门奋进前行。

综合考虑新常态下发展条件，经与“十三五”规划目标衔接，建议2017年我市主要经济社会发展预期目标如下：

——地区生产总值增长7.5%以上；

——人均地区生产总值增长7.0%；

——规模以上工业增加值增长7.3%；

——固定资产投资增长15%左右；

——社会消费品零售总额增长10%；

——外贸进出口总额正增长；

——一般公共预算收入增长7.5%以上；

——居民消费价格指数涨幅控制在3%以内；

——居民人均可支配收入增长与经济增长基本同步；

——服务业增加值占生产总值比重45%；

——研究与试验发展经费支出占生产总值比重2.3%以上；

——节能减排约束性指标完成省下达年度计划。

为实现上述目标，2017年重点做好以下工作：

（一）积极扩大有效投资。

实施“大交通”发展战略。编制全市综合交通一体化规划。重点推动珠西综合交通枢纽江门站建设，规划建设江门北站，提升江门东站运营水平，谋划江门西站、江门南站。推进深茂铁路江茂段建设，推进广珠铁路客运改造工程动工准备。推动南沙港铁路、广佛江珠城轨控制性工程年内动工，加快深茂铁路深江段、江肇铁路和鹤台铁路前期工作。规划建设东部蓬江新鹤快速路网。继续加快江门大道主辅道路建成通车，抓好会港大道、五邑路快速化改造。打造西部台开恩联城路网。加快台开快速路建设，推动国道G325、G240改线前期工作。加快高速路网建设。推动广中江高速二期建成通车，中开高速江门段动工，加快高恩、开春、佛开扩建等高速建设，开展新会至高栏港、开平至台山、珠海香洲至台山、斗门至恩平等高速前期工作。规划构建通用航空机场，谋划对接广州第二机场。加快建设高新区码头，推动银洲湖、广海湾港区规划建设，推动那扶河及镇海湾出海航道疏浚工程。加快提升公交一体化水平，率先实现东部快速公交，启动城市轨道交通前期研究工作。

抓好能源项目建设。推进台山核电一期工程投产，启动二、三期前期工作。加快双水发电厂“上大压小”、粤电新会电厂天然气和华电江沙分布式能源等热电联产项目建设。建设一批中、低压线路及设备。加快全市充电桩规划布点。

有效促进民间投资。落实民营经济“十二条”[17]，实施“一企一策”，推动“邑商再出发”。加大骨干龙头企业培育力度，加快培育3家以上产值超百亿元、具有核心竞争力的龙头企业。市场主体净增2万家以上。

（二）扩大有效供给释放消费潜力。

深挖消费潜力。组织举办各类大型促销活动，鼓励适度信贷，刺激热点消费。推动文化创意、设计服务与相关产业融合发展，策划“33墟街”总体发展，推动广珠城轨TOD综合开发。推动鹤山打造珠西物流枢纽中心。建立海外营销、物流及售后服务网络，实行跨国采购与营销，推动进口商品直销体验中心在我市建设布点，融入境外零售体系。完善城市商业网点规划及农村消费基础设施零售网络。

大力发展全域旅游。构建环圭峰山国家旅游产业集聚区和台开恩世遗文化旅游区，推动台山和开平创建全国全域旅游示范区。加快碉楼文化旅游区创建国家5A级旅游景区工作，推进赤坎古镇项目建设，抓好美丽湖湾、滨海旅游及航空小镇等龙头项目招商建设。加强文旅步径、温泉旅居、休闲度假、游艇基地等基础工程建设。

（三）提升开放合作水平。

建设三大平台。加快推进珠三角（江门）国家自主创新示范区建设，引领产业集聚、创新、提质发展。有序推动广东（江门）大广海湾经济区开发，启动粤澳产业合作示范区和珠西化工基地建设，提升整体战略定位，力争成为承担国家重大改革发展任务的重要载体。加快中欧（江门）中小企业国际合作区规划建设，实施“市级统筹+分园建设”，构筑“一心+一区+N基地”[18]格局。

稳定和扩大外需。加强产业精准招商，开展敲门招商，推动江深、江广区域产业招商合作，加大对欧美先进（装备）制造业的招商引资力度。大力开拓新兴出口市场。加快外贸新业态发展，积极申报“市场采购贸易”试点，申建大广海湾保税物流中心（B型）。发挥“侨”资源，推动“侨青创新创业园”和“海创空间”等侨青创新创业载体建设。加强江港澳及“珠中江阳”

新型都市圈合作。

（四）加快实施创新驱动发展战略。

深化“小微双创”。落实“1+15”扶持政策，持续推进全国“小微双创”基地示范城市和省“小微双创”综合改革试点市建设。大力推动“中国青创汇”、中国（江门）“侨梦苑”华侨华人创新产业聚集区、“珠西智谷”等建设，建立一批“小微双创”公共服务平台。以“环五邑大学创新经济圈”为核心，加快打造广东第一创客街区。完善小微企业名录。抓好全国小微企业信用体系建设试验区建设，推动第三方信用评级。建成一批国家级孵化器，完善孵化育成体系。力争全市新登记注册的初创企业户数年均增长10%以上，科技型小微企业达2000家以上。

提升自主创新能力。实施高新技术企业倍增计划，全市高新技术企业突破500家，高新技术产品产值占规模以上工业总产值比重达36%。大力发展新型研发机构，力争规模以上工业企业建立研发机构的比例提高到20%以上。实施一批重大科技专项，推进一批重大科技成果转移转化，加快江门中微子实验项目建设。落实人才强市“十四”条，加快建设“江门智库”、“侨智库”以及全国博士后创新（江门）示范中心。整合设立江门“市长杯”工业设计大赛。

（五）大力实施“珠西战略”。

加快打造五大产业集群。推进中国中车广东基地建设，拓展轨道交通产业园区发展空间，加大配套企业引进力度，重点推进克诺尔等项目。推动富华工程装备制造、鹤山市专用车产业基地等项目。培育新材料新能源及装备产业集群，加快推进江粉高科技产业园、芳源新能源新材料等项目，完善台山清洁能源核电装备产业园配套。加快南方教育装备创新产业城建设，推动现代教育装备“智造”全产业链发展。发展大健康产业集群，重点推动天地壹号示范园区、无限极增资扩产等重点项目建设，打造大健康产业基地。

继续落实“六个优先”。升级改造传统优势产业，全年推动300家企业开展技术改造，跟踪服务好建成机械、大冶摩托等30个超亿元重点技改项目，技改投资增长25%以上。继续实施“机器人应用”。加快推进沈阳机床智能云制造平台项目。巩固提升“1+6”核心园区[19]，大力推动“七个一”专项行动[20]，盘活闲置土地1000亩以上，建立健全新增建设用地指标分配与盘活存量建设用地挂钩机制，加快推动企业原址“零增地”增资扩产，优先保障制造业项目用地。实施质量强市战略。启动“全国质量强市示范城市”、“全国知名品牌示范区”创建工作。

（六）深入推进重点领域改革。

深化供给侧结构性改革。制定实施新一批供给侧结构性改革“六新六去”工作清单。优化能源产业结构，深化电力体制改革。年内完成国有“僵尸企业”出清重组工作，做精做专国资运营平台，推动国有资产资本化、证券化。建立购租并举的新型住房制度，加快一批“三旧”改造项目，促进房地产去库存。强化金融对企业的支撑，全年争取1—2家企业上市，鼓励中小微企业在新三板和股权交易中心挂牌，支持企业并购重组，合理控制金融机构杠杆率。深化江澳金融合作。进一步降低企业制度性交易成本，确保“零收费”政策落实到位。继续组织实施补短板工程。推进农业供给侧结构性改革。加大优势特色农产品产业扶持力度，新增市级以上重点农业龙头企业10家以上、农业新型研发机构5家。全面完成22.4万亩和启动新建20.2万亩高标准基本农田建设，完善水利和“三防”基础设施，落实粮食安全责任制。继续推进农业“政银保”[21]项目。抓好广东省农产品加工示范区、粤台（江门）农业合作试验区和以江门市现代农业综合示范基地为核心的“现代种业长廊”建设。创建国家农产品质量安全市。深化新会全国农村综合改革示范试点成果，推进鹤山国家级扶持村集体经济发展试点工作。深化农村综合改革，推进“政经分开”，实施“三权分置”[22]，完善农村集体“三资”[23]管理。稳步推进第三次全国农业普查工作，开展第一次全国海洋经济调查。推进台山烽火角区域性避风锚地、下川岛独湾码头防波堤建设。

加大“放管服”改革力度。巩固深化政府部门权责清单制度，编制实施“邑门式”服务事项清单，加快以“邑门式一网式”为重点的“互联网+政府服务”改革；争取上半年实现政府投资项目试行承诺制，企业投资项目在“1+6”园区试点承诺制；推行委托制，加快推进对“1+6”园区的委托授权，分期分批赋予“1+6”园区市一级经济管理权限；全面推进“双随机一公开”[24]监管，加强事中事后监管。

营造充满活力的市场环境。继续放宽企业名称和企业住所登记，推进经营场（住）所申报制。推进电子营业执照和全程电子化登记改革，全面整合各类许可、登记、备案证（表），实现更多的“证照合一”，拓展电子营业执照应用，探索“证照分离”。推进盐业、公共资源交易体制改革。建立健全PPP项目管理运行机制，支持PPP改造和PPP模式[25]投资运营。强化信用监管，营造公平竞争市场环境。探索社会共治消费维权方式。深入推进依法治市，推进城乡建设与管理、环境保护、历史文化保护等领域立法。完善公共法律服务实体平台建设。推进城市执法体制改革，落实重大决策社会稳定风险评估制度。

（七）建设秀美侨都。

构建“一主一副”大城格局。重点打造蓬江滨江新城智慧城、江海科创新城、新会枢纽新城、鹤山物流新城及工业城、台山工业新城、开平翠山湖科技产业园、恩平“一园三区”。规划建设好工业园区、枢纽站、台开同城等重点发展区域的快速路网，提升城市通透性和微循环能力。科学规划江门大道沿线、西江及江门水道景观带等城市重要地段和节点。合理布局城市地下综合管廊、城市生态水网，完善供水、排水、防涝设施，建设“海绵城市”[26]。全面落实“一张图”规划、“一个系统”管理、“一套标准”审批的规划管理模式。

打造公园城市。积极创建国家森林城市。推进一批国家级、省级公园建设。全力推进生态公益林扩面和饮用水源水库第一重山商品林调整，省级以上生态公益林占林业用地比重提升至37%。继续整合提升七大龙头公园，启动礼乐田园、古劳水乡等一批湿地公园规划建设工作，打造广东镇海湾红树林湿地公园，基本建成台山中国农业公园，完成江门市植物园兰石珍稀植物园区及绿护桃源景区建设。全年新增10个森林公园，建成5个镇级公园，新建改建145个村居公园，新建慢行系统和城乡绿廊60公里。加强森林防火基础设施建设。

加强环境保护整治。严守生态红线，全面落实环保规划和环境功能区划。深入落实河长制，持续开展“一面六河”[27]污水综合整治和饮用水源地保护。加快新一轮污水处理设施建设，全市城镇污水处理率达到92.5%。推进城乡生活垃圾资源化利用和分类减量处理，全市农村生活垃圾有效处理率达98%以上。加强环境监管执法，严厉打击环境违法行为，促使污染项目进行环保改造、搬迁或关停。加强机动车污染防治和城市扬尘污染防控，确保空气质量稳定达标并持续向好。加强重金属、土壤、固体废物污染防治力度。积极推进环境污染第三方治理。扎实推进低碳城市建设，倡导绿色消费和低碳生活。

（八）着力保障和改善民生。

做好就业和底线保障工作。新增城镇就业人口4.5万以上，城镇失业人员再就业3万人，应届高校毕业生就业率90%以上。落实好六项底线民生保障[28]项目，进一步提高社会保险各项待遇，加强社保基金监管。完善全征地农民养老保障政策和社会保险基金预警机制及特大疾病医疗救助制度，提高医疗救助标准。城乡最低生活保障标准达到600至660元/人月，农村特困人员供养标准达到当地农村居民上年度人均可支配收入的 70%以上，孤儿机构养育标准达到每人每月1540元，提高残疾人各类补助救助标准。新增养老床位1500张，大力推进医养结合，建设以居家为基础、社区为依托、机构为支撑的养老服务体系。逐步建立适度普惠型儿童福利体系，加强关爱留守儿童。进一步完善残疾人社区康园网络建设，每个镇（街）至少建立1个社区康园中心。全年各级财政预算民生投入227.2亿元，可比口径增长15%，扎实办好十件民生实事，让发展成果更好惠及全市人民。

深入推动脱贫攻坚。推动扶贫与低保“两线合一”，构建城乡扶贫长效机制，确保贫困发生率控制在3%以内，实现30%以上建档立卡贫困户共5000人精准脱贫。继续开展百企扶百村等社会扶贫模式，支持慈善机构参与扶贫开发。建立稳定的村级公共服务管理和资源管护考核奖补机制，村委会年集体收入提高至18万元以上。完成省下达我市对口支援工作任务。

大力发展社会事业。全面推进教育争先，完善多渠道筹集教育经费的办学体制。落实“三二一”工程。完善住宅小区配套幼儿园管理，推进学前教育优质普惠发展，全市规范化幼儿园比例达80%以上。完善教师队伍交流轮岗制度，促进义务教育优质均衡发展。推动普通高中教育优质特色多样化发展。继续推进国家级特殊教育改革实验区建设。创建广东省职业教育综合改革示范市，持续推动五邑大学开门办学。建设好广东江门中医药职业学院和广东江门幼儿师范高等专科学校。扶持民办教育规范特色优质发展。抓好老年大学和社区大学建设。加快建设江门智慧教育云平台。加强医药卫生计生工作，创建全省深化医药卫生体制改革示范市。提升县级公立医院医疗服务能力，加大民办医院扶持力度，争取县域内就诊率达到90%左右。开展“医联体”[29]管理，实行县镇村医疗卫生服务一体化管理，建设10家基层医院的镇（街道）分院。加快探索“互联网+分级诊疗”模式。开展爱国卫生运动，创建10 个国家省市卫生镇。加大对中医药医疗行业人才培养力度。启动创建食品安全示范城市。深入实施“文化强市”，巩固文明城市创建成果。建设“世遗中国侨都”，办好第三届世界广府人恳亲大会暨2017中国侨都（江门）华人嘉年华。推进海上丝绸之路史迹点申遗。推动第一批12个特色小镇建设。创建省级华侨文化生态保护实验区。完善四级公共文化设施网络，推动全市各级各类文化设施共享，推进江门市档案中心建设和各市（区）国家综合档案馆达标工作。建设“健康江门”，完善城乡体育健身场地建设，建成并开放江门体育中心。推进申报“全国武术之乡”。促进公共服务均等化，统筹推进“邑家园”与农村基层公共服务平台建设，推动服务延伸至村（居）。引导社会组织规范有序发展并参与基层社会治理。

打造平安江门。建设“江门邑微警”网上公安局。抓好重点领域事故隐患排查整治，坚决遏制较大以上事故发生。加强食品药品安全、安全生产监管，健全防灾减灾和突发事件应急体系。进一步完善“大调解”工作格局。进一步完善国防动员体系，落实双拥和优抚工作，继续做好民族、宗教、对台、人防、打私、统计、方志、妇女儿童、红十字会等工作。

推动我市今年经济社会发展工作任务艰巨，责任重大。我们要在市委、市政府的坚强领导下，集智聚力、共同奋斗，为率先全面建成小康社会做出更大贡献！

附件：《江门市2016年国民经济和社会发展计划执行情况与2017年计划草案的报告》有关用语说明

附件：　《江门市2016年国民经济和社会发展计划执行情况与2017年计划草案的报告》

有关用语说明

1. “六新六去”：新技术（技改）、新实业、新消费、新金融、新城镇、新农村，去过剩、去库存、去低效、去负担、去污染、去繁就简。

2. “去降补”：去产能、去库存、去杠杆、降成本、补短板。

3. “1+15”扶持政策：《江门市支持小微企业创业创新若干政策措施》1个政策总纲，以及15个扶持政策和管理办法。

4. 人才强市“十四条”：指《江门市人民政府关于完善体制机制加快建设人才强市的若干意见》中14条扶持政策。

5. “六个优先”：即优先推动企业“零增地”增资扩产，优先支持企业创新，优先推介江门品牌产品，优先扶持优质企业上市融资，优先保障上市企业提升产能，优先引导企业设备智能化改造。

6. “河长制”：即由各级党政主要负责人担任“河长”，负责辖区内河流的污染治理。

7. 七大龙头公园：圭峰山、白水带、龙舟山、大雁山、石花山、梁金山、鳌峰山。

8. “放管服”：简政放权、放管结合、优化服务。

9. “1+3”清单：权责清单，负面清单、审批清单、监管清单。

10. “三就”：收费就低不就高、办事就简不就繁、服务就近不就远。

11. “两无两藏”：无收费、无门槛，藏富于民、藏富于企。

12. “九证合一”：《营业执照》《组织机构代码证》《税务登记证》《社保登记证》《刻章许可证》《海关报关单位注册登记证》《出入境检验检疫报检企业备案表》《对外贸易经营者备案登记表》和统计部门的信息申报，改为一次申请、由工商部门核发加载统一社会信用代码和海关、商务、检验检疫部门编号或标识的《营业执照》。

13. “双公示”：行政许可和行政处罚信用信息作出决定后上网公示的制度。

14. “三二一”工程：2016—2018年，蓬江、江海各要新建不少于3所公办义务教育阶段中小学校，新会、开平、鹤山各要新建不少于2所，台山、恩平各要新建不少于1所。

15. “邑门式”服务大厅：“一个窗口受理、一条龙服务、一站式办结”的行政服务平台。

16. “三个千亿计划”行动：坚持每年策划推介产业、交通、城建三大领域总投资均超千亿元的重点项目，并有计划、有步骤分期分批推动落实。

17. 民营经济“十二条”：指《江门市关于进一步加快民营经济发展的若干措施》中12条扶持政策。

18. “一心+一区+N基地”：“一心”即中欧（江门）中小企业国际合作区服务中心。“一区”是指中欧（江门）中小企业国际合作区（核心区）。“N基地”是指与欧洲各制造强国合作，重点打造蓬江区智能制造、教育装备产业基地；高新区（江海区）光机电一体化产业基地；新会区轨道交通装备产业基地；台山市清洁能源及装备产业基地；开平市新材料产业基地；恩平市智能装备制造基地等。

19. “1+6”核心园区：江门国家高新区、蓬江滨江新城、新会银洲湖、鹤山工业城、台山工业新城、开平翠山湖科技产业园、恩平工业园。

20. “七个一”专项行动：清理一批土地（项目）、规划“一张蓝图”、配建一套标准设施、推行“一条龙”服务、建设一批重点项目、打造一支专业队伍、实施一套分类考核办法。

21. “政银保”：是一种以政府财政投入的基金做担保、银行为符合贷款条件的担保对象提供贷款、保险公司对上述贷款本金提供保证保险的贷款模式。

22. “三权分置”：农村土地所有权、承包权、经营权“三权分置”。

23. 农村集体“三资”：农村集体的资金、资产、资源。

24. “双随机一公开”：在监管过程中随机抽取检查对象，随机选派执法检查人员，抽查情况及查处结果及时向社会公开。

25. PPP模式：Public—Private—Partnership的缩写，指政府与私人组织之间为了合作建设城市基础设施项目，或是为了提供某种公共物品和服务，以特许权协议为基础，通过签署合同来明确双方的权利和义务，建立起“利益共享、风险共担、全程合作”的共同体关系。

26. “海绵城市”：指城市在适应环境变化和应对雨水带来的自然灾害具有良好的弹性。

27. “一面六河”：潭江牛湾断面和天沙河、杜阮河、麻园河、龙溪河、会城河、紫水河6条重度黑臭水体。

28. 六项底线民生保障：城乡最低生活保障、特困人员供养、孤儿供养、城乡医疗救助、困难残疾人生活补贴和重度残疾人护理补贴、城乡居民养老保险基础养老金。

29. “医联体”：指区域医疗联合体，是将同一个区域内的医疗资源整合在一起，通常由一个区域内不同级别的医疗机构组成的一个医疗联合体。

·责任编辑　黄晓益·

2016年江门十大新闻

1. 江门市召开党代会选举产生新一届市委领导班子

2016年12月8—9日，在市委、市政府礼堂举行中国共产党江门市第十三次代表大会。林应武在大会代表十二届市委作《兴业惠民 治吏简政 为率先全面建成小康社会而努力奋斗》的工作报告。以无记名投票的方式，差额选举产生10名中国共产党江门市第十三届委员会常务委员会委员。

2. 颁发民营经济“十二条”

2016年11月，颁布《江门市人民政府关于进一步加快民营经济发展的若干措施》。《措施》提出去费减负，多维度降低民营企业成本；简政放权，营造开放公平的营商环境；多措并举，扶持民营企业做大做强做优等三大方面12条具体措施。

3. 打造珠西综合交通枢纽

2016年11月1日-2日，中共广东省委书记胡春华到江门市调研，要求江门强化机遇意识，加紧对接港珠澳大桥和深中通道，建设珠西综合交通枢纽，切实改善区位条件，打牢加快发展的基础。汇集深茂铁路、广佛江珠城际、广珠铁路、广珠城际以及江门城市轨道交通线，建成江门乃至整个珠三角从东到西大跨越的综合交通枢纽。

4. 江门市在全国率先实现“九证合一”

2016年9月1日，江门市在全国率先实施的“九证合一”登记制度改革正式在全市范围内铺开。11月中旬，李克强总理主持召开深化简政放权放管结合优化服务改革座谈会，因江门市简政放权成绩突出，先后两次说到“九证合一”并点到江门，鼓励地方和基层大胆探索。

5. 交通大会战迎来“三通车、三启动”

2016年12月28日，江门大道中五洞立交至东甲立交主道、江罗高速、广中江高速一期（江门蓬江区荷塘至江海区龙溪段）顺利建成通车，中开高速江门段、沈海高速三堡至水口段改扩建、江门市国省道PPP项目（国道G325、五邑路等）也先后启动建设。“三通车、三启动”标志着江门交通迎来新的胜利节点。2016年初，江门大道北通车。江顺大桥把江门鹤山市与佛山顺德区连接。

6. 江门市入选海丝申遗预备名录

2016年8月，国家文物局下发《关于进一步加快海上丝绸之路保护和申遗工作的通知》，江门市方济各·沙勿略墓园——大洲湾遗址入选我国2018年“海上丝绸之路：中国史迹”世界文化遗产申报推荐项目。10月1日，《江门市海上丝绸之路文化遗产保护办法》施行。

7. 世界江门青年大会在印尼开幕

2016年9月22日，第五届世界江门青年大会在印度尼西亚首都雅加达开幕。此届大会以“畅聚雅加达，共享‘一带一路’新机遇”为主题，启动“全球华侨华人天使投资联盟”，开通“中国侨都全球华侨华人邑门式服务平台”，评选表彰“十大杰出青年”，开展五大行业商务对接，举办“江门市投资环境及旅游风光图片展”，举行经贸项目签约等仪式，并对世界江门青年大会联络分部授牌。

8. “邑门式”政务服务全覆盖

经过近两年的努力，江门市“邑门式”政务服务平台实现全覆盖。2015年11月3日，江门市举行“邑门式”政务服务全面启动仪式。“邑门式”公共服务管理平台对全市范围内的公共服务事项的基础数据实行统一标准化配置，统一全市公共服务的互联网入口。至2016年末，江门市在全国率先建成地级市四级服务体系全市统一的“邑门式”公共服务综合管理平台。

9. 江门市《江门市潭江流域纸质保护条例》实施

2016年12月1日起执行《江门市潭江流域纸质保护条例》。《条例》具备法律效力。 2016年5月10日，颁布《江门市水污染防治行动计划实施方案》（即“水十条”），明确执行工业污染防治、整治城市黑臭水体等10项共36条水污染防治行动措施。

10. 侨乡好种子飞向太空

2016年6月25日，长征七号运载火箭在海南文昌航天发射场点火升空，跟随长征七号成功升天的还有来自江门侨乡的农作物种子。8月23日，航天种子，由中国进入太空第一人、航天英雄杨利伟传递市长手中。9月15日22时04分，新一批侨乡种子搭乘天宫二号空间实验室飞向太空。与搭乘长征七号运载火箭的“首飞”种子相比，此批种子多为“新面孔”，飞行高度更高，在太空驻留时间更长。

江门之最

Most of Jiangmen

2016年江门之最

【江门市有气象记录以来首次出现雨夹雪】

1月24日，江门市有气象记录以来首次出现雨夹雪。受“超级寒潮”影响，个别地方出现小雨夹霰小气象。鹤山、蓬江、江海和新会等地出现小雨夹雪。

【江门市首创开放性清单体系】

1月29日，江门市首创开放性清单体系，通过“1+3”清单规划政府提效，做到“简政放权，放管结合，优化服务”。

【“江门两新党建”微信号被评为全国“两新”党委部门微信号活跃度第一名】

2月7日，“江门两新党建”微信号被评为全国“两新”党委部门微信号活跃度第一名，成全国“两新”党建新媒体“标杆”。

【江门市第一次全国可移动文物普查成果展】

2月25日，江门市第一次全国可移动文物普查成果展在陈白沙祠纪念馆开幕。展览展出文物类别丰富，珍宝群集。这些文物为江门五邑文明的见证，是江门五邑侨乡文明的缩影。

【江门市第一所足球特色试点学校】

4月8日，江门市第一所足球特色试点学校——范罗冈小学举行挂牌仪式。

【第一个全国性干部培训基地】

4月10日，在五邑大学举行“中国侨联干部培训（广东）基地”揭牌仪式。为中国侨联建立的第一个全国性干部培训基地。

【江门首家私人博物馆】

4月21日，江门首家私人博物馆——江门市蓬江区岭南古民俗文化传承馆加入江门五邑联合博物馆，成为联合博物馆的一员。

【江门市首个文化综合体项目】

4月30日，举行江门演艺中心落成庆典暨江门国家高新区华侨华人创艺园揭牌仪式。其建筑规模在省内仅次于广州大剧院，为江门首个文化综合体项目。江门第一部大型音乐舞蹈史诗《闯金山》在江门演艺中心首演。

【江门首届钢琴演奏“马拉松”】

5月14日，由市音协钢琴专业委员会、市老干部大学钢琴协会主办的江门首届钢琴“马拉松”演奏在汇悦城一楼启动，活动持续至当月29日，共演奏23场，逢周六、周日下午举行。

【首个与美国合作的省级国际合作园】

5月18日，华南地区首个与美国合作的省级国际合作园——中美（江门）合作园在美国举行签约仪式。

【江门市首届粤剧曲艺私伙局大赛】

6月27日，江门市首届粤剧曲艺私伙局大赛闭幕，开平市曲艺团的折子戏《穆桂英招亲》荣获大赛金奖。

【江门市首个标准化出入境24小时自助办证厅】

7月1日，江门市首个标准化出入境24小时自助办证厅正式投入使用，可全天候自助办理港澳通行证再次签注、缴费、制卡等业务。

【江门市首个法治文化主题公园】

9月21日，江门市首个法治文化主题公园——白水带法治文化主题公园开园。

【江门市首届小冈香文化博览会】

9月24日，新会小冈香文化博览会在北京举行首次新闻发布会，小冈香首登全国大舞台。

【广东省首个非收费公路建设PPP项目】

11月1日，江门市国省道ppp项目（PPP模式即Public—Private—Partnership的字母缩写）签约，是广东省首个非收费公路建设PPP项目，签约金额逾28亿元。

【江门市“邑门式”政务服务】

11月3日，江门市“邑门式”政务服务全面启动，全市覆盖，全省首创，全国领先。

【江门市首部实体法】

12月1日，潭江流域水质保护条例实施，是江门市首部实体法，作为法院判案的法律依据。

【在全国率先实施“九证合一”】

12月4日，江门商事制度改革，在全国率先实施“九证合一”（“九证合一”登记制度改革，主要是指将工商、质监、税务、社保、公安、海关、检验检疫、商务等部门核发的“营业执照”“组织机构代码证”“税务登记证”“社保登记证”“刻章许可证”“海关报关单位注册登记证”“出入境检验检疫报检企业备案表”“对外贸易经营者备案登记表”和统计部门的信息申报，改为一次申请、由工商部门核发加载统一社会信用代码和海关、商务、检验检疫等部门编号或标识的新版营业执照。）。

【江门市“三二一”工程首所学校】

12月9日，江门市“三二一”工程（“三二一”工程即2016至2018年，蓬江区、江海区各要新建不少于3所公办义务教育阶段中小学校；新会区、开平市、鹤山市各要新建不少于2所；台山市、恩平市各要新建不少于1所。）首所学校建成，天鹅湾小学正式启用。

·责任编辑　黄晓益·

大事记

Memorabilia

2016年江门市大事记

2016 Jiangmen Memorabilia

1 月

1日 梁启超故居（纪念馆）对外免费开放。

2日 以“江门五邑，清洁邑起来”为主题的庆元旦迷你马拉松健步走及自行车骑行活动在滨江大道举行。

5日 中共江门市十二届六次全体会议在市委市政府小会堂召开。会议总结2015年全市工作，部署2016年任务，审议通过《中共江门市委关于制定国民经济和社会发展第十三个五年规划的建议》。

8日 为期3天的“中国（江门）工艺美术文化博览会暨广东台山玉标准颁布仪式”在江门市五邑华侨广场会议中心开幕，展出国家级、省级工艺美术大师的500多件（套）台山玉、端砚、陶艺、苏绣、漆器、牙雕等工艺美术作品。开幕式上还举办国家级奖项“金榕奖”的颁奖仪式，颁布广东台山玉标准。

18日 江门市颁布《江门市“互联网+”行动计划（2015—2020年）》，提出实施“互联网+创业创新”“互联网+先进制造”等九大行动。

是日，江门市召开市委常委(扩大)会议，贯彻省委十一届六次全会精神。

19-22日 江门市政协举行十二届五次会议。市政协主席赵基耀作政协常委会工作报告，副主席伍劲华作提案工作情况报告。

19-22日 江门市举行十四届人大六次会议。钟军当选市人大常委会副主任，梁许赞、许晓雄当选副市长。

21日 建设“江门信息大道”，加快推进民生福祉，中国电信江门分公司加快全光网城市建设。市政府与中国电信广东公司等四方共同签署《珠西数谷(云计算中心)战略合作框架协议》，江门市将加快推进珠西数谷建设，打造一个以大数据为核心、云资源和云计算中心为主题的大规模产业集群。

是日，江门市十四届人大六次会议闭幕。

24日 江门下雪，是江门市有气象记录以来首次出现。个别地方先后出现小雨夹霰。鹤山、蓬江、江海和新会等则相继出现小雨夹雪。

26日 江门海关查获一批走私冻品，涉案冻品千余吨，案值超2000万。

28日 银洲湖入驻中国纸企集9家，建成产能171万吨。

29日 江门市首创开放性清单体系，通过“1+3”清单规划政府提高效能。

2　月

1日 江门市政府印发《江门市人民政府关于促进江门教育优质均衡发展的若干意见》。要求“骨干教师”交流将逐步达到20%，落实教育发展优先规划、学校用地优先保障、教育问题优先解决、教育投入优先安排、教育人才优先引进、教师待遇优先落实。

2日 市纪委十二届六次全会召开，总结和部署市党风廉政建设和反腐败工作,江门市委领导强调：高压遏制腐败，全面从严治党。

5日 历经两年多时间建设江门大道江顺大桥至鹤山文华路段试通车。

7日 “江门两新党建”微信号蝉联全国“两新”党委部门微信号活跃度第一名，成全国“两新”党建新媒体“标杆”。

18日 江门开平一名59岁男子感染H7N9病例死亡。也是今年江门市确诊的首例H7N9病例。

19日 2015年全国城市空气质量状况公布，江门跻身空气质量达标城市之列，在珠三角地区排名第五。

20日 香港五邑总会在香港成立，并举行“首届理监事就职典礼”。岑少雄当选香港五邑总会首届会长、黄炳均担任理事长、任德章担任监事长。香港中联办、特区政府官员、立法会议员、社会知名人士、省委统战部、江门市和各市区主要领导，以及香港乡亲1800多名共同应邀参加。

24日 江门市举行博物馆、文化馆、美术馆（简称“江门五邑联合文化场馆”）建设工作现场会，并正式启动建设工作。

25日 “珠联璧合·邑邑生辉”江门市第一次全国可移动文物普查成果展在陈白沙祠纪念馆开幕，展出奇珍文物。

是日，由江门市残联、蓬江区残联主办，江门市利民社会工作综合服务中心承办的《为“碍”助力　大爱无界》——江门市首届无障碍音乐沙龙在汇悦城精彩上演。

是日，广东省副省长许瑞生到江门市调研考察南粤古驿道（古出海通道）、农村危房改造、农村集体土地流转、体育公园建设等工作情况。

29日 江门中欧合作区启动。重点推进“3+1”计划，构筑“一心+一区+N基地”格局。

3　月

5日 江门市政府和中国青年报社共同打造“中国青创汇”小微企业创业创新服务平台，该平台的首个服务工程——全球华侨华人青年创梦工场正式启动。

7日 江门市第一次全国可移动文物普查工作结束，录入藏品5.4万余件（套），藏品总数位居全省第二。

是日，中欧（江门）中小企业国际合作区智能制造、教育装备产业基地挂牌仪式在珠西智谷智能装备协同创新研究院举行。

8日 江门市微信年报平台正式上线运行，为全省率先搭建微信年报平台的城市。

9日 开平麻风病专科医院——玲珑医院的医生徐娜，扎根麻风村12年，获评“全国三八红旗手”。

11日 江门市不动产登记中心和新会分中心将正式对外收件，即“停旧收新”。

13日 江门海关查获一起低报价格走私进口木材案，现场抓获犯罪嫌疑人6名，查扣装载进口马来西亚坤甸铁木19个40呎货。共涉及走私木材2万立方米，案值达1.35亿元，涉嫌偷逃税款约850万元，是江门海关近年来查获数量最多、案值最大的一起木材走私案件。

是日，由中国传记文学创作出版委员会、广东侨界人文学会以及江门市住房和城乡建设局共同主办的“侨时代与人文中国”之“梁思成与中国建筑”座谈会在北京举行。

15日 江门市舞蹈家协会主席林俐获评2015年省三八红旗手。

17日 国务院印发《关于深化泛珠三角区域合作的指导意见》，江门大广海湾经济区成为国家重大合作平台。

18日 江门市领导班子率队赴澳门开展新春拜访活动。是日，广东省嘉士利食品集团有限公司、开平法兰多卫浴有限公司、江门市贝尔斯顿电器有限公司被评定为2015—2016年度广东省电子商务示范企业。

19日 国侨办组团到江门调研。

21日 江门市教育局、财政局、体育局等6部门联合印发《江门市关于推进青少年校园足球发展的实施意见》。

22日 江门市首张不动产权证书发出。

28日 江门市首次举行宪法宣誓仪式，18名国家工作人员宣誓。

29日 新会城区优质供水工程试供水。日制优质水10万吨的现代化制水厂正式运行。

4　月

5日 江门市首次采用电脑摇号确定环保抽查对象。

8日 江门市第一所足球特色试点学校——范罗冈小学举行正式挂牌仪式，这标志着江门市“一百百”足球工程正式启动。

10日 中国侨联第一个全国性干部培训基地。“中国侨联干部培训（广东）基地”揭牌仪式在五邑大学举行。

11日 江门市蓬江区丰乐路“可变导向车道”启用，为江门市第一条可变向车道。

14日 梁启超先生之子，著名火箭控制系统专家、中国科学院院士、国际宇航科学院院士梁思礼因病逝世，享年91岁。

21日 江门首家私人博物馆——江门市蓬江区岭南古民俗文化传承馆加入江门五邑联合博物馆，成为联合博物馆的一员。

22日 “中国侨都（江门）博士后大讲堂”首期学术报告会开讲。江门籍中国科学院院士陈新滋围绕“科技创新”作专题报告。

是日，台山在上川岛举办“台山上川放洋岛海上丝绸之路遗址考察与保护展示方案论证会”，国内外有关专家出席。

23日 中国航天科技集团公司党组副书记、副总经理袁洁正式授予梁启超纪念中学“全国航天特色学校”牌匾,梁启超纪念中学成为首批全国航天特色学校。

25日 江海区外海街麻三嘉福市场引入电子消费结账模式，顾客与商户交易无须使用现金。

是日，广东省副省长邓海光率队到江门市调研督导“创森”等工作。

28日 全国“百社千校书香童年”阅读活动基地挂牌，为江门市首个活动基地。

30日 江门市首个文化综合体项目——江门演艺中心落成。该建筑规模在省内仅次于广州大剧院，当日江门第一部大型情景音乐舞蹈史诗《闯金山》在江门演艺中心首演。

5　月

1日 江门市新工人文化宫投入使用，江门市工人文化宫五邑工人运动博物馆、五邑劳动文化馆、中国历代书法拓片馆、东汉刻石画像拓片馆也免费开放。

11日 广东省省长朱小丹到江

门调研森林城市群建设进展情况。

13日 全国人大常委会副委员长李建国带队莅临江门市开展水法执法检查。

14日 由市音协钢琴专业委员会、市老干部大学钢琴协会主办的江门首届钢琴演奏“马拉松”在汇悦城一楼启动，活动持续至当月29日，共演奏23场，逢周六、周日下午举行。

16日 江门五邑联合图书馆五邑大学图书馆挂牌仪式在五邑大学举行。

18日 华南地区首个与美国合作的省级国际合作园——中美（江门）合作园在美国正式举行签约仪式，中共中央政治局委员、广东省委书记胡春华，美国商务部（中国事务）助理副部长帕特里克.桑迪洛等见证签约。副市长许晓雄等出席活动。

22日 江门市举行戴爱莲先生诞辰100周年纪念大会。

28日 国家文物局领导到江门市考察海上丝绸之路史迹点，对江门市“海丝”申遗工作给予充分肯定。

30日 江门市华山泉生产基地被指定为国家包装饮用水行业水教育项目示范基地和广东省饮用水生产放心示范基地。

6 月

3日 江门市成立的第一所少儿科学院在紫茶小学挂牌。

是日，“微市长”上线一周年，关注用户逾6万个，受理有效事项逾23万宗。

6日 广东省第一届传统龙舟争霸赛举行，江门基达队夺冠，江门税务队、新会增边队名列第二、第三名。

是日，省人大常委会副主任陈小川率执法检查组对江门市实施《中华人民共和国行政诉讼法》（以下简称“行政诉讼法”）的情况进行检查。

10日 江门市在万达嘉华酒店举行2016广东(江门)杜阮凉瓜美食旅游文化节启动仪式。来自蓬江区杜阮镇杜阮村一村民种植的凉瓜在“凉瓜王”获 “金奖凉瓜王”称号，并以13000元拍卖成交。

11日 江门市2016年“中国文化遗产日”非物质文化遗产宣传活动在东湖广场举行。此次活动由市文广新局和蓬江区政府联合主办，五邑联合文化馆和蓬江区文广体局承办。展示101项非物质文化遗产项目图片，新会葵艺、白沙茅龙笔、荷塘纱龙、鹤山狮艺、台山广东音乐、台山民歌、开平民歌等非物质文化遗产项目在现场进行展示展演。

20日 江门市委召开全市领导干部大会，宣布省委关于江门市委主要领导职务任命的决定：林应武任江门市委委员、常委、书记，提名为江门市人大常委会主任候选人。省委常委、组织部部长李玉妹出席会议。

是日，在新会司前镇瓦岗村附近，发现“天等桥”和“三板路”古驿道遗址。

21日 江门市与澳门特区政府在2016年粤澳合作联席会议上签署《关于推动粤澳共建江门大广海湾经济区的框架协议》。

22日 由广东省文明委主办、江门市文明委承办，江门市广播电视台协办的2016年第一季度广东省道德模范与身边好人现场交流活动在江门演艺中心举行。江门市3人获评“广东好人”。

是日，由中国通信工业协会、中国工业报社和中国智能终端产业联合会与江门高新区共同主办的行业年度盛会——首届中国智能终端产业大会在江门市举行，会上展示100多款智能终端产品，8款智能产品获金奖。

27日 江门市首届粤剧曲艺私伙局（民间业余粤曲迷自备乐器，自由组合，自娱自乐，自发活动）大赛落下帷幕，开平市曲艺团的折子戏《穆桂英招亲》荣获本次大赛金奖。

28日 浪潮集团董事长兼CEO孙丕恕一行到访江门市，并为浪潮江门云计算大数据创客中心揭牌。

是日，国家文物局正式确定台山上川岛方济各·沙勿略墓园、大洲湾遗址为我国海上丝绸之路申遗史迹点，新地村天主教堂遗址为后备点。江门市“海丝”申遗史迹点清单、申遗文本、保护规划纲要及市政府申报函已经省文物局上报国家文物局。

7 月

1日 江门市首个标准化出入境24小时自助办证厅投入使用，全天候自助办理港澳通行证再次签注、缴费、制卡等业务。

3日 《卅载辉煌 百年圆梦——新宁铁路肇建110周年专题展》在新宁铁路北街站旧址开展，现场展出新宁铁路从筹备到建成后的50件珍贵文物及过百张珍贵的历史资料照片，当中不少文物与历史资料首次亮相。

7日 中国工程院院士袁隆平率育种专家团队走进新会三江，考察超级杂交稻试验田种植情况，并举行种业战略合作座谈会。

12日 广东省副省长蓝佛安在江门市调研“海丝”申遗时强调，全力以赴做好申遗各项工作。

是日，江门市委书记林应武会见台山籍中国社科院学部委员、著名经济学家余永定先生一行。

是日，首届江台教育装备展览会在南方教育装备创新产业城开幕。教育部教育装备研究与发展中心、广东省教育装备中心有关领导以及来自台湾的40多位学者和企业代表等参加开幕式。

16日“中国青创汇”全国小微企业创业创新周在江门市正式启动。此次活动由江门市人民政府和中国青年报社共同主办，旨在推动“大众创业，万众创新”，助力全国小微企业创业创新基地城市示范建设。当天，2016年两院院士和“千人计划”专家暨创业导师江门行活动同步启动。

24日 来自中山大学、复旦大学、厦门大学、南开大学、浙江大学、四川大学、上海财经大学、香港理工大学、澳门科技大学等近40所知名大学的150名旅游管理专业博士走进江门，考察恩平泉林黄金小镇、江门五邑华侨华人博物馆和开平碉楼景区，开展“开平碉楼申遗与旅游发展”经验教学活动，并在江门万达酒店举行“助推江门创建中国国际特色旅游目的地签名仪式”。中山大学副校长黎孟枫，市领导林应武等出席活动。

26日 江门市委书记林应武任江门军分区党委第一书记。省委常委、省军区党委书记、政治委员黄善春少将为林应武颁发任职证书。

29日 江门市委书记林应武率团慰问江门军分区、江门武警支队。

8 月

1日 江门市“双随机”抽查系统将率先在全省上线使用，这是江门市落实国务院推广随机抽查规范监管的一大新举措。

15日 推进政府服务简政效能，江门市在全国率先实现“九证合一”。

17日 林应武主持召开市委常委会时强调，积极对接“一带一路”战略。

18日 江门市再次获全省双拥模范城称号，这是江门连续第八次获得这一荣誉。

20日 2016“中国侨都”杯第四届WNDA国际双节棍王争霸赛暨广东侨武英雄汇在江门市体育馆举办，共吸引来自世界各地的300余名各派高手参加。

23日 “飞天”侨乡太空种子经航天英雄杨利伟传递到江门。

是日，2016中国侨都（江门）国际青少年室内五人制足球嘉年华暨室内五人制足球邀请赛在江门市开幕。来自澳大利亚、尼泊尔、香港、广东、福建、新疆等地的60支国内外队伍参赛。

24日 致公党江门市第八次代表大会召开，胡念芳当选主委。

25日 中国九三学社江门市第四次代表大会召开，会议选举产生中国九三学社江门市第四届委员会，吴国杰当选主委。

26日 广中江高速控制性节点

工程——江海大桥顺利合龙。

29日 国家文物局组织召开海上丝绸之路申遗工作会议，此前被列入国家海丝首批申遗点名单的地市（县、区）代表出席。会上，江门加入海上丝绸之路保护与申遗城市联盟。

是日，广东省首个袁隆平院士工作站落户江门。

30日 江门市居住证启用微信办理。

31日 广东省副省长许瑞生率队到江门市调研农田建设、“海丝”申遗、环境保护等工作。

9 月

1日 江门市特殊教育学校落成。该校由原启智学校扩建并改名而成。

是日，广东省人大常委会副主任陈小川率队到江门市开展村改居社区供水一体化和农村“村村通”自来水监督工作调研。

2日 江门市十四届人大七次会议召开，选举市委书记林应武为市人大常委会主任。

9日 新会陈皮·柑普茶博览会开幕。

10日 五邑慈善会成立7周年慈善晚宴。截至是日逾1.5万人次接受帮扶资助。五邑慈善基金增至8000万元。其间并进行一年一度的慈善拍卖，掀起爱心热潮。

11日 里约残奥会江门首金诞生，李汉华与队友夺得自由泳接力金牌。

19日 广东（江门）欧美经贸合作洽谈会召开。

20日 位于礼乐文昌的江门造纸厂的两根大烟囱被拆除。

21日 江门市经贸代销团赴瑞典、德国开展招商推介活动。

是日，江门市首个法治文化主题公园——白水带法治文化主题公园开园。

23日 周文雍陈铁军烈士陵园成国家级烈士纪念设施。

是日，江门市委书记林应武会见从巴西里约载誉归来的第15届残奥会江门籍参赛运动员李汉华、熊桂燕、刘辅梁。

25日 由商务部投资促进事务局、赛迪顾问股份有限公司指导，江门市政府主办，中国汽车改装用品协会、中汽认证中心、广东省汽车行业协会协办的广东江门（上海）汽车产业合作交流会在上海虹桥国家会展中心举行。

27日 港珠澳大桥主体桥梁工程全线贯通。

29日 在佛山举行的第二届珠江西岸先进装备制造业投资贸易洽谈会上，江门市签约项目52个，总投资351.2亿元。

10 月

13日 第二届中国（新会）香文化博览会暨首届新会小冈香文化博览会在宝骏香业城开幕。

是日，胡润研究院公布2016年胡润百富榜，其中江门市有6人（家族）上榜，分别是维达国际的李朝旺、天地壹号的陈生、昌兴公司的黄炳均、盛承慧夫妇、地尔汉宇的石华山、金莱特的蒋小荣家族和江粉磁材的汪南东，身家分别为50亿元、50亿元、45亿元、40亿元、30亿元和26亿元。其中，李朝旺和陈生并列为江门首富。

17日 江门荣获2016年度大本钟奖，成为最受海外青年推崇的“双创”城市。

21日 高耀华获评“全国十佳保安员”，广东省唯其一人。

23日 江门跻身“中国百强城市”，排第73位，在上榜省内城市中排第7位。

11 月

1日 江门市国省道ppp（PPP模式即Public—Private—Partnership的字母缩写）项目签约，是广东省首个非收费公路建设PPP项目，签约金额逾28亿元。

是日，广东省委书记胡春华到江门市调研，推动医疗资源向基层下沉，建设珠西综合交通枢纽。

2日 江门客运港启动“一人一机一犬”三位一体查验模式，检疫犬“巴达”上岗。

3日 江门市“邑门式”（把多个部门的办事大厅服务事项集中在一个大厅）政务服务全面启动，全市覆盖，全省首创。

6日 广东省委常委、省纪委书记黄先耀到江门市调研基层党风廉政建设情况。

9日 江门市颁布民营经济12条（《江门市人民政府关于进一步加快民营经济发展的若干措施》）。

16日 广东省委常委、政法委书记林少春到江门市调研社会治安综合治理工作。

18日 城轨江门站、城轨新会始发站及途经的全国20条线路站点实行一卡通。104辆公交车可刷全国交通一卡通。

24日 江门市委书记林应武主持召开市委常委会议，传达贯彻省委十一届八次全会精神。

26日 江门市举行第四届中国侨都国际健走马拉松大赛。

28日 全市顺利完成县级领导班子换届。

29日 全省电影工作会议在江门市召开。

12 月

1日 江门市首部实体法《潭江流域水质保护条例》实施。

是日，由市教育局与江门市科协联合举办的“2016年江门市骨干科技教师观摩交流活动”在江门市紫茶小学举行。

4日 江门商事制度改革在全国率先实施“九证合一”。

8-9日 江门市举行中国共产党江门市第十三次党代会表决。市委书记林应武作工作报告，选举产生新一届市委和市纪委。通过十二届市委工作报告和市纪委工作报告。

12日 徐娜董淑猛家庭获“第一届全国文明家庭”称号。

13日 江门市代表谢顺锡获全国先进个体工商户称号。

是日，江门市委书记林应武会见江门外商投资企业协会理事会成员。

16日 江门市人力资源和社会保障事业发展“十三五”规划公布。

19日 江门市举行第十二届农民运动会。

26日 市十四届人大常委会召开第四十四次会议，会议审议通过《江门市市区山体保护条例》。

27日 中开高速江门段启动建设。对接深中通道的中开高速江门段开工动员大会在新会三江银洲湖特大桥项目现场举行。

28日 江门市在市委市政府小会堂召开江门市志愿服务“爱心之城”建设工作推进会暨市义工联成立十周年会议，总结市义工联工作，表彰优秀志愿者代表。

·责任编辑 黄晓益·

市情概况
PROFILE OF JIANGMEN

基本市情

【建置沿革】 元末明初，在肄水(西江)出口江门海西岸地域，形成一个商贸墟集，称江门墟。明万历年间，属新会县龙溪乡归德都辖。清沿明制。康熙年间，江门墟仍为新会县龙溪乡归德都十五图辖地。光绪二十三年(1897年)，据《中英西江通商条约》，辟为外国船只停泊及货物上落站。光绪二十八年，《中英续议通商行船条约》议定，江门为对外通商口岸，并设立海关。时称江门埠。

民国时期，建置易制。民国14年，据广东省政府《民国十七年年刊》本省各市政调查材料载：“民国14年11月26日，经广东省政府批准，江门为省辖市建置”，民国20年2月，撤销省辖市建置，改为新会县第十二区辖镇。民国26年3月改属新会县第二联乡辖。民国34年9月至江门解放，为新会县第二区辖镇。1949年10月23日，江门解放。10月25日，中国人民解放军江会区军事管制委员会在江门成立，对江门、新会实施军事管制。翌年5月1日，设立江会区军事管制委员会江门办事处，为县级建制，负责江门行政管理事务。1951年1月12日，经中央人民政府政务院批准，江门改为省辖地级市，归粤中专署辖。同年4月1日，成立江门市人民政府。同时撤销江会区军事管制委员会江门办事处，结束军事管制。1952年5月改属粤西办事处领导，11月归粤中行署辖。1958年4月11日，江门市改为县级市，归佛山专区辖。1958年12月，归属江门专区。1961年4月2日，改属肇庆专区。1963年6月再改隶佛山专区辖。1966年初，复升为省辖地级市。1970年，江门降为县级市建置，归佛山地区领导。1975年11月，经国务院批准，江门市复改为省辖地级市，受广东省和佛山地区双重管辖。1979年11月24日，江门市革命委员会撤销，复设江门市人民政府。1983年6月1日，实行市领导县体制，江门市下辖新会、台山、开平、恩平、鹤山五县。同年9月1日增辖阳江、阳春两县。1984年7月，江门市区分设城区与郊区两个县级区。至1987年末，江门市共辖7县2区。1988年1月，阳江县、阳春县从江门市划出。1992年4月至1994年2月，辖下的台山、新会、开平、鹤山、恩平五县先后撤县设市，为省辖县级市建制，省政府委托江门市代管。2000年末，江门市辖新会市、台山市、开平市、恩平市、鹤山市五个县级市及蓬江区、江海区两个市辖县级区。2002年9月1日,江门市辖下原新会市撤市设区。

【位置面积】 江门市位于广东省中南部，珠江三角洲西部，范围在北纬21°27′—22°51′，东经111°59′—113°15′之间。北自鹤山市古劳镇丽水，南至台山市下川镇围夹岛，相距142.2千米；东自新会区大鳌尾，西至恩平市那吉镇蛤坑尾，相距130.68千米。东部与佛山市顺德区、中山市、珠海市斗门区相邻,西部与阳江市阳东区、阳春市接壤，北部与云浮市新兴县、佛山市高明区、南海区相连，南部濒临南海。全市领海基线以内海域面积2886平方公里；大陆海岸线长414.8公里，约占全省的1/10；海岛岸线长约400公里，约占全省的1/6；共有大小海岛561个，数量位居全省第二，海岛总面积249.971平方公里。其中，有居民海岛6个，无居民海岛555个。面积大于500平方米的海岛130个，面积大于1平方公里的海岛9个。上川岛面积137.15平方公里，下川岛面积81.07平方公里，分别为全省第二、第六大岛，并双双入选广东省“十大美丽海岛”。（市国土资源局、钟树年）

【地貌和地质】 江门市地貌特征为北西高，以低山丘陵为主；西南部及东南部较低，以河谷冲积平原和少数丘陵为主，地面标高在5～40米之间。全市山地丘陵面积达4400多平方公里，占土地总面积46.8%。境内海拔500米以上山地约占总面积1.77%。800米以上山脉有9座，多为东北—西南走向。全市最高山为西北部的天露山，南北长约100公里，东西宽约40公里；主峰海拔1250米。北部的婆髻顶、皂幕山，东部的镬盖尖和南部的笠帽山、凉帽顶，均山势陡峻，岩石嶙峋，“V”形谷发育。东南沿海的古兜山主峰海拔986米，俯瞰南海，气势雄伟。全市河流冲积平原及三角洲平原面积4880多平方公里，占总面积51.90%，现多为良田。境内地层有震旦纪、寒武纪、奥陶纪、石炭纪、二迭纪、三迭纪、侏罗纪、白垩纪、下第三纪及第四纪等地质年代的地层，尤以第四纪地层分布最广。侵入岩形成期次有加里东期、加里东—海西期、印支期、燕山期，尤以燕山期最为发育，规模最大。境内岩浆岩分布广泛，构造比较发育，构造单元属“东南低洼区”。地质构造以新华夏构造体系为主，大的断裂带有北东向的恩苍大断裂和金鹤大断裂。（市国土资源局）

【地震设防烈度】 按中华人民共和国国家标准GB18306-2015《中国地震动参数区划图》和《建筑抗震设计规范》GB50011-2010所示，江门市下辖有：蓬江区，江海区；新会区的会城街道、沙堆镇、古井镇、三江镇、睦洲镇、大鳌镇、双水镇和崖门镇；台山市的都斛镇、赤溪镇、海宴镇、汶村镇、北陡镇和川岛镇；鹤山市的沙坪街道、龙口镇、雅瑶镇、古劳镇和桃源镇；抗震设防烈度为7度其余地区的抗震设防烈度为6度。（市科技局）

【主要河流】 江门市河流属珠三角水系和粤西沿海诸河两大水系，全市集水面积超过100平方千米的河流共26条。

珠三角水系

西江　位于江门市东北部的西江下游干流，属江门市的过境河流，在鹤山石岩头以上集雨面积约35万平方公里，流经鹤山、江门、新会、佛山、中山、珠海等河。江门境内西江西海水道多年平均径流量约为1078亿立方米，其中部分流经银洲湖。

潭江　是珠三角水系的干河。主流发源于阳江市牛围岭山，自西向东流经恩平、开平、台山、鹤山、新会等市（区），在新会区环城镇附近折向南流，从崖门口出海。沿途汇纳朗底水、莲塘水、蚬冈水、白沙水、镇海水、新昌水、公益水、新桥水、址山水、新会河、江门水道、天沙河、下沙河、虎坑水道及虎跳门水道等支流。流域面积6026平方公里，在江门市境内流域面积5882平方公里。主流全长248公里，上游多高山峻岭，植被良好，雨量充沛，水资源丰富。潭江主流上游建有大（二）型锦江水库，并已建成水沾、江北、恩城、塘洲、东成、江洲、合山等梯级开发的水闸，兼顾发电。潭江流域水力资源理论蕴藏量29.86万千瓦，已建成大、中、小（二）型以上水库421宗[其中大（二）型水库3宗，中型水库19宗，小（一）型水库109宗，小（二）型水库290宗]，控制流域面积2006平方公里。总库容16.86亿立方米，现已开发小水电233宗，装机容量12.15万千瓦，年发电量3.26亿千瓦时。

郎底水　潭江一级支流，位于潭江上游左岸，属山区性河流，发源于天露山脉的五马巡朝，自北向南流经朗底镇，在朗底镇至大田镇附近汇入主流，流域面积148平方公里，河流全长27公里。上游多崇山峻岭，植被良好，是暴雨高区，水资源丰富，河床比降较陡，多砾石，平均比降13.4‰，现已建小（一）型水库2宗，控制集水面积29.4平方公里，总库容1580万立方米，已开发小水电16宗，装机容量7420千瓦，年发电量1558万千瓦时，水力资源仍有开发潜力。

莲塘水　潭江一级支流，位于潭江中游左岸，发源于天露山脉的五马巡朝与燕子尖山之间的老虎坑，向东南流经牛江、沙湖二镇，于沙湖镇浦桥处汇入主流。流域面积252平方公里。河流长度44公里，平均比降4.77‰，上游多山，下游为低丘平原，植被良好，雨量充沛，水资源丰富。上游已建西坑、宝鸭仔2宗中型水库及小（一）型水库2宗，小（二）型水库8宗，控制流域面积121平方公里，总库容1.10亿立方米，现开发小水电16宗，装机容量4880千瓦，设计年发电量1422万千瓦时。

岘岗水　潭江一级支流，位于潭江下游的右岸，发源于恩平市五点梅花山，向东流至开平市金鸡镇飞鹅里与金鸡水汇合再折向东北，于蚬冈圩的茅朗附近汇入主流，企山海村以下受潮汐影响，流域面积185平方公里，平均比降1.30‰，主河长34公里。上游已建青南角中型水库1宗以及小（一）型水库9宗，小（二）型水库14宗，控制流域面积53.8平方公里，总库容4710万立方米。已建小水电站4宗，装机容量1725千瓦，年发电量535千瓦时。

白沙水　位于潭江下游之右岸，发源于流域南部开平市的三两银山，自南向北流经开平市东山镇、赤水镇和台山的白沙镇，在百足尾汇入主流。流域面积383平方公里，河长49公里，平均比降0.77‰，鹤仔朗以下受潮汐影响，上游已建狮山中型水库1宗及小（一）型水库5宗，小（二）型水库25宗，控制集水面积63.1平方公里，总库容6953万立方米，已建小水电站2宗，装机容量825千瓦，设计年发电量195万千瓦时。下游低洼地区已筑堤防洪。河道上游较陡，下游平缓，平均比降为0.77‰。

镇海水 为潭江最大的支流，位于潭江下游左岸，发源于鹤山将军岭，上游于鹤山境内称宅梧河，自西北向东南汇入双桥水后折向南流，并先后汇入开平水，经沙塘至交流渡，在交流渡分流分别以向东至长沙振华的蟠龙出口和向南交流渡圩出口。流域总面积1203平方公里，河流长度101公里，平均比降0.81‰，其中集水面积100平方公里以上的支流有双桥水、开平水、靖村水、曲水4条，流域内多属丘陵山区，植被良好。镇海水已建大沙河、镇海2宗大（二）型水库和立新、花身蚕2宗中型水库，以及小（一）型水库17宗，小（二）型水库45宗，总库容4.38亿立方米，控制集雨面积459平方公里，苍城镇以下两岸筑有防洪堤围，下游受潮汐影响，建有小水电站30宗，装机容量9915千瓦，年发电量2607万千瓦时。

新昌水 潭江一级支流，位于潭江下游右岸，发源于台山市古兜山的狮子尾，向西北流经四九镇至合水汇入五十水，经台城与三合水汇流，在三埠开平氮肥厂附近汇入主流。流域面积576平方公里，河流长度52公里，平均比降1.81‰，其支流集水面积大于100平方公里的有五十水、三合水等2条，流域多属丘陵山地，植被较好，该河流已建塘田、陈坑、老营底3宗中型水库，小（一）型水库13宗，小（二）型水库39宗，控制集水面积206.2平方公里，总库容1.18亿立方米已建小水电站22宗，装机容量13800千瓦年发电量4119万千瓦时。

公益水 位于潭江下游右岸，发源于台山市古兜山北部的烟斗岗，流经大江镇、与水步支流汇合，于公益镇东头汇入主流。流域面积136平方公里，河流长度28公里，平均比降0.68%，该河受潮汐影响可达大江镇及水步镇。下游公益围对防洪（潮）起到很大作用，但因堤围未达设计标准，必须加固。该河建有小（一）型水库4宗，小（二）型水库7宗，控制集水面积23.7平方公里，总库容1808万立方米。

新桥水 潭江一级支流，位于潭江下游左岸，发源于鹤山市皂幕山，向南流经水井镇、月山镇，在水口镇汇入主流，流域面积143平方公里，河流长29公里，平均比降3.24%，下游受潮汐影响，流域属丘陵河流，平原、山区各占50%，现有小（一）型水库3宗，小（二）型水库13宗，控制集水面积17平方公里，总库容754万立方米，兴建小水电站1宗，装机容量250千瓦，年发电量60万千瓦时，河床上游较陡，下游平缓，由于河道弯曲狭窄，下游洪涝灾害时有发生。

址山水 位于潭江下游左岸，发源于鹤山市皂幕山脉的横岗顶，流经鹤城镇、云乡镇、址山镇等地于新会市司前镇石步至田边附近汇入主流，流域面积204平方公里，河流长度30公里。平均比降3.35‰，现有小（一）型水库2宗，小（二）型水库9宗，控制流域面积32.3平方公里，总库容1003万立方米。已建小水电站6宗，装机容量1185千瓦，年发电量155万千瓦时。

江门水道 位于潭江流域东部，是连通西江与崖门水道的主要水道，江门水道从北街引入西江水，向西经江门市区，于市区的东炮台新会区江咀二区，汇集天沙和再折向南流，经大洞口出潭江下游银洲湖，中途于江门市区文昌沙段分出礼乐河，并于大洞口处汇合出银洲湖，另于新会区上浅口分出会城河，经会城镇会城河口处流入潭江。江门水道流域面积313平方公里，干流全长23公里，1968年6月于北街处出现4.53米洪水位，相应洪流量1040立方米/秒，对江门水道两岸造成严重的洪涝。为此，与1978年建成水利枢纽一座（北街水闸），控制下泄量，保证沿岸的航道、供水和冲淤、冲污，江门市区及下游的防洪排涝。按运行规程：北街水闸在平常情况下，必须下泄流量150～200立方米/秒，保证市区不受浸。天沙河有排涝要求时，规定市区东炮台水位不得超过2.0米。

天沙河 位于潭江流域东北部，发源于鹤山市雅瑶镇的观音樟山，流域面积290.6平方公里，干流长度49公里，河床比降1.32%，流域先后汇集天乡、沙海（雅瑶水）、泥海、桐井和丹灶等水，经鹤山雅瑶镇、新会市棠下镇、杜阮镇与杜阮水汇合至江门市区东炮台（上出口）及新会江咀（下出口）汇入江门河道。河流上游建有那咀中型水库1宗，小（一）型水库9宗，小（二）型水库14宗，控制集水面积62.50平方公里，总库容5143万立方米。流域上游属山区河流，陡坡，中、下游属平原河流，河床坡降平缓，局部河段出现倒坡现象，河道流经江门市区段枯水区流量偏小，水环境容量小，河道淤积、污染严重，引起江门市政府的关注。经规划，按“疏河、砌堤、环保、绿化”同步进行治理的原则进行整治，于下游二出口处，改建耙冲节制闸，新建白沙节制闸控制水量，并于西江沿岸的各水闸增大引入西江，规划与篁边地段建水泵站，对天沙进行抽水增流，保证流量，改善水环境。

下沙河 位于潭江下游右岸，银洲湖西部的双水镇，发源于古兜的朗头分流山，到木江汇合来自黄梅山的上凌支流经濠冲再汇合来自锅盖尖的沙富支流，在沙路的沙口流入银洲湖。流域面积143.5平方千米，干流全长23公里，下游受潮汐影响。上游建有万亩、鱼山及曾坑3宗中型水库和小（一）型水库1宗，小（二）型水库3宗，控制集雨面积47.4平方公里，总库容4884万立方米。

沙坪河　是西江下游右岸的Ⅰ级支流，发源于鹤山坑内皂幕山，流域面积328平方公里，主流经金岗、龙口、沙坪出谷埠沙坪水闸汇入西江。流域上游为山丘区，河床坡陡，雨季径流集中，洪水暴涨暴落。下游地势低洼，洪、涝灾害威胁严重。流域已兴建中型工程四堡水库1宗，小（一）型水库4宗，小（二）型水库16宗，控制集水面积57.9平方公里，总库容量4486万立方米；已建排涝站29座，装机容量8510千瓦，设计流量121.50立方米/秒，为防止西江洪水倒流，在沙坪河口已建净宽66米的水闸1座。流域内已建小水电站6宗，装机容量934千瓦，年发量255万千瓦时。

粤西沿海诸河

大隆洞河　是台山市境内最大的河流，发源于台山阿婆髻山，流经墩寨、海口埠，在三河海汇一级支流斗山河，经烽火角水闸出南海，流域面积709平方公里，河长60公里，河床比降0.8%，流域上游属丘陵山区，植被良好，雨量充沛，墩寨以下中、下游地势平坦，土地肥沃，宜植水稻、甘蔗、花生等作物，是台山市主要粮产区之一，但因地势低洼，又处沿海，台风暴雨多，洪、涝、旱灾比较严重。台山市防洪（潮）、除涝、灌溉等方面的重点流域上游境内已建大隆洞大型水库1宗、中型水库3宗，小（一）型水库6宗，小（二）型水库24宗，控制流域面积242.6平方公里，库容3.49亿立方米，下游已建堤围11条，堤长47.0公里，已建排涝站119宗，装机容量744千瓦。河流出口广海湾已建挡潮排涝的烽火角水闸1座。本流域建小水电站11宗，装机容量7070千瓦，年发电量2187万千瓦时。

那扶河　位于台山西南部，发源于开平市鱼潭山，流经横墩、红坎、泗门大、小门处汇合，集水面积226平方公里，河流长度36公里的一级支流深井水，经那扶墟后于横山出口镇海湾入南海，流域面积684平方公里，河长52公里，河床比降0.39‰，其出口于横山附近河面宽3公里。流域上游已建深井，丹竹等2宗中型水库及小（一）型水库8宗，小（二）型水库16宗，控制流域面积112.9平方公里，库容1.44万立方米。建有小水电站5宗，装机容量2720千瓦，年发电量493万千瓦时。

表1：　　集雨面积100平方公里以上河流特征表

河　名	河流等级	发源地	河口地点	集雨面积 (km^2)	河流长度 (km^2)	平均比降（‰）
潭　江	干　流	阳江牛围岭	新会崖门	6026	248	0.45
朗底水	一级支流	恩平五马巡朝	恩平大田	148	27	13.4
莲塘水		恩平天露山	恩平蒲桥	252	44	4.77
蚬冈水		恩平五点梅花山	开平茅朗村	185	34	1.30
白沙水		开平三现金银山	开平白足尾	383	49	0.77
镇海水		鹤山将军岭	开平交流渡	1203	101	0.81
开平水	二级支流	开平天露山	开平南楼	470	56	2.46
曲　水		恩平白马坑	开平潭壁村	101	2	1.31
新昌水	一级支流	台山狮子尾	开平肥氮厂	576	52	1.81
五十水	二级支流	台山螺塘	台山东华里	101	20	15.50
三合水		台山横排迳	台山员山仔	110	22	0.10
公益水	一级支流	台山烟斗岗	台山公益	136	28	0.68
新桥水		鹤山皂幕山	开平水口	143	29	3.24
址山水		鹤山横岗顶	新会田边村	204	30	3.35
会城河		新会上浅口	新会河口	482	37	
江门水道		江门北街	新会溟祖咀	313	23	

续上表：

河　名	河流等级	发源地	河口地点	集雨面积（km^2）	河流长度（km^2）	平均比降（‰）
天沙河	二级支流	鹤山观音障	江门东炮台 新会江咀	290.6	49	1.32
下沙河 虎跳门水道	一级支流	新会古兜山 新会狗尾	新会沙口 斗门蠕蛛仔	143.5 187	23 31	8.20
沙坪河 大隆洞河 那扶河	干　流	鹤山皂幕山 台山婆髻山 开平鱼潭山	鹤山黄宝坑 台山烽火角 台山横山	328 709 684	39 60 52	0.31 0.8 0.39
深井水	一级支流	开平鱼潭山	台山船步龙	226	36	1.07
倒流河	二级支流	恩平横陂方洞山	恩平大槐	192.92	28.3	11.7

注：数据引自《江门市江河流域综合规划》

表2：　江门市与广东、全国水资源量比较表

地区		面积（万平方公里）	年均降水量		河川径流量		地下水资源量		水资源总量	
			(毫米)	产水量（亿立方米）	(毫米)	径流量（亿立方米）	径流深（毫米）	资源量（亿立方米）	(毫米)	资源量（亿立方米）
江门市		0.9541	2078	198.26	1271	119.0	290	25.93	1276.0	120.0
广东省		17.67	1760	3110.0	1087	1921.0	264	466.70	1095.6	1936.0
全　国		960.00	648	61889.0	284	27115.0	86.8	8288.0	295.0	28124.0
比　值	广东	5.40	118.07	6.37	116.93	6.20	109.8	5.56	116.5	6.20
	全国	0.099	320.68	0.32	447.53	0.44	334.0	0.31	432.54	0.427

（高厥英　余冬华）

【自然资源】 江门的自然资源主要有7类：（一）土地资源。江门市土壤多为赤红壤。河谷、三角洲冲积平原，土质肥沃，垦耕历史悠久。2016年底，土地总面积95.05万公顷，其中建设用地11.51万公顷，占土地总面积的12.11%；农用地77.12万公顷，占81.14%；未利用土地6.42万公顷，占6.75%。（二）水资源。江门地表水资源、地下水资源和水资源总量均高于全省、全国平均值，多年平均降雨量2078毫米，为全省均值的118.07%、全国均值的320.68%；年均河川径流量119亿立方米，占全省6.62%、全国0.44%。地下水的补给主要来源于大气降水，全市地下水资源总量25.93亿立方米，占全省5.56%、全国0.31%。水资源总量的主体是河川径流量，江门水资源总量120亿立方米，占全省6.2%、全国0.43%。至2016年末，全市有蓄水工程2349宗，其中大㈡型水库4宗，中型水库29宗，小㈠型水库157宗，小㈡型水库414宗，总库容24.62亿立方米，灌溉库容15.92亿立方米。全市水力资源理论蕴藏量42.37万千瓦，可开发量15.56万千瓦。全市建成投产的小水电站255座，总装机容量13.18万千瓦，已开发量占可开发量84.7%。其中单站装机容量1000千瓦以上的有26宗，共6.24万千瓦。全市小水电多年平均发电量约3亿千瓦时。全市有大中型水库33宗，装机容量3.74千瓦。（三）海洋资源。江门市海域广阔，岸线延绵曲折，港湾多，海岛多，拥有丰富的港口资源和滨海旅游资源。新会银洲湖是西江黄金水道的出海通道，拥有10多公里的深水岸线，台山广海湾鱼塘港可建设5万－10万吨级泊位，川岛具有建设30万吨级以上大型深水港的条件。沿海区域可供旅游开发

利用的优质沙滩20多处，约64公里，并拥有奇石山林、渔港风情、文史古迹等多种类型的旅游资源，形成别具风格的亚热带风光的滨海旅游资源。（四）渔业资源。江门海域水质好，海洋生物资源丰富，是多种经济鱼、虾、贝、藻类的繁育场，也是省内从事捕捞和养殖渔业生产的理想区域。浮游动物在春、秋两季出现有11个类群72种，底栖生物约140科364种，其中软体动物52科129种，甲壳动物28科139种，是全省软体动物和甲壳动物的主要分布区之一；软体动物的主要种类有：近江牡蛎、泥钳、毛钳、棒锥螺、光滑河蓝蛤、壳肌蛤、文蛤、巴非蛤、翡翠贻贝、泥东风螺、鲍等；甲壳动物的主要种类有：墨吉对虾、日本对虾、近缘新对虾、刀额新对虾、周氏对虾、锯缘青蟹、远海梭子蟹、锦绣龙虾和日本龙虾等；游泳生物主要以经济鱼类为主，约有98种，分别隶属于10目41科71属。经济价值较高或群体较大的鱼类有：红笛鲷、带鱼、鳓鱼、蓝点马鲛、银鲳、长尾大眼鲷、鲐鱼、蓝圆鲹、海鳗、青石斑鱼、梭鱼、金线鱼、黄鳍马面鲀、黄鲫、龙头鱼、黄斑蓝子鱼、斑鳐、灰星鲨、燕鳐鱼、四指马鲅、宝石石斑鱼、短尾大眼鲷、银方头鱼、黄鲷、六齿金线鱼、小公鱼等。（五）动植物资源。江门市野生动植物资源丰富，维管植物183科618属1184种，其中国家重点保护植物有紫荆木、白桂木、华南杉、吊皮锥、绣球茜草、藤槐等。古兜山有野生植物161科494属924种，恩平市七星坑亚热带次生林区植物种类有735种，其中，刺木沙椤等12种属国家级和省级珍稀濒危保护植物。全市境内野生动物有兽类100余种、鸟类400余种、蛇类100多种、昆虫类200多种，其中山猪、小灵猫、山蛤、龟、鹧鸪、鳖、蛇、穿山甲等于西北部山地常见。属国家重点保护的动物共有24种，占广东省国家重点保护动物的25.8%。国家一级重点保护动物有蟒蛇，国家二级重点保护动物有穿山甲、小灵猫、鸳鸯、苍鹰、黑翅鸢、红隼、三线闭壳龟（金钱龟）、虎纹蛙等23种。（六）森林资源。江门市林业用地面积442372.0公顷，占国土面积的47.56%，其中有林地388678.7公顷；活立木蓄积2274.1794万立方米，其中森林蓄积2215.5万立方米；森林面积430492.8公顷，森林覆盖率46.29%，林木林地绿化率93.75%。（七）旅游资源。江门市是“中国优秀旅游城市”、全国首个“中国温泉之乡”，拥有广东省第一个世界文化遗产“开平碉楼与村落”和世界记忆遗产“侨批档案”。至2016年末，江门市有国家4A级旅游区8个(圭峰山、立园、金山温泉、古兜温泉、锦江温泉、川岛旅游区、康桥温泉、山泉湾旅游景区)，国家森林公园2个(圭峰山森林公园、北峰山森林公园)，国家重点文物保护单位2个(梁启超故居和开平碉楼)、国家地热地质公园1个(恩平温泉)，国家非物质文化遗产7项（市直白沙茅龙笔制作技艺、蓬江荷塘纱龙、新会蔡李佛拳术、新会葵艺、台山广东音乐、台山浮石飘色、开平泮村灯会），中国历史文化名镇1个（开平赤坎古镇），中国历史文化名村4个（恩平歇马村、开平自力村、蓬江良溪村、台山浮石村）；有广东省旅游特色镇村11个、省级重点文物保护单位28个、省级非物质文化遗产23项、省级森林公园3个。

（黄海文、钟树年、陈岳祯、谈嘉辉、杨圣权、市水务局、市旅游局）

【气候气象】 江门市属亚热带海洋性季风气候。冬季盛行东北季风，夏季是西南季风，春秋为转换季节。冬短夏长，气候宜人，雨量丰沛，光照充足。无霜期在360天以上，全年无雪。区域气候分为山地温凉区，丘陵温暖区，沿海温热带三级。江门市有海洋季风的调节，气候温和多雨，冬夏分明。太阳辐射较强，有丰富的热力资源。每年大于10℃的积温在8000℃以上，大于15℃的积温亦有6000多度。每年3月上旬可以稳定通过日平均气温12℃。气温年际变化不大。各地的年平均气温在22℃左右，上川岛略高。气温具有明显的季节性变化，最冷月（一月）与最热月（七月）相差14℃-15℃。每年3月底至4月初，有南方暖湿气流加强并向北推进，气温明显回升，7月达到最高值。11月开始，北方寒冷干燥的冷空气不断南侵，本地受冷高压脊控制，气温显著下降。一年之中，江门主要的灾害性天气有：暴雨（连续性暴雨和特大暴雨）、台风、干旱、冷害等。每年夏秋季节时有范围小突发性强的雷雨大风、龙卷、冰雹等强对流天气发生。冬季的寒潮，早春的低温阴雨对农业生产和种养殖业亦有一定的影响。每年4-9月是汛期，降水量占全年80%以上。前汛期雨量与后汛期雨量大致持平，年雨日最多的年份有200天。本市所辖的恩平市由于地形等因素是全国的暴雨中心，年降水量比东部多五成左右。7-9月是台风活动的频发期，影响江门的台风时空分布不均匀。江门市长受台风的袭击，常有暴雨到大暴雨甚至特大暴雨或12级大风，造成严重的气象灾害。（市气象局）

【环境质量】

（一）大气环境 2016年，市

国家直管监测站点空气质量同比略有下降，空气质量达标天数为309天，达标天数比例84.4%，其中优152天、良157天、轻度污染46天、中度污染9天，重度污染2天，未出现严重污染天气。市国家直管监测站点二氧化硫年平均浓度为12微克/立方米，比上年下降25.0%；二氧化氮年平均浓度为34微克/立方米，比上年上升9.7%；可吸入颗粒物（PM10）年平均浓度为55微克/立方米，比上年上升10.0%；细颗粒物（PM2.5）年平均浓度为34微克/立方米，与上年持平；二氧化硫、二氧化氮、可吸入颗粒物（PM10）及细颗粒物（PM2.5）年平均浓度均达到国家二级标准限值要求。臭氧日最大8小时平均第90百分位浓度（O3-8h-90per）为162微克/立方米，比上年上升11.0%；一氧化碳日均值第95百分位浓度（CO-95per）为1.3毫克/立方米，比上年下降13.3%。市区降水pH年平均值为5.68，酸雨频率为32.2%，降水pH浓度值范围在4.66～7.0之间，属于酸雨区，同比持续好转。各行政区（市、区）空气质量，2016年蓬江、新会、台山、开平、恩平及鹤山等两区四市空气质量达标天数比例在83.7%-98.3%之间，平均为89.8%。

表3：　　各市、区2016年空气质量

区域	So2	No2	Pm10	CO	O3-8H	PM2.5	达标天数	有效天数	达标率(%)	综合指数
台山市	15	24	42	1.3	143	28	335	364	92.0	3.46
恩平市	17	19	51	1.6	110	32	357	363	98.3	3.49
新会区	10	27	49	1.3	155	29	305	344	88.7	3.67
鹤山市	16	34	57	1.7	134	37	316	357	88.5	4.25
蓬江区	12	36	57	1.4	158	35	304	363	83.7	4.25
开平市	16	27	55	1.5	151	42	317	363	87.3	4.26

注：1、除CO浓度单位为毫克/立方米外，其他监测项目浓度单位为微克/立方米。
2、江海区空气自动监测子站建设中，不纳入统计

（二）水环境

2016年，江门市区3个城市集中式饮用水源地水质优良，水质达标率稳定达到100%。县级以上集中式饮用水源地（包括台山城北水厂、开平大沙河水库、龙山水库及镇海水库、鹤山西江坡山、恩平锦江水库）水质达标率100%。江门市9个水污染防治监控地表水断面（包括西江的下东、布洲，潭江的牛湾、义兴、新美、苍山渡口，台城河公义、江门河上浅口、西海水道虎跳门）水质优良比例为88.9%，优于2016年度水质优良比例考核目标（≥55.6%）要求。西江干流、西海水道和潭江干流上游水质优，潭江干流中游水质良至轻度污染，江门河和潭江下游银洲湖段水质良好。近岸海域水质达标率100%。黄茅海、广海湾、镇海湾、上下川、海宴水质优，均符合《海水水质标准》（GB3097-1997）二类标准要求，铜鼓湾水质良好，符合三类标准要求。

（三）声环境

2016年江门市区区域环境噪声等效声级平均值56.6分贝，优于国家区域环境噪声2类区（居住、商业、工业混杂）昼间标准；道路交通干线两侧昼间噪声质量处于较好水平，等效声级为69.96分贝，优于国家四级标准（城市交通干线两侧区域）；市区功能区噪声等效声级年平均值64.9分贝，2、3类区昼间和夜间，1、4类区昼间均符合相应功能区的标准。　（吕婉静）

【人口语言】 至2016年末，全市总户数1186987户，比上年增加280户；总人口数3939346人，比上年增加25200人。总人口中男性1982661人，女性人数1956685人；年内办理出生登记入户55359人，出生率1.41%；年内办理死亡注销26535人，死亡率0.68%。年内迁入20155人，其中省外迁入8607人，省内迁入11548人；迁出24190人，其中迁往省外9169人，迁往省内15021人。全市城镇人口2009413人；暂住人口643629人，比上年增加279729人。各市区之间以及广播、电视等领域通用广州话，随着经济发展，人员交流增多，普通话成为较为通用的语言。各市区内均使用方言，全市方言属于汉语粤方言中的四邑话，四邑话与广府（广州）话基本相通。台山、开平、鹤山、恩平、新会等各市区之间的语音、声调、词汇等方面有所差异。鹤山的共和、鹤城，新会的部分山

区，台山的赤溪、斗山，开平东北部的水井等地，是客家人聚居地方，使用客家方言。

（容伟伦、市地方志办）

【民风民俗】 江门市及所辖的台山、开平、鹤山、恩平五地，俗称“五邑”。五邑有独特的节日、婚嫁、丧葬、饮食、娱乐等习俗，主要有龙舟比赛、舞狮舞龙、广东曲艺、民间舞蹈、民歌演唱，如台山跳禾楼、飘色，新会鱼灯、大鳌咸水歌，开平泮村舞灯会、八音演奏、鹤山狮艺、恩平木鱼等。

【行政区划】 2016年末，江门市辖3个区，代管4个县级市。全市共有61个镇，12个街道办事处，1051个村民委员会，274个社区居民委员会。2016年，蓬江、江海、新会、台山、开平、鹤山和恩平三区四市继续开展江门市第二次全国地名普查工作。2016年8月12日，江门市正式开展《广东省地名词典》江门市部分的编纂工作。2016年10月27日，开始《江门地名历史故事·三区篇》的编辑工作。

（市民政局）

表4： 2016年江门市行政区划简表

市（区）	镇、办事处名称	镇数	街道办事处数	村委会数	社区居委会数
蓬江区	镇：荷塘、棠下、杜阮 街道：环市、白沙、潮连	3	3	56	86
江海区	街道：外海、礼乐、江南	0	3	36	26
新会区	镇：大泽、司前、沙堆、古井、三江、崖门、双水、罗坑、大鳌、睦州 街道：会城	10	1	193	33
台山市	镇：大江、水步、白沙、冲蒌、端芬、都斛、斗山、三合、赤溪、北陡、川岛、海宴、四九、深井、汶村、广海 街道：台城	16	1	277	36
开平市	镇：水口、月山、沙塘、龙胜、马冈、塘口、蚬冈、百合、赤坎、金鸡、苍城、大沙、赤水 街道：长沙、三埠	13	2	226	44
恩平市	镇：大槐、良西、圣堂、君堂、东成、牛江、大田、沙湖、那吉、横陂 街道：恩城	10	1	151	23
鹤山市	镇：雅瑶、龙口、桃源、古劳、址山、宅梧、双合、鹤城、共和 街道：沙坪	9	1	112	26
合计		61	12	1051	274

经济建设

【经济总量】 2016年，江门市实现地区生产总值2418.78亿元，比上年增长7.4%；人均地区生产总值53374元，增长7.0%。全年地方公共财政预算收入204.13亿元，增长5.4%；全年税收收入417.06亿元，增长1.7%。其中，国税收入269.81亿元，增长10.3%，地税收入147.25亿元，下降11.1%。全市329项重点建设项目完成投资571亿元，占年度投资计划的107.3%。

【交通能源建设】 2016年，江门市重大交通基础设施投资123亿元。深茂铁路江茂段完成投资32.5亿元。珠西综合交通枢纽江门站规划设计加快推进。南沙港铁路开展征地，广佛江珠城轨江门段推行可行性研究报告审查，广珠铁路客运改造工程开展前期工作。江门大道中蓬江段主道、五洞-东甲立交段主线、江罗高速、广中江高速一期建成通车。佛开高速南段扩建工程、开春高速、国省道PPP项目相继开工。

是年，台山核电一期进展顺利，二期项目被列入国家能源“十三五”规划，粤电新会电厂天然气热电联产等项目进展顺利。农村电网改造工程，完成《江门市新一轮农网改造升级规划报告》编制和上报。农网基建投资完成5.87亿元，超额完成投资任务。

【新型农业经营主体发展】 全市市级以上重点农业龙头企业达到74家，全市农民专业合作社达1564家，市级以上示范社96家；农村规模经营家庭近6.5万户，示范性家庭农场达46家；全市农业产业化组织带动农户23万户。整合资源支持建设广东省农产品加工示范区、台山“中国农业公园”、开平市国家现代农业示范区和广东省粤台（江门）农业合作试验区。全市建成各级农业园区17个；其中国家级1个，省级7个。面积近43万亩，总投资超50亿元。全市建成国家畜禽标准化养殖场17家，省“菜篮子”基地16个。省、市农业标准化示范基地69个，拥有有机食品41个，绿色食品38个，无公害农产品132个，农产品地理标志产品5个，省农业类名牌产品38个。加快新农村建设，全市建成广东名村64个、市级名村24个，市级示范村36个，县级名村示范村294个。涌现一批如开平市赤坎镇和自力村、恩平市歇马村的“中国历史文化名镇、名村”、台山市浮石村和蓬江区良溪村的“省历史文化名村”和鹤山市五星村的广东省“宜居村庄”创建指导点。新会茶坑村入选广东省唯一的“2015年中国十大美丽乡村”。

【固定资产投资增长】 2016年，江门市投资保持平稳增长,全市完成固定资产投资1517.77亿元，增长16.0%。第二产业完成投资694.25亿元，投资增长18.1%；第三产业完成投资814.65亿元，增长15.1%，其中房地产开发投资增长13.7%。工业技改投资和装备制造业投资实现快速增长，增速分别达到63.5%和22.3%。民营投资稳定增长。2016年全年基础设施完成投资398.98亿元，增长1.1%；全市房地产开发投资353.62亿元，增长13.7%。

【重点项目建设】 江门市负责的省重点项目全年实际投资完成率123.4%，位列全省第六；市重点项目年度投资计划完成率为107.3%。产业同兴项目类重点项目累计完成投资371亿元，交通一体类重点项目完成投资152.3亿元。江门大道中蓬江段主道及新会段五邑路至东甲立交主道建成通车，大城格局已拓开。江罗高速、广中江高速一期、台开快速路及中开、高恩等高速、深茂铁路加快建设，南沙港铁路、广佛江珠城轨项目前期工作加快推进，珠西综合交通枢纽完成规划定位并纳入省“十三五”规划。全市环境共治类重点项目完成投资11.2亿元。江海污水处理厂二期项目加快建设，潭江河流治理工程、市区黑臭水体治理等项目稳步推进。全市民生共享类重点项目完成投资35.4亿元。银葵医院、江门体育中心、新会区养老中心等社会事业项目建设加快，里村大道保障性住房等项目进展顺利。

【社会事业发展和人民生活】 全年各级财政民生类支出210.4亿元，比上年增长13%。十件民生实事圆满完成。出台新时期城乡精准扶贫、精准脱贫实施方案，实现扶贫对象城乡全覆盖，全市城乡贫困人口3300人脱贫。开展百企扶百村、百医牵百村、千（万）义工助千户行动。村委会年集体收入提高至15万元以上。全市城镇和东部蓬江新鹤农村低保标准实现一体化，提高到600元/人月，西部台开恩农村低保标准提高到500元/人月。企业退休人员养老金达1896元/人月，失业保险费率降至1%。城乡医保财政补助标准由每人每年380元提高到420元。医疗救助对象政策范围内住院自付费用，医疗救助比例提高到80%以上。城乡居民基本养老保险参保率达99%，基础养老金最低标准提高到110元/人月。困难残疾人生活补贴标准提高至1200元/人年，重度残疾人护理补贴标准提高至1800元/人年。就业和城乡居民收入保持稳定，全年城镇新增就业4.8万人，城镇登记失业率2.38%。全年居民人均可支配收入达2.4万元，增长9%。农林双朗小学、天鹅湾小学、江门市特殊教育学校建成启用，广雅学校动工，梁启超纪念中学获授首批“全国航天特色学校”。市中心医院住院大楼扩建完工。全市累计建设乡镇卫生院64家。

（市发展和改革局）

政治建设

【党风廉政教育】 2016年，以学习贯彻新修订党内条规和深化廉洁齐家教育为抓手，依托纪律教育学习月和“三纪班”等载体，举办江门市第二届“廉洁火炬杯”党章党规党纪知识竞赛选拔赛。加大廉政宣传主阵地的建设和运用力度，组织近千名重点岗位领导干部到市廉政法治教育基地旁听庭审、接受警示教育，升级改造恩平歇马举人村等廉政教育基地。新会区建成农村基层廉洁文化广场17个，实现全区行政村廉洁文化书屋全覆盖。在“江门廉政”官方微博、“江门清风”官方微信等新媒体开辟专栏，传播正风反腐正能量。建立反腐倡廉网络舆情监测系统，加强舆情信息研判，营造良好舆论环境。

【五邑优秀传统廉洁文化传承】 2016年，挖掘利用江门五邑优秀传统家规家训“廉”元素，对全市各地家规家训进行收集整理，重点开展以“弘扬五邑优秀传统家规、践行廉洁修身齐家”为主题的“六个一”家规家训传承宣传活动，制作江门五邑家规家训教育视频集锦，编印《五邑优秀传统家训选编》和《书法作品集》，举办专题文艺汇演、书法作品展和诵读比赛。

【重大工程项目廉洁风险防控】 对龙舟山（西环路）隧道、体育中心工程开展第三方抽查评估，督促已评估项目持续整改。搭建并启用预防腐败信息系统主平台和工程建设廉情预警评估子系统，监管项目223个，发出预警信息565条，促进建筑市场规范有序。

【党员领导干部“八小时以外”活动监督】 2016年，细化工作方案，实施18项监督措施，构建单位、个人、家庭、社会“四位一体”监督模式，实现市县镇村“全覆盖”。开平市制定“八小时以外”五级约谈和行为预警终止机制，新会区建立拟提拔区管干部入户考察制度，蓬江区试点开展规范领导干部配偶、子女及其配偶经商办企业行为。（市纪委）

【政治理论宣讲】 2016年，江门市贯彻党的十八大、十八届三中、四中、五中、六中全会精神，组织14场市委理论学习中心组学习报告会，强化“四个全面”战略布局理论指导，厚植全面从严治党理念，树立领导干部“四个意识”；围绕习近平同志系列重要讲话和党的十八届五中、六中全会精神，结合建党95周年、长征胜利80周年等重大历史纪念活动，组织650多场基层宣讲活动，建立10个基层理论宣讲示范点，推动政治理论宣讲进一步向基层延伸；系统推进意识形态工作，出台《江门市党委（党组）意识形态工作责任制实施方案》，突出强调各级党委（党组）意识形态工作主体责任，建立联席会议制度、督查制度，加强社科论坛、讲座、研讨会管理，巩固意识形态阵地；哲学社会科学规划、评奖、社科普及工作顺利开展，社科课题立项78项，以“岭南心学第一山”为代表的一大批优秀成果为江门经济社会各项建设提供有力的理论支撑。（市委宣传部）

【“九证合一”改革】 2016年8月15日，江门市在全国率先实行“九证合一”改革，通过“统一收件、内部流转、联合审批、统一发证（照）”，更加便利涉外企业办理相关证照，提交资料从过去45份减至12份，填写项目由过去180项减至50项，办理时限由原需45个工作日办结缩至3个工作日内。“九证合一”改革得到李克强总理点赞，并先后荣获2016年“广东省电子政务创新应用奖”和入选第四届“粤治”政府治理创新优秀案例。

（徐洪业）

【社会治理创新】 2016年，江门市建立政法综治新媒体矩阵，开通“邑微警”等网络服务平台，群众参与率和知晓率有所提高。在广东省率先全域使用精神卫生APP，得到省的肯定。建成市、县、镇、村四级公共法律服务网络，建立镇（街）公共法律服务中心78个、村（社区）公共法律服务站1323个。建成1324个村（社区）公共服务站，江门市公共服务站建设项目获评广东省“基层治理创新优秀项目”。建立“社工+律师”服务联动机制，打造公益创投与一村（社区）一法律顾问联动平台。社区、社会组织、社工“三社联动”参与社会治理工作得到省的肯定。

（市委政法委）

【城乡社区治理和服务创新】 2016年，巩固村务公开民主管理工作，江门市903个村、246个社区成功创建广东省村（居）务公开民主管理示范单位，创建率分别达86%和90%。江门市1051个村委会全部建立村务监督委员会。蓬江、江海两区推进20个农村社区建设试点工作，推行班子联席会议制度和党群联席会议制度，建立健全村民（代表）会议制度，构建农村社区综合服务体系。（市民政局）

【人大依法履行职能】 2016年6—7月，组织广东省人大代表围绕“一村（社区）一法律顾问工作情况”“消除江门市区黑臭水体”两个专题开展调研，听取和收集人民群众的意见建议，并形成调研报告上报省人大常委会。12月，组织广东省人大代表围绕“江门市司法体制改革”“江门市完善交通基础设施建设”两个专题开展集中考察，为出席省十二届人大五次会议做好准备。年底，印发《关于组织市人大代表开展集中视察的通知》，委托各市、区人大常委会组织市人大代表，结合当地实际，围绕加快经济社会发展以及群众关心的热点、难点问题进行考察。（陈东明）

【依法治市建设】 2016年8月，江门市依法治市工作领导小组更名为中共江门市委全面依法治市工作领导小组，组长由市委书记担任。9月20日，市委办公室印发《中共江门市委政法委员会机关主要职责、内设机构和人员编制方案》的通知，市依法治市工作与市委政法委机构整合并实现正常运作。围绕《江门市2016年全面依法治市工作要点》，对24个“江门市第二批创建法治镇（街）先进单位”和10个“全省第一批法治乡镇（街道）创建先进单位”进行考评验收。推动法治文化建设，安排市财政资金180万元，对全市法治文化阵地建设项目实行以奖代补，推动全市一批法治文化中心、法治广场、法治公园加快建设。9月21日，江门市首个法治文化主题公园白水带法治文化主题公园正式开园。江门市荣获2011-2015年全国法治宣传教育先进城市，市依法治市工作领导小组办公室荣获2011-2015年全国法治宣传教育先进单位。（林国安）

文化建设

【公共文化服务体系建设】 2016年，印发执行《江门市人民政府关于印发〈江门市关于加快构建现代公共文化服务体系的实施方案〉的通知》（江府〔2016〕19号），推进江门市现代公共文化服务体系建设，提高公共文化服务效能。五邑联合文化场馆建设项目入选文化部2016年国家文化创新工程。新会区及白沙国学堂传统文化推广项目分别入选广东省第二批省级公共文化服务体系示范区和示范项目名单。分批启动图书馆、文化馆总分馆建设试点，开平市图书馆、文化馆被列入首批试点单位。整合全市文化场馆资源，推进公共文化场馆建设，成立江门五邑联合图书馆、五邑联合文化馆、五邑联合美术馆和江门五邑粤剧曲艺联盟。全市挂牌加入“五邑联合图书馆”的各类图书馆共有16家：包括8家公共图书馆（五邑图书馆及四市三区的公共图书馆）、5家学校图书馆（五邑大学、江门职业技术学院、广东南方职业学院、江门社区大学、江门中医药学校）、2家民办图书馆（开平市关族图书馆、开平市司徒氏通俗图书馆）和1家行业图书馆（江门市工人文化宫职工图书馆）。其中江门市五邑图书馆、蓬江区图书馆、新会区景堂图书馆、台山市图书馆、开平市图书馆和江门中医药学校图书馆实现图书通借通还。开平市作为试点，启动县（市）域公共图书馆总分馆建设，并在2016年底前实现县（市）、镇（街）公共图书馆文献通借通还；江门五邑联合文化馆汇集全市8个公共文化馆和3家民间文化组织（南国曲艺社、江门市展鹏音乐曲艺团、玉韵清曲乐苑），2016年组织5场文艺演出，完成人才库组建工作；江门五邑联合美术馆共吸纳江门市美术馆、江海区美术馆、新会区美术馆、台山市美术馆（台山市书画院）、开平市美术馆、蓬莱轩美术馆、广东省东仓里美术馆、林锵云美术馆、凤飞云美术馆、华辉书画院等10家成员单位，组织策划展览150余场，如“迹化山川——许钦松山水写生展”、“意向之河——杨尧大型写意油画展”、“画说碉楼——五邑名家碉楼写生作品展”巡回展等大型美术展览，累计接待群众达30万余人次；江门五邑联合博物馆成员单位有江门市博物馆、新会区博物馆、台山市博物馆、鹤山市博物馆、恩平市博物馆和开平市华侨博物馆、江门市蓬江区岭南古民俗文化传承馆和荣获“2015年联合国教科文组织亚太区文化遗产保护奖(优秀奖)”的仓东教育基地。举办大型展览5场，分别为“‘珠联璧合•邑邑生辉’全国第一次可移动文物普查成果展”“一门三院士共筑中国梦”“卅载辉煌 百年圆梦——新宁铁路肇建110周年专题展”“金山伯的荣耀——近代江门侨汇文物展”“孙中山与华侨”，在五邑本地举办8类22场巡回展览。与广东省文物考古研究所合作，在陈白沙纪念馆内举办公众考古开放日活动，邀请省内考古专家开设专题讲座；江门五邑粤剧曲艺联盟成员单位有江门市粤剧团、江门市戏剧家协会、江门市曲艺家协会等23个单位，开展“江门市首届粤剧曲艺私伙局大赛”“2016年江门市红豆飘香进校园”“粤剧艺术课堂进校园”“2016年度江门市粤剧曲艺新秀表演大赛”“2016江门市粤剧展演活动周”送戏下乡进社区等活动。

【非物质文化遗产保护】 2016年，罗沛贤（罗氏柑普茶）、冯炎良（咏春拳）、邝活发（洋村灯会）和钟松友（新会鱼灯）4名传承人入选江门市第4批非物质文化遗产代表性传承人名录。首次与省联合举办为期20天的“广东省非遗传承人群（雕刻、刺绣）研修班”（50人），成为市非遗工作亮点。“文化遗产日”期间，举办2016年江门市“中国文化遗产日”非物质文化遗产系列宣传活动，组织三区四市巡展；国家级非遗项目新会葵艺及其代表性传承人廖惠林、省级非遗项目茶坑石雕刻技艺及其代表性传承人林志明参加广东省文化厅在清远连南举办的2016中国文化遗产日广东主会场的活动；新会葵艺、白沙茅龙笔制作技艺参加云浮郁南组织的文化遗产日活动；组织国家级项目新会葵艺赴台湾参加第三届“守望精神家园——两岸非物质文化遗产月”展演（示）活动；组织国家级项目新会葵艺、白沙茅龙笔制作技艺参加2016广东（佛山）非遗周暨佛山秋色民俗文化活动；组织新会葵艺、新会陈皮参加在梅州举行的“第四届客家文化创意产品博览交易会”。

（市文广新局）

【主题文化活动】 2016年，举办江门市迎新音乐会、江门市首届粤剧曲艺私伙局大赛、江门市粤曲新秀表演大赛、江门市高雅艺术（交响乐）进校园系列活动、“红豆飘香进校园”系列活动等大型文化活动。举办新春舞会、“我们的节日”、“共筑中国梦”等主题活动。承办“同饮一江水”2015广东打工者歌唱大赛（江门赛区）周赛、月赛。推出国内首部华侨历史题材大型情景音乐舞蹈史诗、音乐专辑《闯金山》，其中“五星红旗节目”入选中国侨联主办的《远方的惦念——2017华侨华人春节联欢晚会》。推出一系列“侨文化”主题文艺创作活动：大型油画作品《世纪碉楼》完成初稿，报告文学集《大广海湾之恋》进入编辑修改阶段，举办《33墟街印迹》摄影比赛，出版同名摄影画册，开平市文联打造具有本土地区最高水平的大型散文集——《赤坎故事》。举办2016南国书香节江门分会场暨侨乡阅读文化节，共有5万人次进场，销售金额近300万元。

（市委宣传部 市文广新局）

【文化设施建设】 2016年，江门市统筹推进各项文化惠民工程。全市有8个公共文化馆，8个公共图书馆，3个公共美术馆；有镇（街）文化站73个，华侨农场文化站1个，全市文化站总面积11.5万平方米且已全部达级，其中特级文化站16个，一级文化站53个，一级以上文化站达标率93%，超过《珠三角规划纲要》所要求的标准，其中蓬江区、江海区、台山市、开平市的镇（街）文化站已全部达一级站以上，达标率为100%。5个二级文化站于2016年底按一级站标准完成升级工程，已向省文化厅申请评估定级。有自然村、社区文化室1325个，建成“五有”文化室1316个，农家书屋995家。全市完成2个基层综合性文化服务中心示范点、6个镇（街）文体广场示范点试点建设；完成291个基层文化设施公共电子阅览室建设。

【对外文化交流】 2016年，新会葵艺赴台湾参加第三届“守望精神家园——两岸非物质文化遗产月”展演（示）活动。6月19—24日，新会区青年粤剧团赴澳门参加哪吒太子宝诞暨哪吒值理会成立六十七周年庆粤剧演出；12月26日，五邑联合文化馆特邀香港著名笛子演奏家陈鸿燕，与江门乐团共同演出“珠联璧合·邑邑增辉——2017年江门市迎新音乐会”；3月26日至4月7日，五邑联合美术馆联合澳门国际版画研究中心，在广东省东仓里美术馆举办“从丝绸之路再出发一带一路美术作品交流展”环球巡展江门站展览活动。

【海上丝绸之路申遗】 2016年，江门市推荐上川岛方济各·沙勿略墓园、大洲湾遗址、广海卫城墙等8处史迹点申报海上丝绸之路世界文化遗产点。提升申报点文物级别，第八批广东省文物保护单位6处海丝史迹点完成“四有”标志牌建设工作。编著《江门海上丝绸之路文化遗产图录》《江门海上丝绸之路文献汇编》。完成海丝史迹保护地方立法，《江门市海上丝绸之路文化遗产保护办法》经2016年8月30日江门市人民政府第十四届101次常务会议审议通过，2016年10月1日起施行，是江门市拥有立法权后颁布的首部规章。

【侨汇文物展览】 2016年5月，在国家图书馆举办《一门三院士 共筑中国梦》展览；7月，在水立方举办“金山伯的荣耀——中国侨都·江门近代侨汇展”；11月，在国家图书馆举办“孙中山与华侨”专题展。（市文广新局）

【文化品牌打造】 2016年，江门市打造“中国舞蹈之城”“侨乡武术”“合唱文化”三大文化品牌。5月22日，举行戴爱莲诞辰100周年纪念大会，启动戴爱莲电视舞蹈大赛与戴爱莲邮资封首发仪式、座谈会;中国舞蹈家协会授予蓬江区为“戴爱莲舞蹈传承基地”;举办广东省第五届岭南舞蹈大赛、“心随舞动 舞动全城——2016‘戴爱莲杯’中国电信•电视舞蹈大赛”和“映日荷花 舞坛永驻——纪念戴爱莲先生诞辰100周年”系列活动，擦亮江门“中国舞蹈之城”的品牌;8月，戴爱莲舞蹈艺术中心参加2016泰国第十届金象奖音乐舞蹈器乐大赛，舞蹈《民族魂》获得评委会最高奖、舞蹈《船歌》获得金奖，在国际舞台上展示“中国舞蹈之城”的魅力。举办2016“中国侨都”双节棍王争霸赛、广东侨武英雄汇、广东省青少年散打锦标赛等活动，组织广东侨乡演武团参加第十一届香港国际武术比赛暨第十届深圳武术公开赛，获得团体总冠军。举办2016新年合唱音乐会、四季合唱音乐会。组织“永远跟党走——江门市第十二届百歌颂中华活动”，并选送优秀团队参加省决赛获1银1铜。举办纪念中国工农红军长征胜利80周年广场群众歌会。8月，青少宫童声爱乐合唱团在第十三届中国国际合唱节中获1金1银。11月，市女子合唱团、市童声合唱团、鹤山市沙坪六小合唱团参加由中国合唱协会举办的2016“美丽中国·肇庆合唱周”活动中荣获2金奖1银奖的好成绩。

（市委宣传部　市文广新局）

社会建设

【教育事业发展】 2016年，公共财政预算安排的教育经费投入73.47亿元，比上年增长3.89亿元，增幅5.59%，落实2016年公共财政教育经费占公共财政预算支出比例22.47%，优先满足教育的需要，切实增加财政对教育的投入，发挥财政投入的主渠道作用。恩平市创建为“广东省推进教育现代化先进县（市、区）”，江门市创建为“广东省推进教育现代化先进市”并接受省人民政府授牌。28个镇完成“广东省教育强镇”复评。印发《江门市中小学优质课例展评“十三五”规划方案》，推进课堂教学改革。出台《江门市人民政府关于加快民办教育发展的措施（试行）》。

（刘巨波）

【就业创业】 2016年，江门市新增就业4.75万人，城镇登记失业率2.38%;开展创业培训2421人次,举办师资培训班2期，培养师资60人。出台《江门市市级就业创业专项资金管理办法》，提高资金使用的安全性、规范性和效益性。开展“一对一”就业帮扶服务，实施“互联网+失业救济”，失业人员“一站式”服务站点增至73个。印发《关于做好江门市创业孵化基地认定和管理工作的通知》，新建江门市大学生创业孵化基地西区分基地，扩大创业孵化基地规模，实施一园两区管理新模式。创业孵化基地现有在孵创业团队77个，是年新入驻创业团队36个，新增带动就业306人。优化创业孵化服务措施，修订财税代理和工商代办补贴办法，升级光纤网络，筹建“创客咖啡”，举办创业沙龙、创业宣讲活动等。江门市大学生创业孵化基地被评为小微双创示范基地重点基地，获得850万元专项奖补资金。推进珠西先进产业优秀人才“双创”（创业创新）园建设，建成后可同时容纳100家创业团队入驻孵化，带动就业达500人，年直接产值达1亿元。全市发放就业补助补贴资金14146.76万元，惠及就业扶持对象9.50万人。发布四期“寻企”“寻人”启事，实现重点补贴项目发放的突破。开展“就业援助月”“春风行动”“南粤春暖行动”民营企业招聘周等活动，全年举办专场招聘会426场，提供岗位15万个，进场求职12.6万人次，达成就业意向约7万人，成功就业约4.5万人。

【社会保障】 2016年，江门市城镇职工基本养老（含离退休）、城乡（镇）基本医疗、失业、工伤、生育保险分别参保193.57万人、382.64万人、77.13万人、84.06万人、80.67万人；全市城镇职工基本养老、城镇职工基本医疗、失业、工伤、生育保险基金分别征缴收入68.67亿元（其中，企业职工61.73亿元，机关事业单位职工6.94亿元）、30.17亿元、2.02亿元、1.28亿元、0.99亿元。城乡居民基本养老保险参保156.01万人，参保率达99.94 %，其中，60周岁以上领取待遇人数50.16万人，参保率达100%，缴费人数87.96万人，完成目标任务的101.93%。城乡（镇）基本医疗保险参保率为98.78 %。社会保障卡累计持卡人数为418万人，完成目标任务的100.97%。是年，企业职工养老保险退休人员月人均增发养老金127.06元，调整后全市职工养老保险月平均养老金为1896.56元。出台《江门市工伤保险费率浮动管理办法》，从2016年7月1日起，用人单位由现行的三类行业缴费细化为八类行业缴费。印发《江门市人民政府关于贯彻落实机关事业单位工作人员养老保险制度改革的通知》。城乡居保基础养老金最低标准由每人每月100元提高到每人每月110元。在蓬江区和江海区扩大全征地农民养老保障工作试点范围，至年底，江门市实施全征地农民基本养老保障政策试点的行政村（社区）35个，已认定全征地农民50565人，已纳入养老保障范围28127人。其中，领取全征地农民市基础养老金1200人；享受参保补贴13938人；领取城镇职基本养老保险待遇12989人。至年底，征地项目社会保障工作落实情况审核38宗，应纳入养老保障范围人数9188人，计提养老保障资金9294.588万元。将被征地农民养老保障资金4.83亿元划拨至村集体经济组织，完成省下达目标任务的103.71%。印发《江门市基本医疗保险城乡一体化改革方案（征求意见稿）》。扩大家庭医生覆盖面，至年底，10个家庭医生团队共签约和建档居民22205人，提供基本医疗服务168070人次。完善职工医保普通门诊统筹制度，新增一个门诊选点，相应增加一个报销额度。至年底，发放失业保险“稳岗补贴”1072.76万元，惠及企业职工61560人。出台《江门市建筑业工伤保险工作实施方案》，至年底，全市共有139名工伤职工接受工伤康复治疗。

（市人力资源和社会保障局）

【住房保障】 2016年，江门市城市棚户区改造新开工686套（户），完成率105.5%，基本建成公共租赁住房2266套，完成率104%，新增租赁补贴226户，完成率301%。是年，江门市保障性住房建设投入资金3.01亿元，其中，中央补助资金0.37亿元，省级补助0.13亿元，财政及其他资金2.51亿元。2016年，江门市持续放宽公共租赁住房的申请资格，江门市区将符合申请公共租赁住房的家庭（含外来务工人员）月人均可支配收入定为1985元以下，符合申请廉租住房家庭的月人均可支配收入由990元以下上调至1200元以下。开平、恩平、鹤山三市也均上调家庭月人均可支配收入标准,其中，开平市将符合申请公共租赁住房的家庭月人均可支配收入标准调整为1624元以下；恩平市将符合申请公共租赁住房的家庭月人均可支配收入标准调整为1127元以下；鹤山市将符合申请公共租赁住房的家庭月人均可支配收入标准调整为1759元以下；台山市符合申请条件的月人均可支配收入标准为1673元以下。至年底，江门市政府投资建设的公共租赁住房举行摇珠分配14批次，全市配租公共租赁住房2725户。是年，减免租住直管公房的低收入和残疾人士家庭共251户，减免租金共24.62万元。

（市民政局）

【卫生事业】 2016年，江门市有卫生机构1590个，其中医院、卫生院106个，村卫生室893个；有床位21329张，其中医院、卫生院床位19344张；有卫生人员32990人，其中卫生技术人员27353人，含执业（助理）医师9298人、注册护士11892人。全市常住人口456.01万人，全市出生人数46036人，出生人口性别比108.19，出生率10.06‰，自然增长率4.13‰。制订《江门市建设卫生强市实施意见》《江门市医疗卫生强基创优行动方案·2016-2018年)》《江门市构建医疗卫生高地行动方案（2016-2018年）》三个主要文件，指导推进卫生强市建设工作。出台《江门市促进社会办医加快发展若干政策措施（试行）》，加快促进社会办医发展。全市有社会资本办医疗机构970个。推进粤港澳医疗服务合作，成功引进全省第一家粤澳合资医院——银葵医院项目，定于2018年首期投入使用。加强村卫生站公建民营建设，已建944间。定向免费培养乡村医生141名，推行乡村医生“一村一站一万元”补贴制度。2016年9月，成立江门市卫生计生局中医科，加强中医药各项工作。建设以江门市五邑中医院为龙头，各市（区）中医医院为骨干，社区卫生服务中心及乡镇卫生院为网底的三级中医预防保健服务网络。设立广东江门中医药职业学院。

（市卫生和计划生育局）

【社会管理创新】 2016年，成立社工机构112家，比2015年新增18家。全市取得社会工作者职业水平资格证书的有2446人，其中助理社会工作师2081人，社会工作师365人。培养首批社会工作本土见习督导26名。蓬江、江海、新会三区开展“专业社工、全民义工”试点工作。开展全市社会工作行业调研和家庭综合服务中心社会工作调研，出版广东省地级市第一部社会工作行业研究书籍《江门市社会工作发展研究》。印发《江门市家庭综合服务中心社会工作服务指引》，加强家综社工服务的标准化建设。是年，江门市推进邑家园家庭综合服务中心（简称邑家园）建设工作，全市1325个村（居）邑家园全部完成建设并投入使用，全市73个镇（街）枢纽型邑家园全部完成建设，实现邑家园服务村（居）全覆盖。

（市民政局）

生态文明建设

【环境治理力度加大】 2016年,江门市完成重点减排工程共14项，其中城镇生活污水处理厂及管网工程4项、平板玻璃污染治理9项和水泥厂脱硝工程1项。出台

《“六河”流域工业污染源排污许可管理实施方案》，完成“六河”流域重点排污企业及国控重点污染源的总量分配和排污许可证核发。出台《2016年江门市工业锅炉达标整治专项行动方案》，推动高污染燃料锅炉整治、城市扬尘污染防治。至年底，淘汰燃煤小锅炉120台，完成重点行业挥发性有机物综合整治89家，淘汰“黄标车”12754辆。（吕婉静）

【宜居城乡建设】 2016年，江门市着重抓好新会区沙堆镇等2个宜居城镇和蓬江区杜阮镇龙眠村委会等14条宜居村庄创建工作。2个宜居城镇创建点共投入5503.9万元，14条宜居村庄创建点共投1640.18万元用于完善基础设施建设及城镇环境面貌整治工作。是年，落实做好道路扬尘治理工作，抑尘车投入使用。编制《江门市城乡生活垃圾处理规划（2016-2020年）》，并开展市区建成区黑臭水体垃圾专项整治。

（市住房和城乡建设局）

【环境监管】 江门市公安局、江门市检察院与江门市环保局联合出台《关于强化污染环境案件行政执法与刑事司法衔接工作的意见》，建立“两法衔接”信息共享平台和备案机制，强化联动执法机制。组织实施潭江流域“河长”责任制，定期开展河（段）长考核断面水质监测。（市环境保护局）

【名镇建设】 2016年5月，开展名镇名村示范村创建活动，新会区双水镇、台山市川岛镇、开平市赤坎镇申报2016年“广东名镇”。至年底，江门市共有六个镇获得“江门市名镇”称号，其中共和镇、荷塘镇、斗山镇被省委扶贫办、省住房和城乡建设厅评为“广东名镇”。

【绿道建设】 2016年，结合城市道路、公园潮人径建设，推进绿道建设，江门市新建城市绿道约54.5公里。结合滨江绿道升级改造，在滨江绿道周郡码头原址增设周郡码头纪念公园，再现当年周恩来总理到周郡视察的情景。开展滨江绿道延长线项目的规划选线工作，形成《滨江绿道延伸线项目-由滨江大道打通到古劳水乡的绿道走廊规划选线方案》。

（市住房和城乡建设局）

【园区循环化试点建设】 开展园区循环化改造，推动园区循环化改造试点工作，印发《关于下达园区循环化改造工作任务的通知》，对各市、区分解下达“十三五”时期园区循环化改造工作任务。江门产业转移工业园台山园区、开平市翠山湖产业转移工业园被认定为“广东省循环化改造试点园区”。

（市发展和改革局）

【绿色学校、绿色社区和环境教育基地创建】 2016年，江门市成功申报2所省级绿色学校、1个申报省环境教育基地，至年底，创建省级以上绿色学校77所，绿色社区15个，环境教育基地4个；国家级绿色学校3所，绿色社区1个。

（市环境保护局）

【四大重点林业生态工程建设】 2016年完成生态景观林带建设任务46.2公里，任务完成率118%。森林碳汇工程，已完成种植任务。乡村绿化美化工程，已完成全部建设任务。森林进城围城工程，完成新会南坦葵林区级湿地公园建设。

（赵晓辉）

【公园城市建设】 2016年，江门市推动市、县、镇、村四级公园体系建设，全年共建各级各类公园500多个，其中，新建改建村居公园443个，新建镇级公园21个，新增森林公园20个。圭峰山、龙舟山、白水带、大雁山、石花山、梁金山、鳌峰山等七大龙头公园加强周边资源整合；加快湿地生态系统重建和恢复，规划建设蓬江天沙湖、江海龙溪湖、新会南坦葵林、台山大隆洞、恩平沙湖等一批湿地公园，其中新会小鸟天堂和开平孔雀湖成功申报国家湿地公园（试点），广东镇海湾红树林湿地公园完成概念规划编制并建成东北（台山深井）、西北（恩平横陂）等六个出入口。特色田园风光公园、城市综合性公园、江门植物园、城乡绿廊等建设任务按计划推进。潮连小海河和古劳水乡等田园风光公园建成并对外开放；蓬江席帽山公园、开平南岛苍江健身广场等综合性公园已建成；完成《江门植物园总体规划》和《江门植物园兰石园区（一期）详细规划》编制工作；90公里城乡绿廊建设任务完成。是年7月，印发《江门市各级（类）公园建设标准指引》，将各类公园分为市、县、镇、村四级，并相应设计公园的形象标识牌，编制全市统一的公园内部标识。（陈耀彬）

【创建国家森林城市】 2016年4月23日，《江门市国家森林城市建设总体规划（2015-2024年）》在北京通过专家评审。是年，举办“江门·森林故事”征文比赛、“国家森林城市”摄影比赛；制作“创森”宣传公益广告；在各市、区举办“我为城市添新绿”市花送市民活动；开展义工“创森”和“创森”科普宣传活动等。

（方晓华）

【自然保护区建设】 2016年，江门古兜山省级自然保护区完成3公里科普教育步行径建设，并在生态公益林示范区步行径、保护区科普教育步行径为各类树木增设500多个树木标识牌；台山上川岛猕猴省级自然保护区完成生态公益林示范区、专家楼维修及绿化、宣教中心科普展览室等工程建设，补植抚育200亩沿海防护林带；恩平七星坑省级自然保护区投入2000多万元解决5宗面积达11000多亩的林地回收，并调整为省级生态公益林。

【湿地红树林管护】 江门市湿地总面积173462.18公顷，占珠三角地区湿地总面积的21.94%，大部分处于原生态状态。全市现有红树林总面积1798公顷，主要分布在镇海湾、广海湾和银湖湾，包括台山、恩平、新会三地沿海，其中台山市1400公顷、恩平市333.3公顷、新会区64.7公顷，以桐花树、白骨壤、秋茄和海漆群落为主。江门市计划用5年时间建设珠三角最大的红树林湿地公园——广东镇海湾红树林湿地公园。初步规划把台山深井、北陡、汶村，恩平横陂等地红树林纳入镇海湾红树林湿地公园规划范围，规划总面积约为100km^2，其中湿地35km^2，红树林面积约10km^2。2016年完成公园初步概念规划，6个入口完成工程建设和标示牌设置，部分步行径建成连通。 （谈嘉辉）

精神文明建设

【文明城市建设】 2016年，加强督查考核，建立创文长效管理机制，完成两次公共文明情况暗访与考评。创文工作被纳入市直单位年度绩效考核及县域经济发展考核，由市文明局对市直各部门及各市区党委、政府进行考核打分。制定下发《江门市深化文明城市建设、推进城乡环境综合治理工作方案》，指导全市文明城市创建工作的开展。推进三项“文明”主题整治行动：在四市三区全面推进“文明公厕”行动。在媒体设立 “文明交通行”专栏，每月对不同文明交通方面的主题进行宣传报道，累计刊播相关新闻稿件近80篇。以“文明礼让、有序通行”为主题，加强对不文明交通行为的教育、整治。组建文明交通宣讲团队，在全市开展千场文明交通巡回宣讲活动。组建市旅游志愿者服务总队，结合“醉美乡村游”活动举办今年文明旅游启动仪式。启动2016文明旅游推进活动暨“为中国加分”文明旅游公益行动•万名游客征集活动，不断深化文明旅游行动。举办以“创文，江门五邑不停步”为主题的第四届江门健走马拉松大赛，全市7个赛区共计10万人参与比赛。发动企业按照完成赛程的人数进行捐款，所募集款项全部用于对困难道德模范和身边好人的帮扶，募集善款15万元。

【公民思想道德建设】 2016年，实施国学普及工程，下发《2016年江门市国学普及工程》，举办江门市国学普及工程启动仪式和国学堂开讲仪式、第三届国学小达人比赛。举行2016年江门市白沙文化节“开笔礼”活动。开展道德典型选、树活动，向上级推荐“好人”参评，3人荣获“中国好人”称号、8人入选“广东好人”。举办第一季度广东省道德模范与身边好人现场交流活动。组织开展江门市四季度“江门好人”点赞活动，已命名40位“江门好人”。举行2016年江门市“诚信示范街、示范店”创建活动启动仪式。将中邦建材广场创建为2016年江门市“诚信示范街、示范店”创建示范点。开展文明家庭创建工作，推荐董淑猛、徐娜家庭参评并成功入选第一届全国文明家庭。

【未成年人思想道德建设】 2016年，开展以“中国梦”为主题的思想道德建设实践活动，组织清明祭英烈、寻找“最美孝心少年”、“学习和争做美德少年”等活动。由鹤山市报送的童谣《小蟋蟀吹口哨》入选全国第六届优秀童谣，是广东省唯一入选的作品。台山市台城第二小学《点之碟碟》节目在广东省第二届岭南童谣节展演活动中获得二等奖；台山市台城第二小学苏悦同学《价值观，记心间》童谣作品获得三等奖。向省文明办推荐新会区崖门镇仙洞学校的周珍、鹤山市职业技术学校任添荣2名同学参评“美德少年”。制作美德少年事迹展示页面，在江门市文明网及江门市未成年人网站对20名美德少年事迹进行宣传，并开展点赞活动。启动全市“学习和争做美德少年”活动。制定下发《关于开展乡村学校少年宫示范点建设工作的意见》，是年新建6所乡村学校少年宫，创建1个省级、7个市级示范点。2所乡村学校少年宫得到2016年中央专项彩票公益金资助。承办2016年全省首批乡村学校少年宫师资培训班，参加人数达300多人，采用整体辅导和专业培训相结合的模式，开设足球、舞蹈合唱、书法美术三个专业班。制定下发《江门市中小学开展文明校园创建活动实施方案》，联合市教育局对文明校园示范点申报学校进行抽检验收工作，并命名20所江门市中小学文明校园示范点。印发《关于打造“一百百”足球工程，创建“国家青少年足球培训试点城市”

的实施方案》，举办足球工程启动暨足球特色（试点）学校挂牌仪式，在全市推进足球进校园工作。

【志愿服务品牌建设】 2016年，江门市一个最美志愿者、志愿服务项目、志愿服务组织、志愿服务社区入选2016年广东省学雷锋志愿服务先进典型。4月23日,江门志愿服务综合信息管理平台正式完成优化升级，实现集电子义工证、义工信息管理、义工APP、义工微信端等四大模块集成一体，电脑PC端、手机客户端等应用平台全覆盖。在全国率先使用个人社保卡数据系统，实现注册志愿者个人身份信息与社保卡数据互联互通，个人志愿服务信息可通过全市范围内的社保终端设备进行查询，实现志愿服务时数记录的真实可靠。完成制定并下发《江门市“爱心之城”资助计划》，投入20万元对社区志愿服务站建设、服务需求对接、社区志愿服务团队培训、服务技巧提升、重点社区服务项目培育等进行资助。根据每个社区群众服务需求制定下发《江门市社区志愿服务便民指引》，以一张清单形式为居民提供3200多项恒常化服务，涵盖全市114个社区。

【群众性精神文明创建活动】 启动2015-2016年精神文明建设先进集体推荐申报工作，对申报单位进行测评。制定下发《江门市美丽乡村建设行动方案（2016-2017年）》，选树6个文明村镇示范片。召开江门市文明社区建设暨志愿楼长交流会，组织全市30名优秀楼长到顺德区参观学习。

（市文明办）

·责任编辑　黄晓益·

党政机关

Party and government organs

中国共产党江门市委员会

综述

【市委工作概况】 以党的十八大、十八届三中、四中、五中全会、中央经济工作会议、广东省委十一届五次、六次全会和市委十二届六次全会精神为指导，学习贯彻习近平总书记系列重要讲话精神，落实全面建成小康社会、全面深化改革、全面依法治国、全面从严治党的战略部署，为打造“三门”建设“三心”提供政治保证。

【市第十三次党代会】 2016年12月8—9日，中国共产党江门市第十三次代表大会在市委市政府大会堂召开。市委书记林应武代表中共江门市第十二届委员会向大会作题为《兴业惠民 治吏简政 为率先全面建成小康社会而努力奋斗》的报告。报告分为六部分：过去五年工作回顾；今后五年工作的指导思想和奋斗目标；聚焦发展第一要务，努力实现争先进位；深化改革激发活力，打造一流发展环境；致力增进民生福祉，共建共享美好家园；坚持全面从严治党，提供坚强政治保证。林应武强调今后五年是江门市率先全面建成小康社会的决胜阶段，是实施“十三五”规划、实现加快发展、争先进位的关键时期，要高举中国特色社会主义伟大旗帜，以邓小平理论、“三个代表”重要思想、科学发展观为指导，全面贯彻党的十八大和十八届三中、四中、五中、六中全会精神，学习贯彻习近平总书记系列重要讲话精神，按照“五位一体”总体布局和“四个全面”战略布局，坚持“创新、协调、绿色、开放、共享”发展理念，围绕“三个定位、两个率先”的要求，致力“兴业惠民、治吏简政”，坚持工业立市不动摇，实施创新驱动，深化改革开放，增进民生福祉，全面从严治党，打造“三门”建设“三心”，率先全面建成小康社会。大会选举产生新一届市委委员、候补委员和市纪委委员，通过关于十二届市委报告的决议和关于市纪委工作报告的决议。

【市委工作会议】 2016年10月12日，市委召开工作会议，旨在进一步统一思想、认清形势，为全市干部干事创业打气鼓劲，把全市上下的精力和心思集中到“兴业惠民、治吏简政”上来，集中到市委、市政府各项决策、部署的落实上来。市委书记林应武强调，各级干部要围绕“兴业惠民、治吏简政”，以不甘人后、奋发进取的精神面貌，以迎难而上、敢于担当的工作作风，以团结一致、众志成城的强大合力，为实现江门五邑加快发展、争先进位的宏伟蓝图共同奋斗。会议强调要以史为鉴，痛定思痛，凝聚兴业发展共识。要实现争先进位的目标，就必须“全市一盘棋”，上下一条心，克服小进则满、小富则安的思想，弘扬改革开放之初那种敢为人先的拼搏进取精神；克服狭隘视野，树立世界眼光；克服守旧观念、畏难情绪，倡导担当实干的工作作风，进一步把思想从不适应、不利于创新发展的桎梏中解放出来。要实现加快发展、争先进位，就必须狠抓工业、投资和出口不放松。把工业作为江门的立身之本。要扭转江门发展的落后局面，首先要扭转工业落后的局面，重振“江门制造”。必须集中力量实施“珠西行动”，发展先进装备制造业，做大做强五大产业集群；实施创新驱动发展战略，培育高新技术企业，打造“江门智造”“江门创造”；重视平台建设，创新园区开发模式；坚持工业存量和增量“两手抓”，既要引导企业技术改造、增资扩产、提质增效，又要加强招商引资，引进一批有行业号召力、市场影响力、品牌辐射力、产业集聚力的优质龙头项目；要发挥好“小微双创”品牌效应，激发民营企业经济活力。发挥投资对经济的拉动作用，坚持投资先导，在有效投资上扩规模、优结构、提质量、上效益，狠抓投资超亿元的先进装备制造项目建设，狠抓江门大道等重大交通项目建设，狠抓旅游、大健康等三产项目投入。坚持扩大出口稳增长，推动外贸转型升级，推动外贸新业态发展，优化口岸通关环境，千方百计完成全年外贸进出口任务。警钟长鸣，从严治党，从严治吏。江门要实现加快发展、争先进位，就必须有一个良好的政治生态，必须把从严管理干部贯彻落实到干部队伍建设全过程，坚持从严教育、从严管理、从严监督。要落实好“三个区分”，综合运用好监督执纪“四种形态”，最大限度调动和保护广大党员干部干事创业的积极性、主动性和创造性。要构建“亲”“清”政商关系，既要放心、放手、放胆支持企业发展，提振企业家信心，又要把握好政商交往之道，坚守廉洁自律底线。深化简政放权，推行“两无两藏”。林应武指出，一个地方的核心竞争力，往往体现在发展的软环境上。加强软环境建设，首先就要打造便捷高效的政务环境。重视优化政务环境，就要推行“两无两藏”，打造最优最惠政务环境。要通过取消或减免除了中央和省规定以外的行政规费，消除一切地方设置的门槛和规定，深化清单制、探索承诺制、推行委托制，真正实现“两无两藏”，打造一个“群众办事方便快捷，企业税费负担不重，项目审批程序简单”的投资好环境。补短板，兜底线，提升惠民水平。把民生作为经济社会发展工作的“指南针”，坚持以人为本，既抓“兴业”，又抓“惠民”。要坚持问题导向、目标导向和结果导向，持续加大民生投入，补短板、兜底线，把民生工作做好做实，为老百姓营造一个宜居宜业的生产生活环境。要根据江门实际情况，本着轻重缓急原则，认认真真重点抓好六件惠民实事：解决好教育学位不足问题；实现“邑家园”和居家养老服务“两个全覆盖”；落实好“六项底线民生保障项目”；全面完成精准扶贫任务；提高医疗服务水平；大力整治城市黑臭水体。

【市委全会】 市委十二届六次全会 于2016年1月5日召开，会议的主要任务是，以邓小平理论、“三个代表”重要思想和科学发展观为指导，贯彻习近平总书记系列重要讲话精神，贯彻落实党的十八大、十八届五中全会、中央经济工作会议和省委十一届五次全会精神，总结2015年工作，部署2016年工作，审议通过《中共江门市委关于制定国民经济和社会发展第十三个五年规划的建议》，动员全市干部群众统一思想、抢抓机遇，改革创新、真抓实干，建设干部作为、人民幸福的中国侨都。全会高度评价去年市委常委会的工作，提出要以创新、协调、绿色、开放、共享五大发展理念引领江门“十三五”发展，紧盯“一个同步”，实现“五个突破”，突出“一二三四五”的经济工作主线。会议表决通过《中国共产党江门市第十二届委员会第六次全体会议决议》。

市委十二届七次全会 于2016年8月26日召开，会议研究召开中国共产党江门市第十三次代表大会有关事宜，表决通过《关于召开中国共产党江门市第十三次代表大会的决议（草案）》。全会决定：中国共产党江门市第十三次代表大会于2016年12月在江门召开。市委常委、组织部部长李长峰就《关于召开中国共产党江门市第十三次代表大会的决议（草案）》作说明。全会审议通过市第十三次党代会的主要议程，代表的名额、分配原则、产生办法，以及新一届市委委员、候补委员和市纪委委员名额。全会号召，全市各级党组织和广大共产党员，要高举中国特色社会主义伟大旗帜，以邓小平理论、“三个代表”重要思想、科学发展观为指导，深入贯彻习近平总书记系列重要讲话精神，全面贯彻党的十八大和十八届三中、四中、五中全会精神，落实全面建成小康社会、全面深化改革、全面依法治国、全面从严治党的战略部署，践行创新、协调、绿色、开放、共享的发展理念，团结一心、奋发图强、勇于担当、务实进取，为打造“三门”、建设“三心”，率先全面建成小康社会而努力奋斗，以优异的成绩迎接中国共产党江门市第十三次代表大会胜利召开。

市委十二届八次全会 于2016年12月2日召开，全会决定，中共江门市第十三次代表大会于12月8日召开。全会强调，市第十三次党代会的各项筹备工作已经就绪，要共同努力，把市十三次党代会开成一个统一思想、凝聚力量，求真务实、开拓创新的大会，为率先全面建成小康社会而努力奋斗。这次全会是深入贯彻落实党的十八届六中全会和省委十一届八次全会精神，为市第十三次党代会的召开作准备的一次重要会议。全会审议通过十二届市委报告（审议稿）和市纪委工作报告（审议稿）；审议通过《关于召开中国共产党江门市第十三次代表大会的决议（草案）》；审议通过十三届市委委员、候补委员和市纪委委员候选人预备人选名单。

【市委常委会会议】 2016年召开40次市委常委会会议，主要议题包括讨论《十三五规划纲要草案（送审稿）》；讨论《江门市2015年国民经济和社会发展计划执行情况与2016年计划草案的报告（送审稿）》；研究审定《江门市2016年重点建设、城市建设项目计划草案（送审稿）》；传达贯彻中国共产党广东省第十一届委员会第六次全体会议精神；传达贯彻全省理工科大学和理工类学科建设暨高校科研体制机制改革工作推进会议精神；传达贯彻全省司法体制改革试点工作推进会精神；听取2015年下半年基层治理进展情况汇报；传达贯彻全省卫生工作会议精神；传达贯彻全省人大工作会议精神；传达贯彻省十二届人大四次会议精神；传达贯彻省政协十一届四次会议精神；传达贯彻全国、全省组织部长会议精神；传达贯彻全省审计工作会议精神；传达贯彻省纪委十一届五次全会精神；传达贯彻全省创新驱动发展大会精神；传达贯彻全省生产性服务业发展会议精神；传达贯彻全省水利与三防工作电视电话会议精神；传达贯彻全省加快推进高速公路建设工作会议精神；学习贯彻全国人大、政协“两会”精神；传达贯彻全省供给侧结构性改革工作会议精神；传达贯彻全省市县镇换届工作业务培训班精神；传达贯彻全省扶贫开发工作会议精神；通报省纪委十一届五次全会“三述”的评议情况；传达贯彻胡春华同志关于交通基础设施建设讲话精神；传达贯彻广东省市县镇领导班子换届工作会议精神；传达贯彻2016年全省农村工作会议精神；传达贯彻2016年省实施《珠三角规划纲要》领导小组会议和省促进粤东西北地区振兴发展协调领导小组会议精神；传达贯彻全省“两学一做”学习教育工作会议精神；传达贯彻2016年全省第一季度经济形势分析会精神；研究审定《江门市供给侧结构性改革“1+5”行动方案及第一批供给侧改革去降补（六新六去）工作清单》；研究审定《关于创建“堡垒型、服务型、制度化”基层党组织行动计划（送审稿）》；传达贯彻省委党的群团工作会议精神；研究审定《珠三角（江门）国家自主创新示范区建设实施方案（2016—2020年）（送审稿）》；研究审定《江门市创新驱动发展工作考核实施方案（送审稿）》；通报市贯彻执行中央八项规定精神的情况；通报米小丹省长到江门市调研“创森”工作情况及珠三角国家森林城市群建设调研座谈会精神；传达贯彻广东省进一步加快县域经济社会发展工作会议精神；传达贯彻广东省城市工作会议精神；传达贯彻省全面深化改革加快实施创新驱动发展战略领导小组第五次会议精神；传达贯彻珠江西岸先进装备制造产业带建设推进工作会议精神；传达贯彻广东省质量大会精神；传达贯彻广东省专业镇协同创新工作会议精神；传达贯彻第三轮知识产权高层次合作会商暨建设引领型知识产权强省启动大会精神；传达贯彻广东省进一步促进粤东西北产业园区提质增效工作现场会精神；传达贯彻广东省推进“互联网+”工作会议精神；传达贯彻全省民营经济工作现场会精神；传达贯彻2016年粤澳合作联席会议精神；传达贯彻全省土地管理工作会议精神；传达贯彻广东省反腐败国际追逃追赃工作会议精神；传达贯彻全省“两学一做”学习教育工作推进会精神；研究审定《中共江门市委关于加强和改进新形势下人大工作的决定（送审稿）》；传达贯彻2016年全省军转安置工作会议精神；学习贯彻习近平总书记在庆祝中国共产党成立95周年大会上的讲话；传达贯彻全国义务教育均衡发展推进会暨广东省督导检查反馈意见会精神；传达贯彻中国共产党广东省第十一届委员会第七次全体会议精神；传达贯彻全省安全生产和城市运行安全管理工作电视电话会议精神；听取“中国青创汇”全国小微企业创新周活动情况汇报；研究审定《关于新时期城乡精准扶贫精准脱贫的实施方案（2016—2018年）（送审稿）》；传达贯彻全省纪检监察机关2016年上半年工作总结会议精神；传达贯彻省参与“一带一路”建设工作领导小组第二次会议精神；传达贯彻广东省推进珠三角创新驱动发展培育高新技术企业工作现场会精神；传达贯彻全省第十五期领导干部党纪政纪法纪教育培训班精神；传达贯彻全省市领导班子换届考察工作业务培训会议精神；传达贯彻全省人民防空会议精神；传达贯彻省全面深化改革加快实施创新驱动发展战略领导小组第六次会议精神；听取全市供给侧结构性改革工作进展情况汇报；传达贯彻珠江西岸先进装备制造产业带建设工作会议精神；传达贯彻全省环境保护工作会议精神；传达贯彻珠三角国家森林城市群建设工作会议精神；传达贯彻全省科技“四众”促进“双创”工作现场会暨“双创”活动周部署会精神；研究审定《江门市2016年县域经济社会发展考核实施方案（送审稿）》；研究审定《江门市直机关单位年度绩效考核方案（送审稿）》；传达贯彻省委专题会议和全省前三季度经济形势分析会精神；传达贯彻全省党委秘书长会议精神；研究江门市“两学一做”学习教育七项重点任务及基层治理工作；听取第五届世界江门青年大会情况汇报；传达贯彻省委书记胡春华同志到江门调研重要指示精神；传达贯彻全省政法队伍建设工作会议精神；传达学习贯彻中国共产党广东省第十一届委员会第八次全体会议精神；研究部署市第十三次党代会筹备工作；传达贯彻省委经济工作会议精神。

【市委重要会议活动】 中共广东

省委书记胡春华赴江门调研 2016年11月1—2日，中共广东省委书记胡春华赴江门调研，在台山市考察台山市人民医院、妇幼保健院和中医院等医疗单位，他指出要试点探索综合医药卫生体制改革，推动医疗资源向基层下沉；在台山、开平调研期间，胡春华听取台开同城工作汇报，强调要统筹衔接好台山与开平的城市规划、产业发展，共同推进交通基础设施和产业园区建设，更好承接高质量的大项目，不断提升同城发展水平；在江门市区，胡春华考察珠西综合交通枢纽江门站建设现场和江门大道等交通基础设施建设情况，他要求江门强化机遇意识，加紧对接港珠澳大桥和深中通道，建设珠西综合交通枢纽，切实改善区位条件，打牢加快发展的基础。

政法工作会议 2016年3月25日，市委召开政法工作会议，会议要求要牢固树立和贯彻落实创新、协调、绿色、开放、共享的发展理念，主动适应新形势、新常态，切实增强忧患意识、责任意识，防范风险、服务发展，破解难题、补齐短板，正确处理好维护稳定与深化改革加快发展、维护稳定与维权、大维稳与政法工作三种关系，切实增强做好政法工作的自觉性和主动性。要全力以赴做好2016年政法工作，切实维护江门市政治和社会大局。要重点抓好防控风险工作，坚决防范和打击暴力恐怖活动，坚决防止重特大公共安全事故的发生，注意防控金融和房地产领域风险，切实加强网络安全工作，确保江门市经济社会健康稳定发展；要加强社会矛盾的主动治理，重点打击涉毒、“两抢一盗”、电信网络诈骗、涉众型经济犯罪等突出违法犯罪，妥善处置劳资纠纷、涉农涉土等普遍性、经常性问题，建设平安侨都；要按照中央、省委的部署，全面铺开、稳妥推进司法体制改革试点工作，确保江门市司法机关运作更加顺畅，进一步提高江门推进依法治市的水平和能力。

创新驱动暨供给侧结构性改革工作会议 2016年4月21日，市委、市政府召开创新驱动暨供给侧结构性改革工作会议，贯彻落实全省创新驱动发展大会、全省供给侧结构性改革工作会议等会议精神，部署江门市科技、创新驱动发展和珠三角（江门）国家自主创新示范区建设、供给侧结构性改革、生产性服务业发展工作，并表彰获得2015年度省科学技术奖和市科学技术奖的获奖单位。会议要求要始终坚持创新驱动、加快发展。从四方面把创新驱动“驱动”到培育新的经济增长点上、“驱动”到企业科技创新能力上、“驱动”到园区和湾区开发建设上、“驱动”到优化环境上。抓住高新技术企业这个“牛鼻子”，提高自主创新能力。要完善和落实好创新激励政策，主动加强对企业的培育服务，鼓励企业科技创新。围绕“珠西战略”，推动形成以创新为主要引领和支撑的发展模式；要在体制机制、科技、产业、园区开发投融资、管理营运、招商引资、工作方式方法等方面大力创新，建设提升三大平台，发展壮大五大产业集群，推动传统产业提质增效。推进“小微双创”，形成大众创业、万众创新的发展环境；要坚持改革创新，激发“双创”活力；完善公共服务体系，提升“双创”平台；实施人才新政，吸引“双创”人才，打造创业创新家园、营造创业创新乐园。强化考核督查，促进创新驱动发展落到实处；要以考核抓落实，以绩效促实效，确保实现主要科技指标倍增目标。会议强调要稳稳把住目前改革最能发力的供给端，推进供给侧结构性改革这一“精准改革”。要强化思想认识，准确把握好中央和省关于供给侧结构性改革的部署要求；明确目标任务，落实好“三去一降一补”工作，在“优化存量、引导增量、主动减量”上下功夫。各级要围绕“六新六去”（新技术、新实业、新消费、新金融、新城镇、新农村，去过剩、去库存、去低效、去负担、去污染、去繁就简），突出以去引新、以新促去，研究出台有针对性的措施，逐个指标逐个节点抓落实；要把握方向方法，确保改革稳妥顺利推进。

全市县镇领导班子换届暨“两学一做”学习教育工作会议 2016年4月26日，市委召开全市县镇领导班子换届暨“两学一做”学习教育工作会议，贯彻落实中央和省委部署精神，对江门市县镇领导班子换届和“两学一做”学习教育工作进行再动员、再部署。会议要求各级各部门把理想信念教育抓在手上，把思想教育摆在首位，把纪律和规矩挺在前面，将“两学一做”学习教育贯穿于换届工作全过程，确保换届工作顺利开展、换届氛围风清气正、换届任务顺利完成。要深刻领会中央、省委关于换届工作的新理念、新思路、新要求，着眼事业选好选准干部。要牢牢把握换届工作重点任务和关键环节，优化结构配强班子，坚持树立敢于担当的导向、群众公认的导向、重视基层的导向，选好配强党政正职，着力增强班子的整体功能。要以铁的纪律匡正风气，确保换届风清气正。各级党委（党组）特别是党委（党组）书记要亲自抓、带头抓，各级干部要讲党性、顾大局、守纪律，各级组织部门要坚持公道正派，严守换届工作纪律，各级纪检部门要严肃查处换届不正之风和腐败行为。对违反换届纪律、踩红线、破底线的人，一律从严惩处。会议强调开展“两学一做”学习教育，是全面从严治党向基层延伸的迫切需要，是加强思想政治建设的迫切需要，是江门市实现创新驱动、加快发展、全面小康、争先进位的迫切需要。各级党组织要把“两学一做”作为今年党建工作的龙头任务抓紧抓好，以强烈的政治意识，努力使学习教育高起点开展、高标准推进、高质量落实。

全市农业农村工作会议　2016年5月22日，召开全市农业农村工作会议，传达贯彻全省农村、农业工作会议精神，部署江门市农村农业工作，会议要求，各级、各部门要主动适应新常态，按照稳粮增收、提质增效、创新驱动的总要求，加快转变农业发展方式，全面深化农村改革，扎实推进新农村建设，促进农民稳定增收，拼搏攻坚、狠抓落实，加快建设现代农业强市，努力开创“三农”工作新局面。要转变农业发展方式，加快建设现代农业强市。要以落实《江门市加快建设现代农业强市工作纲要（2015—2020年）》及新型农村经营体系建设等五个行动方案为抓手，加快推进农业强市建设。要着力构建新型农业经营体系,保障农产品质量安全,提升农业基础设施建设,保护农村生态环境。要扎实推进新农村建设，提升农村民生水平。要积极打造美丽新农村，加快实施统筹城乡精准扶贫，加快发展农村社会事业。要全面深化农村改革和法治建设，激发农村发展活力。要稳妥推进农村土地承包经营权确权登记颁证工作，抓好新会区国家农村综合改革示范试点组织实施工作，创新农村金融保险制度，完善农村集体“三资”管理，推进农村“政经分离”改革。

城市工作会议　2016年8月19日，江门市召开城市工作会议，传达贯彻中央、省城市工作会议精神，研究部署当前和今后一段时期江门市城市工作。会议强调，做好城市工作，既是落实中央和省的工作部署，也是保持江门市经济社会持续健康发展的内在要求，必须善用“城市思维”，践行五大发展理念，谋划和推动城市的建设和发展。要避免“摊大饼”“大跃进”，更不能“朝令夕改”，随便“翻烧饼”，要力求切合实际、行之有效、行之久远，崇尚实干，“一张蓝图干到底”，努力把江门市建设成为珠江西岸新的城市中心。会议指出，未来一段时期是江门城市发展建设的重大机遇期。各级各部门必须坚持做强中心、扩展门户，打造大城格局，提升江门市城市竞争力和影响力。促进人产城融合，把“人”放在首位，打造宜居、宜游、宜业、宜创环境。塑造出城市个性，切实提高江门市的城市规划建设管理水平，走出一条具有侨乡特色的城市发展新路子。会议要求，做好城市工作，要尊重城市工作的基本规律，创新城市工作理念，把握城市工作新要求，从四方面推动城市发展从外延型向内涵型、从功能型向生态型、从管理型向服务型转变。注重以人为本，推进户籍制度改革，推动具备条件的常住人口落户城镇；全面实行流动人口居住证制度，推动城镇基本公共服务常住人口全覆盖。注重产城融合，城市规划建设管理要统筹空间、规模、产业三大结构，提高城市工作的全局性；江门市目前城市大的空间格局是“东提西进、同城共融”“东部一体、西部协同”，要通过产业来丰满充实，使之有血有肉，达到以城聚产、以产兴城、产城融合式发展。注重历史传承，要以文旅互融为切入点，通过挖掘、塑造特色风貌，处理好历史与现代的关系，延续侨都的历史文脉，加强历史文化名城名镇、文化街区、民族风情小镇的挖掘和文化生态的整体保护，提升全市文化的软实力。注重生态保护，城市建设不能千城一面，要把好山好水好风光融入城市之中，真正让市民望得见山、看得见水、记得住乡愁；要以建设公园城市、创建森林城市为抓手，全方位提升城市规划、建设、管理水平，保护好江门市的青山绿水、一草一木。会议强调，各级党委要加强对城市工作的领导，充分认识城市工作的重要地位和作用，主要领导要亲自抓，建立健全党委统一领导、党政齐抓共管的城市工作格局。要建立健全工作考核评价监督问责机制，把城镇化发展目标任务与领导干部绩效挂钩，纳入考核体系，推动城镇化各项工作真正落到实处。

全市民营经济工作会议

2016年11月18日，市委、市政府召开全市民营经济工作会议，贯彻落实全省民营经济工作座谈会和全省民营经济工作现场会精神，总结推广有关市、区的经验做法，分析当前全市民营经济发展面临的新形势、新要求，支持民营经济做大做强。会议下发《江门市人民政府关于进一步加快民营经济发展的若干措施》，提出12条50款扶持措施。江门市实行“三就”（收费就低不就高、办事就简不就繁、服务就近不就远），推行“两无两藏”（无收费、无门槛，藏富于民、藏富于企），从去费减负、简政放权和专项扶持等方面，提出与周边地区相比具有竞争力的扶持措施，打造最优的惠企环境，提振民营企业家信心，推动全市民营经济大发展大提升。

领导干部党纪政纪法纪教育培训班 2016年11月30日，江门市举办领导干部党纪政纪法纪教育培训班（简称“三纪班”），引导全市各级领导干部，按照“学党章党规、学系列讲话，做合格党员”的要求，贯彻党的十八届六中全会精神，学习党规党纪，吸取典型腐败案件教训，增强纪律意识和规矩意识，牢记党纪政纪法纪约束。会议要求全市各级各单位党委(党组)要进一步强化党风廉政建设主体责任，狠抓中央八项规定精神和有关制度的落实，要加强对干部的日常监督管理，落实好监督执纪“四种形态”，对干部中存在的苗头性倾向性问题，要早发现、早提醒、早预防，防止小问题变成大问题、作风问题发展成腐败问题。全市各级纪检监察机关要按照全面从严治党、越往后执纪越严的要求，坚持零容忍的态度不变、反腐败力度不减，切实履行监督责任，抓早抓小抓常，要认真落实《中国共产党问责条例》，对有令不行、有禁不止的顶风违纪行为，坚决予以查处，并严格责任追究，把全面从严治党引向深入。（市委办）

组织工作

【“两学一做”学习教育】 2016年，市委组织部挑选100多名讲师组建“两学一做”党课讲师团，在全市基层党组织中开展党课宣讲。全市各级党组织逐级向下级党组织选派2013名“两学一做”指导员指导各项学习教育。开展“万名党员志愿服务活动”。举办“党的好儿女——江门史上的共产党员先进事迹巡回展”，树立“救火英雄”边防官兵和“最美支书”吕传卿等先进典型。全市开展党课宣讲5400多场次，听课人数达10.7万人次，参加志愿服务活动的党员逾18.7万人次。

【基层党组织建设】 2016年，完善各级党组织书记抓基层党建工作述职评议考核制度，把述职对象范围延伸到村（社区）、机关事业单位、国有企业、“两新”组织等基层党组织。开展市县镇三级党委书记抓党建示范点创建工作，建立81个示范点。排查整顿83个软弱涣散基层党组织。全市1324个村（社区）推行“两个联席会议制度”。开展排查清理党代会代表和党员违纪违法专项行动。实行发展党员全程纪实制度，规定入党积极分子在培养期间志愿服务时长。招聘325名“村长助理”。投入5234.9万元改造升级149个村级办公及活动场所。投入1782.4万元为机关、企事业单位、农村、社区及“两新”组织党建工作专项经费。实现基层治理源头专项问题解决工作“四个100%”。全市1324个村（居）公共服务站已建成并运行。在全省率先探索开展园区党建“群组化”模式。举办“歌党情•颂党恩”——江门市“两新”组织纪念建党95周年文艺汇演。

【市县镇三级换届工作】 2016年，以市县镇集中换届为契机，执行《干部任用条例》，选优配强领导班子和领导干部,新一届镇级领导班子成员平均年龄41.7岁，其中镇党委书记平均年龄为44.56岁；具有大学以上学历的626人，占81.08%，新选拔216名优秀干部充实到各镇领导班子。新一届县级领导班子成员平均年龄48.1岁，其中党政班子成员平均年龄45.2岁；具有大学以上学历的188人，占94.47%，其中研究生学历的有45名，占22.61%；树立重视基层的用人导向，14名县级党政正职中，有12人具有两年以上县级党政领导班子工作经历；新提拔县级领导班子成员中有16名为镇（街）党政正职，占总数的22.2%。提前对县镇领导班子开展专题调研和分析研判以及对全市有关处科级领导干部开展核查工作。从严把好“两代表一委员”候选人政治关、素质关和结构关。落实“五大责任主体”责任，落实“四必看”、“四必谈”、“四必训”工作。通过印制严肃换届纪律提醒卡、发送公益短信、张贴宣传海报、系列宣传故事、电视公益广告、创作宣传歌曲等，开展换届纪律巡回宣讲、换届纪律知识测试、问卷调查等，加强换届纪律宣传。组建换届风气专项巡查组，实行巡查组与换届考察组同步进驻机制，并创新性地联动“两学一做”学习教育，形成监督换届风气的强大合力。组建查办违反换届纪律问题专项查核组，建立舆情应急处理机制，设立市、县两级组织部长信箱。成立市“三会”换届筹备工作领导小组，制定筹备工作方案，采取“挂图作战”、时间倒推的办法，推进换届筹备工作。提前制定工作预案和大会日程，明确应急处理办法，周密安排大会选举。发挥大会主席团和临时党组织的作用，确保人事安排方案顺利实现。

【干部队伍建设】 2016年，市委组织部严格执行《干部任用条例》，结合换届工作选优配强领导班子和领导干部，综合考虑干部的专业、经历、能力、个性和岗位匹配度，起草《江门市市直部门单位处级领导班子成员交流调整的原则意见》，有计划地将领导班子中任职时间较长的干部在不同地区、不同岗位之间进行交流轮岗。形成《全市县处级领导班子和干部队伍建设情况的分析报告》《关于增强干部选用工作效果的调研报告》《关于县镇换届工作专题调研有关情况的报告》，为全市换届工作、干部工作打下基础。起草《江门市党员领导干部“八小时以外”活动监督管理实施方案》《江门市关于建立健全市管领导干部日常性谈心谈话制度的实施意见》和《江门市委组织部部务会成员挂钩联系工作制度》，建立健全干部工作机制。做好第八批援疆干部的选派和第七批援藏援疆干部的跟踪服务和返回安排工作。顺利完成2016年公务员招录和2015年公务员统计。研究制定《江门市2016年县域经济社会发展考核实施方案》。完成市干部人事档案专项审核的组织认定。从严做好市管干部在社团兼职、警衔评定等审批。做好镇（街）党（工）委书记调整报备工作，研究制定《镇（街）党政正职报备操作规程》。做好省管市管干部退休、工资待遇调整以及市管干部任职试用期满考核等工作。

【干部监督管理】 2016年，市委组织部坚持“凡提四必”，加大干部档案和领导干部个人事项报告的“双核查”力度，结合换届共对全市411名领导干部及组工干部填报的个人有关事项进行抽查核实。建立市、县两级组织部门电话、信访、网络和短信“四位一体”的综合举报平台，全年处理98宗信访件。把从严管理干部贯穿于干部工作的全过程，落实干部选拔任用工作纪实等各项监督制度，加强对干部选拔任用工作经常性监督检查。对564名市管干部考察对象进行“七部门联审把关”。严格执行党内监督条例、廉洁自律准则、纪律处分条例、问责条例，严肃党内监督，坚决维护党规党纪的严肃性。强化对“一把手”、关键岗位领导干部的监督，加强党员领导干部“八小时以外”的活动监督。加大对“裸官”隐瞒不报的查处力度，1名处级干部被移送纪检监察机关给予纪律处分。加强因私出国（境）政审和证照管理，从严审批因私出国（境），加强证照管理，市管以上干部持有的因私出国（境）证照统一收缴市委组织部集中保管。落实干部谈话谈心制度，用好提醒、函询、诫勉等组织措施，加强对领导干部的经济责任审计，共谈话提醒65人，函询73人，诫勉10人；对132名市管干部进行离任审计或任中审计，其中1人因违反财经纪律被诫勉谈话。有2名处级干部因违法违纪被免职，1名处级干部因健康原因不胜任本职被调整。开展领导干部在企业违规挂职（兼职）清理“回头看”，做好被追究刑事责任国家工作人员排查清理、破格提拔情况摸查等专项工作。

【干部教育培训】 2016年，举办全市县（处）级领导干部学习贯彻市委十二届六次全会精神专题研讨班，培训干部近10000名；组织160名处级干部（不含“一把手”）、83名中青年干部、30名青年企业家、50名培训工作管理者、党校优秀教师开展轮训和精准培训。选送88名优秀干部参加中央、省级组织的各类专题培训。选派4名处级干部在市直和市（区）之间双向挂职锻炼。

【人才工作】 2016年，江门市建立以市委书记为领导小组长、市长为副组长的人才工作领导机构，制定人才发展目标考核制度。出台《江门市人民政府关于完善体制机制加快建设人才强市的若干意见》。创建全国首家博士后创新示范中心，构建博士后“双创园”、中国侨都博士后大讲堂、江门人才研修院、经纶侨都智库、示范中心门户网站五大平台。引进国家“千人计划”创业项目3个，培养国家“万人计划”科技创业领军人才1名。

【党建制度改革】 2016年，制定《关于对市属重点企业主要领导人员的管理意见》，深化国企领导人员管理制度改革。研究起草《江门市各市（区）法院、检察院副职选拔任用工作流程（暂行）》和《江门市各市（区）审计局领导班子成员选拔任用工作流程（暂行）》，为各市（区）法院、检察院和审计局副职的选拔任用提供政策依据。出台《江门市党员教育培训学时登记管理办法（试行）》，对全市党员教育培训学时实行量化、网络化登记管理，走在全省前列。继续推进乡镇党代会年会制试点，在已开展试行乡镇党代会年会制工作的市（区）创建1个示范点，蓬江区杜阮镇等14个试点镇于8月底前召开第三次党代会年会，通过示范点的示范、引领和辐射作用推动工作规范化、制度化和实效化。出台《江门市落实乡镇机关事业单位工作人员乡镇工作补贴制度的实施办法》，建立健全基层公务员激励保障机制。制定《贯彻落实〈江门市全面深化改革2016年工作要点〉部内分工方案》。 （周凤华）

宣传工作

【理论武装】 2016年，江门市贯彻党的十八大和十八届三中、四中、五中、六中全会精神，学习贯彻以习近平同志为核心的党中央治国理政新理念新思想新战略，围绕市委、市政府中心工作，加大理论学习、研究和宣传的力度，增强马克思主义中国化最新理论成果说服力、感召力和凝聚力。组织14场市委理论学习中心组学习报告会，组织3期市委中心组理论研讨会。举办全市“两学一做”演讲比赛。各级党委中心组围绕习近平同志系列重要讲话和党的十八届五中、六中全会精神，结合建党95周年、长征胜利80周年等重大历史时间节点，组织650多场基层宣讲活动。建立10个基层理论宣讲示范点。出台《江门市党委（党组）意识形态工作责任制实施方案》。建立联席会议制度、督查制度。哲学社会科学课题立项78项。

【新闻宣传和舆论引导】 2016年，宣传贯彻十八届四中、五中、六中全会精神，以及省、市全会精神，围绕市委市政府中心工作，做好“珠西战略”“东提西进、同城共融”“交通大会战”等市委重要决策的重大主题宣传。贯彻落实中央和省有关精神，配合各地各部门开展“两学一做”、“换届选举”、“小微双创”、纪念建党95周年、纪念长征胜利80周年、重点城市建设项目推进推介会、“九证合一”、中欧先进制造业投资合作交流会、平安江门、禁毒宣传、安全生产、食品安全、邑商文化、中央环保督查等专题和公益宣传，为江门市经济社会发展营造良好的舆论环境。为市党代会召开营造良好的氛围，在全市掀起学习贯彻落实市第十三次党代会精神的热潮。是年，市委宣传部配合市相关部门做好征兵宣传、纪念长征胜利80周年系列宣传，提高市民群众国防知识普及教育等工作。与市教育局联合举办2016年广东省“南粤长城杯”电视网络演讲比赛中学生组（江门）选拔赛，选派优秀选手赴省参加比赛。

【对外宣传能力工作】 2016年，围绕江门重振工业制造和“中国侨都”“珠西战略”“小微双创”“珠西枢纽”等重大主题，围绕“中国青创汇”全国小微企业创业创新周、第二届珠江西岸先进装备制造业投资贸易洽谈会、中欧先进制造业投资合作交流会、民营经济工作会议、世界江门青年大会等一系列重大活动，组织国内外、省内外新闻媒体聚焦江门、宣传江门。搭建政民交流互通平台，深化“中国侨都•江门发布”为龙头的政务微博、微信等新媒体平台建设。全国首创“江门微市长”服务平台入选广东“政府治理创新”优秀案例；利用“江门发布”微信组织开展“社会主义核心价值观有奖问答”、“说出你的孝道故事”等网络主题活动，传播正能量。2016年，“江门发布”政务微信公众号获周总发布量、周总阅读量、周总点赞量和传播指数四项指标全国第一，获评2016年广东21市政务新媒体榜“爆款号”“勤奋号”“点赞号”。编辑出版《今日江门》外宣手册，制作城市形象宣传片。

【公民道德建设】 2016年，开展道德模范和身边好人评选活动，承办2016年第一季度广东省道德模范与身边好人交流活动。成功推选董淑猛、徐娜家庭入选全国文明家庭，3人入选“中国好人”、8人入选“广东好人”、4个单位或个人入选2016年广东省学雷锋志愿服务先进典型。成功举办第四届江门健走马拉松大赛，并首次在大赛中注入“慈善”元素，发动爱心企业募集捐款用于帮扶困难道德模范和身边好人。实施国学普及工程，推进美丽乡村建设，建成10所市级示范祠堂及8个国学堂，举办2016年全市中小学“开笔礼”活动及第三届国学小达人比赛。优化志愿服务综合信息管理平台，在全国率先实现注册志愿者个人身份信息与社保卡数据互联互通，出台《江门市建设“爱心之城”资助计划》，投入15万元资助社区服务项目。承办2016年广东省首批乡村学校少年宫师资培训班。

【文化活动】 2016年，围绕擦亮“中国舞蹈之城”、打造“侨乡武术”、深化“合唱文化”三大文化品牌开展工作。5月22日举行戴爱莲诞辰100周年纪念大会。启动戴爱莲电视舞蹈大赛、戴爱莲邮资封首发仪式、座谈会等，来自全国各地的100多位舞蹈名家、专家齐聚江门纪念戴先生。中国舞蹈家协会授予蓬江区为“戴爱莲舞蹈传承基地”。11月，第二届戴爱莲电视舞蹈大赛隆重开幕，吸引四市三区近300多支队伍2000多人参加比赛，在全市营造了良好的舞蹈氛围。8月，戴爱莲舞蹈艺术中心参加了2016泰国第十届金象奖音乐舞蹈器乐大赛，舞蹈《民族魂》获得评委会最高奖、舞蹈《船歌》获得金奖，在国际舞台上展示“中国舞蹈之城”的魅力。举办2016“中国侨都”双节棍王争霸赛、广东侨武英雄汇、广东省青少年散打锦标赛等活动，组织广东侨乡演武团参加第十一届香港国际武术比赛暨第十届深圳武术公开赛，获得团体总冠军。举办2016新年合唱音乐会、四季合唱音乐会。组织“永远跟党走——江门市第十二届百歌颂中华活动”，并选送优秀团队参加省决赛获1银1铜。举办纪念中国工农红军长征胜利80周年广场群众歌会。8月，青少宫童声爱乐合唱团在第十三届中国国际合唱节中获1金1银。11月，市女子合唱团、市童声合唱团、鹤山市沙坪六小合唱团参加了由中国合唱协会举办的2016“美丽中国•肇庆合唱周”活动中荣获2金奖1银的好成绩。举办2016南国书香节江门分会场暨侨乡阅读文化节。有5万人次进场，销售金额近300万元。

【文化品牌建设】 2016年，江门市打响“中国侨都”品牌,加强对蓬江“33墟街”、江海“南岸印迹”、新会“学宫文心”、台山“川岛游归”、开平“碉楼逸风”、鹤山“岭南鹤武”、恩平“恩州学泉”的研究，打造江门文化新名片。加快整合市博物馆、市图书馆、市文化馆、市美术馆，提升五邑华侨华人博物馆建设水平；开展江门五邑联合图书馆、博物馆、文化馆、美术馆和江门五邑粤剧曲艺联盟建设。江门五邑联合文化场馆项目入选文化部国家文化创新工程。打响“武术文化”品牌,成立市武术协会，举办2016“中国侨都”双节棍王争霸赛、广东侨武英雄汇、广东省青少年散打锦标赛等活动。加强侨乡武术对外交流，台山佛家拳在美国纽约建立海外传承基地；组织广东侨武团参加2016年第十一届香港国际武术比赛暨第十届深圳武术公开赛，荣获团体总冠军。打响“岭南儒城”品牌,将白沙大道打造为“文脉大道”，将陈白沙纪念馆打造为“心学特色体验馆”，将圭峰山打造为“岭南心学第一山”。加强对陈白沙、梁启超、陈垣学术思想的研究宣传。

【文化惠民工程建设】 2016年，推进“四个一”（“舞一舞”、“唱一唱”、“走一走”、“踢一踢”）惠民工程、街头艺术工程、“侨文化寻根”工程、高雅艺术普及工程建设。市区街头艺术表演达400多场次。江门演艺中心落成并投入使用。完善城乡一体化公共文化服务网络，组织送电影下乡，送文化进乡村、进社区、进校园，开展“红豆飘香进校园”粤剧推广活动。组织开展第十二届“百歌颂中华”歌咏活动。不断提升江门市童声合唱团、女声合唱团、婆婆合唱团和幼师合唱团水平。

【文艺精品创作】 2016年，创作出大型华侨历史组歌《闯金山》、舞剧《大江之门》、广播剧《中国飞天梦》、书作《南枝向暖北枝寒》《院士之光》等。其中，《闯金山》打造“升级版”先后在南海、顺德、江门等地巡演，获得社会各界高度赞誉。江门市广播电视台《让百姓做主角　做百姓的贴心人》、鹤山市委宣传部《打造全民践行核心价值观的大舞台》入选全省2015年度创新工作案例。

【文化体制改革】 2016年，加快推进文化产业发展、稳步推进文化体制改革。颁布“中国（江门）工艺美术文化博览会暨广东台山玉标准”。组织申报省文化产业发展扶持资金，2016年江门市报送的江门日报社有限公司的“江门日报社全媒体融合发展”项目获150万元扶持，江门广播电视台的侨乡历史资料数据化存贮与“大数据”运营项目获160万元扶持。另外，评选报送江门演艺中心等四个文化产业项目参加2017年度省文化产业发展专项资金评审。组织18家文化企业参加了中国（深圳）国际文化产业博览交易会的参展，成交金额近500万元。制定出台《江门市文化强市建设工作纲要（2016-2020）》《江门市文化事业发展行动方案》《江门市文化产业发展行动方案》《江门市文艺精品创作行动方案》《江门市深化文化体制改革行动方案》等文件。推进新旧媒体融合，《江门日报》以实现全媒体转型为目标，江门广播电视台则以打造“邑网通”APP为抓手开展实施改革工作，江门日报社被授予“广东省首批数字化转型升级示范单位”、“国家数字出版转型示范单位”；江门日报官方微博粉丝近百万；江门日报官方微信公众号的粉丝量超过20万。江门广播电视台的“江门邑网通”完成用户下载安装数量30多万人次。在苹果APP store新闻类APP下载量排名中，“江门邑网通”名列全国第57名。9月，“江门邑网通”开设“艺网通”服务项目。“艺网通”上线半个月以来有近百位文艺家的作品上线，阅读量达200多万人次。

【企业政工职称评定】 2016年，按照《中共中央印发〈关于深化人才发展体制机制改革的意见〉的通知》（中发〔2016〕9号）和《关于做好2016年度职称评审工作的通知》（粤人社发〔2016〕86号）关于“对职称外语和计算机应用能力考试不作统一要求”的意见要求，结合政工专业工作实际，2016年起申报政工专业资格不再进行职称英语和计算机应用能力考试。2016年江门市宣传文化系统共有4人获评高级政工师、7人获评政工师、2人被认定为助理政工师。

统战工作

【多党合作和政治协商】 2016年

1月7日，江门市委召开“党外人士情况通报会”，市委书记向党外人士通报市委、市政府上一年度工作情况和当年的工作部署。各民主党派市委会、市工商联、市知联会负责人在会上分别提出2016年的重点调研工作思路及重点调研课题，内容涵盖小微双创、环境保护、产业发展、非公经济等方面共11个重点调研课题。2016年2月26日，召开“2016年民主党派工作座谈会”，会议研究2016年民主党派换届工作；通报完善民主党派、无党派人士建言献策“直通车”制度工作情况；通报民主党派机关纳入市直机关作风考核工作情况；通报民主大楼修缮进度情况等。2016年10月13日，江门市委召开党外人士座谈会，市委书记林应武通报江门市经济社会发展情况及工作思路。各民主党派市委会、市工商联、市知联会分别就围绕市委中心工作开展重点调研情况作介绍，并提出意见和建议。

【非公有制经济领域统战工作】 2016年，市委统战部与市工商联成立江门市非公有制经济人士理想信念教育实践活动领导小组，负责对整个教育实践活动的决策指挥和组织协调。制定《江门市深入开展以“守法诚信、坚定信心”为重点的非公有制经济人士理想信念教育实践活动总体工作方案》。5月下旬，50位创业代和新生代企业家赴北京航空航天大学培训。市委书记林应武在相关情况汇报上批示：市工商联主动作为，搭建企业家高端学习平台，持之以恒，必有成效。广东省新生代非公经济人士培训班、南京大学“2016年江门市企业家高级研修班”、清华大学“2016年江门市非公企业主党建工作研修班”相继出行学习。全市各级工商联围绕“两个健康”，开展理想信念教育实践活动。新会区、蓬江区建立起企业家培训学院。鹤山、开平采取多形式，提升企业家队伍素质，带动地方经济社会健康发展。加强非公党建工作，利用市工商联党建指导员联络制度，做好江门市浙江商会、江门市江西商会、江门市四川商会等10家商协会开展党支部建设工作。在“两学一做”专题教育、发展党员、开展党组织活动、党员培训学习等方面给予业务指导和支持；各商协会党支部，重点加强基层党组织建设，开展“扩面提质”再行动，发动会员积极参与市“两新”组织纪念建党95周年文艺汇演。2016年，多家民营企业党建工作获省表彰，江艺实业有限公司党支部等4家单位被评为广东省“服务创新驱动党员先锋岗”；鹤山市广明源照明电器有限公司党支部等4家单位被评为广东省“双推双培示范点”；江门气派摩托车有限公司党支部书记周顺平、江门安诺特炊具制造有限公司党支部书记张德胜等4位同志被评为广东省“优秀党员骨干”。7月1日，组织召开全市非公经济组织党建和“两学一做”工作座谈会，总结成果推广经验。9月黄达昌、黄铣铭、徐文辉、任权泮、谢英珠五位会员入选第四届广东省优秀中国特色社会主义建设者并在第三届粤商大会上受到表彰。

【民族宗教领域统战工作】 2016年，市委统战部把民族团结进步创建宣传教育作为重要内容，开展民族团结进步创建进“机关事业单位、企业、社区（村）、镇（街道）、学校、宗教活动场所”（以下简称“六进”活动），取得实效。开展组织开展形式多样的民族团结进步宣传“六进”活动，营造良好的贯彻执行民族政策、依法管理民族事务的社会氛围；做好少数民族代表人士数据库的建库工作，收集市少数民族处级干部人员名单和少数民族科级干部及专业技术人员名单共147名。建立少数民族代表人士数据库，向省民族宗教委上报8名少数民族代表人士。是年，江门市共有宗教团体22个；佛教106390人、道教47160人、伊斯兰教420人、天主教4810人、基督教 12145人，教徒人数合计170925人。举办2016年学习贯彻全国宗教工作会议精神宣讲报告会，学习习总书记对宗教问题提出的新思想新观点新要求。继续指导推进以教风建设、安全管理、财务监督管理为重点内容的和谐寺观教堂创建活动。依法加强宗教事务指导与管理。全市宗教活动场所建立人员、财务、消防等各项制度，宗教活动场所内部管理初步实现民主化和制度化；重视宗教团体队伍建设和人才培养，协助佛教协会、基督教两会、天主教爱国会、道教协会等宗教团体选配好班子和换届工作。宗教界全面开展以“学习全国及全省宗教工作会议精神”为主题的“宗教政策法规学习月”活动；举办宗教团体爱国爱教专题培训班；建设高效的高素质宗教团体领导班子。组织发动宗教界发展社会慈善公益事业。2016年全市宗教界通过举行法会、慈善晚会、扶贫助学、发动信徒捐款等多种形式，募捐善款928949元，善款分别用于扶贫、济困、助残、养老、支教、义诊。

【港澳台、海外统战工作】 3月20日，成立“香港五邑总会”，举行首届理监事就职典礼。多次举办专题研讨班，开阔社团视野，推动同乡社团向政治社团转型。9月19-

25日，江门五邑海外联谊会举办商务考察交流班。本次商务考察交流班邀请来自“一带一路”沿线19个国家和地区的五邑籍青年侨团骨干以及北京广东五邑侨乡海外联谊会、深圳市五邑商会代表35人参加。重点考察经济项目，学习历史文化。参观腾讯科技和引领尖端潮流的谷歌体验中心，当年以海联会名义先后组织5批次的出国（境）访问团，分别拜访美国、加拿大、英国、法国、爱尔兰、德国、西班牙、葡萄牙、巴拿马、斐济等国家和台湾地区的乡亲和社团，并就如何开展海外统战工作进行交流。2016年8月，市委统战部部长、江门五邑海外联谊会会长马跃敏率团访问马来西亚、文莱、柬埔寨。推介江门的投资环境，促进旅柬乡亲“柬埔寨（五邑）同乡会”成立，全年与有关港澳政协委员、海联会理事、社团领导及重点乡亲进行联谊交流。组团赴台开展联谊交流，了解岛内蓝绿阵营对台海局势等方面的看法，为开展对台工作提供帮助。

【新型政商关系构建】　2月6日，江门市委办印发《江门市民主党派、无党派人士建言献策“直通车”制度》，赋予各民主党派履行参政议政、民主监督职能；3月4日，通过工商联（总商会）会长群及微信公众号传送，宣传习近平总书记“亲、清”政商关系讲话精神。3月23日，召开的市工商联执委会议，组织专题学习，引导企业家们正确认识新型政商关系。在2016年年会上,组织企业家举行宣誓仪式，由李朝旺主席领誓，全体参会企业家参加宣誓。2016年3月9日，联合市工商联组织企业家代表参加市纪委召开构建“亲”“清”新型政商关系工作座谈会，学习贯彻习近平总书记，省委常委、纪委书记黄先耀有关讲话精神，就构建“亲”“清”新型政商关系听取企业界的意见建议。市工商联与市公安局共同召开构建新型政商关系座谈会，为警企联动工作搭建新型政商关系沟通平台。经市委统战部牵桥搭线，市工商联与江门市公安局建立警企联系制度，通过定期召开警企联席会、邮件传送方式及时发布涉企经济犯罪预警信息。企业反映良好，2016年11月23日。市工商联、市人民检察院召开服务非公有制经济发展工作座谈会，落实最高人民检察院、广东省委和广东省人民检察院关于平等保护公有制经济与非公有制经济的决策部署，对《江门市人民检察院关于依法保障和促进非公有制经济健康发展的实施意见（征求意见稿）》中“优化‘三大环境’，保障民营企业的合法权益，加深民营企业对相关政策的了解”“坚持‘四个慎重’，最大限度地降低检察办案的不利影响”“完善‘三大机制’，努力提供优质、高效的法律服务”这三大模块向企业代表进行详细解读。配合江门市中欧（江门）中小企业国际合作区的建设，发挥商会企业家在欧洲人脉广的优势，依托市工商联在国内良好的会员组织基础，联合市工商联与市商务局共同筹建中欧（江门）商会。江门市商务局、维达国际、爱生雅集团三方签订《关于建设中欧养老产业示范基地（家护培训学院）战略合作框架协议》，共建中欧养老产业示范基地；市工商联（总商会）与瑞典—中国贸易委员会及中欧（江门）中小企业国际合作区服务中心签订《联合合作愿景》三方合作协议，推动瑞中贸易委员会成员与江门市工商联（总商会）会员的交流合作，发挥中欧（江门）商会的平台作用，拓宽瑞典和江门合作领域，为构建健康新型政商关系作出的示范。市委统战部联合市工商联着重在企业中开展法制宣传及各种形式的法律和诚信教育，联合市工商联与市法学会共同承办第六期以法兴企文化沙龙活动，推动企业依法经营、依法治企、依法维权。

【侨乡经济建设服务】　2016年，市委统战部在广东省工商联系统率先开通官方微信公众号，宣传江门政商环境、宣传江门的好企业、好经验。2016年1月，市委统战部联合市工商联举办经济形势分析和企业防危与自救高端论坛，吸引300多位企业家参加。2016年，市委统战部联合市工商联发挥企业家主席、会长们的抱团作用，促进民间资本与金融专业机构进行优势互补，与兴业银行签订协议，开展供应链金融服务，帮扶中小微企业；各级工商联通过融资服务平台建设，缓解中小企业融资难，支持会员企业发展壮大。联合市政协经济委开展对江门市设立“转续贷资金”推动中小企业发展的调研，向政府提出解决企业融资难融资贵的新途径。市委统战部联合市工商联、五邑大学，依托工商联的优势商会平台、产业平台、企业平台和五邑大学的优势学科、特色专业、高层次人才资源，缔结开门办学“商•学”联盟，满足江门市经济社会发展的需要和企业转型升级的需求。籍着“2016年两院院士、‘千人计划’专家暨创业导师江门行”活动，组织市工商联会员企业与国家顶尖专家进行面对面的交流研讨，协助企业破解发展难题。加强与环保、工商、税务、科技、安监、商务、经信、公安经侦等政府部门的联系，推动江门市惠企政策的落实,帮助会员企业解决一些个案问题，从个案问题中发现普遍性的问题，及时与政府职能部门沟通，为企业发展增添动力。10月18日，市委书记、市人大常委会主任林应武参加工商联主席（会长）活动日，与市30位民营企业家代表就加快发展民营经济等话题互动交流。对座谈会上企业家提出的意见建议，林应武指示市委将逐条研究、尽快落实，一时不能落实的也逐条答复。11月18日，市召开民营经济工作会议，市委统战部通过工商联的品牌活动“主席会长活动日”，搭建平台鼓励民营企业家为市经济发展建言献策。12月1日，市委统战部联合市工商联邀请市有关领导，及有关部门负责人出席活动。会议就江门出台民营经济12条进行解读、探讨与交流，30多位企业家就落实江门市民营经济政策措施提出意见和建议。

【经贸交流合作平台搭建】
2016年，为配合市委市政府中欧（江门）中小企业国际合作区的建设，3月23日,市委统战部与市工商联成立中欧（江门）商会。开展与欧洲企业和商会的对接，先后组织会员与瑞典商业银行董事会主席、爱生雅集团主席一行及意大利最大润滑油Aluchem公司董事长一行的会见与考察。组织企业家参加在印尼举行的第五届江门世界青年大会，以及香港、澳门的多个会展，发动企业参加江门市与商务部投资促进事务局合作举办“中欧先进制造业投资合作交流活动及“广东（江门）欧美经贸合作洽谈会”项目推介活动。

【境内外商会交流合作】 2016年，与瑞典——中国贸易委员会及中欧（江门）中小企业国际合作区服务中心签订《联合合作愿景》，与俄罗斯中俄商会签订友好合作意向书，与吉林市、自贡市工商联签订友好商会协议。

【《五邑乡情》宣传平台打造】
2016年，打造以“一群、一号、一书”为重点的《五邑乡情》宣传平台，做好侨刊《五邑乡情》每期3000本的发行工作，定时发送到海外30多个国家和地区的乡亲手中；撰写对外联络信息65篇，并被省委统战部采纳多篇。运用“江门五邑海外联谊会微信公众号”，结合海联会的工作成果，将五邑地区的发展动态进行实时精准的推介，全年微信号获得上万人次点击。

【各民主党派换届工作】 至2016年底，江门市有民革、民盟、民建、民进、农工党、致公党、九三学社等7个民主党派地方组织，13个县级委员会，243个基层组织，成员总数3541人（其中：民革282人、民盟984人、民建426人、民进468人、农工党809人、致公党378人、九三学社194人），全年发展新成员165人。是年，各民主党派围绕市委、市政府的中心工作，履行参政议政职能，各民主党派市委会和成员向各级人大、政协提交的提案、建议、专题调研报告等495篇，其中人大建议类50篇、政协提案类335篇、社情民意类84篇、调研报告类26篇。2016年是江门市各民主党派换届年,8月24日-30日，各民主党派举行代表大会，选举产生新一届领导班子，圆满完成换届工作任务，其中七个民主党派市委会主委分别为：民革江门市委会主委任安良、民盟江门市委会主委赖燕芬、民建江门市委会主委王建生、民进江门市委会主委费伟东、农工党江门市委会主委周津明、致公党江门市委会主委胡念芳、九三学社江门市委会主委吴国杰。各民主党派市委会新一届领导班子共30人，平均年龄49.5岁，29人具有大学以上学历，其中具有硕士学位8人，博士学位4人，具有中级职称6人，高级职称17人。

（市委统战部）

机构编制

【政府职能转变和机构改革】
2016年4月11日，全面启动江门市机关、群团、事业单位统一社会信用代码赋码工作。6月23日，贯彻落实人才强国战略和创新驱动发展战略，设立全国博士后创新（江门）示范中心。理顺江门市食品药品检验检测机构设置，重新将市食品药品检验检测中心分设为市药品检验所（市医疗器械检测中心）和市食品检验所。9月24日，配合市卫生计生局将市红十字会医院撤并至市妇幼保健计划生育中心。10月19日，根据《江门市人民政府关于印发〈关于进一步理顺市区城乡规划管理体制及有关运行机制实施方案〉的通知》（江府〔2016〕4号）精神，将市城乡规划局新会分局属下事业单位统一上划市级管理，并对市城乡规划局属下事业单位机构编制设置进行调整。将新会区城市建设档案馆并入市城市地理信息中心，在市城市地理信息中心加挂“江门市规划档案馆”牌子；设立市城乡规划编制研究中心，为市城乡规划局属下事业单位；将市城乡规划局新会分局司前规划所、古井规划所、双水规划所保留作为市城乡规划局新会分局属下事业单位，并重新明确其机构级别、机构类别以及人员编制。

【行政审批制度改革】 2016年5月23日，出台《江门市人民政府办公室关于印发江门市“1+3”清单动态调整管理工作方案的通知》，建立动态调整机制，明确的职责分工，规范清单事项调整的程序和要求。6月30日，更新印发实施《江门市行政许可事项目录（2016年版）》，规范统一市、县行政许可事项名称。11月8日，出台《江门市政府部门行政审批中介服务事项及收费目录清单（第一批）》（35项），公布行政审批中介服务项目清单，解决市行政审批中介服务环节多、耗时长、收费乱、垄断性强等问题。2016年6月，江门市人民政府办公室印发《江门市行政审批标准化建设工作实施方案》，铺开行政审批标准化建设工作。2016年12月底，按照标准化工作方案步骤，完成市直共有事项和县级独有事项共884项行政许可事项办事指南和业务手册等材料审核，并将市本级711项录入的全省统一的“行政审批事项标准录入模块”，完成合规性、合法性审查。

【机构编制管理】 2016年7月，市编办对各市、区控编减编方案执行情况开展专项督查。至年底，全市编制总量继续得到有效控制，各类编制不超过省编委核定江门市的控编基数。2016年，市编办探索开展第三方评价政府行政许可绩效，委托华南理工大学作为第三方对江门市市级政府行政许可绩效进行第三方评估。 （市编办）

市直属机关党建工作

【市直属机关工作概况】 2016年，江门市直机关思想武装行动、夯实堡垒行动、改进作风行动、廉洁清风行动和纪念建党95周年系列活动，推进融合式机关党建。

【基层党组织建设】 2016年，市直属机关工委重新修编印发《机关党务工作手册》下发，配合新版的《党支部生活记录本》和《党组织生活记录本》，规范基层党组织的党务工作管理。抓好党费收缴专项检查和规范管理，针对党费规范收缴存在一定难度的实际，召集党组织有关负责人进行座谈，对党费专项检查再部署、再落实。对基层党组织按期换届情况进行专项检查，督促市直机关党组织按期换届选举。有14个单位党组织进行换届，选出118名党代表出席市第十三次党代会。

【党员发展和管理】 2016年，举办两期党员发展对象培训班，对215名发展对象进行党的基本知识及党性教育。全年发展新党员140名。对工委直属管理的92个基层党组织共15000多名在册党员的组织关系进行集中排查，排查出流动党员65人、口袋党员12人，严格按照有关规定进行处置，确保市直单位每名党员都能纳入党组织有效管理。

【“插旗亮牌”激励机制】 2016年，修订党建工作“插旗亮牌”考评内容，明确党建责任。并把综合评定结果纳入年度绩效考评，作为评先评优和问责依据。同时每季度考评情况的通报，全年给予黄牌警告的20个单位均对存在问题抓好整改落实。

【基层党组织星级管理】 2016年，出台市直机关党组织星级管理办法。通过分类设置、目标量化、激励争创、定期考评建立一套科学有效的管理机制，将星级评定结果与年度绩效考评和党内评优评先工作相结合。

【党员志愿服务品牌建设】 2016年，市直属机关工委开展“党员流动服务站”及市级党员志愿服务基地建设，在片组联合行动、单位集中组织开展活动的基础上，结合党员的专长、兴趣、爱好，组建不同主题的党员志愿服务分队，并通过“社工+义工”的模式，组织志愿服务进社区。组建东湖公园、五邑华侨华人博物馆、五邑图书馆、江门市青少宫等四个市级党员志愿服务基地，并于7月份举办授牌仪式。全年开展志愿服务活动1100多次，受益对象36万人次。

【网上思想建设阵地】 2016年，创建“江门红星网”，开设红星论坛、国学经典、史海钩沉、文摘、支部之家等特色栏目，成为展示和宣传市直机关各单位工作的重要平台。开通一年来点击量超过170万。

【机关作风建设与管理创新】 2016年，市直属机关工委组织开展党组织书记2015年党建工作述职评议，同年，市直机关开展绩效考核，以加强执行力建设和提升群众满意度为导向，学习借鉴周边地区先进经验做法，对考评指标体系再次简化优化。考核体系涵盖中心任务、窗口服务、党风廉政、作风建设等多项内容。以日常测评和年终测评相结合的形式推进作风建设工作常态化，委托第三方调查机构对市直机关42个单位近60个窗口进行满意度测评。每月一次对窗口服务情况进行评分并收集群众意见建议。全年开放“作风建设网上评议”平台，年终组织近万名人员对机关单位的服务满意度进行测评，并收集意见建议进行整改。2016年，开展市直机关管理创新项目评选活动，有65个项目参与评选，中报项目涉及经济发展、社会管理、民生实事等领域，评出5个优秀项目和5个表扬项目。

（市直机关工委）

党校工作

【党校工作概况】 2016年，江门市委党校承接外来党校主体班次16期，接待各类主体班次12期，接待外来培训单位203期。新开拓顺德创意产业园现场教学基地。对学校礼堂、门楼、明德堂等教室建筑结构进行安全检测，完成端明楼、致远楼加固修复。通过公务员招录和事业单位招聘，引进3名硕士研究生。

【干部培训】 2016年，举办各类主体班次13期，直接培训（轮训）各级领导干部2049人。其中举办专题研讨班2期。分别是江门市2016年县（处）级658名领导干部学习贯彻市委十二届六次全会精神专题研讨班、887名正科级干部学习贯彻市委十二届六次全会精神专题培训班。利用农村党员干部现代远程教育平台将直播信号传送至各市区及直属部门、各镇街及村（居）委会，同步收看收听，培训覆盖人数超万人。举办常规主体班次11期。分别是处级干部进修班4期，160人；中青班共3期，共112人。“两学一做”学习教育村（社区）、“两新”组织党支部书记培训示范班1期，74人。市直单位正科长任职培训班1期，52人；副科长任职培训班1期，59人；军转干部班1期47人。

【教学布局调整】 2016年，江门市委党校规范处级班学制，适时由三周延长至一个月。增开《<共产党宣言>研读》等5门专题理论和党性教育课程、《学习党章 遵守党章 实践党章》等3门专题党性教育课程，并在异地培训中增加党性教育学习。全年各类主体班次教学中，理论教育和党性教育课程超过总课时的70%，党性教育课程超过总课时的20%。设置关于江门旅游发展环境和发展战略、坚持创新发展与打造创新中心等5门专题课程和现场教学课程。

【教学管理】 2016年，江门市委党校编制、调整8个教学计划，编排168个专题课，组织实施75个模块教学。修订9套异地培训方案。实行教学单元教研室负责制度，选购《习近平党校十九讲》、《中国共产党廉洁自律准则》等10余种学习资料，发放4400本。实施网络教学，选取中央党校等视频课程30多门，作为学员在线学习、自主选学的内容。教务管理落实《教务管理工作任务书》及《班主任工作制度》，班主任工作满意率保持100%。

【合作培训】 2016年，新增外聘教师6人。处级干部进修班继续与南京市委党校合作开展异地培训，中青一班则首次与遵义市委党校合作开展革命传统教育。在主体班开设《<共产党宣言>研读》等3门经典导读课程。完成《江门市区公共交通发展研究》等四篇集体研究报告。继续深化与市中级人民法院的教学合作，开展庭审观摩教学。新开发珠西智谷、蓬江区邑门式服务、新会陈皮村等3个现场教学点；开发周恩来视察新会纪念馆、周文雍陈铁军烈士陵园等3个现场教学点。

【科研咨政】 2016年，参与多个课题调研。其中《江门市领导干部依法行政问题研究》和《加快发展我市先进装备制造业》顺利结项。通过《研究动态》呈报有关对策建议4项，通过《侨乡论坛》刊载江门经济社会发展的调研报告、对策建议等文章共100多篇，在《南方日报》和《江门日报》发表文章和访谈共6篇次。

【理论宣传】 2016年，江门市委党校出版《侨乡论坛》5期，编辑《信息参考》22期，《研究动态》1期；编辑出版《学习与思考文集（2015）》。全年立项省委党校课题2个，省社会主义学院课题2个，市哲学社会科学课题2个，校级课题7个；结项省委党校课题3个，市哲学社会科学课题3个，校级课题5个。组织申报2016年度省党史学会党史课题3个，完成省社会主义学院、省委党校组织的研讨会文章4 篇。全年有28项次课题获得学校科研资助，其中在省级以上刊物发表的研究成果2篇。以“两学一做”学习教育和十八届六中全会精神为重点，组织教师开展专题理论宣讲110多场（次）。

【数字校园建设】 2016年，校内完成安防监控、课程云录播项目和资产管理系统验收，以及全省党校虚拟专网接入。 （市委党校）

中共党史工作

【中共党史工作概况】 2016年，中共江门市委党史研究室（简称“市委党史研究室”）贯彻落实党的十八大和十八届三中、四中、五中、六中全会精神，开展“两学一做”学习教育，围绕市委中心工作，加强地方党史征编工作，开展纪念中国共产党成立95周年系列活动，开创党史宣传教育新形式。

【地方党史宣传】 2016年，市委党史研究室副主任黎秀敏撰写的《可歌可泣的江门五邑抗战史》刊登在广东省委党史研究室主办的刊物《红广角》2016第3期；4月13日，联合台山市委、市政府在林基路的家乡举办念林基路同志诞辰100周年系列活动通讯稿被《江门红星网》“党建在线”栏目采用刊登；4月18日，《江门两新党建网》刊登通讯稿《缅怀革命先烈争做合格党员》；《广东省委党史研究室简报》2016年第2期，刊登通讯稿“江门市举办纪念林基路同志诞辰100周年活动”；七一前后，《江门日报》侨乡先锋栏目也分批刊登优秀共产党员的事迹。

【党的好儿女——江门史上的共产党员先进事迹巡回展】

2016年6月，市委党史研究室与市委组织部联合主办“党的好儿女——江门史上的共产党员先进事迹巡回展”，在五邑各地布展江门市四套领导班子党员成员、江门市“两学一做”学习教育协调小组成员等80余人在台山参加开幕式。各展馆接待参观人数共33816人次，发放资料《党的好儿女——江门历史上的共产党员先进事迹汇编》5000份。

【中共党史宣传】 2016年，市委党史研究室承担市委组织部党员服务中心的专题展览——“艰难探索辉煌历程——中共江门地方历史（1949-2015）”的布展工作。展览以时间为线索，展现江门解放后的经济社会发展历程，囊括江门历史上经历的曲折、艰辛和发展，为当前社会的发展提供有益的借鉴。新会区委党史研究室为省党史研究室编写《“大跃进”时期广东的农田水利建设》提供资料。收集整理新会“大跃进”时期的农田水利建设的基本情况，文字约7000字，图片42张。

【《中国共产党的九十年》学习宣传】 2016年，采取多种形式，广泛组织党员干部、教育工作者和党史研究人员学习《中国共产党的九十年》一书。组织撰写心得体会，编撰内容精炼的党史普及读物。利用市委组织部搭建的“三个一”平台，承担授课任务。组织宣讲团在五邑各地开展宣讲。为市直单位党员干部宣讲授课共18节，听众1560人。

【党史教育基地评选】 2016年11月，启动“第三批江门市中共党史教育基地”评选命名工作，组织考察小组赴各市区实地考察申报的11个基地；召开主任工作会议，确定第三批江门市中共党史教育基地名单，核报经费，用于基地的修缮维护。

【林基路烈士诞辰100周年纪念活动】 2016年4月13日，市委党史研究室联合台山市委、市政府在林基路的家乡——台山举办纪念林基路同志诞辰100周年系列活动。参加活动的人员有林基路的亲属、中共广东省委党史研究室、台山市政府、新疆维吾尔自治区库车县林基路烈士纪念馆的领导，林基路的战友后代以及大纲村村民代表、任远中学代表等100余人。会上，台山市卢永权市长、林基路的儿子林海洪、林基路战友后代代表李胜利、省委党史研究室副主任李淼翔以及市委党史研究室主任谢思敏等同志先后作发言，追忆林基路同志的生平和光辉的革命事迹。同日在林基路的母校——斗山镇任远中学举办“中共东京支部任远中学三杰”林基路、黄日东、陈洪潮雕像揭幕仪式。 （市委党史研究室）

老干部工作

【老干部工作概述】 2016年，协助市委、市政府制定、完善本市老干部工作的政策、规定；落实老干部工作方针、政策，对具体执行情况进行督促检查；调查研究落实老干部政治待遇和生活待遇工作中的问题，协调有关部门提出解决办法；指导老干部党支部建设和老干部思想政治工作；宣传老干部的历史功绩、现实作用和先进事迹，宣传老干部工作的重要意义；引导老干部在新形势下发挥作用；总结老干部工作经验；处理老干部来信来访；协助、支持市关心下一代工作委员会开展工作；指导、支持市老干部大学（活动中心）开展各项工作；加强老干部工作队伍建设。

【老干部政治待遇落实】 2016年1月13日，市委、市政府举办老干部迎春茶话会，通报2015年市经济社会发展情况及下一步工作部署。2月17日组织学习中央办公厅、国务院办公厅印发的《关于进一步加强和改进离退休干部工作的意见》（以下简称《意见》）并就中组部负责人《意见》答记者问，进行解读。5月13日，举办市直单位离退休干部党支部书记培训班。市直101个党支部（小组）、省直中直11个党支部及市老干大学14个临时党支部，126名党支部书记（小组长）参加培训。7月6日，组织市直离退休干部党支部党员代表，在市委市政府小会堂集中观看《镜鉴》。7月20日，江门市委召开老干部座谈会。市委书记林应武和部分市委领导、历届江门市四套班子正厅级老同志、近一届退休的四套班子老同志参加座谈。10月20日，江门市委召开向老干部通报情况会议，市委书记林应武向老领导、老同志通报江门市2016年以来经济社会发展情况和下一阶段工作措施。11月15-18日，江门市委老干部局组织市区副厅级以上离退休干部42人赴梅州、潮州参观学习。12月22日，组织江门市厅级离退休老干部到鹤山市参观。

【老干部工作交流】 2016年1月22日，与珠海市委老干部局领导，到江门市第二人民医院看望慰问在江门市定居的离休干部陈铭声并参观江门市老干部大学（老干部活动中心）电大校区。11月1日，由广东省老年大学协会西部片区协作组主办、江门市老干部大学承办全省地市26所县（区）老干部（老年）大学经验交流会，省老干部大学领导到会指导。

【老干部活动】 9月13日，组织老干部参加“2016江门市第17届体育节广场健身操舞邀请赛”并荣获一等奖。9月29日，江门市老干部大学蔡新丽在第二届“筑梦中华魂，我心永青春”——纪念中国共产党成立95周年红军长征胜利80周年广东省老年人群众性歌唱大赛上荣获民族唱法组金奖，江门市委老干部局荣获“优秀组织奖”。10月14-25日，在江门市五邑图书馆举办“缅怀革命先烈，传承红色基因”纪念中国工农红军长征胜利80周年书画摄影作品展，展出作品137幅。11月17日，组团参加市直机关纪念中国共产党成立95周年合唱比赛，获“玖玖·阳光e家——2016广东省老年文艺汇演决赛”金奖。2016年，江门市老干部大学获评“全国示范老年大学”和第二届“全国敬老文明号”。

【关心下一代工作】 2016年，江门市关工委开展“爱学习、爱劳动、爱祖国”的活动，建立“三基地、一平台”（在开平市沙塘镇下丽村建立“知青之家”，在恩平市牛江镇建立航天育种基地、在江海区湿地公园建立江门市青少年社会实践基地，在市第三人民医院建立江门市青少年心理健康教育基地；与江门日报社筹建“侨都少年”教育APP平台），加强青少年思想道德建设。深入学校、社区、农村、企业开展以“关爱明天、普法先行”为主题的青少年普法教育活动。联合市司法局、市综治办推荐新会区为全国“青少年普法教育活动示范区”。2016年，市关工委发动社会各界热心人士捐款142万元，资助孤儿、单亲家庭学生1980人次。10月25日，广东省关工委主任张帼英领导等到新会区调研指导，对新会区创建未成年人零犯罪社区（村）活动（简称“创零”活动）给予高度评价和充分肯定，表示新会区“创零”活动经验可全省推广。10月26日，举办市关心下一代工作培训班，邀请广东省关工委主任张帼英作“学习贯彻习近平总书记对关心下一代工作重要指示精神”辅导报告。

【“为党的事业增添正能量”活动】 2016年4月15日，市委老干部局召开专题务虚会议，研究讨论在全市离退休干部中继续深入开展为党和人民的事业增添正能量活动的实施方案。4月15日，组织机关及下属单位全体党员干部职工观看了电影《冲锋号》和文献纪录片《没有共产党，就没有新中国》。4月27日，组织机关全体干部职工赴市群众文化艺术馆观看由市委宣传部、市国家安全局、市国家保密局举办的主题为“安不忘危、存不忘亡、治不忘乱”国家安全与保密教育展览。5月31日，市组织全体党员干部职工观看警示教育片《镜鉴》。6月13日，在老干部大学电大校区召开“寻找十大好家庭好家风”座谈会，蓬江区、江海区、新会区以及市直单位9名老同志代表出席会议。7月1日，局党总支部到台山市都斛镇莘村体育馆参观“党的好儿女——江门史上的共产党员先进事迹”巡回展览，并参观林基路纪念公园。9月3-7日，组织各市区及市直有关单位老干部工作人员前往遵义干部学院，开展老干部工作人员业务素质培训。12月2日，在江门市委党校礼堂举办江门市离退休干部学习贯彻党的十八届六中全会精神报告会。市直离退休干部党支部书记、党员代表等200多人参加。

2016年中共江门市委书记、副书记、常委名录

市委书记： 林应武
市委副书记： 邓伟根
李长峰
市委常委： 林应武
邓伟根
李长峰
胡　钛
冯立坚
吴晓谋
姚信敏
易中强
周惠红
利为民

·责任编辑　黄晓益·

江门市人民代表大会常务委员会

【市人大概况】 2016年，江门市人大常委会共召开11次常委会会议，通过三部地方性法规，听取审议专项工作报告14个，作出决议决定7个，提出审议意见9项，任免国家机关工作人员121人次，组织代表集中视察7次，完成市十四届人大六次会议确定的各项任务。

（骆阳平）

【市人民代表大会会议】 2016年1月20－22日，召开江门市第十四届人民代表大会第六次会议。会议应到代表386人，实到代表 353人。会议听取和审议《政府工作报告》《江门市人民代表大会常务委员会工作报告》《江门市中级人民法院工作报告》《江门市人民检察院工作报告》，审查《江门市2015年国民经济和社会发展计划执行情况与2016年计划草案的报告及2016年国民经济和社会发展计划》《江门市2015年预算执行情况和2016年预算草案的报告》，并通过各项工作报告的决议，通过《江门市制定地方性法条例》。选举钟军为江门市人大常委会副主任，梁许赞、许晓雄为江门市人民政府副市长，张江然、梁炎浓、王继远为江门市人大常委会委员。2016年9月2日召开江门市第十四届人民代表大会第七次会议，会议应到代表376人，实到代表336人。选举江门市委书记林应武为市十四届人大常委会主任。（康来保）

【市人大常委会会议】 2016年，江门市十四届人大常委会举行第三十四至四十四次会议。会议审议通过关于召开市十四届人大七次会议的决定、关于召开市十五届人大一次会议的决定、关于市十五届人大代表名额分配和选举问题的决定、江门市潭江流域水质保护条例和江门市市区山体保护条例；主要听取和审议市人大常委会执法检查组关于检查江门市实施《中华人民共和国水法》情况的报告、市政府关于市十四届人大六次会议及闭会期间代表建议办理情况的报告、市政府关于民办教育发展情况的报告、市检察院关于推进派驻镇（街）检察室工作情况的报告、江门市2015年财政决算草案报告、关于江门市2015年度本级预算执行和其他财政收支的审计工作报告、江门市2016年上半年预算执行情况的报告（书面）、江门市2016年上半年国民经济和社会发展计划执行情况的报告（书面）、关于农村垃圾处理情况的报告、关于推进江门市小微企业创业创新发展情况的报告、市人大常委会工作报告（稿）、市十四届人大常委会代表资格审查委员会关于市十五届人大代表资格的审查报告；通过关于批准江门市2014年市本级财政决算的决议、关于批准江门市2016年财政预算调整方案的决议、关于批准江门市2016年部分计划指标调整方案的决议、关于批准江门市2016年地方政府债务限额的决议；对审计查出问题的整改和资金使用绩效开展专题询问；补选林应武为省十二届人大代表，辞去毛荣楷省人大代表和市人大常委会主任职务以及其他有关人事任免事项。（康来保）

【地方立法工作】 2016年，江门市人大常委会地方立法工作。江门市制定的第一部程序性地方性法规——《江门市制定地方性法规条例》经1月22日市十四届人大六次会议通过，3月31日省十二届人大常委会第二十五次会议批准，自4月15日起施行。第一部实体法《江门市潭江流域水质保护条例》经8月29日市十四届人大常委会第三十九次会议通过，9月29日省十二届人大常委会第二十八次会议批准，自12月1日起施行。《江门市市区山体保护条例》经12月26日市十四届人大常委会第四十四次会议审议通过，待省人大常委会审查批准后施行。1月21日，市十四届人大六次会议通过市十四届人大法制委员会组成人员人选，法制委员会开始履行统一审议法规职能。1月22日，省人大常委会召开地方立法研究评估与咨询服务基地工作会议，省地方立法研究高校联盟与五邑大学签订入盟承诺协议。7月25日，市十四届人大常委会第五十九次主任会议审议通过《江门市地方性法规立法论证规则》《江门市人民代表大会法制委员会议事规则》《江门市地方性法规清理规定》三项立法配套工作制度。在规范性文件备案审查工作方面，市人大常委会对市政府报送的8件规范性文件及江门市第一部政府规章《江门市海上丝绸之路文化遗产保护办法》进行备案审查。市人大常委会法制工委因开展立法工作成绩突出，被评为“广东省依法治省工作先进单位”。（伍青萍）

【人大监督】 2016年，江门市人大常委会听取和审议市人民检察院关于推进派驻镇街检察室建设情况的报告；听取和审议市人大常委会执法检查组关于检查江门市实施《中华人民共和国水法》情况的报告，市政府关于民办教育发展情况的报告、关于农村垃圾处理情况的报告、关于江门市小微企业创业创新发展情况的报告，关于江门市2016年上半年国民经济和社会发展计划执行情况的报告，关于江门市十四届人大六次会议代表建议办理情况的报告。召开市人大常委会组成人员和代表小组长参加的政情通报会，听取市“一府两院”2016年上半年工作情况的汇报。加强财政监督，听取和审议市政府关于江门市2015年财政决算草案的报告、江门市2016年上半年预算执行情况的报告及江门市2014年度市本级预算执行和其他财政收支的审计工作报告。围绕江门市旅游强市建设、闲置土地整合利用、“侨梦苑”华侨华人创新创业聚集区建设、一村（社区）一法律顾问工作等工作开展专题视察和调研。根据监督法要求，对市政府报送的9项规范性文件进行备案审查。（骆阳平）

【人大代表约见局长座谈会】 2016年8月，市人大常委会就“江门市区黑臭水体整治工作”专题，组织居住在蓬江区、江海区、新会区的部分省、市人大代表进行相关调研，并于8月18日召开人大代表约见局长座谈会。参与约见活动的代表积极向市水务局、市环保局、市住房和城乡建设局、市农业局、市财政局等五个局长提出意见建议，为市区黑臭水体整治工作建言献策。（周婉晗）

【人大代表视察活动】 受省人大常委会委托，市人大常委会在2016年6－7月组织省人大代表围绕“一村（社区）一法律顾问工作情况”“消除江门市区黑臭水体”两个专题进行调研，听取和收集人民群众的意见建议，并形成调研报告上报省人大常委会。12月，组织省人大代表围绕“江门市司法体制改革”“江门市完善交通基础设施建设”两个专题开展集中视察，为代表出席省十二届人大五次会议做好准备。年底，印发《关于组织市人大代表开展集中视察的通知》，委托各市、区人大常委会组织市人大代表，结合当地实际，围绕加快经济社会发展以及群众关心的热点、难点问题进行视察。（陈东明）

【市人大常委会组成人员联系代表和代表联系群众工作】 2016年10月，市人大常委会组成人员分成7个小组分别到各市、区开展走访代表月活动。通过召开座谈会、走访固定联系的代表等多种形式，听取收集市人大代表、代表小组长对市人大常委会以及“一府两院”工作的意见和建议60多条，综合后移交市政府反馈有关单位处理。2016年，各镇（街）设立人大代表联络室，配置硬件设施，制定工作制度，委派专人管理，开展代表驻室活动，通过约访、坐访、走访等形式联系选民、群众，听取收集选民、群众对地方经济社会发展、民生建设以及公共事务管理方面的意见和建议，并以代表建议的形式交有关部门办理。（陈东明）

【督办议案和建议】 市十四届人大六次、七次会议期间及闭会期间共收到代表提出的建议共94件。其中交由市政府系统主办93件，交市中级人民法院主办1件。经市人大常委会主任会议研究，决定将杨音代表提出的《关于加快推进我市优质民办教育发展的建议》和骆昌云代表提出的《关于“落实十三五教育规划，加快启动优质初中建设步伐”的建议》合并为《关于加快发展我市优质民办教育的建议》，作为2016年市人大常委会重点督办的建议，交市政府重点组织办理。至年底，除代表闭会期间提出的1件建议（闭字[2016]第10号）尚在办理外，其余均已在法定时限内办结答复代表。建议所提问题已解决或基本解决的（A类）53件，占总数的57.0%；所提问题列入计划解决的（B类）25件，占26.9%；所提问题因条件限制暂时无法解决的（C类）15件，占16.1%。收回代表对承办单位办理答复的反馈意见93件（闭字[2016]第10号建议尚在办理），表示满意的63件，占67.7%；基本满意的29件，占31.2%；不满意的1件，占1.1%。市人大常委会高度重视代表建议督办工作，通过“建议提案在线”加强网上交办，会同市政府召开办理工作会议，进一步落实建议办理工作。11月29日，市人大常委会第四十二次会议听取和审议了市政府《关于市十四届人大六次会议及闭会期间代表建议办理情况的报告》。省十二届人大四次会议期间，由江门市选出的省人大代表共提出38件建议。（陈东明）

【理论研究与宣传】 2016年，市人大常委会代市委起草《中共江门市委关于进一步加强和改进新形势下人大工作的决定》（代拟稿）；围绕“充分发挥人大代表在国家权力机关的主体作用”主题，组织撰写和征集广东省人大制度研究会第27次研讨会论文，收到论文22篇，其中，论文《充分发挥代表主体作用的实践与思考》和《提高人大代表素质刍议》，入选广东省人大制度研究会第27次研讨会论文集。加强新闻宣传工作，召开全市人大信息宣传工作会议和举办全市人大通讯员培训班。推荐4篇人大制度优秀新闻作品参加省人大第25届“广东人大新闻奖”评选，其《人大代表坚守十三载 新会人终喝上优质水》三等奖。筛选出一些好的信息编印《人大工作信息》。大力宣传人民代表大会制度和人大工作；市人大常委会还依托新兴媒体开展新闻宣传，通过直播江门、邑网通和人大微博等同步发布常委会重要会议及重大活动的有关信息，扩大宣传渠道。坚持新闻发言人制度，组织召开市十四届人大六次会议新闻发布会；加强与新闻媒体的沟通联系，策划报道好市人代会、市人大常委会会议、立法工作和代表视察、专题调研、执法检查等活动。

（杨小燕）

【依法治市工作】 2016年8月，江门市依法治市工作领导小组更名为中共江门市委全面依法治市工作领导小组，组长由市委书记担任。9月20日，市委办公室印发《中共江门市委政法委员会机关主要职责、内设机构和人员编制方案》的通知，按照省委“调整优化工作机构设置，健全工作体系，确保上下衔接顺畅”的要求，市依法治市工作与市委政法委机构整合并实现正常运作。各市（区）相继整合调整法治工作机构。推进法治镇（街）创建活动，围绕《江门市2016年全面依法治市工作要点》，对24个“江门市第二批创建法治镇（街）先进单位”和10个“全省第一批法治乡镇（街道）创建先进单位”进行考评验收。推动法治文化建设，安排市财政资金180万元，对全市法治文化阵地建设项目实行以奖代补，推动全市一批法治文化中心、法治广场、法治公园建设。9月21日，江门市首个法治文化主题公园白水带法治文化主题公园正式开园。江门市荣获2011-2015年全国法治宣传教育先进城市，市依法治市工作领导小组办公室荣获2011-2015年全国法治宣传教育先进单位；市人大常委会法制工委、新会广播电视台被广东省委授予广东省依法治省工作先进单位，梁艳洁、侯永豪、刘小如为先进个人。

（林国安）

【人大信访工作】 2016年，市人大常委会受理群众来信来访来电80件（批）/160人次。其中，涉法涉诉的36件，农村问题的4件，社会保障、劳动及生活困难方面的30件，城建、环保、规划的10件。

（胡晓君）

【市、县（市、区）、镇人大换届选举】 2016年7月7日，江门市召开市（区）、镇两级人大换届选举工作会议，部署换届选举工作。9月下旬，江门市下辖市（区）同步选出：县级人大代表1579名（蓬江区204名、江海区145名、新会区258名、台山市320名、开平市251名、鹤山市191名、恩平市210名）；镇级人大代表4086名。在各市（区）、镇人大代表选举中，全市登记选民分别为3383081人、2094877人，选民的参选率分别达88.99%、91.74%。10月，全市各镇均召开新一届人大一次会议，选举产生新一届镇级领导人员。11月中下旬，各市（区）分别召开新一届人大一次会议，选举产生各市（区）新一届人大常委会组成人员、“一府两院”领导人员，选举产生江门市第十五届人民代表大会代表387名，其中蓬江区64名、江海区29名、新会区66名、台山市81名、开平市60名、鹤山市39名、恩平市46名。解放军驻江门部队召开军人代表大会选出江门市第十五届人民代表大会代表2名。

（周婉晗）

【友好往来】 2016年5月23日，印度尼西亚泗水市议员伊努索庇率代表团到江门市访问。市人大常委会常务副主任钟军会见了代表团一行，并进行了座谈交流。市人大常委会秘书长凌伟中等陪同会见。

（邓海平）

2016年市人大常委会主任、副主任名录

主　任：毛荣楷（2015.2.6—2016.6.20）
林应武（2016.9. 2—）

副主任：钟　军（2016.1.22—）
陈敏标（2012.1.10—）
叶一鸣（2012.1.10—）
秦有朋（2012.1.10—）
宋　波（2012.1.10—）
魏志平（2015.2.6—）

江门市人民政府

综 述

【简述】 2016年，江门市贯彻习近平总书记系列重要讲话精神，贯彻落实党的十八大、十八届三中、四中、五中、六中全会精神和省委、省政府各项决策部署，围绕“兴业惠民、治吏简政”，全力建设珠江西岸新的经济中心、创新中心和城市中心。全市实现生产总值2419亿元，增长7.4%，工业、投资、消费、外贸等指标增幅均高于全省平均水平，规模以上工业增加值突破1000亿元，固定资产投资突破1500亿元、地方一般公共预算收入突破200亿元，本外币存款余额突破4000亿元。特别是“小微双创”示范效应进一步突显，在国务院深化“放管服”改革座谈会上作典型发言，李克强总理对江门市的探索和成效给予肯定。

【向市人大会议作政府工作报告】 2016年江门市政府工作报告回顾江门市“十二五”时期的工作。市政府在省委、省政府和市委的正确领导下，在市人大及其常委会的监督和市政协的支持下，主动适应新常态，落实稳增长、促改革、调结构、惠民生各项举措，全面完成“十二五”规划和2015年目标任务。报告以48个字概括“十二五”期间的工作：明确使命，拓开新局；交通突破，产城共进；小微双创，创新引领；深化改革，主动作为；改善民生，实事惠民；强化法治，政府提效。

【市政府重要会议】 交通大会战项目推进会 2016年2月5日，江门市召开2016年交通大会战项目推进会，共有33个项目列入交通大会战项目。

市政府全体会议 同月17日，江门市政府召开全体会议，通报2015年市政府工作清单落实情况，部署2016年各项工作。2015年政府工作清单203项工作任务，已完成201项，2016年列入市政府工作清单的工作任务有227项。

表5： 市政府常务会议

时间	会议	主要议题
1月4日	十四届十八九次	一、审议《江门市主体功能区规划（2016-2020）》 二、审议《江门市人民政府关于促进江门教育优质均衡发展的若干意见》
1月11日	十四届九十次	一、讨论《政府工作报告（市政府常务会议讨论稿）》 二、讨论《十三五规划纲要草案（送审稿）》 三、讨论《江门市2015年国民经济和社会发展计划执行情况与2016年计划草案的报告（送审稿）》 四、研究《江门市2016年重点建设、城市建设项目计划草案（送审稿）》 五、讨论《江门市本级2016年财政综合预算草案（送审稿）》及《江门市2015年预算执行情况和2016年预算草案的报告（送审稿）》

续上表：

时间	会议	主要议题
2月4日	十四届九十一次	一、审议《2016年政府工作责任落实清单》（送审稿） 二、审议《江门市2016年主要经济指标分解方案》 三、审议《江门市2016年工业投资、技改投资目标及珠江西岸先进装备制造业有关指标任务分解方案》
3月1日	十四届九十二次	一、审议《江门市建设广东省小微企业创业创新综合改革试点市实施方案》 二、审议《关于完善体制机制加快建设人才强市的若干意见（送审稿）》
3月24日	十四届九十三次	一、审议《关于调整2016年市级价格调节基金收支计划的请示》
4月8日	十四届九十四次	一、学习《中华人民共和国立法法》
4月28日	十四届九十五次	一、审议《江门市供给侧结构性改革“1+5”行动方案及第一批供给侧改革去降补（六新六去）工作清单》 二、审议《江门市创新驱动发展工作考核实施办法(送审稿)》和《江门市实施创新驱动发展战略2016年工作要点》 三、审议《珠三角（江门）国家自主创新示范区建设实施方案（2016-2020年）（送审稿）》 四、审议《江门市文化强市建设工作纲要（2016-2020年）（送审稿）》 五、审议《江门市潭江流域水质保护条例（草案）》 六、审议《关于常住江门市区非市区户籍老年人优惠乘坐市区公共汽车有关问题的请示》 七、通报《江门市2015年依法行政工作情况报告》
5月10日	十四届九十六次	一、审议《江门市水污染防治行动计划实施方案》
5月27日	十四届九十七次	一、审议《江门市国家森林城市建设总体规划（2015-2024年）（送审稿）》 二、审议《关于与华夏幸福基业股份有限公司签署合作备忘录等有关事项的请示》 三、审议《江门市2016年度政府规章制定计划》和《江门市2016年度政府规范性文件制定计划》
7月7日	十四届九十八次	一、学习《中华人民共和国人口与计划生育法》 二、审议《江门市“大民政”综合保障体系建设“十三五”规划（送审稿）》 三、审议《江门市市区低收入家庭优惠措施》 四、审议《广东省教育厅 江门市人民政府共建五邑大学协议》

续上表：

时间	会议	主要议题
7月22日	十四届九十九次	一、审议《关于新时期城乡精准扶贫精准脱贫的实施方案（2016—2018年）》 二、审议《江门市粮食安全保障“十三五”规划》
8月8日	十四届一百次	一、审议市监察局有关请示
8月30日	十四届一百零一次	一、审议《江门市市区山体保护条例（草案）》 二、审议《江门市海上丝绸之路文化遗产保护办法（草案）》 三、审议《关于建设卫生强市的实施意见》
9月6日	十四届一百零二次	一、审议《关于审议整体合作开发建设经营高新区、江海区约定区域项目相关文件及有关事项的请示》
9月30日	十四届一百零三次	一、审议市监察局有关请示 二、审议《江门市中华白海豚自然保护区管理办法》
10月31日	十四届一百零四次	一、学习《中华人民共和国食品安全法》 二、审议《江门市海洋经济“十三五”规划》 三、审议《江门市投资准入负面清单（2016年本）》 四、审议《江门市网络预约出租汽车经营服务管理暂行实施细则》
11月9日	十四届一百零五次	一、审议《江门市水务发展“十三五”规划》 二、审议《江门市食品药品安全“十三五”规划》 三、审议《江门市人民政府关于进一步加快民营经济发展的若干措施》 四、审议《关于理顺和优化市属国资国企有关事项的请示》
11月28日	十四届一百零六次	一、审议《江门市科学技术发展“十三五”规划》 二、审议《江门市能源发展“十三五”规划》 三、审议《江门市直属国有林场改革实施方案（送审稿）》 四、审议《我市2016年部分计划指标调整建议》 五、审议2016年财政收入目标任务调整及预算调整方案
12月05日	十四届一百零七次	一、审议市监察局有关请示 二、审议《江门市重大决策社会稳定风险评估工作实施意见（送审稿）》 三、审议《在全市公民中开展法治宣传教育的第七个五年规划（2016—2020年）》 四、审议《江门市科学技术发展“十三五”规划》 五、审议《江门市文化发展“十三五”规划》 六、审议《江门市安全生产“十三五”规划》

续上表：

时间	会议	主要议题
12月05日	十四届一百零七次	七、审议《江门市生态环保“十三五”规划（送审稿）》和《江门市生态环保“十三五”规划重点工程项目清单（送审稿）》 八、审议《关于进一步完善江门市职工基本医疗保险普通门诊统筹的意见》
12月15日	十四届一百零八次	一、学习《广东省城乡生活垃圾处理条例》 二、审议《江门市卫生计生事业“十三五”发展规划》 三、审议《江门市教育事业发展“十三五”规划》 四、审议《江门市人民政府关于加快民办教育发展的措施》
12月23日	十四届一百零九次	一、审议《江门市医药与健康食品制造产业发展“十三五”规划》 二、审议《江门市新型城镇化“十三五”规划》 三、审议《2017年政府工作报告（送审稿）》 四、审议《江门市人民政府2016年环境保护工作报告（送审稿）》 五、审议《江门市2017年重点建设项目计划（送审稿）》 六、审议《江门市2016年国民经济和社会发展计划执行情况与2017年计划草案的报告（送审稿）》 七、审议《江门市2016年预算执行情况和2017年预算草案的报告（送审稿）》及《江门市本级2017年财政综合预算草案（送审稿）》
12月30日	十四届一百一十次	一、审议《江门市消防工作“十三五”规划》 二、审议《江门市能源发展“十三五”规划》 三、审议《江门市开放型经济发展“十三五”规划》 四、审议《江门市工业转型升级“十三五”规划》 五、审议《江门市服务业发展“十三五”规划》 六、审议《江门市自创区空间规模和区块划定方案》的请示 七、审议《江门创造2025》的请示 八、审议《江门市商事主体住所（经营场所）登记管理暂行办法》的请示 九、审议保留《江门市农产品“三品一标”认证奖励办法》的请示

（郑文彪）

【议案与提案办理】 2016年，市政府系统先后接办市人大代表建议91件，市政协提案154件。所有建议提案均通过“江门建议提案在线系统”网上交办，至年底，答复代表委员245份建议提案，代表委员对办理工作满意或基本满意达99.6%。（李源超）

【政府考核项目】 2016年，全年市政府工作清单任务共227项，已完成227项，完成率100%；省民生实事42项、市民生实事工作20项已全部完成。（陈晓岚）

【应急管理】 2016年，市政府应急办委托五邑大学编制《江门市突发事件应急体系建设“十三五”规划》（江府办〔2017〕7号），出台《江门市市直机关应急公务用车保障办法（试行）》，专题研究落实军地应急联动机制建设。同年对相应应急预案和操作手册进行及时的修编修订。通过吸取2016年发生多次危化品交通事故的教训，明确要求相关主责单位按照“一品一册”的原则，制定相应的处置流程和注意事项。为检验相关预案的可行性、现场指挥官制度的落实情况，

严格实行7*24小时值守制度，把政务值班和突发事件处置工作结合起来。全年应对800多起一般或以上级别的突发事件，其中包括防御强寒潮、输入性寨卡病毒病例、台山端芬凤凰峡旅游安全事故、实验用氰化物处置不当事件等29起较大级别突发事件。全年市政府收到各类突发事件应急信息1501条，市领导作出批示（指示）124条，迟报信息12条，迟报率为0.80%，比去年下降25%。

同年5月12日，成立江门市应急救援志愿服务总队，是江门市首支由志愿者参与防灾减灾救灾的综合队伍，9月5日，按照资源整合、统筹共建的原则，江门市正式建成江门市综合应急指挥中心；以“三防视频会商系统延伸到镇街”项目为契机，完善全市视频会商系统建设。11月，应急平台一期建设项目完成招投标工作，进入项目建设阶段。

全年通过强化市政府应急办的官方网站、微博及微信公众号的日常管理和维护，提高各栏目的更新率和各类预警信息、突发事件信息的发布率。通过委托第三方策划公司在各市、区分别开展应急知识宣传推广活动，以知识问答、技能培训和比拼的形式，向公众宣传各类应急知识和技能。江门市中小学生公共安全教育体验馆建设完成设备调试工程并投入使用。

全年通过量化考核，以促进各地、各单位应急管理工作的落实；推进农村预警信息发布拓展平台——农村大喇叭项目的试点建设，新会区、台山市、开平市、恩平市已普及到各村委会。

（潘国华）

【纲要规划概况】 2016年，江门市落实广东省委省政府赋予的“珠西战略”策源地、主战场和增长极新定位，围绕“兴业惠民、治吏简政”，建设珠江西岸新的经济中心、创新中心和城市中心。产业发展水平显著提升，珠三角（江门）国家自主创新示范区、广东（江门）大广海湾经济区、中欧（江门）中小企业国际合作区均上升至国家战略层面，江门产业转移工业园连续五年获省考评优秀等次，工业技改投资连续三年增速居全省前列。实施创新驱动，“小微双创”品牌进一步擦亮，在全国率先制定科技型小微企业认定标准，推出全国地级市首个小微企业名录库，首创小微双创指数评价体系，填补国内小微双创指标统计空白。加快融入粤港澳大湾区，大城格局逐步成型。重点领域改革不断深化，发展环境不断优化，居住环境不断改善，民生福祉持续增进。

【实施《规划纲要》，推进一体化建设】 珠西综合交通枢纽江门站规划建设得到胡春华书记的充分肯定，完成规划定位并纳入省“十三五”规划，实现从城轨支线到综合交通枢纽、从过境站到珠西辐射粤西第一门户的转变。江顺大桥、江门大道北、江门大道中五洞-东甲立交段主线、广珠铁路、江罗高速、广中江高速一期、新台高速南延线、佛开高速九江大桥至三堡段扩建等一批交通基础设施顺利建成，江门大道南、中开、高恩等高速公路、深茂铁路等加快推进。区域错位发展格局初步形成，中心城区框架进一步拉开，滨江新城加快建设。江港澳合作继续深化，与澳门签订金融合作备忘录。

（雷栋）

【城市的融合与提升】 2016年，江门在协调发展上统筹“东联西拓”与“东提西进”：对外继续深化与广佛都市圈、深港澳经济圈两大龙头的主动对接，重点推动“江深合作”、“江佛一家”，开拓“江广合作”，加强与珠西各市合作发展，参与珠江-西江经济带发展；对内促进资源优化整合，东部着力强中心、拓门户，推动东部一体，西部加快台开同城，培育江门城市的副中心，形成内生动力，带动台开恩在交通、文旅、园区、农业、环

保上协同共进，全市形成交通一体、产城互动、旅游联盟、环境共治、分工合作的发展新格局，实现同城共融。

“东联西拓”对接两大龙头 2016年，江门推动区域协同发展，向东连接广佛、深港澳两大龙头，向西扼控进入粤西乃至大西南的战略通道。对接广佛、深港澳双龙头，重点推动“江佛一家”、深江合作；深化与广佛都市圈、深港澳经济圈两大龙头的主动对接是江门市优化区域发展格局的举措。重点从以下三方面推进：坚持交通先行，加快规划建设“一大枢纽、四大路网”。加强与广佛经济圈融合和江深合作。加入广佛基础设施一体化建设；承接广佛高科技成果转化，主动对接广佛先进制造业、新兴产业、高科技产业；参与广佛区域环境联防联治，加强环境监测预警和预防协作。推进江港澳更紧密合作。江门市探索江澳金融合作，落实江澳双方合作意向书以及金融合作备忘录。

东提西进 同城共融 2016年，江门市委、市政府推动“东提西进，同城共融”的发展战略，强调东部一体化建设中文化的基础性作用，产业布局和文化挖掘振兴同步进行，让文化为一体化进程注入实质性融合的活力。提出加强对侨乡文化的保护和开发，加快文化产业发展，并制订文化强市行动计划，提到“同城共融”，更强调“以文融城”。“东提”是指东部三区一市（蓬江、江海、新会、鹤山）实施融合提质；“西进”是指西部台开恩（台山、开平、恩平）实施协同共进。按照“东部一体、西部协同”区域错位发展的原则，以东西板块统筹制订发展政策，促进资源优化整合，推动区域交通一体、产业同兴、环境共治、民生共享，实现同城共融、产城振兴的发展目标。东部一体化的文化振兴由蓬江区的“33墟街”、高新区（江海区）的“南岸印迹”、新会区的“学宫文心”、鹤山市的“岭南鹤武”四大各有特色的文化项目组成，组成东部文化的整体形象。“33墟街”是江门从发轫到形成五邑近现代工商中心的轨迹，“南岸印迹”是近现代工业发展的遗存，“学宫文心”是五邑传统文化传承的核心展示，“岭南鹤武”是侨乡武术文化的典型表达。这四大文化项目代表东部乃至侨乡的商业文化、工业文化、传统文化、武术文化。

“2016年创新·智慧论坛” 2016年5月14日，江门高新区管委会组团参加深圳商协会秘书长联谊会“2016年创新·智慧论坛”，向200多个深圳商协会推介高新区（江海区）创业创新投资环境，并进行江门高新区与深圳产业对接的主题演讲。论坛提出推进江门高新区与深圳商协会、各大企业的科技与经济、成果与产业、项目与产出、产业与人才“四个对接”。江门高新区与深圳市商协会秘书长联谊会签订战略合作协议，双方将在共建园区、共建创新平台，支持深圳企业、协会在江门高新区投资发展，开展双创合作等方面开展系列合作，推动江门高新区成为深圳产业溢出及科技成果转化的重要基地，推动深江合作。

江深合作推进会 2016年10月14日，2016年江深合作推进会在江门市小微双创展示中心举行，介绍和分享江深合作的最新成果，并通过签约进驻、交流对接等形式，推动合作走向深化。江门市的珠西云谷与中国通信工业协会，中国智能终端产业联合会，深圳市南山区手机产业联合会达成战略合作，成为江深合作、江深融合的先锋，是企业孵化加速器，新型产业综合体，土地高度集约利用示范园区。活动现场，深圳市优宝创科技有限公司、深圳天天生活科技有限公司等多家深企签约入驻。珠西云谷对企业的扶持除提供2年的免租期外，还帮助企业解决各种创业路上会遇到的问题，包括：解读政策、服务代办、对接投资、培训人才等。活动中，江门市还举行首届深圳创业沙拉（江门）和2017第二届中国智能终端产业大会（江门）启动仪式。

首届江门创业沙拉 2016年10月28日-30日，首届江门创业沙拉在珠西云谷众创空间举办，活动吸引深圳市南山区手机产业联合会和深圳市优克联新技术有限公司首席运营官等10多位深圳投资人前来交流和物色项目。30日，来自江门、深圳的8个创业团队在江门创业沙拉上举办路演活动。江门创业沙拉由珠西云谷与深圳创业沙拉机构联合举办，活动吸引16个创业项目前来参加，经过48小时的创意、组队，诞生8个创业项目进入最后的决赛路演，包括邑大良铺、衣集汇、E-boot、简淘、闪电法务、Campus print、节能型健身办公套装、量子云商智能产品销售平台等。量子云商智能产品销售平台项目夺得此次创业沙拉的头魁，它将获得珠西云谷种子基金的扶持。深圳市南山区手机产业联合会也意向投资邑大良铺。

【建设人才强市"十四条"出台】 2016年3月11日，江门市政府颁布实施《关于完善体制机制加快建设人才强市的若干意见》。《意见》仅有14条，包括拓宽高层次人才范围、调整创新平台资助标准、全面推行柔性引进人才政策、建立人才优先投入保障机制、首提构建全球引资引智网络、创新创业团队给予100万—1000万元的资助等。《意见》提出，到2020年，全市人才工作达到珠三角平均水平，人才总量达到106万人；引进和培养各类产业人才达1万人以上；争取引进和培育省级以上创新创业团队4个；省级以上领军人才10名，引进和自主申报入选国家"千人计划"和"珠江人才计划"人选25名，全市高层次创新创业人才总量增加195人。《意见》将中央、省及市的人才发展目标分解下达各市（区），既明确各地人才工作的发展方向，也明确未来五年人才工作的绩效要求。《意见》规定，江门市实施柔性引才引智计划，柔性引才，唯求所用；利用"中国侨都"品牌，整合社团资源，构建全球引资引智网络；实施"三名"工程。加强名师、名医、名家培育，每年安排不少于100万元的人才工作经费，择优扶持"专家工作室"；支持海归创新创业，对留学归国人员创新创业项目最高给予200万元资助；搭建引才平台。创建全国博士后创新（江门）示范中心等。《意见》调整高层次人才定义，拓宽江门市培养引进高层次人才的范围。《意见》则结合江门市产业发展及近年来各行各业招的实际需求，明确高层次人才主要是指具有博士学位、副高以上职称、高级技师技能资格等高端人才以及经认定具有较高学术造诣、较大社会影响力的江门市急需紧缺人才，调整后的高层次人才更加符合江门市产业发展的特点。《意见》明确建立人才优先投入保障机制，市本级及蓬江、江海、新会、鹤山东部"三区一市"每年按照不低于本地区年度一般公共预算财政收入1%的标准，台山、开平、恩平西部"三市"每年按照不低于本地区年度一般公共预算财政收入0.5%的标准，分别设立辖区人才发展专项资金。

政务服务

【机构概况】 2016年，江门市行政服务中心利用"互联网+政务服务"，打好"邑门式"、"侨都之窗"及"12345"0政府服务热线等行政服务改革的组合拳，创新一体化、标准化的"一门式、一网式"政府服务管理模式，"江门微市长"微信公众平台案例入选"粤治—治理现代化"2015-2016广东优秀案例，12345政府服务热线获全国"金音奖——中国最佳共享服务中心奖"。

【"邑门式"四级行政服务体系构建】 2016年，完成各市区镇（街）服务大厅建设，9月，全市73个镇（街）建设镇（街）"邑门式"公共服务中心74个，全部提前完成改造升级并进入试运行。各市区明确镇（街）公共服务中心为股级事业单位，并设置相应编制，"邑门式"服务大厅人员基本保障到位。印发《江门市镇（街）"邑门式"公共服务培训方案》，通过多种渠道对"邑门式"工作人员开展业务知识、服务礼仪等方面进行培训，提高工作人员的综合服务水平。

分批次推进公共服务事项标准化建设，按照全市统一的模板做好第一批进驻"邑门式"服务中心的服务事项标准化梳理，从受理范围、设立依据、实施机关、办理（申请）条件、申请材料、办理结果、办理时限、办理收费、办理流程、审批服务、办理地址、咨询投诉、行政复议或行政诉讼、监督检查、表单及样本等15个要素内容规范公共服务事项，形成全市统一规范的办事指南和业务手册。将逐步实现整个五邑地区"无差别审批"和"受审分离"。第一批次开展对298项"邑门式"公共服务事项的《办事指南》和《业务手册》培训、填报、梳理。第二批次面向全市78个单位以及四市三区分级动员沟通、收集、整理，并汇总市级公共服务事项目录共282项，蓬江69项、江海77项、新会85项、台山194项、开平141项、恩平392项、鹤山164项。完成江门市"邑门式"公共服务综合管理平台一期项目建设，2016年10月，建成运行的江门市"邑门式"公共服务管理平台系统，依托网上办事大厅通过对全市公共服务事项的各种基础数据实行统一的标准化配置，统一全市公共服务的互联网入口，对申请资料进行留存，无需重复提供资料。"一个界面"受理、审批、办结，处理信息、责任人及办理结果全过程留痕，实现一窗能办多件事。8月15日，法人"邑门式""九证合一"系统在全国率先上线运行，9月起，覆盖三区四市。通过全市统一的"邑门式"管理系统办理业务，将原散落在不同部门、不同层级、不同系统的基层数据作统一沉淀、实时分析、统一上报，为政府治理、决策分析提供数据支撑。规划市本级"邑门式"政府服务模式改革，协调科结合四楼大厅实际情况，按照自然人、法人事项分类推进的思路，结合市级行政服务中心大厅部门、服务性质、业务量等实际情况，整合同类综合服务窗口，法人类事项推行企业设立类、投资建设类及其他类“一窗式”办理，自然人类事项推行不动产登记服务类、国地税联合办理。国地税联合办税服务功能区完成升级改造并对外服务，其他各类功能区的调整于2016年春节前完成。

【“侨都之窗”自助服务平台和网上办事大厅“五证合一网上刻章自助申请平台”打造】 2016年，完善“侨都之窗”自助服务平台，选择具备条件的、有代表性的部分市、市（区）、镇（街）、村（社区）四级行政服务中心及人流密集的第三方场所已铺设250台自助终端的基础上，年底前把“侨都之窗”自助服务终端铺设到各村（社区），终端机总数在800台以上。抓紧项目开发工作，一期项目实现25项业务功能，涵盖行政办事、交通、社保、纳税、住房、健康和民生等便民功能，推进市政府有关便民、利民措施的落实。启用网上办事大厅“五证合一网上刻章自助申请平台”，推进“五证合一、一照一码”商事登记制度改革，与市工商局、市公安局联合开发“五证合一网上刻章自助申请平台”，2016年3月起正式启用。申请人在申请办理营业执照时，自行登录网上办章平台同步提交刻章申请，不用提交书面申请资料，即可直接与刻章店联系付款和取章事宜，实现“一窗受理、一套材料、一表登记”，让网络多跑路、让群众少跑路。完善网上办事大厅手机版功能，确认上线事项148项。

【“12345”政府服务热线水平提升】 2016年，江门市政府服务热线接处电话342293个，受理事项224858宗，事项办结率90.70%，市民满意率97.95%。其中，“江门微市长”微信公众平台受理事项14718宗，推送政务信息47期，关注量101199个，网民点赞1836次。是年，“江门微市长”微信公众号入选“粤治-治理能力现代化”2015-2016年度广东优秀案例，政府服务热线（江门微市长）荣获“金音奖——中国最佳共享服务中心奖”，在知名调查机构零点有数上半年对全国31个省（市）332条12345热线服务质量的排名中，江门市政府服务热线位列广东省第5、全国第24。热线综合信息系统升级改造，为全市“一体化”提供技术支撑，3月21日，热线综合信息系统的升级改造，完成“事项接收平台、事项派件平台、事项处理平台、数据统计平台和绩效管理平台”五大平台的建设，并上线运行。其实时的数据交换功能，为全市热线“一体化”管理提供技术支撑，实现对各平台单位办理热线事项的情况进行全程跟踪督办；其强大的数据统计功能，提升数据获取的便捷性，实现不同数据的统一归集，为数据分析提供有利条件；其管理服务的智能化水平，减少部分人工操作环节，促进事项接处的标准化、规范化和整体服务效率。多管齐下的管理和标准统一的考核，为全市“一体化”提供体制机制保障，将鹤山、台山、开平、恩平四市政府服务热线纳入平台统一管理，依托升级改造后的政府服务热线综合信息系统，试行“邑线通”，建立“一号受理、全城通接”工作机制，实现全市政府服务热线数据统一归集、共享，对全市热线平台单位办理热线事项情况进行“线上”统一监管。完善热线管理考核管理办法。根据热线管理考核办法开展第一季度全市热线平台单位的考核工作，通过考核发现平台单位存在问题，督促平台单位提高事项办理质量。建立完善热线开放日活动机制，根据制定的《江门市12345政府服务热线开放活动方案》，开展如参加“3•15消费者权益保护日宣传活动”、业务培训、召开经验交流会等内容丰富的热线开放日活动，提升政府服务热线与三区四市平台单位契合程度，促进服务水平的提升。创建“12345城市管理服务先进标准体系”，设计基础标准等3个一级目录，机构职能等9个二级目录，功能定位等33个三级目录，编写机构职能、行为管理制度、工作职责、事项办理规范等标准文件，提升政府服务热线规范化、标准化管理服务水平。加强“江门微市长”项目建设，提升市民“幸福指数”，加强“江门微市长”微信公众号自身功能建设。通过增设同步直播“民生热线”节目、无线上网功能，以及完善“政务百科”资讯内容和后台受理交谈记录功能，提高“微市长”为民服务水平。助推各市区“微市（区）长”微信公众号的开通，构建全市“1+7”政务微信服务新体系。各市区均开通“微市（区）长”，建立完善热线开放活动机制和义务监督员监督机制，按照“走出去、请进来”的思路，举办形式多样的热线开放日活动，广泛收集、听取市民以及各平台单位的意见建议，提升热线服务质量。是年，首次建立义务监督员监督机制，通过网上申报及相关部门推荐的方式聘请政府服务热线义务监督员对热线工作予以监督，倒逼热线服务质量提升。

【“邑门式”政务服务平台投入运

行】 2016年11月3日，江门市“邑门式”政务服务全面启动仪式在市行政服务中心举行，“邑门式”政务服务平台投入运行，实现全市覆盖、全省首创、全国领先。按照“1+7+74+1324”（即1个地级市法人“邑门式”中心、7个市（区）级法人“邑门式”中心、74个镇（街）自然人“邑门式”中心、1324个村（社区）公共服务站）模式，江门在全国率先建成覆盖市县镇村四级、全市统一的“邑门式”公共服务综合管理平台，打造“15分钟便民服务圈”。74个镇(街)“邑门式”公共服务中心实现镇(街)一级政务服务网络全覆盖，打通政府服务群众的“最后一公里”。“邑门式”公共服务管理平台系统依托网上办事大厅，对全市范围内的公共服务事项的基础数据实行统一的标准化配置，统一全市公共服务的互联网入口。“一个界面”可受理、审批、办结，处理信息、责任人及办理结果等将全程留痕，有迹可查。首批16个部门的302个事项纳入“邑门式”，68项业务可实现全城通办，最低生活保障申请、企业退休人员社会化管理、换（补）领居民身份证等业务均可在四市三区范围内实现异地申请，市民在不同的邑门式公共服务中心均可享受到相同的标准化的服务体验。江门市计划从三方面提升“邑门式”政务服务：加强标准化管理，实行统一考核;深化“邑门式”系统二期开发，实现更多事项的异地申请、同市通办，继续推广“侨都之窗”自助服务平台，拓宽自助服务终端覆盖面;抓好“放管服”，将“邑门式”服务事项延伸至村(居)办理，完善面向企业法人的“邑门式”服务，推行“两无两藏”。（无收费、无门槛、藏富于民、藏富于企）。

法治政府建设

【概况】 2016年，江门市法制局为市政府及其部门涉法事务出具法律意见350多份，审查合作合同、协议、“十三五”规划90多份，办理政协提案2份，处理信访案件27宗；履行法制协调功能，全年局领导列席市政府常务会议和市长办公会议23次，参加市政府其他会议100多次，共派员参加行政部门协调会50多次；承办广东省有关立法、立规调研工作，全年对省条例、规章或部门规范性文件提出书面修改意见50多份。

【地方立法】 2016年，组织实施《江门市人大及其常委会2015—2016年立法工作计划》，完成《江门市潭江流域水质保护条例（草案）》、《江门市区山体保护条例（草案）》的审查。启动《江门市城市市容和环境卫生管理条例（草案）》审查工作。开展政府规章制定工作， 8月31日，江门市首部地方政府规章《江门市海上丝绸之路文化遗产保护办法》以“江门市人民政府令第1号”发布。10月1日施行。开展《江门市消防水源管理办法》的审查工作。

【规范性文件管理】 2016年，制定《江门市2016年度政府规范性文件制定计划》，确定市政府立规项目共有9个，其中新制定项目5个、修订项目4个。共审查完成部门规范性文件49份。全年向省政府、市人大报送备案江门市政府规范性文件各7份、备案审查各市、区政府规范性文件20份， 11月，开展对2017年度市政府规范性文件制订计划项目的征集工作。

【市政府行政复议及行政应诉案件办理】 2016年，收到行政复议申请30宗，其中受理21宗，不予受理3宗，行政告知4宗，通知补正1宗，超过补正期限放弃申请1宗。共审结行政复议案件37宗（含2015年结转案件23宗）。在已审结案件中，维持10宗，驳回申请1宗，终止25宗，行政调解1宗。根据市政府领导的批示要求，同年办理或组织办理熊丽屏、陈瑞棠等分别起诉市政府的行政诉讼案件共计21宗（其中包括一审案件13宗，二审案件6宗，再审案件2宗），检察监督案件2宗。至年底，审结的16宗案件均胜诉。

【行政执法监督、协调和指导】 5月11日，协调省依法行政考核组对江门市2015年度依法行政工作的考评。草拟并印发施行《江门市行政执法信息公开制度》，并对《制度》的贯彻落实及时予以督促指导。规范行政执法人员培训、办证工作，组织全市行政执法人员超过1000人进行综合法律知识培训和网上考试。是年，为江门市行政执法人员申办行政执法证1000多人次。

信访

【信访工作概况】 2016年1至12月，全市市、县两级党政信访部门共处理群众来信1248件次，同比下降14.1%；来访1109批5916人次，同比分别下降24.6%、33.6%；群众通过网上信访反映事项1139件次，同比上升100.1%。全市没有发生重大异常群体性事件和恶性信访事件，信访秩序良好。

【党政领导接访制度推进】 2016年3月，市委专门印发《关于建立党政领导班子成员接访群众制度的通知》，为领导接访制度明确要求。市委书记林应武到恩平市接待群众，要求相关职能部门特别是领导同志一定要高度重视涉及群众利益的案件办理，及时就地处理问题化解矛盾，给群众满意的答复，做到发现一起解决一起，从小抓起，从早抓起，努力不产生新的积案。是年，市、县、镇三级领导接访群众4349批8837人次，化解一大批涉及群众生产生活的实际问题。

【信访分离衔接机制建立】 2016年，江门市在鹤山试点工作的基础上，向各级信访部门推广建立甄别审核、顺畅衔接、帮扶救助等六大工作机制的工作经验，制定处理涉法涉诉信访事项分流衔接流程，通过引入社团组织、宗亲乡贤等第三方力量参与“大调解”工作等有效做法，切实解决诉访分离后群众投诉无门问题。市信访局通过政府购买服务的方式引进专业律师团队，由律师每天到市人民来访接待厅值班，参与接访群众、甄别信访事项、开展法规宣传、化解信访积案等，营造法治信访的良好氛围，引导群众依法逐级上访。

【“互联网+信访”推广】 2016年，江门市落实“互联网+信访”工程，网上信访信息系统实现纵向省、市、县（市、区）和镇（街），横向部门之间的互联互通，建立网下办理、网上流转的群众信访事项办理程序，实现办理过程和结果可查询、可跟踪、可督办、可评价。市信访局投入专项资金建成信访视频会议系统，加强省、市、县（区）的信息互联沟通。市信访系统微信公众号及手机APP建设工作纳入重点工作计划，邀请专业科技公司设计建设方案，安排专项资金用于开展本项工作，计划于2017年建成系统，实现上线运行。

【信访积案化解】 2016年，江门市各级各部门化解信访积案，维护群众合法权益和社会和谐稳定，办案领导和相关部门负责人深入基层，协调做好化解工作，约见信访人听取诉求，研究解决方案，通过协调、发挥各方力量解决一批涉及群众生产生活的老案难案，维护人民群众的合法权益和社会的和谐稳定。国家和省交办的7宗信访积案中已办结6宗，阶段办结率为85.7%。（市信访局）

涉台事务

【涉台事务概况】 2016年，坚持习近平总书记秉承“两岸一家亲”的理念，以“三个有利于”、对台“四个不会”原则，扩大对台工作宣传覆盖面，开展江台经贸合作。

【对台招商引资】 2016年，有针对性地开展招商引资工作，全市新引进台资企业6家，投资总额649.25万美元；台资企业增资扩产5家，投资总额2500万美元。全市台资企业1413家，利用台资投资总额47.09亿美元。围绕市委市政府推进“三大平台”建设，打造“五大产业集群”的工作要求，助力江门市组织教育装备、机器人与智慧自动化产业等多个产业招商团组赴台开展招商推介和经贸交流，3月，江门台湾青年创业创新会成立，组织召开各类培训讲座、参访企业、举行各类体育健康活动、承办台商联合会议、参与社会公益事业拓宽金融服务渠道，为台企发展和项目落地实施提供资金保障，10月，协助蓬江区组团赴台实地考察，11月，联合广东省海峡两岸交流促进会农业委员会（简称“农委会”）组织10家省内台资农业企业参加江门市第五届农业博览会。

【对台交往交流】 2016年，全市办理公务商务赴台交流考察共35批239人次，其中公务人员赴台考察交流10批76人次，企业赴台商务考察21批38人次，学术交流4批125人次。

【涉台宣传教育】 2016年，市委台办以《广东台务信息》《粤台视窗》《台湾工作通讯》《江门台务信息》等四大内部刊物，以及江门日报社、江门广播电视台等网络和媒体为平台，开展中央涉台宣传。全年编印台务信息35期共1300余份，《江门台湾工作通讯》4期。通过台协网站、会刊等平台向台资企业发布出台的优惠政策、扶持信息与台商依法经营典型事例。

【涉台服务】 2016年，全市受理各类涉台求助事项165多件（次），为台胞、台商办实事近300（件）次，受理率达100%。

【江门五邑台资企业协会】 2016年，市委台办指导台协会秉承“联系台商、服务台商、促进发展”的协会宗旨，充分发挥“服务、联络、沟通”的作用，为会员企业办实事好事。指导台协定期每季度召开理监事会议。通过台协网站、会刊等平台向台资企业发布国家、省、市出台的优惠政策和扶持信息，为企业提供良好的政策信息服务。指导台协会完成换届。9月，江门五邑台资企业协会举行第九届理监事换届就职典礼，江门联福科技纺织彩印有限公司董事长张穗焜当选协会新任会长。市委市府和有关职能部门负责人、台商代表等400多人出席典礼。（市委台办）

【江门市台湾同胞台属联谊会】 2016年，市台联会加强自身队伍及各市区台联队伍建设，派市区台联系统干部参加“广东省台联系统专职干部暨优秀中青年台胞培训班”，多次组织开展对台政策学习座谈会。办好会刊《江门台讯》。同年，为台胞台属办实事办好事，经常落户慰问。组织“江门市台胞台属春节团拜会”“江门市台胞台属中秋茶话会”大型联谊活动。5月13日，台盟广东省委员会组团调研到江门市调研台湾青年创业基地情况。7月7日，台湾中国文化大学学生参访团一行21人来江门考察交流。9月11日，由全国台联、广东省台联共同主办的“反对‘台独’、维护和平发展——两岸学者纪念孙中山先生诞辰150周年研讨会”成员一行28人在全国台联副会长、省台联会长颜珂陪同下，来江门市参观调研。（曾琳娜）

外事

【外事工作概况】 2016年，江门市外侨局举办第五届世界江门青年大会，在印尼、英国、比利时新成立五邑青年联合会，在澳洲墨尔本、巴西圣保罗、英国伦敦成立江门市国际经贸代表处。在美国洛杉矶、印尼雅加达和马来西亚沙巴成立江门市海外旅游信息推广中心。

【外事接待】 2016年5月23-25日，印尼泗水市议会代表团一行到江门市访问，拜访市人大、外侨局、环保局，与市委宣传部、市教育局、文广新局、体育局等部门负责人座谈。市人大钟军副主任会见并招待客人。双方就两市的社会发展、经济建设、文化教育、环保、选举制度等进行交流。7月19日，由泰国普吉府府尹占叻·提帕亚蓬他达率领的普吉府政府代表团访问江门市，考察轨道交通产业发展情况。代表团还前往江门市朗天照明有限公司商洽合作事宜。副市长易中强会见代表团一行，市商务局、外侨局、旅游局领导参加会谈。10月30-31日，以美国加州红木市市长约翰·塞博特为团长、前任市长朱健文议员为副团长的中美国际文化交流协会代表团一行19人到江门市访问，参观珠西智谷、教育装备城、华博馆。双方在教育、文化、商务、科技等各方面进行商谈。

【因公出国（境）管理】 2016年，履行因公出访的审核审批和证照办理职责，并在从严把关，对支柱产业、优势产业和具有新型增长潜力的产业团组提供更加便捷高效服务。受理因公出访报批2124批3091人次（其中因公出国100批302人次。是年，申办APEC商务旅行卡的28个单位32批47人次，完成江门市因公出访计划。

【友城友协工作】 2016年5月，江门市组团赴河滨市出席有关庆祝活动。加州大学河滨分校与五邑大学签订《合作备忘录》。在河滨市艺术博物馆举办题为“江门印象”书画、摄影作品展，在河滨市市政厅举行两市结好纪念仪式。与滨江新区管委会沟通联系，建议将滨江新区原“滨河路”更名为“河滨新路”，以纪念江门市与河滨市的友谊。通过联系多家机构和高校，筹划两市结好雕塑的选材、设计、制作等工作。拓宽友城工作思路，结合《江门市侨务强市建设工作纲要（2015-2020年）》中的“友城倍增计划”，传统友城开拓美国红木市、库比蒂诺市、印尼万隆市等新的友城关系。推介斯洛伐克爱西抽县与江海区签订友好交往备忘录，明确新会与马来西亚槟城市、台山与美国夫勒斯诺市、开平与秘鲁库斯科、鹤山与智利拉斯孔德斯、恩平与新加坡东区开展友城结对的工作方向，划拨友城工作经费给予扶持。

【外国人入境管理】 2016年，受理审核外国人来粤《邀请确认函》312批次，390人次，其中申请就业签证92人次。

【对外交流合作】 2016年，牵手美国硅谷缔结创新城市联盟，在美国山景城电脑历史博物馆签订“建立江门-硅谷创新城市联盟倡议书”。

【公益事业捐赠】 2016年，组织江门市侨商总会青年会在各市区和侨场开展敬老慰侨活动，共筹集慰问经费7.8万元，共慰问277名困难长者和贫困归侨代表。

【侨乡经济服务】 2016年，组织高新区参加国侨办在国内和美国举办的“侨梦苑”专题宣传活动，组织到各地侨梦苑开展学习交流；接待上级侨办活动，组织的海外专家、侨领以及各级侨务部门共61批810人次到江门“侨梦苑”考察、交流；指导高新区完善侨梦苑“侨之家”综合服务中心建设。

【市侨商总会】 2016年，协助市侨商总会和青年会开展会员企业春节慰问活动，在江海、恩平、香港举办会员季度活动和年度政企座谈会。组织市侨商总会青年会参加省侨商会青委会交流活动。2016年5月，市侨商总会青年会领导成员换届，黄柏仁任会长。举行新一届理事会就职仪式，并吸收一批新会员。

【第五届世界江门青年大会】 2016年9月22—24日，在印尼雅加达举行第五届世界江门青年大会，1800多人参加。是江门市配合国家“一带一路”战略的一次大规模的外访活动。活动影响深远。促成贸易投资额70亿元人民币，成立全球华侨华人天使投资联盟。在印尼、英国、比利时新成立五邑青年联合会，在澳洲墨尔本、巴西圣保罗、英国伦敦成立江门市国际经贸代表处。在美国洛杉矶、印尼雅加达和马来西亚沙巴成立江门市海外旅游信息推广中心。

侨务及港台事务

【华侨农场改革和发展】 2016年，巩固侨场改革发展成果，抓好侨场的经济发展及社会稳定工作，积极协助海宴侨场处理解决原场队群众上访要求分田到户问题。

【侨益维护】 2016年，贯彻落实《广东省华侨权益保护条例》，抓好条例宣传工作。在利用报刊、电视、广播等传统媒体加强宣传的同时，借助侨刊乡讯推进条例在海外侨胞中传播；全市83家侨刊乡讯向海外700多个社团寄发重要信息。通过世界江门青年大会网站、专刊、微信组织多种形式的宣传培训。加强政府部门间的联络互动，整合资源，健全机制，实施惠侨政策，推动维护侨胞权益工作的开展。

【社区侨务】 2016年，江门市外事侨务局与国信信扬律师事务所开展合作，建立江门市为侨法律服务工作站。并担负外事侨务局法律顾问职能，免费解答法律问题、开展工作人员法律培训；免费协助外事侨务局草拟、修改、审查合同和有关法律文件；有偿接受外事侨务局委托，代办诉讼、非诉讼、调解、仲裁等法律事务。推广普及“侨之家”建设,把建设“侨之家”作为落实国侨办《关于国内为侨公共服务体系建设指导意见》的重点来抓。2016年扶持三个华侨农场和新会蒌东社区侨之家建设。

【对外交往】 2016年，在司徒伟强、李浩林等斐济五邑籍侨领的牵线下，1月24日，斐济共和国工贸和旅游部部长法亚兹·西迪克·科亚一行到访江门。并与江门市有关部门负责人和行业协会代表举行座谈，双方就开展经贸、旅游、人员往来等问题与对方进行交流探讨。9月，江门市由市领导易中强带领组团赴斐济访问，拜访斐济当地政府部门，洽谈与劳托卡市建立友好城市事宜，拓展两地在经贸、旅游、文化等各方面的交流合作。

【联谊活动】 2016年，江港青年交流促进会在江门万达嘉华酒店举行第六届会董就职典礼及成立十周年庆典，并举行“江港青年商贸协会”和“港澳青年创业孵化基地”揭牌仪式。江港青年交流促进会是第一个在江门举办就职典礼和会庆的香港社团。12月21日，在新侨都酒店召开全市侨刊乡讯工作座谈会，各市、区外侨局和侨刊乡讯的代表，以及市直侨刊乡讯的负责人等30多人参加。座谈会围绕“坚守‘侨’定位”、整合资源扩大影响”等课题进行研讨。

【侨务宣传】 江门获得2016年大本钟奖之最受海外青年推崇的中国实践大众创业万众创新城市排行榜第一名。首创暖侨义工服务队和全球“邑门式”服务平台建设，运用新媒体广泛宣传“中国侨都”城市形象。尤其在世青会期间，超过20家参与大会的海内外媒体，通过电视、广播、报纸、杂志、网络、APP等主流媒体共发出新闻稿件150篇。有关“第五届世界江门青年大会”百度搜索结果超过12.4万个。

【文化宣传和华文教育】 2016年6月1-11日，五邑大学、江门市外事侨务局在江门举办2016年海外华裔青少年“中国寻根之旅夏令营——江门营”。共32名营员，分别是来自马来西亚沙巴州的21名华裔青少年和来自印尼各省的11名华裔青少年。营员们通过课程学习、体验传统武术、参观人文景点、考察企业等内容，认识中国传统文化，体验中国校园生活。12月27日，马来西亚江门五邑青年会组织马来西亚华裔青年寻根团一行28人抵达开展“五邑行”活动，在江门三区四市进行七天的考察。

【世界江门青年大会海外联络分部】 2016年5月12日，美国美东江门五邑青年联合会在纽约举行成立庆典大会，江门市台山籍乡亲黄钜璋先生首任会长。5月29日，委内瑞拉江门五邑青年联合会举行成立庆典大会，恩平籍乡亲梁国锐为首任会长。5月31日，秘鲁江门五邑青年联合会举行成立庆典大会，江门市鹤山籍乡亲邓振棠为首任会长5月14日，美国洛杉矶江门五邑青年联合会在洛杉矶举行第二届理监事就职典礼，新任会长是江门市台山籍乡亲赵艾敏（Sindy Zhao）。

【第五届世界江门青年大会】 2016年9月21日-24日，以“畅聚雅加达，共享‘一带一路’新机遇”为主题的第五届世界江门青年大会在印尼雅加达举行，1800多名海外华人青年和华裔新生代表参加。期间举办世青论坛，以“分享‘一带一路’新机遇”为主题作演讲。组织200多家江门企业举行商务对接洽谈会，参观考察印尼长友集团等知名企业和印尼食品工业博览会。大会推动成立由全球17个国家及地区24个会员组成的“全球华侨华人天使投资联盟”，首创并启用全球华侨华人“邑门式”服务平台。大会推动新增澳洲墨尔本、巴西圣保罗、英国伦敦等三个“江门市国际经贸代表处”；新增美国洛杉矶、印尼、马来西亚沙巴州等三个“江门市海外旅游信息推广中心”。继续往届传统，评选世青“十杰”、“十优”；新增加评选世青“杰出商务大使”。本届世青会促成投资总额11.94亿元，贸易总额60.1亿元。

【粤澳共建江门大广海湾经济区的框架协议】 2016年6月21日，江门市与澳门特区政府签署《关于推动粤澳共建江门大广海湾经济区的框架协议》，提出围绕“一带一路”、粤港澳大湾区建设等重大战略，共同规划建设产业合作示范区。深化江澳金融合作。在旅游、创新创业、现代农业、公共服务等新领域探索拓展江澳合作。

2016年江门市人民政府市长、副市长名录

市　　长：邓伟根

常务副市长：吴晓谋

副 市 长：钟　军（—2016.1）

易中强（—2016.8）

蓝　华（—2016.9）

吴国杰

梁许赞

许晓雄

高诚苗（2016.9—）

党组成员：容福华

彭章瑞（2016.9—）

·链 接·

珠西云谷 动工于2015年10月23日，经江门市认定为小微企业创业创新重点基地，并获得江门市市级科技企业孵化器认定。珠西云谷以江深合作为工作核心，整合江门、深圳两地创业资源，共同打造江门“南山区”。珠西云谷是基于SMAC(社交网络Social、移动互联网Mobile、大数据分析Analytic、云计算、云计算Cloud)的新一代信息化公共技术平台，以“共享、协作、开放”为核心，集产业研发，商务环境于一体的具有国家级水准的智慧产业园。

江门五邑联合文化场馆建设工作启动2016年2月24日，江门五邑联合文化场馆建设工作启动。五邑联合文化场馆，分别包括五邑联合博物馆、五邑联合文化馆、五邑联合美术馆和五邑联合图书馆。五邑联合文化场馆建设的方案公布实施，各联合馆的启动挂牌也陆续推进。方案要求，五邑联合文化场馆（博物馆、文化馆、美术馆、图书馆）均要实现六大统一，分别是统一的形象品牌、统一的服务平台、统一的业务平台、统一的数据平台、统一的资源平台、统一的考核平台。五邑联合图书馆实现公共图书馆四级网络，实现各类图书馆服务联合，实现全市范围的书刊图书文献的联采联编、检索、通借通还，市民群众拥有多渠道数字化阅读模式。五邑联合博物馆实现文博行业统一有效管理。五邑联合文化馆将分散在各个文化馆、文艺团体的资源整合起来，实现江门五邑群众文化工作资源共享。五邑联合美术馆实现各类美术馆互通互联、优势互补、资源共享、协同服务，实现在展览等业务方面的交流、合作，更好地传承和发扬五邑美术。

蓬江区“33墟街” 2016年，蓬江区制定历史文化街区保护规划。根据规划，“33墟街”重点打造四大街区——长堤古今商贸街区、工业交通遗址街区、白沙文化民俗街区、潮江休闲古玩街区。以保护优先、深挖侨乡文化及历史人文资源为重点，保护和开发“33墟街”的历史文化街区，力求保护历史真

实性、保存历史遗存和风貌。“33墟街”的工作重点主要集中在墟顶片区，为保留墟顶片区作为江门发源地的历史文化底蕴，对该片区的改造均按照“修旧如旧”的原则进行，挖掘和梳理研究其中的文化内涵，弘扬原片区的古朴特色。蓬江区把“33墟街”打造为反映侨文化核心精髓、集中记录江门城市发展印记、集商贸旅游、休闲餐饮、文化体验于一体的特色文化片区，成为江门乃至珠西地区历史文化街区典范。

江门城市的发源地，是位于白沙街道的水埠头33级台阶和墟顶街区。白沙街作为江门的中心城区，它里面的石湾直街，北街（新宁火车站），中山公园，长堤，白沙理学，常安步行街等，至今依旧保留着最原汁原味的历史街区风貌。“33墟街”规划范围并不局限于墟顶街附近，它包含白沙、仓后、北街等老街道，以及潮江路一带，这里都有体现历史风貌的墟街。

“南岸印迹”工业遗址保护与开发建设 2016年2月3日，高新区（江海区）南岸印迹工业遗址保护与开发建设第一个项目灯光工程首期工作完成，高新区（江海区）在釜山公园举办亮灯仪式。南岸印迹首期灯光工程由四部分组成，分别为“始源江门”“照耀江门”“绿色江门”和“高新江门”，展示江门百年工业发展的变迁过程。做好建立南岸印迹沿岸用地和建筑物数据库、收集旧生产设备并挖掘工业历史、协助改造项目落地并启动工业遗迹公园建设等。“南岸印迹”项目旨在将江门工业文脉活化，通过一河两岸景观的串联，实现同城共融，东部一体化的发展。

高新区（江海区）“南岸印迹”规划范围西至新礼大桥，东至外海大桥，北至江门河，南至五邑路及江海五路，以沿江门河的12处工业遗产及周边包括江门演艺中心、釜山公园、白水带公园等公共开放空间为主要规划对象，主要采用少量保存，主体化更新的方案，保护与活化江门河南岸的百年工业遗产，通过构筑承载工业记忆的空间系统、营造满足新时代休闲要求的地标、开发水陆结合的游览路线等三大手法，传递城市的记忆以及过去人们的情感，使人们身处其中产生情感共鸣；满足人们对新时代高品质生活的需求，彰显南岸工业魅力，打造成为珠西乃至全省工业遗产“保护与开发”的典范。

新会区“学宫文心” 2016年，新会着力打造“学宫文心”文化中心园区，整合新会公园路一带现有的新会学宫、人民会堂、新会博物馆、林缉光艺术博物馆、盆趣园等历史文化资源和马山等自然资源，高起点规划建设，打造成展示新会传统文化的集散区。新会学宫文心区域内，两个地标性建筑：新会人民会堂和盆趣园完成升级改造。4月，新会启动以“学宫文心”为主题的摄影大赛，发动摄影爱好者，通过镜头捕捉新会“学宫文心”的历史建筑风情、挖掘深厚的文化底蕴、记录“学宫文心”的变化足迹；5月，新会旅游局和香港、澳门旅行社合作，组织万人游新会“学宫文心”。为充实“学宫文心”的文化内涵，新会举办“学宫文心”发展策划成果展览，举办古琴赏析月例会，推动古城墙修复工作、启动新会书院修缮工作。

新会被誉为南粤历史文化名城，有着近1800年的历史，以新会学宫为核心，在1.36平方公里范围内，聚集隋唐时期的龙兴寺石塔、北宋时期的新会学宫、民国时期的新会书院、20个世纪50年代的人民会堂……从隋唐至今的各类历史遗存保存完好。从2015年开始，以15年为期，新会区通过“学宫千载”、“文心三脉”和“蓬江新汇”三个板块，高起点打造“学宫文心”，通过看得见摸得着的城市文化具象，还原新会一千多年一脉相承的历史。

鹤山市“岭南鹤武” 2016年，江门市构筑东部一体的生态文化城。鹤山是咏春拳的重要发源地，开展鹤山市“岭南鹤武”的文化发展策划工作，以“武”为核心，挖掘鹤山咏春文化和水乡哲学，再现鹤武咏春之雄风。“梁赞”“咏春”两词成为鹤山古劳的一块招牌。鹤山市提出打造“梁赞故里·咏春圣地”，即“挖掘和传承梁赞咏春文化、大力发展古劳水乡旅游文化”。鹤山市委、市政府将其定位为高标准规划、高端化运作，专门成立鹤山市古劳水乡旅游项目领导小组，推进古劳水乡文化旅游项目建设。

台开恩协同 2016年，江门市以交通一体、产业同兴、文旅联创、环境齐治、民生共享为着力点，以“台开同城”带动台开恩协同发展，把台开恩打造成为江门的副中心、西门户。台开恩三地形成机制，达成共识，是深化“台开同城”、打造“江门副中心”的关键。《台开同城（江门副中心）概念规划》《江门市西部台开恩协同发展规划》等台开恩三地合作的重要框架协议进展顺利。在具体的规划对接上，三地已有具体思路。开平市做好城市“南联”文章，加强开平城区南部与台山市白沙镇和水步镇的联系，完成簕冲片区、新美片区、迳头片区等与台山邻近地块的控制性详细规划编制工作，统筹布局台开快速路周边地块。台山市把水步镇作为促进三地融合的主要抓手，统筹推进水步、大江、白沙整体连片开发，抓好水步镇全国新型城镇化标准化试点建设，推动白沙镇与深茂铁路开平站融合发展。恩平市借助深茂铁路开通和恩平站建设，促进城市发展东移，融入台开同城的发展进程，抓住大广海湾经济圈建设的契机，参与大广海湾规划建设。

台开恩交通一体 台开恩三地面积辽阔，深茂铁路、中开高速等交通要道和多条快速组成的路网为三地的融合提供条件。其中，深茂铁路是沟通珠三角与粤西的大动脉，也是加快台开恩融合的重要通道。深茂铁路进展顺利，开平段完成桥梁施工，正在加速路基及附属工程施工，项目建成后实现台开铁路网络高速连接，台山站也已完成站房、站前广场设计方案。高速公路方面，三地形成“三横两纵”的网络体系：“三横”由北线的沈海高速和广中江高速、中线的深（中）江通道和开平至阳春高速、南线的西部沿海高速组成，这也是江门“东联西拓”的“三大黄金通道”；“两纵”即新台高速、高恩高速。台开快速路建设进展顺利，台开快速路龙山支线正抓紧建设，与建成通车的“开平环城快速干线”南环段进行无缝对接，构建两地30分钟城际生活圈。

台开恩产业同兴 台开恩三市之间的交通节点打通之后，为三地带来产城融合的发展新契机，形成错位互补的产业协作体系。以台山工业新城与翠山湖科技产业园产城融合联手带动恩平工业园，台开恩三地产业融合发展。其中，台山工业新城重点发展清洁能源装备、重卡及汽车零部件、金属制造产业等产业；开平翠山湖科技产业园重点发展五金机械、输配电设备、电子信息和汽车零部件等产业；恩平方面则发展电子信息、机械制造产业和新能源、新光源、新材料等先进制造业和战略性新兴产业。

台开恩文旅同创 台山、开平、恩平三地紧密相邻，都有各具特色、底蕴丰厚的人文自然景观资源和高度契合的华侨文化。三市建立“台开恩旅游联盟”，并围绕创建“世遗国家级旅游度假区”，举办“台开恩联盟旅游博览会”，实现旅游发展平台、规划布局、品牌打造、市场营销、行业管理、公共服务等“六个一体化”，联动打造“中国国际特色旅游目的地”。

台开恩民生共享 西部三市优化公共服务布局，重点打造同城公共服务中心，推进三市文化、教育、医疗、养老、全域旅游等公共服务设施的共建共享，实现办事互通互认。民生共享方面，台山市重点打造台开恩公交一体化及城乡公交一体化，逐步普及智能公交，提升群众出行便捷度；以金沙湾（水草洲）合作开发为切入口，探索推进台开办事一体化。开平市打破户籍制度限制，加强与台山教育资源相融合、相促进，共有3048名台山户籍的学生在开平市就读。

中国人民政治协商会议江门市委员会

【市政协概况】 2016年，中国人民政治协商会议江门市委员会（简称“市政协”）围绕市委、市政府“一个中心、两大板块、三大平台、四轮驱动、五大产业”的工作部署，履行政治协商、民主监督、参政议政职能，发挥协调关系、汇聚力量、建言献策、服务大局作用，为江门市打造“三门”建设“三心”作出贡献。主席会议围绕推动文化旅游发展、推动深江双创合作、推动传统产业提升、推进现代农业发展等课题开展专题协商；常委会议围绕推动园区扩能增效、实施小微双创发展战略等课题开展专题协商；各专门委员会分别围绕设立中小企业转贷资金池、推进社区教育发展、建设宜乐宜游乡村、组建全市中医医联体等专题与有关职能部门开展对口协商；召开“委员约见市长”座谈会，围绕推动江门加快发展、打造珠西交通枢纽两个课题，分别组织港澳委员、内地委员与市长面对面协商；紧扣社会热点，开展提案办理协商，全年立案交办提案164件，实现办复率及委员满意和基本满意率两个100%；通过《市政协委员重要建议“直通车”》《江门市政协信息》反映社情民意信息42条；围绕市委、市政府2016承诺重点解决的5个民生实事项目，主席会议成员分工负责，牵头开展民主监督，推动各项惠民政策落到实处；组织港澳委员专题视察“33墟街”“南岸印迹”以及江门体育中心、珠西智谷智能装备协同创新研究院、南方教育装备创新产业城等重点项目，为加强江港澳合作发展献计出力。

【市政协全体委员会议】 2016年1月19-21日，中国人民政治协商会议第十二届江门市委员会第五次会议召开。赵基耀代表政协第十二届江门市委员会常务委员会向大会作工作报告。报告指出，2015年，市政协常委会团结动员全市各级政协组织、政协各参加单位和全体政协委员，围绕加快实体经济发展、促进社会和文化建设、保障和改善民生等决策部署主动履职建言，各项工作扎实推进、成效显著，为幸福中国侨都建设做出贡献。报告从四个方面总结市政协2015年的工作，协商建言，主动服务全市科学发展大局；围绕深化改革和落实“珠西战略”、打造“三门”建设“三心”、“东提西进、同城共融”等发展大局开展多层次的协商议政。深化团结协作，凝聚改革发展合力；坚持团结和民主两大主题，在促进政党关系、阶层关系、海内外同胞关系和谐发展方面发挥作用。践行为民服务宗旨，力促经济社会协调发展；围绕市委、市政府2015年承诺的建强基层服务平台、优化农村供电服务等7个民生实事项目进行督导，通过扶困助学、扶贫“双到”、支持公益事业、反映社情民意等途径，推动幸福侨乡建设。加强队伍建设，提升自身履职能力；通过委员履职培训、创新委员履职制度、开展“三严三实”学习教育，加强机关作风建设，提升政协机关的服务保障能力。伍劲华代表市政协常委会向大会作十二届四次会议以来提案工作情况的报告。市政协十二届四次会议以来立案交办的提案146件，分别交由75个单位承办，已于2015年12月全部办复，实现办复率及委员满意和基本满意率两个100%。其中，所提问题已解决或基本解决的有92件，占63.02%；正在解决或列入计划解决的37件，占25.34%；因条件限制或其他原因需要以后逐步解决的17件，占11.64%。提案中许多意见和建议被政府相关职能部门吸纳并落实。会议期间，与会委员列席江门市十四届人大六次会议，听取和讨论《政府工作报告》和其他报告；与会港澳委员参加市委、市政府召开的市政协港澳委员座谈会，聚焦“十三五”时期经济工作战略重点和如何抓落实等课题进行面对面协商；通报表扬2015年度市政协优秀提案、优秀调研报告和优秀社情民意信息；审议通过《政协第十二届江门市委员会提案委员会关于十二届五次会议期间提案审查情况的报告》，表决通过《中国人民政治协商会议第十二届江门市委员会第五次会议决议》；补选区海熔、王冬青、冯一宁、关志钒、李旭琳、高国昌、梁卫文、梁钊俊8人为政协第十二届江门市委员会常务委员会委员。

【市政协主席会议】 2016年，市政协共召开14次主席会议。

十二届五十一次主席（扩大）会议 于1月20日召开，会议审议政协第十二届江门市委员会第五次会议决议（草案）、选举办法（草案）、选举大会的总监票员、监票员名单（草案），审议两位副秘书长的职务调整，审议增补政协第十二届江门市委员会委员名单、增补政协第十二届江门市委员会常务委员会组成人员的建议名单和常务委员会部分组成人员的请辞事项。

十二届五十二次主席会议 于2月29日召开，会议研究确定市政协2016年10件重点提案及其领导分工督办方案；审议同意《市政协2016年工作计划》、《2016年江门市政协各联络组工作计划》；通报市政协正副秘书长分工调整方案和2015年市政协委员参与履职活动的统计情况。

十二届五十三次主席会议 于3月25日召开，会议传达全国“两会”精神，重点学习全国政协十二届四次会议精神，并审议《江门市政协年度协商计划制定办法（讨论稿）》《江门市政协2016年协商工作计划（讨论稿）》。

十二届五十四次主席会议 于5月30日召开，会议围绕“打造华侨文化品牌，推动文化旅游发展”与市政府及有关部门开展专题协商。与会人员先后考察仓东村文化遗产保护计划项目和赤坎镇华侨文化展示旅游项目，并听取开平市政府关于赤坎古镇华侨文化展示旅游项目以及该市“打造华侨文化品牌，推动文化旅游发展”的情况介绍，听取中信产业基金开平旅游项目的情况介绍、市文广新局关于我市华侨文化品牌建设的情况汇报、市旅游局关于江门市旅游与文化融合发展的情况汇报。

十二届五十五次主席会议 于6月29日召开，会议听取各专委会汇报上半年工作情况及下半年主要工作计划，各主席会议成员就分管的工作提出了具体要求。会议还学习市财政局关于公务接待管理、整治违规公款吃喝问题的有关文件精神。

十二届五十六次主席会议 于7月28日召开，会议围绕“优化科技创业环境，推动深江双创合作”主题开展专题协商。与会人员先后考察江门启迪之星科技企业孵化器有限公司和江门崇达电路技术有限公司。会议听取前期调研情况说明；高新区管委会、市科技局等部门关于优化江门市科技创业环境，主动推进深江两地在创业创新方面的对接合作情况介绍。与会人员围绕如何进一步优化江门市科技创业环境，推动深江双创合作谈各自的想法和建议。

十二届五十七次主席会议 于8月25日召开，会议围绕“充分发挥侨资侨智，推动传统产业提升”主题开展专题协商。与会人员先后考察广东科杰机械自动化有限公司、维达国际控股有限公司三江基地，听取维达集团、市经信局、市外侨局等企业和部门关于侨资企业如何运用国际化运营模式提升传统产业，以及江门市搭建平台，发挥侨力，推动传统产业转型升级的情况介绍，并围绕如何进一步发挥侨界作用，推动江门市传统产业实现转型提升谈各自的想法和建议。

十二届五十八次主席会议 于9月8日召开，会议审议了市委关于转任市政协有关职务的人事安排决定，同意提请市政协十二届十九次常委会议审议决定；审议并原则同意市委统战部关于政协第十二届江门市委员会拟调整委员、常委的方案；审议十二届十九次常委会议方案。

十二届五十九次主席会议 于9月23日召开，会议审议市委关于市政协社会和法制委员会主任职务任免的安排，同意提请市政协十二届十九次常委会议审议决定。

十二届六十次主席会议 于10月28日召开，会议围绕“加快推进我市现代农业发展”主题开展专题协商。与会人员分别听取市农业局、市林业和园林局、市海洋渔业局负责人关于江门市推进现代农业强市的情况介绍，并提出完善发展现代农业的技术支撑体系，提高农业发展的质量效益和竞争力；发展资源节约型、环境友好型农业，促进农业可持续发展；坚持实施“一村一品”强村富民工程，发展农业信息服务平台，帮扶落后镇村依托本地资源发展壮大种养产业、发展乡村旅游和休闲农业，促进农民就业增收等建议。

十二届六十一次主席会议 于11月29日召开，会议审议《政协第十二届江门市委员会常务委员会工作报告（征求意见稿）》《政协第十二届江门市委员会提案工作报告（征求意见稿）》，研究市政协十三届一次会议议程、日程安排，审议同意《2016年度优秀提案、优秀调研报告和优秀社情民意信息评选方案》、市政协十三届一次会议大会发言课题及其他事项。

十二届六十二次主席会议 于12月13日召开，会议审议了《关于召开政协第十三届江门市委员会第一次会议的决定（草案）》《政协第十二届江门市委员会常务委员会关于授权主席会议审议市政协十二届二十次常委会议未尽事宜的决定（草案）》《江门市政协十三届一次会议秘书处秘书长、副秘书长名单（草案）》，同意提请市政协十二届二十次常委会议审议通过；审议通过《市政协十二届二十次常委

会议方案》《市政协十三届一次会议邀请领导、嘉宾建议名单》《2016年市政协优秀提案、优秀调研报告、优秀社情民意信息名单》《市政协十三届一次会议提案参考题目》。

十二届六十三次主席会议　于12月26日召开，根据市政协常委会的授权，会议审议通过《政协第十三届江门市委员会第一次会议主席团成员、主席团会议主持人名单（草案）》《政协第十三届江门市委员会第一次会议主席团常务主席名单（草案）》《政协第十三届江门市委员会第一次会议大会执行主席和各节大会主持人名单（草案）》等有关事项；研究政协第十三届江门市委员会港澳联络组组长、副组长人选。

十二届六十四次主席会议　于12月29日召开，会议根据常委会的授权，研究政协第十三届江门市委员会委员人选及市政协十三届一次会议有关事项。

【市政协常委会议】　2016年，市政协共召开4次常委会议。

十二届十七次常委会议　于1月20日召开，会议审议政协第十二届江门市委员会第五次会议决议（草案）、政协第十二届江门市委员会第五次会议选举办法（草案）、选举大会的总监票员、监票员名单（草案），审议通过两位副秘书长的职务调整，协商增补政协第十二届江门市委员会委员，审议增补政协第十二届江门市委员会常务委员会组成人员的建议名单和常务委员会部分组成人员的请辞事项。

十二届十八次常委会议　于6月28日召开，会议结合市政协2016年“一号提案”督办，围绕“推动园区扩能增效，提升产业聚集能力”开展专题协商。与会人员听取市政府副市长梁许赞关于江门市推动园区扩能增效，提升产业聚集能力情况的通报。现场视察中欧（江门）中小企业国际合作区（核心区），听取中欧（江门）工业园规划建设情况介绍，参观富华工业园、得润电子工业园和鹤山牛力机械制造有限公司。

十二届十九次常委会议　于9月28日召开，会议围绕“江门市实施小微双创发展战略面临的问题和对策”开展专题协商。与会人员听取市政府副市长许晓雄关于江门市小微双创工作进展情况的通报，并提出有关建议措施。

十二届二十次常委会议　于12月22日召开，会议听取市政府关于《政府工作报告（征求意见稿）》的说明，书面听取政府部门办理市政协十二届五次会议以来的提案工作情况以及2016年江门市纪检监察工作情况、江门市中级人民法院工作情况、江门市人民检察院工作情况；审议通过政协第十三届江门市委员会的参加单位、委员名额、人选及界别分配名额；审议通过召开政协第十三届江门市委员会第一次会议的有关文件；审议通过有关人事事项；书面审议市政协各专门委员会2016年工作情况报告。

【调研与视察】　2016年，市政协开展一系列调研视察活动，形成14份专题调研报告和建议案，供市委、市政府和有关部门决策参考。其中专职常委组报送的有：《关于推动园区扩能增效提升产业聚集能力的建议》《关于推进我市小微双创战略实施的几点建议》《关于推动我市文化旅游发展的建议》《关于优化科技创业环境，推动深江双创合作的建议》《关于发挥侨资侨智提升传统产业的建议》《关于加快推进我市现代农业发展的建议》。市政协提案委员会与农工党江门市委员会联合调研形成《关于进一步推进我市医养结合发展的调研报告》。市政协教科文卫体委员会与民进江门市委员会、江门电大联合调研形成的《关于整合社会资源，推进江门市社区教育发展的调研报告》。市政协港澳台侨外事委员会与民建市委会联合调研形成的《打造港澳后花园特色乡村游调研报告》。市政协经济和人口资源环境委员会与民盟江门市委会、市工商联联合调研形成的《关于设立应急转贷资金池，助推小微双创的调研报告》。市政协教科文卫体委员会调研形成的《关于组建江门医联体的调研报告》。市政协学习和文史委员会与民革江门市委员会联合调研形成的《关于保护陈白沙等五邑先贤书法碑刻的调研报告》。市政协教科文卫体委员会根据《市委常委会议十二届（106）工作任务跟进落实情况表》的要求，开展调研形成的《北新区义务教育情况的调研报告》。市政协提案委员会会同市政府、市发改局、市交通运输局、市规划局联合调研后形成《打造珠西交通枢纽，推动江门大交通建设》的调研报告。

【协商议政】　2016年，贯彻落实中办《关于加强人民政协协商民主建设的实施意见》（中办发〔2015〕36号）的有关要求，市政协从2016年开始制订年度协商计划，并提请市委常委会议审议通过后施行。江门市政协2016年的协商计划共安排20项议题，主要分常委会议专题协商、主席会议专题协商、对口协商、界别协商和提案办理协商五大部分。其中常委会议专题协商3项：推动园区扩能增效，提升产业聚集能力；江门市实施小微双创发展战略面临的问题和对策；江门市2016年经济社会发展情况和2017年工作思路。主席会议专题协商4项议题：优化科技创业环境，推动深江双创合作；打造华侨文化品牌，推动文化旅游发展；发挥侨智，推动传统产业提升；加快推进江门市现代农业发展。对口协商7项议题：做好顶层设计，推动江门市医养结合发展；整合资源，规范推进江门市社区教育发展；打造港澳后花园，建设宜乐宜游乡村；设立中小企业转贷资金池问题；组建全市中医医联体，提升江门基层中医院服务能力；对陈白沙等先贤书法碑刻进行抢救性收集保护；推动法治镇（街）建设。界别协商1项议题：打造珠西交通枢纽中心，推动江门大交通建设。提案办理协商5项议题：完善公共配套设施建设，提升园区产业集聚发展能力；关于完善江门市“邑门式”公共服务工作的建议；创新小微金融服务，助推小微双创基地示范城市建设；关于创建白水带环山绿道，串连景区景点，突显青山绿水的建议；关于对江海区重点河涌进行综合整治的建议。

【委员约见市长座谈会】 1月20日，在市政协十二届五次会议召开期间，举行政协委员约见市长座谈会，与港澳委员座谈会一并举行。港澳委员围绕如何落实江门市“十三五”规划所确定的目标任务，推进江门市双引双创、转型升级、江港澳合作发展以及招商引资工作、人才工作、侨务工作等方面工作建言献策。江门市政府主要领导及24个职能部门负责人参与协商。10月24日，举行政协委员约见市长座谈会，委员们与市政府主要领导及有关部门负责人围绕“打造珠西交通枢纽，推动江门大交通建设”开展专题协商。

【民主监督】 2016年，市政协按照《关于做好市委、市政府2016年承诺民生实事项目法律监督、民主监督的通知》要求，由各分管副主席牵头，各专门委员会具体负责，组织政协委员以专题座谈会、现场视察等方式，对2016年民生实事项目中的建立常态化全覆盖扶贫长效机制、促进就业创业、推进基层公共服务、改善农村生活环境、打造公园城市共5项内容开展民主监督，促进各项措施落到实处。

联系重点项目 2016年，市政协党组书记赵基耀率队数次到所联系的重点项目广东鸿特精密技术（台山）有限公司和广东海亮铜业有限公司现场调研，协调解决项目推进中遇到的困难和问题。在调研过程中，二期工程用地问题，向市委市政府报告，并提出解决问题的建议。

推荐委员参加“五员”活动 2016年，支持委员担任“五员”（特邀监督员、人民监督员、行风监督员、人民陪审员、民情信息员），4月，向市公安局推荐罗兆权同志为第一届江门市公安局“两个责任”监督员；10月，推荐赵洁英同志担任新一届海关特邀监督员。此外还应邀推荐委员担任江门市公务员考试、事业单位招聘考试等活动的监督员，履行民主监督职能。

【提案工作】 2016年，市政协十二届五次会议以来，全体政协委员围绕市委、市政府中心工作履职建言，收到书面建议187件，立案交办164件。在立案的提案中，参与提案委员174人次。其中委员提案97件，占59.15%；各民主党派、工商联、人民团体及联络组的集体提案67件，占40.85%。按类划分，属于经济建设方面的25件，占立案总数的15.24%；属于城市规划、建设、管理、环保方面的83件，占立案总数的50.61%；属于科技、教育、文化、体育、医疗卫生方面的32件，占立案总数的19.51%；属于统战、侨务、人事和劳动保障等方面的24件，占立案总数的14.64%。这164件提案分别由77个单位承办，是年全部办复。其中，所提问题已解决或基本解决的有114件，占69.51%；正在解决或列入计划解决的31件，占18.9%；因条件限制或其他原因需要以后逐步解决的19件，占11.59%。《完善公共配套设施建设，提升园区产业集聚发展能力》被评为2016年“一号提案”；《关于完善我市“邑门式”公共服务工作的建议》等16件提案被评为市政协2016年度优秀提案。同年，市政协多措并举，严把提案质量关；邀请职能部门参与提案初审工作，提高审查的专业性。强化督办成效，继续实施主席会议成员和党组成员集体督办“一号提案”机制，坚持由主席会议成员分别牵头督办12件重点提案；开展重点提案办理“回头看”活动。提升协商实效，召开全市提案工作座谈会，研探如何进一步提高江门市提案办理协商工作水平；争取和协助市政府修改完善《江门市办理建议提案绩效量化考评工作细则》，明确职能部门在提案办理过程中的协商工作要求以及相关考评措施，推动提案办理协商工作的落实；运用信息化手段，升级建议提案管理系统，实现网上提案提交、管理和交办、督办以及办理情况反馈，为提案办理协商工作提供便捷有效的科技平台。

【社情民意反映】 2016年，市政协社情民意调查中心编印《江门市政协信息》8期，报送《市政协委员重要建议“直通车”》1份，向广东省政协报送《关于完善新版〈药典〉目录保护中药偏方的建议》，反映社情民意信息42条。内容包括建设东西部快速连接线、运用PPP模式推动江门市充电基础设施建设、新建大型儿童公园、扶持江门市演艺事业发展、推进江门市各学校直饮水建设、推行电商产业扶贫等。大部分意见和建议被市委、市政府和有关部门采纳。其中，市政协委员王玮麟建议大力发展江门乡村休闲度假旅游、市政协教科文卫体委员会建议依托演艺中心扶持江门市演艺事业发展等社情民意信息均得到市领导的批示和有关职能部门重视，民革江门市委会陈超反映的《居住证申领门槛偏高，政策效用有待提高》等8条信息被评为市政协2016年度优秀社情民意信息。

【宣传工作】 2016年，市政协出版发行《江门画报》12期，每期发行6000份。内容反映江门市2016年市委、市政府重点工作和市人大、市政协重要活动，江门市经济、社会、政治、文化等方面的建设成就，对外友好往来和侨务工作，港澳台同胞和海外侨胞爱国爱乡重要活动，江门五邑侨乡风土人情等。是年，利用新浪微博，向社会发布市政协重要活动信息。发挥政协网站作用，报道市政协十二届五次会议、常委会议、主席会议等重要会议，以及开展“两学一做”学习教育、调研视察、建言献策、关注民生等活动。

【联谊活动】 2016年，1月9-10日，市政协领导赵基耀、马跃敏、赵崇柏等人赴港澳召开委员座谈会，向委员通报江门市2015年经济社会发展情况及2016年工作思路，征求委员对市政协十二届五次会议《常委会工作报告》《提案工作报告》的意见，发动委员围绕《中共江门市委关于制定国民经济和社会发展第十三个五年规划的建议》，提前做好在市政协十二届五次会议、港澳委员约见市长座谈会上建言献策的准备。2月12-14日，全国政协委员、香港立法会议员谭耀宗一行20人到新会区、开平市、恩平市参观考察。市政协领导陪同参观考察。2月20-22日，市政协领导赵基耀主席、赵崇柏等人赴香港出席香港五邑总会成立暨首届理监事就职典礼活动。5月13-14日，市政协联合蓬江、江海、新会三区政协组织两级澳门籍委员视察历史文化街区建设情况。5月20日，全市政协秘书长座谈会在台山市召开，交流两级政协2016年协商议政工作重点，组织与会人员参观台山工业新城、富华重工和海亮铜业。5月27日，组团参加江港青年交流促进会在江门万达嘉华酒店举行的“第六届就职典礼暨十周年会庆”活动。6月15日，接待秘鲁中华通惠总局主席梁顺一行。6月16-24日，与有关单位在市工人文化宫联合举办“亲情中华 艺献侨都——旅泰华侨著名书法家侯少岩作品展”。7月9日和17日，市政协领导组团赴香港和澳门召开委员座谈会，向委员通报2016年上半年江门经济社会发展情况和市政协协商议政的工作情况，对下一步工作提出要求；并向委员通报换届工作的有关情况。7月15日，全市政协主席座谈会会议组织视察新会“学宫文心”的规划建设情况，并总结交流全市政协工作。8月19日，组织港澳区委员专题视察江门体育中心、珠西智谷智能装备产业城、南方教育装备创新产业城等项目的建设发展情况。增进港澳委员对江门市产业园区建设情况的了解。10月28日，在逸豪酒店举办美洲至孝笃亲总公所第三十三届恳亲代表大会开幕典礼活动。12月13-16日，市政协领导组团赴香港、澳门召开委员座谈会，向委员通报2016年江门市经济社会发展情况及小结本届市政协香港联络组、澳门联络组工作；对市政协十三届一次会议《常委会工作报告》《提案工作报告》作说明；听取委员的意见和建议。

【公益活动】 2016年，市政协开展系列公益活动。10月12日，市政协举行第十批扶困助学金发放仪式，向江门职业技术学院236名五邑籍贫困学生发放助学金65万元。是年，资助该院2493名贫困学生金额达582万元。同年，主席会议成员带头到联系结对的基层社区开展新春送温暖、慰问困难党员老党员、送医送药下基层、清洁街道等志愿活动，并与挂钩共建单位福泉学校党支部共同开展书籍慈善义卖等活动。帮扶慰问困难家庭40多户，资助贫困学生25名，发放慰问金及助学金4万多元，送出春联100多幅。发挥政协委员的界别优势，发动多家医疗单位送医送药到基层，组织专家义诊。派出专家医生43人次，向群众派发宣传资料2000多份，捐出药物、医疗器械和免诊金23万多元，受惠群众2600人次。是年，市政协与澳门江门同乡会联合在叱石观音寺环湖种下200多棵景观树木，其中，澳门江门同乡会捐赠50万元在观音寺大雄宝殿前种植两棵罗汉松及完善周边的配套绿化。

2016年市政协主席、副主席名录

主　席：赵基耀
（2016.1-2016.1）

副主席：赵翠瑶
李　旭
赵树培
伍劲华
（2016.1—2016.1）
吴　森
马跃敏
谢伯欣
吴振鹏

中国共产党江门市纪律检查委员会

【纪律监督】 2016年，加强对市县镇三级换届风气的监督，组建换届风气督察组进行专项督察，建立信访举报快速查核机制，查处和通报一批违纪典型问题，协助督办整改省委换届风气专项巡视发现的问题。严格干部选拔、任用，防止“带病提拔”“带病上岗”。全市纪检监察机关共办理干部党风廉政情况回复1.6万人次。强化日常监督执纪，建立谈话提醒、抓早抓小工作机制；全市各级党组织广泛开展谈话提醒活动，开展谈话提醒8589人次；各级纪检监察机关加强信访函询，开展函询40件，比上年增长150%；全市纪检监察机关给予党纪处分808人，其中轻处分418人，占处分总人数的51.73%；重处分390人，占48.27%；涉嫌违法移送司法机关34人，占4.2%。结合纪律审查工作，市纪委出台实践“四种形态”的工作意见和操作手册。

【“四风”纠正】 2016年，落实中央八项规定精神，紧盯“四风”新形式新动向，坚持暗访、查处、追责、曝光“四管齐下”，重点整治违规收受“红包”礼金、“为官不为”、公车私用等突出问题，开展暗访208次，查处违反中央八项规定问题16宗、处分14人。调处各类投诉1058宗，其中行政投诉189宗；查处“为官不为”案件18宗41人，党政纪处分23人，通报曝光典型问题13起，释放越往后执纪越严的信号；蓬江区治理土地管理领域“为官不为”问题，约谈64人，立案8人；开平市、恩平市对环境保护工作中不作为的18人进行问责；台山市公开点名通报有关单位七种“为官不为”情形。加强对征地拆迁、土地管理、环境保护、安全生产、惠农政策、扶贫开发等领域突出问题的治理。全市镇级纪委立案582件，比上年增长11.71%，实现镇（街）100%查办经济类案件；紧扣“五类重点”问题，深化农村基层党员、干部违纪违法问题线索排查工作，排查违纪线索1590条，立案707宗，结案680宗，给予党纪政纪处分649人；江海、台山、鹤山、恩平等地查处多起涉农项目资金审批、套取私分征地补偿款、种粮补贴款和在危房改造中收取“好处费”等典型案件。

【腐败惩治】 2016年，全市各级纪检监察机关立案875件，给予党政纪处分849人；受理群众信访举报2012件次，比上年下降31.75%。市反腐败协调小组加强组织协调，认真谋划部署，逐案督办；各成员单位和地方各司其职，密切配合。每个案件均成立追逃专责小组，实行领导包案、责任到人，综合运用排查、劝返等措施，追回外逃人员3名。综合运用直查快办和信访监督等方式，抓好信访件初核初查工作。信访件受理做到“三个百分之百”：即信访举报件100%录入、群众来信领导阅批率100%、上级转送件接收率100%。加大问题线索筛选、移送力度，定期召开线索排查会；抓好换届和扶贫领域举报情况的分析研判。是年，编印《江门市纪检监察执纪监督业务参考》，对执纪审查工作点进行扩建，加强执纪审查工作点管理，完善县级谈话点建设。

【体制改革】 2016年，落实纪律检查工作双重领导体制，按照“两个提名考察办法”，提名、考察、任用31名纪检监察领导干部；完善线索处置和执纪审查“双报告”制度，建立健全线索管理上报和案件查处督导机制。完成市级巡察、派驻全覆盖改革，市纪委调整设立21家派驻机构，实现对市直102个副处级以上单位派驻监督全覆盖，制定派驻机构职责清单和工作规程，明确职责定位，聚焦主责主业；成立市委巡察工作领导小组，设立领导小组办公室和3个市委巡察组。通过县级巡察发现党员违纪违规问题线索186条，移交立案16人；鹤山市率先完成派驻、巡察“全覆盖”。开平市巡察工作在省巡察工作会议上作经验交流。查处主体责任落实不力案件1宗，处理1人；查处监督责任落实不力案件4宗，处理5人。

【宣传教育】 2016年，举办江门市第二届“廉洁火炬杯”党章党规党纪知识竞赛选拔赛；组织近千名重点岗位领导干部到市廉政法治教育基地旁听庭审、接受警示教育，升级改造恩平歇马举人村等廉政教育基地。新会区建成农村基层廉洁文化广场17个，实现全区行政村廉洁文化书屋全覆盖；“江门廉政”官方微博、“江门清风”官方微信新媒体专栏，建立反腐倡廉网络舆情监测系统，加强舆情信息研判。开展五邑优秀传统廉洁文化传承宣传，对全市各地家规家训进行收集整理，重点开展以“弘扬五邑优秀传统家规、践行廉洁修身齐家”为主题的“六个一”家规家训传承宣传活动，制作江门五邑家规家训教育视频集锦，编印优秀传统家训选编、书法作品集，举办专题文艺汇演、书法作品展和诵读比赛。推进重点领域和市政府投资重大工程项目廉洁风险防控，对龙舟山（西环路）隧道、体育中心工程开展第三方抽查评估，督促已评估项目持续整改；搭建并启用预防腐败信息系统主平台和工程建设廉情预警评估子系统，监管项目223个，发出预警信息565条。开展党员领导干部“八小时以外”活动监督工作，细化工作方案，实施18项监督措施。开平市制定“八小时以外”五级约谈和行为预警终止机制，新会区建立拟提拔区管干部入户考察制度，蓬江区试点开展规范领导干部配偶、子女及其配偶经商办企业行为。

【干事创业氛围营造】 2016年，执行“两个尊重”“三个区分开来”原则，贯穿于监督执纪的具体实践，全年了结问题线索584件次。出台落实“亲”“清”新型政商关系实施意见，制定落实“三个区分开来”的若干意见、实施失误免责和整治“为官不为”等制度。江海区率先出台落实“三个区分开来”激励担当整治怠政暂行规定。同年，在鹤山市召开全市构建新型政商关系现场会，推介该市“勤政、廉政、亲商、安商”四位一体模式。

【队伍建设】 2016年，开展“两学一做”学习教育，学习党的十八届五中、六中全会和习近平总书记系列重要讲话精神。通过开展中心组集中学习研讨、联系走访、组织党员义工活动、参观廉政教育基地等形式加强队伍的思想建设、组织建设和作风建设；是年，完成市县镇三级纪委换届工作。全年组织143名纪检监察干部到中央纪委和省纪委学习。严格落实收发文、财务管理、公务用车、保密等内部管理制度，强化保密和信息化建设工作，以全省第二名的成绩顺利完成全市纪检监察涉密信息系统分级保护测评;制定市纪委监察局领导约谈纪检监察干部工作制度，聘请15名内务监督委员和12名特邀监察员开展监督。核查有关信访件41件次，谈话函询38人，立案2宗。

中国国民党革命委员会江门市委员会

【民革江门市委员会概况】 2016年，中国国民党革命委员会江门市委员会（简称“民革江门市委会”）有基层组织23个，包括1个区委会、5个总支部、2个直属支部，全年发展新党员17人，其中具有大专以上学历者15名（硕士1名），占总数的88.24%；中上层人士9名，占总数的52.94%。有民革特色人员3名。至2016年年末党员总数282人。

【思想建设】 民革江门市委会组织党员贯彻学习中共十八届六中全会精神、中共江门市委第十三次代表大会精神及民革中央领导重要讲话精神，学习党的统战理论、政策。4月，由李旭主委带队，市委委员、支部主委及党员骨干共17人赴贵州梵净山民革党员培训基地开展培训活动。11月，组织新一届市委委员及骨干党员赴重庆、宜昌开展“传承民革光荣传统 不忘初心搞好政治交接”活动。

4月，江海总支组织党员到阳朔开展农业旅游调研。7月，民革企业家联谊会到江海总支党员区振成的企业参观，任安良主委向民革企业家们介绍江门市最新的创新优惠政策。11月，蓬江总支、综合总支联合到33墟街及东仓里文化创意园参观调研。12月，蓬江总支到韶关市进行参观考察学习，并与民革韶关南雄总支举行座谈交流。新会区委会组织退休支部党员前往新会大泽镇参观吕德盈博物馆，前往吕村看望96岁高龄老党员吕天祥。12月民革江门市委会、农工党江门市委会联合在高明昊博塘伙培训基地开展团队精神拓展训练。

【组织建设】 2016年民革市委会成立换届领导小组和工作小组，加强与民革省委、市委统战部协商沟通，推选出新一届领导班子候选人。8月29日，在丽宫酒店召开民革江门市第八次代表大会。圆满选出领导班子并完成大会的所有议程。新会区委会在6月，蓬江总支、综合总支在11月也分别召开换届大会，顺利完成换届。建立后备人才数据库，为发展党员提供组织保障。积极走访各区、县级市统战部门和骨干党员所在单位，加强沟通与联络，推荐具备条件的党员任职。

【参政议政】 2016年两会期间，民革江门市委会向各级人大、政协提交提案、建议共87份，其中：省人大4份；市人大17份、市政协17份；区人大4份、区政协45份。向省委会提供社情民意4篇，向市政协提供社情民意10篇。在本年度市政协大会上，民革江门市委会作《优化创业创新环境，推动珠西智谷发展》的大会发言。《关于弘扬优秀传统文化，建设文明美好侨乡的建议》《关于推动我市旅游产业发展的提案》《关于建立江门市智能机器人产业园的建议》被市政协评为优秀提案。《关于完善我市“邑门式”公共服务工作的建议》《创新小微金融服务，助推小微双创示基地范城市建设》《关于创建白水带环山绿道，串连景区景点，突显青山绿水的建议》被评为重点督办提案。臧立新同志撰写的《关于尽快启动“三河治理”工程，打造“创业+宜居”型示范高新区的建议》被列为江海区政协一号提案，由区长督办。新会区政协今年表彰从2011年以来区政协第十四届的43件优秀提案，民革新会区委会《关于加快完美我区城镇绿道网建设的建议》《关于加强荔枝山公园水体保护的建议》《关于在会城城区完善公共设置，加快推行“公共自行车”的建议》《关于推进幸福新农村建设的建议》《关于小城镇建设应重视特色营造的建议》《关于规范城区停车及收费管理的提案》等6件提案被评为优秀提案，谭健新被评为新会区优秀政协委员。

是年，民革江门市委会领导多次参加中共江门市委、市人大、市政府、市政协等组织召开民主协商会、情况通报会、征求意见会、党外人士座谈会等会议，就江门市经济社会发展的重大问题发表意见和建议。1月，市委会领导参加中共江门市委召开的2016年党外人士情况通报会，李旭主委汇报民革今年的主要工作设想以及重点调研课题。10月，举行党外人士座谈会，作相关的报告并提出可行性建议，得到市领导的肯定。新会区委会参与区政府工作报告稿和区十三五规划的讨论修订，其中关于加快新会城区污水管网及处理设施建设的提议受到高度重视，纳入新会区未来的5年工作计划。

【宣传工作】 12月17日，民革江门市委会在高明昊博培训基地会议室举行宣传工作会议，成立《江门民革》刊物编辑委员会，各基层组织分别承办刊物，推进江门民革网站以及公众号的建设，拓展民革的宣传平台，扩大民革影响力。是年，出版两期《江门民革》，向《团结报》《广东民革》《江门日报》《江门统战信息》等媒体投稿200多篇次。两本抗战书籍《抗战八年的台山》《四邑兵灾分乡踏查记》由团结出版社印刷出版。民革江门市委会荣获广东省委会颁发的“孙中山与共享发展理念”征文活动集体优秀奖与《团结报》工作先进集体一等奖。

【社会服务】 2016年，为纪念孙中山先生诞辰150周年，由民革江门市委员会、江门市文广新局、江门市侨联、中山市文广新局、辛亥革命博物馆、江门市博物馆、中山市博物馆联合主办的《和衷共济筑梦中华——孙中山与华侨专题展》11月8日在武汉辛亥革命博物馆、11日在江门华人华侨博物馆分别开展。共展出展板59块，历史及文物图片200多幅，文物100多件;分为“侨社侨乡孕育革命”“兴中华走向革命”“创立民国维护共和”“弘扬精神，筑梦中华”四部分内容。展览受到两地市民的关注。宣传孙中山与华侨的爱国精神，扩大民革与江门侨乡的影响力。10月，副主委刘夏林参加省委会组织的赴台交流活动。11月，市委会接待由美国夏威夷回国访问的侨联陈锦生先生，向其赠送由民革整理出版的《抗战八年的台山》《四邑兵灾分乡踏查记》，并对这段历史拍摄成电影进行初步的探讨。 （民革江门市委会）

中国民主同盟江门市委员会

【民盟江门市委员会概况】 2016年，中国民主同盟江门市委员会（简称“民盟江门市委会”）管辖民盟新会区委员会和民盟台山、开平、恩平3个县级市委员会。全市有基层组织65个，盟员984人，2016年度发展新盟员14人。

【思想建设】 2016年，民盟江门市委会组织广大盟员学习贯彻中共十八大和十八届三中、四中、五中、六中全会精神，贯彻习近平总书记系列重要讲话精神，传达学习全国“两会”、中共党代会以及民盟中央和民盟省委会议精神。组织市委委员赴苏州费孝通江村纪念馆及南京梅园纪念馆等地开展盟史传统学习实践活动。组织支部主任、骨干盟员赴民盟的诞生地“民主之家”特园、中国民主同盟成立纪念碑、中国民主党派历史陈列馆、张澜故居民盟历史陈列馆考察学习。

【组织建设】 2016年8月30日,中国民主同盟江门市召开第十三次代表大会,十二届委员会主委赵树培作题为《切实履行参政党职能，扎实推进学习实践活动，为建设幸福侨都作出积极贡献》的工作报告，大会选举产生民盟江门市第十三届委员会委员19人。召开民盟江门市第十三届委员会第一次会议，赖燕芬当选民盟江门市第十三届委员会主委，林文宇、梁卫文、王良平、王连坤当选副主委，任命梁卫文为秘书长。新会区、台山市、开平市、恩平市盟组织和市直各总支、。10月16-22日，新一届领导班子参加市委统战部在中央社会主义学院举办的“江门市民主党派新一届领导班子研修班暨联合调研”，加强对政治理论、多党合作历史的学习。 10月26至28日，全市32位盟务骨干参加在广东省社会主义学院举办2016年盟务骨干培训班。盟市委还安排骨干盟员参加2016年民盟盟务骨干培训班、民盟广东省委西安交大干部管理能力培训班、民盟广东省委广东省社会主义学院盟务骨干培训班以及江门市2016年党外中青年干部培训班等。是年，盟市委发展新盟员13人，其中江门市直7人、台山市4人、开平市1人、恩平市1人。截至2016年12月底，全市盟员总数984人。重新修订《民盟江门市委会机关办公室工作人员岗位职责》，严格执行公务员晋升制度选拔任用干部，晋升办公室主任科员1名。

【“大宣传”理念强化】 2016年，提高《江门盟讯》办刊质量，完成一年四期的盟讯并及时寄送全市九百多位盟员、各有关部门以及兄弟盟组织。在广东省社会主义学院举办2016年盟务骨干培训班。新一届领导班子参加“江门市民主党派新一届领导班子研修班暨联合调研”；组织骨干盟员参加民盟广东省委西安交大干部管理能力培训班、民盟广东省委广东省社会主义学院盟务骨干培训班以及江门市2016年党外中青年干部培训班。

【参政议政】 在政协江门市十二届五次会议上，民盟江门市委会《关于落实潭江水系保护措施的建议》的大会发言，被定为市政协重点提案。盟市委的提案《发挥江门大道作用，加强“三区一市”融合和推动江佛同城发展》获江门市政协2015年度“一号提案”奖。市“两会”期间，盟市委、盟员人大代表和政协委员积极参政议政，共提交人大建议3条、政协提案15

份。2016年，盟市委向民盟省委、市政协、市委统战部一共报送信息24篇次，其中《建议尽快清理范罗冈小学滨江校区正门前的垃圾堆》等4篇信息被选登在《江门政协信息》上，《关于整治背街小巷停车乱象的建议》获“市政协优秀社情民意信息”；《建议加强对寨卡病毒的防控工作》等3篇信息被市委统战部采用。民盟市委会获“中共市委统战信息工作先进单位”。承接民盟中央“开发区的转型与创新”专题的关于江门市相关问题、现状建议收集调研；开展“推动我市健康食品工业园建设”调研；与市政协经济委开展“设立转贷资金池助推小微双创”“潭江水资源保护督办调研”。

【社会服务】 2016年，民盟江门市委会开展捐资张澜故居民盟历史陈列馆升级布展活动，捐资人民币32480元，全数汇入中国民主同盟西充县总支部委员会账户；承办民盟广东省庆祝民盟成立75周年书画展，展期7天，展出全省盟员书画家65幅书画作品，编印参展书画作品集；举办庆祝民盟成立75周年书画雅集，邀请省内盟员书画家参与；赴江门监狱开展送文化到警营书画挥毫活动；到江门市妇幼保健计划生育服务中心举办“健康促进书画家赠春联活动”，为广大群众创作对联130副，书画作品20余幅；助力高新区（江海区）“翰墨丹青·爱心众筹”慈善之夜拍卖活动，捐献七幅书画作品。（肖 湘）

中国民主建国会江门市委员会

【民建江门市委员会概况】 2016年，中国民主建国会江门市委员会（简称“民建江门市委会”）有基层支部23个，其中：市直支部10个（1个小组），总支部2个，区县级基层委员会2个。市委会有会员432名（其中：市直251名、新会93名，开平88名），会员平均年龄54.4岁。经济界会员321人，国家机关公务员77人（党派机关13人）、其他领域从事与经济密切相关工作的会员95人；大学以上学历341人，其中：硕士研究生31人，博士研究生5人；正高级职称39人，副高级职称24人，中级职称161人，行政事业单位(在职)担任厅级1人，处级5人，科级23人，科级以下17人。民建江门市委会会员担任民建省委委员2人（常委1人），省人大代表1人，市人大代表3人（人大常委1人），市政协委员14人（常委2人），区（市）人大代表人6（人大副主任1人、常委2人），区（市）政协委员31人（政协副主席2人，常委4人）。民建江门市委会荣获2015年度省民建组织管理信息系统工作三等奖。

【思想建设】 2016年，民建江门市委会组织会员学习贯彻中共十八届会议系列精神，学习市委工作会议和党外人士座谈会精神，传达学习李心主委讲话精神；领导班子参加省委会、江门市委、市委统战部组织的专题培训；组织市委委员、支部主委及骨干会员90人进行学习培训；5名基层支部主委参加省民建专题培训班学习；5名骨干会员参加市党外中青年干部培训班；会员撰写理论文章及学习心得25篇。《关于推进地方党政协商的建议与思考》荣获民建省委表彰。《学会民建章程，努力参政议政》被民建中央采纳。市委会获民建省委会授予理论研究工作优秀组织奖。

【组织建设】 2016年，民建江门市委会发展新会员19人，其中，本科以上学历12人，中级以上职称5人，平均年龄39.6岁。8月27日，江门民建第十三届代表大会召开，会议选举第十三届委员会17名会员为委员。8月27日，江门民建十三届一次委员会议召开，王建生当选主委，潘德润、林扶波、谢升当选副主委。9月，市直各支部（小组）、蓬江总支部、江海总支部相继进行了支部换届工作。王建生获民建全国参政议政先进个人、李建成荣获2011—2015年度民建全国社会服务工作先进个人，李建成、林扶波、杨永双获全省优秀个人；罗达全获省工商联评为“广东省新生代非公有制经济代表人士文明使者”；黄挚怍获市党外中青年干部培训班优秀学员。全年，市委会表彰奖励42名优秀会员，4名理论课题会员、11名参政议政积极分子。

【参政议政】 2016年，民建江门市委会领导向中共江门市委提出“农村一门式服务”的建议；参与约见市长座谈会，提出“我市打造交通枢纽，需要高起点、高规格进行规划载体建设”的建议；向省民建提交《全方位推进“珠西战略”，打造广东省新的经济增长点》的调研报告，该报告获全省重点课题；向市政府提交《打造港澳后花园特色乡村游》调研报告；形成《关于我市农村环境建设问题》调研报告。“两会”期间，提交市政协集体提案40份，社情民意13份，会员中人大代表、政协委员提交省人大建议1份，市政协个人提案10份，区（市）政协提案24份。《完善乡村人居环境，建设侨乡美丽新农村》获市政协重点提案；《抢抓机遇促进我市先进装备制造业特色差异发展》、《关于对城市贫困户精准扶贫的建议》获评为市政协优秀提案；市委会荣获民建广东省委会授予2015年度参政议政工作先进集体三等奖，1名会员评为全国参政议政先进个人。

【社会服务】 2016年，民建江门市委会参与广东省民建“助力阳江”工作，资助学生10人共2万元；为群众提供义务法律咨询和援助250人次；会员企业家为社会培训学员6806人次，吸纳劳动力2100人次；会员及企业投入扶贫资金总额20.31万元，向灾区捐献款物17.92万元。民建江门市委会被民建省委会评为2011-2015年度社会服务工作二等奖，1名会员被评为民建全国社会服务先进个人，3名会员被评为广东省民建社会服务工作优秀个人。

【江门民建成立60周年专题纪念活动】 2016年，开展纪念民建江门市委会成立60周年征文活动，获征文奖25人，胡鑫华荣获一等奖；召开纪念大会，梁荣、张树南、李成亮等3人获“60年会龄”荣誉；14人获“30年以上会龄”荣誉；5人获颁发“特殊贡献”荣誉称号，5人获颁发“荣誉委员”称号。编制出版《十年议政回顾》专刊；编制出版民建会刊2期，出版每月一期《民建简讯》，重编《会员通讯录》；向民建省委、市政协、市委统战部报送信息26份；新会区委会与新会区委宣传部、会员企业广东色色婚纱摄影有限公司联合举办“新会陈皮手机摄影大赛”。 （民建办）

中国民主促进会江门市委员会

【民进江门市委员会概况】 2016年，中国民主促进会江门市委员会设有区委会1个基层委员会3个，总支部1个，支部33个。共有会员468人，其中教育、文化主界别会员335人，占72％ 。新发展会员共23人。

【思想建设】 2016年，民进江门市委会完善学习制度，抓好基层组织学习。全会领导班子成员“走基层、转作风”，贴近会员。全会举办培训班、参加会内外的专题讲座、报告会，为会员们订阅各类统战理论书刊等。市委会还办好会刊、QQ群、微信群，筹建网站等，加强宣传平台建设，促进思想建设工作开展。

【组织建设】 6月，民进新会区第八次会员大会召开，产生第八届区委会，钟景贤当选为主任委员。李锦英、张北海当选为副主任委员。8月，民进江门市第七次代表大会召开，产生第七届市委会，17名会员当选为市委委员，费伟东当选为主任委员，王冬青、钟景贤、陈子乐当选为副主任委员，任命黄伟方为秘书长。是年监委会完成换届工作，选举戴智刚为主任，陈耀慈为副主任。全会共有会员468人，新发展会员共23人，其中教育、文化主界别会员335人，占72％，高级职称会员占74％。

【参政议政】 2016年，民进江门市委会有省人大代表1人，市人大代表2人，江海区人大代表2人，新会区人大代表2人，台山人大常委1人；江门市政协委员12人，蓬江区政协委员7人，江海区政协委员4人，新会区政协委员10人，台山市政协委员4人。是年，民进江门市委会交省人大建议4篇；交市政协提交集体提案5件；提交市政协个人提案4篇。蓬江区、江海区、新会区、台山市在区（市）级两会上共提交个人人大建议2篇，政协集体提案22篇，个人提案19篇。是年，民进江门市委会提案《完善公共配套设施建设，提升园区产业集聚发展能力》获评为市政协2016年“一号提案”，得到市委、市政府的重视办理。由市委会、台山市基层委员和省委会妇工委联合提交省委会的提案《关于建立雷洁琼纪念园的提案》由江门市政府牵头，会同省委统战部、省财政厅办理，该提案将为地方政府编制雷洁琼纪念园规划提供重要依据。

【议政实效】 2016年，民进江门市委会提出的“关于我市海洋资源保护”系列提案和一些建议措施被纳入江门市海洋经济发展十三五规划和广东省人民政府批准的《江门市海洋功能区划（2013-2020年》中。费伟东委员提出的《关于加大力度保护治理我市中小河流和水库水环境的建议》《对我市农村垃圾问题处理的建议》引起有关部门重视，推动相关工作的落实。蓬江总支对区党代会报告、区政府工作报告的修改和小组讨论中，在对政府工作报告中主要经济技术指标、环境保护等工作提出修改意见，得到采纳。2016年，民进江门市委会荣获2016年民进省委“参政议政工作先进单位”称号。信息《关于加快于珠三角次区域进程的建议》得到省委常委林雄的批示，民进江门市委会被评为信息先进单位；社情民意《关于建设五邑非物质文化遗产和民风民俗主题公园的建议》被市政协评为优秀社情民意。集体提案《关于大广海湾海岸线(带)资源保护和利用建议》、费伟东提案《关于加大力度保护治理我市中小河流和水库水环境的建议》被市政协评为优秀提案。民进江门市委会与其他部门单位合写的《关于推进江门市公园城市建设》评为优秀调研报告；教科文卫支部被省委会评为参政议政先进集体，黄伟方、杨嘉立、李锦英、张东萍会员被评为省参政议政先进个人，会员杨嘉立被评为2016年度优秀市人大代表。

【社会服务】 2016年,民进江门市委继续开展扶贫助学活动，帮扶失学儿童，心理辅导帮扶残疾家庭，关爱孤寡老人；开展扶贫复明慈善活动，义诊人数多达2万人，手术惠及2700多人；开展送医送药下乡进社区社会服务，为外海街道400余名群众免费提供多项医疗服务，并捐赠价值2.8万余元的药品；开展文化下乡活动，组织民进书法家为群众送春联和书画进社区等活动。民进江门市委会会员在江门市慈善公益捐款、“全市助残日”等会内外各类慈善活动中捐款超过13万元。企工委书画作品慈善义拍活动，共筹得善款近6万元，蓬江区总支会员和其他会外人士筹集20万资金和物资用于帮扶生活有困难的广西抗战老兵50多人。是年向民进广东省委选送优秀案例3篇。推荐的《支教助学》项目，被省委评为2016年优秀社会服务活动项目。民进江门市委会被省委会评为社会服务工作先进单位，钟景贤副主委被省委会评为社会服务突出贡献个人，梁泽灵、林国东、叶虹、卢剑其会员被民进省委评为社会服务先进个人。

（民进江门市委会）

中国农工民主党广东省江门市委员会

【农工党江门市委员会概况】 2016年，中国农工民主党广东省江门市委员会（简称“农工党江门市委员会”）下辖4个县级基层组织,19个直属组织，有党员809人年度发展新党员52人，减员2人。有各级政协委员46人、人大代表17人。

【思想建设】 9月13日，农工党江门市委会“走进基层 贴近党员 培育和践行社会主义核心价值观”百场主题宣讲会走进江门，农工党江门市委会组织珠中江三地农工党党员及江门市各民主党派成员200多人在江门市政府小会堂参加宣讲。北京市社会主义学院孙瑞华教授作《中国共产党的新方略与民主党派的新任务》，农工党广东省委会常委秦鉴作《从新党员到基层主委都认真做》宣讲，“百场主题宣讲”旨在把中共十八大精神、习近平总书记系列重要讲话精神以及社会主义核心价值观传递到基层，引导广大农工党党员为全面建成小康社会振奋精神、凝心聚力，贡献智慧和力量。

【组织建设】 8月28日，农工党江门市第十三次代表大会召开，选举产生农工党江门市第十三届委员会。委员18人，周津明当选为主任委员，朱万水、朱正君当选为副主任委员。重视理论学习，加强组织建设。组织新一届委员会领导班子全体成员参加江门市民主党派新一届领导班子研修班；委员、骨干党员、机关干部分期分批参加全省骨干党员培训班、参政议政培训班、宣传工作培训班、专干培训班、文史研究培训班。江门市委员会举办新党员培训班、骨干党员党史培训班、参政议政培训班。调整支部结构，成立农工党江门市政法支部。把一中支部拆分为一中小组、景贤小组、港口中学小组；把人民医院支部拆分为在职小组和退休小组。

【参政议政】 2016年，向江门市“两会”期间提交提案、意见60件，农工党江门市委员会在政协全会作《放开搞活 促进我市农村医疗卫生发展》的大会发言，并列为重点提案、优秀提案。全年反映社情民意信息12篇，其中专职副主委朱万水和秘书长林伟玲联合撰写的《建议加大力度，提高公众的急救知识和技能》被评为江门市政协2016年度优秀社情民意。专职副主委朱万水参与江门市政协提案委组织的调研活动，围绕“打造珠西交通枢纽，推动江门大交通建设”主题，到深圳、惠州、佛山等珠三角交通发达地区调研，在市政协委员约见市长座谈会上，向政府提出“主动与周边城市对接联合”“充分发挥民主党派优势和作用，让民主党派一起为发展江门大交通建设建言献策”的建议。

【社会服务】 2016年6月，农工党江门市委员会到台山上川开展“中国环境与健康宣传周”活动，向岛民和游客派发《海洋环境与健康》宣传册。11月，联合江门市政协提案委到台山北陡中学开展“国际科学与和平周”活动，为北陡中学筹集到3.8万元书款购买新书。成员捐赠图书6000册，充实学校图书馆馆藏。

中国致公党江门市委员会

【中国致公党江门市委员会概况】 2016年，中国致公党江门市委员会（简称“致公党江门市委会”）有基层组织26个，党员375人，发展新党员14名，调出1名，其中市直197人（含蓬江、江海、新会），台山110人，开平68人，党员平均年龄58岁，中上层人士占93%。成员中担任省人大代表1人，省政协委员1人，担任市人大代表4人，担任市政协委员9人，担任县级市（区）人大代表5人，担任县级市（区）政协委员29人，有3人被聘为市级“特约人员”。

【思想建设】 2016年，致公党江门市委会多次组织学习报告会，还向各基层支部下发学习通知，专门召开市委委员和各支部主委扩大会议。在全体党员中开展坚持和发展中国特色社会主义学习实践活动和学习习近平重要讲话精神的活动。继续开展“创建先进基层组织、争当优秀致公党员”活动。是年，致公党江门市委会收集党员在各级“两会”上的提案、建议、社情民意、统战信息、征文等内容，编印《参政议政集（2016年卷）》一书；出版内部刊物《同舟报》两期。

【组织建设】 8月24日，召开中国致公党江门市第八次代表大会，94位代表参加。会议审议、通过中国致公党江门市第七届委员会的工作报告和第八次代表大会决议，选举产生中国致公党江门市第八届委员会，胡念芳当选为主任委员，马群林、郑南才、黄月嫦、李昆韶当选为副主任委员，张芳当选为秘书长。 4月，市直新增设综合支部、蓬江区总支第四支部；9月，开平市委会支部调整合并，将原来的5个支部调整为3个，现全市有基层支部26个。是年，贯彻落实《关于进一步做好民主党派组织发展工作座谈会纪要》和省委会《关于进一步做好党员发展工作的通知》精神，发展新党员14人，其中市直2人，新会6人，台山6人；至年底，全市共有党员378人，其中市直146人，新会51人，开平69人，台山112人；市直和新会党员的平均年龄57.9岁，中上层人士93%。

【参政议政】 “两会”期间，向各级人大、政协提交的议案、提案、建议共47件，《关于提高江门市重大传染性疾病防控能力建设的建议》在市政协大会发言；还提交8份集体提案，在各市（区）政协大会发言。向市政协提供社情民意6件，向致公党省委、中共江门市委统战部提供信息30余篇次；编辑出版《参政议政集》（2016年卷），出版内部刊物《同舟报》两期。开展“二次供水”“青少年禁毒教育”“华博馆升级改造”“珠西智谷”“电子产品垃圾处理”“华侨保护立法”“珠江西岸装备制造业发展”“华侨回国创业”等专题调研。联系市水务局、市疾控中心、市文广新局、市公安局、市环保局、市经信局等单位，召开座谈会，听取意见，收集资料。胡念芳主委先后两次带队到疾病控制中心、水务局，调研市区二次供水情况，实地参观中天国际和莱茵华庭两个小区供水房，形成《关于江门市二次供水管理的调研报告》。

【社会服务】 2016年1月20日，由中国致公党广东省委员会、中共江门市委统战部指导策划，江门市文广新局、中国致公党江门市委员会共同举办的大型原创粤剧《司徒美堂》在江门市东湖影剧院上演。3月24日，由中国致公党广东省委员会、广东省侨界仁爱基金会联合主办，中国致公党开平市委员会承办的“永恒的记忆——《爱国侨领 司徒美堂》”首发式在开平市谭逢敬艺术院举行。活动期间，致公党广东省委会、江门市委会领导与开平市委会党员代表进行了主题为“坚持和发展中国特色社会主义学习实践活动——学习司徒美堂精神暨加强自身建设”座谈会。5月29日，市医卫支部到康怡颐养院进行爱心慰问。在康怡进行了义诊活动，并给该院医护人员提供专业辅导。

6月24日，致公党江门市委会组织一批党员，到鹤山市双合镇开展“送医送药送法助学”活动，主要内容有义诊体检、急救讲解演示、法律宣传、助学济困等。向合成镇小学捐赠文具、体育器材、书籍一批，募集8000余元的药品、日用品、学生文具等。邀请市妇联参加妇女维权、反对家暴等法律知识宣传。

【海外联谊】 2016年，接待美国、古巴等海外洪门团体十多个，参与市侨联启动的“为侨服务”活动，协助海外华侨寻根问祖、回乡省亲。6月16日，由江门市人大华侨外事工作委员会、外事侨务局、政协港澳台侨外事委员会、归国华侨联合会、致公党江门市委员会、泰国泰中文化人联合会共同主办的“亲情中华，艺献侨都——旅泰华侨著名书法家侯少岩作品展”在江门市工人文化宫开幕，展出侯老先生书法精品70多幅。10月28日，美洲至孝笃亲总公所第三十三届恳亲大会在江门逸豪酒店举行，来自海内外500多名侨胞和嘉宾参加揭幕仪式。致公党广东省委会、佛山市委会、江门市委会、台山市委会、开平市委会、新会总支、蓬江总支的领导和嘉宾出席大会。

（陈东辉）

九三学社江门市委员会

【九三学社江门市委员会概况】 2016年8月25日召开第四次代表大

会第一次委员会议，选举出第四届委员会领导班子；新会和江海两个支社分别升级为基层委员会；鹤山支社在中共鹤山市委统战部成功挂牌；是年，社市委会有三个基层委员会（下设三个支社）和三个支社；成员194人。主要分布在医疗卫生、政府部门和高科技的民营企业，其中高级职称3人，平均年龄35岁。全年共发展新社员30人。

【思想建设】 2016年9月，社市委会组织新社员和骨干社员前往珠海，参加由社中央常务副主席邵鸿主讲的《九三学社社史报告会》；11月至12月，社市委会组织新一届市委委员赴江浙进行社的传统教育，先后参观王选纪念馆、褚辅成纪念馆和梁希纪念馆，期间与嘉兴市委会和湖州市委会进行交流对接。同年，社市委会主要领导和部分基层委员会的负责人分别参加各级统战部组织的相关业务学习，吴国杰、陈瑞香等同志分别参加在中央社会主义学院举办的江门市民主党派新一届领导班子研修班、社中央举办的第二期省级以下九三学社机关专干培训班、中共江门市委统战部举办的第四期党外干部培训班。

【组织建设】 8月，市委会召开第四次代表大会，选举产生15位第四届市委会委员，召开社第四届第一次委员会议，选举吴国杰为主委，陈瑞香、黄家河和何伟东为副主委。其中，陈瑞香为专职副主委。

【参政议政】 2016年，新一届的区政协和人大会议上，九三学社社员当选区政协委员14名，其中常委4名；当选区人大代表3名，其中常委1名。市、区“两会”期间，社市委会共提交政协提案16件，人大建议2件，其中，社市委会大会发言提案——《加快海洋装备产业，助推大广海湾经济建设》被市政协列为2016年度重点跟踪提案；提案《加快创建电子商务示范基地，给力江门制造》获江门市政协2015年度优秀提案奖。全年共提交社情民意6条，统战信息12条。李树源撰写的信息《关于完善新之城红绿灯路段车辆分流的建议》在《江门日报》上刊登。

【科技成果】 2016年，社市委会8位成员获科学技术新成果奖，其中，4人获二等奖，4人获三等奖。张梅领衔的《大功率白光LED用橙红色荧光粉的研制及其应用》、朱振华领衔的《钛筒式电解机的设计与研发》、梁姚顺参与的《酱油企业新型能源的利用与综合“节能减碳”模式示范》、付锦高参与的《尿动力学检查在下尿路症状诊疗中的临床研究》获得2015年度江门市科学技术奖二等奖；贾永堂领衔的《有机硅改性涂料印花粘合剂制备及产业化研究》、陈元庄领衔、马滚韶参与的《微血管吻合器在游离皮瓣移植术中的应用》、左克扬参与的《应用1H-MRS技术探讨人尿激肽原酶对急性脑梗死患者的疗效及作用机制》获三等奖。

【社会服务】 2016年，九三学社江门市委员会牵头成立江门市农业产业服务创新联盟；社市委会组织蓬江江海两个基层组织的医生为江海区群众开展送医疗下乡服务。

【社员风采】 2016年，李海全获2016年全国“五一劳动奖章”；陈永航的工业设计作品三次夺得IF国际设计大奖，率领工业设计团队在广东省第八届“省长杯”工业设计大赛再次摘得金奖2枚、银奖1枚；罗小勇获广东省科技厅重大专项立项资助300万元，带领公司团队参加中国创新创业大赛获得先进制造组省赛、市赛三等奖；郑世雄荣获第三届广东省农产品质量安全检测技能竞赛畜禽产品定量检测三等奖。温涛主持开发的DL-721/731高性能工业级条码标签打印机申报广东省高新技术产品；赵耀洪获国家自然科学基金资助1项，发表SCI论文1篇，EI论文2篇，授权专利1项，报批国家标准和行业标准2项；王石平、王向军在国家级杂志《低碳世界》里联合发表论文《探讨微乳化切削液研制》；王石平的两项发明专利“一种自干型绝缘漆及其制备方案”和“一种自干型三防漆及其制备方案”，获得国家发明专利证书，他经营的企业——奥琪化工科技有限公司荣获国家级高新技术企业称号。韩静开获“五邑天地，画里家园”2016年江门美术作品展最高奖——学术奖，同时获得2016年江门市美术家协会优秀会员称号。（冯惠群）

·责任编辑　黄晓益·

社会团体

Social organization

江门市总工会

【工会工作概况】 2016年，全市各级工会实现市总工会年初的各项工作计划目标。市总工会获评为“2016年度广东省工会工作先进单位”，固本强基工作、集体协商工作分别获得一等奖，工会经审工作和调处化解劳资纠纷工作均获优秀奖和先进奖，江门市的“突出工人文化宫公益性，打造有文化有工人的文化宫”项目获得全省工会工作创新优秀奖，“开展‘五个有约’活动，为女职工提供贴心服务”项目获得全省工会工作创新先进奖；市总工会的财务工作还受到全国总工会的通报表扬。

【工会组织建设】 2016年，加大对基层工会的固本强基力度，狠抓发展会员入会和基层工会组建、换届工作，全市新发展农民工入会6万多人，民主建会420家，民主换届632家，区域性工会联合会覆盖25人以下企业达96.9%，女职工委员会建制率100%，全面超额完成了省总工会下达的目标任务。全市有基层工会6927个，涵盖法人单位2.1万多家，会员总数109.8万人，分别比上年增长5.87%、1.94%、5.64%。

【职工权益维护】 2016年，推进工资集体协商工作，全市签订企业集体合同1915份，覆盖企业1.7万多家，覆盖职工80.68万多人。企业工资集体协商建制率92.3%；联合劳动保障等部门联合开展维权行动，为474人次权益受损职工开展维权工作，协助政府有关部门帮助1139人次追讨欠薪，挽回经济损失819万元；指导各级工会处理职工信访件190宗，涉及职工2577人次，其中100人以上群体性劳资纠纷案件8宗，涉及职工1573人次；处理省总工会通过工人在线、舆情日报、工情在线等交办劳资纠纷舆情47宗，除2宗经查核属于舆情不实的外，对其余属实的45宗均全部及时办结；聘请江门市工会法律服务律师团34名执业律师，分别担任江门市74家规模以上非公企业（覆盖近4万名职工）工会法律顾问，全年预防排查企业劳资纠纷174宗，涉及职工1206人次，为职工提供劳动法律法规及政策咨询179宗，涉及职工1196人次。

【职工帮扶救助】 2016年，全市工会通过生活救助、医疗帮扶、法律援助、金秋助学、节日慰问、健康体检、工伤探视等帮扶活动，帮扶救助困难职工3.6万多人次，助学2万多人次，帮困与助学规模在全省各地级市继续居于前列；发动职工参加省总工会的住院二次医保、职工医疗互助保障计划、女职工安康互助保障计划等三个计划，参保10.6万多人次、参保13.4万多份、收取保费1106.7万多元，向1971名住院或患大病职工共发放保障金640.13万元，业务量居全省第三位；镇级职工服务中心（站）42家，基本覆盖企业较集中的镇级工业园区；建成基层工会“爱心妈妈小屋”37家，历年累计107家；组织工会义工开展志愿服务；元旦春节期间开展“农民工平安返乡行动”和“暖流行动”；高温季节开展“送清凉”慰问一线职工活动；在新会，与供销社合作建成职工平价商场，让工会会员凭会员身份享受平价普惠服务。

【工会文化阵地建设】 2016年5月1日，新建成江门市工人文化宫并投入使用，在宫内设置职工服务中心、五邑工运博物馆、劳动文化馆、职工图书馆、汉画像石拓片馆、书法拓片馆、林锵云美术馆和工人会堂、各文体协会活动室，林锵云美术馆开业半年多共举办各种专题性展览35场，工人会堂举办各类职工文化活动20场，进宫参观、活动的职工群众8万多人次。办好市总工会在《江门日报》开设的每月两期的《侨乡工人》专版，以及机关刊物《江门工人》、《江门工会信息》杂志和江门工会微信、微博、网站等工会宣传媒体，市总工会被省总工会评为2016年新闻报道先进单位；做深做实示范性职工书屋，经培育和推评，江门市有4家基层工会职工书屋获评为全国工会职工书屋示范点称号，有1家企业获得2016年广东省十大书香企业称号；发挥工会“大学校”的作用，培训职工4万多人次；开展形式多样的职工喜闻乐见的文体活动。

【劳动竞赛】 组织职工开展“践行新理念、建功十三五”为主题的劳动竞赛，全市开展竞赛活动的企业工会3859家，参赛职工24.7万多人；开展提合理化建议活动，全市各企业收到职工的合理化建议共6.2万多条，被采纳实施的共5.7万多条；全市举办职工技能竞赛项目100多项、参赛队伍600多支、参赛职工5万多人，辐射带动3536家单位组织职工开展技术练兵；全市创建劳模（技能人才）创新工作室111个，比上年增加37个。同年全市参加全国安康杯竞赛的企业2263家，比上年增加10.5%；参赛职工34万多人，比上年增加6.3%。全市各级工会自下而上共评选推荐全国“五一劳动奖章”获得者1名、全国工人先锋号集体1个、省“五一劳动奖章”获得者6名、省“五一劳动奖状”集体3个、省“工人先锋号”集体4个；在《江门日报》开设“寻找侨都工匠”专栏，宣传市劳模的工匠精神，传播正能量。

【群团工作会议精神贯彻】 根据中共中央及省委中共广东群团工作会议精神，按照以问题为导向的思路，开展调研，查摆市工会工作存在的主要问题；提出市和县级市、区两级总工会的改革重点。向市委提出加强和改进党对群团工作领导的建议；部署深入学习中央和省委党的群团工作会议精神。参与修改《中共江门市委关于加强和改进党的群团工作的实施意见（征求意见稿）》和《广东省总工会改革实施方案（征求意见稿）》。

（周慧剑）

表6：　　2016年末全市基层工会组织建设状况表

区域	基层工会	独立基层工会	联合基层工会	基层工会涵盖法人单位	职工	女性	农民工	女性农民工	工会会员	女性	农民工	女性农民工
	个	个	个	个	人	人	人	人	人	人	人	人
蓬江区	1,320	1,201	119	5,552	287,018	122,482	226,537	105,610	265,214	115,681	210,774	98,974
江海区	730	648	82	3,371	114,026	50,638	79,899	29,131	113,273	50,365	79,577	29,073
新会区	1,321	1,153	168	3,287	215,237	54,532	49,045	19,369	192,298	53,065	48,885	19,304
台山市	963	930	33	1,964	109,130	52,973	63,544	31,039	102,566	49,920	60,463	29,252
开平市	939	816	123	2,365	152,912	68,256	77,007	37,675	143,172	64,457	71,178	34,847
鹤山市	854	797	57	3,226	194,034	105,425	119,959	58,303	176,196	96,928	111,363	54,647
恩平市	626	590	36	1,366	70,665	30,389	30,892	11,912	67,989	29,422	30,137	11,644
市直	174	165	9	230	38,571	15,284	1,417	653	38,027	15,132	1,346	639
总计	6,927	6,300	627	21,361	1,181,593	499,979	648,300	293,692	1,098,735	474,970	613,723	278,380

中国共产主义青年团江门市委员会

【团工作概况】 2016年，中国共产主义青年团江门市委员会（简称"团市委"）围绕市委"兴业惠民、治吏简政"，打造"三门"建设"三心"的战略部署，推进"凝聚青年、服务大局、当好桥梁、从严治团"四维工作格局，深化共青团改革发展，各项工作取得新进步。

【团基层组织建设】 2016年，开展团员先进性教育，加大对发展团员的调控力度，适当降低团青比例，严把入团关口，全年共新发展团员20000人。规范健全团费收缴、管理及使用制度。组织开展25场"万名团干讲团课"活动，覆盖团干青年2567人。团市委分别在贵州遵义和江西井冈山举办全市基层团干部培训班、全市辅导员培训班，实现团干部和少先队辅导员的轮训。坚持做好"两新"组织团建工作，2016年新建"两新"团组织100家。在紫茶小学成立江门市首个"少先队辅导员名师工作室"，协助市少工委开展辅导员培训，提升辅导员业务素质。

【青年创新创业】 2016年，在江门国家高新区建立起全国首个"中国青创板"地方服务站，对接创业项目68个。成立"江港青年商贸协会""江港澳青年创业孵化基地"，实施"香港青年创业创新孵化计划"，面向港澳创业青年提供扶持和指导。建成5家"农村青年金融服务站"，为近200名创业青年提供融资服务，发放创业青年贴息贷款631万元。鹤山市"农村青年金融服务站"被全国金融团工委评为先进典型。开展"农村致富带头人培育工程，组建人才数据库，市、县两级团委举办农村青年人才培训班4期，培训人数达500多人次。推动大学生创新创业，江职院"小微企业众创空间"项目，通过验收获得100万元扶持资金；在广东省"挑战杯"大学生创新创业大赛上，江门市高校获奖项23个，其中金奖1个，银奖10个，铜奖12个。江门职院获本次大赛全省高职院校总分第一；参与广东省"攀登计划"大学生科技创新项目立项，五邑大学和江职院获得项目资助资金57.5万元。

【青少年成长服务】 2016年，整合约100万元资金资助在江门工作一年以上、35岁以下的新生代产业工人参加本、专科高等学历教育，350多家厂企事业单位1100多名工人报考；择优资助531名优秀青年工人。开展群众性精神文明创建活动，4个青年集体获评广东省"青年文明号"，8个集体获评广东省"青少年维权岗"，34个青年集体获评江门市"青年文明号"。开展特殊青少年群体的帮教，投入经费41万元对特殊群体133名关爱帮扶。开展小组团队活动102场次，帮助22名青少年复学复读、就业创业和考取技能证书。提升12355江门青少年服务台服务水平，建立"专家+社工+义工"的工作团队，全天候24小时为全市青少年提供心理咨询、法制教育、个案面询、心理健康知识培训等服务；全年接听各类电话600多个，并为63名青少年开展个案面询153次。开展青少年禁毒宣传教育，千校巡展系列活动。推荐作品《拒绝毒品 与阳光同行》参加第三届中国青年志愿服务项目大赛暨2016年志愿服务宁波交流会，获得大会"金奖"。连续9年与市委组织部举办"江门市企业家高级研修班"，组织省、市青联委员开展"青春情暖"系列活动8场，筹集资金超过15万元，开展扶困助学活动，筹集资金45万余元，为1200名困难青少年提供技能培训与资助；在"五四""六一"期间，开展"与信仰对话"等主题教育活动130多场。

【青少年交流活动】 2016年，市青联江港澳三地交流活动17项，拜访港澳青年社团15家，接待友好社团来访12批次。举办"香港青年菁英五邑行""澳门社区青年国情研习班""江港青年交流促进会换届就职典礼""港澳青少年交流营""第二届江港青少年足球友谊赛"等活动。在印尼雅加达举办"第五届世界江门青年大会"，建立经贸合作平台。评选出"第五届世界江门青年大会十大杰出青年""十大优秀青年""杰出商贸大使"各10名。

【义工事业发展】 2016年，召开江门市志愿服务"爱心之城"建设工作推进会暨市义工联成立十周年会议，林应武书记接见省、市"四个最美"代表，并向志愿者颁发第五万张江门义工（志愿者）证。集电子义工证、义工信息管理系统、义工APP、义工微信公众号"四位一体"的江门市志愿服务综合信息管理平台正式上线。通过社保卡与电子义工证相结合的全国首创"社义共融"。成立江门市志愿服务公益讲师团。建立"10+1"的结对扶贫机制，定期开展帮扶活动。新增设五邑图书馆、华侨博物馆和市青少年宫3个市级党员志愿服务基地，其中市直机关义工分会组建7支市直机关党员流动志愿服务队。全市建成1325个"邑家园"社区（村）志愿服务站点。江门日报每星期、每月、每季度固定和不定期刊登志愿服务相关信息，市义工联出版《志愿改变生活》十周年纪念画册、《江门市志愿服务蓝皮书》、公益广告片等宣传载体，确立志愿服务的社会化形象。

【枢纽型组织建设】 2016年，完善市级青年组织社会治安培育基地，有5家青年社会组织进驻。新建县基地2家。各级团组织直接购买青年社会组织服务20多项，金额约70万元；青年社会组织承接各类政府任务30多项，金额超过100万元。举办“第三届全城青年社会组织嘉年华”，全市35家青年社会组织参与。指导蓬江区德信行社会工作服务中心等多家社会组织承接青少年社区矫正的司法帮扶职能。开展“关爱企业员工心理咨询”活动12场，服务企业青工1000多人次。

江门市妇女联合会

【妇联工作概况】 2016年，江门市妇女联合会（简称“市妇联”）以群团组织改革创新为契机，推进巾帼关爱、巾帼成才、巾帼致富、巾帼健康、巾帼维权、巾帼文明、巾帼建功行动，完成市妇联十三届三次执委会议提出的目标任务。

【妇女儿童发展规划实施】 2016年，市妇儿工委做好迎接国家“两纲”中期评估督导工作，举办专题培训班，组织重点成员单位深入三区四市开展市级中期评估督导“回头看”检查，督促整改。蓬江区被确定为广东省级实施两个规划示范县。全市7个镇（街）被评审确定为实施江门市妇女儿童发展规划示范镇（街）。《江门日报》以开展数读专题和制作宣传挂图、画册等方式，多角度展示五年来江门市实施两个规划的成果。对低出生体重发生率、地中海贫血预防控制服务等9个重难点理论签约立项。

【“巾帼建功”行动】 2016年，邝健梅荣获“全国三八红旗手”荣誉称号；江门中医药学校护理教研组、江门供电局客户服务中心95598供电服务热线荣获“省三八红旗集体”荣誉称号；朱迎春、管静、刘艳萍、张翠雁、王云荣等5位同志获评为“省三八红旗手”。全市共创建省级、市级“巾帼文明岗”41个。开展4场“优秀女性进校园（机关）”，149场妇女素质大课堂进基层巡讲活动。

【妇女创业就业】 2016年，为197名妇女发放项目贷款1587.4万元，争取省、地方财政贴息达93.02万元，带动5000多名妇女创业就业。培育巾帼创业典型，联合有关部门命名10个江门市巾帼创业示范基地。组织女致富带头人参加第六届省农博会，举办农村妇女各类技能提升培训20场次，开设职业技能培训41期，推动1726人次实现就业岗位提升，率领家政学员代表江门参加省育婴技能大赛获一等奖。市妇女就业服务中心获批设立职业技能鉴定所，巾帼职业培训学校获得江海、台山、恩平、鹤山开展免费技能培训资质，争取156.8万元投放妇女技能培训。市妇联与市总工会联合筹建江门市女职工素质提升培训基地，在市妇幼保健院建立月嫂培训实操基地。

【妇女儿童合法权益维护】 2016，推进平安家庭创建，召开《反家暴法》研讨会，举办“唇枪舌剑论家暴 凝聚力量创平安”辩论赛，率相关部门人员及专家学者前往湖南省长沙市交流学习反家暴工作。开展8场《反家庭暴力法》巡回培训，提升3500多名基层妇女干部、公安干警能力水平。实施“平安家园”侨乡反家暴项目。召开工作会议，制定下发《江门市地方政策性别平等咨询评估委员会工作规程》。开展“维护妇女合法权益，促进男女平等”三八维权周大型系列宣传活动，举办“江门市妇女权益网络知识竞赛”，在《江门日报》开设“妇女权益聚焦”专栏。全年开展784场维权宣传咨询，举办540多场妇女普法讲座，印制派发《反家暴法》等有关宣传资料10多万份。利用媒体宣传100多次。增设妇女维权与信息服务站江海分站，全年两级妇联接访共2098宗，处理率100%。

【家庭文明建设】 2016年，评选出10户江门市十大“最美家庭”，20户江门市优秀“最美家庭”。241户“最美家庭”。徐娜家庭获“全国文明家庭”荣誉称号，熊桂艳家庭获全国“最美家庭”荣誉称号，李洁英家庭获“全国五好文明家庭”荣誉称号，杨于军家庭获省“十大优秀书香之家”荣誉称号，5户家庭获评为广东省百户“最美家庭”。各种主题活动941场次；联谊交往活动15场次；巾帼主题志愿服务活动1417场次。

【家庭教育推进】 2016年，开展家庭教育讲师团骨干培训45场次，参加人员1777人次。组织家庭教育大讲堂1026场。拓展大讲堂网上服务功能，扩大受教育面。开展儿童早期读书活动，推进亲子家庭阅读。六一期间，江门市首批2间“巧伶珑”童书馆暨广东省“书香幼儿园”示范基地成立。指导向日葵家庭教育指导中心承接“亲子同成长”——江门市“大家庭”亲子日项目，深入社区（村）组织大家庭亲子日502场次。创建江门市“儿童友好示范社区（村）”20个，广东省“儿童友好示范社区（村）”4个。

【困难妇女儿童帮扶】 2016年，制定《江门市妇联关于新时期妇女精准扶贫精准脱贫三年攻坚的实施方案》，对全市2905户贫困母亲家庭摸底调查、对296户单亲特困母亲安居房全面核查，建立困难妇女动态跟踪。全市各级妇联筹集530万元善款，援建单亲特困母亲安居房21户，为80名重大疾病的贫困母亲提供医疗救助21万元，“妇联干部+社工+巾帼志愿者”入户探访贫困母亲912人次，发放援助金与物资53.85万元。为77825名妇女进行“两癌”免费筛查。延续“爱心父母大联盟”品牌优势，发动4885名“爱心父母”集体和个人，结对帮扶5188名困境儿童，举办关爱留守（流动）儿童成长夏令营，为全市100名留守（流动）儿童安全过暑假提供关爱服务。对江海区120多户贫困母亲加强心理辅导和情感支援。

【联谊交往活动】 2016年，江门市妇联主席、五邑妇女海内外联谊会会长刘展红应邀出席香港行政新春酒会。澳门妇女联合总会组团40人与江门市妇联开展交流学习。

【基层组织建设】 2016年，妇代会改建妇联工作。全市52个村、46个社区完成改建工作。联合市民政制定印发《关于在邑家园建设中加强妇女儿童之家建设实施意见的通知》。“平安家园”侨乡反家暴项目、家政服务工程、家庭教育大讲堂及亲子日活动、贫困母亲心灵关怀工程获129万元的市财政资金支持鹤山市龙口镇沙云村入选广东省基层妇联社会工作创新十个示范点；携手江门市女企业家协会开展“相约彩虹--妇女儿童微公益项目创投活动”，20个社会组织、28个项目参与。加强妇女干部队伍建设，在山东省女子学院举办市直单位妇委会干部培训班38人参训。举办江门市妇联系统干部公益火种培训班。印发《关于印发<2016-2020年江门市妇联干部教育培训工作实施意见>的通知》。刘展红主席率市第十三次妇女代表大会各代表团团长一行14人到阳江学习调研妇女代表常任制工作，研究制定《江门市妇女代表常任制度》。

（市妇联）

江门市工商联合会

【市工商联工作概况】 2016年，江门市工商联系统有各类商（协会）组织154个，会员16325个，比上年增幅近10%，分列全省第三和第五。蓬江、新会、鹤山、江海、恩平等5个市（区）工商联先后获得全国及广东省“五好”县级工商联称号。提前一年完成省里要求的“到2017年各地级市60%县级工商联达标”的任务。

【参政议政】 2016年，江门市工商联推荐27名非公经济代表人士担任市政协委员，10人担任市人大代表，并就“十三五”时期民营经济发展作《加快小微企业发展 推动我市创业创新》的政协大会发言，评为政协2016年度优秀提案。

【企业家培训】 江门市工商联李朝旺主席带队，近50位创业代和新生代企业家赴北京航空航天大学培训。组织参与广东省新生代非公经济人士培训班、南京大学“2016年江门市企业家高级研修班”、清华大学“2016年江门市非公企业主党建工作研修班”。

【“亲”“清”政商关系】 2016年3月，江门市工商联组织企业家代表参加市纪委召开构建“亲”“清”新型政商关系工作座谈会。11月份，与市人民检察院召开服务非公有制经济发展工作座谈会，就《江门市人民检察院关于依法保障和促进非公有制经济健康发展的实施意见（征求意见稿）》向企业代表进行详细解读。12月份，与市公安局共同召开构建新型政商关系座谈会。

【服务企业】 2016年，江门市工商联举办经济形势分析和企业防危与自救高端论坛；与兴业银行签订协议，开展民间资本供应链金融服务；与五邑大学联合举办“商•学”联盟。帮助会员企业解决一些个案问题，及时与政府职能部门沟通。

【非公党建】 2016年，利用党建指导员联络制度，与省驻10家商协会开展党支部建设工作，着重在“两学一做”专题教育、发展党员、开展党组织活动、党员培训学习等方面给予业务指导和支持。开展“扩面提质”行动，扩大工作和组织覆盖面，发挥党组织的政治核心和政治引领作用。

【对外交流】 2016年，组织会员企业参加经贸展会及交流活动，参与国际大企业、知名商会来访考察，参加第五届江门世界青年大会以及香港、澳门的多个会展，协办中欧先进制造业投资合作交流。与瑞典—中国贸易委员会及中欧（江门）中小企业国际合作区签订三方协议；与俄罗斯中俄商会、吉林市工商联、自贡市工商联签订友好商会协议；推进省投资发展促进会与江门市多领域合作。

【宣传教育】 2016年，以“互联网思维”宣传江门政商环境、宣传江门的好企业、好经验。“十三五”规划、“两会之声”专题报道工商联企业家、工商联界别人大代表、政协委员两会之上的发声等专题宣传得到社会各界的好评。是年，习近平总书记到民建工商联小组视察，江门市工商联微平台，当日就对其进行跟踪报道，并组织讨论，树立企业的信心，增强企业对党和政府的信任。

【慈善公益】 2016年，江门市工商联牵头完成“百企扶百村”的组织工作，将扶贫资源配置到100个扶贫村。参与扶贫济困日、党内关爱、五邑慈善会等活动，捐款4000多万元，其中维达国际获省光彩事业奖。（市工商联）

江门市科学技术协会

【科协概况】 江门市科学技术协会（简称“江门市科协”）2016年12月，第十届委员会有委员63人，常委33人。所属地方科协、市级学会、院校和厂企科协组织47个，其中县级（市、区）科协7个，市级学会33个，院校科协2个，厂企科协5个。全市80个乡镇（街道办事处）设立科协组织机构。编有刊物《江门科协通讯》。

【科学素质纲要实施】 8月16日，江门市政府召开全市全民科学素质工作会议。是年制订出“十三五”全民科学素质工作实施方案呈市政府，以完善公民科学素质建设的长效机制。

【科技服务水平提升】 2016年，组织开展评选市级科普惠农兴村计划项目13个，推荐国家和省级项目6个，获得国家和省基层科普行动计划“奖补”资金共85万元，市级项目“奖补”资金35万元。其中，新会区陈皮协会、开平市马冈镇养鹅协会获得全国农村专业技术协会（奖补）、恩平市黄亚山公司科普基地获得全国农村科普示范基地（奖补）、蓬江区白沙街道农林社区获得全国科普示范社区（奖补），鹤山市双合镇双桥村委麦健辉获得广东省农村科普示范带头人（奖补）。新会区和开平市通过复评，再次被中国科协命名为全国科普示范县（市、区）。联合基层科协开展群众性的主题活动有：3-4月与开平科协举办广东省“中国流动科技馆巡展”（开平站）。与蓬江区、江海区和新会区科协开展“科普进社区-健康大讲堂”、联合荷塘镇、大鳌镇、礼乐街等基层科协以及台山市科协举办4场大型主题科普集市，参加单位共80个。是年，联合市科技局组织开展“科普一日游”活动。新会南方教育装备创新产业城、新会无限极(中国)有限公司科普馆、开平健之源科普教育基地和塘口仓东村教育基地等企业和单位，开放科普展厅。2016年12月,江门市科学技术协会被中国科协评为“2016年全国科普日特色活动优秀单位”。

【科技创新】 2016年，3月召开学会工作会议，传达中央、省会议和文件精神。是年，市级学会、协会举办市级以上的学术交流会、专题报告会、技术研讨会等20多场，其中承办省级以上学术交流会议3场，邀请多名国内外院士专家作专题报告；举办各类培训班20多次，培训科技人员达2000多人。指导市医学会、市药学会、市护理学会、市病媒生物防制协会、市心理卫生协会开展科技服务36项。

【青少年科技教育】 2016年，邀请中国科学院8名老科学家开展“大手拉小手--科普报告希望行”，面向全市4万名青少年举办60场的科普讲座。联合市教育局举办首届“江门市青少年科技实践能力挑战赛”，组织学生参加在珠海市举行的第31届广东省青少年科技创新大赛，参加广东省第16届青少年机器人竞赛和第3届广东科技模型模拟飞行比赛。多次邀请广东科学馆和省航空学会的科普专家，为全市10所学校近万名学生开展科普大篷车进校园活动和航空科普进校园活动。

【“聚智引智”行动实施】 2016年，完成中国科协“海智计划”广东（江门）工作基地及申报。新增建立2家广东省院士专家企业工作站。帮助企业解决技术难题，培养科技创新人才，促进产学研合作。（曹芃芃）

江门市社会科学界联合会

【社科工作概况】 2016年，组织市有关专家学者积极开展课题研究。研究成果以《专报》形式呈市领导参考，获得市领导的批示；落实市委市政府工作部署，筹办陈白沙与明代心学学术研讨会；开展五邑工商文化专题研究，继续加大对社科工作的《侨都新观察》、“两微”江门博识微博微信、省社科院江门分院社情民意调研中心微信建设的力度，巩固社科工作新平台建设成果。

【学术研究】 2016年，市社科联组织市有关专家学者对《从村镇空心化看侨乡新型城镇化》《江门发展全域乡村旅游的规划性研究》《公共服务均等化视角下江门养老保障方式与路径选择》《新型城镇化进程中的动迁安置社区治理研究—以江门市为例》等12个课题开展研究。完成《2016年江门市施政满意度调查研究》《环圭峰山文化旅游资源考略》《江门主城区产城融合发展路径选择的几点具体建议》等8项课题。其中，《江门发展全域乡村旅游的规划性研究》课题获得省社科院立项；《环圭峰山文化旅游资源考略》《江门主城区产城融合发展路径选择的几点具体建议》等5项研究成果以《专报》形式呈市领导参考。编印《思考江门》课题研究成果汇编，汇编收录2014年、2015年的17个研究成果，为江门经济发展提供智力支持。市社科联组织五邑大学、江门职业技术学院、江门市档案馆等部门的相关专家，围绕《五邑商业文化史》《近代商业广告与邑商》《从邑商的文化环境看邑商的精神特质》《邑商文化档案史料汇编》等15个研究课题进行立项并签订研究协议。

【学术交流】 2016年1月28日，邀请资深侨史专家、高校学者等相关人员召开五邑工商文化研究座谈会，探讨研究思路和内容；2月23日，召开全市档案工作座谈会，研究如何发挥档案史料的独特作用，配合好邑商文化的研究工作；先后组织两批相关专家赴安徽、浙江、山西、重庆等地考察，学习借鉴各地的研究成果和经验。2017年7月12日,联合市委宣传部、市文明办、市教育局在江门一职多媒体功能室举办“江门市加强未成年人思想道德建设理论研讨会”。活动收到作品264篇,经过评审小组评选，评出一等奖作品3篇、二等奖作品8篇、三等奖作品20篇，以及优秀作品19篇。此次获奖论文编入《惠风和畅》一书。9月26-28日,广东省社科联和江门市政府联合主办陈白沙与明代心学学术研讨会，来自10多位国内知名的专家学者共同研讨陈白沙学术思想，助力江门市打造“岭南心学第一山”。11月8日，市社科联、市旅游局、市经济学会、五邑大学经管学院和江门职院经管系联合举办“江门市旅游强市理论研讨会”，通过旅游产业与相关产业的融合，实现各产业的增速扩效。活动共收论文40篇，评选出一等奖2篇，二等奖4篇，三等奖10篇，此次获奖论文编入《五邑天地任畅游》一书。

【社科普及与宣传】 2016年4月30日—5月3日，市社科联与市委宣传部、市博物馆等部门在陈白沙纪念馆联合举办以“传承优秀文化建设人文侨都”为主题的江门市第十二届社科普及主题日活动。有新会葵艺“火画扇”、木雕工艺及茅龙笔工艺等现场技艺展示。来自二十多个社科团体参加。2016年，举办“依法行政”“国学与中国玉文化”等13期讲座，约6000余人次参加。2016年，全市有各类社科基地44个，新增7个社科普及示范基地、5个社科普及基地。

【哲学社会科学规划】 2016年8月28-31日，邀请省内优秀社科专家到江门评审。有78项课题获得市2016年度哲学社会科学研究规划课题立项，其中23项为资助项目（专著类2项，论文类13项，研究报告类8项）； 41项课题顺利结题，其中评为“优秀”的1项，“良好”的12项。授予专著《上古音及相关问题综合研究》特别奖；授予《村落遗产地区社区居民旅游发展态度的影响因素》等3项成果一等奖；授予《川山国际旅游群岛建设探索》等8项成果二等奖；授予《“侨文化”与江门经济转型升级探析》等13项成果三等奖。

【学会建设与管理】 2016年7月28-29日，举办市社科界人才队伍培训班，学习习近平总书记重要讲话精神以及《广东省社会科学普及条例》，市36个学会负责人参加培训。9月6日，召开市经济学会第四次代表大会，选举产生新一届理事会理事及常务理事会理事。2016年，资助（五邑）炎黄文化研究会、市职业技术教育学会以及市警察协会等共2.9万元用于开展社科讲座活动。

【省社科院江门分院】 2016年，分别指导各所中心开展《2015年江门市施政满意度调查研究》《从村镇空心化看侨乡新型城镇化》《江门发展全域乡村旅游的规划性研究》《江门市民关注的社会热点问题调查》等课题研究。8月15-21日，组织公共管理研究所和经济发展研究所的专家学者赴重庆、浙江湖州开展专题调研，开拓研究视野。 （孙军）

江门市文学艺术界联合会

【市文联工作概况】 2016年，江门市文联推进文化名市建设。各协会努力发展新会员，推荐优秀会员加入省级、国家级协会； 8人加入中国摄影家协会，10人加入广东省摄影家协会。10名民协会员加入省民协，1人加入中国民协。1人加入中国作协，1人加入广东省作协。

3人加入广东省音协。1人加入舞协，1人加入国家级舞协。

【文艺组织建设】 2016年，江门市文联贯彻党的十八大和十八届五中、六中全会，围绕“出作品出人才、出影响出形象”目标，强化精品创作，强化人才培养，强化惠民服务，强化组织建设，团结和带领全市文艺工作者，全面完成年度工作任务，坚定文化自信，担当时代使命，推进文化名市建设，开创文艺事业大发展大繁荣的新局面。发挥文联作为党和政府联系广大文艺工作者的桥梁和纽带作用，开展学习十八大、十八届五中、六中全会精神，学习习总书记在全国文艺工作座谈会上的讲话精神，学习中共中央系列文件及讲话。习总书记坚持以人民为中心的创作导向，深入基层、深入群众进行创作，把服务人民，推动江门市文艺事业的繁荣发展。文联下属文艺家协会、团体，拓展文联组织的覆盖面和影响力。是年，江门书法院新成立江门市艺网通文化艺术有限公司， 开通“江门艺网通”新媒体移动平台，建筑规模居广东省第二的新的江门演艺中心投入使用，市文联与之展开全面合作；利用白沙艺苑、茅龙书法公园、广东省东仓里美术馆、南村艺术中心等平台，开展文艺交流和文艺服务。继续办好市文联《白沙》文艺期刊；办好“江门文艺网”网站；《江门作家》《江门美术》《江门书坛》《鹤山文学报》《西江潮》《民苑》《恩平风采》等文艺交流平台协会微信公众平台活跃。

【文艺创作】 2016年，重点扶持推出和奖励重点国内首部华侨历史题材大型情景音乐舞蹈史诗剧《闯金山》，通过巡演及发行《闯金山》音乐专辑，扩大江门原创文艺作品影响力。《闯金山》的《五星红旗》节目入选中国侨联主办的《远方的惦念——2017华侨华人春节联欢晚会》，于2017年1月18日晚在福建省福州市奥林匹克中心体育馆录制，正月初一在东南卫视等频道同步播出。

同年市作协一批会员参加各类文学比赛并获奖项，获省级以上文学大赛奖10篇。麦健华的现代诗《走向胜利》荣获第八届“祖国好”华语文学艺术大赛现代诗歌类金奖。岳勇的《诡案罪》系列小说、长篇小说《猎凶记》，刘利元的散文集《我的西沙窝》，张启雄的长篇小说《爬过沼泽》相继出版。关永宁编导的情景剧《考考你》获广东省群众健康知识文艺汇演一等奖。蓬江区十多位会员在《北京文学》《花城》等省级以上刊物上发表作品二十多篇。市摄协在广东省第26届摄影展览中获金奖作品2幅、银奖2幅、铜奖4幅，摄协获得由省会颁发的优秀组织奖。在“第六届全国农民摄影大展”评选活动中，鹤山市摄影家黄继明三幅作品、冯小文两幅作品参展。鹤山舞协钟慧婷负责的微视频《印记》获得全国中小学禁毒视频三等奖；戴爱莲文化艺术中心创作的舞蹈《阳光沙滩》在北京舞蹈学院第二届“桃李芬芳”全国少儿舞蹈展演中获表演金奖；原创舞蹈《民族魂》在泰国第十届金像奖比赛中获评委会最高奖，《船歌》获金奖，并荣获组织金奖；江门市少儿芭蕾舞团在2016曼谷国际合唱•舞蹈艺术节中，原创舞蹈《一起长大》获评委会最高奖，《阿兰和阿巫》《年年有余》《妞啊扭》和《维也纳随想曲》获金奖，《弄堂记忆》《喜鹊喳喳喳》获银奖；蓬江区舞协的《茶山情》获广东省首届中老年人舞蹈大赛金奖，少儿舞蹈《童戏梦》获第三届广东省少儿舞蹈大赛作品银奖。民间文艺会员李群英、梁玉婵、黄凤齐、余永虹等人创作的剪纸作品入选广东省剪纸作品展。会员李达维的开平灰雕艺术入选广东省非物质文化遗产。会员李仰东制作的东艺宫灯在中国文化部、广东省政府主办的中国（深圳）文化产业博览会上获得铜奖。张瑞亨骨雕茅龙笔获文化创意银奖。张瑞亨、廖惠林、林志明、巢烜宝等民间工艺大师，多次应邀出席大型全国乃至国际性民间工艺博览会，展示白沙茅龙笔制作工艺、新会葵艺、恩州奇石、家具等侨乡优秀传统文化，在“岭南杯”2016年中国（广东）民间工艺博览会上，廖惠林《葵艺》获金奖、张瑞亨《十二生肖》茅龙笔获银奖、林志明《文明再现》获银奖、卢志江木雕《龙头交椅》获银奖、李仰东宫灯《富灯》获铜奖、梁群英木雕《喜获丰收》获铜奖；第九届广东省民间工艺精品展（青年专场）中，18件作品入选展览，其中梁沛成石雕《石雕摆件》获金奖、张丽虹茅龙笔《茅龙葵凤笔》获铜奖、梁艺莹剪纸《纸艺》获铜奖。中国民间工艺（山花奖）评选展览中，民协8件民间工艺作品入选。同年，会员林福杰的《新会地名故事》、冰雪芹的《冰雪芹诗词》等民间文艺专著均由出版社公开出版。江门市音协组织会员创作出了40多首优秀音乐作品，其中蔡朝阳作曲的《三沙渔歌》荣获2016年第九届广东珠三角咸水歌比赛创作金奖，李高泽作曲《咏春雄风》获广东省优秀影视歌曲银奖，梁彩虹创作歌曲《三个小渔夫》获广东省第十届少儿艺术花会铜奖等。在《闯金山》的创作活动，市音协积极参与，完成了《唐人街》《海的诉说》《凤凰花开》《水埠头》等歌曲的作曲和演唱等。台山曲协在省文化厅主办的“首届广东民歌民乐大赛”和“第七届广东音乐邀请赛”两获银奖。美术方面，王畅怀、吴健强、严宾连的漆画作品入选全国第四届漆画展；黄驱胜的作品《整装》，林海忠的《梅家大院》入选“第六届广东当代油画艺术展”；易少英的工笔画《花月夜》获第三届广东岭南美术大展(中国画)优秀奖；潘东强、李富强、王振帮的美术作品入选“2016年广东省体育美术作品展”；黄远明、李少强、华振陆、张来的水彩作品入选广东江西二省水彩作品展；区启森、华振陆、潘东强、林海忠入选广东省美术作品展；李景铎获广东省残联展览银奖；新会圭峰小学六年级学生陈莉融的美术作品《魅力的中国文化》在广东省第十届少儿艺术花会美术书法作品评选中荣获铜奖。

戏剧界邓荣宗创作的《小戏小品的“品”》在中国戏剧家协会主办的《中国戏剧》杂志发表，《恐惧“证”》在广东省文化厅主办的2015年度广东省群众文艺作品评选中获一等奖，《小戏创作之我见》在陕西省宣传部主管、陕西省戏剧家协会主办的《当代戏剧》发表。高原创作并导演的科普剧《神像之下》获广东省第三届科普剧大赛成人组二等奖。李剑昌的论文《体验广东音乐教育进中小学校园》参加在广东大厦举行的广东音乐研讨会，并在《广东音乐研究》发表。书法方面，史志伟、吴柱擎作品获广东省中青展最高奖。“第八届中国书坛新人新作展”，江门共三人次入选国家级大展，一人次在省级展览中获奖。五邑影视文化协会主导开拍的微电影《骗家》在“2016广东省防范电信网络诈骗微电影创作大赛”中获得省级大赛三等奖。

【“中国侨都 五邑天地”文化文艺品牌打造】 2016年，继华侨历史组歌《闯金山》、纪实文学集《万里赴戎机》之后，江门市美协筹划创作的大型油画作品《世纪碉楼》已完成初稿；江门市作协组织创作的报告文学集《大广海湾之恋》进入最后编辑修改阶段。江门市摄协配合江门市政府打造33墟街发展建设工作，举办《33墟街印迹》摄影比赛，出版同名摄影画册。

同年，江门市文联举办广东省第五届岭南舞蹈大赛和“心随舞动 舞动全城——2016‘戴爱莲杯’中国电信•电视舞蹈大赛”等活动。同年5月，江门市文联联合多单位举办“映日荷花 舞坛永驻——纪念戴爱莲先生诞辰100周年”系列活动。在广东省第五届岭南舞蹈大赛中，鹤山的《精忠报国》获得创作类、表演类、作品类三个金奖；五邑大学《碉楼雨韵》获得非专业组的表演类金奖、创作类铜奖；恩平的《巧女绣》获得院校非专业组表演类优秀奖；江门市舞蹈家协会、开平市舞蹈家协会获优秀组织奖。“心随舞动 舞动全城——2016‘戴爱莲杯’中国电信•电视舞蹈大赛”，四市三区3000多人参与，共300多节目，通过电视、网络、报纸等宣传报道。是年，市文联抓好合唱艺术的普及和品牌打造。其中，江门市女子合唱团在广东省第十二届“百歌颂中华”歌咏活动中获得银奖；在“美丽中国•肇庆合唱周”中，江门市女子合唱团与江门童声合唱团双获A级奖。是年，江门市文联、江门市合唱协会举办春夏秋冬四季合唱音乐会等多场活动，新会、开平、台山以及市曲艺家协会等精心组织曲艺创作，迎接“中国曲艺之乡”的复评。

【文学创作、文艺批评】 2016年，市文联对《江门作家》刊物进行全面改版；培养各艺术门类的理论批评人才；在各文艺家协会中开展学术交流活动，通过文艺批评和学术交流引导文艺工作的发展；重点扶持一批剧本创作人才。2016年，江门市评协推介《侨乡文坛的诗性回响——江门五邑文艺评论集》（凤群、白少玉著）《走进诗魔的意象世界——洛夫自选诗歌的深度解读》（章继光、周颖、王则蒿编著）《在〈不期而遇〉中遭遇“现代性”——读张启雄的小说〈不期而遇〉》（作者：郁勤）等评论作品参加“中国文艺评论2016年度推优活动”评优活动。五邑影视文化协会新发展5名省级会员。麦健华被授予“中国华语文学艺术百杰”荣誉称号。民协黄柏军、李群英荣获广东省优秀民间文艺家光荣称号；张瑞亨、廖惠林入选广东省《岭南大匠》丛书；民间文艺家伍炳亮、巢炫宝等被广东省人民政府授予广东省工艺大师称号。刘英翘、陈丽丽、彭雪玲被授予“中国曲艺之乡基层曲艺工作者”；彭雪玲参加“全球微粤曲大赛”（第二季）总决赛荣获优秀奖并被聘任为“粤剧粤曲文化宣传推广大使”；李艳霞在第十二届全国中等职业学校“文明风采”竞赛活动广东复赛中荣获优秀指导教师奖。

【文艺交流】 2016年，江门市文联组织相关人员前往佛山参加民间文艺相关活动；与茂名联合举办“侨乡情·红荔韵——江门茂名书画联展”；通过与阳江文联的交流，促进江门市文艺工作发展。市评协组织部分评协会员到梅州，与当地文联及评协开展交流。鹤山市文联举办熊育群长篇小说《己卯年雨雪》出版周年座谈会，邀请中国作协书记处书记吴义勤，省委宣传部常务副部长郑雁雄等领导及日本、北京、广东众多专家学者和中央、省级媒体出席。提升鹤山文艺精品创作水平。开平美协特邀广州市美协漆画艺术委员会委员梁小贞前来举办漆画作品展及研讨会。恩平市文联赴佛山市南海区开展摄影交流活动。市曲协分别与港澳、广州、珠海、深圳、等地以及开平、恩平、台山、新会兄弟协会开展各种曲艺艺术交流活动。是年，江门市摄协举办第三届“珠中江展会显缤纷”“建设中的江门大道”等摄影比赛等；参加由广东省摄影家协会、湛江、茂名、阳江、江门、云浮五市文联主办，五市摄影家协会协办的《红色印记——纪念红军长征胜利80周年五市摄影作品巡展》。市美协承办的《五邑乡村之美》美术作品展展示作品120幅，为江门市第一次在省级艺术馆独立举办展览，获省美协领导及艺术界好评；之后在东仓里美术馆展览。举办“见面·广东青年画院作品江门展”；组织作者参加“丹漆随梦—江门漆画作品展”“‘五邑天地•画里家园’——2016年江门市美术作品年展”；举办“五邑美术名家作品邀请展”“心灵的遨游——广东礼赞自然油画风景研究会精品展”等众多展览。开平美协引进美国著名油画大师凯文•麦克弗森举办名为“在池塘的反思”油画展。台山市美协和台山市文联等单位联合举办《画说碉楼——五邑名家碉楼写生作品展》巡回展台山站展览活动，并策划《画意中西——旅美画家陈博仁作品展》展览系列活动。是年，市书法家协会举办“江门市‘红十字三字经’书法比赛作品展暨2016年‘一元爱心’活动”“江门市档案方志主题书法展”“‘染神刻骨’——崔志强 翟卫民师生书法篆刻艺术展”“江门市书协2016年年会暨江门市第四届新人新作书法展”、江门市第十一届临书展、“抱朴含真——史志伟书法作品展”和江门市首次篆刻艺术主题作品展览——“金石为好——李冰、吴柱擎、谭国坚篆刻作品展”以及“江门市书法家协会成立三十周年会员作品展”。2016年，市民协先后配合当地政府和有关部门，成功申报广东省古村落认定。其中鹤山古劳东升村以及新会古井霞路村等两条村落被广东省民协授予“广东省第三批著名古村落”荣誉称号。协助省民协对江门市蓬江区“梁家村”古村落进行资料图片摄制收集档案。市音协承担多个音乐类比赛的评委工作。组织、策划江门市庆祝建党95周年暨红军长征胜利80周年大型歌会、江门市两新组织纪念建党95周年文艺汇演等。承办“广东省第五届岭南舞蹈大赛”江门赛区比赛及“到人民中去”惠民演出暨颁奖晚会。

【文艺队伍的建设】 2016年，江门市文联开展“2016年度江门市乡村艺术教师培训班”活动，采取集中授课的方式，分期分批培训乡村中小学艺术教师。江门市合唱协会承办2016年广东省合唱指挥骨干培训班。市音协邀请知名艺术家为歌唱爱好者作专题辅导。台山市摄协邀请名家进行讲座活动。市剧协邀请国家一级编剧授课；白沙戏剧社邀请广州市话剧团著名编导徐凡每个月授两堂课，提高会员们的表演水平。市曲协邀请澳门音乐曲艺粤剧总会会长胡栋荣举办讲座，讲解《粤曲口型法》的内容；四市三区曲协分别举办戏曲舞台表演培训班，春季公益成人曲艺培训班，江门市职工戏曲表演培训班，民乐，粤曲表演培训班等，邀请专业老师前来授课。市舞协组织两场舞蹈名家讲坛。市书协举办“第八届中国书坛新人新作展江门集训班”，9—10月针对第七届广东省新人新作书法展分别在江门书法院举办三场投稿培训讲座。市作协在6月举行黄国钦、田瑛文学讲座，。各市区文联、文艺家协会借力省文联主办的“广东省百家千场艺术讲座下基层”活动，邀请名师名家前来开展讲座近百场。

本土文化挖掘 2016年，江海区文联开展“南岸印迹”部分工业遗址文艺采风；鹤山市文联组织文艺家到古劳水乡采风；开平美协邀请中美写生团艺术家走进开平写生，再次推动侨乡写生热潮。鹤山美协组织写生采风活动二次《鹤山风情和古劳水乡》。美协与南村基地多次举办了大型艺术展览、学术讲座、研讨、写生创作交流等活动。如：2月，著名画家及海内外的艺术家等十多人齐聚南村艺术部落写生采风；3月，广州美术学院油画系师生20多人进驻南村二十多天，与美协会员共同交流及写生；7月，广州美术学院10多位教授，与江门、台山等地艺术家同在南村为美院研究生联合培训基地挂牌；广州美术学院教授、实验艺术系主任冯峰老师引领韩国、日本艺术家来访南村。广东技术师范学院美术学院院长、广东油画艺委会秘书长刘颖悟教授带领师生20多人进驻南村艺术部落进行写生交流；11月，由旅美艺术家司徒维健率领美国艺术家团一行来南村进行交流写生。

文艺人才培养 2016年，市剧协参加粤剧进校园活动暨沙坪街道第六小学“粤剧培训基地”挂牌仪式，举办2016年江门市“红豆飘香进校园”系列巡回演出活动。新会区戏曲协会成立2个少儿戏曲培训基地；举办少儿粤剧暑假培训班。开平曲协举办暑期公益粤剧培训班，台山曲协负责《广东音乐团》培训基地建设，免费培训来自台城地区各中、小学校学生。市舞协邀请中国舞蹈教育家授予《舞蹈毯功》和《舞蹈技巧》训练法，让更多孩子接受专业科学的舞蹈培训。

【文艺惠民活动】 2016年，市文联服务基层，组织开展“千名文艺家送欢乐到基层”系列活动。

3月，江门市文联主办，江门市民间文艺家协会等承办“巧手做艺 春风送暖——江门市民间工艺制作、展示、义卖”活动。2016年春节期间，江门书法院牵头组织近百名书法家到乡镇和社区开展10多场“万名书法家送‘万福’进万家”送春联公益活动，送出近万副对联和“福”字。5月，在革命老区开平市举行“纪念建党95周年——‘到人民中去’江门书法家协会志愿者服务日活动”。市曲协组织开展“到群众中去”曲艺惠民和曲艺交流活动。是年，全市（五邑地区）200多个曲艺社团演出达1000多场次，并配合参与广东省曲艺传承“一带一”公益晚会。朗协举办七夕爱情诗歌朗诵会，并协助举办陈垣杯诗歌朗诵大赛。2016年下半年起，五邑影视文化协会每月周六播放免费电影，受益群众约3000人。市摄协走进开平玲珑新村，开展迎新村慰问活动，为80户（位）困难家庭或人士义务拍摄并晒相装框送赠；在培英小学举行“摄影文化进校园，百本图书赠培英”图书捐赠活动；在第31个国际志愿者日，联合多单位签收开展志愿服务活动，到江门市恒泰养老服务中心慰问老人并赠送礼物。市音协全年先后参与“梦圆侨都——江门市歌舞团大型原创音乐舞蹈晚会”、广东省道德模范与身边好人（江门）现场交流会、江门市2016文化系统慈善公益文艺演出等。开平市文联组织著名书法家免费挥春5000多对，举办“2016年‘谭江之春’诗书画展览”。恩平市文联组织舞蹈、音乐、戏曲等协会100多人（次）会员参加春节文艺演出。鹤山市全年举办综合性文化活动40多场，曲艺联合50场。书法家送出春联800副。联合、配合有关单位举办新春文艺表演；举办《“梁赞故里•咏春圣地”鹤山市骏景湾杯摄影大赛获奖作品展》《鹤山市春节文化惠民书法展》等系列展览20多场。

江门市残疾人联合会

【市残疾人联合会概况】 2016年，江门市残疾人联合会（简称“市残联”）提高残疾人工作基础建设管理水平，使残疾人整体工作保持在广东省前列。4月20日，召开江门市残联第六届主席团第四次全体会议暨全市残疾人工作会议，总结2015年工作，布置2016年工作。调整部分主席团委员，其中调任易中强副市长为江门市残联第六届主席团委员和主席。5月9日，市政府出台《关于加快推进残疾人小康进程的实施方案》，提出未来五年江门市在残疾人基本民生保障、残疾人就业增收、残疾人基本公共服务等方面的发展方式。

【残疾人康复】 2016年，全市建立58个社区康园中心，覆盖所有中心镇（街），为1106名智力、精神和重度残疾人提供综合性社区服务。10月10日，举办第三届“我秀，我快乐”2016年全市残联系统社区康园中心展能活动，组织4期基层康复机构专业技术人员培训班，举办各类康复知识讲座共6期，培训家长和专业技术人员近700人次，为179名学龄前残疾儿童提供免费康复教育服务，27名儿童进入普幼普小，其中听障儿童入普率达到81.3%。新会区通过政府服务招标，引入新城社工机构运营区特殊儿童康复教育中心。加强残疾预防，依托新会区妇女儿童医院、市妇幼保健院开展残疾儿童随报及早期康复试点，完成儿童残疾筛查3784例。开展精神健康服务计划和残疾学生社工服务，为精神疾病患者、残疾学生家庭提供社区支援。是年，广东省康复医学会首个康复培训基地落户江门市残联康复医院。同年，委托专业机构，开展残疾人社区日间托养服务、肢体残疾人康复服务标准编制。先后举办有关培训班10期。实施“0～6岁残疾儿童抢救性康复服务”“光明列车江门行”“精神病社区防治”等重点康复服务计划。全市为残疾人提供各类康复服务14690例，其中为贫困残疾人提供康复服务资助13008人次。

【残疾人教育就业】 2016年，推行残疾人十五年免费教育，落实义务教育阶段贫困残疾家庭学生生活补贴政策、高等教育阶段残疾学生助学政策。做好未入学适龄残疾儿童少年调查登记。是年，全市270名残疾儿童享受学前三年免费教育，2145名义务教育阶段贫困残疾人家庭学生享受50元/月生活费补贴，119名残疾学生享受高中免费教育，41名残疾学生享受高等教育助学金。新会区出台低保重残且子女在读家庭精准帮扶实施方案，对该类家庭子女学前、高中、高等教育给予资助。同年，结合残疾人需求，发挥各级残疾人扶贫就业培训基地作用，开发与市场接轨的特色项目，举办艺术插花、电子商务、互联网+精神残疾人创业培训、智力残疾人洗车美容等培训班共44期，免费培训残疾人1345人次。其中依托残疾人电子商务服务平台为115名（其中25名重度残疾人）残疾人培训电子商务知识，推进残疾人实现居家就业和网上创业。举办江门首届“智慧助残”众创杯创业创新大赛，选送36个项目参加省公益赛，获得3个铜奖和1个优秀组织奖。联合江门电大开办的中央电大残疾人教育学院江门教学点。开设“社会工作”专业专科和本科班各1个，有35名残疾人进修高等教育。全年残疾人就业和职业培训状况进行实名制管理新增任务录入率达100%，工作在全省位于前列。全市残疾人求职登记550人，推荐残疾人就业577人次，新增残疾人就业670人。举办残疾人供需专场洽谈会6场，发动180家用人单位招聘残疾人就业，提供330多个就业岗位，800多名残疾人参加招聘。切实落实国家关于残疾人就业保障金征收、小微企业免征有关政府性基金以及免征科技型小微企业残疾人就业保证金政策。

【残疾人帮扶服务】 2016年，全市扶持518户困难残疾人家庭发展生产和自主创业，扶持资金达224.15万元（其中市本级下拨扶持资金150万元），超额完成年度任务。全市残疾人生活津贴、重度护理补贴全面实现按月足额发放，17493名低保残疾人享受100元/月的残疾人生活津贴，发放资金1953.46万元；31847名重度残疾人享受150元/月的护理补贴，发放资金5245万元。

【残疾人文体活动】 李汉华、熊桂艳、刘辅梁三名残疾运动员为国出征里约残奥会，获得1金1银2铜，1个第四名和1个第五名的好成绩。市残联、市体育局等荣获广东省第15届残奥会突出贡献奖、市残联综合科科长阮美兰荣获个人突出贡献奖。组队参加广东省残疾青少年田径、游泳锦标赛，获得2金2银2铜，4个第四和1个第五；在广东省残疾人趣味飞镖比赛获得团体赛第四名；在省肢残人坐式排球邀请赛夺得第一。建立市级残疾人乒乓球运动集训基地，依托台山特殊学校建立残疾人特殊艺术培训基地台山分训点。举办第二届“残健同行，共享阳光”江门市残联系统乒乓球、羽毛球比赛，开设残疾人声乐、朗诵及摄影培训班。在第九届广东省残疾人艺术汇演获得一银两铜及一个优秀奖的好成绩。参加第五届省残疾人艺术作品大赛，获1个一等奖、2个二等奖、4个三等奖及优秀组织奖。借助“全国助残日”，宣传“志愿助残”的典型事例，举办“理解·关心·共融”体验活动，开展“志愿助残之星”、“优秀助残项目”评选活动，编印“十二五”期间江门市残疾人事业发展成果宣传画册，在电视台开辟“康复讲坛”宣传专栏，在广播电视、户外LED屏幕常态化播放残疾人事业宣传公益广告，宣传残疾人事业重大事件及工作动态。在2016年度广东省残疾人事业好新闻评选活动中，获2个二等奖。

【残疾人公共服务】 2016年，参与“邑门式”行政改革，推进低保残疾人生活津贴申请等23项残疾人服务事项进驻基层公共服务站。统一各地同一事项办理条件、办理时限等要素，规范服务指南，健全县（市、区）、镇（街）、村（社区）三级残疾人公共服务网络。参与公共服务均等化综合改革和“邑家园”家庭综合服务中心建设，将残疾人社区服务融入底线民生综合改革的整体布局，扩大社区服务载体建设的覆盖面。是年，江门市第三届“养老·助残”公益创投活动，投入1300万元，建设台山水步、鹤山沙坪、恩平沙湖等10个镇（街）居家养老助残综合服务项目。推进建设残疾人居家服务网络，全市为2623名残疾人提供居家康复、居家养护、居家职业训练、居家无障碍改造等服务。

【组织建设】 2016年，全市镇（街）残疾人专职委员均纳入公益岗位进行管理，完成乡镇（街道）残疾人专职委员的选聘。加强对基层的扶持，除省对财政转移支付地区的镇（街）残疾人专职委员给予每人每月1100元补贴之外，市给予100元/月和50元/月补贴。组织开展全国残疾人基本服务状况和需求信息数据动态更新。各级残联积极开展“两学一做”学习教育，依托政府“12345”热线开通“12385”残疾人服务热线，建立涉残舆情收集、处理、反馈机制。开展广东省第二代残疾人证网上申办试点工作，全市27个评残定点机构完成网上评残系统建设。11月28-30日，在江门市召开全省残联组联工作现场会上，市残联进行经验介绍和现场演示。承办珠三角城市公共交通导盲系统项目运行情况调研座谈会，省评估组评价江门市此项目运行状况好、使用率高、群众满意度高。与市交通局、公安交通管警察支队车辆管理所协调，重新开通江门市C5准驾车型驾人培训、考试业务。印发《江门市“志愿在康园”服务指导手册》，各市、区推进“志愿在康园”服务。继续委托社工机构管理市助残志愿者服务总队，扩大“义起同行”关爱残疾人家庭志愿服务、“志愿在康园”等品牌服务项目的覆盖面，开展走入市福利院、良化社区等志愿服务。市各残疾人专门协会工作有声有色，承办省肢残人龙舟赛，开展盲人才艺大赛，聋人畅游绿道快乐骑行，走基层慰问贫困智力和精神残疾人家庭活动。 （张凤）

江门市归国华侨联合会

【市侨联概况】 2016年，市侨联围绕市委、市政府工作中心，坚持“两个并重”(海外与海内工作并重，新侨与老侨工作并重)、“两个拓展”（拓展海外联谊、拓展新侨工作），履行“四大职能”(群众工作、参政议政、海外联谊、维护侨益)。

【组织建设】 2016年9月12—14日，召开江门市第七次归侨侨眷代表大会，中国侨联副主席、广东省侨联主席王荣宝，市领导林应武出席，邀请23个国家、地区及归侨侨眷代表400多人参加。大会选举产生市侨联第七届主席1人、副主席14人、秘书长1人、常委73人、委员147人。林春晖当选江门侨联第七届主席，欧阳永、陈杰恒、林宜龙、刘自强、岑建忠、余泽权、黄卫洪、邓社义、陈振德、卫汉杰、李练成、冯立本、郭财兴、吴炎粮14人当选为副主席，雷久艳当选秘书长。

【“海创空间”基地建设】 2016年，开展引资引智活动4场，组织项目对接平台活动2场，促成9个高新科技项目落户江门，启动1个侨创服务中心，推动成立3个“联络五邑”海外服务工作站。7月15日，江门市“青创汇”期间，举办硅谷深圳江门三地创业创新论坛，推动基于超高精度显示芯片的全数字3D打印系统、飞秒光纤等10个科技项目落户江门。12月20—22日，联合市人力资源社会保障局举办2016“海交会”博士后创新青年人才项目暨海外博士江门行交流会，签订多项合作项目。

【海外联谊】 2016年，围绕国家“一带一路”战略，服务国家公共外交，9月22—23日，第五届世界江门青年大会在印尼首都雅加达召开。组织江门侨青会考察团拜访中山市侨青联，开展两地侨商企业对接交流。参加“港澳珠中江阳”六地侨青座谈会，共谋侨青区域合作和新侨工作。指导开平市侨联成立江门市第一个县级市海归会。是年，全市侨联接待回乡商务考察、寻根祭祖的华侨、港澳台同胞及社团500多批，6000多人次。

【文化交流】 2016年，创建2个“中国华侨国际文化交流基地”、2个广东侨界人文社区、2个广东侨界文化交流基地。加强侨联干部队伍建设，举办2016年侨刊乡讯新媒体应用培训班、2016年海外侨情与侨务工作讲座。五邑大学依托中国侨联干部培训（广东）基地借助中国侨联组织吉林、河北、陕西、重庆四省市的170余名侨联干部在江门市开展培训调研。

【侨益维护】 2016年，依法维护侨界群体权益，全市侨联系统受理来信来访500多件（次）。帮助台山市海宴镇困难归侨甄瑞贞重建危房，解决住房困难问题。

【参政议政】 2016年，推荐9名华侨代表列席江门市第十五次人大一次会议、2名归侨侨眷担任政协第十三届江门市委员会委员。

【文化交流与信息宣传】 2016年，做好侨联、侨青网站、官方微博、微信建设，编辑出版《江门侨联通讯》、《五邑侨史》、《江门侨联信息》。开展华侨历史文化研究，先后举办3场纪念孙中山先生诞辰150周年专题展和研讨会、1场“亲情中华，艺献侨都——旅泰华侨著名书法家侯少岩作品展”。组织华侨历史学会理事编辑文史书籍《江门老城》，参与省、市政协组织的江门华侨华人文史资料《五邑侨胞耀中华》征集工作。联合教育部门组织全市中小学生参加中国侨联、《快乐作文》杂志社“第十八届世界华人学生作文大赛”，203篇优秀作文参赛， 50人获奖，其中一等奖2名，二等奖12名，三等奖36名。 （余泽权）

【江门侨界青年联合会】 2016年2月，组织到鹤山市双合华侨农场、恩平大槐华侨农场、台山海宴华侨农场开展“爱的抱抱”活动。4月，江门侨青会会长杨仲行赴台山市，慰问缅甸困难归侨户，支持3万多元帮助困难归侨重建危房。5月，组织澳门江门青年会一行到江门市特殊儿童康复教育中心举办“爱的抱抱”活动。 7月，组织会员到广东华银医药科技有限公司拜访交流，组织参加广东省侨界青年联合会第三次会员大会，并赴惠州参加中国侨青委、广东侨青联与惠州市侨青会联谊活动暨惠州市侨青会成立三周年年会。参与筹备第五届世界江门青年大会，9月组团赴印尼首都雅加达参加第五届世界江门青年大会，期间，组织到泰国开展商贸交流活动，先后拜访泰国华人青年商会、泰国钢铁厂商公会、泰国泰中文化人联合会，寻求泰国市场新机遇。10月，先后组织到广东迪生力汽配股份有限公司、江门朗天照明有限公司、诺贝斯涂料有限公司、林思特装饰材料公司考察交流。11月，参加“港澳珠中江阳”六地侨青座谈会。12月，组织考察团拜访中山市侨青联，搭建中山、江门两地侨商青年合作平台。同年，办好“江门侨青网”，拓宽侨青工作渠道。

（江门侨青会秘书处）

【江门市印尼归侨联谊会】2016年，关心归侨侨眷，开展为侨服务，1月，组织慰问多户困难印尼归侨侨眷，了解他们的生产生活情况，鼓励他们克服困难，积极生活。引导归侨侨眷参政议政，9月，配合市侨联召开江门市第七次归侨侨眷代表大会，推荐9名归侨代表出席会议，并推荐4名归侨担任市侨联第七届委员会委员、常委候选人，会后组织全体理事传达学习江门市第七次归侨侨眷代表大会会议精神。本会归侨、市人大代表周兆祥等撰写提案、议案及社情民意多件。开展交流联谊，9月，组织会员到印尼参加第五届世界江门青年大会。10月，组织会员前往海南省与万隆、彬山村侨友开展联谊。是年，做好牵线搭桥，促进中印友好交流，引领海外侨领到江门参观考察。密切与珠海印尼归侨联谊会、中山印尼归侨联谊会、印尼广肇总会等社团沟通联系，与香港印尼研究学社缔结友好团体，互通信息，加强合作。（市侨联）

【江门市越柬老归侨联谊会】2016年1月，组织春节上门慰问多户困难越柬老归侨侨眷。年初，举办本会成立二十五周年暨迎新春联欢大会，100多名归侨、侨眷参加。9月，第七次归侨侨眷代表大会推荐5名归侨代表出席全市会议，并推荐3名归侨担任市侨联第七届委员会委员、常委候选人。11月，组织8名理事及会员赴香港参加“粤港澳越柬老侨社团第七次联谊大会暨香港越柬老华人团体联合会成立十二周年庆祝晚会”。是年，组织越南、柬埔寨、老挝、缅甸、新加坡、马来西亚、泰国等国归侨侨眷开展联欢联谊、送“文艺”下基层、到社区等活动。并接待越柬老地区，香港、澳门等社团侨领在江门参观。（市侨联）

【江门市海归人员发展联合会】江门市海归人员发展联合会（简称“市海归会”）。全年组织会员举办或参与活动57场，800人次参加。拓展在海外开展引资引智工作，市海归会在加拿大多伦多、硅谷、香港设立江门市“‘联络五邑’海外服务工作站”，并成功申报全国博士后创新(江门)示范中心国际孵化基地。服务海归人员创新创业，举办金融分享交流会、“硅谷·深圳·江门”三地创业创新论坛、美西南学联交流会、印尼泰国商务考察活动、海外博士江门行等一系列“双引双创”活动，打造海创空间、海创联盟、侨创基金、侨创服务中心等双创基地和服务平台。配合市侨联引进基于超高精度显示芯片的全数字3D打印系统、飞秒光纤促成10个科技项目落户江门。（陈琪琪）

江门市红十字会

【江门市红十字会概况】2016年，江门市三区四市均建立红十字会，基层组织273个，团体会员单位261个。全市共有红十字会员近74931名，注册志愿者6564人。及时出台《江门市红十字会博爱家园项目管理实施办法》。鹤山市双合镇双桥都村成为广东省第二批博爱家园项目；开展江门市“红十字三字经”书法比赛活动。

【应急救护宣教】2015年建成全省首家地级市生命安全体验馆后，发放宣传单张、发布江门市生命体验馆工作微信剪影。2016年，体验馆接待市内外社会各行各业参观者194批次，参观人数6174人次。

【备灾救灾】2016年，举办2期水上救援技能培训班，培训60多名水上救援志愿者。组织全系统相关人员在台山市举行备灾救灾能力演练，并举办灾害管理信息系统培训班。

【“一元爱心”救助】2016年5月6日，江门市红十字会在东仓里美术馆举行2016年“一元爱心”活动启动仪式。鹤山市红十字会举行“五八”世界红十字日暨“一元爱心日”爱心义卖活动，筹得善款7千元。各级红会募集“一元爱心”善款232.78万元。至年底，救助先天性心脏病患者18例和风心患者5例。2016年，在恩平市大槐镇举行江门市红十字会博爱送万家活动启动仪式，为350户困难群众送上价值8.21万元的慰问品和3.5万元慰问金。

【应急救护】2016年5月、10月，江门市红十字会分别在五邑大学、鹤山市举办2期救护师资培训班，94名学员获得师资证。举办第四届中国侨都健走马拉松大赛急救培训班。对参加健走马拉松的义工进行初级急救和现场心肺复苏等应急技术培训。是年，全市举行应急救护员培训1401人次，举行应急救护知识讲座4960人次。全市红十字会系统培训救护员3823人、开展应急救护知识讲座71164人次并协助各市区各基层红会开展应急救护培训活动。

【“三献”工作】 2016年，江门市红十字会捐献造血干细胞工作有新进展，实现2例成功捐献、采样148份。白航成为全国第5551例、全省413例、江门第9例干细胞捐献者。李富林成为全国第5946例、全省460例、江门第10例干细胞捐献者。同年3月，举办2016年器官（遗体、眼角膜）捐献知识网络竞赛，3881名群众参加。2016年实现器官捐献3例、角膜捐献2例。在“世界献血者日”宣传无偿献血。

【志愿服务】 2016年，江门市红十字会有5名党员被评为星级义工，其中余常春被评为二星级，冯冰、刘浩、梁健荣、邓伟光等4名党员评为一星级义工。红十字志愿者何佐行被评为2016年一季度“广东好人”。王旭文、章婷、魏文燕被评为优秀义工工作管理者，黄丽华、曹志英为先进长者义工，何佐行、廖瑞莲、陈荣超为五星级义工。

【全国首个跨平台的移动生命安全体验馆启动】 2016年，建成江门市红十字移动生命安全体验馆，为全国首家线全新的立体式应急救护宣教平台。9月12日，全国首个跨平台移动生命安全体验馆在江门职业技术学院启动上线，利用实体和移动生命安全体验馆传播应急救护知识，先后到江门幼儿师范学校、江门中医药学校、五邑大学宣传推广。全年有18329人次在微信公众号点击学习。

【博爱家园项目】 2016年3月，颁布《江门市红十字会博爱家园项目管理实施办法》。鹤山市双合镇双桥都村成为广东省第二批博爱家园项目，恩平市良西镇松柏根村村委会博爱家园项目、恩平市大槐镇沙栏村委会博爱家园项目、江海区礼乐街道办英南村博爱家园项目等申请为江门市博爱家园项目点。

【“红十字三字经”书法比赛】 2016年，开展江门市“红十字三字经”书法比赛活动。来自加拿大、印尼和委内瑞拉等地的华人华侨和香港同胞以及广州、深圳、佛山、东莞、中山、阳江、湛江、云浮、韶关、梅州、潮州等11个市以及江门本地的书法爱好者参加，共征得作品432幅，其中成年组162人投稿，未成年组270人投稿。活动评出优秀成年作品8人幅，未成年人作品5幅。省红十字会党组书记、常务副会长陈文昌、江门市市政府副市长、市红十字会会长梁许赞等出席活动。

【2016年道德讲堂】 2016年，台山市红十字会举行道德讲堂（慈善专场），邀请第44届国际南丁格尔奖章获得者、江西省“超级义工”邹德凤和“身边好人”陈忠海讲道德课。（梁健荣）

江门市台湾同胞台属联谊会

【市台联会概况】 江门市台湾同胞台属联谊会（简称“市台联会”）是居住在江门市辖内台湾各族同胞、台属的爱国民众团体。2016年，市台联会加强自身队伍及各市区台联队伍建设，派市区台联系统干部参加“广东省台联系统专职干部暨优秀中青年台胞培训班”，多次组织台联干部及理事开展对台政策学习座谈会。做好对台宣传工作，办好会刊《江门台讯》，把对台政策、两岸动态、台联活动及台胞台属喜闻乐见之事及时送到每个台胞台属手中，起到“家书”的作用，发挥正面宣传的效果。为台胞台属办实事办好事，经常落户慰问，及时了解台胞台属的生活情况和困难，为他们排忧解难，如陈仕俊等8名年老及生活困难台胞得到省、市两级台联每人每月共300元的台胞困补费。

【台胞台属联系交流】 2016年，市台联会开展节日落户慰问活动，春节及中秋前夕，市台联走访慰问熊恒等10余户年老及生活困难台胞台属，送上党和政府的关怀。组织“江门市台胞台属春节团拜会”“江门市台胞台属中秋茶话会”等台胞台属大型联谊活动，加强台胞台属之间的交流沟通。加强与岛内台胞、五邑内外台胞台属及兄弟台联的联系交流，5月13日，台盟广东省委员会副主委郑广台率领的调研组到江门市调研台湾青年创业基地情况，市委副秘书长吴少强、市台办主任伍星旗、市台联会会长陈小华等陪同调研。7月7日，台湾中国文化大学学生参访团一行21人，在台盟广东省委员会副主委郑广台陪同下，来江门考察交流，密切与岛内台湾学生的联系，拓充台湾学子的就业、创业机会。9月11日，由全国台联、广东省台联共同主办的“反对‘台独’、维护和平发展——两岸学者纪念孙中山先生诞辰150周年研讨会”成员一行28人在全国台联副会长、省台联会长颜珂陪同下，到江门市参观调研。

【参政议政】 2016年，市台联以乡情、亲情和友情广泛联系台胞台属，深入台胞台属、台资企业调研，向党和政府反映他们的愿望和诉求，维护他们的合法权益，鼓励台胞台属发动在台亲友回乡旅游、投资办厂，推介江门，主动为政府招商引资牵线搭桥。（曾琳娜）

·责任编辑　黄晓益·

军事
Military

江门军分区

【江门军分区概况】 2016年，江门军分区贯彻习近平主席、中央军委和省军区党委决策部署，坚持凝神聚气抓党建、贴近实战谋打赢、固本强基求发展、和谐稳定保安全，圆满完成年度各项工作任务。

【思想政治建设】 2016年，江门军分区抓好习主席系列重要讲话精神学习，党委常委先后6次集中学习，安排3个专题党委中心组学习，组织5次授课辅导。围绕开展“坚定理想信念、明确政治方向”“新体制、新职能、新使命”和“坚持根本宗旨、发挥党员作用”大讨论。军分区领导和7个人武部主管带头围绕“廓清思想迷雾、明辨是非标准”进行交流发言。是年，在分区办公楼和营院分别制作安装电子大屏幕学习园地和宣传灯箱，并定期更新学习教育内容。

【军事训练】 2016年，先后组织全区专武干部、民兵营（连）长业务集训。并规范民兵军事训练有关问题。民兵应急分队学装备练技能，轻舟分队、森林防火分队、应急维稳分队专业训练务实求实。按照实战化标准要求，狠抓首长机关军事理论、计算机标图、军事地形学、通信工具使用及体能、手枪射击等内容训练。抽调5名干部强化训练，在省军区组织的参谋尖子业务技能比武竞赛中1人获现地定点课目第1名。

【征兵工作】 2016年，全市18周岁男性公民的兵役登记率为93.7%。在兵员以大学生征集为重点。军地联合发文，组织开展征兵报名仪式，开辟绿色通道落实“四个优先”，顺利完成1091名新兵的征集任务，在作用发挥上，在党政机关、企事业单位和65所高校、中学开展国防教育，5.3万人参与。

【抢险救灾】 2016年，军分区出动部队和民兵预备役兵员500人次，圆满完成扑救山火、抗击台风等抢险救灾任务和植树造林等支援经济建设任务。

【依法从严治军】 2016年，开展“创建法治军营，争当守法军人”活动。组织“条令月”“百日安全”活动。各组织官兵和职工进行“六个规范性文件学习，观看录像，参加技能培训。军分区每季度组织一次综合性检查，元旦、春节、国庆等重大节日期间，常委带队检查督导，机关干部蹲点住库。仓库、兵器室、保密室等重点部位，突出人车枪弹网络管控，加强执勤警戒和营区管理，部队保持安全稳定。军分区机关严格落实一日生活制度，美化绿化营区环境，营造浓厚政治氛围，规范营门岗哨勤务。严格落实车辆管理制度，累计行车14.7万公里，安全无事故，军车形象不断提升。3次组织民兵武器弹药装备检查，隐患排查有成效。消除各类安全隐患322处，销毁报废（杂式）弹药13696发，移交杂式步枪10支。狠抓文印室、保密室管理使用，组织保密工作检查培训，开展网络隐患排查整治，每周组织指挥信息系统联调联试，销毁涉密文件、报废载体1293份（件）。

【后勤装备保障】 2016年，协调军民融合式发展初见成效。组织国防动员委成员单位召开国民经济动员潜力统计调查动员部署会，通过全方位跟踪指导，采集、填报各类报表，形成潜力数据体系。贯彻全面停止有偿服务活动的指示精神，先后停止续租到期租赁项目。慰问救助困难官兵职工12人，组织官兵和职工体检、保障官兵和家属急病就诊就医。健全油料收、发、运、用工作中相互监督制约机制，圆满完成大项军事活动油料保障任务，油料正规化管理被省军区通报表扬。推进江门市国防教育训练基地建设，配套完善设施设备。

【双拥工作】 2016年，抓好“扶贫双到”工作，先后投入3万元对恩平市横陂镇白庙村村容村貌和道路照明、绿化设施进行整治，投入2万元为该村小学购买图书和文体器材，分3批次慰问困难党员和群众。对新会区会城街道同德社区4户贫困实施精准扶贫。

武警江门市支队

【武警概况】 2016年，武警江门市支队以党的十八届四中、五中、六中全会精神为指导，用习近平主席系列讲话精神统领思想，以“五个更加”“四种意识”“四个扎实”引领建设，贯彻落实总部、总队党委和江门市委市政府决策部署，带领部队直面困难挑战，忠诚担当奋进，各项建设和任务完成圆满。

【思想政治建设】 2016年，坚持“思想建党、政治建军”要求为引领，学习贯彻习近平主席系列重要讲话和十八届六中全会精神，推进“两学一做”学习教育活动，狠抓“改革强军”主题教育，落实总队“红色基因代代传”指示，开展“五魂五红”活动，挖掘驻地红色资源，推进支队警史馆建设。结合表彰评选第二届“四有之星”，培树身边典型，续好红色族谱、争当纵队传人。支队思想政治工作成效明显，《人民武警报》刊发支队摘抄习主席讲话和开展“两学一做”活动“五个一”做法；《江门日报》、中新网全文刊发支队“做东江纵队传人，铸反恐维稳利剑”纪实；台山市中队被总队表彰为“标兵中队”，直属大队一中队、四中队和新会区中队被总队表彰为“先进中队”。支队在总队干部队伍岗位“大练基本功”比武竞赛2名同志被表彰为“先进个人”；1名政治指导员被总队表彰为“十佳‘四会’优秀政治教员”；15名同志取得专科以上学历；1名优秀大学生提干；2名战士考上警校；4个单位、17名个人记三等功；184名官兵记嘉奖。

【军事工作】 2016年，坚持从难从严从实战出发抓训练，严格执行训练“八落实”，严密组织教练员集训、岗位大练兵、勤训轮换、预提指挥士官集训、新兵训练等大项训练活动。以打好“三场维稳战役”攻坚战为主线，加强联合作战勤务值班，常态化开展战备拉动演练，完满完成各项任务。以“广西会议”精神为指导，推进战备库室规范化建设，持续加大车辆、信息化和应急装备等建设。贯彻落实“湖北会议”精神，开展执勤方案“研、学、讲、练”，落实以犬防建设为重点的执勤“五防一体化”建设，推进新会、开平看守所两处重大隐患治理，完善基层哨位设施。全年累计用兵6200人次，完成临时押解、临时警卫、长途武装调犯、常态化武装巡逻、设卡和参与地方“飓风·春雷行动”等各类临时任务120起，成功处置鹤山看守所一起犯罪嫌疑人企图从监门外脱逃事件，圆满完成台山凤凰峡漂流旅游点失踪人员搜救任务。4名同志分别被总队表彰为“郭兴福式教练员”和“优秀教练员”。

【后勤工作】 2016年，完善各类后勤保障方案，拓展后勤专业兵“一专多能”训练，加强“一组五队”模块训练及基层战勤编组编携配装训练；推进支队“一室两站”营房改造、四中队攀登楼新建、开平中队新营房建设；扎实落实保基层要求，为基层各单位配备运兵车和训练器材，为486名支队官兵及家属体检，与驻地大型军粮供应站、超市、汽运公司、油站签订代储代存保障协议，提高遂行任务保障能力。军械仓库被总队评为“红旗仓库”，运输油料股被总队评为“车辆和驾驶员审验工作好的单位”。

【拥政爱民】 2016年，支队官兵把驻地当故乡，投身支援地方建设，参与江门打造“三门”、建设“三心”工作，参与政府组织大型活动，组织警地座谈。参与驻地社会治安，在春节前后和重大节日都派出巡逻组配合地方公安担负街面武装巡逻，常年担负江门汽车总站武装巡逻，稳妥处置群众上访事件。为驻地群众做好事，直接对口帮扶3户脱贫对象。各基层单位与各地学校、敬老院、留守儿童中心等23个单位形成共建，全年出动兵力400多人次开展助老帮困、走访慰问、清污治堵和义务植树造林等爱民助民活动。

人民防空

【人民防空工作概况】 2016年，江门市人民防空（简称“人防”）工作按照建设“应战能力强、服务能力强、支援能力强”的要求，围绕服务党委政府中心工作完成年度任务。5月，江门市被评为“全国人防先进城市”，江门市人防办被评为“全国人防先进单位”，人防办党组书记、主任区达洪被评为“全国人防先进个人”。9月，开平市和新会区人防办分别被评为广东省人防先进城市和先进单位；翁国泉、房国兴、彭柏涛和方南4名同志被评为广东省人防先进个人。年底广东省人防工作目标管理考核中，江门市人防办被评为“达标标兵单位”。

【人防指挥体系建设】 2016年，市人防办开展江门市人防北斗卫星导航定位系统项目、卫星通信系统升级改造项目和军用第三代短波电台项目建设，提高人防指挥通信系统互联互通水平；2016年细化试点工作方案并制定重要经济目标防护演练方案。8月举行重要经济目标防护建设成果汇报演练，得到省人防办和市国动委的肯定。制定江门市2016年度人防训练工作计划，全年参加省级人防训练15次，参加珠、中、江三市区域协同训演练3次，组织市带各市（区）训练20次。

【人防工程建设】 2016年，广珠轻轨江门站广场人防工程（一期）、江门迎宾广场人防工程、东湖公园北门人防工程均被江门市政府列为重点督查项目。广珠轻轨江门站广场人防工程（一期）已完成竣工验收；江门迎宾广场人防工程正在进行初验准备工作，年底竣工验收。东湖公园北园区配套服务设施及地下人防工程正在进行前期报建。新会区人民球场和鹤山市文化广场公共人防工程已开工建设；台山市人民政府行政服务中心公共人防工程已基本完成土建部分，现正进行设备安装；恩平市行政服务中心公共人防工程已进行初步选址。

【人防宣传教育】 2016年，做好人防法制宣传教育“五进”工作，抓好学生“三防”知识教育，江门市城区初中“三防”教育普及率达100%。推动人防教育基地建设，市本级甘化社区蛇山人防教育基地已完成首期坑道清理，原样修复和监控照明线路安装工作。在中心城区共建成16个人防知识户外宣传栏。在社区、学校、电视台，深入开展《居安思危 备战人防》专题科教片的推广宣传工作。以政府购买服务的方式落实江门市人防志愿者队伍建设和管理试点工作。（高亚彬）

·责任编辑　黄晓益·

法治

Rule by law

综述

【政法概况】 2016年，江门市委政法委贯彻落实党的十八大、十八届三中、四中、五中、六中全会精神和习近平总书记系列重要讲话精神，按照中央、省委和市委政法工作会议的总体部署，围绕“公平正义”“和谐稳定”两大主题，推进平安江门、法治江门和过硬队伍建设。

【维稳工作】 2016年，江门市政法机关贯彻落实市委书记林应武同志提出的“情报准、行动快、打击狠、影响小”的维稳工作原则，建立起大维稳工作机制，出台《江门市重大决策社会稳定风险评估工作实施意见》，印发《关于建立维护社会稳定“准、快、狠、小”工作机制的意见》。社会矛盾化解工作九大专责组和各市（区）、镇（街）按照市委部署，坚持在法律框架下化解矛盾，重点抓好涉农、涉土、涉军等九大领域专项治理，开展农村基层三项治理，平息出租车司机罢驶事件，解决嘉悦名都问题楼盘，解决江门幼师校外办学等问题。预防化解社会矛盾水平得到提升，列入省、市、县三级台账突出社会矛盾化解率达98.6%。江门市圆满完成G20杭州峰会、十八届六中全会的维稳安保工作，群众进京非正常上访5批5人次，比去年分别下降73.7%和85.7%，信访维稳工作得到广东省委的表扬。

【社会治安综合治理】 2016年，江门市坚持精确打击、综合治理，开展“飓风2016”专项打击行动，总体成效获评全省优秀等次。健全和落实综治领导责任制，注重联动融合、开放共治，推进“雪亮工程”建设，建成1.3万套“门禁+视频”监控系统，全市“平安细胞”覆盖率达100%，群防群治力量达20万人。无邪教创建示范镇（街）、村（社区）工作有效推进。解决一批治安重点难点问题，社会治安持续向好。

【社会管理创新】 2016年，江门市建立政法综治新媒体矩阵，开通“邑微警”等网络服务平台，提高平安创建的群众参与率和知晓率。在广东省率先全域使用精神卫生APP，得到广东省的肯定。建成市、县、镇、村四级公共法律服务网络，建立镇（街）公共法律服务中心78个、村（社区）公共法律服务站1323个。建成1324个村（社区）公共服务站。建立“社工+律师”服务联动机制，打造公益创投与一村（社区）一法律顾问联动平台。江门市公共服务站建设项目获评广东省“基层治理创新优秀项目”，社区、社会组织、社工“三社联动”参与社会治理工作得到广东省的肯定。

【执法监督】 2016年，推动江门市党政机关未执行人民法院生效裁判案件工作，推进市集中清理判处实刑未执行刑罚专项活动，清理工作取得阶段性成效。探索和创新执法监督方式，在广东省首创公开设立“网上监督平台”。推动鹤山建立涉法涉诉信访事项退出普通信访领域后有效善后衔接机制的试点工作。

【政法信息网工程建设】 2016年，政法信息网二期工程建设取得阶段性战果。江门市完成政法高清视频会议系统的升级改造，基层单位和各市（区）汇接机房的综合布线，三、四级网络开通使用和验收，政法委机关综合应用平台建设运行和推广使用等工作。

公　安

【概况】 2016年，江门市公安机关坚持防控风险、服务发展，严厉打击突出违法犯罪，做好防范、化解、管控影响公共安全的突出问题。年内，全市立刑事案件 29365宗， 比 2015年 下 降15.4%，破刑事案件10219宗，比2015年上升4.3%，在2016年度江门市直单位年度绩效考核中，市公安局在社会管理类单位中排名第一。做好反恐维稳工作，围绕党的十八届六中全会等节点，落实常态化排查研判分析，强化“点线面”稳控工作措施，举办公安、武警、消防、边防联合反恐实战演练，提升应急处突实战能力。开展“飓风2016”专项行动，建立市级反诈骗中心实体化运作，强势开展“冬日风暴”、打击整治盗窃摩托车犯罪等专项行动，打击犯罪总体成效获评广东省优秀等级。建强立体化治安防控体系，完成“门禁+视频”、网络监控中心等基础建设任务，加强公安、武警、边防联巡联勤和道路卡哨查控，构建“全城封控”巡防体系，有效压减可防性案件，“盗抢”案件立案数同比下降17.5%。强化安全隐患排查治理，推进安全隐患专项排查治理，排查整治危爆物品、大型活动、交通、消防等隐患，开展“春雷”系列交通安全专项整治，年内全市火灾事故、交通事故死亡人数分别下降40%、7.9%。打造优质高效服务，推进公安业务全面进驻镇街“邑门式”服务中心，开发江门公安“邑微警”微信服务平台，构建网上网下便民服务体系。

（谢明宗）

【大案、要案侦破】 2016年，江门市公安刑侦部门树立“命案必破”思想，严格落实侦破重特大案件“一长双责”、“四侦合一，捆绑作战”等工作制度，密切与相关部门的联动配合，采取超常规措施加大对命案、枪案、绑架勒索等重大刑事案件的侦破力度，坚持快侦快破有广泛社会影响的重大刑事案件。年内，全市立“八类”严重暴力案件1105宗，比上年下降1.3%，破案713宗，破案率64.5%；现行命案立41宗破39宗，破案率95.1%。其中，蓬江、新会、开平、恩平、鹤山实现现行命案全破。新会破获2宗命案积案，蓬江破获1宗命案积案。先后成功侦破“6.10”蓬江区杜阮镇越南籍人杀害卖淫女案、“8.27”新会区会城故意杀死3人案等一批重大案件。（梁天庆）

【打击经济领域犯罪】 2016年，江门市经侦部门在打击金融领域突出犯罪专项行动中共破案74宗，逮捕112人，“打金”专项行动整体完成率为100%，总得分102.47分，按照完成率排在省第8名。在“猎狐2016专项行动”中从委内瑞拉等国抓获外逃犯罪嫌疑人11名，连续3年超额完成省厅下达的缉捕指标。是年，全市公安机关共受理经济犯罪案件732宗，立案570宗，破案322宗，抓获犯罪嫌疑人624名，刑事拘留467人，逮捕213人，立案总涉案金额人民币4亿8475万余元。受理案件数比2015年下降4.56%，立案数比2015年下降11.9%，破案数上升29.84%。（李元龙）

【“飓风2016”专项打击整治行动】 2016年，围绕影响社会安全的突出治安问题，开展打击突出刑事犯罪“飓风2016”专项行动。市、县两级公安机关均成立打击非接触性犯罪、涉盗窃犯罪等合成作战专业队，对涉毒、涉盗抢、涉金融领域、涉电信诈骗等突出犯罪进行精确打击。全市公安机关在“飓风2016”专项行动中，破获刑事案件10210宗，逮捕3453人。其中，涉毒专项共刑拘1358人，逮捕709人，破获千克案件38宗，破获团伙案件62宗，破获目标案件46宗，查处吸毒人员8394人，强戒5535人；涉盗抢专项共逮捕1322人，起诉1504人，抓获逃犯81人；涉电信网络诈骗专项共立案2626宗，刑拘297人，逮捕163人；涉金融领域突出犯罪专项，打击涉众型犯罪专项共破案35宗，逮捕84人；打击地下钱庄专项，破案10宗，逮捕24人；猎狐专项，抓获外逃人员11人；打击假币犯罪专项，破案7宗，逮捕11人；打击盗刷银行卡专项，逮捕16人。（蔡锦鸿）

【禁毒缉毒】 2016年，江门市制定《禁毒工作责任追究制度》《2016年禁毒工作考核验收标准》，把禁毒工作纳入党政领导班子和领导干部政绩考核内容；实施挂点整治机制，实行市领导和禁毒委成员单位轮流挂点镇（街）禁毒，加强毒品相对严重地区的协调指导和对口帮扶；推进恩平涉毒重点地区整治，以尽快摘掉国家禁毒委“制毒重点关注地区”的帽子为目标，加强该市禁毒队伍建设和禁毒经费保障工作，推行禁毒管理网格化。完善禁吸戒毒动态管控工作，严控易制毒化学品，拓展禁毒宣传新渠道，成立禁毒宣讲团，开展全市禁毒宣讲系列活动。是年，全市破获毒品案1154宗，刑拘毒品犯罪嫌疑人1358人，逮捕毒品犯罪嫌疑人790人，破获千克案件38宗，捣毁涉毒犯罪团伙62个，侦破部、省目标毒品案件46宗，缴获毒品202.2千克；查处吸毒人员8394人，强制隔离戒毒人员5535人；核发各类易制毒化学品证书8712个，审批购买各类易制毒化学品计99万吨，审批运输各类易制毒化学品计42万吨；开展各种禁毒宣传活动300多场次。（伍筱臻）

【打击食品药品及环境犯罪】 2016年，江门市公安食药环侦部门紧扣“清源行动”（打击食品非法添加违法犯罪）、“利剑行动”（食药打假）、“雷霆行动”（打击药品违法犯罪）、“农资打假”、“清水蓝天”等专项行动，立刑事案件41宗，破案23宗，刑事拘留63人，逮捕32人，取保候审14人；行政案件立案9宗，破案4宗，拘留5人，协查省集群战役15起；与行政部门开展联合执法70多次，成功破获“3•28”、“10•10”特大制售假洋酒案，其中，“3•28”特大制售假洋酒案在2016年全国打击食品药品违法犯罪协作会上被选为广东省公安厅精品案例推广经验。（车良斌）

【“大巡防”工作】 2016年，围绕“全面压缩发案率，提升群众安全感”的目标，蓬江、江海、新会与武警支队、边防支队开展联勤联防，鹤山以综合执法岗亭为依托，建立巡警、交警、派出所民警三警联动巡防模式。是年，全市巡警部门接处警13437起，设卡4963次，盘查可疑人员106053人次，调解纠纷1349人次；深化警种协作，整合警力资源，完善与交警、消防等警种协作，开展专项整治活动，全市交巡协作查处车辆违停13447起，疏导交通6456起，查获涉牌机动车4639辆，快处快赔轻微交通事故347起；推进市际卡点建设，全市15个市际固定卡点，已完成建设并通过市局考核组验收。连同30个县际卡点及49个机动卡点，构筑起城防体系，维护社会治安的稳定。

（陈锦梅）

【治安管理】 2016年，围绕“飓风2016”专项行动，开展扫黄禁赌工作。是年，全市查处涉赌治安案件2314宗，处理8322人，侦破涉赌刑事案件86宗，处理432人，其中逮捕99人；查处涉黄治安案件186宗，处理473人，侦破涉黄刑事案件31宗，处理115人，其中逮捕38人；查处涉黄场所81间，停业整顿45家；查处涉赌窝点380个，缴获涉赌游戏机2109台、赌资473.6073万多元。打击恶意欠薪行为，共受理拒不支付劳动报酬案件50宗，立案44宗，破案14宗，抓获犯罪嫌疑人5人，追回欠薪款项349.3万元。加强重点治安要素管控，完善枪支弹药安全管理工作机制，开展缉枪治爆专项行动，加强对危爆剧毒物品的安全监管，破案追缴和检查收缴各类枪支63支、子弹10657发、管制刀具889把、雷管4枚、战争遗留物炮弹1枚。将公安印章管理纳入全市“五证合一”网上办事平台，全年审批印章61054枚,缴销印章24660枚,网上受理印章1015枚；对全市857家旅馆安装旅业治安管理系统进行网络信息化监管；完成全市104家201个网点寄递企业、1201家物流企业的摸底建档；对全市22998名精神障碍患者进行逐一排查、评估、建档工作，已录入公安机关全国重性精神病人管理系统有2571人；深化“护校安园”专项行动，全市1148所学校幼儿园共配备保安员2518人，安装技防设备1148套，技防设备与公安机关联网的学校576所，安装一键式报警装置1090间；推进社区警务战略，选调机关精干力量充实社区民警队伍，调整派出所人员岗位，建成社区警务室187个，农村警务室113个，分别占社区数的68.4%和村委数的15.5%。调整派出所岗位人员分布，派出所民警占县级公安机关警力、专职社区民警占派出所警力均达到省厅要求的40%以上，提升基层派出所社区工作能力和对辖区治安安全的掌控能力。

（吴柏林）

【出入境管理】 2016年，筹建24小时自助办证区，市局出入境投入163万元，7月1日启用全市首个标准化出入境24小时自助办证厅；12月，各市（区）出入境管理部门的24小时自助办证厅建成并投入使用；出入境业务进驻镇街级“邑门式”行政服务中心，提供“家门口式”服务，四市三区进驻公安出入境业务的“邑门式”行政服务中心29间，设置“出入境自助办证一体机”33台。是年，全市出入境管理部门签发各类证件、签注及签证2213488件次。其中：护照123103本；护照加注16536枚；前往港澳通行证（单程定居）7111本；往来港澳通行证359643件次；往来港澳签注1673633件次；大陆居民往来台湾通行证11094本；大陆居民往来台湾签注8257枚；赴台加注87枚；中华人民共和国出入境通行证499枚；外国人签证7473枚，外国人居留许可6052枚。开展清理整治“三非”工作，全市查获“三非”外国人523人，其中“三非”越南518人，遣送18批525人（含2015年抓获、未及时遣送的“三非”外国人）。

（李治辉）

【户政管理】 2016年，推进一元化户籍制度改革。从1月1日起，取消农业和非农业户口性质的划分，统一登记为广东省居民户口，停止办理户口“农转非”和“非转农”，逐步放宽亲属投靠、人才引进、投资入户等分类户口迁移政策，放开落户城镇的限制，科学引导农村人口向城镇转移；推行“邑门式”行政服务改革，建立前台综合受理、后台分类审批、统一窗口出证的服务模式。根据省政府的统一部署，开展无户口人员登记，重点解决九类人员的户口登记工作；年内，全市共排摸无户口人员14197人，已办理无户口人员户口登记共3680人；开展人像比对工作，全市共完成11876人像比对任务，完成率为90.48%，比对出重人1263人，并已全部办理注销户口手续，核查无相片人员743人，办理注销手续743人；陆续开通省内跨地市和跨省（31个省、直辖市）居民身份证异地办理，实行省内跨地市户口迁移一站式工作，全市受理居民身份证396269张，其中省内异地办证7367张，省外异地办证937张，指纹采集率为100%；加强流动人员管理工作，全市共登记流动人员643629人，制发（含延期）居住证62265张，完成安装门禁视频覆盖实有房屋23000套（间），流动人员自助申报平台共新增1657间企业、3357间出租屋主使用了自助申报平台，累计录入流动人口数据信息278894条，入所

（指拘留所、看守所、戒毒所三所）流动人口登记倒查率为59.33%，排名全省地级市第二名。

（容伟伦）

【交通管理】 2016年，江门公安交警全面排查道路交通安全隐患，确定市级督办整治路段41处、整改34处，完成市区部分路段微循环改造等交通设施优化工程，利用智能交通系统，强化对路网路况的控制，实时查获交通肇事逃逸或多次违法的车辆275辆，协办案件74次；组织开展“飓风•春雷”、涉摩涉牌涉酒“春雷•风暴”、整治酒后驾驶违法行为、整治“两类自行车”、整治涉港澳入出境车号牌违法行为、集中整治城市工程运输车交通违法行为、运用数据研判打击使用伪造变造和挪用机动车号牌违法行为等专项整治行动。整治交通秩序，深化查缉布控系统、抢救生命绿色通道等多项交通科技运用，提升道路疏堵保畅能力。全面推进各项车管业务改革，扩大“双微平台”交通宣传效应，为江门市经济社会发展营造安全畅通、文明和谐的道路交通环境。是年，全市发生一般以上道路交通事故3368宗，死亡315人，受伤4025人，直接经济损失756.69万元，比去年分别下降1.32%、7.89%、4.78%和0.58%。

（黄锦芸）

【消防管理】 2016年，江门市消防局推出17项便民利民举措，在广东省率先推行消防业务行政审批流程互联网全公开制度；建立火灾隐患分色预警管理和“整治不力约谈”机制，完成鹤山市鹤城镇省级火灾隐患重点地区整治工作；全市新增市政消火栓354个，272个社区、834个行政村建成微型消防站，夯实“全民防控”体系，购置9辆执勤消防车和4004件（套）器材装备，购置消防机器人、4G无线布控球等一批信息化设备，建强信息化作战指挥平台；完成119与110接处警系统数据互联互通，与交管局建立接警出动“绿波带”，实现道路视频卡口监控资源共享；参加跨区域联合演练3次，举办各级演练150多次、支队级比武汇操13次，开展大型综合体灭火救援演练及“跨海登岛”灭火救援演练。全年接警出动3526次，出车5774辆次，出动警力30148人次，抢救被困群众318人，疏散被困群众1602人，抢救财产价值2467.9万元，圆满完成“5·28”端芬凤凰峡抢险、“6·19”和“6·25”开阳高速危化品槽罐车泄漏等急难险重和各类重大安保任务。

（李清珍）

【信息化建设】 2016年，加强基础信息采集，推进信息资源服务平台建设，完成省市信息资源目录对接工作，按照统一目录标准建立本地信息资源目录，整理20种省公安厅平台缺少的社会资源，按省厅规范自主开发数据接口并完成目录对接；开展数据资源整合，整理出18类共124种数据资源，合计约77.2亿条记录；做好应急通信保障车队建设，大型指挥车、通信保障车和飞行保障车等车辆实现通过5.8G无线宽带、公网4G、LTE宽带专网链接到市局视频监控专网，大型指挥车和通信保障车实现视频监控网、公安网、视频会议系统、公安内网电话等业务接入，完善立体化实战指挥体系；加强全市治安视频监控系统建设和运维工作，实现3382路治安视频资源推送到省级联网平台，有4222个内部监控点符合联网接入条件，完成督察平台扩容改造，实现2438路视频资源接入，并按要求推送2041路视频资源到省级联网平台。

（朱静）

【在线服务】 2016年，深化“一门式一网式”政府服务模式改革，提升公安行政服务水平，向社会公开发布公安业务“邑门式”办理、公安业务“114”全知道、救援通道“一路顺”、车管业务“一窗办”、微信服务“一站通”和交通资讯“家中看”等六项公安改革惠民举措；整合现有手机办理公安业务渠道，在全市推广应用“邑微警”微信服务平台，将公安机关面向群众的服务、管理事项纳入平台办理，构建全市统一、网上网下一体化的公安服务体系。“邑微警”平台已上线户政、治安、法制等公安业务39项，受到省、市领导充分肯定，《人民公安报》专门进行采访报道。是年，“邑微警”平台共受理群众业务咨询、查询、申请20205宗，处理18578宗，关注用户达661552人。

（黄宇军）

【森林公安】 2016年，江门市森林公安机关充分发挥执法职能作用，开展“治爆缉枪”“禁种铲毒”“清网行动”“净网行动”“红线行动”“利剑行动”等一系列严打专项整治。是年，全市立森林和野生动物案件160起，查处139起，其中立刑事案件42起，破案28起，刑事拘留16人次，移送起诉20人次；受理林业行政案件118起，查处111起，处罚119人次，罚款221.25万元，作出责令补种、恢复原状等其他处罚98人次，打击各类破坏森林资源违法犯罪行为。

（刘雪玲）

检　察

【检察工作概况】 2016年，江门市检察机关贯彻落实党的十八大和十八届三中、四中、五中、六中全会精神，围绕市委关于推进依法治市、建设平安江门的工作部署，坚持“民生检察”，忠诚履职，主动服务，为五邑侨乡经济社会全面发展提供有力的司法保障。

【检察体制改革】 2016年，制定执行《江门市检察机关检察体制改革试点工作组织推进方案》；同步制定《江门市检察机关完善司法责任制的实施办法》，结合入额检察官选任工作和办案实际对现有人员进行调整。同年，江门市前后两批入额检察官选任工作完成。江门市检察官职务套改完成审批、审核和备案程序。完成市县检察院经费省级保障和资产管理对接，预算执行情况整体平稳。

【开展专项工作】 2016年，开展广东省检察院部署的查办涉农扶贫领域职务犯罪、国际追逃追赃及打击行贿犯罪等专项工作。对发改部门工作人员在审核申报省级价格调节基金扶持补贴工作中涉嫌职务犯罪开展专项行动，立案侦查涉农领域职务犯罪案件19件23人，其中涉及“三项建设”项目补贴资金案件10件12人。参与国际追逃追赃工作，组织多个工作组分赴美国、澳大利亚等国家开展追逃劝返。江门市抓获、劝返在逃人员9人，其中处级以上要案2人，省追逃办挂牌督办的在逃人员1人；追回赃款约180万元。

【刑事犯罪打击】 2016年，批准逮捕各类刑事犯罪案件2250件3045人，提起公诉3246件4246人。支持配合江门市公安机关开展“飓风2016”专项行动，突出打击黑恶势力、严重暴力、涉枪涉爆、多发性侵财等犯罪，共起诉上述案件1347件1908人。依法审查办理郑某等19人涉嫌集资诈骗罪和组织、领导传销活动案，涉案金额达人民币2300多万元。

【职务犯罪查办与预防】 2016年，依法立案侦查各类职务犯罪91件118人，追缴赃款赃物及非法所得约2693.44万元。立案侦查行贿案件32件49人，数量占贿赂案件总数52.5%。提出检察建议40件，被采纳40件。开展惩防职务犯罪年度报告和专题报告工作，推动制度建设，开展警示教育311场次。探索开展扶贫领域职务犯罪预防专项工作，联同江门市扶贫开发领导小组办公室制定出台《江门市检察机关、扶贫部门集中整治和加强预防扶贫领域职务犯罪专项工作实施方案》，统筹推进相关工作开展。结合办案创作廉政短片、公益广告、微电影，增强预防宣传和警示教育，为企业、个人提供行贿犯罪档案查询16672次。

【诉讼监督】 持续强化刑事诉讼活动监督，发挥“两法衔接”信息共享平台作用，依法办理立案监督35件38人，其中监督立案29件32人，监督撤案6件6人；纠正漏捕44人，纠正漏罪87人，追诉漏犯45人，对认为确有错误的刑事裁判提出刑事抗诉17件，书面提出量刑建议3938人，被采纳率为83.2%。充分利用侦查监督工作信息平台，及时发现侦查取证问题案件425件，发出《侦查活动监督通知书》154份、《检察建议》33份、《纠正违法通知书》31份，推动侦查活动监督工作质效不断提升。以省检察院选定试点单位为契机，在江门市深入开展对公安派出所刑事侦查活动监督改革工作，建立与公安派出所沟通联系制度。履行民事行政检察监督职责，开展“基层民事行政检察工作推进年”专项活动，受理民事行政诉讼监督案件108件。通过再审检察建议、抗诉等方式监督涉嫌虚假诉讼案件2件，另有18件虚假诉讼监督案件经再审程序改判。与江门市中级人民法院联合制定出台实施方案，加强对执行案款清理工作的监督，受理执行监督案件250件，发出检察建议87件。受理督促行政机关履职案件95件；办理公益诉讼诉前程序监督案件，办理相关案件4件，台山市检察院提供广东省第一件行政公益诉讼案件线索。开展土壤污染防治专项监督行动及公益诉讼线索集中排查，已排查出公益诉讼线索69条。开展羁押必要性审查工作，制定出台规范性文件，共对136名犯罪嫌疑人开展羁押必要性审查，向办案单位提出变更强制措施建议100人，建议被采纳94人，采纳率为94%。扎实开展集中清理判处实刑罪犯未执行刑罚专项活动，核查未交付执行罪犯共59人，已清理纠正43人。牵头与江门市公安局、法院、司法局联合制发《关于判处实刑罪犯交付执行刑罚暂行规定》，健全刑罚交付执行工作机制。开展财产刑执行专项检察活动，探索建立健全财产刑执行监督工作机制。强化刑罚变更执行监督，审查监管场所提请减刑、假释、暂予监外执行案件1559件，出席减刑、假释庭审案件735件，提出庭审意见27件，均得到法院采纳。

【“阳光检务”推进】 坚持检查通报，推进案件信息公开。公开案件程序性信息6589条，法律文书2934份，重要案件信息213条，在网上办理辩护与代理480件。推行电子卷宗制作使用，实行案件信息主动推送制度，以短信方式及时向涉案人员及其家属通报案件的办理程序性信息。重视与人大代表、政协委员、社会人士沟通联络，办理人大、政协提案2件。落实人民监督员制度，对24件案件进行监督评议，拟处理意见均获得人民监督员表决通过。适应“互联网+”新形势，利用新媒体手段，实现“两微一端”全覆盖。召开律师与检察官互动交流座谈会，构建检律良性互动关系。

【派驻镇（街）检察室建设】 江门市检察室坚持“半周坐堂、半周走访”工作模式，送法下乡，走访8637次，开展法制宣传1231次，接待群众来信来访161件；收集、发现职务犯罪线索6件，监督公安机关立案17件，支持和督促民事起诉18件，化解或协助化解矛盾纠纷132件。开展服务和保障换届选举专项预防工作，为基层“两委”换届选举依法平稳有序进行营造良好的法治环境和社会环境。

【检察队伍建设】 组织江门市全体检察工作人员开展“两学一做”教育活动，学习贯彻十八届六中全会精神。做好干部提拔任用和两级院领导换届等人事管理工作，队伍政治性和纪律性保持不变。组织全市检察工作人员分批参加高校素能提升培训班，强化岗位练兵、技能培训、业务竞赛，通过公诉论坛、“法治进校园”宣讲培训、案件管理业务技能竞赛等，提高办案水平和能力。多名业务骨干在全国、全省检察系统各级业务竞赛中，分别获“全国侦查监督业务能手”等荣誉。

法　院

【概况】 2016年，全市法院受理各类案件64090件，其中新收案件58168件，比上年上升11.7%，审结57019件。其中，市中院新收案件6853件，审结4959件。

【刑事审判】 2016年，全市法院审结刑事案件4041件，其中，中院审结537件。打造少年审判品牌建设工程，创建“预防青少年犯罪文明岗”。探索新型审判团队运行模式，组建成立刑事审判中心和构建“1+1+1”审判团队。举办第十二次公、检、法联席会议，就案件管辖、特定犯罪的追诉标准等问题达成共识。

【民事审判】 2016年，审结民事案件29805件，解决标的金额156.03亿元，其中，中院审结3570件。召开首次“房地产法律专题研讨会”，就涉及房地产纠纷的法律热点难点问题的法律适用达成一致共识。举办全市法院民商事审判工作研讨会，为全市法院民商事案件审理提供指引。与江门海关等部门联合签署了《关于建立知识产权信息共享协作机制的意见》，构建知识产权立体保护网络。

【行政审判】 全市法院审结各类行政案件618件，其中，中院审结291件。完善和推进行政案件集中管辖试点工作，发挥“依法行政教育实践基地”法治教育功能。推动行政机关负责人出庭应诉，并将该工作经验在省会议上推广。

【执行工作】 2016年，全市法院执行局执结案件19413件，其中，中院执结368件。启动“基本解决执行难”和“夏季执行大行动”专项工作。深化执行信息化建设，加大资金保障和平台建设。启动不动产查控网络升级改造，指导全市法院开展网络拍卖工作。加强对被执行人信用惩戒，集中曝光92名被执行人及照片，依法纳入失信被执行人名单31人。

【便民措施】 2016年，妥善应对立案风险防控，落实立案登记制。推进二审民事速裁工作，按“法官＋法官助理＋书记员”的标准配备二审民事速裁审判团队。完善“诉访分离”涉诉信访工作，做好初信初访工作。

【审判监督】 2016年，探索减刑假释案件新模式，推动减刑假释公开审判进程。配合最高院、省法院完成关于2015年减刑假释、特赦案件检查工作、民事审判监督工作等专项调研，并形成自查报告。

【司法公开】 2016年，完成“12368”诉讼服务平台升级改造工作，推进裁判文书上网公开。拓宽司法公开渠道，将审判节点的相关信息以及延期情况等在门户网站向社会公开，接受人民群众的监督。

【司法宣传】 2016年，编发法院信息50期，其中5篇新闻稿件被人民法院报采用。成功策划25位全国、省人大代表对江门法院、江海区法院工作进行视察的重大宣传活动。举办4场新闻发布会和通气会，制作《团队纪实》和《行政集中管辖纪实》宣传片。

【司法政务】 2016年，完成各类综合文稿200余篇，调研、论文78篇。举办“五邑法苑”论坛4期。全年邀请各级人大代表视察法院、参加庭审观摩、走访、座谈交流等活动365人次。对办公专网、档案、保密等进行两级法院的专项检查活动，推进档案的数字化建设。完善审判管理执行指挥中心通报体系，形成重点和常规工作的例行通报。运用审判管理大数据转化成统计分析，为领导决策提供参考。助推全市法院入驻网络司法拍卖平台，司法网络拍卖工作位居全省前列。做好理财工作，熟练掌握司法改革中各项财务操作流程。加强公车管理和物业管理，按时完成资产清查，财物省统管的机制基本形成。派出警力3377人次，严格标准完成重大警务保障任务。选派骨干参加“全省法院司法警察参加全国大比武汇报演练集训班”，组织全市法警开展咏春拳学习推广工作。

【队伍建设】 2016年，深化司法体制改革，完成全市法院入额法官选任工作。完成干警岗位调整和商调、招录公务员工作。组织举办两期综合素能提升研修班和一期情景式培训班。涌现出“全国法院先进集体”蓬江棠下法庭全国法院党建先进个人谢建华等突出先进典型。开展“两学一做”学习教育，组织全市法院开展“庆祝建党95周年暨‘两学一做’党章党规党纪知识竞赛”活动。推进岭南工程全面实施，完成全市29个人民法庭文化布置工作任务。开展“纪律教育月”活动，完善廉政法治教育基地“旁听庭审+参观展区”的警示教育模式，完成全体在编干警及雇员2016年度廉政电子档案填报。

（余国明）

司法行政

【概况】 2016年，江门市司法局以服务全市经济发展和维护社会稳定为目标，做好法制宣传、法律服务和法律保障工作，完成各项工作任务。

【强制隔离戒毒】 2016年，加强狱所情研判分析、安全隐患排查整治、规范化建设、应急处置等工作，江门监狱连续13年、市强制隔离戒毒所连续14年实现“五无”（无罪犯脱逃、无非正常死亡、无重大狱所内案件、无重大生产安全事故、无警察取工受刑事处罚和重大违纪案件）安全目标。禁毒和防治艾滋病工作上，健全完善教育改造（矫治）机制，落实罪犯（戒毒人员）教育刚性要求，推进“三三六”（三期、三分、六法）戒毒模式，创建现代化文明监所，提高监所工作水平。坚持“严格公正文明执法”，落实“两院两厅”实施细则，依法依规办理刑法执行工作和所外就医手续，加强狱所务公开，推进刑法执行网上协同工作平台和狱务公开系统建设。

【人民调解】 2016年，加强和完善人民调解组织网络，全市建立市直、县（市、区）、镇（街）、村（居）四级调解组织1409个，全市在成立工会的企业中建立调解组织2904家，建立专业性行业性新型调解组织260家。完善“大调解”工作格局，化解社会矛盾纠纷；落实人民调解员激励机制，调动调解员工作积极性。推进律师积极参与维稳工作制度，切实帮助各级党委政府排忧解难，维护人民群众的合法权益和社会稳定。印发《江门市村（社区）法律顾问参与调解纠纷案件补贴办法》，调动全市村（社区）法律顾问参与调解矛盾纠纷案件的积极性，努力维护社会和谐稳定。2016年，全市化解矛盾纠纷11902件，调解成功率99.42%。

【安置帮教】 2016年创新管控手段，加强重点人群管控，特别是加强在敏感时期和重要节点的管控，确保江门市没有发生两类重点人员脱管失控、参与群体性事件和越级上访。认真做好安置帮教工作，刑释解教人员个人建档率达100%，通过推荐就业、解决实际困难、关心生活等方式，让刑释解教人员感受到政府对其的关怀，最大限度地确保刑释解教人员思想稳定，防止重新犯罪。全市帮教组织落实责任，并将没有劳动能力、没有生活来源的刑释解教人员困难家庭纳入低保范围，落实救济措施。2016年，全市共有过渡性安置实体214个。

【社区矫正】 2016年，加强信息化建设，完善智能管理系统；推动社区矫正社会化，组建社区矫正指挥中心，蓬江区建立全市首个社区矫正中心；台山市充分发挥“三官一师”（法官、检察官、警官、律师）作用，对在矫人员进行社会化教育，取得良好的社会效果。“三官一师”帮教模式获得省的肯定。加强与共青团协作，共同推进青少年社区服刑人员教育帮扶；通过政府购买服务，引导社会组织参与社区矫正工作，组建公共法律服务志愿者队伍；完善刑释解教人员衔接工作，落实帮教措施，强化动态管理，减少脱管失控。2016年，全市在册社区矫正人员没有出现重新违法犯罪。

【基层法律服务】 2016年，基层法律服务所通过解答法律咨询、代写法律文书、担任法律顾问、办理法律见证、协办公证、组织开展法制宣传和协助司法所指导开展人民调解工作，参与民事和经济代理，为当地公民、法人提供法律服务和法律保障。2016年，全市基层法律服务所代理诉讼事务175件；代理非诉讼事务838件；解答法律询问2.04万人/次，办理征地事项、土地承包事项共1件；办理交通工伤事故等事项18件；共挽回经济损失400.5万元。

【法治宣传】 2016年，江门市圆满完成“六五”普法任务，荣获“六五”普法全国法治宣传教育先进城市称号。市委、市政府部署召开全市“七五”普法动员大会，全面启动“七五”普法工作。在巩固市政府常务会议学法制度的基础上，推动政府工作人员学法用法制度，深化“谁执法谁普法”责任制，推进“法律六进”活动，加强重点场所、重点区域、重点人群的普法工作；创新普法手段，推进“互联网+普法”平台建设，落实媒体公益普法责任；加大法治城市、法治镇(街)及民主法治村（社区）的创建力度，全市60%以上的镇（街）达到全省法治镇（街）创建标准；加强法治文化建设，江海区通过“以奖代补”建成江门市首个高水平的法治文化主题公园；推动中小学生普法工作，中学生在线学法考试参考率100%。举办“12·4”国家宪法日宣传活动，推动市直部门法治创建。

【公证事务】 2016年，公证工作围绕政府重点工程、重大经济项目、涉及经济民生等领域开展法律服务。开展“零错证、零投诉、零上访”活动，保障公证质量；开辟公证“绿色通道”，推行周末及节假日值班、困难群众上门办证、微信定制办证、特殊人群延时服务等便民措施；江门公证处、蓬江公证处、江海公证处免费为70岁以上老人办理遗嘱公证；江海公证处除开通公众微信、晚上上班办证外，还推出证后事务免费办理服务。台山市、开平市创新开展小额遗产继承公证业务，解决群众继承遗产额度小且手续繁琐的办证诉求。是年，全市办理公证总数123863件，其中，国内民事类45881件，国内经济类1022件，涉外类71380件，涉港澳5208件，涉台372件。

【律师工作】 2016年，全市共有律师事务所74家，其中合伙所43家，个人所16家，公职律师所7个,法律援助处8家。执业律师人数554名，其中专职律师480名，兼职律师6名，公职律师28名，法律援助律师40名，全市律师为政府部门和企事业单位1918家担任法律顾问，代理诉讼案件16629件，代理非诉讼案件971件。公职所主动与各顾问单位联系，及时为顾问单位处理问题时提供法律意见，全年为政府部门审查合同9件，为政府部门提供法律意见15份，代理政府及有关部门的诉讼案件19宗。市司法局联合有关部门印发《江门市律师工作联席会议制度》，建立全市律师工作联席会议制度，及时研究解决律师工作的困难和问题，保障律师执业权利，规范律师执业行为。加强新律管平台的学习和培训，使用新律管平台办理各项律师和律师所行政许可业务，将各事项真正纳入省司法厅网上办事大厅办理。加强执业律师继续教育培训和实习人员管理考核工作，完成2015年度律师和律师所考核。加强与相关单位联系沟通，依法保障律师执业权利。

【法律援助】 2016年，依托全市79个镇（街）建立79个法律援助工作站，依托村（社区）法律顾问在全市1323个村（社区）设立法律援助工作点，在全市范围内形成市直、市（区）、镇（街）、村（社区）四级法律援助网络。分别在市总工会、共青团、妇联、残联、监狱、戒毒所、看守所等单位建立专业性法律援助工作站，法律援助覆盖面扩大。贯彻落实新的《广东省法律援助条例》精神，完善便民措施，降低法律援助门槛，坚持案件当天审批、当天指派、快速办理。拓宽法律咨询渠道，通过12348电话热线、“12348网上法律诊所”网络咨询等方式，满足不同群体的需求。提升法律援助服务能力和水平，对法律援助工作由法律援助中心统一援助案件标准、统一受理法律援助案件、统一指派法律服务人员办理援助案件、统一监督检查援助案件质量。2016年，全市办理法律援助案件3833宗，其中民事案件2942宗，刑事案件891宗，接待群众咨询近1.8万人次。

【公共法律服务】 2016年，全市已建立7个市（区）公共法律服务中心、79个镇（街）公共法律服务中心、1323个村（社区）公共法律服务点，建立起市、县（区）、镇（街）、村（社区）四级公共法律服务网络，打造成一站式公共法律服务平台。是年，全市343名签约律师共提供法律服务21892次，其中提供法律咨询14279次，出具法律意见书387份，上法制课4345次，参与法律援助74宗，调处矛盾纠纷278起，其中参与化解和代理涉法涉诉信访案件44宗，其他法律服务事项2529件。公益法律服务拓展，开展公益法律服务工作室进驻全市18万工商企业与个体工商户和派出所、医院、学校、商会等。挑选158名社会律师成立全市小微企业法律服务团，加强小微企业法律服务。

【法规工作】 2016年，江门市司法局共接行政诉讼案3宗，其中两宗原告撤回起诉，一宗法院判定市司法局胜诉。根据广东省行政许可事项的最新调整，结合市编办、市网上办事大厅要求以及最新的法律法规规定，做好江门市司法局行政许可事项的调整、复核及录入工作。做好信息公开申请及投诉案件的答复工作，2016年江门市司法局收到3宗政府信息公开申请，均在审查后按时答复申请人并制作相关法律文书。加大依法行政工作指导力度，规范业务工作。为规范化文件制定做好前期准备工作。

【司法鉴定管理】 2016年，组织江门市司法鉴定机构参加鉴定项目及实验室能力验证工作，确保能力验证工作开展。加强监督检查，规范投诉处理。开展对鉴定质量专项检查，制定评分标准，对鉴定质量、机构管理等进行全方位检查，就如何规范程序、完善相关管理制度提出具体意见和建议。2016年，处理司法鉴定活动7投诉3件，其中省厅转办1件，均在法定期限内做出答复；处理人民法院司法建议1件。加强司法鉴定队伍建设，组织司法鉴定人参加省司法厅、省司法鉴定协会举办的司法鉴定人培训，使用统一的网络培训，组织鉴定人上机考试2人次。加大对司法鉴定工作宣传力度。司法鉴定机构派员进驻江门市公共法律服务中心，引导有需要的群众进行司法鉴定。组织各司法鉴定所参加大型法律宣传活动，提高公众对司法鉴定工作的认识和了解。2016年，全市办理司法鉴定案件5736件，其中涉及刑事诉讼案件1830件，涉及民事诉讼案件2412件，涉及行政诉讼案件232件，非涉诉1262件。

·责任编辑　杨清华·

农 业

The farming industry

农业农村

【农业农村概况】 2016年，江门市农业局落实强农惠农富农政策，抓好粮食高产创建和农业科技、放心农资、农业机械“三下乡”活动，推广新技术新品种，加强农业安全生产检查和农作物病虫害、动物疫病预测防控等工作。2016年，全市政策性水稻保险覆盖率达96%，新增肉鸡、生猪、香蕉等6个险种；全市农作物和畜禽良种覆盖率均达96%以上，农作物机械化水平达到56%，其中水稻生产综合机械化水平达到82.1%，禽流感、口蹄疫等重大动物强制免疫率达100%；全市粮食、蔬菜、水果种植面积分别为287.24万亩、94.40万亩和31.18万亩，总产95.83万吨、137.99万吨和28.40万吨，保持稳中有增势头；生猪、家禽出栏分别达402.91万头、11436.37万羽、肉类总产量51.22万吨，比上年分别增长5.92%、8.61%和6.2%。

【市农村工作会议】 2016年4月26日，江门市召开农业农村暨精准扶贫工作会议，传达广东省农村、农业和扶贫工作会议精神，总结“十二五”时期全市“三农”工作，研究部署2016年及今后一个时期工作任务，加快建设现代农业强市，深化农村综合改革，推进城乡精准扶贫精准脱贫，建设宜居幸福新农村。会上强调，各级各部门要改进作风，加大对“三农”的资金投入，抓好抓实农业农村工作，确保“十三五”开好局、起好步；按照“十三五”规划，到2020年，农村基础设施建设进一步完善，城乡一体化体制机制更加健全，基本实现农业现代化，农村基层治理工作全面加强，农村社会大局安定有序、农民富裕安康。会上提出要重点抓好三方面：推进农业供给侧结构性改革，要发展“五大产业”、建设“七大体系”和实施“五大行动”，促进农业结构调整和发展方式转变，提高农业供给体系的质量和效率，加快建设现代农业强市。推进新农村建设，深化农村改革，下大力气推进美丽新农村建设，加快改善农村生产生活条件，用改革的办法和法治的思维，激发农村发展活力，推动治理方式转变，确保农村社会大局稳定。抓好统筹城乡精准扶贫，把脱贫攻坚作为重大政治问题、重大发展问题、重大民生问题，作为头等大事和第一民生工程，强化督查考核，加大奖惩力度，确保责任到位、人员到位、项目到位、措施到位、政策到位、资金到位，以坚定的信心和决心、以超常规的力度和举措，打好打赢精准脱贫攻坚战，确保到2018年建档立卡扶贫对象稳定脱贫，与全市人民同步迈入全面小康社会。

【名村示范村建设】 2016年，江门市农业局制定实施农村人居环境综合整治工作方案，抓好开平自力村、恩平歇马村、台山浮石村和蓬江良溪村4条中国传统村落环境综合整治，完成自然村人居环境综合整治4090条，占全市10263条自然村总数的39.85%；全市村庄保洁覆盖率98.69%，农村生活垃圾有效处理率97.47%。结合新农村连片整治工程，突出抓好名镇名村、特色小镇、宜居村镇、美丽乡村等创建活动，重点策划打造新会区大鳌镇、台山市斗山镇、江海区礼乐街道和开平市塘口镇、鹤山市古劳镇、恩平市牛江镇等6个省、市级新农村示范片，推动新农村建设由点向线、片和区域转变。全市完成138条乡村美化绿化工程，创建江门市生态村40条、宜居城镇33个、特色镇街12个、宜居村庄98个。其中，台山市斗山镇浮月村、开平市百合镇马降龙村、鹤山市鹤城镇田心村新增入列中国传统村落名录；共和镇、荷塘镇、斗山镇评为“广东名镇”，14个镇评为“省宜居示范城镇”，34条村被评为“省宜居示范村庄”，93条行政村荣获省“绿色村庄”称号。加强传统村落、历史文化名镇（村）、南粤古驿道保护，命名新会区古井镇和台山市斗山镇为“江门市侨乡历史文化名镇”，蓬江区良溪村等7条村为“江门市传统村落”，江海区五大祠等10座建筑为“江门市名建筑”。

【农村耕地流转】 2016年，江门市农业局通过搭建平台、建立机制、培育典型等系列措施，推动农村土地流转形式多样化、主体多元化、面积规模化、程序规范化、管理信息化、服务组织化，农村土地流转形式由过去农户之间的转包为主，转变为转包、互换、出租、转让、入股等多种形式并存，实现农村土地流转规范有序健康发展。全市农村土地出租面积105.42万亩，转包面积24.66万亩，入股面积8.65万亩，转让面积7.18万亩，互换面积1.64万亩，其中委托集体统一流转面积73.7万亩，成为农村土地流转的主要形式。

【农业产业化经营】 2016年，加快现代农业园区建设，2016年4月广东省农产品加工示范区获省政府批复同意，落户大广海湾经济开发区，并列入省“十三五”规划重点项目；创建覆盖台山市都斛、斗山、赤溪、广海、端芬5镇、总面积800平方公里的“中国农业公园”；加快建设开平市国家现代农业示范区和广东省粤台（江门）农业合作试验区，“两区”核心区——江门市现代农业综合示范基地，加快基础设施配套，培育特色产业龙头、科技小微农企和“现代种业长廊”。培育会展、节庆农业和农业综合体，加快“互联网+”发展，培育农业农村电商服务体系，举办第五届江门农博会，推动一二三产业融合发展。实施第二轮农业“政银保”合作贷款项目，优化政府、银行、保证保险三方合作机制，放开合作金融保险机构，扩大专项资金和受益对象，提高贷款额度，支持新型农业经营主体和各类行业协会、合作组织发展，推动多种形式的适度规模经营。全市农村经济合作组织1602家，市级以上重点农业龙头企业、农民专业合作社、示范性家庭农场分别达74家、1564家和46家，全市农业产业化组织带动农户23万户、覆盖率57%。

【农业产业结构优化】 2016年，江门市稳定粮食种植面积和总产，打造沿海和潭江流域优质稻米产业带，以蔬菜、马铃薯和玉米等为主导的冬季农业规模近60万亩，发展新会柑（陈皮）、杜阮凉瓜、恩平簕菜、鹤山红茶、江门禾盛牛大力等特色优质园艺产业。推动畜牧业转型升级，限制分散、粗放型养殖，调控养殖规模，全市现有农业部畜禽标准化养殖场13家，省级生猪重点养殖场20家，重点家禽养殖场17家。全市核发原种猪场、祖代种禽场等畜牧种业场7家、父母代种禽场17家、生猪扩繁场3家。

【农业科技发展】 2016年，江门市深化与农业部直属“四大院”、华农大、省农科院、五邑大学等高等院校、科研机构的交流合作，在广东省率先出台实施《江门市示范性民营农业新型研发机构认定扶持办法（2016—2018年）（试行）》，2016年培育认定“江门市鲜美农业研究所”等示范性农业新型研发机构3家；建立广东省首个袁隆平院士工作站，建设“国家杂交水稻南方示范试验点”，展开亩产1500公斤（两造）世界最高产“超级水稻”试验攻关；江门牛大力、新会小农占、恩平辣木等作物种子，搭乘长征七号运载火箭升空；“省农科院江门现代农业促进中心”在全省率先落户江门；广东省首个政府部门与大学（五邑大学）联办农产品检测专业，农业产学研推合作取得新发展。推进“育繁推一体化”工程建设，推广华航31号、抗应激饲料与饲养、病虫害绿色防控等良种良法，全市农作物、畜禽良种覆盖率均达96%以上。“广东鲜美”、“广东天之源”、“江门种业”等10家“育繁推”一体化农业龙头企业构成全省现代种业的重要板块。全市农作物机械化水平达到56%，其中水稻生产综合机械化水平达到82.1%。

【无公害农产品基地建设】 2016年，江门市实施农业品牌化发展战略，推动农业标准化生产，制订发布农业地方标准化生产规程35项，全市累计建立市级以上农业标准化示范区（基地）69个（其中省级18个、市级51个），省级认定“菜篮子”基地21个；2016年重新修订印发《江门市农产品“三品一标”认证奖励办法》（江府办〔2016〕46号），扶持发展名特优新农产品，推进“生产导向”向“消费导向”、注重数量向质量效益兼备转变，全市有效期内国家有机食品41个，绿色食品38个，无公害农产品132个，农产品地理标志产品5个（包括杜阮凉瓜、开平马冈鹅、鹤山红茶、恩平簕菜、台山大米），广东省农业类名牌产品31个，广东省“十大名牌”系列农产品5个，广东省名特优新农产品20个。

【农业信息网建设】 2016年，完成江门农业信息网改版升级，按照广东省、市网站考评标准，优化栏目设置，加强网站服务能力；制定《关于进一步加强农业信息工作的意见》和农业信息报送考评办法，规范农业信息采编，提高发布信息质量；江门农业信息网和江门市农村信息直通车网站共采编、发布信息8543条，在省农业信息联播采编、发布信息1018条；江门农业微信采编、发布信息900多条，江门农业新浪、腾讯微博共采编、发布信息366条。启动江门市农产品农田地理信息公共服务平台（一期）建设工作，建设方案通过专家论证；江门市农业投入品追溯系统进入试运行阶段，全市近700家农药经营店纳入系统；加强农产品质量安全溯源公共服务平台管理维护，36家农业企业上线并进行附码经营；完善江门市农业行业专业技术人员继续教育系统，完成江门市农业专业技术人员继续教育课程约400学时；做好信息扶贫项目，加强对全市82条扶贫村信息终端机及液晶电视管理维护。开展“春耕生产江门行”网上专题，围绕江门市春耕工作亮点、活动现场，以及后续跟进等内容进行全媒体宣传报道；举办农业信息写作、农产品质量安全溯源系统、第五届江门农博会论坛、江门市新型职业农民电商创业创新训练营等活动共9期。开展农业大数据中心建设的前期调研，先后与中国电信、移动、联通、广东宏景等大数据应用领域领先企业开展交流活动，重点调研云计算、物联网、“互联网+”在现代农业领域的应用。

【农产品质量安全监测】 2016年，江门市制定《2016年江门市农产品质量安全例行监测方案》《2016年江门市饲料监测方案》《2016年江门市农业环境监测方案》，加强农产品质量安全监测。2016年，全市监测样本139249个（市本级监测样本5140个，各市（区）监测样本134109个），其中种植业产品抽检蔬菜水果样本22848个，检测合格率为99.37%；抽检畜禽样本116121个，合格率是99.99%。是年，江门市农产品质量监督检验测试中心完成监测样本5140个，包括例行监测3807个、专项监测538个、飞行检查239个、监督抽查49个、饲料监测110个、产地环境监测257个、省级异地监测140个；其中，例行监测抽检辖区内种植业生产基地179个、蔬菜样本1260个，总合格率为97.70%；例行监测抽检四市三区屠宰场、养殖场禽畜产品509批次、禽畜产品样本2547个，合格率为99.76%；抽检四市三区饲料生产企业39家、饲料样本110个，合格率99.09%；选取102个农业环境监测点，其中选取78个监测点进行土壤、水与相对应的作物重金属污染情况进行监测，24个点进行土壤重金属污染情况动态监测分析，摸清农业土壤、水体及作物的重金属污染状况，了解农业污染风险状态和变化趋势，为农业可持续发展提供基础数据和决策依据。

【扶持老区和贫困地区发展】 2016年，出台《关于新时期城乡精准扶贫精准脱贫的实施方案（2016-2018年）》（江发〔2016〕6号），提出建立“11+3+3”（以11项精准扶贫措施促贫困户精准脱贫，以3项精准措施全面提升村（社区）公共服务水平，以3项精准措施改善老区生产生活条件）常态化、全覆盖的城乡扶贫长效机制。实行精准识别建档立卡、部门单位挂钩帮扶、产业扶贫、金融扶贫、创业扶贫、就业扶贫、教育扶贫、医疗扶贫、救助扶贫、社会扶贫、“互联网+精准扶贫”11项措施；落实强化经费保障、提升服务能力、规范站点建设3项责任；实施改善100条老区村居住环境、行路难和饮水安全、农田水利设施3项工程。开展“百企扶百村”行动，动员全市100家企业以签约结对、村企共建的形式，参与扶助100个相对落后老区村。开展“百医牵百村”行动，以市、县、镇三级医疗机构取得中级或以上职称临床医生为骨干组建医疗服务队，到全市偏远、经济相对落后的100个老区村开展挂点联系帮扶工作，定期开展名医下乡义诊活动，为群众开展常见病、多发病的诊治及慢性病防治知识健康宣教活动，提高医疗救治能力，方便农村基层群众看病就医。2016年，接诊病人6500人次，双向转诊、康复治疗90人次，健康教育6657人次，带教培训乡村医务人员50人，义诊受益群众3000多人次，减免患者费用、赠送医疗设备价值165万元。实施基本公共服务均等化补助和资源激励型财政补贴政策，通过财政补贴，使村委会逐步向服务型机构转变，推动基本公共服务均等化下移，并逐年提高村委会集体收入补助标准和补助水平，实现全市所有村委会集体可支配收入达到15万元以上。

【农村经济体制改革】 2016年，江门市铺开农村土地承包经营权确权登记颁证工作，至年底，确权外业指界面积222.3万亩，占应确权面积的94%，化解存量涉农涉地矛盾40件，工作质量和进度走在广东省前列。出台《关于加快农村产权流转管理服务平台建设的实施意见》，广东省首个地市全域建设市、县、镇三级农村产权流转管理服务平台和村级农村产权管理服务站点；推进农村党风廉政建设信息公开平台、农村财务监管平台和农村集体资产管理交易平台“三合一”融合运作，推行农村集体“三资”监管责任追究和农村财务委托第三方管理，在监管内容、信息共享、实时监控、交易服务、保值增值等方面实现新突破，全市2011年至2016年累计通过“三资”平台交易30109宗，金额达95亿元，增值36%。新会区以国家农村综合改革示范试点为抓手，在农村集体产权管理服务机制、小城镇扩容提质、基层党建和村民自治重心下移等方面开展探索，新会经验在广东省推广。蓬江区以村改居社区“政经分开”为抓手，探索党组织、经济组织和自治组织功能分离合作。鹤山以国家扶持村级集体经济发展试点为抓手，探索实践资源变资产、资金变股金、农民变股东的“三变”，推动村级集体经济发展和农民持续增收。

【国家农产品质量安全市创建】 2016年，江门市农业局破解从田头到餐桌质量安全难题，提出三区四市同步创建国家农产品质量安全县，计划2017年全域成功创建国家农产品质量安全市的目标要求，协同各市（区）政府和全市15个成员单位齐心发力，制定相关方案、文件，建立统筹领导小组，邀请国家和省专家解读创建要领，采取申报、建设、监管同步策略，开展创建工作。推进软硬件建设同步，协调各市（区）政府解决镇级农产品质量安全监管机构、人员、经费、条件手段等问题；争取各级支持，总投入5000多万元，基本建成面积7737平方米的市级农业应急检验检测技术公共服务平台，健全完善县级、全面建设镇级农检站和村级移动检测载体。加大源头监管整治力度，组建市、县两级农业综合执法队伍；实行农资和农产品经营主体信用评级、“黑名单”管理制度，开展省级农资监管溯源试点；实施广东世行贷款资金1亿元项目，打出农业面源治理和“黑臭水体”（畜禽养殖污染）整治“组合拳”。创新信息化监管模式，探索大数据监管和社会共治新模式，实施“基于GIS的农产品农田地理信息系统”“江门市农资产品追溯系统”“江门市农产品质量安全溯源公共服务平台”、农业规模基地标准化生产全覆盖和农业生产经营主体诚信档案全建立“五个全省率先”。2016年9月，国家农产品质量安全市创建申报通过省级第三方专家组初审，并上报农业部待审。

【农业面源污染治理】 2016年，江门市先后出台《江门市农业生态环境保护行动方案》《江门市区黑臭水体（农业污染源）专项整治工作方案》《江门市畜禽养殖污染综合整治工作方案》，推进农业面源污染整治，重点推进畜禽养殖污染整治，引导规模畜禽养殖场配套建设废弃物贮存、处理、利用设施；实施化肥、农药零增长行动，扩大测土配方施肥技术在水稻、蔬菜、果树等农作物的应用，基本实现全市水稻测土配方施肥全覆盖；加快绿色防控技术以及生物农药、高效低毒低残留农药的推广应用，逐步淘汰高毒农药。以实施世界银行贷款广东农业面源污染治理项目为载体，加快构建环境友好型种植业，开展水稻保护性耕作新模式试点，推进牲畜废弃物治理，探索建立生猪养殖废弃物综合利用新模式。在化肥农药污染治理上，项目区累计完成投资4339万元，治理农田面积20.2万亩；农药利用率从30%提高到40%，农药包装废弃物回收率从零提高到90%，累计减少农药使用量321吨；化肥、农药使用量减少10%以上，化肥、农药利用率提高10%以上；农作物增产8%以上，每年每亩节本增收260元至330元，农产品农药残留量符合国家标准；实现施肥用药强度“两降低”，种植技术生产效益“同提高”、产量收入“双增长”。在养殖废弃物综合利用上，全市有7个规模化生猪养殖场纳入世行贷款牲畜废弃物治理项目，计划投资1.36亿元，其中申请世行贷款和省财政补贴4234万元；新建高床发酵型生态养殖示范基地2个，生态养殖模式推广规模达17万头生猪；实现养猪生产与废弃物处理有机结合、畜禽废弃物资源化利用，节约生产用水近80%，生产建设用地利用率提高近30%。

【农业依法行政建设】 落实行政审批制度改革，取消行政许可审批事项5项，转为日常管理事项，保留行政许可事项9项；制定并发布权责清单，推进行政审批标准化建设。完善依法行政制度体系，印发《江门市农业局规范性文件管理制度》，健全依法决策机制，推进行政决策科学化、民主化、法治化。落实执法主体资格制度，推进行政执法与刑事司法“两法”衔接制度建设，严格办案程序，开展专项执法行动。加强法律法规培训，全面提高工作人员法治思维和依法行政能力。

【农业综合行政执法队伍建设】 2016年3月1日，江门市机构编制委员会《关于印发<江门市直农业综合行政执法体制改革实施方案>的通知》（江机编〔2016〕3号），批复同意设立江门市农业综合行政执法科（加挂市农业综合行政执法支队、农业应急管理办公室牌子），为农业局内设机构，设支队长1名，副支队长2名，核定行政执法专项编制15名。2016年5月6日，江门市农业综合行政执法科正式挂牌成立。江门市农业综合行政执法科集中统一行使江门市农业局机关及所属事业单位原有的行政执法职能，指导、监督、协调全市农业行政执法工作，规范行政执法行为；负责种植业、畜牧业（含畜禽屠宰）、农业生态环境保护、农业转基因生物安全和农业机械等重大违法案件的查处工作；受理农业违法行为的举报并依法处理；组织编制、检查和督促实施农业突发事件应急各项预案；协调处置农业突发事件。

【农业执法制度建设】 2016年，江门市严格执行农业部“六条禁令”等有关规范和纪律，先后制定《江门市农业行政执法工作制度》

《江门市农业局行政执法依据》《农业行政处罚案件立案制度》《执法程序》《农业行政执法文书档案管理制度》《农业行政执法人员守则》《江门市农业局行政处罚裁量量化标准》《关于加强农业综合执法行政执法规范化建设的实施意见》《江门市农业局行政处罚案件集体审议规则》《江门市农业局行政执法责任制》《执法办公室岗位职责》《江门市农业局行政执法争议协调制度》《江门市农业局行政执法过错责任追究制度（试行）》等规章制度，组织实施各项执法制度，保障执法机制畅通运行，确保市农产品质量安全和农业生产安全。

【农业专项执法行动】 2016年，江门市出动执法人员8982人次，检查农资经营企业3752家次（其中：种子312家次、化肥565家次，农药1122家次、饲料491家次、兽药1156家次、农机41家次、其他65家次），立案查处案件40宗，查处假劣农药145公斤，不合格饲料11580公斤，假劣兽药761公斤，罚没款18万元。

【粮食生产政策落实】 2016年，江门市按照2016年中央1号文件和《广东省粮食安全责任考核办法》要求，将三项补贴政策改革为农业支持保护补贴，健全农业支持保护体系，提升农业可持续发展能力，稳定提高粮食产能，提高粮食规模化、组织化生产和社会化服务水平。2016年度粮食种植补贴按2015年种粮面积发放兑现，补贴标准为81.7元/亩，全市发放涉及农业支持保护补贴农户378163户，发放面积2514413.72亩，补贴金额2.0543亿元。开展高产创建活动，结合农业科技下乡，加快粮食主导品种和主推技术的推广应用。

【粮食高产创建活动】 2016年，江门市抓好粮食高产创建活动，全市落实粮食高产示范点7个，其中水稻5个，冬种马铃薯高产示范点2个。大面积推广粤农丝苗、华航31、黄莉占等水稻优良品种，全市水稻良种覆盖率达96%以上。通过开展粮食高产创建活动，保证粮食高产示范点粮食产量，辐射带动农户应用高产优质水稻品种和技术，提高粮食单产，稳定全市粮食产量。

【适用技术推广】 2016年，江门市机插面积达到120万亩，机插率为45.77%，比上年提高近6.6个百分点，水稻生产耕种收综合机械化水平82.1%，继续领跑广东省。全市推广应用水稻“测土配方施肥”，实现水稻测土配方施肥技术全覆盖，推广水稻三控技术面积5万亩；推广一批高产优质粮食品种，如粤晶丝苗2号、华航31、合丰占、五山丝苗等水稻品种；新美夏珍、金茂甜6号等玉米品种；粤引85-38、大西洋等马铃薯品种；粮食良种覆盖率达98%以上；推广马铃薯稻草覆盖技术近5万亩。

【病虫害综合防控】 2016年，江门市推广绿色防控技术，开展水稻病虫害专业化统防统治与绿色防控融合示范，引进试验新型植保机械，重点抓好迁飞性害虫稻飞虱、稻纵卷叶螟和流行性病害水稻纹枯病、稻瘟病等病虫及其他常规性重要病虫的监测预警，强化病虫预报信息化，推进病虫害预报信息在网络、电视、报纸、农讯通等媒体发布，为农民防治病虫害提供可靠依据和帮助。

【良种及新技术推广】 2016年，江门市以粤晶丝苗2号、“华航31”为水稻当家品种，推广“粤农丝苗”和“金农丝苗”等优良品种，全市水稻良种覆盖率达98%以上。马铃薯主要推广优良品种有粤引85-38，大西洋等；番薯品种有广紫薯2号、广薯62、广薯79、广薯87等；玉米品种有广甜3号、金茂甜6号、金茂3号等。种植面积较多的蔬菜品种有东莞黑皮冬瓜、黑优1号冬瓜，油绿80天菜心、油绿701菜心、江科1号苦瓜、江秀7号丝瓜、新星101番茄，东方神剑辣椒等。推广水稻集中育秧、水稻机械插秧、机械收割、稻草回田、农作物病虫害绿色防控技术、水稻病虫害统防统治；开展水稻病虫害专业化统防统治与绿色防控融合示范、测土配方施肥、冬种马铃薯增肥改土、马铃薯黑膜覆盖、农作物水肥一体化等技术。

【现代标准农田建设】 2016年，江门市做好高标准基本农田建设任务、资金落实和项目实施方案，按照《土地开发整理项目预算定额标准》等有关规定编制设计及预算方案；实行项目公告制、法人制、监理制、招投标制、合同制和信息报备、工作通报等制度，加强项目工程质量全程多方位监督。加强档案管理工作，建立每一个高标准基本农田建设项目专门档案，按照项目验收规程要求，收集和梳理项目招投标、规划设计与预算、项目建设、资金申请中所形成的有关资料，落实专人分类整理并归档管理。全市累计竣工验收高标准基本农田90.05万亩；是年，江门市建设高标准基本农田项目34个，投入资金3.366亿元，面积22.44万亩。

【经济和园艺作物生产】 2016

年，江门市经济、园艺作物播种面积180.13万亩，其中水果种植面积31.18万亩，花卉种植面积10.93万亩，蔬菜播种面积94.40万亩。2016年，全市蔬菜播种面积94.40万亩，亩产1462公斤，总产137.99万吨。全市水果面积31.18万亩，总产28.40万吨。其中：柑橘橙总产8.89万吨，香（大）蕉12.33万吨，荔枝1.81万吨，龙眼2.10万吨。2016年，全市甘蔗播种面积5.55万亩，亩产6106公斤，总产量33.90万吨。其中糖蔗面积2.74万亩，亩产6454公斤，总产量17.69万吨。果蔗面积2.81万亩，亩产5766公斤，总产量16.20万吨。2016年，全市花生播种面积17.38万亩，亩产174公斤，总产3.02万吨。全市茶叶种植面积1.05万亩，总产量612吨。2016年，全市花卉种植面积11.21万亩，销售额7.44亿元。

【畜牧业概况】 2016年，江门市加强动物疫病防控，畜牧业实现“保安全、保供给、促发展”预期目标，保持平稳发展，全市无重大动物疫情发生。全市肉类总产量51.22万吨，其中猪肉31.62万吨，家禽肉19.44万吨，同比分别增长6.2%、4.6%和8.85%，保障市场稳定供给。饲料生产企业数量保持平稳，全市饲料生产企业89家，生产各种饲料410万吨，比上年增加7.9%。

【生猪生产】 2016年，江门市贯彻落实扶持规模养殖场标准化建设等政策，推动生猪养殖向规模化、标准化方向发展。全市有20家生猪养殖场列入省级重点规模生猪养殖场，9家生猪养殖场列入国家标准化示范场，500头以上生猪养殖规模场的出栏量占全市出栏量的67.97%。2016年，全市生猪出栏402.91万头，比上年增长5.92%；生猪年末存栏181.23万头，比上年减少12.51%；全市生猪销售形势大好，猪价高企,全年瘦肉型猪价保持810元/担以上、土杂猪730元/担以上，到5月升至全年最高位,瘦肉型猪1120元/担、土杂猪1010元/担，10月份猪价逐步回调，仍基本保持瘦肉型猪810－880元/担、土杂猪750元/担左右。生猪市场行情向好，大型猪场、散养户基本盈利400－500元每头。

【“三鸟”、珍禽生产】 2016年，江门市拥有5家国家标准化示范家禽养殖场,家禽养殖龙头企业发挥资金、技术和市场优势，以“公司＋农户”模式带动农户发展健康养殖业。马冈鹅、参皇鸡、白鸽、鹌鹑等特色畜禽形成规模养殖，分别集中分布在开平市马冈镇、月山镇和新会区罗坑镇、崖门镇等地。2016年肉鸡价格平稳，三黄鸡保持在7-9元/斤；快大型肉鸡价格在4.8-6.5元/斤之间波动。全年家禽饲养量稳步上升，年出栏11436.37万羽，年底存栏3571.56万羽，同比分别增长8.61%和4.57%。

【动物防疫检疫】 2016年，江门市动物防疫经费投入包括重大动物疫病免疫疫苗、检测监控、消毒灭源等经费累计共1360万元，其中市本级260万元、各市（区）1100万元。全市动物防疫检疫各项关键措施到位，全年累计使用高致病性禽流感疫苗1.96亿羽份，猪口蹄疫疫苗485.565万头份，高致病性猪蓝耳病疫苗309.8万头份，猪瘟疫苗448.4万头份，四大病种的平均免疫密度均达到100%以上，全年没有发生重大动物疫情。抓好动物疫病监测和疫情预警预报，全市动物疫病监测样品52719份，其中病原学监测数量为22463份，抗体监测数量30256份。禽流感H5、猪口蹄疫、猪瘟、猪高致病性蓝耳病等动物疫病免疫抗体合格率均达到70%以上的国家要求。加强检疫与病死畜禽无害化处理，继续在全市实行防疫监督巡查制度，全年畜禽检疫数量同比相对稳定，全市产地检疫生猪371.66万头、禽类14381.30万羽，屠宰检疫生猪200.29万头、禽类247.38万只；全市监督无害化处理病、死生猪1.36万头、禽类4.16万羽、肉制品43.89吨，无害化处理率达100%。继续狠抓屠宰环节“瘦肉精”企业自检工作和动监部门抽检工作，全市屠宰牲畜200.97万头，企业自检牲畜尿液样本9.2万份，占屠宰量的4.58%；动监部门屠宰环节监测牲畜尿液样本10.01万份，占屠宰量的4.98%。全市58个生猪定点屠宰场未发现“瘦肉精”阳性个案。全市各地加强突发事件的应急管理和应急物资储备，全市共储备应急禽流感疫苗905.4万羽份，应急口蹄疫疫苗42.45万头份，消毒药38.36吨，防护服2811套以及消毒器械102台等防疫物资一批。

【畜牧业良种推广】 2016年，江门市推广畜牧业优良品种，家禽基本实现良种养殖，生猪良种覆盖率为95%以上，草食动物得到大力扶持发展。家禽主要良种为三黄鸡、麻黄鸡、广西草鸡、石岐杂配套系、樱桃谷鸭、澳白圣鸭、马岗鹅等；珍禽良种为美国皇鸽、鹧鸪、珍珠鸡、山鸡、鹌鹑等；生猪良种为长白、大白、杜洛克等配套系。市畜牧技术推广站利用我市自然资源优势，推广草食动物优质黑山羊养殖技术，累计推广农户145户，饲养量达到8多万头。加大对奶牛、肉牛、鹅等草食动物推广的扶持力度，对244头后备母牛每头补贴500元。

【农业机械化发展】 2016年，江门市农机总动力165.87万千瓦（农用运输车不再纳入农机统计范畴）。其中：拖拉机拥有量达4.1202万台，比上年增长2.2%；水稻插秧机3199台，比上年增长11.1%；联合收割机4351台，比上年增长2.45%；分别比上年增加910台、320台、104台。水稻机耕面积17.41万公顷，机耕率为98.84%；水稻机插秧面积8.065万公顷，机插率45.79%；水稻机收面积16.929万公顷，机收率为96.12%；水稻生产综合机械化水平达到82.11%。

【农机服务】 2016年，江门市农机服务社会化、组织化、市场化农机服务水平不断提高，农机服务领域不断向纵深拓宽。全市正式注册农机专业合作社188家（其中合作社联社1家）、农机协会3家，从业人员3358人；农机户年末机构数达41413个，人数57195人；农机跨区作业面积13.889千公顷；培训各类农机人员3767人次。

表7： 2016年全市主要农业机械拥有量情况

市、区	农业机械总动力（千瓦）	耕作机械（台）	农田排灌机械（台）	收获机械（台）	渔业机械（台）
合　计	1658728	41201	89474	4531	62204
蓬江区	148818	238	0	1	1400
江海区	20900	180	1600	0	1965
新会区	282497	7273	13424	750	24725
台山市	487400	15656	26200	2254	3150
开平市	394083	9206	16513	785	5799
鹤山市	170000	5088	28000	190	13350
恩平市	155030	3560	3637	371	1815

（市农业局）

林　业

【林业概况】 2016年，江门市林业和园林部门贯彻“创新、协调、绿色、开放、共享”发展理念，落实广东省委新一轮绿化大行动和市委、市政府“生态优先，民生优先”发展战略，围绕“兴业惠民、治吏简政”的工作要求，以建设生态江门，美丽侨乡为奋斗目标，以“创建国家森林城市”和“公园城市建设”为统领，抓好重点林业生态工程建设和城乡园林一体化工作，增加林地和城市绿地的总量，提高生态文明发展水平。

【营造林】 2016年，江门市计划内的造林更新任务5.78万亩，其中人工造林0.19万亩、退化林修复3.25万亩、更新改造1.07万亩、封山育林1.27万亩，任务完成率100%。 （张昌凤）

【义务植树和群众性绿化活动】 2016年，义务植树期间，江门市在全市范围内组织开展全民义务植树活动，发动市直机关及各市（区）、镇、街、村和林场的广大干部职工、地方部队官兵、教职员工、学生、市民群众等参与各类义务植树活动。3月12日，江门市林业和园林局联合江门市广播电视台在蓬江区天沙河旁联合举办主题为“融沐春光·和育绿林”大型公益林认种活动。全年完成义务植树372.22万株，全市义务植树尽责率98%。 （方晓华）

【四大重点林业生态工程建设】 2016年，江门市各项林业重点生态工程建设进展顺利。生态景观林带工程：2016年省下达江门市生态景观林带建设任务39.2公里，截至年底，完成46.2公里，任务完成率118%。森林碳汇工程：2016年起，江门市实施森林碳汇重点生态工程二期（2016-2020年）建设工程，总建设任务6.53万亩。2016年计划建设任务1581亩，全部位于台山市，已全面完成种植任务。乡村绿化美化：全市计划建设乡村绿化美化示范村138条，已完成全部建设任务。森林进城围城工程：计划新增1个湿地公园。已完成新会南坦葵林区级湿地公园建设，该公园位于新会区南坦岛，规划面积710亩，是目前新会区保留得最好，连片面积最大，生长最茂盛，观赏性最高的一片葵林，极具保护和生态旅游价值。（赵晓辉）

【公园城市建设】 2016年，江门市推进公园城市建设，狠抓各项重点工作的落实，推动市、县、镇、村四级公园体系建设，致力于打造公园城市中的国家森林城市。全年共建各级各类公园500多个，其中，新建改建村居公园443个，新建镇级公园21个，新增森林公园20个。全年国家、省、市等媒体共刊登公园城市宣传报道80多篇，市公园办印发工作简报30期，专报4期。加快七大龙头公园、湿地公园规划建设，构建“一山一水”的公园格局。圭峰山、龙舟山、白水带、大雁山、石花山、梁金山、鳌峰山等七大龙头公园继续加强周边资源整合；加快湿地生态系统重建和恢复，规划建设蓬江天沙湖、江海龙溪湖、新会南坦葵林、台山大隆洞、恩平沙湖等一批湿地公园，其中新会小鸟天堂和开平孔雀湖成功申报国家湿地公园（试点），广东镇海湾红树林湿地公园完成概念规划编制并建成东北（台山深井）、西北（恩平横陂）等六个出入口。特色田园风光公园、城市综合性公园、江门植物园、城乡绿廊等建设任务按计划推进。潮连小海河和古劳水乡等田园风光公园建成并对外开放；蓬江席帽山公园、开平南岛苍江健身广场等综合性公园已建成；完成《江门植物园总体规划》和《江门植物园兰石园区（一期）详细规划》编制工作；90公里城乡绿廊建设任务基本完成。

是年7月，江门市印发《江门市各级（类）公园建设标准指引》，将各类公园分为市、县、镇、村四级,并相应设计公园的形象标识牌，编制全市统一的公园内部标识。（陈耀彬）

【国家森林城市创建】 2016年4月23日，《江门市国家森林城市建设总体规划（2015-2024年）》在北京通过专家评审，并于5月27日经市政府十四届97次常务会议审议通过。各级各有关部门围绕“三个结合”“四大体系”协调推进。“三个结合”，即与新一轮绿化江门大行动、公园城市建设及侨乡文化建设相结合。“四大体系”，即森林生态保护体系、森林产业体系、生态文化体系和森林支撑体系。2016年先后举办“江门•森林故事”征文比赛、“国家森林城市”摄影比赛；制作“创森”宣传公益广告；在各市、区举办“我为城市添新绿”市花送市民活动；开展义工“创森”宣传活动和“创森”科普宣传活动等，取得良好的宣传效果。（方晓华）

【生态公益林建设与管理】 2016年,江门市完成调整生态公益林5.17万亩，其中蓬江区0.08万亩，台山市1.39万亩，开平市0.87万亩，鹤山市1.03万亩，恩平市0.57万亩，市属林场1.23万亩。2016年，江门市计划完成新增4个生态公益林示范区的建设任务，台山市、开平市东山林场、恩平市及市属河排林场的生态公益林示范区已落实年度建设计划。是年，起草《关于加快江门市省级生态公益林扩面工作的意见》，做好省级生态公益林扩面的前期准备工作。（赵晓辉）

【自然保护区建设】 2016年，江门古兜山省级自然保护区完成3公里科普教育步行径建设，并在生态公益林示范区步行径、保护区科普教育步行径及保护区办公大楼周围为各类树木增设500多个树木标识牌，完善硬件设置；台山上川岛猕猴省级自然保护区2016年完成生态公益林示范区、专家楼维修及绿化、宣教中心科普展览室等工程建设，并对200亩沿海防护林带进行补植抚育。成立台山市中小学生科普基地，多次组织本地学生进行参观学习，并设立科研宣教中心，设计和制作宣传画册和标本，宣传野生动植物保护和森林防火等知识；恩平七星坑省级自然保护区2016年投入2000多万元解决5宗面积达11000多亩的林地回收，并调整为省级生态公益林。在核心区及交通主要路段建设一批防火护林的宣传牌。（谈嘉辉）

【湿地红树林管护】 2016年，江门市湿地总面积173462.18公顷，占珠三角地区湿地总面积的21.94%，大部分处于原生态状态。全市现有红树林总面积1798公顷，主要分布在镇海湾、广海湾和银湖湾，包括台山、恩平、新会三地沿海，其中台山市1400公顷、恩平市333.3公顷、新会区64.7公顷，以桐花树、白骨壤、秋茄和海漆群落为主。江门市计划用5年时间建设珠三角最大的红树林湿地公园——广东镇海湾红树林湿地公园。初步规划把台山深井、北陡、汶村，恩平横陂等地红树林纳入镇海湾红树林湿地公园规划范围，规划总面积约为100km^2,其中湿地35km^2,红树林

面积约10km²。2016年完成公园初步概念规划，6个入口完成工程建设和标示牌设置，部分步行径建成连通。（谈嘉辉）

【依法治林】 2016年,江门市各级森林公安机关充分发挥执法职能作用，坚持以执法办案为中心，按照上级统一部署，江门市分别组织开展“治爆缉枪”“禁种铲毒”“清网行动”“净网行动”“红线行动”“利剑行动”等一系列严打整治专项行动，打击各类涉林违法犯罪活动。是年，全市立森林和野生动物案件160起，查处139起,其中:立刑事案件42起，破案28起，刑事拘留16人次，移送起诉20人次；受理林业行政案件118起，查处111起，处罚119人次，罚款221.25万元，作出责令补种、恢复原状等其他处罚98人次。

（刘雪玲）

【林政管理】 2016年，江门市森林采伐量为104.8万立方米，生产木材74.4万立方米,未突破市“十三五”期间115.6万立方米的年森林采伐限额，完成省政府下达的“双增”任务。全市森林覆盖率46.29%，森林蓄积2274.2万立方米。2016年，全市共办理征占用林地40宗，面积277.4公顷，完成多项省、市重点项目的林地手续申报任务，如高恩高速、国道G325线改线、开平翠山湖工业转移园等。控制在广东省下达林地转为非林地211公顷指标以内。（范智才）

【森林防火】 2016年，江门市发生6宗森林火灾，森林受害面积为8.28公顷，森林火灾受害率为0.0187‰，当日扑灭率为100%，没有发生人员伤亡事故。各级党委政府、林业部门累计投入2860万元，完善森林防火基础设施建设。按照省、市有关要求落实森林消防、护林队伍，全市森林消防专业队伍人员共108人；各市区和市直属国有林场有专职和兼职巡山护林员1695名，常年坚守在森林防火第一线。各级森林防火指挥机构大力推动森林防火宣传教育的深入开展，分别在当地电视台、电台、乡村广播等上加密播放森林防火宣传公益广告；派出辖区专业森林消防队伍、护林员利用车载宣传器，分别前往辖内景区、公园、圩镇等开展森林防火流动宣传；通过其他短信、网站、微信等宣传媒体加强宣传。开展培训演练工作，组织开展森林防火夜间实战训练、森林火灾应急处置“双盲”演练和全市基层森林防火指挥员培训班，组织市中心城区森林消防大队业务骨干前往各地指导森林消防培训工作。

（吴柏）

海洋与渔业

【海洋与渔业概况】 2016年，江门市发展海洋经济，编制印发《江门市海洋经济发展“十三五”规划》，合理布局海洋空间，加快发展海洋经济。全市基本形成以临海先进装备制造业、海洋船舶工业、临海电力产业、滨海旅游业、海洋渔业为主导的现代海洋产业体系，“一湖”（银洲湖）、“两岛”（上、下川岛）、“三湾”（银湖湾、广海湾、镇海湾）的海洋经济发展空间潜力巨大，一批临海工业园区、产业基地及重大项目正在加快建设。2016年全市海洋经济总产值达1070.5亿元，比上年增长12.9%；海洋经济增加值达398.1亿元，比上年增长10.3%，占全市GDP的16.5%。（钟树年）

【海域使用管理】 2016年江门市在广东省率先出台《江门市集中集约用海规划》，划定“一湖、两岛、三湾”五大集中集约用海区，为科学利用海洋资源、加快发展海洋经济、合理布局海洋空间、保护海洋生态环境提供了明确指引。《江门市海洋功能区划（2013-2020年）》获广东省政府批复实施，为广东省首批获得批复实施的海洋功能区划。执行海域使用管理“三项”（海域权属管理制度，海洋功能区划制度和海域有偿使用制度）制度，把好项目用海审批关，做好重点建设项目用海服务保障工作。2016年全市确权登记海域使用权84宗，用海面积约1249公顷，征收海域使用金约127万元；办理海域不动产登记4宗,注销登记50宗。推进养殖用海市场化配置工作，以台山为试点，制定《台山市养殖用海市场化配置工作方案》，明确近岸小面积（50公顷内）养殖用海通过镇“三资”管理平台出让，海域使用金分成比例为市财政60%、镇村40%；较大面积（50-100公顷）养殖用海通过市公共资源交易中心公开挂牌出让，海域使用金由市财政统筹安排。实施《江门市新会区银湖湾区域建设用海总体规划》《广东省台山市广海湾临港产业区区域建设用海规划》，广海湾累计处置香港惰性拆建物料约9780万吨，填海造地11240亩。

（钟树年）

【海岛保护与开发利用】2016年，江门市推进有关海岛整治修复项目实施。台山市下川岛独湾码头防波堤工程总投资4356.59万元，项目前期工作进展顺利，项目用海获得广东省政府批准。围夹岛、大帆石领海基点以及黄麖洲、坪洲、墨斗洲等可开发利用海岛监视监测工作

有序进行，全年开展海岛巡查4次。（钟树年）

【海洋与渔业资源环境保护】 2016年，江门市推进海洋与渔业资源环境保护工作，完成台山海域人工鱼礁建设项目竣工验收工作，分别在江滨公园放生台及新会、开平、鹤山水域开展渔业资源增殖放流活动，放流鱼虾苗3000多万尾，促进渔业可持续发展。（陈岳祯）

【渔业捕捞】 2016年，江门市有捕捞渔船3679艘，总功率150521千瓦，总吨位73236吨，其中钢质渔船107艘，分布在沙堤、崖门、广海、横山4个渔港和三洲、东滘、冲口、烽火角、下川、横板6个渔船停泊区以及内陆水域。渔船作业方式分拖网、围网、刺网、钓、定置网等，种类齐全。全年捕捞产量11.27万吨，捕捞产值17.27亿元。落实海洋捕捞双控指标政策和开展沿海渔民转产转业工作，严格控制近海捕捞强度，鼓励和扶持发展南沙渔业，至年底，全市有南沙生产渔船30艘，总功率18892千瓦，总吨位10540吨。

（黄维杰）

【水产养殖】 2016年，江门市通过实施低产鱼塘（咸围）改造、“一条鱼”工程和科技兴渔战略，调整和优化水产养殖业产业结构，转变水产养殖业的增长方式，推动水产养殖业向规模化、集约化、产业化发展。2016年，全市水产养殖面积65246.2公顷，养殖产量66.84万吨，养殖产值107.15亿元，养殖产量、产值分别占渔业产量、产值的85.57%、86.11%。

（黄维杰）

【水产品加工】 2016年，江门市增强水产品加工企业的品牌意识，提高产品研发和市场竞争力，有水产品加工企业约90家，年加工能力达11万吨，全年水产品加工量7.67万吨，总产值12.61亿元。

（黄维杰）

【水产品质量安全管理】 2016年，江门市按照创建国家农产品质量安全市的部署要求，结合水产品质量安全监管实际，制定《2016年江门市水产品质量安全专项整治行动方案》和《2016年江门市水产品质量安全监控计划》，加强对辖区内的苗种场、养殖场、无公害水产养殖基地、流通环节、投入品等的抽检工作，严肃查处水产养殖非法添加、滥用食品添加剂和各类监督抽查药残超标案件。举办水产品质量安全培训班6期；抽检水产品样品691个，总合格率达98.98%，其中苗种抽检合格率达97.14%；检查水产养殖单位717家次，查处药残超标案件2宗。全年没有发生水产品质量安全事故。（黄维杰）

【安全生产与应急管理】 2016年，江门市发生渔业安全生产事故1宗，死亡1人，未发生较大以上安全生产事故，安全生产形势相对平稳。年内开展全市性渔业安全生产大检查9次，共检查渔港（渔船停泊区）20个（次），渔船152艘（次），整改安全隐患89项；开展专项安全检查51次，检查渔船2215艘（次），排查并整改安全隐患285项。举办渔船从业人员安全生产知识培训班10期，培训人员1500多人（次）；举办职务船员考试发证培训班7期，培训人员1000多人（次）。组织参与防御强冷空气及台风工作14次，参与、协调水上安全突发事件救助12起，救助渔民群众62人。新会区荣获“全国平安渔业示范县”称号。

（谢延伟、杜良彪）

【海洋执法监察】 2016年，江门市落实海监执法“三巡”制度，组织开展海上巡航179次，陆上巡查126次；组织海洋工程、海洋倾废、海洋生态保护等各类执法检查190次，检查各类涉海项目229个次，巡查大小岛礁561个；开展“碧海2016”“海盾2016”“海岛定期巡查执法”“海砂开采及使用监管联合专项行动”“打击海上违法倾倒垃圾海上查联合专项行动”“海（河）砂流向排查整治联合执法行动”等专项行动，查处各类海洋违法案件9宗，其中海砂开采类案件立案6宗、海域使用类案件2宗、海洋倾废类案件1宗。

（陈嘉俊）

【渔业执法检查】 2016年，江门市加大渔业执法检查工作力度，出动渔政船艇1235艘次、执法人员7252人次，检查渔船7084艘次，查处各类渔业违法违规案件1493宗，查扣电鱼机16部、蓄电池11个、电线406米，清理滩边罟32570米。

（杜良彪）

【水生动物防疫检疫与水产技术推广】 2016年，江门市水生动物防疫检疫站完成全市首个水生动物防疫检疫实验室和首个基层鱼病诊所建设；组织实施水产苗种产地检疫出证50批次，检疫水产苗种5.6亿尾；完成疫病监测抽样送检任务400个；新增水产养殖病害测报点6个（全市34个），完善水产养殖病害测报系统。在水产养殖技术研究推广方面，收集40尾西江鲥较成熟亲本和2000尾西江鲥苗种开展培育试验，利用芯片注射亲本实行性腺发育跟踪检查；加强与高校合作，完成试验示范池塘水产养殖智能化管理系统项目建设和应用示范，组织开展青蟹农产品地理标志登记和牡蛎繁育及其产业化发展研究；举办病害测报、冰冻寒潮灾害救灾复产、渔业乡村兽医、青蟹生态健康养殖技术、新型渔业机械应用技术等培训班8期，培训510人次。新会水产技术推广站被确定为第三批全国基层水产技术推广示范站。（陈明波）

【海洋与渔业环境监测】 2016年，江门市海洋与渔业环境监测站组织开展江门市近岸海域环境现状和趋势监测、银湖湾敏感海域环境监测、陆源入海排污口监测和海水浴场、自然保护区、养殖区环境监测等,共布设监测站位62个，采集海水、底泥和鱼、虾、贝类生物等样品495个，获得监测数据近9000个。监测结果表明：江门市近岸海域水质属于清洁或较清洁的面积比例为39.9%，海洋功能区水质年平均达标率为28.9%；川岛海域水质较好，广海湾、镇海湾水质一般，黄茅海局部海域污染依然严重；银湖湾受陆源污染的影响明显，水体富营养化程度高；陆源入海排污口各项监测指标瞬时浓度全年平均值达标；海水养殖区水质状况基本能满足功能区环境质量要求；上川飞沙滩海水浴场水质状况和健康指数均评价为优；江门中华白海豚省级自然保护区水质受无机氮和活性磷酸盐污染，上下川岛中国龙虾国家级水产种质资源保护区水质、沉积物质量总体良好；全年无发生重大海洋环境灾害。渔业环境监测方面，主要针对潭江、西江两流域的23个断面，优势、主导和具有地方特色水产品的主要养殖区的9个代表养殖场和4个海水养殖区，冬季节前集中上市的养殖品种的17个海水养殖场，开展河流渔业水域环境质量、主要养殖区环境质量、海水增养殖区监测以及水产品质量安全等方面的监测，采集各类监测数据近1600项次。监测结果表明：潭江、西江各河段水质总体保持稳定，大部分监测指标含量符合标准要求，CODcr、总氮、总磷是江门市主要河段的主要污染物；主要养殖区水环境状况总体较好，但对虾养殖区水环境中有57%监测率的非离子氨含量超出《渔业水质标准》；海水养殖区水质总体较稳定，基本满足养殖的要求，所监测的项目中大部分均符合无公害标准《海水养殖产地环境条件》。（谢美灵）

【广东江门中华白海豚省级自然保护区】 2016年，广东江门中华白海豚省级自然保护区管理处荣获农业部水生野生动植物保护办公室授牌，成为江门市首个全国海洋珍稀濒危野生动物救护网络成员单位。《江门市中华白海豚自然保护区管理办法》经市政府常务会议审议通过，予以保留实施并延期5年。是年，保护区管理处积极开展科研合作、科普宣传、巡航管护、环境监测等各项工作，完善保护区基础设施和基础数据库，提升保护管护水平。重点强化科研合作，与国家海洋局第三海洋研究所、山东大学（威海）及华南师范大学生命科学学院合作，开展保护区及周边海域生态环境科考调查和中华白海豚种群调查，积累基础数据，为开展中华白海豚保护工作提供科学依据。创新宣教模式，“海豚救助微指南”微网站正式上线，保护区官方网站完成改版，保护区科普宣教馆建成并投入使用，中华白海豚主题画册及保护区新版宣教手册完成编印，开展“中华白海豚保护行动”，提升公众保护中华白海豚的意识。（蔡卓宇）

【海洋防灾减灾】 2016年，江门市完成海平面变化影响调查评估工作，为海洋防灾减灾和海洋领域应对气候变化提供基础数据和决策依据。5月9-15日，举办2016年江门市海洋防灾减灾宣传周活动。每天在《江门日报》上刊登海洋预报信息，10月开始在江门电视台《侨乡气象》节目中加入海洋预报信息，为市民群众特别是沿海渔民、企业提供及时的海洋预报信息，保障群众出行和生产安全。全年监视热带气旋共计26个，向渔民发放热带气旋消息244626条次。（陈岳祯）

【基础设施与执法装备建设】 2016年，广东省十件民生实事和省现代渔港建设项目——台山市烽火角区域性避风锚地建设项目正式开工。该项目总投资估算1.05亿元，建设内容包括航道疏浚工程、改扩建烽火角船闸、建设上岸码头和避风指挥中心等，计划2018年完工，建成后可容纳各类渔船1500艘于锚地内避风。2016年，江门市建造渔政（海监）执法船艇4艘。

（汤慧民、杜良彪）

【支渔惠渔】 2016年，江门市落实各项支渔惠渔政策，出台全市油补政策调整总体实施方案，明确112125万元油补资金的使用方向，落实资金项目安排。发放2014年油补资金共23309.62万元，完成2015年油补资金和2016年休（禁）渔补贴申报工作。开平市完成7户渔民安居工程，通过广东省的验收。（黄维杰）

【大广海湾建设上升至国家战略】 2016年3月3日，国务院印发《关于深化泛珠三角区域合作的指导意见》提出，“支持广东与澳门共建江门大广海湾经济区”。江门大广海湾经济区面积约3240平方公里，东接港珠澳大桥，西接粤西沿海城市，北接广阔的内陆腹地，是广东省海洋经济发展规划“六湾区一半岛”的组成部分。

全国云计算技术创新高地 2016年1月12日，江门市政府与中国建设银行广东省分行、中国电信广东公司和广东蔚海移动发展有限公司在江门市举行珠西数谷（云计算中心）项目暨政银“十三五”战略合作协议签约系列活动，合力推动珠西数谷（云计算中心）项目加快建设，争取将江门市打造成为全国云计算技术创新高地。是日，江门市政府、中国建设银行广东省分行、中国电信广东公司、广东蔚海移动发展有限公司共同签订珠西数谷（云计算中心）建设战略合作协议。根据协议，四方将强强联合，共同推动珠西数谷项目加快建设，合力将江门打造成为全国云计算技术创新高地、云计算应用服务先行区、云平台和软件集聚区。珠西数谷项目分别选址于滨江新城启动区和台山市广海湾工业园区，其中滨江新城启动区首期规划用地面积约130亩，台山市广海湾工业园区首期规划用地约300亩，致力打造一个以大数据为核心、云资源和云计算中心为主题的大规模产业集群。

2016年粤澳合作联席会议 于2016年6月21日在澳门举行。广东省省长朱小丹与澳门特别行政区行政长官崔世安共同主持会议并作主题发言。江门市与澳门特区政府签署《关于推动粤澳共建江门大广海湾经济区的框架协议》。会议确定年内粤澳合作的重点分六方面：优势互补，携手参与国家“一带一路”建设，鼓励和支持两地企业共同“走出去”；推进粤澳青年交流合作；把握粤澳服贸自由化的机遇，分享内地发展的红利；粤澳加快重大发展平台建设，包括加大力度建设横琴片区，以及争取澳门与南沙、中山、江门的合作取得更大程度的突破，力促澳门经济适度多元；拓展两地合作领域，加速社会民生等合作；强化机制建设，推进粤澳合作各专责小组的日常沟通等。粤澳双方还签署《粤澳携手参与国家“一带一路”建设合作意向书》《澳门特别行政区政府与江门市人民政府关于推动粤澳共建江门大广海湾经济区的框架协议》《粤澳旅游合作备忘录》等12份合作文件。江门市与澳门特区政府签署的《粤澳共建江门大广海湾经济区框架协议》提出，围绕“一带一路”、粤港澳大湾区建设等重大战略，将澳门作为中国与葡语国家商贸合作服务平台的优势以及大广海湾的区位和资源优势结合起来，在大广海湾探索实施“共同规划、合作开发、共享利益”的粤澳深度合作模式，推动粤澳跨境合作，实现两地经济贸易和创业创新水平的多元化和新提升，将大广海湾建设成为粤澳在“一带一路”国际合作的战略支点、落实粤港澳大湾区战略的重要载体。在合作内容上，共同规划建设产业合作示范区，深化江澳金融合作，在旅游、创新创业、现代农业、公共服务等新领域探索拓展江澳合作。

大广海湾经济区（台山片区）投资洽谈会 2016年6月28日，由台山市人民政府、江门市经济和信息化局、江门市农业局、江门市商务局等单位主办的2016年广东江门大广海湾经济区（台山片区）投资洽谈会在台山市举行。台山市有14个招商推介项目展示推介，接受咨询和洽谈。有32个项目现场签约，签约金额达292亿元，其中，亿元以上签约项目共21个，签约金额达287亿元。

江澳金融合作工作会议 2016年11月11日，江门市政府领导率团赴澳门参加2016年江澳金融合作工作会议，与澳门特首办、澳门经济财政司等部门开展会谈。会议提出江澳下一步产业合作示范区规划、开展“一程多站”的游艇旅游合作、共建旅游人才培养基地、青少年交流及青年创业创新等方面的合作设想。会议提出在做好大广海湾粤澳产业合作示范区选址和规划的基础上，依托江门市的优越条件，共同推进游艇旅游合作的启动。促进澳门、江门两地在鼓励创业创新、科技发展方面政策的对接和整合，把大广海湾打造成为吸引澳门青年创业创新的洼地。围绕粤澳（江澳）共建大广海湾经济区，把澳门、江门的发展需求和战略结合起来，支持澳门经济适度多元发展，并推动江门成为珠江西岸新的经济增长极。

水　务

【水务概况】 2016年，江门市完成水利投资8.72亿元，其中中央投资0.84亿元、省级投资3.27亿元、市级投资0.22亿元、县级投资3.93亿元、乡镇及群众自筹0.465亿元。完成土方101.82万立方米，石方57.58万立方米，砼方0.025万立方米。改善灌溉面积0.09万公顷，改善治洪（涝）面积0.396万公顷，江海堤围维修加固32.263公里，渠道维修95.442公里。完成市级代收水资源费1721.47万元。是年，完成《江门市水务发展“十三五”规划》编制并印发实施。

【水利工程建设】 2016年，江门市海堤加固达标工程7宗，估算总投资33745.32万元;已完工2宗，在建4宗，累计完成投资18841.72万元，其中中央投资完成6201万元，省级投资完成9389万元。病险水库除险加固工程45宗，概算总投资8912.32万元,其中中型水库1宗，为新会区曾坑水库，小（2）型水库44宗（其中新会4宗，台山16宗，开平11宗，恩平13宗），已全部完工;累计完成投资8801.84万元，其中完成中央投资3666万元，完成省级投资743万元。病险水闸加固工程7宗，其中大型水闸4宗，中型水闸3宗，概算总投资22188万元;初步设计均已通过省水利厅审查及珠委复核，并报省发改委立项;省发改委已批复5宗，下达投资计划3宗;其中1宗（合山水闸）已基本完工，江洲水闸已开工建设。新增小型病险水库加固工程列入规划的有11宗，其中台山市6宗，开平市5宗，概算总投资3083.95万元；已下达中央补助资金891万元，省级补助资金656万元；除王三水库因设计需2年施工期正在施工完成投资率53%外，其余10宗水库主体工程已完工，其中台山5宗、开平3宗完工，累计完成投资2810万元。

【潭江河流治理】 2016年，江门市列入中央独流入海河流治理规划的项目，估算总投资91539万元。潭江河流治理工程台山段及恩平段初设报告编制完成，并报送广东省水利厅审批；开平段基本已完成初设报告编制。PPP咨询服务项目实施方案已完成编制并征求有关单位意见。

【中小河流整治】 2016年，中小河流治理工程11宗，估算总投资30065.27万元;已完工4宗，在建7宗，累计完成投资19029.95万元，完成中央投资5520万元，完成省级投资7594.5万元。是年，蓬江区和鹤山市列入中小河流治理重点县综合整治及水系连通项目试点，其中蓬江区划分为5个项目区，鹤山市划分为10个项目区;第一批项目共7个项目区，已基本完成建设任务；第二批项目8个项目区，已有2个项目区开工建设，其余项目区开展前期工作。

【村村通自来水工程】 2016年，江门市纳入《广东省村村通自来水工程建设规划（2011-2020年）》有台山、鹤山、恩平3个市，涉及工程总投资3.7亿元（水源地到行政村）。鹤山、台山、恩平3市已启动村村通自来水工程建设，并完成广东省下达的2016年度建设任务。

【中小型灌区改造工程】 2016年，江门市有32宗灌区列入《广东省中型灌区续建配套与节水改造工程规划（2011-2020年）》，另有大隆洞灌区农业综合开发项目1宗。下达投资计划的有5宗，其中：开平市镇海灌区、台山市深井灌区、台山市大隆洞中型灌区农业综合开发项目完工，恩平市锦江灌区、鹤山市虹岭龙潭灌区正在开工实施。

【小型农田水利工程】 2016年，鹤山、台山、开平、恩平四个市列入小农水重点县建设名单;其中，鹤山市为中央财政第四批小型农田水利重点县，实施年度为2012-2014年，现已全部完工并完成年度项目验收；台山市为中央财政第五批小型农田水利重点县，实施年度为2013-2015年，已全部完工；开平、恩平市为中央财政第六批小型农田水利重点县,实施年度为2014-2016年，已全部完工。

【鹤山沙坪联围泵站改造】 2016年，机电排灌建设和小水电管理,完成鹤山沙坪联围泵站改造工程的建设任务;该工程是省民生水利的大型泵站更新改造工程，列入全国大型泵站更新改造计划，工程总投资1.83亿元,工程已完工。

【水电增效扩容改造】 2016年，江门市列入农村水电增效扩容改造计划的项目42宗，改造后总装机容量50560千瓦，总投资9880万元，其中中央资金3459万元、省级资金1044万元，自筹资金5378万元。根据水利部和省水利厅的要求，全部完成江门市的农村水电增效扩容绩效评价工作，受到广东省水利厅的表扬。

【水电站安全生产标准化建设】 2016年，江门市合山水电站、台山市四九井面潭水电站和恩平市江州水闸水电站等3宗试点电站完成农村水电站安全生产标准化建设工作，通过广东省水利协会的审查并在网上进行公示；合山水电站获得省水利协会颁发《农村水电站安全生产标准化二级单位》证书和牌匾，台山市四九井面潭水电站和恩平市江州水闸水电站获得《农村水电站安全生产标准化三级单位》证书和牌匾。

【锦江电站的控制及辅助设备改造】 2016年，初步完成锦江电站设计审批、施工招投标等前期工作，工程概算投资1367万元，改造3台机组进水蝶阀及其油压装置，全厂油、气、水系统升级改造，电站继电保护系统微机化改造、整合电站及各水文监测、大坝监测等系统、6.3kV高压配电装置更换，完成改造后将提高机电设备的自动化程度及设备完好率，确保安全生产。

【水库移民扶持】 2016年，广东省下达江门市的中央、省级水库移民专项资金共6468.8万元，包括：14083户53319人大中型水库移民600元直补资金3199.1万元、13647宗（户）水库移民生产经营扶持项目补助资金1790.2万元；移民村基础设施项目建设资金1479.5万元。

【对口三峡库区支援】 根据2016年广东省对口支援三峡库区工作安排,江门市援助重庆市巫山县100万元，其中：50万元支持建设新城移民小区供水管网项目（改造）；50万元支持建设抱龙移民集镇饮水安全工程项目（新建）。

【水利工程管理】 2016年，完成7宗工程的河道管理范围内建设项目行政许可；完成东部三区一市水系调度运行管理制度，在2016年有效地发挥闸、泵联合调度效益；完成《江门市西江大堤管理办法（征求意见稿）》；完成《江门市省管下放主要河道采砂控制调查报告》编制工作，并已印发实施。

【水资源管理】 2016年，江门市配合做好国家考核组对广东省2015年度实行最严格水资源管理制度现场考核的各项工作，完成广东省对江门市2015年度实行最严格水资源管理制度的考核工作。完成市级对所辖市（区）实行最严格水资源管理制度的考核工作。配合做好省水资源监控能力建设项目业务应用系统建设工作。完成2016年度取水户用水计划管理工作。按照省的规定和要求完成江门市2015年水资源公报的编制和发布以及水资源管理年报整编工作。是年，组织开展锦江水库水质监测工作，全市大中型供水水库蓝藻监测与水华风险预警评估工作及江门市实行最严格水资源管理制度水功能区达标率考核监测工作。做好台山市节水型社会建设试点、开平大沙河水库水资源保护、鹤山市水资源实时监控系统建设、台山市水资源实时监控系统建设、鹤山市虹岭水库水功能区水质在线监测等省水资源节约保护专项资金项目实施的督促和指导工作，做好江门市重要饮用水源水库健康评估（试点）工作并联合市财政局组织验收。

【“三防”工作】 2016年，江门市年降雨量为2339.4毫米，较常年同期偏多1成，从降雨来看属偏丰水年景。降雨主要集中在1月和8月；西江、潭江等主要河流未出现较大洪水（较大水情：1月下旬末潭江洪水、龙舟水期间西江洪水、8月初潭江洪水，均属于小洪水）；江门北街水文站最高水（潮）位2.85米，未达到警戒水位；潭江恩平站最高水（潮）位19.75米，未达到警戒水位。至年底，全市水利工程蓄水总量12.58亿立方米，比常年同期蓄水总量（10.43亿立方米）偏多20.6%，其中33宗大中型水库均处于汛限水位以下运行。

在防御1月寒潮、5月27～28日南海热带低压和强降雨以及“妮妲”“电母”“莎莉嘉”“海马”等热带气旋过程中，先后启动防冻Ⅲ级应急响应1次、防风Ⅳ级应急响应5次、防风Ⅲ级应急响应2次、防风Ⅰ级应急响应1次（防御“妮妲”）。全市共组织出海渔船31792艘次回港避风或就近避风，发出各类三防工作文件312份，组织召开三防会商会议20次。及时发布预警信息，联系江门广播电视台和电信、移动、联通三大运营商，持续更新有关台风消息及防风避险指引，在有关媒体滚动播放（送），及时发布有关预警短信，共计发送三防预报预警信息近18万条。1月份寒潮期间，全市受灾人口4466人，直接经济损失5207.06万元。洪涝灾害方面，台风“妮妲”造成我市新会、台山，恩平3个市（区）16个乡(镇)受灾，受灾人口6728人，紧急转移29053人，直接经济总损失2227万元，全市各地未出现人员伤亡情况。

完善大中型水库视频监控系统网路建设，确保33宗大中型水库10M专线链路到户。整合各类三防信息化软件系统，建成三防综合信息化应用平台；是年，全市各级有关部门共开展三防应急抢险救援培训和演练近20次，参加人数近2000人。5月20日,市三防指挥部举办三防应急抢险救援培训和演练，组织市三防应急抢险救援队（市中心城区森林消防大队）和江新联围防汛抢险队近50人参加，提高市级三防应急抢险救援队伍的专业知识水平和实战能力。全年在江门广播电视台播放三防公益广告1098次，在江门城区主要楼盘小区投放三防公益广告530幅次。

【水行政执法】 2016年，全市办理水事案件162宗（河湖案126宗、水资源案9宗、水工程案18宗、水保案9宗），处理群众来信来访等水事纠纷信访74宗，办结率100%。3月2日，水政监察支队执法人员在西江巡查过程中发现船号为“粤都城货9013”的运输船涉嫌非法运输河砂;按照相关程序和规定对其立案查处，最终对其处予壹万元罚款，并没收非法运输的河砂。8月15-16日、29-30日，水政监察支队组织西江和潭江干流沿线各市（区）水政监察大队，并联合公安、海事等部门开展联合执法巡查行动，在西江和潭江干流上对过往的采（运）砂船进行执法检查。9月13日，水政监察支队执法人员在西江进行巡查，在江门市江海区横海南砂场对开水域时，发现船号为“平南永佳6378”的运输船涉嫌非法运砂;按照相关程序和规定对其立案查处，最终对其处予伍万元罚款，并没收非法运输的河砂。

【供水、排水与污水】 2016年，江门市各市、区城镇供水、排水防涝、污水处理行业各单位齐头并进，行业发展成效显著，提升全市给排水服务水平。2016年，全市城镇供水能力达到167.0万吨/日，建成5420.80公里供水管道；建成排水管道1822.81公里，177座排涝泵房；建成城镇生活污水处理厂共34座，其中镇级污水处理厂21座，总处理能力87.8万吨/日，共配套污水管网640.80公里。2016年污水处理厂综合运营负荷率达90.72%，全年处理污水29774.25万立方米，全市城镇污水处理率为91.20%，达到2016年珠三角规划纲要“九年大跨越”城镇污水处理率91%的目标。

【黑臭水体整治】 2016年，江门市建成区有6条黑臭水体，分别为蓬江区天沙河（华盛路—江咀水闸）、杜阮河（高速入口桥—新河桥），江海区麻园河（滘头三元水闸—龙溪湖）、龙溪河（五邑路交叉口—龙溪湖），新会区会城河（南安路口—河口水闸）、紫水河（紫水桥—河口水闸），总长约41.74公里。是年，江门市从非工程措施和工程措施（麻园河、龙溪河、杜阮河、会城河工程部分项目已开工）两方面开展整治工作，制定《江门市黑臭水体综合整治方案》及工业、农业、生活、垃圾四个专项整治方案，完成“一河一策”可研编制，至年底，6条黑臭水体水质有明显的改善，基本实现河面无大面积漂浮物，河岸无垃圾，无违法排污口，完成2016年度整治任务。

气　象

【气象概况】 2016年，江门市气象部门践行“准确、及时、创新、奉献”的气象人精神，发挥气象防灾减灾第一道防线的重要作用，抗御超强寒潮、“妮妲”“海马”等强台风、高频次大范围暴雨等严重气象灾害，将灾害造成的损失降至最低。预报科获得广东省重大气象服务先进集体、苏耀墀、王成获得省重大气象服务先进个人荣誉。2016年，江门市“星云论道”气象文化品牌独树一帜；上川岛气象站站长杨万基先后获评“江门好人”和“广东好人”荣誉，叶朗明获江门市“十大最美网民”称号；江门市气象局获评2015-2016年度“市文明单位”荣誉称号。

【全年气候特点】 2016年，在极强厄尔尼诺事件转为拉尼娜事件背景下，江门市受到台风、暴雨、雷雨大风、冰雹、龙卷风、寒潮、雨夹雪等极端天气气候事件的影响。2016年总体天气气候特征是：冬季天气异常、开汛早、台风偏少、汛期长等。江门市平均气温22.9℃，与常年同期相比，略偏高0.4℃。降水量2275.5毫米，较常年同期略偏多1成。共出现了17次强降水过程。2016年出现罕见的冬汛，1月份出现4次明显降水过程，全市各地降雨量为315.6～534.1毫米，与常年同期相比，各地显著偏多9到13倍，各地1月份累积雨量均打破历史纪录。3月21日江门市正式开汛，较常年（4月11日）偏早21天。年内有4个台风影响江门市，影响偏轻。全市平均日照时数为1594.5小时，与常年同期相比略偏少1成。2016年共出现18次主要冷空气过程，其中1月22至26日出现寒潮天气，江门市有历史记录以来首次出现雨夹雪。下半年冷空气影响偏早，但强度不强，2016年入秋时间为10月30日，较常年（11月6日）偏早7天。

【灾害性天气】 2016年1月22-26日，受寒潮影响江门市气温显著下降，24日各地日间气温维持在3度左右，其中台山录得最低气温1.6度。23-24日江门市各地降雨的同时还出现霰；24日中午鹤山、蓬江、江海、新会出现雨夹雪，属有气象记录以来首次出现；至26日，全市有5个区、市，34个乡镇受灾，受灾人口4466人，转移人口580人，粮食减产5197吨，死亡大牲畜272头，水产养殖损失805.9吨，直接经济损失3016.31万元。3月19日，受偏南急流影响，19日中午起江门市中北部地区陆续出现强雷雨天气，而鹤山、蓬江区部分地区伴有冰雹；其中宅梧镇12时06-12分出现冰雹；古劳丽水村和古劳双桥村13时10-20分出现冰雹；冰雹直径约3厘米；蓬江区棠下镇12时30分左右出现冰雹。

4月4日，受高空槽和偏南暖湿气流影响，下午到夜间江门市部分地区出现强对流天气，局部伴有雷暴和短时大风。其中恩平市出现一次暴雨降水过程，并出现洪涝灾害；根据全市气象站网的监测，4日08时至4日20时恩平市有14个站出现50毫米以上降水，最大累积雨量为恩平市大田镇87.7毫米；受强降水云系影响，恩平市那吉镇黄角村委会仙人塞海附近山头由于暴雨天气引发山洪，有22名拜山祭祖的群众（11名恩平人，11名茂名信宜人）来不及转移被洪水围困在山头。5月28日，受热带低压残余云系影响，28日凌晨起江门市自南向北转强降水天气，27日20时至28日20时，恩平、台山、开平南部、新会南部出现了暴雨到大暴雨，其余地区普降中到大雨局部暴雨；其中，据台山市应急办消息：台山市端芬镇凤凰峡旅游区有游客在漂流过程中突遇山洪暴发，不慎落水失踪；截至5月29日，搜救上来生还者10人，死亡8人，身份全部确认。6月27日，受海上东南气流影响，台山出现局地性的短时阵雨；上川岛飞沙滩附近海域出现小型海上龙卷风，俗称“龙抽水”；到岸上后，变成水雾和扬尘散开，随后转短时阵雨，没有雷暴和大风，整个过程持续大约5至10分钟。7月30日午后到夜间，受强雷雨影响，江门多地出现强对流天气，并伴有短时强降水和短时大风。其中，17时30分左右，新会区会城街道、双水镇小冈等地出现冰雹，新会国家站录得冰雹直径18毫米，持续时间10分钟左右;19时50分左右，台山市汶村镇冲口村出现34.8米/秒（12级）的小时极大风。8月1-3日，台风“妮妲”正面袭击珠三角地区，受其影响江门市出现持续强降水;其中1日傍晚至2日傍晚江门市普降暴雨到大暴雨局部特大暴雨降水，并带来8至10级阵风。根据全市气象站网统计，1日16时至3日16时：全市共有2个站（1.4%）出现250毫米以上降水，119个站（83.2%）出现100到250毫米降水，12个站（8.4%）出现50到100毫米降水，最大累积雨量点为上川岛304.4毫米；“妮妲”给江门市南部沿海带来8到10级阵风，台山市山咀村录得26.4米/秒的极大风；8月10日，受扰动低压外围影响，江门市出现中到大雨，局部暴雨到大暴雨降水，根据全市气象站网的监测，9日20时至10日20时，全市有20个站（13.7%）出现大暴雨，62个站（42.5%）出现暴雨，最大雨量点为新会大泽151.2毫米；受其影响，10日上午江海区外海中华大道、高新区片、礼乐文昌路段出现严重内涝，水浸达30-50厘米。此外新会城区、开平、台山等多地出现水浸。10月17至19日，受台风“莎莉嘉”外围环流影响，江门市出现强降水天气；根据全市气象站网统计，10月17日8时至10月20日8时，全市有83个站出现100到250毫米降水，51个站出现50到100毫米降水，最大累积雨量点为台山市赤溪镇188.0毫米；“莎莉嘉”给江门市南部及沿海带来8到11级阵风，台山市川岛镇录得29.5米/秒的极大风。10月21日，受台风“海马”西侧环流影响，全市出现阵雨降水，降水整体不明显，但江门市东部地区出现7到8级阵风，新会国家气象观测站录得20.4米/秒（8级）的极大风。

【气象业务建设】 2016年，江门市新增区域自动气象站16个，大气电场仪5套，能见度仪1台，回南天检测仪1套，气溶胶3D可视化激光雷达探测站1套，完善综合探测体系。完成银湖湾海洋气象综合探测基地科技与科普业务用房首期建设，完善银湖湾海洋综合气象探测基地与赤鼻岛监测仪器的安装与调试。

【气象服务】 2016年，面对江门市“开汛早、结束晚、汛期时间长，寒潮强、降水多、台风生成晚”的天气气候背景和气象灾害防御难度大的严峻形势，全市各级气象部门及时启动或变更应急响应，为各级政府主动防御、有效抗灾争取了更多时间。全市报送决策服务材料“重大气象信息快报”294份、“重大气象信息专报”287份、“天气实况报告”417份、专项气象服务和专题报告20次248份、发布预警信号747次、推送1040条天气微信。通过突发事件预警信息平台、运营商“绿色通道”发布应急信息超1000万人次。完成节假日、春运、春耕、高考等重要时段的气象服务，为社会公众合理安排生产生活提供帮助。市县联动做好“5·28”暴雨过程服务，并有效应对“台山5·28漂流事件”舆情，未造成负面影响；台风“妮妲”期间，江门全市首次实施“四停”（停工、停业、停市、停课），新会、恩平气象与人社部门率先共推恶劣天气停工机制，气象预警的“发令枪”“消息树”作用更加突显。预报质量进步明显，2016年下半年获第四季度第1名。侯中阳获广东省公共气象服务竞赛基本技能二等奖。

【气象现代化】 2016年，广东省气象局与江门市人民政府签订推进气象现代化合作协议；与市发改局联合印发气象发展“十三五”规划；江门市气象监测预警中心投入使用，气象现代化取得重大成果；恩平、鹤山气象灾害监测预警中心和银湖湾海洋气象综合探测基地进展顺利；构筑气象现代化良好合作工作机制，与海洋渔业、供销社、联通、《江门日报》、江门电视台和旅游等部门签署合作协议或合作取得深化：与市海洋渔业局签订海洋气象服务合作协议，开展海洋天气预报；与市供销社签署《联合推进气象为农服务合作协议》，推进为农服务工作；与住建局合作加强建筑施工工地气象预警服务，建立全市重点建筑工地防灾负责人气象预警信息直通式服务机制，为城乡建设提供气象安全保障；加大与水利部门资源共享，整合雨量数据，为各级政府部门提供更科学的决策信息；与国土局共享数据，提升地质灾害气象风险预警服务水平；新会、恩平气象、人社建立台风暴雨停工机制；与江门广播电视台、江门日报全媒体新闻中心合作发布预警信息。2016年上半年，江门气象监测预警中心建成投入使用，并完成影视中心、职工食堂、停车场、柏油道路以及羽毛球场、观月斋、书香墨趣的建设（改造）；恩平、鹤山气象灾害监测预警中心业务用房完成主体工程，进入内部装修阶段；开平局在金鸡镇农业“双创”基地建成江门首个虚拟体验测评为主的气象科普馆；完成银湖湾海洋气象综合探测基地科技与科普业务用房首期建设，完善银湖湾海洋综合气象探测基地与赤鼻岛监测仪器的安装与调试。2016年完善综合探测体系，全市新增区域自动气象站16个，大气电场仪5套，能见度仪1台，回南天检测仪1套，气溶胶3D可视化激光雷达探测站1套。

·责任编辑　杨清华·

工业
industry

综 述

【工业概况】 2016年，江门市实现规模以上工业增加值1041.82亿元，比上年增长7.0%，比广东省平均水平高0.3个百分点。全市工业品内销额达3123.37亿元，占全部工业销售产值的72.72%。民营经济实现工业增加值464.62亿元，比上年增长11.8%。 （翁俊聪）

【产业结构优化调整】 2016年，江门市推进产业结构调整，先进制造业实现规模以上工业增加值400.39亿元，比上年增长10.5%；装备制造业实现规模以上工业增加值294.78亿元，比上年增长9.6%。江门市推动优势传统产业转型升级，组织实施一批优势产业重点技术改造专题项目，从机器人应用、设备更新、智能化改造等方面全面提升传统产业生产效率、信息技术应用水平。 （陈振华）

【战略性新兴产业】 2016年，江门市大力发展LED、高端电子信息、高端装备制造等战略性新兴产业。2016年全市LED产业总产值达到370.14亿元，比上年增长15.23%。目前全市从事LED产业生产的企业已超过1000家，先后引进西铁城、德力西、台湾一诠等著名企业，培育一批有竞争力的本地企业，包括同方友友、广东甘化（广东德力光电有限公司）、江门市科恒实业股份有限公司、广东金莱特电器股份有限公司、广东聚科照明股份有限公司等。江门市LED产业形成从外延-芯片-封装-应用的由上游到下游一条龙的完备产业链。外延芯片方面，拥有广东德力光电有限公司和江门市奥伦德光电有限公司2家外延芯片生产厂家，拥有MOCVD设备15 台，外延芯片技术水平已接近国际先进水平，在国内处于领先水平。江门市先后建立国家半导体光电产品检测重点实验室，成立江门市LED行业协会、江门市照明电器行业协会、江门市LED产业标准联盟等服务机构。江门获得“国家火炬计划江门半导体照明特色产业基地”“广东省火炬计划半导体绿色照明特色产业基地”“广东省战略性新兴产业（江门绿色光源）基地”“广东省LED产业化基地”“广东省（江门）绿色（半导体）光源产业基地”等称号。高端电子信息产业发展迅速，其中海信江门基地的电视、宽带、通信、空调等项目均已投产，2016年江门市电子信息产业实现规模以上工业增加值164.39亿元，比上年增长13.55%。高端装备制造业方面，2016年江门市轨道交通产业实现规模以上工业总产值8.78亿元。其中，中车广东轨道交通车辆有限公司实现产值8.58亿元。 （梁业旺、陈振华）

【传统产业】 2016年，江门市优势传统产业包括食品、纺织服装、机电、造纸及纸制品、计算机通信及其他电子设备制造、建材等六大产业。2016年，六大优势传统产业实现规模以上工业增加值714.18亿元，比上年增长6.98%。实现规模以上工业总产值3122.58亿元，比上年增长6.06%，占全市规模以上工业总产值的72.70%。 （翁俊聪）

【循环经济发展】 2016年，江门市推进园区循环化改造，江门产业转移工业园台山园区、开平市翠山湖产业转移工业园被认定为“广东省循环化改造试点园区”。推动企业开展绿色清洁生产审核，全市通过自愿性清洁生产审核企业33家，强制性清洁生产审核企业15家，另有28家企业通过省、市级清洁生产复审。与香港合作推进“粤港清洁生产伙伴计划”，全市累计共有149项目列入清洁生产伙伴计划资助项目。组织推广资源综合利用技术，推荐江门市长优实业有限公司等申报工业资源综合利用先进适用技术装备。 （李伟健）

【工业企业技术改造】 2016年，全市工业企业技术改造投资184.4亿元，比上年增长63.5%，增幅排广东省第4位。30个亿元以上重点技改项目2016年计划总投资27.91亿元，实际完成投资30.02亿元，完成率达107.6%。（陈振华）

【节能降耗】 2016年，全市完成电机能效提升任务12.15万千瓦，下达四批次电机能效提升专项资金项目计划，落实省、市两级电机补贴资金848.75万元。开展节能监察执法，对59个单位开展了现场监察，出具执法文书236份。做好“十三五”重点用能单位节能管理工作，将年综合能源消费量5000吨标准煤以上114家企业纳入监管，组织重点用能单位编制“十三五”能源审计和节能规划。组织实施节能技术改造，2016年全市共有10个项目获得省节能降耗专项资金奖补。推广节能先进技术和产品，推荐广东海鸿变压器有限公司等申报“能效之星”和节能产品目录。开展2016年江门市节能宣传月和低碳日活动，采取发送节能宣传短信、张贴节能宣传海报、开展微信宣传、举办节能先锋评选和节能培训等多种形式开展节能宣传活动。（李伟健）

【产业园区建设】 2016年，江门市按照打造以产业功能为主导、突破行政区划的产业重大发展平台的思路，统筹珠三角（江门）国家自主创新示范区、广东（江门）大广海湾经济区与中欧（江门）中小企业国际合作区三大平台。2016年，江门高新区成为珠三角国家自主创新示范区的一员，大广海湾被提升为国家重大合作平台，中欧（江门）中小企业国际合作区建设获得国家工信部中小企业发展促进中心的大力支持，按照“一心+一区+N基地”的发展格局全面铺开。2016年，江门市整合提升“1+6”园区，推进园区扩能增效“七个一”专项行动，并取得较好成效，“1+6”园区实现规模以上工业总产值2266.02亿元，完成工业固定资产投资额177.71亿元。江门产业转移工业园在2015年度广东省产业园建设管理考评中名列全省第一，连续五年获得优秀等次。台山、开平、恩平、蓬江、鹤山五个产业集聚地被纳入广东省产业转移园区管理。

【企业服务与发展】 2016年，提升企业经营管理人员素质，组织开展30多场企业家培训活动，内容涵盖企业家素质提升、精益生产、经营管理、电子商务、融资实操等多方面，服务企业超过3000家次，培训人次近5000人。促进民营企业管理人才系统学习，了解自主品牌培育理论知识，掌握成功创业经验，全年举办各类培训活动20多场次，超过1500家企业参加培训。

【全国小微企业创业创新基地】 2016年，江门市在成为全国15个小微双创示范城市后，擦亮全国小微双创示范品牌，打造具有“江门特色、广东标杆、全国示范、国际平台”的全国小微企业创业创新之都。制定《江门市国家小微企业创业创新基地城市示范工作方案（2015-2017年）》（称为“雏鹰计划”），并筛选第一批重点基地项目和平台项目。制定第一批“1+15”小微双创扶持政策，即1个政策总纲+15个扶持政策和管理办法。其中在完善公共服务平台方面，由财政专项安排2767万元，扶持一批为创业创新提供综合服务、科技成果转化服务、融资性支持服务、信息服务、人力资源服务、企业数据统计服务、品牌维权及推广服务、电商发展支撑等公共服务平台建设，提升小微企业公共服务水平。在创新小微企业服务模式方面，推行小微企业服务补贴券，财政专项安排4000万元，通过分期发放服务补贴券的形式对小微企业购买社会公共服务给予资金补贴，降低小微企业服务成本，扶持优质服务机构发展壮大，约8000家企业受惠。（雷钧）

中国建设银行小微企业“双创”示范城市金融产品创新服务中心及广东省创业投资协会珠西分会揭牌仪式 于2016年1月12日举行，“一中心 一分会”的创立，有力支持和服务江门市小微企业的发展。中国建设银行在江门市专门设立小微企业“双创”示范城市金融产品创新服务中心。该中心享有充分的产品创新权和产品试点权，支持和服务小微企业“双创”基地城市示范建设。广东省创业投资协会珠西分会是广东省创业投资协会设立的首个分会，与江门市各级政府、企业建立长期合作、相互依存、共创价值、共谋发展的战略合作伙伴关系。

国家小微企业创业创新基地示范城市“雏鹰计划”启动 2016年7月30日，江门市委召开工作会议启动“雏鹰计划”，发布《江门市国家小微企业创业创新基地城市示范工作方案》。方案提出：从2015年到2017年，江门市采取“三步走”的办法开展国家小微企业创业创新基地城市示范工作，具体是2015年为快速启动期，2016年为全面铺开期，2017年为深入推进期。方案提出，未来三年，江门市将按照“全域拓展、突出重点、以点带面、全市覆盖”的原则，通过实施“2886”工程，即小微企业创业创新基地建设、公共服务平台、环境优化三大工程，推动全市小微企业创业创新工作的开展。重点建设珠西创城、珠西智谷、冈州创客基地、珠西数谷、中欧中小企业合作区五个核心基地，以及建设产业基地、科技孵化基地、众创空间、大学生众创基地、电商平台基地、“三旧”改造基地和侨乡特色基地等一批基地。

“中国青创汇”双创周启动 2016年7月15日，“中国青创汇”全国小微企业创业创新周在江门举行启动仪式。其间首次发布北京大学·江门小微双创指数与调查报告，并举办“中国青创汇”全国小微双创基地城市示范座谈会。座谈会是全国小微双创基地城市示范的首次集中交流，参会城市携手成立全国小微双创城市联盟，寻求共赢发展机遇。“中国青创汇”全国小微企业创业创新周活动主要推出一个大赛（全球华人华侨青年创梦工场大赛）、一个联盟（全国小微双创城市联盟）、两个对接（“大手拉小手央企助小微”——中央企业与小微双创基地示范城市创业创新对接活动、2016两院院士和“千人计划”专家江门行）等一系列活动。

小微企业创业创新标准推动 2016年11月4日，江门市在加快打造全国小微双创基地城市示范方面，市质监局与科技局联合开展科技成果标准化培育工程，推动小微企业创业创新标准化。两部门加强协同合作，选取35个企事业单位作为培育对象，先后培育永坚精机（江门）有限公司、江门市德山复合材料科技有限公司等一批科技型中小企业，并将科技成果及专利技术转化为各级技术标准。截至2016年9月底，全市有2家中小型培育企业的3项科技成果转化为1项行业标准和2项省地方标准。

“九证合一”“双创指数”获李克强总理点赞 2016年11月21日，国务院召开深化简政放权放管结合优化服务改革座谈会，江门作为唯一的地级市作典型发言。会上李克强总理点赞江门的商事登记制度改革“九证合一”、研究制定小微双创指数评价体系、制定科技型小微企业认定标准三项工作。

小微双创“十个率先” 江门市在成为全国小微双创示范城市后，多项改革措施在广东省、全国走在前列，体现在“十个率先”：率先建立全国首个小微企业和科技型小微企业名录系统，4.8万家小微企业及945家科技型小微企业进入系统；率先探索制定小微双创统计指数；率先推动建立小微双创城市联盟；率先实行工商登记“五证合一、一照一码”，企业办理证照时限缩短为5个工作日内，推动“九证合一”；率先建成跨境电商“单一窗口”，实行关检合作、一站式作业；率先探索打造环大学经济圈——“环五邑大学创新经济圈”，建设广东省首个“创客街区”；成为广东省唯一的全国小微企业信用体系建设试验区，并率先创新推动江门—澳门跨境金融合作，200多家企业受惠，企业融资成本降20%；率先出台涉企行政事业性、经营服务性收费目录和“1+3”权力清单；率先推动网信统筹，挂牌成立网络信息统筹局，整合资源建设“江门信息大道”；率先建立“邑门式”行政服务中心和“微市长”微信公众服务平台。

【信息化和工业化融合】 2016年推荐富诚铝业、江粉磁材、德力光电等10家企业申报2017年省“两化融合”贯标试点企业。江门市已通过省认定的“两化融合”贯标试点企业总数达29家，获得国家“两化融合”贯标试点称号的企业8家。维达纸业“基于互联网+理念的造纸企业产品智能仓储及配送信息管理平台示范工程”项目获得300万元省级专项资金扶持；广东鸿特精密技术（台山）有限公司和江门市宝发纺织服饰制造有限公司被选为2016年广东省互联网与工业融合创新试点企业。江门市开展企业情况综合工作，完成7726家企业数据采集，采集包括企业名称、组织机构代码、联系方式、类型、从业人数、生产经营范围等数据。

（苏景垣）

【中欧（江门）中小企业国际合作区】 中欧（江门）中小企业国际合作区是江门市三大国家级发展平台之一。该平台通过构建“中欧合作平台”“装备制造平台”“小微双创平台”和“招商引智平台”，整合招商资源，加强与欧洲的联系，围绕装备制造、电子信息、新材料等三大主导产业制定招商方案，开展精准招商。

江门中欧合作区建设启动 2016年2月28日，中欧（江门）中小企业国际合作区挂牌及授牌仪式在万达广场举行，江门中欧合作区正式启动建设。江门市重点推进“3+1”计划（实施“深化对欧合作、创新载体发展、优化服务体系”三大行动，引进和建设一批重点项目），构筑“一心（中欧国际服务中心）+一区[中欧（江门）中小企业国际合作区（核心区）]+N基地”格局，将江门中欧合作区打造成为珠三角创新创业驱动发展的标杆、国家小微企业转型升级的示范和新时期中欧产业合作的示范平台。“一心”是中欧（江门）中小企业国际合作区服务中心，旨在为世界500强、大型跨国企业、央企、知名民企和江门市外向型企业提供政策咨询，具有洽谈接待服务、展示、投资贸易服务、重点项目筹备和重要机构进驻办公四大功能。“一区”是指中欧（江门）中小企业国际合作区（核心区），位于址山、共和、司前、大泽等镇，总面积24平方公里，重点与德国、瑞典、法国等欧洲国家在五金机械及装备制造业，专用车、新能源汽车等产业进行合作，加速欧企集群发展，辐射带动江门产业机构调整和优化升级，打造“欧洲小镇”。“N基地”指加强与欧洲各制造强国的合作，重点打造蓬江区的智能制造、教育装备产业基地；高新区（江海区）的光机电一体化产业基地；新会区的轨道交通装备产业基地；台山市的清洁能源及装备产业基地；开平市的新材料产业基地；恩平市的智能装备制造基地等。

中欧（江门）中小企业国际合

作区获批　2016年5月16日，国家工信部下发批复文件，同意创建中欧（江门）中小企业国际合作区。这是工信部批复成立的全国第5个中外中小企业合作平台。合作区旨在打造成中小企业转型升级、装备制造业创新、中欧经济技术合作的新平台和珠三角创新创业驱动发展的标杆。合作区按照省市共建机制，通过建立企业和社团对接机制、打造线上线下交流推介平台、构建对欧合作全球化工作网络等措施，突出“侨梦苑”华侨创新产业集聚区、“中国青创汇”小微企业创业创新服务平台、综合性中小企业服务机构等特色和优势，发挥示范引领作用。根据方案，合作区以实施“市级统筹+分园建设”为抓手，构筑“一心（中欧国际服务中心）+一区［中欧（江门）中小企业国际合作区（核心区）］+N基地”格局，加强与欧洲各国在装备制造、新能源、新材料、现代服务等先进制造和现代服务业领域的合作，打造国内一流的开发开放功能平台。

2016中欧先进制造业投资合作交流会　2016年10月21日，由江门市政府与商务部投资促进事务局、工信部中小企业发展促进中心、广东省经济和信息化委员会、广东省商务厅和上海联合产权交易所联合举办的2016中欧先进制造业投资合作交流会在江门市举行。活动以先进制造业和中欧合作为主题，探讨中欧先进制造业投资合作的新机遇及新路径，并由德国知名机构发布并购项目，促进江门市与欧洲企业间的项目对接与交流。会上，江门市政府与商务部投资促进事务局签订合作框架协议。会议邀请iMaGe易企买平台合伙人何昕、巴斯夫亚太区企业发展部副总监、德国投行董事分别作中国企业如何完成海外扩张——在德并购实用指南、跨境投资合作的经验与案例、中国企业如何在德国IPO以及如何收购欧洲上市公司的主题演讲，并举行主题为“中欧先进制造业投资合作的新机遇及新路径”的对话。本次活动收集来自德国、英国、法国、意大利、西班牙、挪威等11个欧洲国家共90个先进制造业投资合作项目在现场发布。

2016鹤山市投资环境推介会　于2016年12月20日在鹤山工业城举行，推介会吸引来自装备制造业央企（省国企）、世界500强企业、大型跨国公司、金融机构、知名民企、行业龙头企业、上市公司等的嘉宾代表近400人参加。鹤山市与相关企业签订22个合作项目，项目计划总投资超过160亿元。专用车产业孵化中心、中欧服务中心和中欧创新中心也在推介会上亮相。会上举行招商项目现场签约仪式，包括意大利产业园项目、广东蔚海IDC大数据中心项目及鹤山市东古调味食品有限公司增资扩产项目等22个项目与鹤山市进行签约，项目计划总投资超过160亿元。推介会聘请来自国内外经济领域、专用车产业以及中欧合作方面的9名专家担任专业顾问，包括中交四航局董事长梁卓仁、汉阳专用汽车研究所所长高国有及法罗力集团首席运营官吉拉德等。

中欧（江门）中小企业国际合作区（核心区）发展研讨会　2016年12月20日，鹤山市组织召开中欧（江门）中小企业国际合作区（核心区）发展研讨会，邀请广东省社会科学院副院长赵细康、中科院广州软件所所长袁峰、粤科金融集团副总经理兼创业投资事业部总裁戴华坤、汉阳专用车研究所产业发展部部长左五洲，围绕产业共建、大数据、产业基金、专用车与园区发展等主题作演讲，跟与会人员分享先进的经验做法、最新的研究成果，并立足鹤山实际，探讨和展望鹤山产业发展的前景，为鹤山建设珠西门户城市，打造珠西制造中心提供借鉴和参考。

工业行业

【电子工业】　作为江门市六大支柱产业之一的电子信息产业，现有企业2000多家，其中规模以上企业300多家。江门市电子信息产业的主要优势领域为家用电器、电子信息机电产品、电子元件、半导体光电器件（LED）、电子信息材料和计算机外部设备制造等领域。（李淑贞）

电子信息制造业　2016年，江门市电子信息制造业实现规模以上工业总产值709.61亿元，比上年增长13.62%；实现规模以上工业增加值164.39亿元，比上年增长13.55%。电子信息产业中以半导体照明（LED）为代表的绿色（半导体）光源产业已经形成从外延—芯片—封装—应用的由上游到下游一条龙的半导体照明产业链。江门市在LED产业上中游外延芯片产量和技术水平在国内处于领先水平，下游封装和应用企业已形成一定的集聚效应。打印机、印刷线路板、麦克风、电池等产品的产销量均处于全国领先水平，形成家庭视听设备和家用电器制造、计算机外围设备、电子元件等优势行业。得实集团和新会江裕信息产业有限公司生产的针式打印机占据全国一半以上的市场份额，恩平市是全国同行业公认的麦克风及电声器材整装生产集散地。（梁业旺）

仪器仪表制造业　2016年，全市仪器仪表制造业完成工业总产值0.52亿元，比上年增长9.58%；完

成规模以上工业增加值0.17亿元，比上年下降14.68%。　（翁俊聪）

表8：　2016年全市电子系统主要产品产量表

产品名称	计量单位	产量	增幅（%）
原电池及原电池组	万只	102967.00	29.0
打印机	万台	136.21	24.7
印制电路板	万平方米	291.99	8.8

【机械设备及金属制品业】2016年，江门市机电工业完成规模以上工业总产值1592.23亿元，比上年增长8.77%；完成规模以上工业增加值353.84亿元，比上年增长10.03%。

金属制品业　2016年，江门市金属制品业完成规模以上工业总产值598.25亿元，比上年增长9.31%；完成规模以上工业增加值135.55亿元，增长11.44%。江门市金属制品业主要分布在蓬江区、新会区、台山市和开平市；开平市水口镇是中国三大水暖卫浴生产基地之一，被中国五金制品协会命名为“中国水龙头生产基地”；蓬江区杜阮镇、鹤山市址山镇也是主要的五金卫浴产业基地；新会区司前镇主要生产五金不锈钢制品，产品出口遍及欧美、亚非等90多个国家和地区。　（翁俊聪）

交通运输设备制造业　2016年，江门市铁路、船舶、航空航天和其他运输设备制造业完成规模以上工业总产值275.67亿元，比上年下降2.26%；完成规模以上工业增加值58.70亿元，比上年下降1.50%。

摩托车制造业　2016年，江门市摩托车制造业完成规模以上工业总产值209.61 亿元，比上年增长2.71%；完成规模以上工业增加值47.65亿元，比上年增长2.73%。是年，全市经由国家发展改革委公告的摩托车整车生产企业16家，零部件及相关配套生产企业300多家。江门市是全国摩托车行业瞩目的研发、制造基地，是全国最大的摩托车制造基地，约占全国份额的15%，全省的40%。江门市拥有“中国摩托车产业示范基地”“国家摩托车及配件质量监督检验中心（广东）”“广天机电工业研究院”“气派摩托车检测中心”等国家性、区域性以及企业自主性多层次服务平台。龙头企业方面，江门市大长江集团有限公司、广东大冶摩托车技术有限公司、鹤山国机南联摩托车工业有限公司、江门市华日集团有限公司、江门市华龙摩托车有限公司等5家企业位列2016年全国摩托车生产企业产量前50名。江门市大长江集团有限公司连续14年在全国摩托车行业产中整车产销量排名第一。

汽车零配件制造业　2016年，江门市汽车制造业完成规模以上工业总产值103.97亿元，比上年增长16.56%；实现规模以上工业增加值23.75亿元，比上年增长16.65%。目前，全市拥有各类汽车零部件生产企业100多家，其中规模以上企业30价。形成以富华集团、中集车辆、中兵集团、世界500强德尔福集团为核心企业的专用车、商用车及零部件产业集聚，主要产品覆盖商用车、专用车、车轴及各种零部件等主导产品，其中半挂车轴、铝制轮毂、等速万向节、车载DVD、转向器、雨刮器等产品在质量和技术含量上均居国内同行业的领先地位，是广东省重要的汽车零部件出口基地之一，是首个与省经信委联手共建广东（江门）汽车零部件产业专业园的地级市。

船舶工业　2016年，江门市船舶及相关装置制造业实现规模以上工业总产值55.49亿元，比上年下降10.60%；实现规模工业增加值9.74亿元，比上年下降12.40%。全市造船、修船、游艇、配套、拆船五个方面实现产业集聚，拥有造船企业26家，拆船企业7家，修船企业15家，以及一批船舶配套生产企业。江门市是中国船舶拆解基地和广东省中小船舶及配套产业基地，在船舶制造、拆船产业等方面优势明显。其中造船方面，生产能力均在10万吨以下，在中小型细分船舶市场已有一定的竞争力。在拆船方面，拥有200万轻吨的拆解能力，占全国拆船能力的50%。

（苏珊珊）

表9：　　2016年全市机械设备及金属制品主要产品产量表

产品名称	计量单位	产量	增幅（%）
摩托车	万辆	255.39	-13.9
日用不锈钢制品	万吨	13.52	22.2
金属集装箱	万立方米	235.24	-23.1

【化工产业】 化工产业是江门市重要支柱产业之一，主要化工产品有：高效低毒农药、涂料、印刷油墨、明胶、食品添加剂、水处理剂、金属表面处理和防锈剂、醋酸酯类溶剂、CMC、荧光粉、胶粘剂等产品。

化学原料及化学制品制造业　2016年，全市化学原料及化学制品制造业完成规模以上工业总产值327.45亿元，比上年增长6.37%；完成规模以上工业增加值93.41亿元，比上年增长15.96%。江门市在化学原料及化学制品制造业有一批成长性较好的企业，如江门市谦信化工发展有限公司是全国最大的酯类生产企业；江门东洋油墨有限公司生产的印铁、印铝、塑料薄膜及丝网印刷系列油墨，其生产设备、技术水平及产品质量均属国内先进水平。

涂料工业　2016年，江门市涂料、油墨、颜料及类似产品制造业完成工业总产值69.80亿元，比上年下降9.61%；完成规模以上工业增加值15.55亿元，比上年下降11.30%。广东嘉宝莉化工有限公司是全市最大的涂料生产企业，凭借其生产的嘉宝莉牌建筑涂料，成为全国涂料行业第一个获得“中国名牌产品”称号的企业。（翁俊聪）

表10：　　2016年全市化学系统主要产品产量表

产品名称	计量单位	产量	增幅（%）
涂料	万吨	32.81	3.1
塑料制品	万吨	47.43	8.9

【建材产业】 2016年，江门市建材工业（非金属矿物制品业）完成规模以上工业总产值221.35亿元，比上年增长1.17%；完成规模以上工业增加值49.34亿元，比上年增长1.20%。

玻璃产业　2016年，江门市玻璃制造业完成规模以上工业总产值29.50亿元，比上年增长7.40%；完成规模以上工业增加值6.38亿元，比上年增长7.43%。玻璃制品制造业完成规模以上工业总产值9.94亿元，比上年下降5.58%；完成规模以上工业增加值2.40亿元，比上年下降6.5%。江门市从事玻璃制造的代表企业有：信义环保特种玻璃（江门）有限公司。　（翁俊聪）

水泥制造业　2016年，江门市水泥制造业主要集中在恩平市和新会区。代表企业有江门海螺水泥有限公司、华新水泥（恩平）有限公司等。2016年，江门市水泥、石灰和石膏制造业实现规模以上工业总产值22.58亿元，比上年增长1.75%；实现规模以上工业增加值6.38亿元，比上年增长7.43%。恩平拥有丰富的石灰石和黏土资源，素有“水泥之乡”的美名。（翁俊聪）

表11：　　2016年全市建材工业主要产品产量表

产品名称	计量单位	产量	增幅（%）
水泥	万吨	481.46	4.0
平板玻璃	万重量箱	3542.13	16.6

【电力工业】　江门供电局是广东电网有限责任公司直属的大型一类供电企业，负责江门电网规划建设、运行维护、电力供应，服务的客户有237万户，其中315千伏安以上大用户5453户。全局共设职能部门13个、二级部门11个、直供直管县区供电局7个。县区供电局均按行政区域设置，共有71个镇、街营业机构，6个配电运维中心。在岗职工5094人，中高级技术人才比例为53%，高技能人才比例为94%。江门供电局连续四年入选全国供电可靠性金牌企业，供电可靠性管理水平名列全国前十，连续八年获得全市公共服务满意度测评第一。

电网建设　江门电网是西电东送和大电源上网的重要通道，固定资产原值为304亿元，总体规模全省第五（包括广州、深圳）。有110千伏及以上变电站156座、主变容量2361万千伏安、输电线路5660千米。10千伏公用配变1.58万台、线路1.4万千米。全市以4个500千伏变电站为中心，由23个220千伏片网辐射供电；主要通过32回500千伏线路接入省主干电网，经9回220千伏线路与周边的珠海、中山、佛山、阳江电网相连。江门电网能源门类齐全，涵盖核电、水电、火电、风电、太阳能等，全市主要电源有装机容量350万千瓦的台山核电站、500万千瓦的台山电厂、30万千瓦的双水电厂，以及25万千瓦的风电、14万千瓦的水电、10.1万千瓦的太阳能发电。2016年保持安全生产零事故，未发生三级及以上事件，实现电网连续安全运行12年。

电网建设　2016年，江门供电局共完成投资18.4亿元，固定资产投资计划完成率106.19%，综合线损率2.37%，前期计划按时完成率100%。进度计划完成率、结算计划完成率、需求计划准确率、签约及时率、准时供货率、规范性文件审核完成率、案件胜诉率、法律审核率，均为100%。充分发挥市电网建设协调小组、重点项目督办平台的作用，工程建设顺利完成“双百”目标。全年顺利完成主配网工程977项，投资计划完成率107.73%。共建成投产110千伏及以上电网工程项目10项，投产110千伏及以上线路163千米、主变容量96.6万千伏安，配网工程实现全年均衡投产，配网建设投资首超主网，主、配网发展更加协调。新一轮农村电网改造升级完成投资5.87亿元，完成率105%。

电力供应　2016年江门市电力供需基本保持平衡，电量保持稳步增长。累计完成供电量239.64亿千瓦时，比上年增长5.3%；完成售电量233.96亿千瓦时，增长6.51%。最高负荷415.19万千瓦，增长3.83%。全口径客户平均停电时间9.935小时，中心城区客户停电时间4.52小时。综合电压合格率99.994%。综合线损率2.37%。累计报装总容量为266.06万千伏安，比2015年同期的172.85万千伏安增加53.92%。

电力服务　2016年，坚持以客户为中心，做好优质服务，全方位为客户创造价值，第三方客户满意度88分，连续八年获得全市公共服务满意度测评第一。常态化落实20家重要客户、100家重点关注企业“一企一案”，客户经理主动上门跟踪企业的用电需求，为客户提供业务办理、缴费，以及电工培训等增值服务，有效助力江门市先进装备制造业战略落地。推进“线上受理+上门服务”模式，为客户提供便捷高效的服务。基于“互联网+”思维，持续加大远程服务渠道推广力度，推进“线上受理+上门服务”模式，江门地区用户可以足不出户办理业务，2016年共上门服务43484次，促进传统供电服务向互联网时代的转型。抓好住宅小区用电服务，接收5.63亿元客户资产，纳入整个电网统一运维管理，给广大客户营造更加优质的用电环境。借助微信开展企业节能先锋评选、居民节电之星、学生节能战士等策划活动，打造侨乡电力服务品牌。江门41家企业单位获评节能先锋，20个居民获得节电之星称号。建成电动汽车充电站点17个，安装充电桩77台，成为江门市首批投入商业运营的电动汽车充电设施。

安全生产　2016年安全生产局面持续保持稳定，江门电网连续安全运行天数突破4300天，实现连续11周年安全生产零事故。供电可靠性持续稳步提升，综合电压合格率达99.994%，城市居民端电压合格率100%，主设备综合可用系数100%，全口径客户平均停电时间

9.935小时，中心城区客户停电时间4.52小时。以全面推行安全生产风险管理体系作为落实国家安全管理要求的有效载体，建立安全生产长效机制，2016年安风体系运转水平达到四钻四星。抗灾防灾、应急保障管理水平持续提升，在台风“莫兰蒂”期间，快速集结队伍支援潮州、揭阳抗风复电，受到广东电网公司表彰。承担社会责任，圆满完成春运春节、市政协十二届五次会议、全国“两会”、高考中考、国庆节等61项保供电任务。

表12： 2016年全市各行业用电情况

用电分类表

填报点位：	江门供电局								2016 年 12 月
行号	项目	用户个数	用户用电装接容量（千瓦）	用 电 量（万千瓦时）					
				当月			累计		
				本年本月	去年同月	增长（±%）	本年累计	去年同期	增长（±%）
1	甲栏分组	0	0	0.0000	0.0000	0.00	0.0000	0.0000	0.00
2	全社会用电量总计	2372060	25129443.93	202548.3025	193265.0441	4.80	2484953.0056	2371250.5085	4.80
3	A、各行业用电量总计	361684	17966587.07	181612.1081	169304.2683	7.27	2159434.1026	2066858.7802	4.48
4	第一产业	82153	838075.6	9010.5477	9389.8037	-4.04	116951.5795	117041.3090	-0.08
5	第二产业	60098	13412109.14	151331.1764	138570.8990	9.21	1735454.3662	1665348.4652	4.21
6	第三产业	219433	3716402.33	21270.3840	21343.5656	-0.34	307028.1569	284469.0060	7.93
7	B、城乡居民生活用电量合计	2010376	7162856.86	20936.1944	23960.7758	-12.62	325518.9030	304391.7283	6.94
8	城镇居民	950680	3979097.35	12541.3237	14121.2728	-11.19	202499.6603	188974.8102	7.16
9	乡村居民	1059696	3183759.51	8394.8707	9839.5030	-14.68	123019.2427	115416.9181	6.59
10	各行业用电分类	361684	17966587.07	181612.1081	169304.2683	7.27	2159434.1026	2066858.7802	4.48
11	一、农、林、牧、渔业	82153	838075.6	9010.5477	9389.8037	-4.04	116951.5795	117041.3090	-0.08
12	1、农业	34127	252675.3	2429.1449	2732.2184	-11.09	31753.0272	29146.5968	8.94
13	2、林业	1537	12713.73	75.7304	84.3613	-10.23	1039.2032	1044.2520	-0.48
14	3、畜牧业	8085	85650.19	1137.0982	988.5960	15.02	15664.9336	13945.9374	12.33
15	4、渔业	22720	312276.41	4569.6873	4726.9158	-3.33	57700.1437	62487.7364	-7.66
16	5、农、林、牧、渔服务业	15684	174759.97	798.8869	857.7122	-6.86	10794.2718	10416.7864	3.62
17	其中：排灌	12122	129022.83	224.2246	272.8351	-17.82	3235.9881	3372.8435	-4.06
18	二、工业	54708	13032113.1	149543.6830	136692.4887	9.40	1710983.9052	1644309.2448	4.05
19	1、轻工业	32191	3243963.17	56585.7221	52868.6327	7.03	669974.5482	595297.0577	12.54
20	2、重工业	22517	9788149.93	92957.9609	83823.8560	10.90	1041009.3570	1049012.1878	-0.76
21	（一）采矿业	356	115547.56	1695.2059	1756.5346	-3.49	20635.6445	19994.4048	3.21
22	1、煤炭开采和洗选业	38	1951.5	22.8344	15.7177	45.28	257.4484	258.6722	-0.47
23	2、石油和天然气开采业	7	192	1.5981	2.4920	-35.87	23.4429	26.7444	-12.34
24	3、黑色金属矿采选业	4	101.5	0.4857	0.2245	116.35	4.0013	3.0456	31.38
25	4、有色金属矿采选业	11	5423	110.6057	53.3849	107.19	1443.7395	1119.0101	29.02
26	5、非金属矿采选业	215	90885.7	1305.7124	1460.3063	-10.59	16711.2254	16875.9488	-0.98

续上表：

27	6、其它采矿业	81	16993.86	253.9696	224.4092	13.17	2195.7870	1710.9837	28.33
28	（二）制造业	52670	7050476.26	128782.3956	116436.7490	10.60	1480119.2971	1394631.0549	6.13
29	1、食品、饮料和烟草制造业	7218	411342.31	5664.4142	5598.7369	1.17	72684.7419	65545.6029	10.89
30	其中：农副食品加工业	6421	213079.09	2968.1156	2510.8386	18.21	35632.8229	32180.9282	10.73
31	2、纺织业	963	346624.5	6011.0420	5563.7096	8.04	68206.0112	68201.6223	0.01
32	3、服装鞋帽、皮草羽绒及其制品业	3774	283016.85	4080.6563	3654.4561	11.66	49553.9199	47836.0596	3.59
33	4、木材加工及制品和家具制造业	4820	276482.61	4196.6388	2917.1804	43.86	45088.0087	39320.8396	14.67
34	其中：轻工业	907	75257.51	904.1020	723.1787	25.02	10193.0939	9111.8320	11.87
35	5、造纸及纸制品业	877	365443.49	8039.3194	7585.6855	5.98	93004.0196	86723.4267	7.24
36	6、印刷业和记录媒介的复制	813	101671.51	1691.0858	1767.8317	-4.34	20563.1056	20273.0641	1.43
37	7、文体用品制造业	647	22980.1	332.9747	324.6776	2.56	4249.6553	4293.5673	-1.02
38	8、石油加工、炼焦及核燃料加工业	97	14186.9	137.0026	110.4236	24.07	1587.4079	2199.5574	-27.83
39	9、化学原料及化学制品制造业	2930	290165.2	6998.7167	6244.9961	12.07	80873.2252	78054.9058	3.61
40	其中：轻工业	1827	81828.63	1375.5081	1124.8785	22.28	16451.6252	14941.3214	10.11
41	其中：氯碱	654	78276.87	2700.1568	2568.9588	5.11	31222.7443	32387.4301	-3.60
42	电石	7	9675	384.5065	396.7019	-3.07	4496.6132	4472.6837	0.54
43	黄磷	0	0	0.0000	0.0000	0.00	0.0000	0.0000	0.00
44	其中：肥料制造	73	13154.1	242.8871	159.9455	51.86	2506.9636	2161.7527	15.97
45	10、医药制造业	90	53016.15	716.8899	749.0842	-4.30	9000.5962	7346.7875	22.51
46	11、化学纤维制造业	122	117495.27	2866.9621	3594.5884	-20.24	38345.2857	42245.4501	-9.23
47	12、橡胶和塑料制品业	2967	450116.72	8504.3814	7218.6719	17.81	96674.7020	93054.7688	3.89
48	其中：轻工业	2491	356171.83	7116.1514	5978.8492	19.02	80554.8078	76183.7718	5.74
49	13、非金属矿物制品业	1260	898024.46	22639.8638	21402.0904	5.78	247862.3258	238079.4915	4.11
50	其中：轻工业	133	106483.9	2030.6285	2038.0678	-0.37	24390.7641	21702.9487	12.38

续上表：

51	水泥制造	170	100554.1	2987.9212	3764.8327	-20.64	33518.1305	33798.9494	-0.83
52	14、黑色金属冶炼及压延加工业	674	170589.07	2435.4267	1967.4075	23.79	28336.7801	24510.5210	15.61
53	其中：铁合金冶炼	162	21970.2	335.7831	261.0251	28.64	3691.0776	3558.2912	3.73
54	15、有色金属冶炼及压延加工业	503	121325.8	2485.4781	1864.8029	33.28	27547.7812	26956.1572	2.19
55	其中：铝冶炼	35	22073	303.2991	237.3503	27.79	3189.2570	2559.5964	24.60
56	16、金属制品业	11008	1506824.71	23321.1956	19220.4078	21.34	259762.3340	234334.8920	10.85
57	其中：轻工业	2685	325260.62	5813.1879	5232.1422	11.11	66184.3066	60605.8744	9.20
58	17、通用及专用设备制造业	2749	301858.93	4741.3194	3906.8959	21.36	51919.6358	53856.8535	-3.60
59	其中：轻工业	6	950	14.3106	12.0121	19.13	186.0998	166.1743	11.99
60	18、交通运输、电气、电子设备制造业	4063	981614.46	18652.3388	16381.2878	13.86	214825.0996	197691.7032	8.67
61	其中：轻工业	2133	302011.08	5405.8396	4667.3683	15.82	63288.8242	41294.0065	53.26
62	其中：交通运输设备制造业	1904	367240.58	6272.4668	5496.6408	14.11	68160.8897	65514.4738	4.04
63	19、工艺品及其他制造业	6525	222489.45	3460.1314	3184.0544	8.67	38765.7840	36426.1379	6.42
64	20、废弃资源和废旧材料回收加工业	570	115207.77	1806.5579	3179.7603	-43.19	31268.8774	27679.6465	12.97
65	（三）电力、燃气及水的生产和供应	1682	5866089.28	19066.0815	18499.2051	3.06	210228.9636	229683.7851	-8.47
66	1、电力、热力的生产和供应业	578	5772491.49	17665.4701	17098.1226	3.32	191531.0664	211473.8148	-9.43
67	其中：电厂生产全部耗用量	0	0	8848.2561	7653.8765	15.60	88557.9643	95379.3328	-7.15
68	线路损失电量	0	0	6740.7600	7962.7200	-15.35	83394.5500	97680.6226	-14.63
69	抽水蓄能抽水耗用电量	0	0	0.0000	0.0000	0.00	0.0000	0.0000	0.00
70	2、燃气生产和供应业	81	3368.82	22.7970	22.4175	1.69	344.2517	347.7209	-1.00
71	3、水的生产和供应业	1023	90228.97	1377.8144	1378.6650	-0.06	18353.6455	17862.2494	2.75
72	其中：轻工业	980	71919.97	1062.5182	1069.3115	-0.64	14351.9072	15972.4571	-10.15

续上表：

73	三、建筑业	5390	379996.04	1787.4934	1878.4103	-4.84	24470.4610	21039.2204	16.31
74	四、交通运输、仓储和邮政业	6089	292838.79	1074.6399	952.1951	12.86	14020.3559	11530.8295	21.59
75	1、交通运输业	686	209902	524.8254	466.7565	12.44	6850.0034	5972.8883	14.68
76	其中：城市公共交通	153	12513	73.3226	42.7406	71.55	969.3174	693.0142	39.87
77	管道运输业	3	14.2	0.0100	0.0148	-32.43	0.0413	0.1901	-78.27
78	电气化铁路	22	147078	200.0047	204.4902	-2.19	2534.0761	2137.4228	18.56
79	2、仓储业	5205	75439.01	472.7707	400.2327	18.12	6046.2274	4409.8193	37.11
80	3、邮政业	198	7497.78	77.0438	85.2059	-9.58	1124.1251	1148.1219	-2.09
81	五、信息传输、计算机服务和软件业	19115	140795.48	1700.4522	1618.5319	5.06	22967.4286	21012.9777	9.30
82	1、电信和其他住传输服务业	18744	125831.38	1577.3634	1487.9615	6.01	21006.3623	19133.4971	9.79
83	2、计算机服务和软件业	371	14964.1	123.0888	130.5704	-5.73	1961.0663	1879.4806	4.34
84	六、商业住宿和餐饮业	130553	1518864.15	9818.4637	10017.8532	-1.99	145045.3613	134203.2325	8.08
85	1、批发和零售业	119605	1132303.37	6623.3322	7084.4941	-6.51	96366.4651	91142.6657	5.73
86	2、住宿和餐饮业	10948	386560.78	3195.1315	2933.3591	8.92	48678.8962	43060.5668	13.05
87	七、金融、房地产、商务及居民服务业	19577	523946.83	2942.5228	2909.4476	1.14	42357.3733	42883.8397	-1.23
88	1、金融业	3767	102198.3	801.7820	882.2977	-9.13	12104.0611	12105.4881	-0.01
89	2、房地产业	1955	181618.17	791.0218	690.0462	14.63	10426.9376	9151.3581	13.94
90	3、租赁和商务服务、居民服务和其他服务业	13855	240130.36	1349.7190	1337.1037	0.94	19826.3746	21626.9935	-8.33
91	八、公共事业及管理组织	44099	1239957.08	5734.3054	5845.5378	-1.90	82637.6378	74838.1266	10.42
92	1、科学研究、技术服务和地质勘查业	1384	55914.7	250.6580	368.7542	-32.03	3790.2564	1405.6563	169.64
93	其中：地质勘查业	17	1304	4.6855	4.9943	-6.18	73.9016	39.3001	88.04
94	2、水利、环境和公共设施管理业	24997	405481.27	1809.0902	1955.7872	-7.50	23095.2985	20794.3804	11.07
95	其中：水利管理业	756	59079.58	187.0640	191.2121	-2.17	2258.0466	2347.7982	-3.82

续上表：

96	其中：公共照明	20407	187116.21	1010.9151	1183.7225	-14.60	12978.2493	12092.5571	7.32
97	3、教育、文化、体育和娱乐业	6192	207455.5	1536.2421	1410.9752	8.88	20219.6950	18763.3572	7.76
98	其中：教育	2858	158442.47	1296.8012	1147.1045	13.05	16359.4224	14902.3563	9.78
99	4、卫生、社会保障和社会福利业	2788	114952.87	888.2918	848.7709	4.66	15319.7515	14305.1776	7.09
100	5、公共管理和社会组织、国际组织	8738	456152.74	1250.0233	1261.2503	-0.89	20212.6364	19569.5551	3.29

【轻工业】 2016年，江门市轻工业实现规模以上工业增加值543.75亿元，比上年增长8.8%。

食品工业 食品工业是江门市六大支柱产业之一，具备较为雄厚的产业基础。全市有各类食品生产企业300多家，规模以上企业93家（包括：农副食品加工业、食品制造业、饮料制造业）。江门市食品产业历史悠久，是中国食品工业生产基地（新会区），拥有“味事达”酱油和“嘉士利”饼干两个驰名商标。食品工业占全省的比重达到6.6%。2016年，全市食品工业实现规模以上实现工业总产值414.14亿元，比上年下降4.39%；实现规模以上工业增加值100.09亿元，比上年下降4.75%。其中，农副食品加工业完成规模以上工业总产值167.45亿元，比上年增长13.12%，完成规模以上工业增加值27.05亿元，比上年增长46.27%；食品制造业完成规模以上工业总产值220.33亿元，比上年下降13.90%；完成规模以上工业增加值63.89亿元，比上年下降18.40%；酒、饮料和精制茶制造业完成规模以上工业总产值26.37亿元，比上年下降10.77%，完成规模以上工业增加值9.16亿元，比上年下降12.60%。 （翁俊聪）

造纸及纸制品业 2016年，江门市造纸和纸制品业实现规模以上工业总产值168.84亿元，比上年增长10.05%；实现工业增加值32.21亿元，比上年增长11.10%。江门是广东省三大造纸基地之一，拥有规模以上造纸和纸制品企业61家，机制纸及纸板产量占全省的6%，全国的1%。主要产品类别有生活用纸，办公、文化、新闻用纸、卷烟用纸、包装用纸、特种纸等。 （叶海林）

印刷业 2016年，江门市印刷和记录媒介复制业完成规模以上工业总产值74.24亿元，比上年增长9.08%；完成规模以上工业增加值28.07亿元，比上年增长13.32%。印刷业主要以鹤山雅图仕公司为代表，主要产品包括精装书、儿童益智书、立体书、贺卡、礼盒、纸袋等，产品出口远销欧、美、澳及亚洲等世界各地。 （翁俊聪）

家具制造业 2016年，江门市家具制造业完成规模以上工业总产值91.71亿元，比上年增长6.17%；完成规模以上工业增加值20.41亿元，比上年增长11.18%。全市规模以上家具制造企业55家。除了现代家具制造，江门还是传统广作家具发源地之一，目前从事传统家具行业的企业约有3000家，产业基础雄厚，是中国红木五大产业聚集地之一，有着“中国古典家具之都”的美誉。 （翁俊聪）

家用电器业 2016年，江门市房间空调器产量325.00万台，比上年增长106.1%；电风扇产量1739.80万台，比上年增长20.6%；家用洗衣机产量132.14万台，比上年增长12.1%；灯具产量6051.86万只，比上年增长44.5%。

（翁俊聪）

江门市城镇集体企业联社 2016年，市城镇联社围绕市委市政府中心工作，“抓好一个改革”“盘活好资产”“促进一个发展”“努力做好两个保障”。通过整合资源和创新管理模式实现做大做强城镇集体资产。重点抓好电镀厂园区的租赁收入;盘活联社资产，推进纸箱厂高新区13号地项目建设，投入资金对自行车公司物业进行改造，加大其他资产盘活力度。促进一个发展，2016年联社通过多种举措，协调支持市工艺美术协会（以下简称协会）开展工作，通过建设工艺美术展厅，筹建工艺美术文化产业园，建设工艺美术产业信息系统等，推动江门市工艺美术事业发展。2016年城镇联社通过多种举措，协调支持市工艺美术协会（以下简称协会）开展工作，推动江门市工艺美术事业发展,建设工艺美术展厅；筹建工艺美术文化产业园；建设工艺美术产业信息系统。（市国资委）

【纺织服装业】 2016年，江门市纺织服装业实现规模以上工业总产值454.90亿元，比上年增长8.21%；完成规模以上工业增加值111.32亿元，比上年增长10.60%。江门市布产量占全国0.85%，服装产量占全国0.93%，化学纤维产量占全国0.12%。江门市是广东省重要的纺织服装及化纤生产基地，拥有国家火炬计划江门纺织化纤产业基地（江门）、中国纺织服装产业基地（开平市）。

（翁俊聪）

化学纤维制造业 2016年，全市化学纤维制造业完成工业总产值23.24亿元，比上年下降15.59%；完成规模以上工业增加值3.83亿元，比上年下降17.70%。江门市是广东省乃至全国的重点化纤生产基地，也是国内最早开始化纤生产的地区之一。江门市主要化纤企业有广东新会美达锦纶股份有限公司、广东泰宝聚合物有限公司、广东彩艳股份有限公司等。 （翁俊聪）

纺织服装、服饰业 2016年，全市纺织服装、服饰业完成规模以上工业总产值173.58亿元，比上年增长23.23%；完成规模以上工业增加值48.35亿元，比上年增长20.57%。开平是广东省重要的牛仔布和牛仔服装生产和出口基地，现有牛仔服装生产企业约230多家，年产牛仔服装近1.2亿件，牛仔布的年产量和出口量均占广东省的三分之一，是全国五大牛仔休闲服装专业生产基地之一。

（翁俊聪）

【先进制造业】 江门市落实省委、省政府提出打造珠江西岸先进装备制造产业带的战略部署，2016年，江门市先进制造业实现规模以上工业增加值400.39亿元，比上年增长10.5%。2016年，装备制造业实现规模以上工业增加值294.78亿元，比上年增长9.6%，完成装备制造业投资266.71亿元，比上年增长22.3%。 （翁俊聪）

·责任编辑 杨清华·

信息业

Information Industry

信息化建设

【信息化建设概况】 2016年，江门市信息化建设持续高速发展，实施《江门市信息基础设施建设总体方案（2015—2017年）》《江门市“互联网+”行动计划（2015-2020年）》，加快“江门信息大道”建设，推进信息基础设施、电子政务、“互联网+”、大数据等方面的建设和应用，至年底，光纤入户率达69.84%，行政审批事项网上办结率达97.7%，两项指标在全省均排名第六，为江门市打造“三门”、建设“三心”，率先建成小康社会提供支撑。

【信息化基础设施建设】 2016年，落实《广东省信息基础设施建设三年行动计划（2015—2017年）》《江门市信息基础设施建设总体方案（2015-2017年）》，加快推进信息基础设施建设，建设“江门信息大道”，打造“全光网”城市。是年，全市完成信息基础设施建设资金投入15亿元，实现新增光缆长度3200皮长公里，累计达9.6万皮长公里；新增光纤覆盖用户272万，累计达523万户；新增光纤接入用户44.8万，累计达95.4万户；新增光纤端口94.2万个，累计达238万个；新增4G基站1.2万座，累计达3.5万座；新增开通光纤入户城市小区274个，累计达1480个；新增开通光纤入户行政村300个，累计达1037个。推进公共场所免费WiFi热点建设，开通1254个AP点（无线访问接入点）；为1100个镇街、村居建设无线免费WIFI点，为群众提供免费上网接入服务。

【江门邑门式】 2016年，江门市在全国率先建成地级市四级服务体系统一的“邑门式”公共服务综合管理平台。“江门市法人‘邑门式’（九证合一）业务综合管理平台”案例获选“2016年广东省电子政务创新应用”奖。推动“多门”向“一门”集中，实现“同城通办”。把各部门涉企涉民的服务事项逐步往“邑门式”服务中心集中，实现一个窗口基本可以受理所有相关事项。初步对公安、社保、卫计、民政、残联等部门的289个通用事项进行标准化。根据“邑门式”线上线下一体化的要求，指导全市各级“邑门式”服务实体办事大厅的信息化硬件设施的升级改造工作；完成全市自然人“邑门式”公共服务平台的开发工作，2016年9月，四市二区共74个“邑门式”公共服务平台上线试运行。打通跨层级、跨部门的信息壁垒，实现“邑门式”审批数据一体化；通过建设统一身份认证系统，实现了相关业务系统间的“单点登陆”功能，即在“邑门式”系统可以直接登录到各部门业务系统中办理业务；深化对接，实现与“邑门式”系统“数据集成”，即可直接在“邑门式”系统录入受理的业务数据，并通过数据接口传送到部门业务系统，在部门业务系统审批后，再将业务数据传送回“邑门式”系统，实现审批数据可在“邑门式”系统全过程监督管理。

【网上办事大厅】 2016年，拓展完善网上办事大厅，优化网上办事功能和效能；开展市民个人网页、企业专属网页和电子证照库、统一身份认证系统建设，重点围绕民生服务、工商登记、投资审批等相关领域加大应用力度；市民个人网页可向全市已申领社保卡的380万市民提供社保、公积金、水电费账单查询及老人平安钟报装等50项服务。拓展移动应用业务，提升网上办事服务体验；优化升级手机版网上办事大厅，并在全省率先建设网上办事大厅微信公众平台；开通“江门市网上办事大厅”和“江门市行政服务中心”微信公众号，设置了包括业务范围、服务指南、预约叫号、网上办事等多项与网上办事大厅深度融合的特色功能，并提供跨部门事项办理的预约服务，为市民合理安排办事时间、享受一站式办事服务提供了便利。江门全市进驻网上办事大厅的行政审批事项4517项，社会服务事项共367项，全市74个镇街、1323个村居均全部开通网上办事站（点），实现了省、市、县（市、区）、镇、村五级网上办事大厅互联互通。至年底，市本级网上受理的业务量超过71万件，网上全流程办理率达90%。在2016年7月29日广东省网上办事大厅现场会上，江门市网上办事大厅作为优秀案例得到广东省的充分肯定。

中国电信江门分公司

【中国电信江门分公司概况】 中国电信江门分公司是江门市最大的宽带、固话和综合智能信息服务运营商。2016年，在江门五邑地区所有镇、街设有99个网格化分支机构，为客户提供包括移动通信、宽带互联网接入、高清电视接入、智能信息化应用及固定电话等产品在内的综合智能信息解决方案。顺应信息通信业智能化发展趋势，贯彻落实“创新、协调、绿色、开放、共享”发展理念，智能牵引、转型升级，着力推进网络、业务、运营、管理四大智能化重构，加大开放合作力度，运用智能化技术，挖掘企业内外部的数据资源，开展互联网应用的融合创新，满足用户随需接入、自动响应、逼真体验、高性价比的智能化信息服务需求。

【业务营运】 2016年，中国电信江门分公司旗下拥有“天翼e家”“天翼飞Young”“天翼领航”“天翼高清”等著名客户品牌、以及“号码百事通”“翼支付”等多个知名产品品牌。具备为客户提供跨地域、全业务的综合智能信息服务能力和客户服务渠道体系。至年底，固定电话用户130万户，宽带用户突破100万户（其中光纤宽带用户突破70万户），移动用户突破130万户，天翼高清（IPTV）接近40万户。2016年，落实与江门市人民政府签署的《建设“江门信息大道”战略合作协议》，实现“江门信息大道”再提速，中国电信家庭主流带宽由50M提升到100M-200M，重新定义了200M极速宽带标准，整体光纤宽带用户平均带宽达75M，较2015年底提升1.5倍。推动公司向互联网化运营模式演进，推进信息技术和互联网+在政务、商务、生产、生活、教育、文化等各领域的广泛应用，助力江门推进产业转型升级。

【网络建设】 中国电信江门分公司具备高速率、大容量、安全稳定的网络基础设施，是粤西地区信息高速公路的重要枢纽、广东电信互联网四大骨干节点之一。2016年，全市共有光缆130万纤芯公里，宽带总容量161万，Internet出口带宽已达1000Gbps，居粤西地区行业第一。推进“江门信息大道”建设，推进城镇光纤到户，扩大农村地区宽带接入覆盖范围，打造天翼4G+、WiFi融合的泛在无线宽带网络，累计基站数达3800个（其中4G基站2711个，3G基站1089个），到2016年底，光纤已全面覆盖城镇区域，基本覆盖重点农村区域，光纤宽带覆盖超过250万户,江门市全面进入光网络时代。以“天翼宽带+天翼4G+WIFI”的有线无线一体化高速网络模式，打造全场景网络优势，提升全市信息化水平。

（中国电信江门分公司）

中国移动广东公司江门分公司

【整体经营概况】 2016年，江门移动落实“一体两翼”发展战略，推进“互联网+”行动计划，通信服务收入同比增长4.4%，主动通信客户超过340万，客户满意度及网络质量均在广东省及本地同行中保持领先。

【业务运营】 2016年，推进4G服务普及，利用大数据精准画像，深挖客户的真实需求，适配终端、套餐等优惠政策，让2/3G客户尽快用上4G，4G客户累计超200万、渗透率超过60%；结合热点内容加强流量经营，满足客户场景化需求，流量客户DOU突破1G，其中4G DOU超1.2G；开展一镇一店、农村淘宝等线下渠道策略，并建立以官微、10086 APP为核心的线上渠道服务体系，为客户提供更加便利的触点服务；开展4G客户生命周期和NPS一体化管理研究，搭建线上线下服务沟通平台，深挖客户痛点开展优改，客户满意度在全省及本地同行中领先。推广智慧家庭服务，推广家庭宽带业务，并以家宽业务为入口，融合推广流量、语音共享及互联网电视业务，为家庭客户提供通信整体解决方案；完善家宽装维服务体系，促进“建营装维服”全流程提速，12月日均装机能力同比翻番，业务开通及时率排名全省前列；加强社区化运营，建成社区服务站点超过120个，为客户提供办理、安装、维修等一站式的服务窗口。推进政企信息化建设，主动对接政府、重点行业需求，先后与公安、海洋渔业局、中行、安邦公司等建立战略合作关系，为政府大项目落地提供信息化支撑；部署NB-IOT技术试点，与行业协会、厂家、集成商广泛合作，深挖市政管理、车联网等行业需求，打造智能停车、智慧园区等创新应用，助力本地产业升级；优化政企支撑团队及流程，专线开通全流程缩短75%，提升政企客户服务响应速度。

【网络建设】 2016年，完善4G网络覆盖，推进“4G建设、黑点攻坚、选址竞赛”三大攻坚行动，创新“宏微结合、一体化建设”等模式，全年新建4G基站2000多个，4G综合覆盖率由98.5%提升至99.9%、行政村100%到达；推进4G网络精细优化，开展十多个科技创新项目，持续优化端到端网络感知体系，浏览、视频、游戏等业务质量以及网络满意度全省领先。快速提升网络接入能力，做深“一张光缆网”，已建成传输机房200多个，实现城镇光缆网分纤点密度超越对手；做广网络预覆盖，主动攻坚城镇黑点，家宽覆盖到达100多万、整体覆盖率76%，集团专线实现重点行业、企业单位100%预覆盖；做优业务质量，推进宽带十倍提速工程，开展质差IP优化、OUN弱光整治等，有线网络质量快速提升。

中国联合网络通信有限公司江门市分公司

【中国联通江门市分公司概况】 2016年，是中国联通全面实施聚焦战略的起步之年，中国联通江门市分公司践行新的发展理念，应对一系列压力与挑战，坚持发展的主旋律，探索新的经营发展路径，全年主营收入完成5.54亿元，比上年增长5.03%。

【业务运营】 2016年，新推出超人卡月租版、日租版产品，全面提升产品流量资源。开展渠道实名制工作，通过GIS定位核查物理位置、“销售助手”系统上传三张图片、实地核查等措施，切实做好渠道实名制工作。落实用户实名制工作，对在网但未实名登记用户进行催告，对在限期内仍未补登记的，暂停提供电信服务，100%完成对在网未实名用户停机工作；9月起新增限制一证5户以上用户申请入网功能；11月起现场拍摄和留存用户照片，12月25日开始全面实行实名拍照登记入网，关闭非拍照渠道实名方式。持续强化大数据、物联网、云计算三大核心平台能力，进行IDC、云资源布局，完成IDC机房64个机柜建设。建设完成互联网+行业应用展厅。履行央企社会责任，建设完成妇幼保健院医疗云项目，助力智慧医疗建设；协助实施平安校车项目，为全市小学、幼儿园提供安全的交通保障。持续跟进平安城市视频监控项目。

【网络建设】 2016年，持续打造超卓网络，4G新开通基站829个，全网达到1828个，较2015年提升83%，市区县城、高速公路、重要场所实现良好覆盖，网络能力显著提升。新增宽带端口8万，超过前三年总和，累计端口达到47万，50M及以上高速端口规模达到22万，占比47%。新国标小区完成30个，累计达到73个；完成宽带地址资源清查工作，提升宽带服务能力。（中国联通江门分公司）

无线电管理

【无线电管理概况】 2016年，江门市按照“固本、强基、融合、创新”的思路，转变政府职能，改进管理方式，服务经济社会发展和国防建设，在推进无线宽带基础设施建设、频谱使用评估、打击治理“黑广播”和“伪基站”、无线电安全保障、无线电管理“十三五”规划、无线电管理基础设施建设、公众移动通信基站创新管理、管理队伍强化建设、无线电管理宣传、无线电管理行政审批标准化建设等方面取得新成绩，提升无线电监管能力和服务水平。

【无线电台站管理】 2016年，江门市新核发无线电台（站）执照34个。全年各级无线电管理机构处理通信基站投诉事项41起，化解通信基站建设过程中与群众产生的纠纷。配合公安部门开展打击治理“黑广播”“伪基站”等非法设台违法犯罪专项行动，查处“黑广播”案件5起及“伪基站”案件3起，缴获设备5套。引导业余无线电爱好者有序开展活动，加强业余无线电爱好者信息管理，办理换发新版“业余无线电操作证书”17宗；完成业余无线电台（站）设置使用审批事项34件。利用现有固定监测站和移动监测站在全市范围内对公众移动通信、广播电视、民航等频段开展监测数据采集工作，并对辖区内卫星地球站进行实际核查。在2016年无线电频谱使用评估专项活动工作中，江门市核实卫星地球站数据信息2条，投入固定站数量5个，固定站监测时长360小时，投入监测车数量2辆，监测车监测时长110小时，投入总人次66人次，监测总里程3300公里，采集数据量6.5G，圆满完成了29个重点频段共计700MHz带宽的频率使用状况监测数据，发现2G移动通信频率利用率明显下降，及部分未分配的4G频率被占用的问题，掌握相关频谱资源动态发展趋势。

【无线电监测和设施建设】 2016年，开展对民航、铁路、广电、三防、公安等重要业务和基础信息网络的保护性监测和干扰查处，全年累计常规监测时间42038小时，出动138人次、车辆62车次，查处无线电干扰8起，完成中欧（江门）中小企业国际合作区挂牌及授牌仪式、“慈善公益活动日”“青创汇”、健走马拉松等活动无线电安全保障工作以及恩平市通用机场选点电磁环境测试工作。全年参加各类重要考试无线电安全保障28次，出动205人次、车辆75车次，圆满完成高考、公务员等全国性大型考试无线电保障任务。

推进无线电管理基础设施重点项目建设，完成江门市无线电监测中心项目建设，实现本地无线电监测设施全省联网，启动“网格化无线电监测网移动监测点监测和应用试点示范”工作，实施旧移动站项目改造和下川岛海洋固定监测站项目建设，完成开平梁金山和鹤山大雁山2个高山站建设，实施制式公众移动通信基站开场测试系统建设，恩平、开平分别建设1套移动监测站。

【无线城市建设】 2016年，推进4G基站和WLAN热点等无线宽带基础设施建设，全市新增4G基站12056座，累计达35170座；新增公共WLAN热点118个，新增公共WLAN热点AP数1611个。完成蓬江、江海、新会3个主城区通信基站站址资源专项规划编制工作，启动台山、开平、鹤山、恩平4个县级市的通信基站站址资源专项规划编制工作。推进公共建筑免费开放支持信息基础设施建设，全市首批免费开放目录167条。

【预备役电磁频谱监测站建设】 2016年，江门市按照广东预备役电磁频谱管理大队基层队（站）正规化建设规范，完成站长室、站部办公室、作战室、值班室、技术保障室、战备器材室、装备器材室、官兵之家等战备设施建设。组织现役预备役官兵参加广东预备役电磁频谱管理大队组织的军事活动3次。2016年广东预备役电磁频谱管理大队江门监测站被评为2016年度基层建设先进单位和2016年度军事训练先进单位。

（江门市网络信息统筹局）

·责任编辑　杨清华·

商贸业
HIGHLIGHTS

综　述

【商务发展概况】 2016年，江门市商务运行总体平稳，全市市场消费平稳增长，社会消费品零售总额1159.06亿元，比上年增长12.1%，增速同比提升0.3个百分点。其中，限额以上实现零售总额422.44亿元，增长13.4%，增速同比提升2.9个百分点。分地域看，城镇消费品零售额879.82亿元，比上年增长11.9%；农村消费品零售额279.24亿元，比上年增长12.5%。分行业看，批发业零售总额110.67亿元，比上年增长23.7%，增幅同比提升1.6个百分点；零售业零售总额934.42亿元，比上年增长11.3%，增幅同比回落0.4个百分点；餐饮业零售总额104.21亿元，比上年增长9.1%，增幅同比提升3.1个百分点；住宿业零售总额9.77亿元，比上年增长2.8%，增幅同比提升4.3个百分点。

【外贸进出口回稳】 2016年，江门市货物进出口总额1261.8亿元，增长比上年4.1%，其中，出口993.6亿元，比上年增长6.2%，进出口和出口增速分别高于全省平均水平4.9和7.5个百分点。从经营主体看，民营企业进出口581.2亿元，比上年增长15.8%，其中，出口497.4亿元，比上年增长20.4%，占全市出口总额的50.1%，所占比重首超外商投资企业；进口83.8亿元，比上年下降5.5%。外商投资企业进出口673.8亿元，比上年下降4.1%，其中，出口491.5亿元，下降5%，；进口182.3亿元，下降1.6%。

从贸易性质看，一般贸易进出口802.4亿元，增长11.5%，占全市进出口总额的63.6%，比上年提高4.3个百分点，其中，出口659.9亿元，比上年增长12.6%；进口142.5亿元，比上年增长6.9%。加工贸易进出口430.5亿元，下降9.7%，其中，出口312.6亿元，下降9.3；进口117.9亿元，下降10.6%。从市场结构看，在江门市最大的5个贸易伙伴中，对我国香港地区、美国和东盟进出口分别为248.9亿元、220.8亿元和129.8亿元，分别比上年增长20.4%、6%和17.1%；对欧盟和日本进出口分别为194.4亿元和57.3亿元，分别比上年下降3.1%和1.6%。对以上5个贸易伙伴进出口额合计851.2亿元，占全市进出口总额的67.5%。从商品结构看，高新技术产品进口44.8亿元，比上年增长2.5%；出口115.3亿元，比上年增长19%。机电产品进口78.8亿元，比上年增长2.3%；出口603.4亿元，增长9%。传统劳动密集型产品出口227.9亿元，比上年增长5.6%。在主要出口商品方面，纺织品、家具及其零件、印刷电路、摩托车、龙头及其配件、灯具、照明装置及零件、空气调节器、塑料制品、电扇、印刷品为江门市前十位出口商品，占全市出口总额的42.4%，其中空气调节器出口29.9亿元，增长91.9%。

国内贸易

【商贸流通】 2016年，江门市社会消费品零售总额1159.06亿元，增长12.1%。逐形成以百货店、超市、便利店、专卖店、专业市场、商业综合体等多种商业业态和各类批发市场为支撑的商贸流通体系，电子商务、跨境商品直购体验中心等新兴业态不断崛起，商业结构持续优化，物流业稳步发展，商贸流通业的竞争力和整体素质提升，成为江门市第三产业乃至整个国民经济的重要支柱之一。

【商业网点和市场建设】 2016年，江门市大型商业项目，尤其是城市商业综合体加快建设，全市现有大型商业网点（经营面积5000平方米以上）面积累计超过300万平方米，包括益华购物广场、江门万达广场、汇悦城、开平东汇城、星汇广场、中邦新天地装饰广场等大型商业网点。三区四市在建的商业综合体有健威广场、美吉特广场、开平中业新城、恩平鳌峰世纪广场、恩平益华百货、新会万达等，全市商业总量将持续提升，各大商圈整体呈现规模大型化、设施现代化、功能多样化、服务系列化的特点，商贸集聚效应加强，营造良好的创业环境，提升城市品位。加强商业发展规划，委托第三方专业机构完成《江门市长堤历史街区商业布局规划》编制工作，推进33墟街文化旅游项目建设。推进农贸市场升级改造，全年完成28个农贸市场升级改造，其中，村镇级15个；农贸市场改造升级工程，改变农贸市场设施老化、环境“脏乱差”等问题。

【电子商务发展】 2016年，江门市电子商务交易规模呈加速发展态势，依据中国国际电子商务中心监测数据测算，2016年全市电子商务交易额达千亿元，比上年增长约30%，其中跨境电子商务约占总规模的30%。主要电商交易平台方面，阿里巴巴江门产业带2016年入驻企业1814家，比上年增长39%；入驻产品236712件，比上年增长7.6%；平台销售额达9亿元，成为江门市上线企业最集中、实现交易额最大的电子商务平台。阿里巴巴1688进口货源平台2016年入驻企业89家，比上年增长134.2%；入驻产品4405件，比上年增长100%；平台销售额达2.8亿元。2016年7月28日，速卖通江门专区项目签订合作协议，通过初步审核入驻企业12家，其中扶持孵化银牌卖家5家。推动跨境电子商务发展，江门市中小外贸企业超过七成利用第三方平台开展电子商务，交易产品以江门市生产的电器、五金、日用品等为主；本地跨境电商企业抱团发展，五邑资源平台汇集300多家出口企业，通过资源整合、相互引流的模式，联合拓展海外市场；全市建成跨境电商快件分拣清关中心6个，分拣监管线32条，拥有全省最多的跨境电商快件分拣监管线，分拣能力达到每日20万件。扶持电商平台建设，认定阿里巴巴江门产业带、五邑资源平台、大冶升仕摩托车交易平台、金佣网等4个江门市小微企业创业创新电子商务示范平台，推动小微企业通过电子商务平台实现转型升级；促进农村电商发展，恩平农村淘宝、新会镇级电子商务公共服务站等项目加快建设，扩展村镇服务网点，优化服务水平；引进和培育电子商务人才，支持有关行业组织、运营企业组织建设人才培训平台，2016年举办12期培训班，培训学员达到3300人次。

【物流业】 2016年，江门市交通运输、仓储及邮政业增加值92.41亿元，增长5.2%。水陆货运量14058万吨，增长6.7%；货运周转量169.44亿吨，增长6.9%；港口货物吞吐量7923万吨，增长5.3%；邮政业务总量16.08亿元，增长27.8%。全市登记注册的物流企业及物流关联企业3000多家，注册资金500万元以上的物流企业20多家；大部分物流企业以货代、运输为主业，提供仓促、运输、配送及物流解决方案的第三方物流企业30多家；代表企业有安捷物流、中岸公用保税仓、大昌行物流、德润物流、江顺达物流、仁科物流、高宝隆物流、华贸物流等。以打造“珠西地区物流枢纽中心”为目标，以第三方物流为突破口，推进银洲湖、高新区、鹤山三大物流园区的建设，完善产业转移园区配套物流设施；由深圳市华讯方舟科技集团有限公司打造的“互联网＋物流”项目——江门华迅达城市配送公共服务信息平台落户江门，推动江门市物流业与制造业、流通业等产业互动融合发展；广东安捷供应链管理股份有限公司成为江门首家在新三板挂牌的物流企业；江门市新会古典家具城纳入商务部和国家标准化委员会认定的第二批商贸物流标准化试点企业。

【拍卖业】 2016年，江门市有拍卖企业32家，拍卖企业员工115人，具有拍卖行业从业人员证书人员90人，注册拍卖师80人，年拍卖成交额1.76亿元，年拍卖会107场次。

【典当业】 2016年，江门市有典当企业22家（含分支机构），注册资本合计28330万元（其中，单个企业注册资本1000万元以上的有11个），从业人员133人；2016年，全市典当企业开展业务22216笔，增长18%；典当总额42676.4万元，上缴税金71.39万元，税后利润131.4万元。

外经外贸

【对外贸易】 2016年，江门市对外贸易实现稳定增长，全市进出口总额1261.8亿元，增长4.1%，其中，出口993.6亿元，增长6.2%；进口268.2亿元，下降3.1%。进出口、出口增速分别高于全省平均水平4.9和7.5个百分点。进出口、出口和进口额在珠三角九市中均位列第8位。

【国际市场开拓】 2016年，江门市出台《江门市外贸发展资金实施方案》《2016年江门市外贸稳增长资金实施方案》等政策，支持企业开拓国际市场，加快转型升级，发展外贸新业态。加大贸易推广力度，市商务局与香港贸易发展局、广交会等进行合作，开展展览、杂志、网站和流动媒体“四合一”全效推广计划，组织147家次企业参加了22场境内外展览会。加强与“一带一路”沿线国家的商务交流活动，引导企业大力开拓国际市场。加大对企业服务力度。制定《外贸重点企业联系工作方案》，各市、区政府建立“一对一”服务机制，积极开展暖企行动，支持企业扩大进出口。

【外贸转型升级】 2016年，江门市推动外贸创新发展，设立珠西3D打印创新中心，打造集工业设计、研发、成型、经营策划、市场开拓解决方案等为一体的外贸转型升级服务平台。举办第五届“启超杯”国际创意设计大赛，促进设计与生产对接，提升江门市出口产品创意设计水平。抓好外贸转型升级基地建设。提高摩托车、水暖卫浴、麦克风、不锈钢制品等外贸转型示范基地建设水平，江门市出口摩托车质量安全示范区获评国家级出口产品质量安全示范区。实施品牌战略，提升“江门制造”品牌溢价。在江门市外贸发展资金中设立“品牌培育项目”专项资金，支持江门市商（协）会开展本行业品牌企业培育计划和准入标准的制定、建立品牌企业培育标准体系、开展区域品牌宣传推广等活动，打造“江门制造”集体商标框架下的知名品牌企业，鼓励有条件企业打造自主品牌，提高自主品牌出口比重。

【外贸新业态发展】 2016年，鼓励企业开展跨境电商、C类快件、旅游贸易等新兴外贸业态。江门市C类快件进出口1557万元，其中，出口234万元，进口1323万元；跨境电商出口9.9亿元；旅游购物方式出口19.5亿元。新业态外贸形式成为我市外贸出口新增长点。

【江门市贸促会】 2016年，中国国际贸易促进委员会江门市委员会以服务企业为宗旨，开展出证认证、组织展览、对外联络和商事法律服务等各项业务，推动江门市外经贸发展。加大贸易推广力度，组织企业参加一系列的国际展览及市场考察活动，如澳门国际环保展、第五届广州国际食品食材展览会、成都国际汽车配件展、澳门国际连锁品牌加盟展、2016香港美食博览、2016香港建材五金展和第十四届中国商品印度孟买展等，协助江门市企业开拓国内外市场。开展出证认证工作。2016年共签发原产地证明书14884份，签发国际商事证明书3604份，代办领事认证727份，签发区域性优惠原产地证明书1883份，代办外国人入境邀请函119份。加强对外联络工作。9月，联合中欧（江门）中小企业国际合作区服务中心，邀请广东省贸促会副会长张华及广东省5个驻境外代表处代表到江门与本地企业进行专场的对接活动，举办广东（江门）欧美经贸合作洽谈会。

【招商引资】 2016年，贯彻落实“珠西战略”和“项目落实年”的工作部署，依托珠三角（江门）国家自主创新示范区、广东（江门）大广海湾经济区、中欧（江门）中小企业国际合作区“三大平台”、江门（中美）合作园、省级产业转移园区等招商载体，围绕“五大产业集群”（轨道交通、重卡和商用车、新材料新能源及装备、教育装备、大健康产业集群），开展先进装备制造业招商。2016年，江门市引进超亿元项目84个，投资总额720亿元；投资5亿-10亿元项目13个，投资超10亿元项目14个。

【大项目引进】 2016年，江门市引进投资总额较大的项目有：华夏幸福基业园区开发合作项目，计划投资总额360亿元；意大利产业园项目，计划投资总额30亿元；台山保利项目，计划投资总额21.5亿元；中农联农批项目，计划投资总额15亿元；崖门新财富环保工业（增资），计划投资总额13.5亿元；澳大利亚能源集团动力能源电池项目，计划投资总额12亿元；新会碧桂园七期项目，计划投资总额11亿元；教育装备工业基地项目，计划投资总额10亿元；500kW系列大功率伺服电机制造项目扩建，计划投资总额10亿元；广东江粉高科技产业园建设项目，计划投资总额10亿元；中美（江门）合作园二期项目，计划投资总额10亿元；五金机械项目，计划投资总额10亿元；草本植物饮品、大健康养生系列产品，计划投资总额10亿元；蔚海IDC产业园，计划投资总额10亿元。

【外资吸收】 2016年，江门市新批设立外商直接投资项目123个，下降12.77%；合同外资金额10.77亿美元，增长11.77%；实际吸收外资金额4.76亿美元，下降45.83%。主要特点有：制造业发展势头良好，先进（装备）制造业招商引资取得新突破；全市第二产业合同外资金额8.44亿美元，增长10.01%，占全市总量的78.36%；实际吸收外资金额为4.25亿美元，下降37.07%，占全市总量的89.3%，占比较2015年提高12.44个百分点；全市新批先进(装备)制造业项目31个，涉及合同外资金额4.89亿美元，增长10.11%；实际吸收外资金额1.93亿美元，下降37.14%。香港地区是江门市吸收外资的主要来源地，来自香港地区的合同外资金额7.49亿美元，增长27.93%，占全市总量的69.56%；实际吸收外资金额2.47亿美元，下降51.11%，占全市总量的51.93%；实际吸收外资金额前五位的国家和地区依次为香港、法国、投资性公司投资、新加坡、英属维尔京群岛，占总量比例分别为51.93%、14.92%、10.91%、8.93%和6.36%。三是第三产业吸收外资降幅较大。2016年，江门市第一产业合同外资金额1.22亿美元，增长2019.65%；实际吸收外资0.02亿美元，下降17.3%；第二产业合同外资金额8.44亿美元，增长10.01%；实际吸收外资金额4.25亿美元，下降37.07%，占全市实际吸收外资总量的89.3%；第三产业合同外资金额1.11亿美元，下降41.74%；实际吸收外资金额0.49亿美元，下降75.63%。2016年，新批（增资）投资总额较大的外商投资项目有：江门高新港务发展有限公司，投资总额18042万美元，增加合同外资2706万美元；台山四开螺旋藻产业有限公司，投资总额9999万美元，增加合同外资9999万美元；江门市三七实业有限公司，投资总额9158万美元，增加合同外资3053万美元；江门北控水环境开发有限公司，投资总额7429万美元，增加合同外资2476万美元；江门泰达房地产开发有限公司，投资总额6000万美元，增加合同外资6000万美元。

【重要招商活动】 2016年2月29日，中欧（江门）中小企业国际合作区挂牌及授牌仪式在万达广场举行，中欧国际服务中心正式启用，标志着中欧（江门）中小企业国际合作区进入全面建设阶段。2016年10月20—21日，江门市政府与商务部投资促进事务局联合在江门市举办第四届“轨道交通产业走出去合作论坛”和“2016中欧先进制造业投资合作交流会”，以先进制造业和中欧合作为主题，探讨轨道交通产业的发展现状及未来发展趋势、中欧先进制造业投资合作的新机遇及新路径。

【口岸】 2016年，江门市有一类港口口岸5个，二类港口口岸10个，进出境货运车辆检查场6个，其中，运作中的货运口岸码头14个，往来香港营运中的客运码头2个；全市口岸在使用码头总长4057米，泊位64个，其中，集装箱泊位21个，最大可靠泊6.5万吨货轮（煤船）；仓库面积13.05万平方米，堆场面积50.1万平方米，各类装卸运输机械设备近400台（套），最大起重能力50吨。加强口岸基础设施建设，组建江门电子口实体公司，深化在全市口岸有法检商品的所有查验通关现场开展关检合作“三个一”通关模式改革，推进口岸“大通关”建设，落实“三互”要求，实现货物通关的便利化；加强口岸共建文明活动，举办第二届全市“口岸杯”健步走大赛。2016年,江门市口岸水运集装箱达80.75万标箱，比去年增长12.7%；全市口岸综合货运量680.16万吨，比上年增长18.3%，进出境货柜车辆2.1万车次，比去年下降30.5%；进出境旅客10.36万人次，比去年下降23.3%。

【江门市直口岸】 2016年，江门市直口岸有江门客运港和高沙、外海、荷塘3个货运码头，以及江门进出境货运车辆检查场。其中，外海和高沙均是全地区口岸三个超百万吨货运量的主要货运港之一，外海货运港年货运量约135.3万吨，居全地区口岸单个码头年实际货运量之首；客运港拥有高速豪华客轮1艘，客位354个，每天有一进一出2个航班往返香港，该港与珠海斗门港挂港联运。加快江门高新区公共码头港区建设，外海和高沙两港将分步搬迁。江门海关与江门检验检疫局积极开展关检合作“三个一”通关模式改革，推广到所辖8个口岸查验通关现场，有关货物通关时效加快50%。2016年，市直口岸进出口货物253.23万吨，增长10.33%；水运进出口集装箱51.27万个标箱，增长10.81%；进出境货柜车辆1.42万车次，下降15%；出入境旅客5.98万人次，下降32.7%。

【新会口岸】 2016年，新会口岸有新会港口岸的天马货运港区及宜大化工、双水电厂、银湖船舶等专用码头，河口装卸点属下的大鳌集装箱等码头，牛牯岭易燃品专用码头和新会车检场。其中，天马货运港区自身年货运量与江门外海码头不相上下，年实际货运量约111.28万吨。新会口岸在银洲湖区域，协同大马港举办口岸、船务与造纸产业对接会谈，搭建合作桥梁，促进新会港口岸服务和物流业发展，落实多家企业在该港进口造纸原材料，并协调采取“一船一报”等联检方式，支持解决超等级外轮进靠天马港区装卸作业、南洋船厂新造船查验出口、拆船企业进口废钢船联检等口岸服务事项。2016年，新会口岸进出口货物172.17万吨，增长7%；水运进出口集装箱8.23万个标箱，增长3%；进出境货柜车辆0.32万车次，下降42.3%。

【台山口岸】 2016年，台山口岸有公益货运港、国华台山电厂专用码头和台山进出境货运车辆检查场。台山口岸在广海湾区域，协调香港惰性物料运入卸于填海工程。并引导公益港增加装备提升吞吐能力，促货运增长。国华台山电厂专用码头进口煤炭因市场变化、国煤替代锐减，是年没有进口煤。2016年台山口岸进出口货物66万吨，比去年增长24%，水运进口货物19万吨，比去年增长30%；水运进出口集装箱5万标箱，比去年增长11%；进出境货柜车辆0.18车次，比去年下降43.3%。

【开平口岸】 2016年，开平口岸在运作的有三埠港货运码头装卸点。2016年，开平口岸进出口货物66.55万吨，比去年下降10.29%；水运进出口集装箱4.7729万个标箱，下降13.35% 。

【鹤山口岸】 2016年，鹤山口岸有鹤山客运港、货运码头和进出境货运车辆检查场。客运港与邻近的高明口岸客运港挂港联运，由高明港客轮联运每天一进一出2个航班往返鹤山至香港。2016年，鹤山口岸进出口货物79.9万吨，增长30%；水运进出口集装箱12.35万个标箱，比去年增长45%；进出境货柜车辆0.25万车次，比去年增长1%；出入境旅客4.22万人次，比去年下降9.5%。

【恩平口岸】 2016年，恩平口岸有横板货运码头和进出境货运车辆检查场。推进恩平车检场迁建。2016年，恩平口岸进出口货物3.93万吨，比去年增长35.52%；进出境货柜车辆0.0056万车次，比去年下降93.73%。

商务交流与展销

【商务交流】 2016年，江门市拓展网络，搭建平台，加强与“一带一路”沿线国家的商务交流。加强与江门市境外经贸代表处和外国驻华机构的联系，在原有驻巴拿马、印尼、墨西哥三地的江门市国际商务交流处的基础上，在英国、澳大利亚、巴西新设三个“江门市经贸代表处”，将江门市国际商务交流处和经贸代表处打造成为江门市在境外开展各种经贸活动的支持平台。加强与外国驻华机构的联系，重点联系“一带一路”国家驻广州总领事馆，邀请领事馆代表考察江门。帮助江门市企业开拓“一带一路”沿线国家的新兴市场，组织企业赴巴基斯坦参加2016年巴中商业论坛及其附设的展览会，参展企业达20家，展览总面积超过500平方米。

【广交会参展】 组织江门市企业参加中国进出口商品交易会，开拓国际市场。第119届、120届广交会，江门市均有230多家企业参加，分布在28个展区。参展产品以家电、电子消费品、摩托车、卫浴、餐厨用具、家居用品等为主。用好广交会平台，加强“江门制造”区域品牌宣传。发动企业参加广交会出口产品设计奖（CF奖）评选，鹤山国机南联摩托车工业有限公司连续两年获得CF大奖。

【第七届珠中江进出口商品展销会】 2016年1月21—25日在江门市五邑华侨广场会展中心举行，展会面积1.7万平方米，设有标准展位518个，来自江门五邑各市及珠海、中山、珠三角其他城市，港澳台地区以及马来西亚、越南、韩国、日本、澳大利亚、新西兰等地的358家企业参展，其中境外企业171家，展出家庭用品、家用电子、箱包服饰、鞋、食品、礼品、工艺品及玩具等多类名优产品。展销会为期5天，吸引约50万人次到会。

【广东省跨境电商高级研修班（江门站）】 2016年6月15日，由广东省商务厅、江门市商务局主办，广东省跨境电子商务行业协会、江门市电子商务行业协会、江门国家高新区电子商务产业园共同协办的广东省跨境电商高级研修班（江门站）在江门国家高新区电子商务产业园举行。该班是江门市举办的首次省级电商培训班，近300名江门电商企业代表参加。

【消费促进月活动】 2016年，江门市围绕重大时间节点多次开展消费促进月的活动，挖掘市民消费潜力，繁荣消费市场。9月，举办江门市推进“诚信示范街、示范店”创建活动仪式和江门市第六届家居文化节，有600多个知名品牌，超过万种家居产品参与促销活动，提供建材、家具、家电、家装等一站式的家居采购服务。2016年，江门市商贸流通业保持平稳发展态势，社会消费品零售总额1159.06亿元，比上年增长12.1%，增速高于广东省平均水平1.9个百分点。

（江门市商务局）

粮食流通

【粮食流通概况】 2016年，江门市纳入粮油工业统计的企业有115家，其中大米加工企业71家，小麦粉加工企业3家，粮食食品加工企业11家，饲料生产企业30家。设计生产能力：日处理稻谷合计3767吨，日处理小麦1490吨。全年工业总产值197.13亿元，产品销售收入197.94亿元，实现利润总额10.19亿元。大米加工，全市大米加工企业大部分为非国有粮食企业，全年加工产量23.02万吨。小麦粉加工，全市有3家小麦粉加工企业均为非国有粮食企业。全年加工小麦粉产量23.92万吨。

（陈伟红）

【粮食供销】 2016年，江门市纳入粮食流通统计范围的粮食经营企业有163家。其中：国有粮食经营企业9家，占总数的5.5%；非国有粮食经营企业154家，占总数的

94.5%。粮食总收入506.13万吨（折原粮，下同），其中：国有粮食经营企业粮食总收入61.28万吨，占粮食总收入12.11%；粮食总支出500.40万吨，其中：国有粮食经营企业粮食总支出54.00万吨，占粮食总支出10.79%。粮食收购各级粮食部门严格按照国务院和省规定的最低保护价敞开收购农户余粮。是年，全市粮食经营企业在本市收购粮食20.98万吨，其中国有粮食经营企业收购稻谷11.33万吨，占全市稻谷总收购的54%。粮食销售，目前社会上从事粮食销售活动的大部分为非国有粮食企业，国有粮食经营企业的销售份额较少。2016年全市粮食总销售118.91万吨，其中国有粮食经营企业销售37.04万吨，非国有粮食经营企业销售81.87万吨。国有粮食经营企业占粮食总销售的31.1%。

（陈伟红）

【粮食储备】 2015年5月5日，广东省人民政府下达江门市地方粮食储备规模31万吨，在原来11.8万吨的基础上，增储19.2万吨。2016年11月,新增地方储备粮规模足额落实。（陈伟红）

【依法管粮】 2016年7月，江门市粮食流通市场监管联合执法联席会议办公室从市粮食、农业、食药监及工商等部门抽调业务骨干组成检查组，在全市范围内开展夏粮收购联合执法专项行动，抽检21家单位，其中3家国有粮食企业，18家私营粮食企业，并抽取21份稻谷样本送江门市质量计量监督检测所检验。12月，首次采用“双随机一公开”的方式，随机抽调检查人员和抽取被检查企业，在秋粮收购期间，在新会和台山进行监督检查，检查企业4家。夏、秋粮收购检查结果显示江门市生产的粮食质量良好，收购市场秩序稳定。是年，根据《国家发改委等部门关于做好超期储存和蓆茓囤储存粮食定向销售有关工作的通知》（国粮调〔2016〕101号），市粮食局开展政策性粮食销售出库监管工作。

（谭清霞）

【粮食仓储设施建设】 2016年，江门市粮食直属库二期浅圆仓项目和广东开兰面粉有限公司立筒仓建设项目等两个纳入中央预算内投资计划的项目竣工并投入使用，两个项目总仓容6.5万吨。其中江门市粮食直属库建设单仓仓容1万吨的浅圆仓4座，总仓容4万吨，配套提升塔架、卸粮罩棚，器材库等设施；广东开兰面粉有限公司建设16个立筒仓，总仓容2.5万吨。（梁艳梅）

【粮食安全责任考核】 2016年，广东省政府通报全省21个地级以上市和顺德区政府粮食安全责任届中和届满前考核情况，江门市获优秀等次。是年4月，江门市人民政府办公室通报全市粮食安全责任届中和届满前考核情况，各市、区政府粮食安全责任考核均为良好以上，其中台山市、新会区、开平市、恩平市、鹤山市两次考核均为优秀等次，得到市政府通报表扬。2016年是国务院对落实粮食安全省长责任制进行全面考核的第一年。新考核办法无现成经验和模式可循，迎考工作点多面广，筹备时间紧，工作任务重。市政府对粮食安全责任考核工作高度重视，邓伟根市长到市粮食局调研粮食工作时对考核工作提出明确要求，吴晓谋常务副市长在全市粮食安全责任考核工作会议上部署工作，并代表市政府与各市、区政府签订粮食安全责任书。市粮食局主动履行好牵头部门的职责，加强与省粮食局和市各职能部门的沟通协调，上下联动、互相配合、统筹推进，为迎考做了大量前期准备工作，包括修订《江门市粮食安全责任考核办法》及考核指标、出台《江门市粮食安全责任考核工作实施方案（试行）》、做好业务督导和跟踪督查、做好考核资料的收集整理和汇总上报等。

（张晓聪）

商品供销

【商品供销概况】 2016年，江门市供销系统经营总额比上年增长10.48%；商品总购进比上年增长8.84%；商品总销售比上年增长9.44%；实现利润总额比上年增长14.18%。

【流通服务网络】 2016年，全市各级供销社以农业社会化惠农服务工程和新网工程建设为重点，发挥供销社系统组织和网络优势，整合资源，大力打造新农村现代流通服务网络体系，全面提升供销社为农服务能力和水平。是年，新建农产品加工龙头企业2家；建设完善配送中心2个，全年实现连锁配送销售额19.06亿元；完善农副产品网络终端22个；目前累计共发展骨干龙头企业19家，建成各类县域配送中心23个，发展连锁配送终端网点3980个。

【农民专业合作经济组织】 2016年，各市（区）供销社大力整合基层供销社资源，不断规范完善各类农民专业合作经济组织，让当地农民享受更多实惠和便民服务。是年，新建设完善农村流通合作组织30家，其中新建设完善农民专业合作社示范社5家；新建设完善农村综合服务社5家。建成各类农民专业合作社150家，其中实现“农超对接”农民专业合作社74家；已建立农村综合服务社81家、各类行业协会19个。另外，台山市上川民裕农资专业合作社、恩平市锦泉农产品专业合作社被评为2015年全省系统农民专业合作社示范社。台山市白沙供销社朗南综合服务社、恩平市江南米仓农村综合服务社被评为2015年全省系统“五星级”农村综合服务社。

【烟花爆竹安全经营和管理】 2016年，各市（区）供销社在抓好节假日期间烟花爆竹销售的同时，继续加强烟花爆竹的安全管理工作，特别是烟花爆竹仓库和销售网点等的安全检查，确保系统经营安全，并配合相关职能部门开展打击烟花爆竹行业的违法违规行为，规范烟花爆竹市场的经营秩序。开展烟花爆竹安全应急演练，提高工作人员的安全应急技能。是年，全市系统烟花爆竹销售总额1.06亿元；开展安全检查6次，开展打击“私炮”检查大行动1次，收缴非法烟花爆竹2700箱；开展烟花爆竹安全生产应急演练4次。

【废旧物资回收经营和管理】 2016年，全市系统通过加快再生资源回收网点、区域分拣中心等的建设完善，并配合市政府做好垃圾分类减量工作，促进城乡生态环境的改善。是年，全市系统再生资源销售额1.97亿元,比上年增长8.5%；还在蓬江、江海等地建垃圾分类回收点7个，新建区域分拣中心1个。建成再生资源回收网点480个。

【农业生产资料供应】 2016年，全市各级供销社抓好农资的组织储备工作，保障化肥、农药等主要农资商品的供应，确保全市农业生产所需。是年，全市系统农资销售额12.83亿元，比上年增长11.6%，组织供应各类优质农资34.9万吨，供应量占全市市场总量近六成。3月，联合有关部门及各市区供销社在鹤山市社举办全市“放心农资•农技信息•电商服务”下乡活动，现场为当地农民提供农技信息和电商服务。

【农产品流通体系建设】 2016年,江门市供销社推进农产品流通体系建设，抓好农产品标准化生产基地、农民专业合作社示范社的建设，以及农产品配送中心、经营旗舰店和社区连锁经营门店的布局发展，并组建供销社电子商务平台，拓展农产品流通业务。是年，新建设完善100亩以上农产品生产示范基地2个、农产品加工配送中心2家、农产品经营旗舰店2家、农产品社区连锁店20家，畅通农产品现代流通渠道，建设完善农产品流通体系。

（张广郁、张敏婷）

烟草专卖

【烟草专卖概况】 2016年，江门市烟草专卖局(公司)坚持“国家利益至上，消费者利益至上”的核心价值观，忠诚履行维护卷烟市场秩序、打击假冒伪劣卷烟、提供优质卷烟产品及服务等职责。夯实市场基础，提升卷烟经营。培育名优卷烟品牌，全年销售21.32万箱，比上年增长3.78%；销售收入47.19亿元(不含税)，比上年下降4.22 %；实现税利13.38亿元，比上年下降1.88%。健全完善卷烟营销体系、客户服务体系、市场管理体系，提高客户服务水平，客户满意度达到97.70%。是年，经济运行呈现“一增、四降”的态势，实现卷烟销量21.32万箱，比上年增长3.78%；销售收入47.19亿元(不含税)，比上年下降4.22 %；单箱销售收入25892元/箱，比上年下降5.97%；实现税利13.38亿元，比上年下降1.88%。

【烟草专卖管理】 2016年，坚持依法行政、严格执法、文明执法，全年查处各类涉烟违法案件5731宗，查获各类非法卷烟4232.13万支，破获江门市新会区“1·19”销售假烟国标网络案、江门开平市“7·23”销售走私烟国标网络案、江门鹤山市“8.01”非法经营卷烟国标网络案、江门市新会区“9·04”销售假烟国标网络案、江门市“6·20”销售假烟省标网络案、江门市新会区“9·21”销售假烟省标网络案。回馈社会，打造责任江烟，市局（公司）全年捐助善款27.44万元，支持文化事业、热心扶贫、助残等公益和慈善活动。

（高瑞睿）

食盐专卖

【食盐专卖概况】 2016年，广东省盐业集团江门有限公司（简称“江门盐业”）推进改革，调整产品结构，做好盐政管理工作，保障食盐安全供应，构建和谐盐业。

【盐产品生产及销售】 2016年，江门市盐产品购进累计176118吨,比上年增加2%;盐产品销售178513吨，比上年增加5.1%。全市碘盐覆盖率99.33%，碘盐合格率98.32%，碘盐食用率

97.67%。

【盐政管理】 2016年6月30日，市盐务局与市发改、经信、公安、工商、质监、食品药品监管局以及市打假办等8个部门召开“江门市2016年制贩假盐专项治理工作会议”，在全市范围内联合开展制贩假盐专项治理工作。12月5日，市发改局组织召开全市食盐储备、食盐安全工作协调会，协调落实江门市的政府食盐储备工作任务。12月20日，由广东省经信委组织的食盐储备落实情况专项督查组对江门市食盐储备工作进行督查，督查组在听取市经信、盐务局关于江门市食盐储备工作落实情况汇报，并对储备盐现场进行检查后，通过验收。12月22日,为应对盐业体制改革，盐业公司召开全体职工大会，研究、讨论并表决通过企业人员分流及安置方案。12月30日，市政府组织在发改局会议室召开全市共22个部门参加的江门市盐业体制改革工作推进会，部署落实14项盐改工作任务。（田海燕）

石油产品经营

【石油产品经营概况】 2016年，中国石化销售有限公司广东江门石油分公司隶属于中国石化销售有限公司广东石油分公司，与江门市人民政府实行双重领导，负责江门地区成品油供应销售工作，由中国石化销售有限公司广东石油分公司直接管理。公司2016年年底在册人数914人，在营加油站（船）157座。

【石油产品经营】 2016年，中国石化销售有限公司广东江门石油分公司围绕“经营上转型发展和创新营销，全面提升竞争新优势；管理上严细实贯穿管理全链条，打造企业发展新局面”的工作思路，实现成品油经营业绩大幅提升；立足转型发展，主动实施跨界合作，实现非油品业务连续高增长；从严细实入手抓管理，企业整体运行规范有序。全年成品油销售总量67万吨，非油品总营业额1.49亿元，实现报表利润总额1.25亿元。（陈群养）

民营经济

【民营经济概况】 2016年，江门市规模以上民营企业工业增加值464.62亿元，增长11.8%，民营企业达到49903家，占全市企业数量的80%，其中规模以上民营工业企业1286家，占全市规模上工业企业总数的 65.21%。民营企业的数量和注册资本金两项指标实现较快增长，分别增长15.4% %和16.22 %，两项指标增幅均高于全市平均水平。（吴国民）

【中小微企业综合服务体系完善】 自2012年开通政企通信息平台以来，已发布政企信息6000多条，累计为全市企业推送政策短信超过500万条。至2016年底，政企通平台注册企业用户超过3万家，覆盖全市所有规模以上工业企业。政企通微信和微博公众号正式启用，并与12345政府服务热线深度融合，为全市企业提供全方面贴心服务。推进国家中小企业窗口服务平台建设。落实3个国家级中小企业窗口服务平台（中小企业综合服务平台、环保产业集群窗口服务平台和 LED 产业集群窗口服务平台）建设。是年，开展各类对接各类服务超过1000项，涉及人才培育、融资担保、管理咨询、节能环保、技术创新、市场开拓和信息化等多方面。中小企业综合服务平台（服务大厅）自2013年10月揭牌运营以来，搭建起公共服务、技术服务、融资服务与信息服务四大子平台，并与市企业联合会、市中小企业服务机构协会等共同组织和开展精益管理、简单管理、竞争优势、法律讲座和政策宣贯等一系列的活动，对接各类服务近1500多项，涉及人才、融资、管理咨询、市场开拓和信息化等多方面，服务企业超过6000家。江门市中小企业服务机构协会自2013年10月组建以来，服务机构会员从60多家发展到200多家，涵盖审计、法律、培训、咨询等9大类别，为民营企业提供全方位、“一站式”服务。（吴国民）

【“政银保”融资项目实施】 2016年，江门市中小微企业“政银保”融资项目资金池规模达到1.1亿元，全年审核推荐符合条件企业融资项目208个，总推荐贷款额度5.36亿元。其中108个项目已获得融资2.75亿元。合作银行拓展到8家，新增融和银行、兴业银行。新成立全国资背景的粤财普惠（江门）融资担保股份有限公司，公司注册资本为1.7亿，担保公司的赔付比例最高为九成，最低为七成，收费固定为2%，缓解民营企业融资困难。（谭毅敏）

【科技园区建设】 2016年，江门市委市政府重视珠三角国家自主创新示范区建设工作，成立江门市建设珠三角（江门）国家自主创新示范区领导小组，以市政府名义制定和实施《江门市人民政府关于印发<珠三角（江门）国家自主创新示范区建设实施方案（2016-2020年）>的通知》（江府〔2016〕15号）。构建以高新区为核心，统筹全市创新活跃区域的“1+6+N”创新格局，引领带动江门全市创新驱动发展。建立高新区一区多园管理机制，目前除原设在江海区的国家级高新区外，蓬江区、鹤山市和开平市在相关园区已陆续加挂高新区分园区的牌子，夯实江门国家自创区建设的基础。确定全市江门国家自创区具体区块分8个片区，总规模49.8881平方公里，其中高新区作为核心区占63.88%。是年，江门高新区集江门国家自创区核心区、江门全国小微企业创业创新示范城市核心区、国家创新型特色园区、“侨梦苑”核心区和全国博士后创新（江门）示范中心具体运作管理单位等多项市的战略性重点创新工作于一身，实现创新资源的快速集聚。是年，高新区实现“创新”立区，设立江门启迪之星天使投资基金和江门粤科二期基金，已募集资金约1.2亿元，其中江门粤科二期基金已对3家企业累计投放1850万元。在加强人才建设方面，正制定《江门市高新区促进博士后创新创业暂行办法》和《江门高新区创业创新人才、团队扶持奖励暂行办法》，通过启动资金资助、安家补贴、项目土地安置、贷款贴息激励措施，加大吸引和留住人才力度。打造中欧（江门）中小企业国际合作区光机电一体化产业基地和江门高新区（江海区）大健康产业核心区。在高端创新平台方面，与五邑大学共建国际大健康研究院，并引进利物浦热带医学院参与组建。2016年，高新区各项创新指标均走在全市的前列，R&D占GDP比值、高新技术产品产值占工业总产值比值、国家级高企数量增幅、发明专利人均拥有量等指标均居全市第一。其中新增国家高企42家，增幅达86%，总量达91家；现有科技型小微企业257家，技术合同成交额4134万元，新增市级以上工程技术中心45家，增幅86.53%。创建市级众创空间5家、市级孵化器6家，其中国家级孵化器和国家备案众创空间各1家，双双实现“零的突破”。

【孵化器、众创空间建设】 2016年，7个县区均加快筹建科技企业孵化器，基本实现科技企业孵化器全覆盖，新认定市级孵化器8家，并推动发展较好的孵化器更进一层，其中，江门市大学生创业孵化服务中心通过国家级孵化器培育单位认定，江门市高新技术创业服务中心有限公司获批国家级孵化器称号。至2016年底，全市建成孵化器12家，其中国家级孵化器2家，国家级孵化器培育单位1家。总面积约27万平方米，在孵企业约520家，累计毕业企业约200家。是年，3家众创空间被认定为省级众创空间试点单位，2家在国家备案，市级通过验收7家。江门市建成的众创空间达到8家，包括国家众创空间备案单位2家，省级众创空间试点单位2家。总面积1.4万平方米，服务团队项目210个。其中江门高新区的启迪之星（江门）众创空间，在短短的一年时间里，先后获得市级、省级众创空间资质认定，并成功在国家众创空间备案。

【特色产业基地建设】 2016年，3个国家火炬特色产业基地(国家火炬计划江门半导体照明特色产业基地、国家火炬计划江门新材料产业基地、国家火炬计划江门纺织化纤产业基地)发展情况持续稳步增长。基地内企业数1038家，认定为高新技术企业95家，工业总产值614.44亿元，净利润28.62亿元，承担省级科技项目21项，市级科技项目35项。

（市科技局）

·责任编辑　杨清华·

邮政 物流
Postal Logistics

邮政管理

【邮政业概况】 2016年，江门市邮政管理局（简称“市邮政局”）加强行业数据调研分析工作，编《江门市邮政业“十三五”规划》；快递物流园区建设、交邮融合等内容纳入《江门市“十三五”综合交通运输体系发展规划》；强化快递物流的基础作用、实施快递下乡工程等内容也被列入《江门市国民经济和社会发展“十三五”规划纲要》有关章节。邮政业务总量17.19亿元，比上年增长36.68%；邮政业务收入15.87亿元，比上年增长28.84%。其中，快递业务量6661.01万件，比上年增长53.31%；快递业务收入11.32亿元，比上年增长39.87%。江门市邮政普遍服务营业网点121个（城市网点39个，农村网点82个），行政村通邮率达100%。江门市主要快递品牌45个，依法取得快递业务经营许可证的法人企业87家，备案分支机构166家，营业网点320个，快件分拨中心3个，快件分拣清关中心6个，快递从业人员3825人。

【邮政（快递）市场监管】 2016年，江门市加大市场执法力度，对快递市场开展行政执法检查1117人次，检查企业298家，下达责令整改通知书15份，行政处罚4起，其中停业整顿2起，罚款1万元；对邮政营业场所开展法定业务专项检查165人次，安全生产监督检查180人次，扫黄打非检查237人次，邮政机要通信检查39人次，信报箱检测出144人次，检查营业场所60处，报刊亭40个，下发邮政普遍通报4份，机要通信通报1份，责令整改通知书1份，行政处罚决定书1份，罚款5000元。

【快递行业转型升级】 2016年，分别利用省财政专项资金24万元和23万元补贴快递下乡网点改造升级和智能快件箱工程，新增农村快递服务网点9个，设置32组智能快件箱，保障乡镇快递通达率实现100%，破解快递配送“最后一公里”问题，开拓江门市特色农产品如新会陈皮、杜阮凉瓜、恩平簕菜等寄递服务市场。引导寄递企业丰富服务内涵，拓展服务领域，如市邮政公司、EMS及申通速递等，新建仓储场地为电商企业提供一站式服务，实现产业协同发展。2016年4月，全国首个县级跨境电子商务快件分拣清关中心项目在开平落成，有利于加速江门形成一个全方位的物流集散基地。

邮　政

【邮政概况】 2016年，建立覆盖城乡、惠及全民、水平适度的邮政普遍服务体系，推动信报箱升级，推广智能包裹箱的应用。终端服务设施情况：信报箱（群）452362个、智能包裹箱（组）36个、村邮站434个、便民服务站512处；服务网络及投递道段情况：市趟邮路18条，区内邮路10条，农村邮路13条，408条投递道段。

【邮政企业业务发展】 2016年，邮政普遍服务在产品创新、服务创新等方面取得成效，邮政包裹类新业务整合邮政线上线下网络资源，在电子商务服务体系建设取得新进展。2016年邮政企业全市自营寄递业务量为2328.88万件，其中快递包裹国内出口量为55.5万件，国际小包出口量为21.5万件；业务收入8527万元，其中快递包裹国内出口收入322.7万元，国际小包出口收入149.5万元。

【邮政市场监管】 2016年，江门市邮政管理局按照“三个清单一张网”具体要求及“双随机”检查方法，全年对邮政企业累计检查邮政营业场所60个，“扫黄打非”执法检查98处。对邮政企业下发通报6份，开展行政处罚1单，下发责令整改通知书1份。受理及公开邮政普遍服务营业场所信息变更备案65个，邮政普遍服务网点撤销行政审批6个。快递市场执法检查：2016年，出动执法检查1117人次，检查快递企业298家次，开展快递市场清理整顿专项行动1次，下达责令改正通知书15份，行政处罚4起，其中停业整顿2起。

【邮政业安全生产监管】 2016年，江门市邮政管理局共召开全市寄递企业安全生产工作会议4次，组织安全类培训2次，与企业签订安全责任书253份，下发督促企业加强寄递渠道安全保障工作通知28份。发挥邮件、快件寄递安全管理工作联席会议工作机制，召开联席会议1次，开展联合执法检查7次，开展联合培训2次。开展危爆物品清理整顿专项行动2次，邮政业风险点、危险源排查整治专项行动1次，安全生产大检查2次。重点做好岁末年初、全国“两会”、“G20峰会”、十八届六中全会、快递业务旺季等重点时期和重大活动寄递渠道安全保障工作。全面推进寄递企业落实“收寄验视+实名收寄+过机安检”三项安全制度，利用省、市两级财政专项资金补助企业购置X光机31台。

【服务民生】 2016年，江门市获得广东省邮政业发展专项资金（邮政基本公共服务均等化部分）为145万元，其中：邮政普服网点更新改造工程67万元，车辆更新工程35万元，投递终端建设工程35万元，普服机要保密保障建设8万元。是年，江门市邮政管理局申请省财政专项资金47万元补贴快递下乡网点改造升级和智能快件箱工程建设，补贴农村快递服务网点12个，智能快件箱32组，实现“镇镇有网点，村村通快递”。是年，受理申诉案件3201件，其中有效申诉1791件，为消费者挽回经济损失约13万元，消费者对申诉处理满意率为98.2%。（李　乐）

·责任编辑　杨清华·

旅游业
Tourism

综 述

【旅游业综述】 2016年是“十三五”旅游发展的开局之年，江门市旅游行业围绕市委“兴业惠民，治吏简政”要求和市政府建设旅游强市的工作部署，按照旅游产业“专业化、产业化、市场化和高端化”的要求，推进全域旅游和旅游综合改革工作，国家旅游局批准江门市为中国国际特色旅游目的地创建单位、批准台山市和开平市为全国全域旅游示范区创建单位，新会区古兜温泉小镇挂牌上市，成为中国温泉概念第一股、广东民营旅游企业第一股，全球最大度假连锁集团地中海俱乐部等国际品牌入驻江门市，实现国际品牌零的突破。

【旅游接待与收入】 2016年，全市旅游产业呈现发展加快、效益提升、后劲增强良好态势，全年完成旅游总收入409.90亿元，比上年增长20.69%；接待旅游人数5032.74万人次，比上年增长16.61%，其中过夜游客2000.56万人次，比上年增长15.09%，实现“十三五”良好开局，连续五年增速超过20%，旅游业增加值占全市GDP的比重约7.6%。

【旅游行业管理】 2016年，成立由市旅游局牵头，市公安局、交通局、国土资源局等10多个部门组成的江门市安委会旅游安全专责小组；市旅游局与各市、区旅游局签订《安全生产责任书》，制订《江门市旅行社旅游安全检查规范一览表》；高度重视灾害天气预警工作，发布重大气象预警信息4万多条；印发《江门市旅游行业风险点、危险源排查整治专项行动工作方案》，建立旅游城市风险点，危险源数据库。开展旅游市场监管，整治不合理低价游、强迫购物消费行为、虚假旅游广告、旅游价格欺诈等，全年开展旅游市场检查行动30次，出动检查人员165人次，检查旅游景区（景点）18家、旅行社营业部30家、酒店11家，通报批评11家旅行社经营不规范行为；全年受理旅游投诉67件，办结率100%，理赔金额共计52660.3元。

【旅游教育培训】 2016年，与中山大学、江门市委组织部、全国博士后创新(江门)示范中心联合举办“百名旅游管理博士江门行”。制定《江门市地接导游人员服务标准规范（稿）》《江门市政务导游人员管理制度》，举办江门市导游职业技能大赛暨江澳导游精英学习交流活动、新导游岗前培训班、政务导游人员培训班、地接导游培训班、全市旅行社旅游安全应急业务及涉诉案件处理技巧培训班、全市旅游应急知识讲座暨酒店消防应急救援演练等培训活动。江门市政务导游人员参加全省导游大赛，团体和个人分获最佳创意奖、最佳组织奖、广东省旅游大使、广东省明星导游等10项称号。

【古兜温泉上市】 2016年12月9-10日，古兜控股有限公司通过配售方式在港交所创业板挂牌上市，成为中国“温泉”概念第一股和广东民营旅游企业第一股。

旅游资源

【景点概况】 江门是“中国优秀旅游城市”、全国首个“中国温泉之乡”，有广东省第一个世界文化遗产“开平碉楼与村落”。2016年，江门市有国家4A级旅游区8处(圭峰山、立园、金山温泉、古兜温泉、锦江温泉、川岛旅游区、康桥温泉、山泉湾旅游景区)，国家森林公园2处(圭峰山森林公园和北峰山森林公园)、国家重点文物保护单位2处(梁启超故居和开平碉楼)、国家地热地质公园1处(恩平温泉)。

【旅游建设开发】 2016年，恩平香家堡梦幻花世界和广东花海欢乐世界等旅游项目相继建成并营业。充实蓬江区“三十三墟街”、江海区“南岸印迹”、新会区“学宫文心”、鹤山市“岭南鹤武”、台山“海丝游归”、开平“碉楼逸风”、恩平“恩州学泉”7个市、区的旅游文化项目。开平碉楼文化旅游区加快创建国家5A级旅游区取得明显成效，高分通过国家级资源与景观质量评审，迎接考核验收。鹤山古劳镇等3个镇被评为乡村旅游示范镇，恩平市昌梅村等5个村被评为乡村旅游示范村。新建和改建A级以上旅游厕所65座，其中AAA级旅游厕所2座，AA级旅游厕所12座，A级旅游厕所51座，开平立园、自力村、马降龙等景区旅游厕所率先配备“第三卫生间”，在全省、全国处于领先水平。

旅游宣传

【旅游市场开拓】 2016年，加强广佛江、深中江、珠中江一体化合作，举办“珠水四城江门游”等活动拓展珠三角市场；举办“30城联动江门游”活动拓展周边省市市场；开展“交换冬天”活动，重点开拓东北市场婚庆旅游市场；联合珠、中、阳三市到浙江、福建推广珠江西岸一程多站旅游线路；加强江港澳合作，强化“一程多站”旅游线路营销，设立印尼广肇总会、美国洛杉矶江门五邑青年会、马来西亚沙巴州四邑公会3家海外旅游信息推广中心；与“蚂蜂窝”旅行网、“今日头条”等网媒新锐合作，开展网上营销活动；构建“微信＋头条号＋微博”新媒体传播矩阵，“五邑天地”微信号进入清博榜前十，“江门旅游”微信号多次进入全国旅游政务微信宣传力周榜前十，进入全市市直部门政务微信影响力排行榜前三。

【中国国际特色旅游目的地创建】 2016年1月22日，国家旅游局下发《关于公布中国国际特色旅游目的地创建名单的通知》认定江门市等30个旅游目的地创建“中国国际特色旅游目的地”，其中江门市创建“中国国际侨乡文化旅游目的地”。中国国际特色旅游目的地创建工作原则上为2年时间。

【国家全域旅游示范区创建】 2016年2月1日，国家旅游局发出《关于公布首批创建“国家全域旅游示范区”名单的通知》（国旅发[2016]13号），公布江门市开平市、台山市等全国262个市县为首批国家全域旅游示范区创建单位。

区域旅游合作

【《共建中国国际特色旅游目的地框架协议》签订】 2016年5月5日，广东省旅游局和江门市人民政府在万达嘉华酒店举行省市共建中国国际特色旅游目的地签约仪式，签订《共建中国国际特色旅游目的地框架协议》，从十大方面推进创建工作：推进创建“中国国际特色旅游目的地”工作，制订创建计划、申报材料和《江门市旅游产业园区发展规划》，计划2017年创建成功。推进创建“国家全域旅游示范区”工作，计划在2018年前台山市和开平市被正式列入国家全域旅游示范区名录。推进“广东省旅游综合改革示范市”各项工作。推进江门市申报世界旅游组织旅游可持续发展观测点工作。推进景区质量提升，重点推动开平碉楼创国家AAAAA级景区。推进旅游重大项目招商和建设。推进旅游新业态项目和乡村旅游项目建设。推进旅游营销工作，开拓省内、国内、国际市场。推进强化旅游行业管理和安全生产工作。推进旅游教育事业和旅游教育产业发展，加强旅游职业教育培训合作。

【《2016珠中江阳旅游护照》发行】 2016年“5·19中国旅游日”，珠海、中山、江门、阳江四地旅游局联合编印的《2016珠中江阳旅游护照》发行，游客凭该旅游护照到珠海、中山、江门、阳江四市旅游，可以享受旅游消费优惠。参与优惠活动的旅游企业80家，每个城市20家。

旅游推介

【活力广东——珠中江阳（温州、福州、厦门）旅游推介会】 2016年4月13日-17日，江门市组团赴浙江、福建参加由广东省旅游局主办，珠海市文化体育旅游局、中山市旅游局、江门市旅游局、阳江市旅游和外事侨务局承办的“活力广东——珠中江阳（温州、福州、厦门）旅游推介会”。四地旅游局的领导和企业代表，向三市旅行社和媒体，推介珠江西岸的旅游景点和资源。

【珠中江阳台北旅游推介会】 2016年5月19日，借珠中江阳旅游联盟参加广东省旅游局团组，共赴2016台北两岸观光博览会契机，江门、珠海、中山、阳江四地旅游部门共同主办“纪念孙中山先生诞辰150周年系列活动”珠中江阳台北旅游推介会。台北旅行业商业同业公会与当地旅行社代表以及当地媒体记者约80人参加推介活动。

【广中江（兰州、西安）旅游推介会】 2016年12月11-16日，江门市组团赴甘肃、陕西参加由广东省旅游局主办，广州市旅游局、中山市旅游局、江门市旅游局承办的广中江（兰州、西安）旅游推介会。三地旅游局的领导和企业代表，向兰州、西安两市旅行社和媒体，推介珠江西岸的旅游景点和资源。

大型旅游活动

【“百名旅游管理博士江门行”活动】 2016年7月24日-25日，由中山大学和江门市委组织部、全国博士后创新（江门）示范中心、江门市旅游局联合举办的“百名旅游管理博士江门行”活动在江门市举行，全国40多所大学150名旅游管理博士创参加活动。江门市委书记林应武会见中山大学黎孟枫副校长，并与博士团成员合影，副市长易中强参加有关活动。博士团参观华博馆和恩平、开平部分景区。

·责任编辑 杨清华·

金融业

Finance

中国人民银行江门市中心支行

【人民银行江门中心支行概况】 2016年，中国人民银行江门市中心支行（以下简称“人行江门中支”）紧抓改革主题和发展主线，贯彻落实党的十八大和十八届三中、四中、五中、六中全会精神，贯彻执行货币信贷政策，推动金融改革开放，防化金融风险，提升金融服务和管理水平，参与珠三角金融圈建设，支持辖区经济社会持续健康发展。至年底，江门市金融机构本外币各项存款余额为4030.37亿元，比年初增长7.00%；本外币各项贷款余额为2469.83亿元，比年初增长11.35%。

【货币政策执行】 2016年，人行江门中支贯彻执行国家稳健货币政策，改善货币政策的传导机制，提高政策的针对性、灵活性和有效性。做好信贷规划调控，保持贷款合理适度增长，在控制好总量的前提下，人行江门中支指导辖区各金融机构合理测算信贷总量，调整信贷结构，控制投放进度，防止信贷投放月度和季度间的大起大落。加强政策和形势分析，强化政策执行合力，召开银行机构座谈会与经济金融形势分析会，加强与地方政府部门和金融机构的交流沟通，落实好辖区地方法人金融机构的信贷指导；发挥“窗口指导”作用，引导各银行业金融机构大力支持符合国家规划的新兴产业和重点项目、重点企业的融资需求，满足经济主体的金融需求，增强金融对经济的支撑作用；加强利率和存款准备金政策管理，加强对金融机构的指导，防范和化解利率纠纷；研判利率市场化改革对辖区金融机构的影响，指导金融机构完善利率定价机制，充分考虑自身资产负债、经营成本、市场策略和地区差异等因素，按照风险原则合理确定存贷款利率水平，提高定价能力；开展动态降准考核工作，按日做好存款准备金监测工作，确保江门地区不出现金融机构日透支、欠缴等情况。发挥货币政策的引导和支持作用，促进经济平稳较快发展，落实创新驱动战略，支持辖区科技金融结合发展，推动金融机构加大对科技企业信贷支持力度，全市科技企业融资余额实现快速增长；成立小额票据贴现中心，遴选出工行、中行、邮储和融和四家金融机构作为江门市首批小额票据贴现中心经办金融机构，江门市成为全省三个地市级小额票据贴现中心之一；综合运用各种政策工具，支持涉农、小微企业信贷投放；全年投放支农支小再贷款5.21亿元，再贴现4.6亿元，开展信贷资产质押再贷款试点推广工作。营造房地产市场公平竞争环境，规范市场秩序；与市银监局联合召开落实商业性个人住房贷款政策专题会议，重申首次购房、首套房等个人住房贷款的认定标准，避免误读；会议要求金融机构认真审核首付款来源真实性，防范信贷风险；开展互联网金融风险专项整治工作，研究制定《中国人民银行江门市中心支行互联网资产管理、跨界金融和第三方支付专项整治工作实施方案》，并在辖区重点开展通过互联网开展资产管理和从事跨界金融业务的机构以及非银行支付机构业务的排查和清理整治工作。

【维护金融稳定】 2016年，人行江门中支推进金融改革发展，强化金融风险监测评估，完善金融稳定工作长效机制，深入研究金融领域发生的新情况和新问题，加强系统性、区域性金融风险防范，切实维护好辖区金融稳定。推进金融改革发展,按照上级行统一部署，在辖区稳步推进存款保险制度的组织实施工作;加强金融改革跟踪监测，推动地方金融机构改革发展，增强金融支持地方经济发展实力。完善金融风险应对和处置机制,制定《江门市金融机构流动性风险突发事件应急处置预案》，并依托“江门市金融稳定与监管协调合作备忘录”，完善与地方党政职能部门和监管机构的协调机制，加强部门沟通协调，共同维护金融秩序和金融安全。加强金融稳定协调和金融监管协调，合力保障金融平稳运行,2016年，人行江门中支与江门市银监局签订《江门市银行业监管信息共享备忘录》，定期联合召开“江门市银行业监管信息共享工作交流会”，互通监管信息，相互进行风险预警；完善与江门市金融局、银监局、公安局和经信局等职能部门共同建立的江门市金融稳定与监管协调合作机制，加强工作磋商及信息交流，促进联动工作机制效能的发挥。

【金融服务】 2016年，人行江门中支履行金融服务职能，在支付环境、现金管理、国库业务、信用体系建设等方面推进金融服务工作，创新工作方法，提高金融服务水平。促进助农取款服务可持续发展，加强与政府部门沟通，确保政府部门的财政补贴和涉农机构的优惠政策落实到位，调动涉农金融机构和合作商户的参与积极性；通过报纸、电台、电视专访等主流媒体开展专题宣传，扩大银行卡助农取款服务的影响范围；至年底，助农取款服务点累计发生查询笔数158,744笔，取款交易笔数256,553笔，取款金额13,448.49万元，转账、刷卡金额120.80万元。推广应用电子商业汇票业务，对上中下游企业宣传电票业务优势，鼓励企业应用电票业务；2016年，人行江门中支稳部推进电票再贴现“绿色通道”，为辖区银行机构提供更便捷、更高效、更安全的融资方式，至年底，江门全辖发生商业汇票承兑业务192.75亿元,其中电票占比58.00%，比上年增加23.20个百分点，贴现金额146.79亿元，其中电票占比40.80%，比上年增加15.61个百分点，促进地方经济发展。提高国库业务服务水平，推进“营改增”，在全面“营改增”倒计时阶段，抓住关键，协调国税、地税、商业银行，助推全辖48000多户地税单管户开展TIPS“三方协议”改签工作，实现纳税人征管信息登记在地税和国税之间对接，为“全面“营改增”按时启动奠定坚实的业务基础。启动营改增全面试点后，打通财政体制改革中的最后一公里，协调财政、国税、地税机关，统筹各支库、代理支库，明确辖内增值税收入划分办法，做好系统设置和过渡期收入处理安排，加强参数设置的统筹管理和指导，确保“营改增”相关预算管理改革到位，原增值税、改征增值税及时按新财政体制征收、缴库。严格整治，规范“银关通”缴库业务，针对国库经收处“银关通”业务税款缴库不及时情况，开展专项整治，要求各有关商业银行要立即修订“银关通”业务内控制度，确保内控制度与人民银行的有关管理制度一致，明确规定有关商业银行办理“银关通”缴税业务必须指派专人在企业账户扣划税款当日、最迟下一个工作日到海关领取缴款书，出现纸质凭证与电子信息不一致情况时，应立即与海关联系，查明原因，根据情况立即换领缴款书或更正电子信息。加强人民币发行与流通管理，组织辖区银行机构做好猴年普通纪念币和孙中山先生诞辰150周年普通纪念币的发行工作;开展反假宣传，通过举办“反假货币 从微做起”H5创意设计大赛，开展交通领域反假货币宣传，启动候车亭广告牌宣传计划，开展反假宣传进企业、进社区、进乡村、进校园等“多进活动”，借力新闻媒体开展宣传等等，助推反假货币宣传显成效；联合市社会治安综合治理委员会办公室和市公安局经济侦查支队，加强推动反假货币工作重心前移，全年累计破获贩运（买卖）假币案件7宗，缴获假币面额折合人民币达40多万元;完善和夯实江门市银行机构10元以下（含10元）小面额现金供应工作制度，通过组织开展小面额人民币供应长效机制宣传，做实金融机构小面额现金备付制度、主办网点和主办银行制度，保证小面额人民币的供应。

【金融消费权益保护】 2016年，人行江门中支积极推进辖区金融消费权益保护工作的开展。指导江门金融消保联合会在全省率先完成第一周期的“金融教育进课堂”教学任务，形成金融普及教育长效机制，教学成果得到国际印证。指导联合会创建集经济金融信息发布、金融知识宣传、公众“微心声”收集、金融投资新产品及其风险防控介绍等多功能的微信公众平台—江门金融汇，以“江门金融汇”为平台，组织举办2016江门普惠金融节，通过一系列卓有成效的活动，推动金融支持实体经济、扶持中小微企业、金融消保工作。强化“12363”运行能力，是年，江门市“12363金融消费投诉热线”受理金融消费咨询共519宗，咨询范围主要集中在银行卡、贷款、支付结算、储蓄及征信等业务领域，咨询解答率100%；受理金融消费投诉共219宗，主要集中于银行业机构，已全部妥善处理，得到金融消费者的充分认可，改善江门市的金融服务环境。

【推进社会信用体系建设】 2016年，人行江门中支把握政府与市场定位，推进社会信用体系建设。形成“政府领导，人行推动；政策扶持，部门参与；引入评级，创新机制；打造平台，融资对接”的信用体系共建合作工作模式，政府陆续出台扶持信用体系建设方面的政策;2016年在平台建设、信用信息采集、信用信息应用、信用评级、融资对接方面取得明显成效。支持地方信息共享平台建设，按部门和行业建立信用记录和信用信息系统，促进各系统之间的链接和交换，推动各部门公开行政执法信用信息;至年底，信息共享平台从政府部门、公共事业单位等获取并录入16类共19万条非银行信用信息。推动政府部门带头在行政审批等事项中使用第三方信用报告，在依法履职中使用信用记录和信用报告；鼓励金融机构在信贷审批、信用担保、信用工具投放等方面参考使用外部信用产品和服务；鼓励企事业单位和个人在商品采购、项目承包等商业活动中积极使用信用产品和服务。推动江门市法人和其他组织统一社会信用代码制度建设，配合推进“多证合一”、“一照一码”改革，完善征信体系建设基础设施。完善广东省中小微企业信用信息和融资对接平台（江门分平台）的建设工作，发挥“评级＋发现＋推介”融资推介的作用，并实现与省中小微平台的对接；平台除了收录近8万条非银信用信息、6万条企业基本信息外，还收录近5万条民间融资信息、近1万条小额贷款公司和融资性担保公司客户贷款信息、8585户小微企业的融资需求信息、31种金融信贷产品、94项专业扶持政策。以江澳合作为契机，搭建江澳合作服务平台，该平台已上线运行，在江门的332家澳资企业信息已全部录入数据库。深化应收账款融资服务平台推广应用，扩宽企业融资渠道，江门辖区应收账款融资服务平台融资已突破100亿元大关，并推动浩源皮业（台山）有限公司作为供应链核心企业，带动上、下游企业参与到平台应用与建设，是广东省内首家供应链核心企业；与科技局、国资委联合发文均为广东省首例共推融资服务平台，开平支行和鹤山支行分别与开平工商部门和鹤山资产管理委员会联合发文，推动应收账款融资服务平台的应用推广工作。开发具有“等级符号、评分指标、更新监测”等独特优势的小微企业信用评级指标体系，作为嵌入式自动小微企业信用评级系统的核心部分，为小微企业融资对接起到重要作用。以恩平为试点，搭建农户征信管理平台，开展农户信用信息的采集和信用评价工作。率先在广东省内推行无抵押小贷保证保险业务。

【金融业发展】 2016年，人行江门中支对银行业金融机构实行“开业管理、营业管理；综合执法、综合评估”，引导银行业金融机构提供高效的金融服务，为金融业健康发展创造良好的金融生态环境。银行业金融机构种类、数量稳步上升；2016年，华夏银行江门分行落户江门；至年底，江门有各类银行业金融分支机构22家，法人机构8家；银行业金融机构总资产4552.66亿元，比年初增长8.25%。提高开业管理服务效率，2016年，人行江门中支完善开业管理工作机制，按照申报、审核、现场核验、批复的操作流程，指导融和农商行沙富支行、华夏银行江门分行、交通银行江门蓬江支行、新华村镇银行冈州支行等机构加入人民银行金融服务与管理体系。

【反洗钱监管】 2016年，人行江门中支本着“风险为本”的原则，开展洗钱类型分析，加强对高发态势和新型洗钱类型的风险提示，提高反洗钱监管的针对性和有效性。实施差别化的分类监管措施。履行非现场监管职能，强化风险为本的反洗钱监管体系，通过完善监管考核指标，合理引导金融机构反洗钱工作；2016年对27家金融机构实施差别化的监管措施，在实施监管措施中发现个别金融机构存在风险问题，根据风险问题程度提出具体监管意见，并进行风险预警提示。开展反洗钱执法检查，对农业银行江门分行、南粤银行江门分行进行反洗钱执法检查，通过检查及时发现金融机构在开展反洗钱工作中存在的问题与不足，并提出相应的整改意见，提高金融机构反洗钱意识；在检查中，发现案件线索2条，其中2016年9月成功破案1条。推进案件分析和调查工作，2016年，成功破获案件6起，其中：外国人参与的特大非法跨国集资案1起，地下钱庄案4起，POS机非法套现案1起。加强反洗钱宣传，如创作宣传作品在广东金融汇进行推送，9月、11月组织50多家金融机构开展两场大型户外宣传活动。

【外汇管理】 2016年，深化货物贸易外汇管理改革，推进广东省单证公示平台，为银行提供单证查询、校验和信息共享，解决企业利用单证重复融资、虚假融资等问题，打造贸易融资良好环境。推动全口径跨境融资业务，探索全口径跨境融资业务新模式，为江门地区企业提供更多低成本的境外资金，2016年江门市办理五笔全口径跨境融资签约备案业务，签约金额3.52亿元人民币。推进跨境人民币业务的开展，为企业提供更多的跨境结算方式，2016年江门市发生跨境人民币结算业务金额306.95亿元。推进跨国公司外汇资金集中运营业务，为江门辖区跨国公司提供资金运营便利，至2016年12月末江门市办理跨境双向人民币资金池业务的企业共有9家。加强江澳金融合作，推动金融服务创新。中心支局与江门市金融局2016年以来就促进两地金融合作的具体事宜进行多次沟通并先后召开2次座谈会，就江澳金融合作的具体事宜出谋献策，促进江澳合作的发展。严厉打击各种外汇违法、违规行为，维护江门地区外汇金融秩序。

地方金融服务

【金融概况】 2016年，进驻江门市的银行、保险、证券、期货等金融机构118家，其中银行30家，保险公司52家，证券公司28家，期货公司2家、信用评级机构6家，小额贷款公司15家，融资性担保公司7家。至2016年10月底，全市本外币存款余额达到4006.33亿元，比年初增长6.36%；本外币贷款余额2426.81亿元，比年初增长9.41%；1-10月全市保费为90.05亿元，证券交易额达9199.59亿元，债券累计融资额突破40亿元。

【供给侧结构性改革去杠杆行动】 2016年，由江门市金融局牵头制定《江门市供给侧结构性改革"1+5"行动方案及第一批供给侧改革去降补（六新六去）工作清单》，其中包括《江门市供给侧结构性改革去杠杆行动计划（2016-2018年）》，做好江门市去杠杆工作。印发《江门市供给侧结构性改革去杠杆行动计划（2016-2018年）督查工作方案》，划分责任分工，建立工作台账，开展重点督办，确保杠杆率控制在合理水平，去杠杆各项工作有序推进。按照责任分工有效配合落实去杠杆相关工作，加强对金融监管对象的日常风险监测，制定和完善应急预案，确保维护江门市金融稳定。江门市各金融业务主要风险指标达到监管要求，金融机构杠杆率也处于合理水平。推动新金融的发展，通过创新金融助力江门市实体经济持续、健康发展。至2016年10月，江门辖区农合机构和村镇银行的杠杆率均超过8%，全部达到银监会规定4%的监管最低要求；截至第三季度末，全市融资性担保公司杠杆率为86.68%，小额贷款公司杠杆率为68.24%，资产质量优良。

【国家级小微企业信用体系建设试验区】 2014年2月，江门市被人民银行总行列为国家级小微企业信用体系建设试验区，是目前广东省唯一试验区，全面试验中小微企业信用评级"江门模式"，得到国家有关部门和广东省政府的高度评价，降低企业融资成本，提高银行防范信贷风险的能力。至10月底，全市有1083家中小微企业与评级机构签订协议，其中623家企业完成评级，获得贷款221.1亿元，比评级前增加45.44亿元，减轻企业利息负担8696万元，平均每家减少负担14万元。江门辖区各金融机构通过借力外部信用评级。给予102家信用评级达BBB级以上的企业进行转贷业务，累计8.44亿元，降低企业融资成本684.75万元。

【资本市场实现多层次突破】 2016年，华津国际、古兜控股先后在香港上市，高正信息、生和堂、芳源环保和安捷物流等4家企业在新三板挂牌。是年，全市境内外上市企业达18家，在资本市场融资90亿元；在天交所挂牌企业1家。在新三板挂牌企业13家，融资10亿元。2015年以来有5家上市企业利用募集资金并购投入53.45亿元。广东金融高新区股权交易中心江门运营中心成功运行，全市在广东金融高新区、广州、深圳前海、上海等场外交易市场挂牌的企业超过70家。

【江澳金融合作】 2015年6月25日，市金融局与澳门金融管理局签署《关于加强江澳金融合作的备忘录》，江门市成为全国首个与澳门签订金融合作协议的地级市。2016年，江门与澳门之间的贷款出现大幅增长。江门地区企业获得澳门金融机构贸易融资7802万美元，比上年增长616.13%，偿还贷款2114万美元，比上年增长75%;吸收澳门金融机构同业存款1.5亿美元;是年，江门市8家企业在江澳金融合作中达成43亿元融资合作协议，累计提款17亿元人民币,为企业节约20%左右的融资成本。11月11日，市金融局与澳门金管局在澳门举办"2016年江澳金融合作工作会议"，会议决定成立江澳金融工作小组，并就推动第三方信用评级、跨境融资、结算结汇及人才交流方面达成共识。

【小微企业贷款保证保险】 2015年2月28日，江门市小微企业贷款保证保险服务中心揭牌运营，江门市成为广东省首个市级试点。通过保险、银行、资信调查机构的深度合作和互利共赢，为初创期和轻资产的小微企业提供无抵押、纯信用的融资服务。单个企业贷款额度不超过100万元，贷款期限不超过2年。保费和评估费合计最高按年不超过贷款金额的10%收取。银行贷款利率最高不超过同期基准利率上浮30%的水平，从借款企业提供保单到贷款发放不超过5个工作日。是年，为40多家小微企业发放贷款超4000万元。联合有关部门推行农业、中小微企业"政银保"，助力农业和中小微企业发展。

【科技、金融、产业融合发展】 2016年，全市设立科技支行6家、科技小贷公司2家，设立一站式的广东省科技金融服务中心江门分中心和江门高新区分中心开展配套服务，使科技企业融资余额实现翻番；2016年上半年，全市高新技术企业融资余额为204.24亿元，比年初增加103.08亿元，增长101.90%。开展科技金融扶持资金贷款贴息，是年，江门市确定两批74个项目为江门市级科技金融扶持资金贷款贴息备案项目，通过备案的贷款规模为5.665亿元，47家单位申请结算3.8亿元，预计贴息超500万元，其中4家企业拟专利质押贷款4100万元进行贴息。

【中小微企业融资服务】 至2016年9月，江门市有14家小额贷款公司，贷款余额25.07亿元，全年累计发放贷款19.77亿元，主要发放对象为个体工商户、三农企业及小微企业。至2016年9月，江门市有7家融资担保公司，注册资金7.53亿元，融资性担保余额9.23亿元，其中，中小微企业担保余额8.91亿元，占总融资性担保余额的96.53%，担保中小微企业401家。管理方面：按相关法律法规要求审批有关事项。聘请有资质的会计事务所对两类机构进行合规性审计，针对合规性审计发现的问题进行整改，引导两类机构合规经营，江门市两类机构经营较好，未出现重大风险事件。引入第三方信用评级机构对江门市的小贷公司进行信用评级工作，并将评级结果报中国人民银行进行备案。支持两类机构创新业务，在市金融局引导下，江门市小贷公司建立信息共享平台，加强信息交流，降低经营风险。加强党务建设，在市金融局的指导下，借助小额贷款融资担保行业协会力量，小贷和融资担保行业成立党支部，强化江门市小贷行业党政领导力量，得到全国小额贷款公司协会的肯定。

【互联网金融风险专项整治】 2016年，江门市重视互联网金融风险专项整治工作，成立以分管金融工作副市长为组长，市政府分管副秘书长及江门市金融局、人民银行江门市中心支行主要负责人任副组长的工作领导小组架构，制定《江门市P2P网络借贷风险专项整治工作摸底排查方案》《中国人民银行江门市中心支行互联网资产管理、跨界金融和第三方支付专项整治工作实施方案》等。在开展专项整治工作过程中，江门市通过工商登记信息以及在排查过程中发现，在江门市以“金融”“资产管理”“投资管理”“股权投资”等字样设立的分支机构有56家，江门辖区本地的6家企业基本上没有从事互联网金融业务，其他50家是其他省、市跨区域在江门的分公司。经过重点排查和现场检查，在江门市注册登记的互联网金融企业有3家，P2P网络借贷企业1家：江金所信息科技有限公司；资产管理及跨界从事金融业务的企业2家，分别是江门市富盛投资管理有限公司和江门市新邦投资管理有限公司。至2016年10月，江门市涉及金融领域案件33宗，涉及金额1.12亿多元，涉及受害人数659人。江门市加强宣传教育，提高打击非法集资的实效，开展网络、进金融机构、进社区、进企业、进农村、进公共场所等“六进”宣传活动。在各金融机构网点、港澳码头、江门往返香港航班、江门汽车站旅客候车厅及长途客车上播放打击非法集资专题教育微电影《“陷”饼》和其他打非宣传资料等手段，引导群众认识和防范各类非法金融活动，增强投资风险意识。

【普惠金融“村村通”建设】 2016年，市金融局根据广东省农村普惠金融“村村通”建设专项推进会的精神，要求各试点市县力争在2016年11月底前，提前完成广东省政府既定的工作目标。2016年，恩平市作为江门市唯一的试点市，对照验收标准，恩平市普惠金融“村村通”工作取得阶段性成效：县级综合征信中心已建成使用，完成率为100%；信用村建设达到行政村总数的64.2%；初步建成镇、村两级162个金融（保险）服务站，完成率为107%；已建成151个助农取款服务点，完成率为100%。

银行业

【银行业概况】 2016年是推进供给侧结构性改革的攻坚之年，在“三去一降一补”取得初步成效，“十三五”实现良好开局的形势下，江门辖区银行业整体运行态势稳健，风险可控，支持地方经济社会发展。至年底，江门辖内共有银行业金融机构30家，机构网点1153个，从业人员14019人，银行业资产总额4552.66亿元。辖内银行业金融机构本外币各项存款余额3976.50亿元，本外币各项贷款余额2469.92亿元，2016年税后利润总额54.86亿元。

【银行业监管】 2016年，江门银监分局落实取消的行政许可事项，精简许可事项审核流程，加强对机构的事前辅导；在辖内继续推广使用银行业金融机构从业人员处罚信息管理系统，年内共录入处罚信息120条、发起查询287条，为解决银行从业人员“带病流动”发挥了积极作用。在风险管理方面，2016年开展了11项现场检查，发现60个问题，涉及问题金额117.73亿元，提出监管意见71条；领导带队赴机构走访20余次，通过“请进来”“走出去”，通报风险，解决问题。在金融改革方面，年内对辖内8家法人机构开展审慎监管会谈；推动农村信用合作联社股权改造升级；批复邮储银行“名行实所”机构变更为代理营业机构26家。

（江门银监分局　吕伟滨）

【中国工商银行江门分行】

2016年，中国工商银行江门分行金融资产总量843亿元，各项存款规模588亿元；本外币信用总量361亿元，各项贷款规模341亿元。有员工1519人，一级支行（含分行营业部）12家，全辖网点84家。服务个人客户达到227万户、公司客户2.9万户。是年，中国工商银行江门分行创新服务模式和金融产品，加大对基础设施、电力、高速公路、民生等领域重点项目建设支持力度，践行普惠金融，服务的小企业超过800户，发展消费金融，个人贷款余额达到168亿元，满足不同消费群体多层次、多元化的消费需求。围绕“打造客户满意银行的服务提升目标，线上线下一体化服务体系日益完善，e-ICBC互联网金融战略不断深化，网点智能化服务模式逐渐成熟，智能设备可供办理200多项个人非现金业务。实行全面风险管理，信贷资产质量稳定，内控评价保持一类行地位。建设诚信银行，以安全、合规、廉洁的企业文化和信息化手段守护金融安全；健全机制，突出金融知识普及教育，保护金融消费者权益。连续七年进入中国工商银行全国二级分行经营30强，排名第15位，获得2016年中国工商银行“五一劳动奖状”荣誉。

（中国工商银行江门分行　梁晓殷）

【中国农业银行江门分行】

2016年，中国农业银行江门分行共辖9个经营单位，包括分行营业部和8个一级支行，其中城区4个，开平、台山、鹤山、恩平市各1个；有营业网点97个，离行式自助银行76间；有员工1584人。2016年，中国农业银行江门分行坚持诚信稳健、党建引领、实干兴行、创新求变、风控优先及以人为核心“六个发展理念”，推动创新发展、不良管控、扩户提质、队伍建设、渠道建设“五大攻坚战”，全行加快创新转型，突出价值创造，实现安全营运，经营管理稳健发展。2016年末，本外币各项存款余额487亿元，比年初增长50亿元，增幅11.5%；本外币各项贷款余额248亿元，比年初增长42亿元，增幅20.5%；本外币各项存款、贷款增量分别居同业第2、第1位；中间业务收入4.1亿元，比上年增长3677万元，增幅9.9%。中国农业银行江门分行以面向“三农”、服务城乡为使命，紧跟政府导向，回归本源，提升实体经济服务质效。2016年深化银政合作，支持各级政府重点项目17个，助力产业升级转型。持续推进普惠金融建设，强化基础金融服务，累计发放社保卡105万张，居同业首位；举办普惠金融夏令营、小小银行家、金融知识进课堂等活动，帮助学生树立正确的金融消费观念，提升金融风险防范意识；开展进乡村、进社区等“六走进”系列活动2400多场，让城乡居民足不出户享受安全、快捷的金融服务。创新推出“农民安家贷”产品，支持农民进城购房；创新推出“陈皮贷”产品，推广“政银保”贷款模式和“妇女创业贷”，支持农户创业增收，促进农村经济发展；加大小微企业融资支持力度，小微企业贷款实现“三个不低于”，小微企业信贷政策导向评估被江门人行评为“优秀”。加快服务渠道转型，实施“决胜掌银”战略，累计投入超级柜台121台，有效缩短客户排队时间，提升客户体验；推广实施网点标准化管理2.0，通过塑造文化、环境引导、机具整合、标准作业、服务监督等措施，进一步提升网点服务质量。完善各条线精细化管理，落实运营管理“三化三铁”、信贷管理“三化三无”、安全保卫“三化三达标”等考评机制，连续六年在省行内控评价中被评为一类行。中国农业银行江门分行加强党的建设，推进“两学一做”学习教育常态化制度化，通过理念引导、制度传导，在全行形成“比学赶超”“创先争优”良好氛围。2016年荣获全国“互联网+时代”企业文化创新优秀单位、农总行“风险管理工作先进集体”、“江门市年度影响力金融品牌”、“江门市征信工作先进单位”等荣誉称号，辖内机构荣获“广东省工人先锋号”、省行“文明单位”、省行和江门市金融系统“青年文明号”、总行和省行“优秀青年突击队”等荣誉称号，辖内员工荣获“全国优秀共青团员”“中国农业银行五一劳动奖章”、省行“青年岗位能手”和“优秀青年突击手”等荣誉称号。

（中国农业银行江门分行　杨玉珍）

【中国银行江门分行】　2016年，中国银行江门分行本外币一般公司贷款余额235亿元。近三年，中国银行江门分行信贷资产累计投放超240亿元，推动全市重大基础设施建设，重点支持战略性新兴产业和传统产业转型升级，结合江门市政府提出的重点园区“6+1”模式，跟进核心园区的发展，围绕珠西先进装备制造业及科技领域积极拓展业务、服务市场。创新“中银信贷工厂”模式，结合地区产业状况、发展规划和中小微企业经营特点，中国银行江门分行开发出一系列担保方式灵活、适用江门市不同客户群体的信贷产品和特色服务方案，至2016年末，中国银行江门分行中小微企贷款余额17亿元。落实人民币国际化、一带一路等国家战略，支持当地企业“走出去”；2016年累计国际结算业务量76亿美元，累计跨境人民币结算业务量122亿元，稳居当地市场第一位。中国银行江门分行先后推出消费金融、住房按揭、外币兑换中心三大系列的金融特色支行，持续为五邑侨乡人民提供更优质的金融服务。（中国银行江门分行　朱佩仪）

【中国建设银行江门市分行】 2016年，中国建设银行股份有限公司江门市分行（以下简称建行江门市分行）是建设银行辖下规模较大的二级分行，是建行系统实力强大、发展快速的二级分行之一。建行江门市分行加强综合金融服务，助推江门大道、江顺大桥、深茂铁路江门段等重点项目以及高新区、滨江新区等园区建设。至2016年末，建行江门市分行下辖综合型支行5个，部门13个，营业网点77个，员工1300人。一般性、企业、个人存款时点余额分别为490.6亿元、189.9亿元、300.7亿元，分别比年初新增80亿元、45亿元、35亿元。各项贷款余额280亿元，比年初新增35.8亿元。3月2日，建行江门市分行与江门市浙江商会签订战略合作协议；10月20日，与鹤山市国家税务局、鹤山市地方税务局举行“税银互动—税易贷”银税服务平台合作协议签约仪式；10月25日，举行商事登记和金融服务平台战略合作协议签约仪式；12月23日，与广东省粤科集团签订合作协议。

（中国建设银行江门市分行　汤焯焕）

【广发银行江门分行】 2016年，广发银行江门分行管辖有20个分支机构（含江门市区、台山、新会、开平、鹤山），在册职工人数544人。至年底，广发银行江门分行本外币存款余额174.86亿元，对标本地股份制商业银行，存款总规模排名第一，增幅排名第四。贷款余额43.39亿元，对标本地股份制商业银行，贷款总规模排名第三，增幅排名第五。是年，广发银行江门分行再次获得“江门市社会保障卡合作银行”资格，通过“江门市社会保障卡诊疗‘一卡通’项目”与11家医院锁定合作关系，成为“银医”合作的典范。“农业政银保”业务走在市内各家银行前列。新会支行营业部继获得“2016年度中国银行业文明规范服务五星级营业网点”称号。

（广发银行江门分行　麦洁梅）

【中国邮政储蓄银行江门市分行】 2016年，中国邮政储蓄银行江门市分行直属机构6个，下辖城区、新会、台山市、鹤山市、开平市、恩平市六个一级支行，员工超600人。中国邮政储蓄银行江门市分行拥有金融网点115个，成为全市网点规模最大、网点覆盖面最广、客户数量最多的金融服务机构。其中，邮储银行县及县以下农村地区的网点占比超过70%，乡镇覆盖率达到100%。至年底，中国邮政储蓄银行江门市分行总资产规模超过260亿元，本外币存款余额190.44亿元，累计投放贷款超过239亿元，为全市10000多家中小微企业、个体工商户、农户及创业者提供强大的资金支持。

是年，在代理“城乡居保”工作取得优异成绩的基础上，以建设“福农金融服务站”的方式，推进惠民便民金融服务“村村通”工程，建立形象标准化、管理规范化的“社保便民服务点”，解决千人以上、两公里范围内无银行营业网点覆盖的偏远农村地区的日常金融服务需求。农村居民可就近办理社保待遇资金等余额查询、转账、代缴费、小额取款等业务。建站超过500个，全市农村乡镇行政村覆盖率达到70%。中国邮政储蓄银行江门市分行充分利用自身网络优势，为农村地区提供储蓄、汇兑、代收农村电费、电话费和有线电视费、代理保险、代发粮食补助金、退耕还林款和计划生育奖励金等各种与民生息息相关的金融业务，构建“延伸城乡金融服务最后一公里”的金融机构。

（中国邮政储蓄银行江门市分行　栗健伦）

【江门融和农村商业银行】 江门融和农村商业银行由原江门市区农村信用联社整体改制而成，于2011年12月5日正式挂牌营业。江门融和农村商业银行荣获2016年度最受市民欢迎银行，一元爱心日五周年突出贡献奖，广东省农合机构2016年度信息通联工作先进集体二等奖。至年底，江门融和农村商业银行资产规模310.17亿元，存款总额249.11亿元，贷款总额151.07亿元；拥有网点67个，职工905名。2016年，陆松开接任江门融和农村商业银行第一届董事会董事长，聘任温华生为该行副行长。2016年3月10日，江门融和农村商业银行在全国银行间市场成功发行首期同业存单，发行规模3亿元。4月19日，在江门市蓬江区会堂三楼召开“爱心玫瑰卡”产品发布会。市民使用“爱心玫瑰卡”每成功刷卡一次，江门融和农村商业银行就会向蓬江区慈善会捐出0.1元，实现金融与社会公益融合发展，助力地方公益事业。5月4日，江门融和农村商业银行在总行九楼会议室举行致敬匠心表彰大会，对服务30年以上的在职职工及其家属表示感谢，颁发“三十年功勋奖”奖章。6月30日，江门融和农村商业银行与广东广播电视网络股份有限公司江门分公司、江门市广播电视台签署合作框架协议。6月、7月，江门融和农村商业银行分别联合江海区和蓬江区国家税务局、地方税务局推出“税融通”，助力中小微企业发展。12月5日，江门融和农村商业银行举行小额票据贴现中心揭牌仪式，成立江门市首家小额票据贴现中心，助力江门小微企业发展。12月9日，江门融和农村商业银行牵头江门其他4家农合机构，以联合投标形式，成功中标社保卡合作银行服务和江门市直财政系统发放工资服务资格。12月19日江门融和农村商业银行首家农村青年创业金融服务站在外海支行挂牌。（江门融和农村商业银行　启明）

表13：　　2016年江门市财产险公司保费收入情况

单位：万元

公司简称	保费收入	同比（%）	市场份额（%）
人保产险	100120.47	9.61	33.09
平安产险	81767.40	7.66	27.03
太保产险	20771.37	-17.98	6.87
华安产险	2355.67	-3.15	0.78
太平产险	4821.16	31.42	1.59
中华产险	15577.17	3.16	5.15
永安产险	3782.80	2.07	1.25
天安保险	4753.68	-2.00	1.57
大地产险	10026.49	23.84	3.31
安邦产险	658.44	-25.26	0.22
阳光产险	4153.52	-7.96	1.37
都邦产险	1383.83	-0.99	0.46
中银保险	2047.48	-17.75	0.68
华泰产险	3124.09	0.52	1.03
亚太产险	2119.91	15.63	0.70
安盛天平	3030.12	-5.83	1.00
永诚产险	1203.02	-12.57	0.40
安联保险	223.28	-17.22	0.07
鼎和产险	5803.11	-4.66	1.92
国寿产险	20832.42	21.70	6.89
阳光农业	5833.29	15.64	1.93
紫金产险	2446.73	0.56	0.81
众诚车险	3263.50	13.86	1.08
英大产险	1150.65	-14.03	0.38

续上表：

公司简称	保费收入	同比（%）	市场份额（%）
信达产险	562.84	26.64	0.19
浙商产险	427.90		0.14
利宝保险	302.09		0.10
合计	302542.43	6.20	100.00

表14： 2016年江门市人身险公司保费收入情况

单位：万元

公司简称	保费收入	同比（%）	市场份额（%）
中国人寿	232164.61	10.13	31.96
平安人寿	91749.11	42.57	12.63
太保人寿	10173.33	10.42	1.40
泰康人寿	10920.96	31.88	1.50
新华人寿	32865.80	-34.50	4.52
友邦保险	26681.12	52.05	3.67
太平人寿	25322.33	-15.96	3.49
信诚人寿	9695.29	29.87	1.33
中德安联	630.85	17.89	0.09
中宏人寿	2678.81	27.64	0.37
合众人寿	2710.48	-64.94	0.37
人保人寿	10681.39	-0.86	1.47
平安养老	4431.16	1.30	0.61
中意人寿	12543.79	-22.80	1.73
阳光人寿	10288.32	-14.09	1.42
国华人寿	2049.27	-81.41	0.28
富德生命人寿	18349.94	103.42	2.53
光大永明	596.17	64.25	0.08
华夏人寿	14625.96	2765.30	2.01
建信人寿	4748.83	-81.94	0.65
人保健康	2959.97	630.13	0.41
前海人寿	90974.05	-22.38	12.52
工银安盛	45045.61	26.91	6.20
珠江人寿	63377.94	939291.72	8.72
中融人寿			0.00
恒安标准	250.09		0.03
合计	726515.19	11.26	100.00

表15： 2016年江门市证券机构情况

序号	机构名称	地 址	总交易额（万元）
1	广发证券股份有限公司江门万达广场证券营业部	江门市蓬江区江门万达广场1幢3607-3612、3621室	13987629
2	广发证券股份有限公司江门新会知政中路证券营业部	江门市新会区知政中路12号粮食大厦2-6楼	12990207
3	广发证券股份有限公司江门天长路证券营业部	江门市蓬江区天长路45号201之一	15254979
4	广发证券股份有限公司开平曙光西路证券营业部	开平市长沙曙光西路62-64号	7474253
5	广发证券股份有限公司鹤山新城路证券营业部	鹤山市沙坪镇新城路228号中行大楼副1-4楼	4777395
6	广发证券股份有限公司江门台山南门西路证券营业部	台山市南门西路10号	3102866
7	广发证券股份有限公司江门恩平证券营业部	恩平市恩城美华东路101星河湾畔花园5栋商铺11号	1508115
8	中国中投证券有限责任公司江门迎宾大道证券营业部	江门市蓬江区迎宾大道118号1幢江门市国际金融大厦10层	10298830
9	华林证券股份有限公司江门港口路证券营业部	江门市港口路1号	5878976
10	华林证券股份有限公司鹤山东升路证券营业部	鹤山市沙坪镇东升路71-73号	6322250
11	华林证券股份有限公司江门恩平证券营业部	恩平市南堤东路31号华林证券	1814258
12	华林证券股份有限公司开平东兴大道证券营业部	开平市长沙东兴大道人和东路3号	3782420
13	华林证券股份有限公司江门冈州大道证券营业部	江门市新会区会城冈州大道中50号102—52号二楼	3869101
14	华林证券股份有限公司江门聚德街证券营业部	江门市蓬江区聚德街3幢6楼	3071872
15	华林证券股份有限公司江门台山证券营业部	台山市台城镇环北大道26-2号	1853349
16	中国民族证券有限责任公司江门港口路证券营业部	江门市港口一路22号国际金融大厦12层	2538254
17	安信证券股份有限公司江门建设二路证券营业部	江门市建设二路98号万源大厦二层1201	1426454
18	安信证券股份有限公司江门冈州大道证券营业部	江门市新会区会城冈州大道中40号101	511999
19	长江证券股份有限公司江门东华二路证券营业部	江门市东华二路28号一楼A1、A2铺和二楼202室	2577799
20	东莞证券股份有限公司江门建设二路证券营业部	江门市建设二路104号（南粤银行）	1695921
21	浙商证券股份有限公司江门迎宾大道中证券营业部	江门市蓬江区迎宾大道中131号第5层505号	864804
22	中国银河证券股份有限公司江门东海路证券营业部	江门市江海区东海路48号501	362261
23	光大证券股份有限公司江门发展大道证券营业部	江门市蓬江区发展大道178号1幢103四层	4623360
24	华鑫证券有限责任公司江门迎宾大道中证券营业部	江门市蓬江区迎宾大道中131号12层1201号	877747
25	国信证券股份有限公司江门迎宾大道证券营业部	江门市蓬江区迎宾大道中131号（中信银行大厦）第4层407号	602940
26	招商证券股份有限公司江门白沙大道东证券营业部	江门市蓬江区白沙大道东9号首层	202442
27	中国中投证券有限责任公司恩平中山路证券营业部	恩平市恩城中山东路工商银行宿舍首层1-4卡	14555
28	东兴证券江门堤东路证券营业部	江门市蓬江区堤东路73号斯派特大厦1401-1室	9706
29	广州证券股份有限公司江门冈州大道证券营业部	江门市新会区会城冈州大道中1号五楼	1419384

表16: 2016年江门市上市公司基本情况

股票简称	总股本（万股）	流通A股（万股）	流通B股（万股）	每股收益（元）	净利润（万元）	备注境内/外
地尔汉宇	13,400	13,400	0	1.4296	19,157	境内
金莱特	18670	5782	0	0.0353	659	境内
量子高科	42210	42210	0	0.15	6498	境内
广东甘化	44286.13	43383.87	0	0.23	10240.62	境内
道氏技术	21,500	21,500	0	0.47	10,114	境内
江粉磁材	117721.19	117721.19	0	0.22	23,030.39	境内
特一药业	20000	20000	0	0.47	9,477.70	境内
美达股份	52813.96	52813.96	0	-0.15	-8151.26	境内
春晖股份						
科恒实业	11785.82	7813.24	0	0.3309	3047.14	境内

·责任编辑 杨清华·

财政·税收

Finance and taxation

财 政

【财政收支概况】 2016年，江门市一般公共预算收入完成2041330万元，比上年同期增收51566万元，同口径增长7.28%，按省可比口径增长5.42%。其中：税收收入完成 1409917万元，同口径增长2.3%，税收收入占一般公共预算收入的比重为69.07%；非税收入完成631413万元，增长16.03%，非税收入占一般公共预算收入的比重为30.93%。全市一般公共预算支出完成2929719万元，比上年同期增支15526万元，比上年增长0.53%，可比下降0.02%。 （谢福座）

【财政制度改革】 2016年，实施中期财政规划管理，建立跨年度预算平衡机制，制定《江门市人民政府关于编制中期财政规划的实施意见》，启动市本级2017-2019年中期财政规划编制工作，组织各部门同步开展2017-2019年中期财政规划编制，增强预算的前瞻性和可持续性。全面实施项目库管理，与中期财政规划相衔接，将除基本支出之外的所有市级财政资金纳入项目库管理范围，细化到具体可执行项目。推进财政资金的统筹使用，改进预算管理和控制，加大财政专项资金清理整合优化力度，打破固化安排；整合存量项目，控制新增项目数量，纠正“增加一事新增一项专项资金”的做法；加大盘活存量资金力度，加强结余结转资金管理，结转两年以上资金全部用于补充预算稳定调节基金。建立预算执行与预算安排相衔接制度，加强预算执行管理，对预算执行慢或清理存量不力的部门压减其预算支出规模。推进预决算及“三公”经费信息公开，市本级预决算及“三公”经费公开工作均在上级要求的公开时限内予以公开，并取得较好的社会反响。 （陈友发）

【收支管理】 2016年以来，面对经济下行压力，以及全面推进营改增试点改革、供给侧等相关改革带来的政策性减收因素，江门市各级财政部门加强对财政经济运行监测分析和对重点税源企业税收监控，规范财政专户管理，提高财政预算统筹能力，确保全年收入目标完成。是年，全市一般公共预算收入完成204亿元，为调整后代编预算数203亿元的100.59%（为调整后汇总预算数202亿元的101.01%），并首次突破200亿元大关；按同口径增长7.28%，按省可比口径增长5.42%。全市一般公共预算支出完成293亿元，为调整后代编预算数233亿元的125.59%（为调整后汇总预算数283亿元的103.5%），比上年增长0.53%，可比下降0.02%。

【“工业立市”推动】 2016年，江门市组建先进装备制造产业基金、创业创新基金和PPP融资支持基金三只政府性基金母基金，为助力江门市加快发展打开资金筹措新路子。引入华夏幸福产业新城模式，推动产城融合发展。与高新区（江海区）共同推动华夏幸福华南首个区域合作项目在江门市率先落地，探索园区发展新模式。落实资金保障，推动实施“雏鹰计划”；加大对小微企业创业创新公共服务平台扶持力度，提升创业创新公共服务水平；优化小微企业投融资环境，设立江门市创业创新基金，并完善小微企业信贷风险补偿机制；投入1269万元深化商事制度改革，使1748户小微企业受惠。落实“珠西行动”，力推先进装备制造业发展。做好与上级政策的对接，争取上级资金支持6亿元，市本级统筹落实1.3亿元。落实创新驱动发展战略，助力科技创新。以提高R&D投入为抓手，深化产学研结合，投入4788万元，重点保障创新驱动“1+8”扶持政策落实。

【“两无两藏”落实】 2016年，制定《江门市全面推开营业税改征增值税试点实施方案》，推进江门市全面营改增试点改革工作。在政策落实中，加强与税务等部门的联动沟通，共同做好全面营改增改革后一系列问题的应对。推进供给侧结构性改革，结合市“六新六去”工作要求，牵头制定江门市降成本行动计划目标和政策措施，2016年为全市企业减负超过60亿元。深化“三就”，推行“两无两藏”，深入研究进一步取消和减免收费的方案，着力为企业“减负”，激发市场主体活力，为江门市经济发展注入新动力。

【民生保障强化】 2016年，推进基本公共服务均等化，全市基本公共服务均等化投入131亿元，增长约11%。加大对县市(区)底线民生保障和转移支付力度，保障底线民生项目资金需求，落实应保尽保。革新支持精准扶贫的体制机制，统筹资金专项用于建立分类分档资源补助和奖补机制，实行基本公共服务均等化补助和资源激励型财政补贴政策，力推精准扶贫取得阶段性效果。各级财政部门把“基层公共服务平台建设”作为提升基层基本公共服务水平的重要抓手，加大政策扶持和资金保障。通过创新思路和举措，狠抓工作落实，推动全市1324个村（社区）公共服务站全面建成并投入使用，实现“业务办理零距离、服务就在家门口”。提高社会保障标准，2016年城乡居民养老基础养老金标准每人每月提高10元，城乡居民基本医疗保险财政补助提高到420元/人。城镇低保标准由550元提高到为600元，各市（区）农村低保标准均有不同幅度提高。

【城市提质服务】 创新政府投融资改革，规范政府债务管理。开展市本级投融资规划中期评估工作，重新整合国有资源，研究以“大财政、大国资、大土储”思路，逐步消化存量债务，防范债务风险。根据广东省核定江门市2016年分地区地方政府债务限额情况，经市人大常委会审查批准江门市2016年地方政府债务限额511.75亿元，2016年底江门市地方政府债务余额预计为492亿元，严格控制在限额以内。向广东省争取并置换存量债务256亿元。在广东省率先成立地市级PPP中心，建立健全PPP项目库和服务机构库，完善PPP工作管理协调机制，推动江门市PPP工作健康可持续发展，将对加快城市发展起到杠杆推进的积极作用。国省道（G325、五邑路等）PPP项目、鹤山市滨江路工程PPP项目列入财政部示范项目。做好政府重点投资项目资金保障工作。筹措落实项目资金，至年底，落实资金118.13亿元，并按制度切实加强项目资金管理，保障江门大道工程的顺利建设，继江门大道北（江顺大桥—文华路）顺利通车后，12月28日，江门大道中（五洞立交—东甲立交）顺利通车。

【预算改革】 2016年，制定《江门市人民政府关于编制中期财政规划的实施意见》，实施中期财政规划管理，增强预算的前瞻性和可持续性；实施项目库管理，将基本支出之外的所有市级财政项目支出纳入项目库管理，细化到具体可执行项目。完善财政预决算以及“三公”经费预决算信息公开工作。根据省财政厅检查发现我市预决算公开存在问题进行研究分析，查漏补缺，采取措施落实整改，提高预算公开的完整性。

【队伍建设】 2016年，狠抓学习教育与财政实践的融合发展，做到把思想建设抓在日常、严在平常，为江门市财政事业发展保驾护航。加强党风廉政建设，营造清风正气高地。落实党风廉政建设党组主体责任，强化日常监督管理，以实际行动落实“一岗双责”，推进廉政风险防控机制建设，确保廉政风险防控责任落实到岗到人，加强党员干部“八小时以外”活动监管，推进建设廉政的长效机制，构筑防腐拒变防线。制定执行我局内部控制基本制度和8个专项风险管理办法，促进我局管理更加规范、更加严明、更加安全，不断提高财政内部管理和依法理财水平。加强财政干部教育培训，提升干部队伍能力。 （莫玉冰）

【小微“双创”推进】 2016年，江门市围绕打造“江门特色、广东标杆、全国示范、国际平台”的全国小微企业创业创新之都、全球华侨华人创业创新之城的目标，结合省珠江西岸先进装备制造产业带策源地和主战场的发展定位和资源优势，大胆探索、勇于尝试，贯彻落实小微双创“雏鹰计划”及“1+15”一揽子扶持政策，推进小微双创试点市12项改革，小微企业发展活力显著增强。2016年与2014年相比，江门市小微企业营业收入突破3,409亿元，增长28.9%；小微企业新增就业岗位10.24万个，增长20%；小微企业专利授权量2,141件，增长205.90%；小微企业技术合同成交金额7,290万元，增长124.30%。2016年全市新发展市场主体4.2万户，市场主体总数达27.6万户，再创历史新高。2016年11月21日，李克强总理在上海主持召开的深化简政放权放管结合优化服务改革座谈会上，江门市政府领导作“简政先减证，激发小微双创活力”典型发言，总理对江门市简政放权、小微双创的做法给予肯定，特别是对“九证合一”、科技型小微企业认定标准、小微双创指数评价体系等创新举措十分关注。

（彭胜荣）

【稳增长政策落实】 2016年，江门市财政相继出台一系列扶持经济的财政政策，包括：贯彻落实省实施创新驱动的部署，按照市委、市政府《关于实施创新驱动发展战略加快创新型城市建设的意见》，会同市科技局出台八个配套政策文件（简称科技“1+8”政策），主要在扶持研发投入、科技孵化器、新型研发机构、创新产品与服务政府采购、技术交易和高层次人才安居等方面，落实对实施创新驱动发展战略的扶持优惠政策。围绕珠西战略和创新驱动战略的部署，制定出台《2015-2017年江门市稳增长 促创新 保发展扶持政策》，积聚资金，精准发力，从支持科技创新、先进装备制造业发展、推动开展新一轮技术改造等15个方面发挥财政资金对经济拉动作用力促重大战略部署和重要领域实现“吹糠见米”。落实“雏鹰计划”，围绕“扶持小微企业加快创业创新”工作目标，制定第一批共16项小微企业双创扶持政策（统称“1+15”政策），包含培育商事主体、建设示范基地、完善公共服务、促进科技创新、深化投融资改革、加强人才培训、减轻企业负担、开拓市场和加大财政支持等9个方面共31条的原则性扶持措施。出台外贸类扶持政策，促外贸平稳增长。为鼓励和扶持江门市进出口企业开拓国内外市场，加大产品创新设计力度，促进江门市对外贸易可持续发展，实现稳增长、调结构、促平衡，加快转型升级，市财政加大扶持力度，安排专项扶持资金，出台《2016年外贸发展资金实施方案》《2016年外贸稳增长专项资金实施方案》，其中，为发挥财政四两拨千斤的带动作用，安排部分资金支持建立江门市外贸综合服务平台，为江门市进出口企业提供低成本的通关与金融服务，有利于培育市中小微企业发展壮大，促进江门市外贸稳增长。（彭胜荣）

【政府投资基金建立】 2016年2月，江门市在广东省率先出台《江门市政府投资基金管理暂行办法》（以下简称《暂行办法》），完成政府投资基金制度管理的顶层设计，规范政府投资基金的设立、运作和风险控制、预算管理等工作，促进市政府投资基金的持续健康发展。《暂行办法》共十四章五十七条，主要内容包括：政府投资基金的设立、组织架构及职责分工、运营机构的选聘、资金来源及设立程序、投资原则和要求、投资程序、退出、资金管理和绩效评价等。根据《暂行办法》有关要求，2016年5月，市财政完成政府投资基金出资机构江门市投资有限公司的工商登记，明确财政设立的基金需通过该公司出资。2016年，由江门市投资有限公司代表财政履行出资人职责的政府投资基金主要有：江门市先进装备制造产业基金及江门市创业创新基金，其中：1.江门市先进装备制造产业基金。该基金采用母子基金结构，计划总规模40亿元，存续期10年，其中：母基金首期2亿元，通过撬动社会资本实现20亿元的规模。该基金主要投向符合江门市先进装备制造业发展规划、符合国家产业政策以及高技术产业发展规划的企业，集中投资于轨道交通装备制造、汽车及零部件制造、船舶和特种船舶修造、海洋工程装备、清洁能源装备、智能制造装备、节能环保装备、卫星应用等战略性新兴产业和高新技术改造提升传统产业领域。2.江门市创业创新基金。该基金采用母子基金结构，计划总规模20亿元，存续期10年，其中：母基金首期2亿元，通过撬动社会资本实现10亿元的规模。该基金主要投资于江门地区，支持国家和江门市政府鼓励发展的装备制造业、新材料、新能源、教育装备、大健康、精细化工、移动互联网、软件开发等领域处于初创期、扩张期以及具成长潜力的项目。（彭胜荣）

【基层公共服务平台建设】 2016年，江门市重视基层公共服务平台建设，市财政部门作为牵头部门，将其作为提升基层综合治理水平的重要载体和手段，结合基本公共服务均等化综合改革工作统筹推进，会同相关部门，按照机构人员，场所标识，流程内容，信息系统，经费保障“五个统一”的标准和要求，切实整合现有各类公共服务平台的场所、设备、人员、经费等资源，2016年底基本建成三级基层公共服务平台，成为保障和改善民生的重要支点。统一机构人员整合现有各类公共服务平台资源，将各类行政审批和公共服务事项统一纳入市（区）、镇（街）、村（社区）三级基层公共服务平台集中办理,建立“一站式”办事大厅，提供“一条龙”公共服务，基本建成标识统一、设备齐全、制度规范、人员到位的平台服务体系；至年底，全市7个市（区）依托行政服务中心全部建成县级公共服务中心办事大厅，相关人员进驻服务中心办事大厅，对县级职责范围内的面向基层群众的行政审批和公共服务事项，按照“应进必进”的要求，凡符合条件的，均纳入县级行政服务中心集中办理。73个镇（街）分别整合当地“七站八所”办公场所完成镇级公共服务中心办事大厅，相关人员充实到镇级服务中心，集中办理镇级职责范围内的面向基层群众的行政审批和公共服务事项。1324个村（社区）分别依托原有办公场所进行改造升级或重新选址建设，均建成村级公共服务站，集中受理村（社区）自身承担的公共服务事项，并受理代办市（区）、镇（街）职责范围内公共服务事项，提供不少于

103项基本公共服务；各村（社区）公共服务站均由村（社区）党支部书记或主任担任站长，其余工作人员由村（社区）干部兼任，并整合计生专干和大学生村官等进入村级公共服务队伍，实行全员代办；加强对各级人员的协调管理力度，强化市（区）、镇（街）、村（社区）三级工作人员的队伍建设。统一场所标识，各市（区）、镇（街）、村（社区）三级公共服务平台按照要求统一名称挂牌；各市（区）、镇（街）、村（社区）三级公共服务平台均按照要求统一名称挂牌，7个县级挂有“××市（区）人民政府行政服务中心”牌子，73个街道统一挂有“××镇（街道）公共服务中心”牌子，1324个村（社区）统一按“××村（社区）公共服务站”名称挂牌，其中，村（社区）公共服务站规范统一外观标识，国旗：旗杆树立在主楼正中上方或主楼正前方，或其他显目位置；门牌：原则上门口两边只挂村（社区）党组织、自治组织2个牌子；公开公示栏：按照《关于加强全省农村（社区）党务村（居）务公开栏规范化建设工作的通知》要求进行党务、村务公开；内部设置办事大厅、“两委”干部办公室、综合服务室等“一厅四室”。统一内容流程，按照“一站式”办理的服务要求，完善贯穿县镇村三级标准化办事流程，强化“首问责任制”、“首办责任制”，确保有专人跟进，做到事事有人跟，有记录，有回应。各市（区）编制《公共服务事项权责清单》，明确市（区）、镇（街）、村（社区）三级公共服务事项权责；结合职责和权限，对每一项服务事项制定标准化的办事流程图，对审批流程进行优化，统一编印各市（区）《公共服务工作指南》，对办理业务的办理依据、办理要求、办理程序、办理时限及需要提供的材料等要素进行明确，并在三级办事场所和网上办事大厅公布，方便群众查询，接受群众监督；全市统一村级最低基本公共服务清单标准103项，并在最低标准之上，由各（区）结合地方实际，稳步提升服务项目和标准，其中，村（社区）公共服务站规范办事流程，根据职责和权限，逐项业务制定办事流程图，明确办理要求、提供材料、办理时限等，在办事大厅公示，并在镇级网上公共服务中心公布，还建立规范化的办事内控规程，对公共服务事项逐项制定内部办理流程图，一般包括申请和受理、承办、审核、批准、办结等环节；提高全流程网上办理率，对网上办理的服务事项，减少办理环节，争取为群众办事只“跑一趟”；推行村（社区）干部代办制，对于不能网上办理的事项，做到“群众动嘴，干部跑腿”；对于可以网上办理的事项，群众有需要的，帮助群众网上办理，并帮助递交书面材料，除正当办理费用外，不收取任何其他费用。统一信息系统，全市统一依托“邑门式”“邑家园”等系统，推进各市（区）、镇（街）、村（社区）整合各部门原有的公共服务有关信息系统，统一链接到网上办事大厅系统，建成统一的办事入口，提供清楚全面的服务内容，实现网上办事“一站式”服务。完善行政审批事项目录管理系统，支持通用目录在线动态管理、跨层级跨部门事项进驻管理、办事指南和业务手册的录入与生成，并与网上办事大厅江门分厅的审批子系统和效能监察子系统实现对接；打通村级公共服务网络系统，提供涵盖政务服务、村级组织运作、生产生活服务三大类服务项目，基本实现网上信息查询、业务受理等“一站式”服务功能；统一经费保障，建立经费综合保障制度，各市（区）将基层公共服务经费列入财政预算作为基础保障，为克服各市（区）村级公共服务站基础薄弱和区域发展不均衡的现实困难，江门市对其经费保障进行一系列的创新探索。2013年，我市制定《江门市村（社区）公共服务站建设工作方案》，将每个公共服务站建设经费提高到5000元，办公经费按户籍人口每人每年不低于5元列入财政预算。2015年，各市（区）村级公共服务站日常工作经费，按照属地管理原则，纳入本地年度财政预算统筹安排，按照每人每年不低于5元的标准，以常住人口为基数落实公共服务站工作经费；市本级结合自身财力和各市（区）工作情况，予以补助，并依托基本公共服务均等化综合改革的开展，创新性地将“精准扶贫”和基层公共服务综合平台建设相结合，市级预算每年安排专项资金对行政村自然资源建立分类分档资源补助和激励奖补政策，专项用于保障村级公共服务站建设。为增强村（社区）干部维护和提升公共服务站服务的积极性，江门市2013年出台《关于完善村（社区）干部激励保障机制的实施意见》，加大对村（社区）干部报酬保障的支持力度，确保村干部到2015年每人每月总收入不少于2500元，落实医保社保和退休保障等，保障基层人员待遇。2016年，通过《关于创建“堡垒型、服务型、制度化”基层党组织行动计划》，进一步激发了基层干部工作的积极性。据统计，2016年全市各级财政累计安排基层公共服务平台建设经费和日常运行经费1.96亿元，有力地保障各项工作的落实。（梁学明）

【财权事权改革】 2016年，理顺市区城乡规划管理体制，结合“财随事转”的原则，制定印发《关于进一步理顺市区城乡规划管理体制财政收支划转方案》，保障城乡规划管理体制调整的顺利实施。结合江海区（高新区）与社会资本合作区域开发，按照双方工作进度要求和既定原则，做好市与高新（江海）区的财政体制及相关配套政策研究，完善相关合作区域的财政管理体制。（苏女好）

【政府债务管理机制完善】 2016年，建立健全政府债务借用还预算管理机制，将每年政府债务还本付息分类纳入预算管理，其中：将一般债务纳入一般公共预算管理、专项债务纳入政府性基金预算管理，并按程序报人大批准，保障政府债务按期偿还；严格政府债务举借机制，在人大批准的限额内，将政府债务的举借规范在发行政府新增债券和置换债券机制下，严禁部门单位违规举借政府债务。建立政府债务审计监督机制，将政府债务限额管理，以及债务的“借、用、还”，纳入财政同级审计和专项审计范围，加强审计监督。健全地方政府债务月报制度，加强政府信用风险监测工作，严格控制逾期债务；实行政府债务公开制度，全市政府债务限额经市人大常委会批准后，在市人大网站和财政局网站主动向社会公开；年度政府债务总规模通过市财政局网站主动向社会公开，接受社会监督；坚持政府债务上级不救助原则，督促各市（区）建立健全政府债务化债规划和应急预案，并上报省财政厅。是年，江门市组建政府债务管理组织机构，在全省范围内率先组建江门市政府投融资和债务管理办公室，加挂政府和社会资本合作中心（简称PPP中心）牌子，为江门市财政局直属行政机构，正科级。主要承担政府投融资、政府债务、PPP改革等职能，并督促和指导各市（区）认真落实政府债务余额限额管理政策，保障江门市政府“投资、融资、偿债”资金总体平衡，以及推进PPP工作，消化政府债务。（谭亮）

【以PPP模式为重点的政府投融资改革】 2016年，编制市本级投融资规划中期评估报告，联合北京荣邦瑞明投资管理有限公司结合国家及省市“十三五”规划和任务对编制的投融资规划进行中期评估修正，提出以PPP模式为主引擎推进“十三五”期间重点项目融资工作，对未来城市基础设施建设需求与有限的PPP支出责任空间，以及化解地方政府债务提出平衡方案，为今后我市加快推广运用PPP模式奠定良好基础。给予政策配套支持，率先出台政府投资基金管理办法为我市设立PPP融资支持基金奠定基础，江门市在广东省率先出台《江门市政府投资基金管理暂行办法》；计划与省有关部门共同出资设立江门市政企合作融资支持基金（简称“江门市PPP基金”），并完成基金合作框架协议报请市政府审批，PPP母基金规模为10亿元人民币，通过子基金放大规模达到50亿元，其中母基金首期规模2亿元，采用认缴和实缴相结合的方式，存续期为10年，到期后如有需要并经江门市政府投资基金管理委员会批准可适当延长，该基金投入财政部PPP综合信息平台或国家发改委PPP项目库管理的项目，优先投入省级及以上PPP示范项目和PPP重点项目；江门市PPP基金组建方案已通过专家会评审，并已遴选出母基金运营机构、社会资本和托管银行，PPP母基金名称为江门市政企合作融资支持基金；2016年底，江门市PPP基金出资机构——江门市投资有限公司正式挂牌成立，并与基金运营机构——广东粤财创业投资有限公司和江门市融盛投资有限公司签约。突出示范项目带动效应，充分运用PPP综合信息平台推动PPP规范发展，江门市已有3个财政部PPP示范项目，3个项目情况分别是：江门市区应急备用水源及供水设施工程PPP项目是财政部第二批PPP示范项目，已由江门市水务局与中标社会资本方正式签订PPP项目合同，并正式成立江门市应急备用水源管理有限公司（项目公司）；项目公司与工商银行江门分行签订融资合作协议；江门市国省道项目（国道G325、五邑路等）PPP项目是财政部第三批PPP示范项目，已由江门市公路局与中标社会资本方签订PPP项目合同；鹤山市滨江路工程PPP项目是财政部第三批PPP示范项目，处于项目采购（合同谈判）阶段；年初，提前布置申报财政部第三批PPP示范项目工作，特邀请国内知名的PPP咨询公司开展PPP相关业务指导交流座谈会，会议要求各市（区）、各部门积极报送PPP项目前期资料，并由市本级统一聘请国内知名PPP咨询机构指导该项工作。省财政厅下发《关于组织开展政府和社会资本合作示范项目申报筛选工作的通知》（粤财金函〔2016〕59

号），江门市立即召开工作部署会议并转发该通知到市直相关部门单位和各相关市（区），通过各部门单位及各市（区）认真整理、及时汇总项目资料并报市政府以及省财政厅同意，最终选定7个PPP项目向财政部推荐申报，7个项目累计总投资规模约为64.9亿元；至年底，江门市已纳入PPP综合信息平台系统的项目有9个，总投资规模约为100亿元；江门市本级充分运用财政部PPP综合信息平台系统加大对各市（区）PPP项目的指导力度，完善全市PPP工作联络机制，提高政府服务和监管PPP工作的水平。搭建PPP服务平台，建立江门市PPP咨询服务机构库，参照财政部有关做法，充实和完善江门市PPP咨询服务机构库，发挥第三方专业机构作用，提高政府和社会资本合作（PPP）项目开发、实施的质量和效率，在2015年已建立首批19家PPP咨询服务机构库的基础上，2016年再次面向社会公开征集第二批政府与社会资本合作（PPP）咨询服务机构，经过专家组评审，最终确认第二批入选机构28家。是年，江门市PPP咨询服务机构库有47家咨询服务机构入库，其中，综合服务类咨询机构25家，律师事务所9家、会计师事务所9家、资产评估公司4家；该机构库的建立提高市PPP项目开发、实施和推广的质量和效率，简化和规范工作流程。加强PPP顶层设计，完善PPP运行体制机制，在广东省率先成立地级市PPP中心；以项目为导向逐步建立江门市PPP审联评工作机制，由项目实施机构牵头设立PPP项目工作领导协调小组，提高项目审核效率，稳步推进PPP项目的组织实施。是年，江门市成立市重点交通城建项目总指挥部，初步建立起江门市重点交通城建PPP项目的联审联评机制。研究拟定江门市推广运用PPP模式的实施意见，该意见已经两次征求市直相关部门单位、各市（区）意见；邀请省内外12位专家、相关部门单位和各市（区）财政部门有关负责同志对PPP实施意见召开专家研讨会，年底已基本定稿。创新PPP能力建设方式，提高全市推广应用PPP的专业水平,关注对各市（区）开展PPP工作的宣传和能力建设，采取“专题培训+现场办公”的方式，有针对性的及时解答和具体指导;年初，创新采取挂职锻炼跟班学习方式，从各市（区）有关部门挑选业务骨干分批次上来跟班学习PPP工作，每批学习时间为3-4个月。关注片区类综合开发项目，推动高新区江海区引入华夏幸福模式，根据市委主要领导在市委政研室《PPP模式在园区整体开发中的应用及启示》的调研报告上批示，由江门市财政局牵头组织，相关市区和市直单位组成专题工作组，围绕江门市引入华夏幸福模式的可行性、适用性、经济性和操作性，开展调研、接洽、考察、谈判等一系列工作，并专门就华夏幸福模式等片区综合开发类PPP项目与财政部规范PPP操作规范如何衔接等问题专程拜访财政部PPP中心；通过近7个月时间双方考察、谈判等一系列工作，10月12日，江门高新区与华夏幸福签订《关于整体合作开发建设经营江门高新技术产业开发区、江海区约定区域的合作协议》等合作协议文件。（谭亮）

【财政支出进度落实】 2016年，落实分解支出目标任务，树立“全市一盘棋”的观念，全市上下联动，每月细化分解支出目标任务，根据上级要求分类核定一般公共预算、基金预算支出任务，将目标任务分解到各市（区），并要求各市区严格抓落实，共同抓好支出进度，务必完成下达的目标任务。建立预算执行考核通报机制,每月定期对本级各部门单位预算执行情况排名通报，并抄报同级政府和市人大，督促预算执行不力的部门单位加快预算执行进度；建立预算执行与预算编制挂钩约束机制，对截至10月份执行率达不到80%的项目，重点是市级专项资金，压减下一年度预算安排，压减比例不得少于20%。加快分配拨付上级转移支付补助资金，加强与主管部门的沟通联系，及时商讨有关部门制定分配方案拨付资金；对金额较大的上级补助资金，通过预下达后清算等方式加快资金的分配拨付，加快分配拨付上级转移支付补助资金。办理资金审核支付，审核部门单位的用款申请，对重点和大额支出项目，审核后要跟踪后续进展，下达用款额度并抓紧办理资金支付。对据实结算的项目支出根据实际需要采取先预拨后清算的办法，对按规定划拨至财政专户的资金，及时办理划拨手续，加快支出进度。落实压减库款工作,江门市通过加快资金分配使用，划拨地方政府置换债券资金和消化以前年度结转资金等措施，加大库款压减力度；除个别月份因当月省下拨大额地方政府置换债券资金造成库款规模较大外，其余月份江门市库款规模均低于上年同期，库款保障水平也均低于1.5。从5月省财政厅对各地市库款管理指标进行考核以来，江门市库款考核排名均位居全省前列，落实压减库款工作成效显著。（赵月圆）

【财政存量资金盘活】 2016年，针对当前市本级存量资金规模仍偏大、预算支出进度慢等问题，加大清理盘活财政历年结余资金和部门存量资金力度，新增盘活存量资金51643.07万元，包括新增盘活财政存量资金43881.56万元和新增盘活部门存量资金7761.51万元，压减和收回当年预算安排的530个项目支出12539万元，主要用于解决今年预算刚性支出缺口、落实稳增长和小微双创等扶持政策的配套资金、以及补充预算稳定调节金和预留三年滚动预算。全额统筹结转两年以上专项资金,对已分配到部门单位连续结转两年及以上仍未使用完毕的项目资金，收回重新安排使用；对未分配到部门单位连续结转两年及以上的项目资金，收回调入预算稳定调节金。统筹政府性基金结余结转超过当年收入30%部分，调入一般公共预算和补充预算稳定调节金统筹使用。统筹财政专户的非税收入历年结余。统筹2016年部门预算安排的专项资金未达支出进度部分;对无特殊原因截止十月份项目执行进度不达时间进度80%的，工作经费类项目在合理预留两个月所需支出后全部统筹；民生和事业类专项资金原则上按不低于20%统筹；项目执行进度不达时间进度50%的，原则上统筹比例不低于余额50%。 （赵月圆）

国家税务

【国家税务概况】 2016年,江门国家税务局（简称“市国税局”）组织工商税收收入269.8亿元，同比增收25.14亿元，增长13.79%，其中，国内税收收入244.23亿元，同比增收22.18亿元，增长9.99%，完成省国税局调整后预期目标242亿元的100.92%，超收2.23亿元；市本级收入实际完成11.34亿元，较2015年的11.8亿元（含营改增基数）下降3.87%，完成市政府要求不低于-4%的确保目标。全市四大行业营业税改征增值税收入24.77亿元，拉升江门国内增值税直接收入增长23.7个百分点。

【税制转换】 2016年，全市国税系统做好“开好票”“报好税”“分析好”“改进好”等工作，完成交接管户、业务衔接、操作演练、政策宣传、培训辅导等任务，确保税制转换顺利。

【征管体制改革】 2016年，市国税局优化纳税服务机制，对接商事制度改革，助力江门在全国率先实现“九证合一”。成立大企业管理局，提高管理层级，推进大企业集约化管理，联合地税对大企业开展税收风险管理，为大企业提供更个性化的服务。健全跨国企业税收监控机制，国地税联合打击国际逃避税，共同为“走出去”企业送服务。落实纳税人分类分级管理办法，推行“风险共治”等改革项目，建立风险指标模型，加强税源风险监控系统运用。完成电子税务局上线及实名制办税工作，实施个体工商户“两证整合”登记制度改革。

【国地税合作】 2016年，合作规范3.0版的51个合作项目中有44个取得阶段性成果，全市建成全职能联合办税服务厅63个，实现“联合共建”“同城通办”“一窗通办”地区全覆盖。在蓬江区建成全省最大的联合办税服务厅，蓬江区、江海区被省局评为第二批国地税合作示范区，蓬江还被总局评为“全国百佳国地税合作县级示范区”。新会区局自主研发使用的国地税联合办税平台“税智通”，提升管理效率和信息共享水平，得到省局胡金木局长批示表扬。国地税携手搭建数据共享平台，启用国地税“二合一”刷卡税款直缴国库POS机，联合开展税务稽查、大企业管理、税收风险防范等一系列合作项目均取得实效。

【税务法治】 2016年，蓬江区国税局法治税务示范基地建设卓有成效，成为广东省两个参评全国法治税务示范基地的单位之一。推行税收执法说明理由制度，深化税务行政审批制度改革，落实行政许可、一般程序行政处罚信息“双公示”工作，落实行政审批时限“零超时”。规范完善税务行政处罚事项措施，在蓬江试点税收执法公示、执法全过程记录、重大税收执法决定法制审核三项制度的创新。加强国地税稽查合作，强化税警联合办案，集中力量打击各类税收违法活动。全市国税稽查部门检查企业1113户，查补总额达4.74亿元。

【纳税服务】 2016年，市国税局在持续优化“一窗通办”和“同城通办”的同时，作为全省国税系统首批试点单位之一上线省内通办直通车。推广电子税务局、自助办税终端、手机APP等办税渠道，实现24小时全天候同城服务。充实12366热线力量，全年人工接听量达41833次，比上年增长207.66%。实行小规模纳税人增值税按季申报户，节约办税成本75%。持续优化免填单服务，80多项业务实行免填单。推行办税事项“二维码”一次性告知。与金融保险机构合作，开发出多种“税银互动”“税保合作”产品，帮助依法诚信纳税的近千户企业获得免抵押贷款21.43亿元，解决就业职位9500多个。

【征收管理】 2016年，市国税局规范税收征管流程，利用增值税发票管理新系统完成税务总局下发和自行开展的增值税发票风险应对任务，分别挽回税款损失3.44亿元和9.36亿元。所得税后续管理和信息管税力度不断加强，2016年全市累计企业所得税收入达55.88亿元，比上年增收1.15亿元，增长2.09%，再创历史新高位。退税服务不断升级，防范出口骗税取得成效，全年办理出口退（免）税106.8亿元，其中办理退税74亿元，比上年同期增加530万元。全市通过车购税多元化办税模式委托代征收车购税4.53亿元，占同期车购税征收税额的50%。组织非居民企业税收收入8.15亿元，比上年增加4.66亿元，增幅达133.33%，创下历史新高。消费税改革政策落实到位，减免消费税1.31亿元。建立、完善《江门市国家税务局风险监控指标体系》和涉及102个指标的纳税评估模型，通过风险管理手段组织入库税款85214万元，比上年增加72610万元，增长576%。电子发票推广水平位于全省前列，全市有7258户纳税人使用电子发票，开具电子发票82万份，按省局统计口径计算推广比例为28.63%。启用发票库房温度、湿度监控预警系统，保证用票安全。

表17： 2016年江门市国家税务收入情况

项　目	2015年	2016年	同比（%）
一、税收收入总计	2446657	2698058	10.28
（一）国内税收收入	2220512	2442334	9.99
1. 国内增值税	1525959	1727586	13.21
2. 国内消费税	48246	64201	33.07
3. 企业所得税	547384	558838	2.09
其中：内资企业	279060	235451	-15.63
外资企业	268324	323387	20.52
4. 证券交易印花税			
5. 储蓄存款利息个人所得税	3	618	20500
6. 车辆购置税	98920	91091	-7.91
7. 其他			
（二）海关代征税收收入	226145	255724	13.08
二、出口产品退税	1158170	1068200	-7.77

地方税务

【地方税务概况】 2016年，江门地税实现税费收入272.24亿元，同比（剔除营改增影响，下同）增长7.31%，同比增收18.55亿元，其中：税收收入147.25亿元，同比增长9.45%,同比增收12.71亿元；社保费收入107.32亿元，比上年增长6.41%,增收6.47亿元；其他费金收入17.67亿元，比上年下降3.42%,减收0.63亿元。分级次看：中央级税收收入25.36亿元，比上年增长7.15%，增收1.69亿元；省级税收收入33.62亿元，比上年增长15.73%，同比增收4.57亿元；市县级税收收入88.26亿元，同比增长7.88%，同比增收6.45亿元。

【营改增全面扩围】 2016年，江门市国税地税部门通力合作，全力推开营改增试点全面扩围。前期积极筹备：与国税部门合作打通信息交换通道，按时保质完成省地税局下发的45202条营业税纳税人信息的校验确认，配合国税部门对营改增纳税人的基础信息进行全面核实；按时保质保量向国税部门提供了包括营业税纳税户基本情况、近三年营业税纳税人情况、“三代项目”纳税情况、营业税纳税人自开和代开发票情况在内的征管数据，并完成双方确认；为国税部门提供往期营业税发票的用量数据，协助国税部门做好增值税发票供应预测；国税、地税围绕“聚焦营改增试点 助力供给侧改革”的主题，开展第25个全国税收宣传月活动。2016年上半年，全市地税系统对纳税人开展营改增业务及其他税费业务宣传培训106场，参与人数达8114人次。维持二手房交易征收单位、征收场所、办税流程“三个不变”，确保营改增扩围顺利过渡。5月1日,在市住建大厦蓬江地税房产和土地交易税费征收大厅开出首张二手房转让代开增值税发票和首张完税证明；5至12月，江门市地税局对纳税人销售其取得的不动产及其他个人出租不动产业务，代征增值税9426万元，其中：销售其取得的不动产业务代征增值税8099万元。

【国地税合作】 2016年，江门市国税局、地税局以《合作规范2.0版》《合作规范3.0版》为行动纲领，推动51项内容的全面合作。至年底，《合作规范2.0版》的34项国地税合作基本项目已总体完成，10项创新合作项目已基本完成8项，2项未完成项目按要求需由省级局统筹组织开展；《合作规范3.0版》新增的7个项目已开展4项。蓬江、江海两区被评为全省第二批国地税合作示范县。蓬江区被评为“全国百佳国地税合作示范区”。合作开展情况：加强领导组织,是年，市国税局、地税局共同召开10次国税地税联席会议、国地税合作推进会，共同研定有关工作方案，敲定路线图、任务书、时间点，明确责任分工。《合作规范3.0版》下发后，双方联合对规范要求进行分类剖解、逐句学习，吃准学透新增的7个和重新修订的13个合作项目，建立对口业务部门随时召开工作研讨会的沟通机制，全方位打通国税地税的沟通渠道。创出合作亮点，创新启用国税地税“二合一”刷卡税款直缴国库POS机，在节省纳税人时间的同时，解决分别刷卡缴纳国税、地税税费时容易出现的刷错款问题，刷卡新模式得到广东省各地的效仿，成为广东省各地推广国税地税共建办税服务厅征收前台POS业务的成功范例；创新上线“国地税联合工作平台”，该平台创新电子税务局后端管理方式，实现共享档案仓库、统一数据分析、联合审批处理，推动前台业务与后台审批无缝对接；创新设置“二次叫号”模式。在蓬江国税地税联合办税服务厅创新设置“二次叫号”模式，在纳税人第一次取号和业务办理窗口之间，插入预审核环节；通过8个资料联合预审岗对某些咨询业务或者办理简单业务的纳税人进行就地办理；对不能在预审核环节办理业务的纳税人，初审岗确定纳税人无错填表单、无缺漏资料后，再次派号，快速分流到各办税功能区，充分发挥联合服务窗口最大效用，节省纳税人的等候时间；创新开展联合调研分析，市国税局、地税局对江门市2016年上半年税收收入进行联合调查分析，并响应市委领导的指示，对“营改增”后房地产与建筑业税收征管情况开展联合调研，其中《2016年上半年税收收入进行联合分析》得到市长的肯定批示。实现服务融合，采用“互相进驻”“互派人员”“进驻政务中心”等模式进行国税地税办税资源的深度整合，全市国税地税部门已完成共建办税服务厅43个，已完成互设办税窗口的办税服务厅7个，已完成进驻政府政务中心的大厅14个，设置服务窗口508个，江门市国税地税共建联合办税服务厅工作一度走在全省前列,2016年8月1日,建成投入使用的蓬江区国地税联合办税厅占地面积3300度平方米，是目前广东省进驻政务中心规模最大的联合办税厅。开展“银税互动”,双方加强税收信用体系联合建设，应用金税三期共同开展纳税信用等级评价，深化纳税信用评价成果运用，打造“税银企互动”升级版。双方联合向中国银行等6家金融机构提供纳税人信用评价结果信息，联合中行、建行等7家银行推出“税易贷”“税贷易”“税融通”税信通”等合作方式，简化贷款手续，提高审批效率，为中小微企业解决融资难问题，为535户企业发放贷款约21.43亿元,解决就业岗位9800余个。征管全面合作,委托市国税局代征小规模纳税人门前开具发票应缴纳的城建税、教育费附加、地方教育附加和个人所得税；在蓬江、江海、恩平、鹤山、新会等地，与国税部门联合委托邮政部门代开国税发票代征国税地税税费，联合委托代征点共办理业务8579笔，征收国税局税款995万元、地税局税费379.83万元;国税局、地税局相互委托代征，全市国税局共代征地税局税费总额约944.57万元，国税委托地税代征二手房交易增值税和个人出租房屋增值税正有序开展。信息深度交换,通过国税地税数据共享前置机，搭建双方内部涉税信息共享平台，实现纳税人办理注销登记、采集财务报表、非正常户、双定户的定额核定等数据实时共享；国税累计提供信息300多万条，地税累计提供信息500多万条；双方积极落实涉税信息交换与共享实施办法，促进全市涉税信息交换与共享平台不断完善，双方联合采集工商、住建、国土、公安、规划、供电供水等32个部门的涉税信息约78.76万条，增加税收1.7万元。联合税务稽查,双方加强与公安机关的联合执法，发挥三方联合执法办公室的作用，打击涉税违法行为，开展联合执法和随机抽查工作;国税地税双方对10户重点税源企业实施联合进户稽查，对75户共管户开展联合税务稽查，联合开展299次打击发票犯罪活动，双方互相推送117条税收违法行为线索，查补税款1430.17万元;协同发布税收违法“黑名单”，开展联合惩戒。联合税收宣传,组织策划实施税收政策宣讲会、“营改增”税企互动活动、少儿税收足球比赛等多种形式的税宣活动，利用电台、电视台、江门日报等传统媒体以及门户网站、公共微信号等线上宣传平台，开展深改、国地税合作、“营改增”等税收重大工作的宣传，双方联合开展税宣178次，培训纳税人31085人次，为推进各项税收工作营造良好的社会舆论氛围。组织深度交流,联合开展党内活动、党内教育，共同学习贯彻“两学一做；联合组织团日活动，并以“理想、责任、作为”为主题召开青年干部座谈会；联合开展文化建设，在第四季度联合举办先进事迹宣讲会，以歌舞表演、主题宣讲、故事小品等形式，重现江门税务人立足岗位、无私奉献的先进事迹，诠释爱岗敬业、舍小家而乘大家的新时代税务精神；联合开展挂职培训，双方共有24名干部参加互派挂职锻炼；联合开展干部培训，通过“传帮带+操作演练”，帮助一线人员互相熟练掌握通办业务技能；联合开展执纪监督，联合参观廉政法治教育基地、联合开展廉政专题讲座、联合回访特邀监察员和纳税人代表、联合开展纪律作风明察暗访等。

【信息化建设】 2016年，开发大数据综合应用平台,完成大数据综合应用平台一期项目的开发、测试和上线工作，实现5大模块、143个功能；开展平台二期项目研发，完善系统功能，为江门市地税数据管税打下基础。推广使用房产交易预约预受理系统，开发契税、二手房交易预受理系统，实现资料事先审核、结果提前告知、智能快速备案、精准预约服务，简化办事流程、提高服务效率，对应办税等候时间缩减近三分之二，解决房地产市场交易升温，造成办理涉税业务等候时间偏长的问题。上线应用国地税联合工作平台，以“一人一机一账号一平台一呼叫一POS机一打印”的集聚工作模式，在节省硬件设备投入的同时，解决前台国地税系统切换互访和重复录入的问题，提高国税地税联合办税厅的运行效率。推广应用广东省电子税务局,为纳税人提供登录一个平台、办理国地税两家业务的便捷办税环境，补齐网上办理国税地税业务时，需要重复登录两家系统、重复填报两家资料、分头办理两家关联业务的服务短板。推广应用广东地税电子文档管理系统,实现税费业务前台落地，纸质资料就地归档，电子文档共享流转，推动江门市税费征管档案管理迈进电子化的新阶段。

【征管改革】 2016年，落实深化征管体制改革方案，在深改自主实施的62个改革项目中,除了由总局、省局统筹布置的项目，其它项目均在江门市落实开展，其中，“三种共建模式”让江门市共建办税服务厅工作一度走在全省前列；挂牌大企业管理局，市地税局的大企业管理工作受到广东省地税局领导的批示肯定，其余各项深改任务有序推进。推行管户制向管事制征管方式的转变,适应营改增后地税面临的征管特点，开展改革破题，以团队合作的新模式代替单兵作战的传统工作方法，群策群力启动税源专业化管理改革，推动税源管理模式从管户制向管事制转变;7月，召开全局管事制改革动员会，蓬江、鹤山等局先后实现改革工作的全面推广，其余各地区正落实试点推广工作。

【纳税服务】 2016年，开展“便民办税春风”行动，落实首问责任、限时办结、微信预约办税、延时服务以及导税服务、提醒服务、“二维码”一次性告知等各项办税服务制度；2016年9月，即时办结类税费业务实现“全市通办”，税务登记、申报纳税、税收优惠、社保申报缴费等334项依申请业务可在全市地税各办税服务厅跨区受理。推动办税服务厅建设,与国税部门联合共建办税服务厅43个，完成互设办税窗口的办税服务厅6个，完成进驻政府政务中心的大厅14个。打破与国税部门的服务界限，在508个服务窗口中开设425个国税地税业务“一窗通办”窗口，2016年合计受理国税地税业务约140多万宗。“一个门、一个号、一个窗办两家事”的服务模式为纳税人平均节约50%的办税时间。提升办税服务效率,11月起在全市联合办税厅推广应用国地税联合工作平台“税智通”，解决前台国税地税系统切换互访和重复录入的问题，创新开发“二合一”国税地税税费刷卡POS机，实现信息高度聚合、资源高度整合的“一人一机一账号一平台一呼叫一POS一打印”办税模式。减少纳税人信息重复填报,配合“多证合一”商事制度改革，开发应用登记“快捷办”辅助系统，实现填报信息的高效录入，免除纳税人重复报送资料;新登记企业资料登记工作由原来平均18分钟缩减至8分钟。巩固办税服务后台,依托广东省电子税务局、办税服务厅、12366服务热线、地税门户网站、纳税服务平台、自助办税终端机和微信公众平台，构筑“线上、网上、掌上”多位一体的服务后台，受理相关业务，并切实做好纳税人咨询、投诉、举报、建议的跟踪处理。全市设置自助办税终端84台，自助办税服务厅46个，其中24小时自助办税服务厅17个，配合市政府电子政务建设，将自助办税终端现有的六项打印类业务接入“侨都之窗”自助便民服务平台。不断更新“12366”知识库内容，提升座席咨询服务水平，2016年1—12月，12366热线受理事项34522项，其中人工受理23616项，接通率94.97%；自动语音受理10906项，全部事项均按照要求办结，办结率100%。

【规范费金征管】 2016年，江门市加快规费征管信息化建设进程，提升费金的征收管理水平,在10月上线应用全省统一开发的规费监控分析平台，提升规费数据分析水平；发挥三方协同办公平台的作用，探索建设多方协同平台，提升平台对社会保险费征管信息共享、问题高效处理、审核对账及时准确、基金安全运行的保障水平。灵活就业人员社保业务进驻“邑门式”，方便群众办事,8月起以蓬江区局为试点，在“邑门式”公共服务中心增加受理灵活就业人员部分社保费业务，为群众提供更多的服务网点、更便捷的涉费服务，至年底，通过“邑门式”服务中心办理灵活就业人员社保业务9043宗。

【税收调控】 2016年全市地税系统共办理减免各项税费22.45亿元。其中，改善民生方面减免税款16.54亿元，鼓励高新技术企业减免税费0.37亿元，促进小微企业发展减免税费1.74亿元，其他普惠性费金减免3.8亿元。改善民生减免税款16.54亿元，地税部门充分发挥税收职能作用，落实“两无两藏”，配合供给侧结构性改革，推进“三去一降一补”，加大对全市房地产去库存的支持力度，严格落实中央关于调整房地产交易环节契税、营业税优惠政策，对房地产交易环节税收进行减免。是年，全市地税为改善民生办理减免税款16.54亿元，仅在住房方面减免税款就高达14.5亿元，其中，房地产交易享受新政策契税优惠减免5.91亿元；5月1日营改增前享受新政策营业税优惠减免约8200万元，营改增后自然人二手不动产交易享受增值税优惠减免3.39亿元；个人销售住房土地增值税减免4.38亿元。鼓励高新技术企业减免税费3750.24万元。通过做好高新技术企业税收优惠政策的落实工作，减轻江门市科技创新企业税收负担，促进江门市产业转型升级，共同打造“珠西创城”。为保障高新企业优惠政策的有效落实，市地税局联合市国税局挑选熟悉企业所得税政策、实务能力强的干部组建一支专业队伍，对内对外开展针对性政策辅导，邀请专家教授对市区内超过300家大型企业的办税人员进行企业所得税汇算清缴及高新技术企业优惠政策培训，增进纳税人对政策的熟悉程度；在高新企业集中的基层分局专门开通绿色通道，简化优惠办理手续，做好高新技术企业的业务咨询和纳税辅导，指导符合条件的纳税人及时办理备案手续；建立台账记录制度，分户记录优惠享受情况，做好跟踪服务，确保政策落实不留死角。是年，全市有24户高新技术企业享受减免企业所得税3682.7万元，户均减免额153.45万元；办理减免高新企业教育费附加0.73万元、地方教育附加0.48万元，堤围费66.33万元。促进小微企业发展减免税费1.74亿元,江门地税严格落实小微企业税收优惠政策，共建江门小微“双创”之都，为促进小微企业发展办理减免税费1.74亿元。2016年1月至营改增前，江门市48781户业户享受小微企业营业税优惠，减免营业税6872万元；全年有2930户企业享受企业所得税优惠，减免税款2995.56万元；扩大教育费附加和地方教育附加免征范围，全年为2.06万户小微企业减免教育费附加386万元、地方教育附加260万元；减免4.89万户次小微企业的堤围防护费4097.45万元；免征741户科技型小微企业残保金1821.1万元，免征6983户小微企业残保金1005.6万元。支持社会经济民生的普惠性费金减免达3.8亿元,社保费方面：从2015年12月起，工伤保险、失业保险、生育保险费率相继下调，2016年全年实现工伤保险减负1542万元、失业保险减负14436万元、生育保险减负5844万元。其他费金方面：相继减免并停征堤围防护费，为企业减负近1.38亿元；2月起，江门市全面停征价格调节基金，为企业减负约2410万元。

【依法治税】 2016年，市地税局开展税务稽查随机抽查，组织2016年度税务稽查随机抽查工作，开展对资本交易、医药销售业、盈利性教育培训机构、美容医疗等行业的随机抽查及区域专项整治工作，开展征稽联动；是年，全市立案检查纳税户42户，立案查补收入3114.73万元，督导自查 1736户，查补收入20032.28万元。整治发票违法犯罪活动，依托地税局、国税局、公安局联合执法办公室协作平台，加大纳税人发票使用情况检查力度，整治发票“买方市场”，重点检查房地产、建筑安装、中介机构、旅游、餐饮等发票违法问题高发、频发行业。全年全市检查企业108户，查处发票问题40户，涉及金额19.67万元，罚款2.40万元，对社会涉税违法行为形成强大的震慑力。加快电子稽查建设，加强技术稽查教育培训，组织全稽查系统的税务稽查电子取证设备操作应用培训班；推进电子查账软件的实践运用，提升稽查质量和效率；综合利用多个地税信息系统的信息数据，做到“选案精准、查案深入、审案严格、执行到位”。推动欠缴社保费的强制执行，与法院部门深入沟通，打通欠缴社保费强制执行渠道，为清理欠费工作提供有力支持，全年移交法院强制执行的社保费案件12宗，涉及金额593.65万元。推行基层和市级税收法制员工作制度，聘任市级税收法制员10人，各市区局在基层单位设置专职法制员43人，解决基层税务机关执法不严、执法随意、执法不够规范等问题。贯彻依法行政，制定地税局2016年依法行政工作方案，开展对各市（区）局依法行政的考评工作；受理行政复议案件 9 宗，应诉案件 7 宗，切实维护纳税人救济权利；以自查、互查、“回头看”等形式，对归集整理出来的7328条疑点数据开展执法督察，建立《税收执法督察整改台账》，促使各市（区）局100%落实问题整改，并对4个未落实税收执法责任制的县级局实行绩效扣分，压实执法责任。梳理行政权力，严格按照省局《“1+3”清单动态调整项目的通知》的文件要求，对原上报市政府的109项行政审批项目进行逐条修正，对行政许可实施和监督管理情况进行自评、图表解释、报政府统一向社会公布。梳理市场监管共享信息，录入“市场监管共享信息系统”，与政府各部门协力推动信息交换，共建涉法信息高度共享的法治社会。

表18： 2016年江门市地方税务税费收入情况

单位：万元

	2012年	2016年	同比（%）
税费收入总计	2203376	2722398	23.56
一、税收收入合计	1243179	1472477	18.44
增值税		9425	
营业税	408659	272105	-33.42
企业所得税	144096	192538	33.62
个人所得税	152146	221698	45.71
资源税	5561	5925	6.55
城市维护建设税	99389	137191	38.03
房产税	59627	99550	66.95
印花税	20032	28589	42.72
城镇土地使用税	94203	132532	40.69
土地增值税	110861	184734	66.64

续上表：

税费收入总计	2012年	2016年	同比（%）
车船税	17181	24899	44.92
契税	86235	129530	50.21
耕地占用税	45189	33761	-25.29
二、社会保险费收入	824671	1073194	30.14
三、教育费附加、文化事业建设费及其他收入	135526	176727	30.40

注：从2016年5月1日起，营业税全面改征增值税

·责任编辑　杨清华·

经济监督管理

Economic supervision and management

发展与改革

【发展与改革概况】 2016年，江门市经济发展保持平稳,全市实现地区生产总值2418.78亿元，比上年（下同）增长7.4%；人均地区生产总值53374元，增长7.0%；规模以上工业增加值1041亿元，增长7%；固定资产投资1517.77亿元，增长16%；社会消费品零售总额1159.06亿元，增长12.1%；外贸进出口总额1261.8亿元，增长4.1%。居民消费价格指数涨幅2.2%。年末私营企业4.99万户，注册资金1098.71亿元，从业人数41.14万人，分别增长15.5%、16.2%和7.8%；全年城镇新增就业47520人；全年地方公共财政预算收入204.13亿元，增长5.4%；全年税收收入417.06亿元，增长1.7%，其中，国税收入269.81亿元，增长10.3%，地税收入147.25亿元，下降11.1%。全市329项重点建设项目完成投资571亿元，占年度投资计划的107.3%。

【交通能源建设】 2016年，江门市重大交通基础设施投资123亿元，珠西综合交通枢纽江门站规划设计加快推进。深茂铁路江茂段完成投资32.5亿元，南沙港铁路开展征地工作，广佛江珠城轨江门段开展可行性研究报告审查，广珠铁路客运改造工程开展前期工作。江门大道中蓬江段主道、五洞-东甲立交段主线、江罗高速、广中江高速一期建成通车。高恩高速江门段、中开高速江门段加快建设。佛开高速南段扩建工程、开春高速、国省道PPP项目相继开工。香洲至台山高速、新会至高栏港高速等区域对接通道开展前期研究。

是年，台山核电一期进展顺利，二期项目列入国家能源“十三五”规划，粤电新会电厂天然气热电联产、双水“上大压小”、华电江沙分布式能源等项目进展顺利。农村电网改造工程顺利推进，完成《江门市新一轮农网改造升级规划报告》编制和上报，推进江门市农村电网改造升级示范点工作成效显著，农网基建投资完成5.87亿元，超额完成投资任务。

【农村经济发展】 2016年，第一产业保持稳定增长，全年粮食作物播种面积287.24万亩，比上年增长0.3%，全年粮食产量95.83万吨，比上年增长0.3%；糖蔗种植面积2.74万亩，产量17.69万吨，分别下降9.4%和下降6.3%；油料种植面积17.40万亩，产量3.03万吨，分别下降6.9%和下降6.1%；蔬菜种植面积94.40万亩，产量137.99万吨，分别增长2.4%和增长6.0%；水果产量28.40万吨，增长10.4%。全年肉类总产量30.82万吨，增长0.1%。其中，猪肉产量21.52万吨，下降2.3%；禽肉产量8.49万吨，增长0.2%。全年水产品产量78.66万吨。增长2.0%。发展新型农业经营主体。是年，全市市级以上重点农业龙头企业达到74家，全市农民专业合作社达1564家，比2011年增加1376家，市级以上示范社96家，农户入社率30%；农村规模经营家庭近6.5万户，示范性家庭农场达46家；全市农业产业化组织共带动农户23万户，比2011年增加6万多户，占全市农户的57%。促进农业产业融合发展。紧抓农产品园区这个重点，补足现代农业发展短板，整合资源支持建设广东省农产品加工示范区、台山“中国农业公园”、开平市国家现代农业示范区和广东省粤台（江门）农业合作试验区。全市建成各级农业园区17个（其中国家级1个，省级7个），面积近43万亩，总投资超50亿元。创建国家农产品质量安全市，构建从源头到餐桌的全市农产品质量安全保障体系。实施病死猪无害化处理补贴政策，全市80%的规模畜禽养殖场配套废弃物、废水无害化处理设施；组建市、县两级农业综合执法队伍，实行农资和农产品经营主体信用评级、“黑名单”管理和高毒农药定点经营制度，开展省级农资产品溯源体系建设试点。加快检测、溯源体系建设，市农检中心具有省级以上资质6个，建成全国地级市首个农业部农产品质量安全风险评估试验站，认证项目达440个。全市建成国家畜禽标准化养殖场17家，省“菜篮子”基地16个。省、市农业标准化示范基地69个；拥有有机食品41个，绿色食品38个，无公害农产品132个，农产品地理标志产品5个，省名牌产品（农业类）38个。加快新农村建设。2016年，全市建成广东名村64个、市级名村24个，市级示范村36个，县级名村示范村294个。涌现一批如开平市赤坎镇和自力村、恩平市歇马村的“中国历史文化名镇、名村”、台山市浮石村和蓬江区良溪村的“广东省历史文化名村”和鹤山市五星村的“广东省宜居村庄”

创建指导点。新会茶坑村入选广东省唯一的“2015年中国十大美丽乡村”。

【低碳城市试点建设】 2016年，做好碳排放管理和交易工作，组织企业开展碳排放数据报告、配额申请和上缴等工作。委托认证机构对江门市控排企业进行碳核查。开展园区循环化改造，推动园区循环化改造试点工作，印发《关于下达园区循环化改造工作任务的通知》，对各市、区分解下达“十三五”时期园区循环化改造工作任务。江门产业转移工业园台山园区、开平市翠山湖产业转移工业园被认定为“广东省循环化改造试点园区”，超额完成年度目标任务。开展节能宣传培训，开展2016年江门市节能宣传月和低碳日活动，在“全国低碳日”开展能源紧缺体验活动，组织开展节能先锋评选活动，举办“十三五”能源审计和节能规划培训。发展低碳交通，推广应用新能源汽车，2016年，江门市新上牌的新能源汽车440辆。全年全市新上牌新能源汽车609辆，其中公交客车239辆。淘汰高耗能、高成本、高污染的“黄标车”和老旧车辆，从源头上推进节能减排。年内已淘汰“黄标车”和老旧车10095辆。推动建筑节能，出台《江门市绿色建筑行动实施方案》《关于加快实施绿色建筑行动的通知》，明确以政府投资建筑、保障性住房、大型公共建筑为重点，逐步推行绿色建筑标准。

【固定资产投资】 2016年，江门市投资保持平稳较快增长。全市完成固定资产投资1517.77亿元，增长16.0%，增速比2015年回落1.7个百分点。其中，第二产业完成投资694.25亿元，投资增长18.1%；第三产业完成投资814.65亿元，增长15.1%，其中房地产开发投资增长13.7%。工业技改投资和装备制造业投资实现快速增长，增速分别达到63.5%和22.3%。民营投资稳定增长，2016年民间投资897.05亿元，同比增长19.6%，增速比2015年上升5个百分点，民间投资占整个全社会固定资产投资的59.1%，国有、港澳台及外商完成投资大幅增长，比上年增加24.7%，比总体增长速度高了8.7个百分点；国有投资有所减少，国有经济投资312.64亿元，下降11.2%。第三产业投资增速加快，2016年，第三产业投资增速加快，全年完成814.65亿元，增速由2015年的13.8%上升到15.1%。第二产业投资增速放缓，全年完成694.25亿元，增速由2015年的21.8%下降到18.1%，其中工业完成投资694.25亿元，制造业完成572.86亿元。全市第一产业投资完成8.87亿元，下降21.2%。全年资金到位情况良好。2016年到位资金1570.06亿元，比上年增长7.8%。国内贷款到位244.48亿元，增长30.9%，增速比2015年高47.5个百分点；利用外资19.40亿元，增长68.4%，增速比2015年高119.2个百分点；自筹资金888.40亿元，下降6.5%。基础设施投资保持稳定；2016年全年基础设施完成投资398.98亿元，增长1.1%，因2015年城建投资实现57.4%增长，总量大，造成2016年城建投资有所回落，城市建设完成投资110.68亿元，下降3.7%。房地产投资形势回暖，2016年全市房地产开发投资353.62亿元，增长13.7%，增速比2015年高14.3个百分点。商品房施工面积2882.13万平方米，增长10.3%，比2015年高1.8个百分点。商品房销售面积679.78万平方米，增长34.7%，商品房销售额410.23亿元，增长43.0%。商品房竣工面积285.47万平方米，下降0.8%。各市区投资保持平稳增长，蓬江区完成投资317.05亿元，比上年增长18.9%；江海区完成投资110.41亿元，比上年增长20.1%；新会区完成投资287.83亿元，比上年增长16.6%；台山市完成投资222.05亿元，比上年增长7.1%；开平市完成投资255.07亿元，比上年增长22.0%；鹤山市完成投资182.15亿元，比上年增长18.4%，恩平市完成投资126.32亿元，比上年增长17.1%。

【重点项目建设】 2016年，江门市负责的省重点项目全年实际投资完成率123.4%，位列广东省第六；市重点项目年度投资计划完成率为107.3%。产业同兴项目类项重点项目累计完成投资371亿元，交通一体类重点项目完成投资152.3亿元。江门大道中蓬江段主道及新会段五邑路至东甲立交主道建成通车，大城格局已拓开。江罗高速、广中江高速一期、台开快速路及中开、高恩等高速、深茂铁路加快建设，南沙港铁路、广佛江珠城轨项目前期工作加快推进，珠西综合交通枢纽完成规划定位并纳入省“十三五”规划。全市环境共治类重点项目完成投资11.2亿元。江海污水处理厂二期项目加快建设，潭江河流治理工程、市区黑臭水体治理等项目稳步推进，改善生态环境，提升生态环境质量。全市民生共享类重点项目完成投资35.4亿元。加快银葵医院、江门体育中心、新会区养老中心等社会事业项目建设，里村大道保障性住房等项目进展顺利。

【社会事业发展和人民生活】2016年，民生投入持续加大。全年各级财政民生类支出210.4亿元，同比口径增长13%，十件民生实事圆满完成。出台新时期城乡精准扶贫精准脱贫实施方案，实现扶贫对象城乡全覆盖，全市城乡贫困人口3300人脱贫。开展百企扶百村、百医牵百村、千（万）义工助千户行动。村委会年集体收入提高至15万元以上。社会保障水平稳步提升。全市城镇和东部蓬江新鹤农村低保标准实现一体化，提高到600元/人月，西部台开恩农村低保标准提高到500元/人月。企业退休人员养老金达1896元/人月，失业保险费率降至1%。城乡医保财政补助标准由每人每年380元提高到420元。医疗救助对象政策范围内住院自付费用医疗救助比例提高到80%以上。城乡居民基本养老保险参保率达99%，基础养老金最低标准提高到110元/人月。困难残疾人生活补贴标准提高至1200元/人年，重度残疾人护理补贴标准提高至1800元/人年。就业和城乡居民收入保持稳定。全年城镇新增就业4.8万人，城镇登记失业率2.38%。全年居民人均可支配收入达2.4万元，增长9%。教育卫生文化体育事业稳步发展。农林双朗小学、天鹅湾小学、江门市特殊教育学校建成启用，广雅学校动工，梁启超纪念中学获授首批“全国航天特色学校”。开展卫生强市建设，中心医院住院大楼扩建完成，建设乡镇卫生院64家。稳步推进“全面二孩”政策，人口自然增长率4.13‰。

【经济社会发展存在的问题】2016年，江门市经济社会发展在计划执行过程中出现一些新情况新问题，主要表现在：经济下行压力依然较大，主要经济指标增速回落；结构调整任务依然艰巨，自主创新能力有待提升；区域发展不平衡，基本公共服务体系仍不够健全，率先全面建成小康社会短板依然存在。

【经济体制改革】 2016年，推进供给侧结构性改革工作。出台第一批供给侧结构性改革工作清单。去产能任务全面完成。全年新增14家直购电大户；130户国有“僵尸企业”基本完成职工经济补偿和安置，其中105户已出清。房地产去库存成效显著。推动“农民安家贷”及公积金制度改革，商品房去库存提前完成三年任务。金融杠杆率保持合理水平。开展互联网金融专项整治，严厉打击非法集资，银行机构不良率长期低于全省平均水平。出台暖企减负、降价减费33项政策措施，全年为企业减负60亿元。补短板项目年度投资超250亿元。推动“放管服”改革，调整理顺市区城乡规划管理体制，探索创新网络信息统筹、政府投融资和债务管理、轨道交通建设统筹等方面体制机制，市级统筹职能得到加强。优化完善大广海湾经济区等重大发展平台及有关市（区）产业园体制机制；推进行政审批事项标准化，健全“1+3”清单动态管理调整机制，出台投资准入负面清单（2016年本）。清理规范行政审批中介服务。推进投融资及国有企业改革，鹤山成功发行12亿企业债券，成为全省首批发行企业债券的县级市；5个项目成为国家PPP示范项目，备用水源及国省道PPP项目成功实施；出台《江门市政府投资基金管理暂行办法》，设立先进装备制造产业等基金；深化国有企业改革，推动国资整合，全年市属企业实现营业收入增长62%。优化营商环境，深化“三就”（收费就低不就高，办事就简不就繁、服务就近不就远），推行“两无两藏（无收费、无门槛，藏富于民、藏富于企）”；在全国率先实行工商登记“九证合一”，打造“无门槛”投资环境；全年新发展市场主体近4万户，推动“无收费”，落实23项国家定行政事业性收费的市县级涉企收入免征工作；实现省定行政事业性收费涉企“零收费”，免征11项省定行政事业性收费的市县级收入，每年为企业减负4亿元；推进社会信用体系建设，实施“黑名单”制度，推进“双公示”；推进公共资源交易服务规范化、标准化和电子化，在广东省率先建成公共资源电子交易全覆盖的“全市一张网”平台。

【体制改革中存在的问题】2016年，随着经济体制改革的不断深入，体制改革中仍存在亟待研究和解决的问题：经济发展缺乏持续动能。个别传统行业、大型企业和重点企业情况不理想，如食品制造业增加值下降18.4%，非金属矿物制品业仅增长1.2%。部分大型企业、传统产业的产值和利润下降比较多，而新的企业、新的产业支撑力还跟不上来。园区作为产业发展的重要载体，目前配套设施不完善、建设管理水平仍不高；创新发展存在短板。R&D占GDP比重、高新技术产业占规上工业比重等均远低于全省平均水平，企业研发机构和孵化器数量少，拥有核心关键技术和发展专利少。在高企培育上虽然取得较大进步，但与广东省尤其是珠三角其他城市相比，差距仍然明显；跨部门改革事项协同推进的难度大。一些涉及综合性、跨部门的改革事项，涉及各行政部门原定政策、法规，规程，协同推进的难度较大。在积极推进协同改革的同时，需要争取顶层设计，完善长期协作机制。

【计划管理】 2016年，全市实现地区生产总值2418.78亿元，比上年（下同）增长7.4%；人均地区生产总值53374元，增长7.0%；规模以上工业增加值1041亿元，增长7%；固定资产投资1517.77亿元，增长16%；社会消费品零售总额1159.06亿元，增长12.1%；外贸进出口总额1261.8亿元，增长4.1%；居民消费价格指数涨幅2.2%；居民人均可支配收入24427元，比上年增长9.2%；服务业增加值占生产总值比重为44.7%；研究与试验发展经费支出占生产总值比重为2.1%；节能减排约束性指标完成省下达的年度计划。

【国民经济动员工作】 2016年，按照省经济动员工作部署和要求，配合抓好军民融合发展“十三五”规划前期调研工作，完成相关基础材料。4月，根据市国动委和省经动办工作部署，开展2016年度国民经济动员潜力统计调查工作。5月，协助军分区做好有关专业保障队伍建设，加强保障能力储备。9月，举办省粤西片区业务培训班。10月，配合市国动委做好潜力数据库升级改造工作，完善有关数据。11月，广东省军区有关领导到江门市开展视察工作，完善工作短板。2016年，江门市对口支援工作在广东省援藏援疆办及省驻甘孜州前方工作组的指导下开展，推动江门市与受援地深化交流交往交融。推进对口支援项目建设，基本完成2014—2015年江门市对口支援7个项目建设；2015-2016年度对口支援项目共有5个，其中，康定市朋布西乡西沙卡桥生产生活用桥0号台帽完工、2号、3号按设计浇筑完成、梁板已经完成，吉居乡双语寄宿制学校正在开展前期工作；泸定县小康示范村建设70户房屋改造基本完成；泸定县第四中学智慧教育中心项目已完成科研审批工作；泸定县新兴乡卫生院建设项目启动建设。扩展“圣洁甘孜”系列农产品销售品种，是年，与江门供销社及下属企业、新会陈皮村农合商场等单位商洽，向珠海市对口支援甘孜州农产品销售点考察学习帮扶先进经验，推进江门市对口支援销售甘孜州农产品工作。促进援受两地旅游合作，发挥对口支援部门的平台作用，协调有关单位开展旅游领域交流合作。

【营商环境建设】 2016年，江门将中小微企业创业创新作为提高城市竞争力、增强城市发展活力的切入点，出台“雏鹰计划”及“1+15”的一揽子小微双创扶持政策，开展“暖企行动”，围绕“收费就低不就高、办事就简不就繁、服务就近不就远”的“三就”原则，降门槛、降负担、提水平，让企业特别是小微企业“进得来、活得下、管得住”，营造市场化、国际化、法治化营商环境。

江门欧洲企业家对接会 2016年3月31日，江门欧洲企业家对接会在江门市举行，江门市政府领导与到访的爱生雅集团主席、瑞典商业银行主席博曼一行展开交流，期待深化双方合作。对接会上，江粉磁材、科杰机械自动化等江门本土企业与爱生雅集团互动交流，汲取对方的发展经验，并探讨合作前景。来自13个国家的欧洲企业在江门投资104个项目，投资总额超138亿元，世界500强公司投资项目有6个。

工商联（总商会）主席（会长）活动日 2016年10月18日，江门市委书记林应武出席江门市工商联（总商会）主席（会长）活动日，与全市30位民营企业家代表交流如何实施好工业立市战略、加快发展民营经济。各企业代表积极建言献策，江门市委书记林应武现场对企业家所提建议作回应。他指出，江门的经济发展离不开民营经济的支撑，离不开现有工业存量的提质增效；江门市委、市政府提出的工业立市战略，已成为社会各界的共识，江门致力打造最优最惠的政务环境，支持民营经济发展。

民营经济12条 2016年11月18日，江门市召开全市民营经济工作会议，出台《江门市人民政府关于进一步加快民营经济发展的若干措施》（下称“民营经济12条”）。“民营经济12条”围绕“兴业惠民、治吏简政”，提出江门市要深入推进“两无两藏”（无收费、无门槛，藏富于民、藏富于企）、“三就”（收费就低不就高、办事就简不就繁、服务就近不就远），打造一流营商创业环境，推动江门民营经济加快发展，支持民营企业做大做强做优。“民营经济12条”于2017年1月1日正式实施，主要围绕去费减负，多维度降低民营企业成本；简政放权，营造开放公平的营商环境；多措并举，扶持民营企业做大做强做优等三大方面，提出12条50款扶持政策。

国有资产监督管理

【国有资产概况】 2016年，江门市国资委较好地完成国资监管各项工作任务，完成国有资本经营预算收入22153万元，为年度预算22153万元的100%；完成全年国有资本经营预算支出22612万元，为年度预算25982万元的87.03%。企业经营平稳发展，全市国有及国有控股企业205户，资产总额945.91亿元，负债总额为458.2亿元，所有者权益487.71亿元，实现营业总收入45.67亿元，利润总额8.01亿元，净利润7.08亿元，上缴税费3.32亿元。

【健全国有资产监督体系】 2016年，推进江门市国资委派出监事会制度建设，制定《江门市国资委派出监事会管理暂行规定（送审稿）》上报市政府审批。制定《江门市属国有企业领导人员管理权限暂行规定》，理顺国企领导人员任免管理权限。

【国资监管云平台开发】 2016年3月22日，国资监管云平台第一阶资产管理模块、资本运营模块、企业财务预决算管理模块、资金监控模块、企业领导人管理模块和债务管理模块等8个模块建成上线启用，提升国资监管信息化建设水平。

【市属国有企业领导人员管理权限调整】 2016年，对市属国有企业领导人员实行分级管理。其中，市滨江建设投资公司、市建设集团、市企业资产经营公司和金羚集团4家重点企业的董事长、党委书记和总经理由市委、市政府任免。

【重大平台建设】 2016年，出资5300万元购置江门万达广场甲1写字楼43层、44层和7层的20套物业作为中欧（江门）中小企业国际合作区服务中心和全国博士后创新（江门）示范中心。按时保质完成电视台副楼小微双创和电子政务工作展示平台建设，为江门市7月初举办2016“青创汇”全国小微企业创业创新周活动打下基础。

【大健康产业推进】 2016年4月13日，江门市政府与印尼力宝集团·广东南粤集团签署战略合作框架。江门市国资委推进市花木公司和市机动车报废回收场的异地搬迁工作，为江门市申报设立广东江门中医药职业学院，引入印尼力宝集团、广东南粤集团战略合作打造大健康产业创造条件。

【城市重大基础设施建设】 2016年，江门市滨江建设投资公司和市建设集团公司通过多种方式筹措资金，加快推进迎宾西路、杜阮北一路、广中江高速公路、篁庄大道西延线、胜利南路延长线等11个“交通大会战”重点项目建设，确保项目按时保质完成进度。配合代建单位，大力推进南山路、连海路（新港路—南环路）一期、会港大道（原疏港公路二期）等项目前期相关工作和施工工作。

【公交一体化推进】 2016年，加强公交资源和公交线路的调整优化工作，完善东部直达快线、快速公交、常规公交、微循环公交4个层次公交系统建设。推广“定制公交”业务，满足和方便市民群众个性化出行需要。加快充电站、充电桩和江门江海区综合客运枢纽建设，加快新能源公交车全面投入使用。推进江门市智能公交运调总平台建设和公交车厢、候车亭安装免费WiFi工作。

【智能制造产业基金成立】 2016年，由江门高新技术工业园、市建设集团和市融盛投资公司与广东粤建珠江西岸先进装备制造产业发展基金共同出资成立智能制造产业基金，由该基金与沈阳机床集团出资共5亿元成立合资公司。成立江门智能云投资合伙企业，为引进沈阳机床集团智能云制造项目并推动智能装备在高新区聚集打下基础。

【区域创新母基金设立】 2016年，由建设集团与粤科金融集团各出资5亿元组建市区域创新母基金，再引入金融机构10亿元资金，合计20亿元作为区域基金。江门市政府同意由建设集团代表江门市出资与粤科金融集团发起设立粤科母基金，双方已完成签约仪式。

【产业园投资】 2016年，融盛公司分别将受托管理的省级企业技术改造专项资金、省财政新增扶持中小微企业资金、省战略性新兴产业政银企合作专项资金、省级产业园扩能增效专项资金招商选资专题资金和省产业园基础设施建设和产业聚集发展启动资金等合计16,200万元资金投资用于开平、鹤山等产业园区的基础设施建设。

【融资渠道拓宽】 2016年，建设集团落实10亿永续债券用于广中江高速公路及其配套项目建设。二是进行债券置换工作，其中，建设集团置换广中江高速项目股权融资25.9亿元实现对交通投资公司股权回购；市滨江建设投资公司配合市财政做好地方债券置换工作；2016年置换两批，贷款置换额度合计97,266万元；通过地方债券置换方式置换杜阮北一路等6个BT项目部分回购款，合计49,963万元。筹集深茂铁路项目12.32亿元资本金，其中6.78亿元由国开发展基金公司以夹层投资方式对江门铁路投资有限公司进行增资扩股，缺口5.54亿元拟通过广东省专项基金解决。

【国有资产整合重组】 2016年11月初,江门市国资委向市政府上报《关于理顺和优化市属国资国企有关情况的请示》，市政府批复同意实施。将滨江建设公司持有滨江管理公司的100%股权无偿划转蓬江区资产管理办公室持有。将江门市国资委持有建设集团的100%股权无偿划转滨江建设公司持有。2016年12月28日,江门市金融投资控股公司挂牌成立，经营股权投资、金融产品投资、投资咨询服务等金融及类金融业务。

【江门电子口岸管理公司组建】 2016年，加快推进江门电子口岸管理公司的组建工作，先由江门市独资设立江门电子口岸管理公司，待与省电子口岸公司商定持股比例后，再以增资扩股模式接受省电子口岸公司投资参股。2016年12月28日,江门电子口岸管理公司挂牌成立。

【市属国资与中央企业对接活动】 2016年，江门市国资委与中国青年报社共同组织“大手拉小手 央企助小微”——中央企业与小微双创基地示范城市创业创新对接活动，促进30家央企与江门市本地企业的对接。部分活动中引进的项目取得突破，如市企业资产经营公司与中石化已合作建设华龙加油站项目，市汽运集团公司与民企广东金实能源投资发展公司和中海油公司成立中海油（江门）能源有限公司、葛洲坝投资公司拟与融浩水业股份公司合作开拓水务板块的业务等都取得较大进展。

【“僵尸企业”出清重组】 2016年，制定《江门市出清重组国有“僵尸企业”促进国资结构优化的实施方案》，将130户“僵尸企业”出清重组任务分解落实到市属重点企业及各市（区），把出清重组工作作为去产能工作的重要措施抓好。出清重组工作初见成效，至年底，完成100户“僵尸企业”出清，其中60户委托甘化集团公司和江城资产托管公司进行托管处置。

【江门市金融投资控股有限公司挂牌成立】 2016年12月23日上午，广东省粤科金融集团合作项目签约暨江门市金融投资控股有限公司揭牌仪式在万达嘉华酒店举行。

【江门电子口岸管理有限公司揭牌成立暨战略合作框架协议签约仪式】 2016年12月28日,江门市国资委、江门市口岸局在江门万达嘉华酒店举行江门电子口岸管理有限公司成立暨战略合作框架协议签约仪式，标志着江门市电子口岸发展进入到一个崭新的阶段，在江门口岸发展史上具有里程碑的意义。江门市委常委、常务副市长吴晓谋，省口岸办副巡视员路会峰出席仪式并作了讲话。省电子口岸公司相关领导，海关、检验检疫、边防检查站、海事等口岸管理部门以及市相关部门等主要负责同志出席本次活动。

【央企与小微企业“双创”对接】 2016年7月15日,“大手拉小手，央企助小微”——中央企业与小微双创基地示范城市创业创新对接活动在江门市举行。该活动通过搭建开放式的平台，引入央企的先进技术和丰富资源，实现取长补短，将央企的大手与小微企业的小手联合起来。这次活动是“中国青创汇”全国小微双创周的主体活动之一，由江门市政府、中国青年报社共同主办，市国资委、市商务局、团市委、市工商联共同承办。活动的目的是根据江门产业现状，整合资源，聚集科技型、金融服务型等知名央企，邀请相关央企负责人，带项目、带平台、带技术走进江门，对接江门产业发展、企业转型需求等，推动央企与江门合作。 （市国资委）

【市直集团公司】 江门市建设集团有限公司 是市属国有独资有限责任公司，成立于2001年1月20日，公司注册资本为人民币4.8811亿元，法定代表人：陈中坚，经营范围：资产重组，股权管理，投资经营，房地产开发，物业开发。2013年9月1日开始，江门市建设集团有限公司按照市委、市政府和市国资委的国资整合发展规划，作为江门市城建开发平台进行运作。江门市建设集团有限公司是市政府、市国资委重点打造的总资产近百亿元的大型国有资产运营实体，是市政府城建开发平台，承担市公用事业及城市基础设施建设项目的投资、融资、建设、运营和管理等职能。市建设集团的全资、控股企业有：江门市公用设施投资控股有限公司、江门市汽运集团有限公司、江门融浩水业股份有限公司、江门市固体废物处理有限公司、江门市港澳客运联营有限公司、江门国际货柜码头有限公司、江门市江城资产托管有限公司、江门市交通投资有限公司、江门市融盛投资有限公司、江门市融汇置业投资有限公司、江门市融顺交通投资管理有限公司、江门市区粮食有限公司、江门市粮油储备调剂有限公司、江门市江滨粮食发展有限公司、江门市建设监理顾问有限公司、江门市建筑设计工程有限公司、江门市花木有限公司、江门市规划勘察设计研究院、江门市勘测院等，职工近10000人；主要业务板块：公用事业（水务、环保、交通运输与物流等）、城市建设（物业开发、工程建设等）和股权（金融）投资等。作为市委、市政府的城建发展重点平台公司，江门市建设集团有限公司承担着市政府在公用事业、城市基础设施方面的投资、融资和建设任务，从经营城市的高度来谋划未来的发展，通过政府注入资源、开展重组并购、寻求业务合作和企业自身积累等方式，继续做强做大水务、环保和交通运输等业务板块，不断提高经营管理水平和经济效益，扶持和加快推动融浩水业等重点企业IPO上市，实现跨越式发展，努力打造成为以公用事业、城市建设和股权（金融）投资为主的多元化大型投资控股集团。

江门市企业资产经营有限公司 2016年，江门市企业资产经营有限公司的经营工作保持平稳，全年实现主营业务收入35005万元，利润总额652万元，上缴国有资产收益124万元。全年实现盘活资产收入5036万元，比2015年增长42.6%。处置原江门市江山建材实业有限公司、江门市宝京建材总厂和江门市翡翠玻璃（集团）公司等三家企业的厂区土地及其地上建筑物，原江门市南方食品厂堤东路82号和83号土地由江门市土地储备中心收储；完成物业新租、续租项目132宗，引入改造资金900多万元，租金收入比2015年增长9.5%。江门电子口岸管理有限公司于12月28日揭牌成立，是建设、运维和管理江门电子口岸公共服务平台实体；投资参股的市纸箱厂有限公司1号厂房及配套工程基本完成，进入验收阶段，筹备按程序招租。与中国石油化工股份有限公司广东石油分公司合作建设油、气、电合建站，首期项目华龙加油站完成土建工程并通过整体验收，取得危险化学品经营许可证、成品油零售经营批准证书和营业执照，于11月28日开始试营业。属下江门市广悦电化有限公司的离子膜法电解生产烧碱技改项目在12月16日正式投产。对属下江门市粮食购销公司、江门市蓬江区永轩数据录入服务有限公司、江门市口岸服务公司、江门市新城房地产公司等23户关停企业完成出清重组。以江门甘化集团有限公司作为江门市国有“僵尸企业”移交托管平台，对江门市市属和台山市、开平市、恩平市的关停企业统一集中处理，并与广东省股权托管中心建立业务合作关系。12月20日，江门甘化集团有限公司与有关“僵尸企业”平台公司签订业务合作协议，集中托管“僵尸企业”70户。拆除原江门农药厂黄磷生产设备及清理黄磷渣泥的工作严格按照行业规范进行，资金落实后即可实施。是年，制订《原江门农药厂生产设备拆除及废物处理项目总体实施方案》，编写《原江门农药厂生产设备拆除及废物处理项目生产安全事故应急预案》《原江门农药厂生产设备拆除及废物处理项目突发环境事件应急预案》，两预案通过专家论证并完成备案。江门市公诚企业信用评级有限公司评级业务量较上一年增长36%。该公司将信用评级产品应用到旅游行业，与江门市旅游行业协会达成合作协议，为该协会成员14家旅行社进行信用评价，成为江门小微企业贷款保证保险服务中心的合作单位，建立江门市企业信用信息应用平台。（林立武）

国土资源管理

【国土资源概况】 江门市位于广东省的中南部，珠江三角洲的西部，截至2015年底，土地总面积95.05万公顷，其中建设用地11.51万公顷，占土地总面积的12.11%；农用地77.12万公顷，占81.14%；未利用土地6.42万公顷，占6.75%。2016年6月，江门市政府荣获“广东省节约集约用地考核三等奖”。

【土地管理】 2016年，市国土资源局有80宗面积10153亩建设用地报件上报省国土资源厅，有75宗面积13500亩建设用地经省政府批准。完成市中医药学校、江门大道辅道、高恩高速、开阳高速大槐服务区、迎宾西路、新会崖门碉楼、新会固废综合处理中心、各产业园区等重点项目报批。开展批而未供及闲置土地盘活利用专项行动，出台《关于土地和矿产资源开发利用“黑名单”管理办法（试行）》。全市近五年（2011-2015年）经批准新增建设用地面积88203亩，已供56300亩，供地率63.83%，超额完成省和市下达的供地率60%的任务。2016年全市土地供应总量24603亩，较2015年同比增长73.6%。完成省下达2015年度“三旧”改造新增实施任务2300亩、完成改造任务1550亩。完成农村土地突出问题三项治理工作（解决拖欠被征地农民补偿款、解决农村土地“三乱”整治、解决历史留用地）。

【耕地保护】 2016年，落实国土资源部及省国土资源厅最严格耕地保护制度，建成高标准农田90.1万亩，正在建设22.4万亩。全市耕地实际面积317.35万亩，基本农田实际面积270.13万亩，分别超过广东省政府下达市耕地保护任务的7.8%、4.6%。开展永久基本农田划定工作。全市城镇周边永久基农田划定任务已全部核定下达，核实举证成果也已上报省国土资源厅、省农业厅备案。

【不动产登记】 2016年，成立市不动产登记局和不动产登记中心，各市也成立相应机构，2016年6月江门市全面实施不动产统一登记，将土地、海域、房屋、林木等不动产实行统一登记，比国家要求的完成时间提前半年。2016年6月至12月底全市共颁发“不动产权证书”105560本、“不动产权证明”88782份。鹤山市被列为国家的不动产登记发证示范点。

【土地执法】 2016年度卫片执法检查工作通过省的验收，全市共拆除违法建筑物41.95万平方米，没收违法建筑物28.66万平方米，收缴罚没款514.21万元，已复耕（复绿）1301.43亩，已移送追究刑事责任人10人。建立动态巡查月度通报制度，全市上线率月均达43%，共上报事件497件。印发《江门市国土资源局信访工作规程》和《江门市国土资源领域通过法定途径分类处理的信访投诉请求清单及主要法律法规政策依据》。全市涉及国土资源领域信访案件310宗，比上年下降34.18%。

【测绘管理】 2016年，完成江门市第一次全国地理国情普查数据成果入库处理工作。完善市测绘基准框架，对数字江门地理信息公共服务平台进行升级和进行“天地图”市级节点建设。加强对各市（区）数字县（区）和“一村一镇一地图”项目技术指导、组织评审和督导，新会区全部完成试点工作，蓬江、江海区完成“一村一镇一地图”编制工作，其余各市开展数字县（区）和“一村一镇一地图”项目相关建设工作。加强测绘地理信息监督管理，完成全市20家丙、丁测绘资质单位质量监督检查，对资质单位的人员、设备、档案管理及质量体系等进行实地检查，对测绘项目成果质量进行抽查。

【矿政管理】 2016年，市国土资源局完成9家绿色矿山建设。完成2016年矿山年检工作。完成编制《江门市2016年度地级市发证采矿权项目出让计划建议方案》《江门市矿产资源规划》。

【地质灾害防治】 2016年，编制《江门市2016年度地质灾害防治方案》，确认2处威胁100人以上地质灾害隐患点和56处地质灾害一般隐患点，对全市地质灾害隐患点进行拉网式排查核查，完成1处威胁100人以上地质灾害隐患点搬迁治理，居民已进入新村庄居住。建成地质灾害监测预警系统，完善落实各项地质灾害防治工作制度，严格执行汛期24小时值班、灾情速报等各项工作制度。（黄海文）

工商行政管理

【工商行政管理概况】 2016年，江门市工商局贯彻落实市委市政府和省工商局工作部署，抢抓江门作为全国首批小微双创基地示范城市和广东唯一小微双创综合改革试点市机遇，紧扣“放管服”改革主线，深化商事制度改革，加快构建事中事后监管新机制，加大市场监管执法力度，提升消费维权水平，为推进供给侧结构性改革、服务江门加快发展作出贡献。全国率先推出的“九证合一”改革得到李克强总理点赞，并先后荣获2016年江门市直机关“管理创新奖”“广东省电子政务创新应用奖”和入选第四届“粤治”政府治理创新优秀案例。全市全年新发展市场主体4.2万多户，市场主体总数达27.6万户，比上年增加8.7%，总量再创新高。强化事中事后监管，广东省率先研发使用市县两级通用的“双随机”抽查系统，推进公正监管、高效监管；广东省地级市率先开展信息共享和联合惩戒，有597家企业融资受限、53家企业授信额度大幅提高。全国率先开通具有“小微企业库”“申请扶持导航”“入库指引”等七大功能模块的地方小微企业名录系统，公开16类行业5.48万家小微企业及1527家科技型小微企业，促进精准扶持。实施“互联网+工商服务”，广东省率先实行企业登记等工商业务“同城通办”服务模式，累计办理业务1.33万宗；广东省率先开通包含“年报办理”等28项功能的微信公众服务平台，办理业务1.2万多宗。加强消费维权，广东省率先实现微信受理消费投诉举报，开展旅游市场专项整治、银行业服务测评等工作，推动形成消费维权社会共治的新局面。办结消费投诉举报5240件，为消费者挽回经济损失2233万多元。（徐洪业）

【企业和个体工商户登记注册】 2016年，江门市在全国率先实施“九证合一”改革，推动“简政先减证”，针对江门侨都外向型经济活跃特点，在“五证合一”基础上，新纳入商务、海关、检验检疫、统计等4个与外经贸紧密关联证（表），8月15日在全国率先实行“九证合一”改革，通过“统一收件、内部流转、联合审批、统一发证（照）”，更加便利涉外企业办理相关证照，提交资料从过去45份减至12份，填写项目由过去180项减至50项，办理时限由原需45个工作日办结缩至3个工作日内；全年发放“多证合一”营业执照3.63万张，其中“九证合一”执照122张。实施个体户“两证整合”改革，11月1日起，与广东省同步实施个体户“两证整合”登记制度改革，比全国实施时间提前一个月；申请人办理个体户（包括内地居民、台港澳居民、台湾农民设立的个体户）工商及税务登记，只需在工商部门填写“一张表”，向“一个窗口”提交“一套材料”即可，由工商部门核发一个加载统一社会信用代码的营业执照，税务部门将不再发放税务登记证，申请表格资料减少近50%，办理时间大幅缩减60%以上，即时办结率达90%；全年发放“两证整合”营业执照1.07万张。推进工商登记便利化关联改革，推进电子营业执照试点工作，全年向企业免费发放电子营业执照9134张；深化工商登记“同城通办”改革，出台《江门市外商投资企业“一局多点、远程核准”登记程序暂行规定》，全年办理“同城通办”业务4358宗；在新会区试点推行工商登记银行导办服务，为企业提供工商登记、变更和开立资金账户等业务“一条龙”服务；牵头推出“多证合一”网上自助办章申请平台，实现企业印章与营业执照同步办理；推动住所登记改革，以市政府名义出台《江门市商事主体住所（经营场所）登记管理暂行办法》和《江门市商事主体住所（经营场所）负面清单（第一批）》，试点实施住所申报承诺制，大大简化住所登记手续；出台《市场主体注销登记简易程序试行办法》，于12月10日起试行对个体户、未开业企业及无债权债务企业实行简易注销，研发上线简易注销公示系统，实现高效率、低成本退出，办理简易注销市场主体20户。上述改革举措降低市场准入制度性成本，江门市便利化创业营商环境逐步显现，2016年开办企业便利度位列全省第四。商事制度改革红利持续释放，激发市场活力，市场主体保持旺盛增长发展势头。全市新发展市场主体4.2万多户，市场主体总数27.6万户，比上年增加8.7%，总量再创历史新高；注册资本达3464.62亿元，比上年增加11.62%；个体私营经济从业人员达82万多人，比上年增长7.98%。（伍周舆）

【商品交易市场监管】 2016年，江门市狠抓农贸市场创文创卫工作，按照江门市国家文明城市迎检复审有关工作部署，牵头制定《江门市全面推行农贸市场诚信管理制度工作方案》，在全市以点带面，以城市带动农村，在农贸市场全面推行“契约管市”“红黑榜”“星级评比”等市场管理制度；按照江门市国家卫生城市迎检复审有关工作部署，制印《江门市区农贸市场迎接国家卫生城市复审工作方案》，成立农贸市场创卫迎检工作小组，牵头组织相关部门开展多次市场创卫工作联合督查，督查三区整改市场“脏乱差”、食品质量安全等突出问题；依法加强市场监督管理，牵头组织开展“1110”（一日一清洗、一周一消毒、一日一休市、过夜零存栏）制度专项督查，落实每月休市制度，有效防控禽流感；组织开展农贸市场“限塑”整治工作。摸查成品油市场。按照国家工商总局、省工商局成品油市场监管工作部署，组织对各地加油站（点）数量、分布情况展开全面调查摸底；据统计，全市有加油站总数414座，油库9个；配合省工商局开展流通领域成品油质量抽检工作，全年计抽检加油站32座，抽检样品数量88组，经查后立案4宗，案值21.5万元。维护农资市场安全稳定，按照国家工商总局、省工商局统一部署开展红盾护农行动，重点打击无照经营、利用外包装标识弄虚作假、内在质量不合格等农资违法行为；开展流通领域肥料商品质量监测工作，抽检肥料230个，总体合格率89.13%，其中，配合省工商局开展春季、秋季和水溶性肥料抽检等3次，自行组织肥料抽检1次；做好监测结果后续处理工作，依法查处经销不合格肥料等违法行为；全年全市立案查处农资违法案件49宗，案值125.85万元。

（胡玉冰）

【合同管理】 2016年，市工商局组织开展公用事业类、旅游业和房地产重点消费领域格式条款专项整治行动，维护消费者权益。行动以来全市各单位共检查经营合同1518份，约谈企业23次，发出行政建议书36份，发出责令整改通知书5份，立案查处合同格式条款的违法案件20宗、结案17宗。组织开展2015年度“守合同重信用”企业公示活动，全市共有14家企业公示为2014-2015年度国家“守合同重信用”企业，其中5家为新增企业。全市共有908家企业公示为2015年度“广东省守合同重信用企业”，其中江门市工商局负责公示的“守重”企业74家，十年及以上公示企业数为215家，比上年增长6.9%。

（胡玉冰）

【商标管理】 2016年，加强对“新会陈皮”地理标志商标发展工作调研，制定《新会陈皮品牌建设工作方案》，联合新会区政府共同推动“新会陈皮”品牌发展，并配合广东省工商局联合南方日报、广东广播电视台等省级主流媒体走进新会陈皮村进行深入采访报道，在首届“南方商标品牌高端论坛”宣传展示“新会陈皮”品牌建设成果，强化品牌效应。突出培育打造集体商标、地理标志证明商标、驰（著）名商标等商标品牌，全程跟踪“杜阮凉瓜”“开平马冈鹅”等地理标志证明商标注册进展情况，及时介入帮扶消除注册障碍，指导“杜阮凉瓜”商标顺利进入公告环节。全市新增驰名商标1件、省著名商标5件。至年底，全市拥有驰名商标23件、省著名商标96件。商标维权援助平台纳入江门市小微双创公共服务平台建设项目，进入平台功能测试和改进阶段。

（陈锡洪）

【广告管理】 2016年，市工商局以贯彻实施新《中华人民共和国广告法》为工作重点，强化广告市场监管，健全完善市、县（区）、所三级广告监管工作机制，深化整治虚假违法广告；对主流媒体广告发布审查开展行政指导和重点督查落实《大众传播媒介广告发布审查规定》；加强广告监测与案件执法，发动全市820家广告企事业单位和社团组织按要求参与首次广告业统计工作。利用互联网大数据监管，加强广告监测,重点利用国家广告数据平台，定期监控主流媒体广告发布，并就新《中华人民共和国广告法》实施问题与有关主流媒体进行解释说明，至10月底国家广告数据监测平台统计江门市主流媒体共发布广告5100条、72865条次，违法广告为零；及时跟踪处理省网络广告监管平台发布的专项整治网络监测线索，至10月底共核查互联网金融广告、房地产广告线索5089条。狠抓专项整治活动，维护正常广告市场秩序，全年先后开展贵金属类交易场所专项整治、房地产广告专项整治、“两非”广告专项整治、非法集资宣传月广告清理、互联网金融广告专项整治、利用互联网发布含有“特供”“专供”内容违法广告查处等10多项专项整治活动。加强对广告协会行政指导，协助举办广东省广告协会第七届第四次会员代表大会暨第22届广告优秀作品颁奖庆典，指导江门市广告协会举办2016年江门市广告人节暨江门市广告协会第六届理事会就职典礼。

（陈锡洪）

【企业监督管理】 2016年，市工商局推开“双随机一公开”监管工作,8月1日，在广东省率先上线启用江门市“双随机”抽查系统，建立完善“一单、两库、一细则”，促进公正监管和阳光执法；牵头召开全市“双随机”抽查工作推进会，明确时间表和路线图，从政府层面推动市县两级行政监管执法部门实施“双随机一公开”抽查；至年底，“双随机”抽查系统收录随机抽查事项477项，执法人员2206位；33个应用系统的市直市场监管部门中，有20个部门已开展或完成首次“双随机”抽查任务；全市各部门下达抽查任务3179个，已完成抽查任务2181个，完成率为61.21%；及时完成抽查任务1879个，及时率为50.25%；抽查结果为不合格企业占总数7.4%。率先启动重点领域信息共享和联合惩戒同5月，联合财政、国土、人行等九个部门签署实施《合作备忘录》，在广东省地级市率先启动对失信当事人在政府采购、国有土地转让、融资授信等领域开展信息共享和联合惩戒，强化对经营异常名录和“黑名单”企业信用约束，对信用良好企业实行多方面优待帮扶，促进“守信激励、失信受限”；有597家被列入经营异常名录的企业融资受限、还贷成本增加，53家企业因信用良好授信额度大幅提高。率先研发上线微信年报平台，3月12日，紧扣“互联网+市场监管”目标，在全省地级市工商部门率先研发上线微信年报平台，简化年报公示流程，帮助江门地区广

大市场主体可“足不出户办年报”;至年底，全市通过微信年报平台完成年报的市场主体有10028户。 （伍莉莉）

【经济检查执法】 2016年，市工商局以建设统一开放、竞争有序的市场体系为目标，发挥工商部门在市场竞争监管中职能作用，集中整治公用企业限制竞争和垄断行为突出问题，打击“傍名牌”、利用互联网进行虚假宣传、流通领域贩私等违法行为，为建设平安江门、促进社会和谐做出新贡献。全年全市查处竞争执法和经济检查执法案件127宗。其中，查处不正当竞争案件122宗，销售无合法来源证明进口商品案件5宗。 （岑川）

【消费者权益保护】 2016年，市工商局组织开展旅游市场消费欺诈行为专项整治，突出推进全市9个4A级景区消费维权服务站规范化建设，严防“天价消费”。加强流通领域商品质量监管，加强对木地板、电器、手机、成品油等22类不合格商品后续处理，开展对儿童玩具、电子电器、装饰装修材料、汽车配件、交通工具等关系人体健康和人身财产安全的六类重点商品检查并建立完善定点监管对象名录，组织开展LED节能灯等网络商品抽检，首次将商品质量监测领域延伸至网络。在广东省率先开辟微信受理消费投诉举报新渠道，完善落实消费维权、“12315”投诉举报“同城受理”，方便消费者投诉维权。制定《关于办理“12345”政府服务热线事项工作规定》，提高热线事项办理效能。组织开展3·15消费者权益咨询日、银行业服务测评等活动，珠中江三地消委会联合开展家电行业售后服务质量测评活动，消费教育、消费评议等工作受到社会各界普遍认同。全年全市工商部门和消委会处理消费投诉5140件，为消费者挽回经济损失2248万多元。（冯景榆、许世庞）

【无证无照经营查处取缔】 2016年，市工商局发挥“查无办”牵头协调作用，做好“查无”迎检考核工作，在2015年广东省无证无照综合治理考评中位列全省第二，连续八年在广东省考评中名列前茅。按照商事制度改革工作部署和《国务院关于“先照后证”改革后加强事中事后监管的意见》，按照“谁审批谁监管，谁主管谁监管”为原则，以促进市场公平竞争、维护市场正常秩序为目标，以查处取缔违法行为、规范市场经济秩序为抓手，坚持疏导与治理相结合原则，采取“重点突出、分类监管、协同监管、信息化监管”管理模式，加大整治力度，完善长效监管机制，形成“政府统一领导，部门各负其责、齐抓共管，全社会共同参与”综治工作机制，维护健康良好市场经济秩序，促进地方经济发展和社会和谐稳定。全年全市出动执法人员12.4万人次，执法车辆2.4万车次，检查市场主体16.6万户次，查处取缔无证无照经营户4551户次，引导办证办照9075户（其中工商部门查处取缔无照经营707户次，引导办照3398户；其他职能部门查处取缔无证经营3844户次，引导办证5677户）。

（尹磊）

【打击传销规范直销】 2016年，市工商局做好创建“无传销城市”工作，根据省“无传销城市”认定条件，建议江门市政府申报此称号并获得江门市副市长许晓雄批示同意，牵头联合市公安局、市文明办、市综治办制定和下发最新《江门市创建无传销城市工作方案》《关于开展无传销市（区）认定工作的通知》。经过听取汇报、查阅材料、实地考察、委托第三方机构检索各类媒体和互联网信息等程序，以江门市政府名义认定辖下三区四市为“无传销市（区）”及向省认定小组申报江门市为“无传销城市”；7月25日，联合市中级法院等14个部门举办一次“打击传销规范直销”大型宣传活动，许晓雄副市长出席活动并发表讲话；是年，全市捣毁传销窝点5个，公安部门刑事拘留8名传销骨干，教育遣散传销人员30人，解救受骗群众3人。做好直销企业经营活动监管，4月8日，召开直销企业座谈会，强调直销企业在江门市合规经营、合法活动具体要求，并组织相关企业参加7月25日宣传活动。根据省工商局加强和规范直销企业监管工作意见精神，明确直销监管范围、职责分工、日常监管要素、重点监控内容、监管工作机制、监管基础建设等工作要点，完善相关配套制度和工作文书，全年受理直销培训、产品推广活动报备304场次。至年底，在全市或部分地区有直销经营权企业有8家。 （岑川）

【“两建”工作】 2016年，市工商局发挥“两建办”牵头协调作用，调整江门市“两建”工作领导机构，并将“两建”工作与党的十八届五中、六中全会全面深化改革总目标结合起来，推进社会信用体系、市场监管体系建设工作。围绕广东省社会信用体系和市场监管体系建设规划，出台《江门市社会信用体系建设

2016年工作任务分工方案》《2016年度江门市市场监管体系建设重点工作实施方案》和《2016年江门市市场监管体系建设重点工作任务清单》，将建设工作任务细分为17大体系共60项重点工作任务，严格督促各牵头单位发挥组织牵头作用，推动重点工作落实，并指导各市区相应制定年度建设重点工作方案并抓好落实。抓好全省“两建”迎检迎考工作，细化分解考核指标，指导审核各地各成员单位准备迎检材料，圆满完成迎检任务，工作受到省考核组充分肯定，2015年度“两建”考核全省排名第六。依托“两建”工作官方发布平台，及时发布、转载学习贯彻《广东省市场监管条例》信息、在《江门日报》专版刊登《条例》热点解读，形成全社会关心、关注、学习《条例》良好氛围，并组织参加全省《条例》贯彻实施视频会议和召开全市《条例》贯彻实施视频培训会议，至年底，全市逾1300人参加培训。对江门市2012以来建设情况进行全面梳理总结，19项建设成果得到国家、省肯定及推广和社会好评，其中江门市小微企业试验区建设工作得到广东省“两建”办及相关专家肯定，并拟在广东省推广。加强“两建”舆论宣传和信息报送力度，利用电视、报纸、互联网、微信公众号和文明江门官方微博等各种媒体，多渠道、全方位宣传“两建”工作，全年开展相关报道1359余条次，刊登公益广告556幅次。启动“道德讲堂”“五邑文化讲坛”宣讲活动，开展重点领域守信和失信典型案例公示工作，举行现场大型宣传活动，营造全社会关注、支持“两建”工作良好氛围。

（麻冠丽）

【江门市消费者委员会】 2016年，全市有市级消委会1个、县级消委会7个、依托基层工商所建立70个基层投诉站。围绕“新消费 我做主”消费维权年主题，创新工作方式，完善工作机制，深化维权合作，为保护消费者合法权益、构建和谐消费环境和维护社会稳定发挥积极作用。全年各级消委会共受理消费者投诉1198件，调解成功1046件，成功解决率87%，挽回经济损失734万多元。3月12日，开通手机微信投诉举报功能，方便广大市民随时随地对消费侵权事件进行投诉和对各类违法经营行为进行举报，降低消费者维权成本，全年受理手机微信投诉举报事项50宗。3月12日，联合蓬江区消委会在江门市五邑华侨广场举行“3·15”大型现场宣传咨询活动，20多个政府单位和近30家大型企业参加。活动当日，参与活动的行政机关和行业协会共向群众发放有关宣传资料44000多份，接受2900多人次咨询，现场登记受理群众投诉163宗。5月20日，联合《消费者报道》杂志社在丽宫酒店举办2015年江门市银行服务测评结果媒体发布会，现场发布《2015江门市银行服务测评测评活动报告》，通报江门市部分银行在提供服务时存在的主要问题，并针对此次测评中发现的问题，就今后银行如何改进相关工作，提升服务质量，更好为广大消费者服务提出建议和意见。8月12日，在江门市工商局10楼召开第二届律师团成立大会，20名热心消费维权工作的执业律师参加第二届律师团。联合珠海、中山两市消委会于9月至11月联合开展“2016年珠中江家电售后服务测评活动”，并于12月29日在珠海市召开测评结果媒体发布会，公布测评结果。

（许世庞）

【个体劳动者协会和私营企业协会】 2016年，江门市个体劳动者协会、江门市私营企业协会（简称江门市个私协会）管辖4市3区7个县级个私协会。全市个私协会基层协会共72个，会员小组438个，工会61个。全市建立非公企业党组织2136家，拥有党员15417名，其中流动党员465人，成立党委26个，党总支部18个，党支部791个，联合党支部86个，单独组建党支部的企业799家，联合组建的企业1337家。全市个私协会办事处党支部共22个，党员人数290人。2016年，在全国先进个体户表彰大会暨纪念中国个体劳动者协会成立30周年座谈会上，恩平市个体户谢顺锡获全国先进个体工商户称号，并获李克强总理接见；江海区个私协会谢英珠同志也被评为全国个私协会系统先进工作者。全年组织政治思想宣传教育学习19次，参加人数24601人；骨干培训14次，参加人数1380人；开展维权服务工作，全市聘请律师21人，受理、处理维权服务14次，挽回经济损失30多万元；组织融资对接洽谈会1场，受益户数429户，融资金额8000万元。配合省、市做好寨卡病毒预防工作，协助工商部门做好年报申报、创文迎检工作，助推全市小微企业、个体工商户、专业市场党建工作。开展社会公益事业，走访慰问困难个私会员及偏远基层办事处2家，慰问拥军单位2家，慰问金额达4万元;开展福利院、敬老院走访及助学捐资等慰问活动，慰问困难会员168多户，发放慰问金42.82万元。

（陈仲雅）

【小微“双创”】 2016年，市工商局拓展小微企业名录系统七大功能板块，创新设立“名录预审库”“个体工商户库”“扶持政策导航”等模块，出台系统运行规则，促进系统互联互通、信息共享互认，实现精准扶持，至年底，公开16类行业5.2万多家小微企业及1311家科技型小微企业。突出抓好“主体增量”“个转企”等工作，发放奖补资金1012.1万元，惠及1435户小微企业。支持参与“中国青创汇”全国小微企业创业创新周活动，做好活动筹办和参会领导衔接等工作，确保活动圆满举办。（尹磊）

【非公党建】 2016年，市工商局抓好“小个专”非公党建工作，召开全市系统非公党建工作推进会，探索推广“群组化”等党建模式，开展非公党（团）建百日攻坚行动和“三亮三创”等主题活动，指导全市建立党建工作联系点113个，分类组建10个“群组化”党建工作示范点，打造引领企业发展的“红色引擎”。全市非公企业中建立党组织有94个、党员15202人。（尹磊）

【网络交易监管】 2016年，加强网络市场“一体化”监管，推进“两库一标”（网络经济主体数据库、主体网站库、红盾电子标识）基础信息数据建设，归集网络经济主体5674个、主体网站域名7912条，发放红盾电子标识259个；组织开展2016网络市场监管专项行动，抓好“执法云”平台培训和推广应用，落实跨区域网络监管和消费维权协作机制。全市系统查处各类经济违法案件1565宗。（陈伟东）

表19： 2016年江门市个体工商户情况

行业代码	项目	2016年	2015年	增减变化情况	
				绝对数	增减%
	户数（户）	210804	195987	14817	7.56
	资金数额（万元）（人民币）	582521.83	518403.95	64117.88	12.37
	按行业分类（户）				
A	农、林、牧、渔业	2246	1901	345	18%
B	采矿业	36	34	2	6%
C	制造业	30912	29797	1115	4%
D	电力、热力、燃气及水生产和供应业	39	38	1	3%
E	建筑业	3175	2638	537	20%
F	批发和零售业	116710	110905	5805	5%
G	交通运输、仓储和邮政业	5269	4916	353	7%
H	住宿和餐饮业	22712	19032	3680	19%
I	信息传输、软件和信息技术服务业	531	486	45	9%
J	金融业	16	13	3	23%
K	房地产业	647	566	81	14%
L	租赁和商务服务业	4191	3545	646	18%
M	科学研究和技术服务业	751	743	8	1%
N	水利、环境和公共设施管理业	83	70	13	19%
O	居民服务、修理和其他服务业	21416	19495	1921	10%
P	教育	415	282	133	47%
Q	卫生和社会工作	260	198	62	31%
R	文化、体育和娱乐业	1390	1322	68	5%
	其他	5	6	-1	-17%
				14817	7.56%

（徐静怡）

表20： 2016年江门市私营企业情况

行业代码	项目	2016年	2015年	增减变化情况	
				绝对数	增减%
	户数（户）	49903	43244	6659	15.4%
	注册资本（金）（万元）（人民币）	10987092.11	9453533.11	1533559	16.22%
按行业分类（户）					
A	农、林、牧、渔业	923	710	213	30%
B	采矿业	112	100	12	12%
C	制造业	18424	16777	1647	10%
D	电力、热力、燃气及水生产和供应业	202	187	15	8%
E	建筑业	2200	1802	398	22%
F	批发和零售业	14374	12413	1961	16%
G	交通运输、仓储和邮政业	1008	857	151	18%
H	住宿和餐饮业	757	620	137	22%
I	信息传输、软件和信息技术服务业	1146	815	331	41%
J	金融业	287	201	86	43%
K	房地产业	1787	1682	105	6%
L	租赁和商务服务业	4762	3910	852	22%
M	科学研究和技术服务业	1933	1545	388	25%
N	水利、环境和公共设施管理业	180	154	26	17%
O	居民服务、修理和其他服务业	1129	974	155	16%
P	教育	112	79	33	42%
Q	卫生和社会工作	39	22	17	77%
R	文化、体育和娱乐业	492	360	132	37%
	其他	36	36	0	0

（徐静怡）

表21：　　2016年江门市外商投资企业情况

2016年期末实有数		2015年期末实有数		2016年12月与2015年期末实有对比(%)		2016年新发展数		2015年新发展数		2016年与2015年同期新发展数对比(%)	
户数	注册资本（万元）（美元）	户数	注册资本（万元）（美元）	户数增减(%)	注册资本增减(%)	户数	注册资本（万元）（美元）	户数	注册资本（万元）（美元）	户数增减(%)	注册资本增减(%)
4968	1857047.29	4912	1779005.4	1.14%	4.39%	171	51018.87	171	48642		4.89%

（徐静怡）

表22：　　2016年江门市农民专业合作社情况

2016年期末实有数		2015年期末实有数		2016年12月与2015年期末实有对比(%)		2016年新发展数		2015年新发展数		2016年与2015年同期新发展数对比(%)	
户数	注册资本（万元）（美元）	户数	注册资本（万元）（美元）	户数增减(%)	注册资本增减(%)	户数	注册资本（万元）（美元）	户数	注册资本（万元）（美元）	户数增减(%)	注册资本增减(%)
1625	213466.15	1509	186987.44	7.69%	14.16%	142	26781.8	126	16181.97	12.7%	65.5%

（徐静怡）

表23：　　2016年江门市拥有广东省著名商标企业名录

序号	商标注册人	商标名称	认定时间	核定使用商品名称	所属辖区
1	广东嘉士利食品集团有限公司	嘉士利	1998 年；2016 年 5 月 6 日延续	饼干，糕点，面包	开平市
2	江门市金羚排气扇制造有限公司、江门市金羚风扇制造有限公司	金羚	2002 年；2014 年 4 月 24 日延续	排风扇	蓬江区
3	江门市大长江集团有限公司	豪爵	2003 年；2015 年 1 月 29 日延续	摩托车	蓬江区
4	台山平安五金制品有限公司	PINGAN	2003 年；2015 年 1 月 29 日延续	金属保险柜，保险箱，金属柜	台山市
5	开平味事达调味品有限公司	味事达	2003 年；2015 年 1 月 29 日延续	酱油，酱料	开平市
6	广东龙心医疗器械有限公司	龙心	2003 年；2015 年 1 月 29 日延续	输液（血）器，医用注射器	开平市
7	鹤山市必登高鞋业皮具有限公司	必登高	2003 年；2015 年 1 月 29 日延续	鞋	鹤山市
8	广东彩艳股份有限公司	彩艳	2004 年；2013 年 1 月 17 日延续	色母粒	新会区
9	广东海鸿变压器有限公司	海鸿升	2004 年；2016 年 5 月 6 日延续	变压器（电力变压器）	开平市
10	江门市制漆厂有限公司	蓬江	2005 年；2014 年 4 月 24 日延续	油漆，铝涂料，木器涂料	蓬江区
11	广东嘉宝莉化工有限公司	嘉宝莉	2005 年；2014 年 4 月 24 日延续	聚脂家俱漆，聚脂树脂	蓬江区
12	广东彩艳股份有限公司	大有	2005 年；2014 年 4 月 24 日延续	干果，密饯	新会区
13	台山市奥达电器有限公司	绿岛风	2005 年；2014 年 4 月 24 日延续	换气扇，电风扇	台山市
14	鹤山市华山泉食品饮料有限公司	华山泉	2005 年；2014 年 4 月 24 日延续	矿泉水	鹤山市
15	广东建成机械设备有限公司公司	久远	2005 年；2014 年 4 月 24 日延续	液化气汽车槽车	开平市

续上表：

16	开平广中皇食品有限公司	广中皇	2005年；2014年4月24日延续	腐乳	开平市
17	江门市江晟电机厂有限公司	江晟	2006年；2015年1月29日延续	电动机，泵（机器）	江海区
18	恩平市莱茵电子新科技有限公司	Lane	2006年；2015年1月29日延续	麦克风	恩平市
19	广东省新会电器厂有限公司	图形	2006年；2015年1月29日延续	配电盘，高低压开关板，高低压电器元件	新会区
20	广东雄业卫浴实业有限公司	HONGKEE	2006年；2015年1月29日延续	水管龙头	开平市
21	江门市润田实业投资有限公司	CPF	2006年；2015年1月29日延续	电容薄膜	新会区
22	江门市中新家具实业发展有限公司	中新	2006年；2015年1月29日延续	家具，椅子（座椅），屏风（家具）	新会区
23	江门健威家具装饰有限公司	Kinwai	2006年；2015年1月29日延续	家具，办公用家具，床	江海区
24	鹤山市恒达鞋业有限公司	图形	2006年；2015年1月29日延续	鞋，皮鞋	鹤山市
25	江门市新会罗坑电力线路器材厂有限公司	LK	2006年；2015年1月29日延续	镀锌铁塔，金属天线塔，电线用金属杆	新会区
26	广东彼迪药业有限公司	彼迪	2007年；2013年1月17日延续	人用药	开平市
27	广东省江门市新会电气控制设备厂有限公司	新氏	2007年；2013年1月17日延续	磁力启动器，交直流配电屏	新会区
28	江门市新会区会城宝娜美容培训中心	宝娜美容	2007年；2013年1月17日延续	美容院，按摩，修指甲	新会区
29	新会江裕信息产业有限公司	映美+JOLIMARK	2007年；2013年1月17日延续	与计算机联用的打印机	新会区
30	台山市粮食购销总公司	珍香	2007年；2013年1月17日延续	米	台山市

续上表：

31	广东华冠钢铁有限公司	HGS	2008 年 2 月 25 日；2014 年 4 月 24 日延续	钢板，镀锌钢板，烤漆钢板	新会区
32	江门市瑞荣泵业有限公司	IIIASTRA	2008 年 2 月 25 日；2014 年 4 月 24 日延续	水泵（潜水电泵）	蓬江区
33	鹤山市德塑实业有限公司	德塑	2008 年 2 月 25 日；2014 年 4 月 24 日延续	塑料管，管子接头	鹤山市
34	陈展新	ZHANYI	2008 年 2 月 25 日；2014 年 4 月 24 日延续	刺锈机（电脑绣花机）	蓬江区
35	广东邦民制药厂有限公司	邦民制药	2008 年 2 月 25 日；2014 年 4 月 24 日延续	人用药（注射用头孢地嗪钠、阿莫西林胶囊、心脉通片）	江海区
36	江门市瑞期精细化学工程有限公司	图形	2008 年 12 月 26 日；2015 年 1 月 29 日延续	电镀电解浸液，电镀液，电镀制剂	蓬江区
37	台山市友顺化工有限公司	同聲	2008 年 12 月 26 日；2015 年 1 月 29 日延续	瞬间接著剂	台山市
38	广东银帆化学有限公司	银帆	2008 年 12 月 26 日；2015 年 1 月 29 日延续	油漆（汽车漆）	江海区
39	恩平市海天电子科技有限公司	HTDZ	2008 年 12 月 26 日；2015 年 1 月 29 日延续	麦克风（会议系统麦克风）	恩平市
40	广东江粉磁材股份有限公司	图形	2008 年 12 月 26 日；2015 年 2 月 29 日延续	磁性材料和器件	蓬江区
41	乔登卫浴（江门）有限公司	JODEN	2008 年 12 月 26 日；2015 年 1 月 29 日延续	水管龙头	蓬江区

续上表：

42	开平市平丰纺织有限公司	平丰	2008年12月26日；2015年1月29日延续	纺织织物，布，纺织的弹性布料	开平市
43	开平市三威微电机有限公司	图形	2008年12月26日；2015年1月29日延续	分马力电机	开平市
44	江门气派摩托车有限公司	气派	2008年12月26日；2015年1月29日延续	摩托车	新会区
45	江门市科恒实业股份有限公司	图形	2010年3月24日；2016年5月6日延续	荧光粉（灯用稀土荧光粉）	江海区
46	广东嘉宝莉化工有限公司	萬宜	2010年3月24日；2016年5月6日延续	油漆，木材涂料（油漆），漆	蓬江区
47	梁雪华	DIYA	2010年3月24日；2016年5月6日延续	金属陈列架	新会区
48	广东金莱特电器股份有限公司	KENNEDE	2010年3月24日；2016年5月6日延续	安全灯，照明手电筒，日光灯管	蓬江区
49	谢向新	HENT	2010年3月24日；2016年5月6日延续	自来水设备的调节和安全附件（阀芯）	鹤山市
50	江门市丽明珠实业有限公司	lapearl	2010年3月24日；2016年5月6日延续	（行李）箱，手提包，公文包	蓬江区
51	江门市新会区益元虫草培植场	益元	2010年3月24日；2016年5月6日延续	干食用菌（蛹虫草）	新会区
52	江门量子高科生物股份有限公司	量子高科	2010年3月24日；2016年5月6日延续	天然增甜剂（低聚糖）	江海区
53	开平市合民养殖发展有限公司	黑凤	2010年3月24日；2016年5月6日延续	活家禽	开平市
54	天地壹号饮料股份有限公司	天地壹号	2010年3月24日；2016年5月6日延续	不含酒精饮料（醋饮料）	蓬江区
55	江门市四方精细化工有限公司	四方威凯	2010年12月24日；2014年4月24日延续	油漆（摩托车、工程机械），银涂料（汽车轮毂），清漆	蓬江区

续上表：

56	江门市兴江转向器有限公司	图形	2010年12月24日；2014年4月24日延续	整体式动力转向器	蓬江区
57	广东开兰面粉有限公司	开兰	2010年12月24日；2014年4月24日延续	面粉（糕点粉）	开平市
58	鹤山市威诗柏胶粘制品有限公司	威诗柏	2010年12月24日；2014年4月24日延续	不干胶纸（广告不干胶纸）	鹤山市
59	广东台城制药股份有限公司	特一 宁城	2010年12月24日；2014年4月24日延续	人用药（止咳宝片，金匮肾气片，红霉素肠溶片）	台山市
60	台山钟神音响科技有限公司	钟神	2010年12月24日；2014年4月24日延续	功放机	台山市
61	广东嘉宝莉化工集团有限公司	图形+CARPOLY+嘉宝莉	2011年12月21日；2015年1月29日延续	油漆，涂料，水性漆	蓬江区
62	江门市新会区古井双益磨具有限公司	图形+WEI YE	2011年12月21日；2015年1月29日延续	磨石，磨石（机器部件）	新会区
63	江门市瑞荣泵业有限公司	EG	2011年12月21日；2015年1月29日延续	水泵（潜水泵），电机（潜水电机）	蓬江区
64	广东闽江水族实业有限公司	闽江	2011年12月21日；2015年1月29日延续	玻璃鱼缸	鹤山市
65	鹤山市蓝鹰玩具有限公司	图形	2011年12月21日；2015年1月29日延续	拼图玩具	鹤山市
66	江门市澳新食品有限公司	十月初五	2011年12月21日；2015年1月29日延续	杏仁饼	新会区

续上表：

67	江门汇海饲料厂有限公司	图形	2011年12月21日；2015年1月29日延续	饲料	蓬江区
68	鹤山东旭化学工业制造有限公司	图形+迪斯	2011年12月21日；2015年1月29日延续	油漆（木器漆）	鹤山市
69	新会荣泽纸品有限公司	N//KSON	2016年5月6日	卡纸板（鞋用中底纸板）	新会区
70	江门市量子高科生物股份有限公司	欧力多	2016年5月6日	天然增甜剂（低聚糖）	江海区
71	广东红日星实业有限公司	红日星	2014年4月24日	工业用洗净剂，电镀电解溶液，磨料用辅助液	鹤山市
72	广东雅图化工有限公司	图形	2014年4月24日	油漆（汽车修补漆）	鹤山市
73	广东伟强铜业科技有限公司	伟强	2014年4月24日	铜，未加工或半加工铜，未加工或半加工黄铜	鹤山市
74	鹤山市鸿图铁艺实业有限公司	图形	2014年4月24日	金属楼梯基（楼梯间部件），金属围篱，窗用铁制品	鹤山市
75	鹤山市广明源照明电器有限公司	广明源	2014年4月24日	弧光灯（卤钨灯、卤素灯）	鹤山市
76	鹤山市新红阳实业有限公司	图形	2014年4月24日	家具	鹤山市
77	江门市得实计算机外部设备有限公司	得实	2014年4月24日	电子计算机及其外部设备（打印机）	江海区
78	广东彩洲卫浴实业有限公司	CAIZHOU	2014年4月24日	水龙头，浴室装置，淋浴器	开平市
79	恩平市奕马企业有限公司	3MR	2014年4月24日	无纺布	恩平市
80	天地壹号饮料股份有限公司	天地壹号	2014年4月24日	无酒精饮料（醋饮料）	蓬江区
81	广东色色婚纱摄影有限公司	色色	2014年4月24日	摄影	蓬江区

续上表：

82	江门市植保有限公司	图形	2015年1月29日	灭微生物剂	蓬江区
83	许锦才	辉隆	2015年1月29日	挤出复合机	江海区
84	恩平市奥新电子科技有限公司	OKSN	2015年1月29日	麦克风，传话筒，扩音器	恩平市
85	广东华艺卫浴实业有限公司	华艺	2015年1月29日	水龙头，水管龙头，龙头	开平市
86	开平金牌洁具有限公司	GOID	2015年1月29日	坐便器，坐浴浴盆，小便池	开平市
87	广东百强陶瓷有限公司	欧莱克	2015年1月29日	瓷砖	恩平市
88	广东百强陶瓷有限公司	鼎立	2015年1月29日	瓷砖	恩平市
89	广东百强陶瓷有限公司	朗科	2015年1月29日	瓷砖	恩平市
90	广东东建陶瓷有限公司	博信	2015年1月29日	瓷砖	恩平市
91	广东侍卫长卫星应用安全股份公司	侍卫长	2015年1月29日	防盗报警系统的安装与维修，车辆保养和修理	江海区
92	胡镜明	益锋铜材 YIFENG	2016年5月6日	金属管	鹤山市
93	广东希恩卫浴实业有限公司	CAE	2016年5月6日	水龙头	开平市
94	广东百强陶瓷有限公司	冠德卡玛 GDKM	2016年5月6日	陶瓷	恩平市
95	广东百强陶瓷有限公司	永利安及图形	2016年5月6日	陶瓷	恩平市
96	江门市浩盈不锈钢制品有限公司	Harford	2016年5月6日	烹饪锅	新会区

备注：截至2016年底，江门市拥有省著名商标共96件。具体分布在蓬江区21件、江海区10件、新会区17件、开平市16件、台山市6件、鹤山市16件、恩平市10件。（李保军）

表24： 2016年江门市拥有中国驰名商标名录

序号	商标注册人	商标名称	认定时间	核定使用商品名称	所属辖区
1	维达纸业（广东）有限公司	Vinda+图形维达	2002年2月8日	纸巾，纸餐巾，卫生纸	新会区
2	广东嘉宝莉化工有限公司	嘉宝莉	2006年10月16日	聚酯家具漆、聚脂树脂	蓬江区
3	开平味事达调味品有限公司	味事达+Master	2008年3月5日	酱油，酱料	开平市
4	广东省嘉士利食品集团有限公司	嘉士利	2009年4月24日	饼干，糕点	开平市
5	广东千色花化工有限公司	千色花FORTRESS+图形	2009年4月24日	涂料	新会区
6	江门健威家具装饰有限公司	Kinwai	2009年4月24日	家具	江海区
7	广东朝阳卫浴有限公司	朝阳	2009年4月24日	水管龙头	开平市
8	广东海鸿变压器有限公司	海鸿升+图形	2010年1月15日	变压器（电力变压器）	开平市
9	广东彩艳股份有限公司	彩艳+图形	2010年1月15日	色母粒	新会区
10	江门市江晟电机厂有限公司	江晟及图	2011年11月29日	泵（机器）、电动机、减速机	江海区
11	鹤山丽得电子实业有限公司	Neo-NeoN	2011年11月29日	节日装饰彩色小灯、卷曲灯、舞台灯具	鹤山市
12	广东天地壹号饮料有限公司	天地壹号	2012年12月31日	醋饮料、苹果醋	蓬江区
13	江门市大长江股份有限公司	豪爵	2012年12月31日	摩托车	蓬江区
14	嘉宝莉化工集团股份有限公司	嘉宝莉CARPOL及图	2012年12月31日	涂料、油漆、水性漆	蓬江区

续上表：

15	广东嘉俊陶瓷有限公司（该企业于2012年5月27日转入我市辖区的恩平市）	JIAJUN及图	2011年	瓷砖	恩平市
16	广东华艺卫浴实业有限公司	华艺卫浴HUAYI	2013年12月27日	水龙头、喷水器、压力水箱	开平市
17	量子高科（中国）生物股份有限公司	量子高科及图	2013年12月27日	天然增甜剂	江海区
18	江门市制漆厂有限公司	蓬江及图	2013年12月27日	油漆、铝涂料、木器涂料	蓬江区
19	鹤山市东古调味食品有限公司	东古及图（指定颜色）	2014年1月13日	酱油、醋	鹤山市
20	鹤山市明可达实业有限公司	明可达	2014年1月18日	照明器	鹤山市
21	鹤山市新红阳实业有限公司	新悦	2014年9月4日	家具、茶几、电视机架	鹤山市
22	广东百强陶瓷有限公司	欧莱克	2014年12月29日	瓷砖	恩平市
23	广东花王涂料有限公司	雅乐士	2016年5月16日	油漆、漆	开平市

备注：截至2016年底，江门市驰名商标行政认定23件。其中蓬江区5件，江海区3件，新会区3件，开平市6件，鹤山市4件，恩平市2件，台山市为0件。（李保军）

【第七届四次会员代表大会暨第22届广告优秀作品颁奖庆典】 于2016年1月15日在江门市举行。会议的主要内容有：广告作品点评及互联网创新科技媒体论坛、广东省广协理事会工作会议、优秀广告作品颁奖、庆典。来自中国广告协会、省工商局、省广告协会，以及各地市广告协会的领导和嘉宾共300多人参加。江门市人民政府副市长吴国杰出席致辞，并与广东省工商局副局长钱永成进行会晤。

【“3·15国际消费者权益日”宣传咨询】 2016年3月12日，由江门市消委会和蓬江区消委会联合举办的2016年江门市“3·15国际消费者权益日”现场宣传咨询活动在江门市五邑华侨广场举行。江门市人大常委会副主任宋波、市政府副市长许晓雄、市政协副主席赵树培、市政府副秘书长梁启华、市工商局局长容新荣等领导出席活动。

【广告人节暨广告协会第六届理事会就职典礼】 2016年3月28日，以“创新、发展”为主题，由江门市工商局指导，江门市广告协会主办、鹤山市广告协会承办的2016年江门市广告人节暨江门市广告协会第六届理事会就职典礼在鹤山市隆重举行。江门市工商局局长容新荣、副局长周志东，鹤山市市长谢锦波、市委常委招文娟、副市长吕嘉琪，广东省广告协会秘书长李宁，广州、佛山、珠海、中山、东莞、惠州、汕头、阳江、云浮、顺德10多个地方广告协会代表，和全市广告监管部门代表和广告企业主300多人参加活动。

【失信企业信息共享和联合惩戒合作备忘录】 2016年5月16日，江门市工商局、市财政局、市国土局、市住建局、市交通局、市水务局、市国资委、市公共资源交易中心8个部门在市工商局联合签署《关于在政府采购、工程招投标等事项中实行失信企业信息共享和联合惩戒合作备忘录》，在广东省地级市率先对失信企业在政府采购、工程招投标和国有土地出让等多个领域共同实施联合惩戒，推进信用信息的应用与共享，加强对企业信用约束，营造良好市场信用环境，

【企业信用信息共享和联合惩戒合作备忘录】 2016年5月20日，江门市工商局与人民银行江门市中心支行联合签署《企业信用信息共享和联合惩戒合作备忘录》，江门市首次在征信领域开展信息共享和联合惩戒，这是江门市自5月16日市工商局、市财政局等八部门联合签署《关于在政府采购、工程招投标等事项中实行失信企业信息共享和联合惩戒合作备忘录》后，在推动建立部门间企业信息互联共享和信用约束联动、促进社会信用体系建设和强化事中事后监管的又一创新举措。

【首份银行服务测评报告】 2016年5月20日，江门市消委会召开新闻发布会，正式对外发布全市首份银行服务测评报告。广东省消委会、广东省金融消费权益保护联合会、人民银行广州分行、江门市工商局、人民银行江门市中心支行、江门银监分局、江门市金融消费权益保护联合会等单位相关负责人和工作人员，工商银行江门分行等30家商业银行的代表，以及省、市各界媒体记者出席发布会。

【“中国青创汇”全国小微企业创业创新周启动】 2016年7月15日，“中国青创汇”全国小微企业创业创新周在江门市启动。本次活动由江门市人民政府和中国青年报社共同主办，旨在推动“大众创业，万众创新”，助力全国小微企业创业创新基地城市示范建设。国家工商总局个体司处长汤正涛、省工商局副局长张文献等领导受邀出席开幕式活动。另外，处长汤正涛代表国家工商总局出席下午举行的全国小微企业创业创新基地示范城市座谈会，与来自国家工信部、财政部、科技部、商务部等其他四部委有关领导嘉宾共同就小微双创示范城市在政策制定、简政放权、购买服务等方面提出建议和意见。

【江门在全国率先实施"九证合一"改革】 自2016年9月1日开始，江门市率先在全国全面实施“九证合一”。是日，江门三区四市相继发出第一张“九证合一”工商营业执照。“九证合一”是指在原“营业执照”“组织机构代码证”“税务登记证”“社保登记证”和“印章许可证”“五证合一”的基础上，增加“出入境检验检疫报检企业备案登记证”“海关报关单位注册登记证”“对外贸易经营证备案登记表”和信息统计等功能。将报检企业备案登记号纳入“九证合一”营业执照，实现商事登记制度创新，是检验检疫部门推动“简政、便民、惠企”，提升窗口服务效能的举措。“九证合一”改革后，江门地区各检验检疫局联合工商、税务、海关等九个职能部门，一个窗口对外受理，实施“信息互认、内部流转、同步审

批、多证联办”模式，推动“出入境检验检疫报检企业备案”工作联合办理、多证合一，相关内容合并纳入江门市政务“九证合一”登记，实现高效的窗口服务。按照新的办证程序，企业提交资料由原来的45份减少至12份，填写项目由过去的180项减少至50项，办证时间由原来的45天缩短为现在的3个工作日，在实现一个窗口办证的同时，减轻企业负担。全年共发放“九证合一”营业执照122张。因简政放权成绩突出，2016年11月中旬，李克强总理主持召开深化简政放权放管结合优化服务改革座谈会，在讲话中先后两次说到“九证合一”并点赞江门，鼓励地方和基层大胆探索，发挥地方积极性，可以搞“放管服”的升级版。

质量技术监督管理

【质量强市】 2016年,市质监局以“质量强市”工作为抓手，推进市区两级政府100%成立质量强市工作机构，完成2014-2015年度对县市区政府的质量工作考核，组织召开全市质量大会，邀请江门市委书记、市长、省质监局局长出席大会并做重要讲话，协调广东省质监局与江门市签署《关于推动“珠西战略”建设质量强市合作备忘录》，印发《落实质量强省推进质量强市工作方案》。

【产品质量监督】 2016年，市质监局对国家产品监督抽查171家企业239批次产品，不合格产品发现率为5.48%；省级产品质量监督抽查171家企业239批次产品，不合格产品发现率为7.95%；市级产品专项监督抽查631家企业239批次产品，不合格产品发现率为4.5%。向不合格产品生产企业发出整改通知书162份，并按照法定程序对不合格产品生产企业进行后处理工作，保持后处理到位率100%。组织全市正常在产的171家食品相关产品获证企业签订《企业自我声明书》，完成全市142家企业的自查和83家企业的现场检查工作，发现企业存在463项问题并逐一书面责令企业整改，对存在严重问题的2家企业移交稽查立案查处。

【标准化监督管理】 2016年，全市14家企事业单位主导、参与23项国际标准、国家标准、行业标准、地方标准等先进标准制修订；完成采用国际标准或国外先进标准32项；制定高于国家或行业标准的企业标准数8项；新增国家级标准编制工作组1个。发布重要行业标准《汽车液压助力转向系统清洁度技术要求及测定方法》（QC/T 1012-2015）填补了我国汽车安保件生产相关标准的空白。发布实施国家标准《高速数控定梁龙门雕铣机》；发布全市首个工艺美术类广东省地方标准和2016年首个联盟标准《企业品牌培育管理体系通用要求》，成立全市首个家电类安全标准联盟。完成2016年度实施技术标准战略专项项目,省、市两级财政发放152万元资助26家企事业单位36个项目，推荐古兜温泉综合度假区自驾游营地申报省服务业先进标准体系试点。

【计量监督管理】 2016年，市质监局印发《江门市人民政府办公室关于计量发展规划“十三五”期间的实施意见》，围绕市委市政府实施“雏鹰计划”工作方案，制定《江门市质监局实施小微企业创业创新扶持奖励方案（计量专项）》，鼓励江门市小微企业发展。加强强检计量器具监管，全市完成强检计量器具28.7425万台/件，免收366个单位2.6113万台件在用计量器具的检定费用263.8611万元。开展定量包装商品净含量监督抽查，抽查米、粉（面）、纸等10类商品101批次定量包装商品，不合格发现率为13.86%。利用“互联网+计量”加大宣传，开通首个网上“民用三表”免费检测通道，通过官方微信实时发布中奖名单、免费检定结果、定量包装商品净含量抽查、计量专项执法行动结果、计量实验室开放、计量科普知识竞答（江门赛区）等信息与市民实现良好互动，吸引过千名群众关注，受到社会各界一致好评。

【质量监督检验检测平台建设】 2016年，市质监局结合全市三大平台、五大产业格局，获批筹建广东省质量监督轨道交通车体材料检验站（江门），申报筹建广东省城市轨道交通车辆制造业计量测试中心，计划与广东省特种设备检测研究院江门检测院组成的“国家级珠西综合质量检测服务平台”。加强实验室的能力建设，完成147个产品、1525个参数CMA能力扩项省局评审组现场评审和通过CNAS现场监督评审；摩检中心完成实验室复评审及认监委指定实验室四合一审查；改变以往业务组单独抽样的模式，将业务小组分配至专业室，发挥专业室在开拓业务方面的积极性，检验产品12741批次。

【特种设备安全监察】 2016年，市质监局检查特种设备使用单位1207家，坚持闭环治理，发现并完成整改隐患721项，整改率

100%。办理使用登记4223台，考核作业人员8322人次，检查施工现场142个，对291台重点监控特种设备定期开展专项检查检查，检查443台（次）。全市特种设备安全形势保持平稳，没有发生特种设备安全事故。

【质监执法】 2016年，市质监局以事关民生质量安全的产品为重点，开展消防应急照明灯具产品、燃气具产品、农资产品、摩托车、电动助力车、家用电器产品、钢筋建材产品、食品相关产品、涂料化工产品等9类产品的专项执法检查，重点加强销售领域的工业用气瓶充装站、加油站的计量器具、定量包装商品的计量质量及经营领域的“伪基站”、不按规定对电梯进行维保的维保公司的安全质量等专项打假治劣行动。全年出动质监稽查人员1036人次，行政执法检查生产企业242家，受理举报投诉和移送案源线索151条，立案38宗，结案19宗，移送法院8宗。

【名牌战略实施】 2016年，市质监局围绕江门市支柱产业和战略性新兴产业，以骨干企业为依托，实施名牌带动战略，争取重启对新获省名牌产品企业的资金奖励。对有意争创名牌的企业提前介入，积极发动、重点培养，组织21家企业23个产品申报2016年广东省名牌产品(工业类)，首次开展服务类产品申报，发动恩平市锦江温泉有限公司等3家服务业企业申报2016年广东省名牌产品（服务业类）。改变“产品+品牌”的模式，打造“地名（企业）+品牌”，通过品牌创建提高地方和企业的美誉度，让更多的江门品牌唱响广东乃至全国。

（市质监局）

食品药品监督管理

【食品药品监管概况】 2016年，江门市食品药品监督管理局（简称“市食品药品监管局”）贯彻落实习近平总书记“四个最严”要求，坚持“抓监管、保安全，强服务、促发展”，深化改革创新，夯实安全基础，精准履行职责，推动食品药品安全社会共治，各项工作取得明显成果。全国人大常委会副委员长沈跃跃、中央第十五巡视组副组长丁伯东、国家食药总局副局长王明珠、广东省食药监局局长骆文智先后到江门市调研视察，均对江门市落实食品药品安全“四有、两责”等工作给予充分肯定并寄予厚望。2016年开平市食品药品监管女子执法队获评“2016年度全国食品药品安全守望者先锋人物”称号，恩平市食品药品监管局被省司法厅、省普法办评为2011-2015年广东省法治宣传教育先进单位。

【食品安全综合协调】 2016年，市食安办充分发挥政府食品安全“抓手”作用，推动印发《江门市进一步落实食品安全属地管理责任实施方案》，明确执行食品安全党政同责要求，实施“一票否决”制。市委书记林应武在第126次市委全会上提出将食品安全作为三项重点工作抓好，市政府将食品药品安全“十三五”规划列入全市重点专项规划，并在十四届104次常务会议上组织部门一把手学习新修订《中华人民共和国食品安全法》。2016年市食安办还牵头开展食用农产品市场销售质量安全、推进食品安全责任保险试点、协管员管理、落实生猪禁养工作、大昌超市连山种植基地、陈皮大健康产业发展等调研工作。落实食品安全考核工作，江门市在全省食品安全考核中位居第8名。

【食品生产安全监管】 2016年，全市持证食品生产企业994家，保健食品生产企业8家，食品添加剂生产企业19家，围绕食品生产安全监管，市食品药品监管局严格依法履行监管职责，督促企业落实主体责任，规范食品生产行为。突出风险防控，深入开展风险隐患排查；注重收集、研判、梳理食品生产环节可能存在的风险隐患，重点针对腐乳产品中“腊样芽孢菌”检出值高等情况对9家相关企业开展风险调查。创新监管模式，开展食品安全审计工作；制定《江门市肉制品生产企业食品安全审计实施方案》，对10家肉制品生产企业的生产条件和过程、管理制度及落实、生产工艺及物料核算等方面进行食品安全审计。开展飞行检查工作，通过对食品生产企业开展飞行检查，督促企业落实食品安全主体责任、督促基层监管部门落实监管责任，发现并消除区域性和行业性食品安全隐患，保障食品安全。做好食品生产小作坊登记工作，全市食品生产小作坊登记证发放19张。

【食品市场安全监管】 2016年，市食品药品监管局在食品流通环节构建市、县、镇三级监管机构和大型食品经营、农副产品批发市场、超级市场快筛快检立体检测体系（简称“3+1”快筛快检体系）。建成1个市级快筛快检中心、7个县级快筛快检分中心、30个镇级快筛快检室、101个示范市场快检室。全年开展快检业务超过13万批次。“3+1”快筛快检体系将分散的资源统筹整合起来，以惠民便民为导向，推进“市、县、镇+市场”多层次立体建设，科学合理界定不同层次的建设目标，在广东省乃至全国皆属首创。项目建设以来，获得各级政府、企业、民众多方的高度认可。该项工作获得广东省食品药品监管局的肯定，被评为江门市直机关十大“管理创新奖”。新华社、央广网、《中国医药报》《中国食品报》《中国经济导报》《新快报》南方网、《大公报》《澳门商报》《南方都市报》《江门日报》、江门电视台等各级媒体均报道过项目进展情况。

【食品餐饮安全监管】 2016年，市食品药品监管局重点加强对全市集体用餐配送单位及中央厨房的日常监管，全年出动执法检查人员8328人次，检查餐饮服务单位12267家，有9191家食品餐饮单位接入全省接入“智慧食药监”全省统一数据中心，4366家食品餐饮经营单位在信息化平台有日常监管记录，录入率达到30%，位居广东省前列。全年完成11498家餐饮单位的量化分级评定工作，其中评定餐饮服务食品安全量化A级单位117家，B级单位3794家，C级单位7587家。其中学校食堂量化分级B级以上的比例达到87.5%，城区学校食堂B级以上的比例达到100%，全市学校食堂食品安全管理水平得到提高。

【药品生产监管】 2016年，市食品药品监管局落实药品生产质量安全研判长效机制，在广东省首推市级药械不良反应监测哨点建设，19家二级以上医疗机构成为首批市级药械安全监测哨点。在严格做好辖区企业日常检查、基本药物抽检、特殊药物日常监管及药品生产企业GMP跟踪检查、医疗机构制剂换证等工作的同时，重点围绕仿制药质量和疗效一致性评价及药品上市许可持有人制度试点工作，做好政策宣贯及服务咨询工作。全市9家药品生产企业，共214个品种批文，计划开展一致性评价的批准文号数量占比约30%，位居广东省前列。

【药品流通监管】 2016年，市食品药品监管局在全市范围组织开展药品流通领域专项整治工作，重点解决药品流通领域存在的“挂靠”“走票”虚假经营，从非法渠道购进药品、证货票款不一致、不严格执行GSP规定等突出问题，通过飞行检查、延伸检查、交叉检查等方式，开展规范城乡接合部、农村地区单体药店和个体诊所药品经营秩序的“清渠行动”、中药材、中药饮片经营活动专项治理及互联网药品经营企业专项治理。整个专项整治期间，检查药品批发（零售连锁）企业46家，约谈相关企业3家次；检查药品零售企业1190家，撤销GSP认证证书13家、立案查处20家、移送公安部门立案1宗；检查医疗机构685家,立案查处7家。在做好日常监管的基础上，鼓励引导药品零售企业整合资源，做大做强，实现从单体向连锁转型升级，全市新增药品零售连锁企业2家，连锁门店由449家增至527家。

【医疗器械监管】 2016年，市食品药品监管局分析研判医疗器械监管风险点，将生产、经营、使用高风险产品单位及质量管理差、信用等级低的单位作为重点监管对象，加强对高风险产品的监管。重点检查一次性无菌医疗器械经营企业、植（介）入性高风险医疗器械经营企业、体外诊断试剂及天然乳胶橡胶避孕套类经营企业和特殊验配类经营企业。全市共检查无菌和植入性医疗器械在产生产企业1家，初次检查4次，复查4次，检查第三类医疗器械生产企业（除第三类无菌和植入类）2家，复查2家。检查无菌和植入性医疗器械经营企业（批发）85家，抽取21家复查。检查使用单位138家，复查30家；检查医疗器械经营门店1126家次，重点检查乳胶橡胶避孕套类医疗器械的购销存记录及供货商资质情况；检查特殊验配类经营企业97家次。检查表明，全市医疗器械行业整体发展良好，管理较为规范。

【保健食品监管】 2016年，市食品药品监管局重点监管保健食品、配制酒、玛咖制品等三类产品的生产经营企业，监督检查的主要内容包括生产商或供货商的许可证书、保健食品注册或备案批准文件、产品标签标识和说明书、赠送宣传册、海报内容等情况。检查生产、经营企业863家，出动执法人员2380人次，抽样65批次，立案4宗，移送公安机关1宗。

【化妆品监管】 2016年，市食品药品监管局以点带面，创建化妆品安全示范区，全市新建2个省级示范区和5个市级示范区，实现已建和新建示范区覆盖所有市（区），经第三方机构考评，江门市化妆品安全治理示范区建设成绩优秀，其中蓬江区发展大道示范街在广东省51个省级示范区中排名第六。完成行政许可和国产非特化妆品备案相关工作，全年组织初审化妆品备案2454个，审核通过1283个，组织备案后监督检查品种842个。

【专项整治行动】 2016年，市食品药品监管局针对重点领域、重点环节、重点问题，联合公安、海关等部门开展“清源”“蓝剑”“雷霆”“国门利剑”等一系列专项治理行动，并做好问题疫苗排查、中药饮片质量整治、医疗器械及化妆品专项治理等工作。查办一批类型较新、影响恶劣的危害食品药品安全案件。至年底，全市食品药品监管系统立案567宗（食品和保健食品369宗，药品155宗，医疗器械13宗，化妆品30宗），查处涉案物品货值188.866万元，入库罚没款1439.83万元，移送公安机关案件18宗，刑事立案6宗。查处并移交涉嫌走私案件1宗，涉案货值约500万元；联合公安部门破获网络销售伪劣保健食品案和特大制售假洋酒案，涉案金额分别高达50多万元和500多万元。

【食品药品监管体制改革】 2016年，市食品药品监管局坚持以转变政府职能为核心，把减少审批环节、优化审批流程、压缩审批时间作为深化改革的重要内容，打造市、县（市、区）、镇（街）三级食品药品政务服务体系。推行委托制，医疗器械经营许可事项全部委托各县（市、区）局办理。试行承诺制，在食品生产许可方面，对承诺生产条件未发生变化的食品生产企业予以延续换证，免予现场核查，审批时限缩减为10个工作日内；取消与许可事项没有直接关系的房产证明、从业人员社保证明、设备购置发票等部分审批材料核查，取消委托加工备案和企业年检及年度报告制度，行政许可审批法定时限缩减为20个工作日内。推进网上审批，对接江门“邑门式”政务服务平台，推动食品药品行政许可线上审批，大部分许可事项实现网上流转。

（余恒亮）

安全生产监督管理

【安全生产监督管理概况】 2016年，江门市安全生产监督管理局（“市安全监管局”）开展安全生产隐患排查治理、专项整治和“打非治违”，促进市安全生产形势的持续稳定、好转。全年发生各类生产安全事故4263起、死亡338人、受伤4045人、经济损失4668万元，与上年相比，事故起数上升2%，死亡人数、受伤人数、经济损失分别下降6.6%、4.4%、14.8%。其中，工矿商贸领域发生事故16起、死亡20人、受伤19人、经济损失2691万元，与上年相比，事故起数、死亡人数、经济损失分别上升6.7%、33.3%和81.9%，受伤人数增加18人。发生一次死亡3人以上的较大事故2起，共死亡12人。工矿商贸、生产经营性道路交通、生产经营性火灾事故、渔业船舶、铁路交通、房屋建筑和市政工程建设事故死亡人数和较大事故起数均处于省下达给江门市的控制指标范围内。

【安全生产责任体系建设】 2016年，市安全监管局分解各年度安全生产控制考核指标，层层落实责任书签订。在全市安全生产工作会议上，常务副市长吴晓谋代表市委、市政府与各市（区）政府、13个负有重要监管职责的部门签订2016年安全生产责任书，明确各地、各部门的安全生产工作目标和责任；组织开展对各市（区）及安委会成员单位年度安全生产责任制履职考核，推动问题整改，提升监管实效；拟定《关于进一步加强安全生产工作的意见（征求意见稿）》，并修改完善；修订完善安全生产“十三五”规划，为市安全生产工作的长远发展提供指引和动力；继续发挥安全专责小组作用，研究解决重点行业领域监管过程中遇到的安全生产重点隐患和问题；开展2015-2016年度安全生产责任制考核，推动各地、各部门落实责任，查漏补缺。

【危险化学品安全监管】 2016年，全市共有危险化学品生产企业163家，经营企业（带仓储、批发和零售）602家，加油站383家，剧毒品经营（甲证）3家。市安全监管局深化源头治理，开展危险化学品行业领域安全检查督查，继续围绕危险化学品“两重点一重大”为核心，结合重点地区、重点企业、重点时节的安全生产特点，重点部署开展化工和危险化学品及医药企业特殊作业、危险化学品安全专项整治、危险化学品储存场所、剧毒化学品安全专项检查等多个专项整治行动，把开展专项整治行动作为遏制危险化学品领域事故的有力抓手；开展输油管道安全隐患整改攻坚工作；组织开展危险化学品及烟花爆竹领域风险点危险源排查管控工作，以红、橙色企业为监管重点，实行检查巡查“全覆盖”；通过政府购买服务的方式委托有资质的安全生产技术服务机构对20家危险化学品生产、经营和储存企业的安全生产状况开展专家“会诊”，发现隐患问题及时反馈；危化品安全生产领域延续多年无人员伤亡事故的良好态势。

【非煤矿山安全监管】 2016年，全市持有效安全生产许可证的非煤矿山企业共有21家（不含正在实施“三同时”手续的企业），均为露天矿山企业。市安全监管局围绕矿山采掘、运输、防排水、边坡、排土场等危险性较大及易出事故环节，切实抓好节后复产、汛期极端天气、预防性检查等常规及重点时段的安全生产监管工作；组织开展非煤矿山安全生产专项整治，推进非煤矿山安全风险分级管控和隐患排查治理双重预防性工作机制建设；委托第三方有资质的安全中介机构，对市非煤矿山企业提供专家一线“会诊”服务，定期对A、B、C、D级企业安全风险进行分析，全面排查各类安全风险和隐患，强化风险管控，加强源头治理，保障非煤矿山安全生产形势持续稳定好转。非煤矿山安全生产领域历史性、连续四年实现“零事故、零死亡”。

【烟花爆竹安全监管】 2016年，全市共有烟花爆竹批发单位5家，零售网点284家。市安全监管局加强全市烟花爆竹经营安全监管工作，规范烟花爆竹安全经营秩序。按照新标准《烟花爆竹安全与质量》要求，规范购销、储存、流向等各环节安全管理；做好烟花爆竹流向管理信息系统应用工作；抓好烟花爆竹批发零售单位夏季“四防”工作，落实仓库防雷、防火、防爆、防静电设施等安全保障措施，严防事故发生；加强重要时段安全监督检查，开展春节期间烟花爆竹安全管理检查和安全生产联合执法专项检查，严厉打击非法违法销售、储存烟花爆竹行为，加强对合法经营烟花爆竹行为的安全监管，确保行业领域安全生产形势的持续稳定。

【工作场所职业卫生监管】 2016年，全市企业职业病危害申报共5659家，开展建设项目职业病“三同时”47宗。市安全监管局创新监管机制，推行安全生产与职业卫生工作“一体化”，对同类生产经营单位实行职业卫生与安全生产同步监管，逐步形成“管安全生产同时管职业卫生”的“一体化”监管新格局；继续开展职业卫生监管季度评价工作；创新方式方法，以约谈警示督促重点企业落实主体责任；开展用人单位职业病危害治理、高温季节的使用有机溶剂、陶瓷生产和耐火材料制造两大行业领域专项治理，集中整治重点行业职业病危害；对全市范围内职业卫生技术服务机构的服务行为开展专项监督检查和服务质量评估工作；加强部门联动，开展2016年职业卫生执法监察联合行动；组织开展尘毒危害治理示范企业创建工作。举办了江门市职业卫生监管人员培训班，全市安全监管系统100多名监管人员参加培训；举办职业病防治法和职业病防治知识培训班157次，接受培训人员18956人，发放培训资料18956份；开展定点咨询，广泛宣传职业病危害防治知识和《中华人民共和国职业病防治法》、“一规定四办法”等法律法规，发放宣传资料51798份，有效提高了江门市职业卫生监管工作水平。

【安全生产行政执法监察】 2016年，全市全年实施行政处罚640宗，罚款684.43万元，比上年分别下降9.6%、上升41%。其中，实施预防性经济处罚412宗、罚款317.96万元，比上年分别上升0.5%和8.6%。市安全监管局针对重点时段、重点行业和重点单位，分别开展春节前后、汛期、强对流天气、陶瓷、冶金行业特种设备、水煤气使用、安全生产培训及特种作业操作证持证上岗等专项执法检查和回头检查；完善联合行动工作机制，根据“一办法、四制度”的相关规定，印发安全生产行政执法监察联合行动方案，推动开展跨层级、跨区域、跨行业的执法；从组织建设、队伍管理、执法行为、执法保障等四个方面完成执法监察标准化建设工作，通过省一级验收；在广东省率先推行安全生产与职业卫生监管工作一体化、“双随机”执法和小微企业安全托管，并在县级安监部门全面推进安全生产执法监察标准化建设，超标准完成了省下达我市创建任务；开展“安全生产执法年”活动交叉检查暨行政处罚案卷评查，实现互相交流学习、互相促进提高；开展多种方式的培训，夯实全员执法人力基础。

【安全法制建设】 2016年，市安全监管局联合七部门印发《江门市生产经营单位安全生产不良记录“黑名单”管理暂行办法》，明确列入“黑名单”重点监管的9种情形，加强企业诚信体系建设；制定实施《江门市小微企业安全托管工作指导意见》，探索小微企业安全托管工作；出台《关于进一步加强职业卫生监管工作的意见》，将职业卫生监管融合到日常安全生产工作中；

出台《江门市安全监管局行政处罚案件审理工作规则》，实现调查与审理、决定与执行、执法与监督相分离，规范性、严谨性得到增强；制定出台《江门市安全生产技术服务机构监督管理工作制度(暂行)》，规范、加强技术服务机构管理，构建科学规范、竞争有序的安全生产技术服务市场；制定生产安全事故预警防控制度，修订完善有关生产安全事故应急预案，优化一般及较大以上突发事件应急处置响应程序，规范我市生产安全事故应急响应流程，提升处置突发事件的工作能力和效率。

【应急救援】 2016年，市安全监管局建立江门市综合应急指挥中心，加强对突发事件应急管理的组织领导和统筹协调；修订完善有关生产安全事故应急预案，调研编制危险化学物品运输车辆道路交通事故现场应急处置预案；开展各类安全生产应急救援演练，包括首次跨海增援联合作战演练、多次珠中江战区跨区域、多部门联合演练、多行业的“双盲”演练和桌面推演，提升应急救援实战水平。

【安全生产宣传教育】 2016年，市安全监管局加大安全生产宣传教育力度，利用各大媒体手段向广大企业和市民群众普及安全生产知识，为安全监管工作营造社会氛围；加大宣传教育方面的投入，安排专项资金用于公益性安全生产宣教，推广安全生产“微宣传”，建立微信公众号，在电视、电台和公交车投放安全公益宣传广告，在电台播发近4000条次公益宣传广告，在150台公交车进行广告投放，构建一个覆盖区域广、影响人群多的宣传平台，开展安全知识大教育行动，营造浓厚的安全生产宣传氛围。

【冶金等工贸行业安全监管】 2016年，市安全监管局坚持“安全第一，预防为主，综合治理”方针和安全发展理念，全市工贸行业安全生产状况总体形势稳定，未发生较大及以上生产安全事故。印发《江门市开展工贸企业较大危险因素辨识管控提升防范事故能力行动计划实施方案》，部署开展工贸行业较大危险因素辨识与管控行动；印发《江门市开展金属冶炼、机械、轻工行业风险点危险源排查整治专项行动方案》，开展三大行业风险点、危险源、专项类风险点、危险源的辨识、管控和隐患排查治理、档案建立工作，实行每月二报，加大推进工作力度；持续开展“三项治理”工作，粉尘防爆专项治理、涉氨制冷企业液氨使用专项治理和有限空间作业专项治理工作；抓好钢铁行业安全生产执法检查；继续推动标准化建设巩固提高，重点做好企业延期换证、新证申请办理工作；向全市31家二级达标企业发放21.7万元，鼓励更多企业创建二级以上安全生产标准化建设。

（市安全生产监督管理局）

价格管理

【价格管理概况】 2016年，全年居民消费价格总水平（CPI）累计上涨2.2%，实现年初制定物价指数涨幅不超过3%的调控目标，保持江门市价格总水平基本稳定。

【稳价惠民】 2016年，市发改局落实国务院减负安排，停征全市价格调节基金。自2016年2月1日起，江门市全市范围内全面停止向社会征集价格调节基金，并由各市、区根据实际情况，通过同级预算统筹安排，保障价格调控、稳定市场工作所需资金。通过停征价格调节基金，每年为江门市约1000家相关企业减负3100多万元。2016年，推进稳价惠民“三项建设”。建立应急储备。建立500吨肉类的储备，并组织冷藏设施及蔬菜基地向平价商店及时供应农副产品，引导市场价格平稳。2016年，江门市有4个蔬菜生产基地、3个配送中心和90家平价商店。平价商店年销售农副产品总量2.5万多吨，其中：蔬菜类1万吨、粮食0.8万吨、食用油0.5万吨、猪肉0.4万吨、家禽0.07万吨、鸡蛋0.2万吨。蔬菜类价格低于市场15%、粮食肉价格低于市场5%销售，平价商店年优惠让利群众约1500万元。重大节日前夕，为市区4.9万多人次的低收入群众发放临时价格补贴490万多元，降低物价波动对低收入家庭的影响。

【价格改革】 2016年，组织召开价格听证会，推进污水处理收费改革工作，年底前按照国家指导价标准将市区污水处理费标准调整到位，居民生活用水污水处理收费标准调整为0.95元/立方米，非居民用水污水处理收费标准调整为1.40元/立方米。微调自来水供水价格，根据广东省发展改革委等三部门规定，为疏导政策性规费上涨对供水成本的影响，按水价联动机制，相应调整各类供水价格，每立方米上调6分。为减轻企业负担，1月起，一般工商业电度电价每千瓦时降低0.58分。 6月，调整大工业电度电价和一般工商业电度电价每千瓦时降低1.68分，江门市工商业户年降低用电成本约3.9亿元，切实减轻企业负担。是年，核定开平市、台山市及江门市辖三区的电动公交车集中式充换电设施用电价格按大工业用电价格执行，并在2020年前暂免收基本电费。在听取各方意见的基础上，调整生猪屠宰费，10月起江门市辖三区生猪屠宰加工服务费调整至47元/头。8月，发布《江门市涉企行政事业性收费目录清单（2016版）》。按照省的部署要求，明确免征省级收入的24项国家规定涉企行政事业性收费和11项省定行政事业性收费。10月，实行省定涉企行政事业性收费“零收费”，江门市已无自行设立的行政事业性收费项目。12月，江门市制定并发布《江门市城市公立医院医疗服务价格调整方案（试行）》，理顺医疗服务价格。是年，落实行政审批中介服务收费政策，江门市对市政府部门行政审批中介服务进行清理规范，对清理规范后保留为行政审批受理条件的中介服务事项，编制中介服务收费目录清单、涉企行政审批前置服务收费目录清单，实行清单管理，明确项目名称、设置依据、服务时限，其中实行政府定价或作为行政事业性收费管理的项目，明确收费依据和收费标准。清单在网上办事大厅上向社会公布，接受社会监督。落实涉企经营服务性收费政策。修改《江门市实行政府定价（或指导价）的涉企经营服务性收费目录清单（第一批）》，12月30日，出台《江门市实行政府定价（或指导价）的涉企经营服务性收费目录清单（2016年版）》。

【价格监督检查】 2016年，全市价格监督检查部门查处价格违法案件12宗，退还用户金额6.813万元，没收违法所得金额166.991万元，罚款金额14万元，实施经济制裁总金额187.804万元；处理价格举报投诉案件1101件，挽回群众经济损失2.178万元。是年，加强市场价格、特别是重大节假日及自然灾害期间价格行为的监管力度，确保市场价格秩序稳定；规范餐饮、燃气、盐业和出租车等重要行业经营行为，创造公平竞争环境；整治景区门票价格、旅游市场消费价格和房地产标价等价格行为，营造良好价格秩序；围绕“降成本”政策和民生价费问题，先后组织开展春运客运票价、殡葬服务收费、涉企收费、医疗收费和电力价格等9项价费专项检查，切实做到减轻企业负担和维护群众权益。

【价格监测和成本监审】 2016年，加强对价格数据监测分析，强化价格动态信息报送。全市纳入广东省新价格监测预警系统监测定点单位共165个（其中农贸市场21家，平价商店67家，劳动力市场价格监测定点单位45个，其他任务点28个）。定期做好国家以及省布置的商品服务、粮油食品、煤电油气等常规监测任务。夯实监测数据基础，开展市场价格调查巡视。先后多次组织开展汛期及台风期间蔬菜价格以及食盐、粮、油、肉、蛋、菜、水产品等居民生活必需品的市场供应及价格调查巡视工作。2016年，拓宽价格信息发布渠道。在继续实行在原有家常菜门户网站、电视台、日报、微信微博等媒体渠道推送价格数据外，还在江门市广播电台《美食双星导》节目新增开设“家常菜价格”信息专栏，每天定期播送江门市家常菜价格行情，合理引导市场消费预期。（市发展和改革局）

统计

【统计概况】 2016年，江门市统计局全面深化统计改革，以提高统计数据质量为核心，着力推进统计体制改革，夯实统计基层基础，强化统计队伍建设，精心组织农业普查筹备工作，不断推进法治统计，加快统计信息化进程，加强对经济运行和社会发展的统计监测。

【统计改革创新】 2016年，市统计局深化经济运行预警监测分析，继续建设经济运行预警信号系统，找出各级各相关部门的短板指标和经济工作短板，该系统作为管理创新跨年度项目继续申报“管理创新奖”。推进固定资产投资统计改革，加强对5000万元以上项目的入库及网上直报工作，加大对5000万元以下项目审核工作，并出台《关于开展5000万元以下投资项目数据质量检查的通知》，加强对投资数据质量管控。做好统计自助服务云平台向市区延伸，开平、新会已完成县区节点建设，其他市区正在积极推动。年初，该云平台项目经过2015年度管理创新奖书面评审环节后进入现场评审，由市统计局组成的答辩组进行现场PK比创新。实施县区、乡镇、村三级统计联网直报，首次在农村统计领域实现数据采集从逐级上报到联网直报的转变。

【第三次农业普查】 2016年，市统计局扎实推进第三次农业普查准备工作，将农业普查列为2016年市政府重点工作责任清单并动态报告工作进展情况；落实

“五到位”抓好农业普查各项工作，及时召开全市“三农普”动员大会，全面部署“三农普”工作；2016年上半年全市各级农普机构已组建完成，为普查工作提供组织保障。通过制作工作手册、宣传工作方案、举办统计开放日主题活动、开辟农普网站、新闻媒体报道等多形式开展宣传，增强普查对象的配合支持程度。严把“两员”选聘培训关，选聘万名普查指导员和普查员。

【全国1%人口抽样调查】 2016年，市统计局扩大本次“人口小普查”的调查样本量，抽样调查人口近18万人。7月发布《江门市2015年全国1%人口抽样调查主要数据公报》，向社会公众公布调查主要数据，反映全市范围内人口数量、素质、结构、分布和就业等情况，为“十三五”规划提供相关数据支持。《江门日报》、《羊城晚报》、江门电视台等媒体及时对公报进行解读与播报。还积极开展投入产出、扶贫“双到”监测数据、农村住户、“十件民生实事”满意度、企业景气等20多项专项调查，进一步发挥统计职能。

【统计监测】 2016年，市统计局通过预警制度加强国民经济运行的监测，建立监测的参照指标体系，更易于发现经济短板。加强专业联动、部门联动，配合相关部门做好《珠三角规划纲要》“九年大跨越”、《加快发展考核与激励暂行办法》、江门产业转移工业园工业发展和固定资产投资、妇女儿童监测等专项监测工作。重点做好小微企业创业创新统计监测工作。开发小微企业监测系统，部署重点小微企业的网报工作，监测“准四上”小微企业的升规入统。及时印发《江门市小微企业创业创新统计监测方案》，在2016年“中国青创汇”全国小微企业创业创新周活动启动仪式上，协助北京大学正式发布江门小微双创指数与调查报告。

【诚信统计】 2016年，市统计局全方位做好工业诚信统计，先后开展年报调研、产出水平异常企业调研、工业经济运行情况调研，共到各市、区实地调研4次；推进工业企业诚信网报，在“企业诚信绿卡”工作基础上，利用统计联网直报数据中心建设成果，通过工业企业进行网报在线监控和网报数据质量评估，提高企业上报数据质量。

【统计执法】 2016年，市统计局推进统计执法常态化，3月统计执法监察大队成员到位，执法监察大队正式独立挂牌，实现专人专职专责；建立完善统计执法相关制度，先后出台执法检查证管理办法及行政执法信息公开制度，年内，联合外聘会计师事务所进行两轮覆盖四市三区的统计执法专项检查，共随机执法检查企业及项目100个；巩固统计“双基”建设，组织完成镇街统计规范化优秀单位评选工作，抽查镇级统计机构共30个。

【统计服务】 2016年初，市统计局分14个专题对2015年全市经济运行情况及其主要方面作系统的深入分析，编印《江门统计分析》2016年增刊，为各级各部门研究经济工作、加强统计工作提供参考依据；分别与蓬江区、江海区和新会区政府举办4次江门市经济形势（统计）分析会，编发4期《江门统计分析》，为市委、市政府决策提供重要参考资料。印发《江门市统计局2016年度调研（科研）工作方案》，增强统计部门“立命之本”的科研能力。其中，《江门区域发展协调研究》在省局优秀统计分析报告评选活动中获二等奖；《2015年度江门市依法行政社会评议调查报告》《市统计局关于贯彻落实学习中央领导同志重要批示精神的情况汇报》《适应形势要求强化经济增长责任制》等专题分析获市委市政府领导批示，起到较好的参谋决策作用。

【统计法制建设】 2016年，市统计局加强单位内部控制建设，成立江门市统计局内部控制领导小组，梳理权力清单和列出防控措施清单；相对应制定加强公务卡结算管理、直属事业单位的年度考核办法等制度，使统计工作更加规范；开展保密、档案自查自评重点检查，对照做好查缺补漏工作、发现问题及时整改；细化完善出差、培训会议及差旅费报销等财务制度，三公经费、会议费开支规模进一步压缩。

【统计宣传】 2016年，市统计局注重统计宣传的广泛性和系列性，通过大量的资料搜集整理，3月份在《江门日报》全文刊登《2015年江门国民经济和社会发展统计公报》，扩大社会影响力。编好《江门市年度统计资料简编》（2016年），撰写各《月、季经济运行情况综述》等分析文章；运用“江门统计”政务微博、微信公众号等新媒体来增强宣传效果。

【统计队伍建设】 2016年，市统计局启动执法监察大队选调、事业单位职员、机关雇员的选招等工作。运用政府购买服务项目，通过劳务派遣补充专业人员辅助力量。组织6人次参加处级进修班、中青年科级干部培训班、全国统计系统专业知识基础培训班。组织统计系统干部赴武汉大学、南开大学接受国家级品牌学科教学培训，全面提升统计系统干部素质能力、专业知识。健全完善农调队年度考核方案，科学有效地实施绩效考核,充分发挥绩效工资分配的激励导向作用。抓好统计教育及资格考试工作，全市有200人参加统计专业技术资格考试，1000人参加统计继续教育。

审 计

【审计概况】 2016年，江门市审计机关开展审计和专项审计调查项目284个，查出违规问题金额704万元、侵害群众利益问题金额1182万元、损失浪费金额8530万元、管理不规范金额125.06亿元，为国家增收节支810万元，审计后挽回或避免损失211万元。出具审计报告555份，提交综合性报告、专题报告、信息简报等73篇。向被审计单位或有关单位提出审计建议924条，其中被采纳850条。向社会发布审计结果公告6篇，推动被审计单位建立健全规章制度19项。

【财政审计】 2016年，江门市审计局对以公共财政、国有资本经营、社会保障基金等为主的全口径财政资金进行审计监督，揭示了部分项目支出率低、非税收入财政专户资金缴库时间滞后等问题。江门市审计机关完成预算执行审计项目（含财政决算审计，下同）25个，延伸审计单位65个，查出主要问题金额60.49亿元，其中预算编制批复不规范金额2668万元、资金滞留闲置6844万元。出具审计报告和专项审计调查报告37篇。

【政策跟踪审计】 2016年，江门市审计局组织全市审计机关开展稳增长等政策措施落实情况跟踪审计。采取专项审计与复合审计相结合的方式，把推动政策落实贯穿全年审计工作。围绕江门经济发展关键点，重点对市去库存、降成本、补短板、去产能、去杠杆等行动计划落实，江门市小额贷款公司运营，江门大道及配套道路建设，精准扶贫精准脱贫政策等落实情况进行跟踪审计，揭示问题41个，其中重大项目推进方面问题12个、政策落实方面问题12个、经济领域风险防范方面问题5个；推动重大建设项目加快推进，促进建成完工项目2个，加快实施进度项目10个，加强管理项目7个。

【经济责任审计】 2016年，江门市审计机关对203名领导干部开展经济责任审计。其中：县处级领导44人，乡科级领导150人，地方企业、金融机构8人。查出违规金额901万元、损失浪费金额1.70亿元、管理不规范金额46.54亿元，提交审计报告和审计结果报告383篇，提出建议633条，被采纳建议586条。首次开展镇街党政主要领导干部任期经济责任异地同步审计，审计镇（街）15个，领导干部30人。

【专项审计】 2016年，江门市审计局对公安智能交通系统建设资金一、二期工程开展绩效审计，对项目预期目标及取得的成效进行客观评价，查出部分设备功能降低或技术未达应用要求、与政府其他部门系统的对接难度较大等问题。对城镇保障性安居工程、就业专项资金、精准扶贫与村级公共服务均等化专项资金进行审计，揭示查出资金使用率较低、村集体财务核算不够规范等问题。按照广东省开展领导干部自然资源资产离任审计试点的工作部署，江门市审计局对开平市委书记、市长任职期间履行自然资源资产管理和生态环境保护相关责任情况进行审计试点，重点审计森林资源和水资源，审计查出部分政策措施落实不到位、未及时征收水资源费等问题。

【固定资产投资审计】 2016年，围绕江门市交通大会战的部署，江门市审计局组织对江门大道及配套道路建设项目开展跟踪审计，揭示征地拆迁、管线迁改、项目审批和工程管理、资金运营等方面存在的问题，推进项目建设。以委托中介机构的方式对江顺大桥工程（7～12期）、建设路～迎宾路立交工程（7～12期、13～16期）、江睦路（7～12期）、金瓯路改造工程（7～12期）、西环路隧道工程（7～12期、13～16期、17～21期）、胜利南路工程（7～10期）等6个建设项目进行了9个半年回购价款审计，核减额196.73万元。

（温志芳）

·责任编辑 杨清华·

口岸
Port

边防检查

【边防工作概况】 江门边防检查站是正团级建制，归属武警部队序列，隶属广东省公安边防总队，内设司令部、政治处、后勤处三部门，下辖鹤山分站（副团级）；现担负江门港、鹤山港两个国家一类口岸及外海、高沙、荷塘、鹤山、恩平五个二类口岸的出入境边防检查任务。2016年，验放出入境人员约30万人次，往来港澳小型船舶约1万艘次。

【边检服务】 2016年初，为提高检查员证件识别和查验能力，增强业务培训质效，江门边检站积极谋划，通过整理、汇编证研资料，组织编写出版《国门之盾》证研刊物。2月12日，香港立法会访问交流团在全国政协委员、香港特区立法会议员、香港民建联名誉主席谭耀宗的带领下一行13人从江门港澳客运码头入境。为全力确保口岸安全稳定和顺畅通关，江门边检站积极采取有效措施，为其提供优质通关服务。5月初，国家知识产权局向江门边检站送达《授予外观设计专利权通知书》，表明该站前期提交的“边检智能服务平台”（微信版）外观设计专利申请已通过国家审查，获得外观设计专利授权（专利号：201530571069.5）。6月25日，香港侨港新会商会暨文化交流团一行100余人从江门港澳客运码头入境。江门边检站采取有效措施，为其提供优质通关服务。

【爱民固边活动】 2016年1月，江门边检站政治处通过积极协调，将图书阅览室与江门市五邑图书馆电子书库实现网络共享,深化警地文化交流，为官兵提供更丰富的文化资源，创造更加良好的学习工作环境。1月22日，江门边检站阮统奇站长在该站司令部汪辉参谋长和执勤业务一科王占龙教导员的陪同下走进江门广播电台“民生热线”栏目，现场为江门市人民群众答疑解惑。1月27日，江门边检站邀请江门市书法家协会3位书法家走进江门港澳码头及部队营区，开展“国门翰墨香，浓情洒四海”主题活动，让五湖四海的侨胞、外国友人与边检官兵共同领略中国传统艺术的魅力。4月22日，江门边检站举行公安边防部队高等专科学校政治工作实践教学基地签约启动仪式，强化院校与边检站之间的交流协作。9月27日，江门边检站罗俊林、殷子辉、宁华建3名官兵在广州赶考途中发现一着火校巴，冒着生命危险勇救该车全部学生，46名小学生、1名老师和1名司机无一伤亡；12月31日，受中央电视台邀请，江门边检站见义勇为官兵罗俊林、殷子辉、宁华建参与录制的王牌节目《艺术人生》年末特别策划“温暖2016”在当晚CCTV-3播出并取得强烈反响。

海　关

【江门海关概况】 2016年，江门海关税收净入库42.71亿元，顺利完成海关总署下达的税收任务；监管进出口货运量1588.1万吨，货值1126.3亿美元；打私战果丰硕，全年共立案侦办各类案件182起，案值13.01亿元，其中，刑事立案29起，创历史新高，案值11.36亿元、涉税1.02亿元。至年底，江门海关共设副厅级机构1个（缉私局），正处级机构25个，事业单位2个，副处级机构1个，正科级机构151个，干部职工1236人。

【海关监管】 2016年，江门海关推动“泛珠”四省区域通关一体化改革，关区出口平均通关时间0.53小时，比上年大幅缩短63.95%；进口平均通关时间17.41小时，缩短30.89%；关区出口24小时通关率为99.82%，进口24小时通关率为83.65%，均优于全国平均水平。首推“一窗通”改革，在各业务现场建立16个“一窗受理”办事大厅，通过内部互联互通实现103项海关服务事项的“一窗受理”，上线“江门海关‘一窗通’服务平台”，方便企业利用网络办理海关服务事项实现“自助申办”。实施“互联网+4E通关”改革试点，启动“互联网+仓场联动”改革，推广“互联网+预审服务”。依托粤港海关“跨境一锁”改革成果，推广“卡车航班”空陆、陆空联运监管模式，拓展至关区所有跨境电商和快件清关中心，监管“卡车航班”业务1700多车次。加强海关监管场所的管理，验收监管场所4家，对关区25个监管场所及查验场所开展规范整治和安全排查工作。推广“三个一”统一版“一次申报”系统，已安装企业837家，关区企业使用“一次申报”系统申报比例接近100%。是年，江门关区监管进出口货物1588.1万吨，比上年下降5.1%；货值1126.3亿元，增长2.8%；监管运输工具2.3万辆/艘次，下降27.8%；进出口旅客10.7万人次，下降14%；监管邮、快递物品1916.3万件，下降68.2%。

【综合治税】 2016年，江门海关税收净入库42.71亿元，比上年增长6.98%。综合审、查、控、核等手段提高税收征管质量，审价补税4778.83万元，比上年增长46.32%，纠正归类389票，归类补税326.61万元，增长1.3倍，税款入库核销率保持较高水平，没有发生新增企业欠税记录。加强加工贸易内销征税管理，关区内销征税2.69亿元，增长8%，创历史新高。推动加工贸易废料内销网上拍卖，首票"互联网+加工贸易废料内销拍卖"在淘宝网闲鱼拍卖平台成功拍卖，溢价率达60%。开展企业主动披露工作，12家企业主动披露稽查补税480.61万元。年内，关区稽查追补税2121.3万元,增长50%。

【打击走私】 2016年，组织开展"国门利剑2016"联合专项行动，打击重点商品、重点渠道、重点领域的走私活动，查获冻品走私案件35宗，增长84%，其中"6·24""8·18"走私冻品案被总署缉私局列为一级挂牌督办案件；查获成品油案件34宗，增长70%，其中查获"102"走私成品油大案，案值1亿元，被总署缉私局列为一级挂牌督办案件；打击大米走私、侦办毒品走私取得重要突破。中央电视台专题报道"6·24""8·18"走私冻品大案和"12·14"走私大米案。加强反走私综合治理，与4个部门修订或签订合作备忘录，与相关执法部门开展联合行动22次，查获案件13起。全年立案侦办各类案件182起，案值13.01亿元，涉税1.17亿元。其中，刑事立案29起，创历史新高，案值11.36亿元、涉税1.02亿元；行政立案153起，案值1.65亿元，涉税0.15亿元。上缴罚没4899万元。

【加工贸易及保税监管】 2016年，江门海关推进加工贸易全程信息化管理，关区电子化手册企业全部通过企业电子身份认证，通过无纸化系统办理业务3540份。保税业务集中审核取得初步成效，节约现场单证作业人员35%，作业效率提升2倍。引入中介机构参与海关保税核查成效显著，核查有效率达86%，涉及税款约430万元。推动保税物流发展，年内审批设立3家保税仓库，1家出口监管仓。

【地方经济发展促进】 2016年，江门海关落实促进外贸回稳向好各项措施，确定支持地方外贸发展的10项重点工作，提出6方面的工作建议。搭建促外贸稳增长的政企高层交流平台。建议地方政府加快申建保税物流中心（B型），得到广东省政府和广东分署支持。加大统计监测预警力度，编发各类分析报告150余篇，地方党政领导批示18篇次。全部取消行政事业性收费，清理进出口环节经营服务性收费，全面开放电子口岸预录入系统（QP系统），为企业提供免费的报关申报公共服务。落实口岸查验配套服务费改革，覆盖到关区所有符合条件的口岸，免除守法企业查验配套费用164万元，惠及1000余家企业。提高非侵入式查验比例，探索"智能审像"改革，口岸机检查验量比例占查验总量31.5%。实施"先期机检"改革，适用集装箱10408个，节省企业费用约156万元。制定推动地方跨境电商和快件行业发展的8项重点工作，鼓励企业发展C类快件以及向跨境电商转型，年内监管跨境电商直购进口5.5万票，C类快件6.7万票，货值1290.3万元。规范发展"旅游购物"贸易，年内以"旅游购物"方式申报出口报关单6959票，货值29195万美元。加大国家产业政策、减免税优惠政策和自贸协定优惠政策的宣传力度，为企业办理减免税审批总货值1.35亿美元，减免税款1.13亿元。

【队伍建设】 贯彻落实党的十八大和三中、四中、五中、六中全会精神，推进"两学一做"学习教育，启用"党员教育中心"，56个党支部在中心开展党内活动，参加党员1300人次，47名支部书记在"支部讲堂"讲党课。开展"双标"争创活动和"一支一品一项目"创建活动，各基层党组织建立党建品牌71个，向27个一线窗口岗位授予"党员示范岗"。建立"精准分类，先进导向"培训体系，举办关区一级培训班57期、送培训下基层11期，学习课堂3期，培训干部4516人次，139人参加正科长专题轮训，16名司局级、处科级干部上讲台授课。搭建健康监测平台，建立员工个性化"健康档案"，保障关警员身心健康。推进民生工程建设，落实干部生活福利待遇，健全完善员工关爱机制，营造和谐稳定的发展氛围。

【新会海关】 2016年，新会海关监管进出口货物172.17万吨，货值145.0亿元；监管进出境船舶1958艘次，监管进出境车辆2555辆次。征收关税及进口环节税9.54亿元；查获行政案21宗，案值合计约951.77万元，涉税约201.71万元。2016年末，该关设副处级机构1个，科室6个，干部职工115人。

【鹤山海关】 2016年，鹤山海关监管进出口货物79.9万吨，货值15.9亿美元；监管进出境船舶2408艘次，进出境汽车7146辆次。征收关税及进口环节税4.64亿元；查获违规案件10宗，案值1258万元。2016年末，该关设科室7个，干部职工116人。

【开平海关】 2016年，开平海关监管进出口货物60.5万吨，货值11.7亿美元；监管进出境船舶843艘次，进出口车辆3102辆次。征收关税及进口环节税0.93亿元；查获违规案件20宗，案值1464.01万元。2016年末，该关设科室7个，干部职工62人。

【台山海关】 2016年，台山海关共监管进出口货物44.3万吨，货值8.67亿美元；监管进出境船舶714艘次。征收关税及进口环节税2.49亿元；查获违规案件30宗，案值1.73亿元。2016年末，该关设科室5个，干部职工64人。

【恩平海关】 2016年，恩平海关监管进出口货物3.74万吨，货值1.4亿美元。征收关税及进口环节税362.88万元；查获违规案件1宗，案值348万元。2016年末，该关设科室2个，干部14人，职工4人。

【阳江海关】 2016年，阳江海关监管进出口货物923.2万吨，货值15.4亿美元；监管进出境船舶409艘次。征收关税及进口环节税115384万元；查处各类走私违法案件24宗，案值约11331万元人民币。2016年末，该关设处级机构1个（缉私分局），科室10个，干部职工83人。

出入境检验检疫

【江门出入境检验检疫局】 2016年，江门出入境检验检疫局（简称“江门检验检疫局”）全年检验检疫货物4.0274万批，货值18.3747亿美元，检出进出口不合格货物4326批次，货值2.5277亿美元，不合格检出率分别为10.74%和13.76%；进境植物截获检疫性害虫16种、1819种次，一般性害虫168种、4672种次；检疫出入境人员1.6943万人次，疾病监测发现病例2例；签发各类产地证书3.9939万份，签证金额11.5382亿美元。

“江门模式”被复制有新拓展　2016年，江门检验检疫局与江门海关新一任班子展开新一轮合作，在协商解决海关邮快件新系统上线运行存在问题，加快建设旅检口岸“一机双屏双控”模式，强化大宗及敏感商品质量把关和风险管控等方面持续加强深度协作。以建成的全国首个跨境电商“单一窗口”和“一机双屏双控”模式（江门模式）为模板，协同推进“三互”改革，在江门中岸、鹤山南方和鹤山万年松3个新建跨境电商清关中心，复制应用“江门模式”，实现辖区所有跨境电商快件“全口径数据共享”“无目录全监管”。该模式作为“三互”通关改革试点的成功典型，广受关注，系统直属局、分支局计94批775人次以及35个直属海关和40多个城市政府部门、自贸区管委会前来参观学习，被誉为“‘双控’对等和谐的执法堪称关检合作的标杆”。“江门模式”已在广东的黄埔、东莞、开平、阳江、韶关等口岸被复制并“落地”运行，还在北京、天津、南京、湖南、湖北、珠海、苏州等口岸复制建设，其中天津、湖南、湖北、珠海口岸的跨境电商及邮快件业务“一机双屏双控”模式已建成并投入运行。

《出入境检验检疫报检企业备案表》核发　2016年8月15日，江门检验检疫局核发《出入境检验检疫报检企业备案表》的内容纳入全国首份“九证合一”工商营业执照予以登记。这是江门检验检疫局主动参与推动简政放权、优化窗口服务改革的重要举措。“九证合一”后，企业提交资料由45份减少至12份，填写项目由180项减少至50项，办证时间由45天缩短为3个工作日，办证提速93%。江门检验检疫局推进无纸化报检工作，报检率达98.95%；参与“检验检疫一体化”建设，上线运行e-CIQ主干系统，未出现因系统或操作原因导致业务受阻情况。

对接自贸区改革　2016年，江门检验检疫局复制推广广东自贸区改革创新经验，对进口食品、酒类企业分类管理，对进口备案食品实施差别化抽检机制和快速放行模式，对出口深加工食品的抽批率大幅降低至20%，并建立进口预包装食品备案贮存场，缩短货物滞港时间。改革出口饲料监管模式，实行“一厂一品一案”管理，批次监管时间压缩近80%。采信第三方HACCP认证结果，简化出口备案流程，便利企业快速办理。对经江门进口异地测试摩托车样车，通过远程视频监控完成CCC免办证明后续监管，以简便优质的认证服务促进企业自主研发。

首个省级出口LED产品质量安全示范区　2016年，江门检验检疫局在全国首个国家级出口摩托车质量安全示范区、出口鳗鱼质量安全示范区的成功实践基础上，建成广东省首个省级出口LED产品质量安全示范区，并向国家级示范区进军，启动省级出口种苗花卉质量安全示范区创建工作。2个示范区的建设，紧贴江门LED绿色光源制造业和广东省第二大富贵竹出口种植加工业的实际需求，把提升质量安全作为推动供给侧改革的重要抓手，通过打造质量示范品牌，激发产业集群优势，促进扩大出口。江门LED灯具出口实现“四连涨”，在连续三年快速增长基础上，2016年上半年继续保持增长10.94%。台山富贵竹2016年出口实现127.6%的增长，龙头企业的标准化种植基地成为省级现代农业“五位一体”示范基地，获得500多万省财政资金支持。

质量技术支撑　2016年，江门检验检疫局夯实质量技术基础，获得CNCA、CNAS评审扩项74项、28个检测标准和9个产品标准；持续提升检测技术能力，86个商品大类、1496个项目、473个检测标准和33个产品标准获得CNAS认可；持续增强科技创新能力，主持在研科研项目21项，包括有质检总局1项，广东检验检疫局7项，江门市9项。其中，9个江门市科研立项创广东检验检疫系统在地方科研立项历史新高。

质量执法稽查　2016年，江门检验检疫局成立执法稽查专职部门，查处行政处罚案件24宗，处罚金额13万元，移送案件1宗，并成功追究当事人刑事责任。与市场监管局联合打击恩平某音响器材涉嫌出口假冒伪劣案件1宗，参与海关、海防打私行动4次，销毁500多吨走私冻品、水果。对1宗进口危化品涉嫌伪报、逃检案件予以立案查处，处罚10.62万元，成为广东检验检疫局对进口危化品行政处罚金额最大案件之一。

进出口商品质量监管　2016年，江门检验检疫局以口岸抽查及市场流通领域采购、跨境电商采购等抽查方式，组织开展目录外进出口商品质量监管和抽查工作，共检出进出口不合格商品30批，不合格率25.6%。组织完成辖区16家国外技术性贸易措施被调查企业的调查上报工作。主动约谈进口丰田汽车销售江门公司，通报质检总局进口汽车用制动器衬片的风险警示，要求严格履行产品质量安全责任和义务。

口岸输入疫情检验　2016年，辖区1个旅检现场成功实施“人-机-犬”查验模式。首批3个旅邮检口岸通过广东检验检疫局口岸动植检规范化建设示范口岸验收。在跨境电商快件中全国首次截获印度大麻，并移交海关稽私局，成功抓获犯罪嫌疑人，追究刑事责任。在进境原木中全国首次截获虎蜂鳞鞘天牛，质检总局为此发布警示通报。在入境旅客携带水果、入境电商咖啡豆中分别检出检疫性害虫桔小实蝇、芒果果核象和咖啡果小蠹。严格落实寨卡病毒、黄热病等口岸卫生检疫防控措施，构建口岸疫情联防联控机制，参与广东公布回江门诊治的14例输入性寨卡确诊病例应急处置，协同处置1宗寨卡病毒家庭聚集性感染案例，并协助配合做好南美归国人员健康管理工作。

食品鲜活产品检疫　2016年，江门检验检疫局严格落实供港澳活禽注册养殖场的防疫监管，妥善应对江西供港活猪“瘦肉精”突发事件，全面排查供港澳活猪注册场，没有发现“瘦肉精”超标，辖区供港澳活猪合格率100%。此外，积极推动广东省农产品加工示范区建设；加强对江门首家省内大型供港澳冻禽加工企业的落户监管，冰鲜禽类顺利供港；台山1家鳗鱼养殖场“全符合”顺利通过韩国官方考察，1家咸鱼加工企业和1家鸭备案养殖场分别通过香港食环署考察。

跨境电商贸易发展　2016年，江门检验检疫局优化升级全国首个跨境电商“单一窗口”和“一机双屏双控”模式功能，在保障辖区5个跨境电商监管场28条监管线高效运营的基础上，支持开拓香港机场至江门的“空陆联运卡车航班”快件监管业务，扩大发展空间，助推新业态的聚集发展，并于4月8日财政部等联合发布跨境电商零售进口新税制、商品清单新规以及6月1日海关跨境电商快件新政实施前夕，为企业提供“白+黑”清关服务。是年，辖区进境快件继续保持高速增长111%。

“一路一带”沿线贸易发展　2016年，江门检验检疫局引导企业用足用好自贸协定、普惠制原产地证享受关税优惠，推行签证商品敏感清单管理，免除占辖区90%签证量的非敏感商品的产品调查，即报即签；实行原产地企业备案与产品审查分离制度，备案时间较以往缩短50%以上；实施原产地调查结果联网互认、一个工作日审签措施，签证时间较规定时限缩短近1倍。在已建成的国家级出口摩托车质量示范区基础上，创建“出口摩托车行业自贸协定实施示范区”，帮助企业享受进口关税减免。1-12月，江门检验检疫局区域性贸易协定原产地证、优惠原产地证签证量分别比增145.4%、49.1%，企业因签证获关税减免达4.5亿元，提升企业效益，为企业“走出去”、推进“一带一路”和自由贸易区战略提供重要支持。

“三同”及口岸活跃度提升 2016年，“同线同标同质”（“三同”）工程已列为总局今年度八大重点工作之一，江门检验检疫局以李克强总理对全国首个“供港标准食品交易中心”落户江门重要批示为激励，贯彻落实广东检验检疫局“三同”试点局工作部署要求，以HACCP认证监管为抓手，指导出口食品企业按照HACCP体系要求进行技术改造和管理升级，辖区9家出口企业入选上线“三同”信息公共服务平台。主动提出并协调海关，推动开通台山、鹤山废五金进境新业务。走访听取口岸贸易需求，压缩进口废料通关时长77%，力促业务大幅增长57.3%。打造江门台山鳗鱼特色养殖出口基地，推动产业转型升级，活鳗出口比上年增长58.15%。

检验检疫队伍建设 2016年，江门检验检疫局举办“国检青年说青春分享会”演说活动，发挥关检合作优势，开展口岸“互学促做”活动，相关经验多次被总局“两学一做”网站报道；推进党廉文化建设风清气正；完成机关党委换届选举，创建“一支部一品牌”；建立党组党委支部三级责任网络，落实从严治党主体责任。推进绩效目标管理创先争优,机关行政事务管理运行高效，政令畅通，政务信息工作再创佳绩，绩效分值在广东检验检疫局34个分支局中名列第二，其中1条被中办采用，3条被《质检专报》采用，2条被《质检动态》采用，3条被省委省府办采用；贯彻八项规定，严肃财经纪律，主动适应预算管理改革新常态，推进全口径及中期规划综合预算管理，严控“三公经费”支出，财务精准保障、精准服务能力显著增强。

（江门出入境检验检疫局）

【新会出入境检验检疫局】 2016年，新会检验检疫局共检验检疫出入境货物17776批，货值10.92亿美元。其中，出境货物12935批，货值4.46亿美元；入境4841批，货值6.46亿美元。签发原产地证14053份，签证商品金额4.46亿美元。

动植物检疫 2016年，检疫查验进出境木质包装1124批共98760件；从进境的货物、集装箱、废钢船舶、外籍船舶和货物木质包装中截获进境植物疫情共69批，46种，其中检疫性有害生物5批，4种，其他有害生物64批，42种。从来自法国的橡木原木检出欧洲橡树窄吉丁和截尾丽虎天牛，其中欧洲橡树窄吉丁是禁止进境检疫性有害生物，尾丽虎天牛为广东检验检疫系统首次截获。

卫生检疫 2016年，对73053标箱次进出境集装箱实施检疫查验；对15487人次出入境人员实施检疫查验；对1903艘次出入境船舶实施检疫查验，其中出入境国际航行船舶265艘次，出入境航行港澳船舶1638艘次，共截获活鼠1只，其他医学媒介960只，其中两批美洲大蠊共检出携带12种病原菌；签发船舶免予卫生控制证书77份，签发船舶卫生证书19份；实行健康检查2219人次，艾滋病监测2219人次，共发现病例数为568例。

认证认可 2016年共受理出口食品企业备案17家，对38家出口食品备案企业实施了后续监管；办理强制性产品认证免办申请33份，出具免办证明31份，对11家免办企业进行了后续监管；检查质量管理体系认证企业1家，见证检查HACCP认证企业6家，验证检查HACCP认证企业6家，见证检查食品安全管理体系认证企业2家，验证检查食品安全管理体系认证企业5家；自愿性认证活动执法监管企业12家次。

执法把关 2016年，行政处罚案件结案1宗，涉案货值4099.20美元，罚没金额5000元人民币；共检出不合格进出口工业品115批，货值7794万美元；检出进出口不合格食品和化妆品69批，货值283万美元。

科技兴检 2016年，《浅议检验检疫部门在〈质量促进法〉中的职能定位》入选《2016年广东检验检疫局政策研究课题名单》课题组；《新会陈皮有害生物调查及熏蒸处理对其品质的影响》获2016年度国家局科技项目立项；《进出口商品中有机锡化合物检测方法及应用研究》荣获新会区科学技术奖二等奖。

地方外贸发展扶持 2016年，开展“智检口岸”和ECIQ等信息化建设，实现签发进出口货物电子通关单，推进无纸化报检；贯彻进出口食品监管新理念，实现通关零等待；推出原产地证签证清单管理制度，提高签证效率，全年优惠原产地证签证金额30455万美元，帮助企业享受进口国关税减免约2396万美元。实施“同线同标同质”等帮扶企业行动，组织企业80人次开展食品防护计划、HACCP等培训，安排17家企业325人次参加新会检验检疫局综合技术中心免费检测技术培训，提高企业产品供给质量；帮助相关企业积极应对贸易技术壁垒，提高企业管理水平。根据口岸核心能力建设方案、动植物口岸规范化建设要求，做好新会港码头二期检验检疫新办公场所的规划，协助港口完善基础设施，提升港口疫情疫病防范能力。结合新会地方产业的发展重点做好食品农产品及陈皮相关产品的检验检测，做强实验室在食品农产品特定领域的检测能力，促进和带动地方特色食品农产品质量安全水平提升。

（新会出入境检验检疫局）

【开平出入境检验检疫局】

2016年，开平出入境检验检疫局与地方政府和企业进行协调，指导开平市跨境电子商务分拣清关中心的场地建设，使监管区的建设符合检验检疫相关要求，通过广东检验检疫局验收，成为全国首个县级跨境电商快件分拣清关中心。

检验检疫综合改革　2016年，开平检验检疫局建立“企业全备案、商品全申报、质量全追溯”的监管制度，推行X光机“一机双屏双控”的现场监管模式，单个邮快件6秒内过机，通关效率提升60%，并率先试点C类快件（低货值货物）进出口业务，实现了该项业务在江门市“零”的突破。加强与开平海关合作，在实施“三个一”基础上，推进“三互”合作。2016年将“单一窗口”推广到跨境电商国际快件业务；无纸化报检覆盖率达90%以上，录入申报数据项减少77项，申报效能提高逾30%，方便企业办理检验检疫通关业务。开展报检、通关单、进境动植物检疫许可证“无纸化”和出境直通式报检，发挥“互联网+”的便利作用，2016年共为开平出口企业节省出口成本超过300万元人民币，减轻企业负担。为确保e-CIQ主干系统顺利上线运行，专人负责做好基础信息维护和权限配置；先后三次派员参加质检总局和广东检验检疫局组织的培训，组织全体业务人员分批进行培训，确保开平检验检疫局主干系统依时上线并有效运行。施行以合格假定为核心的出口食品监管新模式，抽检率从原来的100%（即批批检验）降至5%以下，检验放行周期从原来的7个工作日降至1个工作日。2016年，为开平出口食品加工企业节省出口成本超过600万元。施行以风险分析为核心的进口食品监管新模式，进口食品企业备案时间由原来的5个工作日减为现在的2个工作日，提高了通关速度，降低企业进口成本。2016年，开平市食品进口同比增长13%。

“质量月”活动开展　按照“质量月”工作安排，开展了多项专题宣传活动和“实验室开放日”活动，职能部门、企业对开平检验检疫局综合实验室检测能力表示赞赏。

认证认可监管　2016年，帮助企业建立带有防护功能的HACCP计划，提高企业质量安全管理水平；开展食品企业备案监管与HACCP监管联动，提高认证监管有效性，2016年对辖区12家备案企业进行联动监管；推行HACCP认证结果采信，全年辖区有7家企业实行HACCP认证结果采信，约占广东检验检疫局的10%。引导、帮扶辖区出口食品企业参与“同线同标同质”工程，辖区内1家企业进入供港生鲜交易服务平台，成为全省20家进入该平台的其中1家，4家食品备案企业进入“三同”信息服务平台。

疫情防控和质量安全　开展埃博拉、登革热、疟疾等口岸高风险性疾病的监测和防控工作，利用媒体和平台进行广泛宣传，提高公众的自我防护意识；对一线人员进行防控知识培训，加强检疫和卫生处理工作；制定应急预案和工作方案，强化联防联控；动态调整口岸防控措施，构筑口岸传染病防控安全屏障。开展进出口食用农产品和饲料安全风险监控和进出口动物源性食品残留监控，做好供港澳活猪突发事件应急处置，加强对供港澳活猪的检验检疫工作。加强对进口棉花、机电设备、化工原料等大宗敏感商品的现场查验，严格落实有关规章制度，加强单证审查、现场核查、抽样检测、检验记录等工作，建立企业质量档案，加强后续监管。

违法行为打击　加大对违法违规企业的执法查处力度，与口岸联检单位联系配合，形成查验的执法合力，2016年开平检验检疫局共查处1宗违反检验检疫法律法规案件，适用简易程序。

企业服务　2016年，实施原产地签证和企业办证无纸化，推行原产地签证清单管理制度，对清单外产品实行“即报即签”，清单内产品实行“快审快签”，辖区内签证产品无论清单内外均可当天申报当日领证。全年签发原产地证书9103份，签证金额5.67亿美元，同比分别增长17.35%和11.88%；帮助辖区企业获得关税优惠3134万美元，同比增长16.4%，其中开平市优势产业之一的水暖卫浴企业共获得关税优惠约936万美元，免收原产地证书签证费及证书工本费37万元，减轻企业的负担。推进进口澳大利亚活牛（屠宰用）项目。该项目作为开平市2016年重点招商项目，该局从政策、技术等层面指导企业开展隔离场的选址和规划工作。是年，选定隔离场址和屠宰厂址，隔离场正在建设中。

队伍建设　2016年，在局内开展党章党规知识测试，利用政务网站、报检大厅、微信群发布“两学一做”学习教育文件精神、实施方案和学习教育动态信息，邀请开平市党校理论专家上党课，开展特色主题理想信念教育，开展“迎七一我奉献”党员志愿服务、党员互助捐款等一系列活动，开展组织生活会和党员评议活动，树立风清气正的良好氛围。完善各项党务配套设施，如制作党务公开栏、机关党组织设置一览表，完善民主生活会制度、“三会一课”等制度，推进思想政治工作，2016年，开平检验检疫局荣获“广东省文明单位”称号，其党支部被评为广东检验检疫局优秀党支部。

综合实验室建设　2016年，开平检验检疫局综合实验室顺利通过由CNCA和CNAS组织的“二合一”监督+扩项评审，增加认可检测项目8项。组织全体实验室人员参加检验检测机构资质认定/实验室认可内审员的培训，提升自身的检测和质量管理水平。对现有食品实验室进行改造，改善实验室的检测环境。按时开展并100%完成“国外技术性贸易措施影响调查”，参与TBT/SPS通报评议和表达贸易关注信息工作，为企业应对国外技术性贸易壁垒提供政策和法规支撑。　（潘源）

·责任编辑　关明珠·

交通

The traffic

交通市场管理

【交通市场管理概况】 2016年，交通市场管理分为交通建设市场管理和交通运输市场管理两部分。建设市场管理方面，严把工程管理程序关，重点规范江门大道主道等项目的基本建设管理程序，制订《交通大会战公路项目变更设计管理办法》《公路工程施工、监理企业和试验检测机构信用评价管理办法》《江门大道工程建设办主任办公会议制度》；加强对江门大道、国省道等重点工程质量监督检查；抓好招标投标等建设领域规范化管理，搭建全市建设企业信用评价平台，构建交通运输招投标网上交易平台，逐步实现招投标阳光化电子办公。运输市场管理方面，牵头制订《江门市深化改革推进出租车行业健康发展工作方案》《江门市网络预约出租汽车经营服务管理实施细则》，完善《江门市区出租汽车司机集体信访或非法聚集闹事应急预案》；推进驾培机构改革，完成省政府下达的"计时培训计时收费、先培训后付费"培训服务模式改革。

【交通运输行业安全生产】 完善应急值守和信息报送的制度建设。2016年，抓好重点时期、重要部位安全生产监管。对道路运输、工程建设、港口水运等三大重点领域开展综合督查，并将隐患整改情况在网站公示，接受社会监督。开展"道路运输平安年"、危险货物港区与水路运输、建设余泥渣土受纳场、在建交通工程、公路桥梁等专项检查。开展行业风险点、危险源排查整治行动，妥善处置出租车聚集罢驶，"桂平南货0699"船撞桥，沈海高速开阳段货运、危化品车辆事故。创新科技手段，开发码头综合信息实时监控管理平台；建立跨地区、跨部门协作机制，强化危险品、客货运输车辆源头监管。全行业无较大以上生产安全责任事故发生。

【交通规划】 2016年，编制完成《江门市综合交通运输体系发展"十三五"规划》《台开恩联城高快速路网规划》《江门大广海湾经济区综合交通运输体系规划（2014-2030年）》等重点规划；先后与广州、佛山、珠海、中山、云浮等市建立联席会议机制；成功争取新增2条国道和1条国家高速联络线正式纳入国家公路网。

交通基础设施建设

【交通基础设施建设概况】 2016年，全市交通基础设施建设完成投资88.69亿元，完成年度计划的130%。其中高速公路项目完成45.88亿元，城市快速公路完成24.41亿元，国省道项目完成10.75亿元，县乡村道完成3.37亿元，港口航道及站场建设完成4.28亿元。

【交通一体化建设】 2016年,全市车辆通行费（年票）征收8320.84万元。按照《广东省交通运输厅广东省发展改革委广东省财政厅关于江门市取消车辆通行费年票制有关问题的复函》（粤交明电〔2016〕93号），市政府同意自2017年1月1日起，取消车辆通行费年票制。取消国道G325鹤山段、国道G325恩平东段、国道G325恩平西段、省道古崖线江鹤公路、江门市九江大桥（G325线）至江门市区公路、江门潮连大桥、新会区南环公路7个项目收费，撤销滨江、江鹤、国道325恩平、莲塘4个次票收费站，停止对过往车辆收取次票通行费。宅梧收费站自2017年1月1日起暂停对过往车辆收取次票通行费。

【高速公路建设】 2016年，全市高速公路建设完成投资45.88亿元，完成年度计划42.8亿元的107.2%。高速公路通车里程达437公里，位列全省第7。其中，江罗高速、广中江高速一期（龙溪至荷塘段）竣工通车；高恩高速、广中江高速二期建设加快推进；中开高速江门段、沈海高速三堡至水口段扩建工程启动建设；开春高速完成立项，并在阳江段率先开工建设；推进沈海高速开平至阳江段扩建、银洲湖高速、开台高速前期工作。

【市区重点交通工程建设】 2016年，江门大道完成投资21.3亿元。江门大道北、江门大道中五洞至东甲立交段主道建成试通车；江门大道中东甲立交至银鹭立交段主道加快建设；江门大道南有序推进，先行工程银鹭大桥抓紧施工。其他干线公路完成投资13.2亿元，除恩平大道及配套项目、一行路因调规等原因影响项目推进外，台开快速路及龙山支线、国道G325线鹤山过境公路新建工程主辅道、礼睦路扩建工程、会港大道一期、滨江大道鹤山延伸段（滨江路）、高新区公共码头首期、省道S364线江门五邑路外海大桥至江门大道段扩建工程按计划推进。全年累计完成新农村公路建设165.648公里，完成投资9859.5万元。江门高新区公共码头建设完成投资2亿元。那扶河及镇海湾出海航道疏浚工程开工建设，完成投资1.5亿元。江海综合客运枢纽竣工。

道路运输

【道路运输概况】 2016年，全市道路客运企业23家，有营运客车1363辆，57033座,其中：客运班车1137辆,46365座；旅游包车226辆，10668座。全市1050个行政村，达到安全通行条件992个。全市客运站场76个，1200个农村客运候车亭。其中：等级站18个（一级站4个，二级站3个，三级站3个、四级站3个，五级站5个），简易站11个，招呼站43个，未定级客运站4个。客运线路覆盖全市乡镇，辐射全省各地，跨越周边省区。全市现有危险货物运输企业73家，危运车辆1269辆；全市现有普货营运车23151辆167504.3吨。全市机动车维修业户共3556户，其中汽车维修企业2125户。一、二类汽车维修企业232家；三类汽车维修业户1893家；摩托车维修1431户；综合性能检测站6家。全市现有驾驶培训企业35家，教练车2185辆，从业教练员2385人。

【春运】 2016年春运，全市投入营运客车1311辆，其中省内班车1265辆、省际班车46辆；投入公交车1444辆，出租车1233辆；投入高速客轮28艘，其中港澳航线每日往返2个单航次，川岛航线每日往返20个航次；城轨江门站每天发往广州列车20班次。春运期间，全市发送旅客约291万人次，比上年减少11.87%。其中公路发送旅客约257万人次，比上年减少13.07%；水路发送旅客约12万人次，比上年减少12.7%；城轨江门站、新会站发送旅客22万人次，比上年增长5.39%。

城市公共交通

【城市公共交通概况】 2016年，推进江门市公共交通一体化发展，优化东部公交线网，新增7条和调整21条公交线路；加快开行跨市公交，开通江门荷塘至顺德均安跨市公交线，推进江门北街至中山古镇跨市公交的前期准备。落实全国公交一卡通试点工作，完成20条线路104辆公交车刷卡设备全国互联互通升级；制定公交线路编码规则，统一全市公交线路编号。完善公交设施建设，推进演艺中心、青少年宫、鹤山公园等首末站建设，全市建成50个公交充电桩。

【公共汽车管理】 2016年，江门市公交车保有量为1688标台，其中清洁能源公交车570.3标台，新能源公交车725.6标台，清洁能源及新能源公交车占车辆总数77%。其中市区公交车1094辆（1193.3标台），中心城区每万人拥有公交车辆为11.98标台。“岭南通·五邑通”公交IC卡在广东省互通并覆盖全市，完成20条线路104辆公交车刷卡设备全国互联互通试点升级改造，实施常住市区外籍老人享受市区户籍老人同等乘车优惠待遇，五邑通公交IC卡发放86.7万张，其中老人长者IC卡34.45万张，学生卡23.24万张，低保卡889张，优抚卡1.09张，残疾人卡779张，普通卡27.74万张。

【出租车行业管理】 2016年，全市有1077辆出租车，出租车驾驶员1743人，出租车企业20家，个体出租车9户，主要的经营模式为经济责任承包制和个体经营制。是年，蓬江、江海、新会三区出租车载客车次总数约为672.7万车次，客运量约为1220.4万人次，营运里程约为5488.4万公里，其中载客里程约为4328.7万公里。

表25：　　2016年全市出租车行业企业一览表

序号	单位名称	联系电话
1	江门市新联汽车贸易发展有限公司	0750-3168938
2	江门市蓬江区捷康汽车配件总汇	0750-3568383
3	江门市南安小汽车出租有限公司	0750-3509033
4	江门市南安小汽车出租有限公司鹤山分公司	0750-3509033
5	广东省江门市汽运集团有限公司出租车分公司	0750-3680101
6	江门市新会区三侨出租小汽车有限公司	0750-6321398
7	江门市新会区东安汽车运输有限公司	0750-6105333
8	台山市祥安汽车运输有限公司	0750-5568802
9	台山市交通运输有限公司	0750-5670204
10	台山市交通运输有限公司的士出租第一分公司	0750-5670204
11	台山市交通运输有限公司的士出租第二分公司	0750-5670204
12	台山市海宁出租车有限公司	0750-5550005
13	台山市交通开发有限公司	0750-5528393
14	开平市捷安汽车出租有限公司	0750-2227606
15	开平市大众汽车出租有限公司	0750-2252387
16	广东省三埠港客货运输联合公司	0750-2292242
17	开平市二零六汽车出租有限公司	0750-2336520
18	广东省江门市汽运集团有限公司鹤山汽车总站	0750-8878018
19	恩平市恒顺小汽车出租有限公司	0750-7713785
20	恩平市京湖运输有限公司	0750-7181088

港航管理

【港航管理概况】　2016年，江门市有水路运输企业46家（其中个体4家）；营业性运输船舶538艘（其中客船28艘、3151客位）、总载重吨65.51万吨，功率21.71万千瓦。经营航线有港澳航线、沿海航线和内河航线。江门市已领取港口经营许可证的港口经营企业共129家，其中从事危险货物港口作业资质的32家。全市有生产经营性泊位294个（其中6个万吨级泊位），泊位总延长20944米，年通过能力散杂货4072.09万吨、集装箱134.35万TEU和旅客483万人次。

【水路运输】　2016年,江门市完成水路货运量3696.12万吨，货物周转量670335.49万吨公里，分别比上年下降0.27%和增长3.36%；完成水路客运量190.64万人次，客运周转量4920.52万人公里，分别比上年下降0.65%和4.71%。

【港口经营】　2016年，江门市完成港口货物吞吐量7922.75万吨，比上年增长5.29%，其中：完成外贸货物吞吐量完成675.99万吨，比上年增长16.16%，完成集装箱吞吐量123.76万TEU，比上年增长13.76%。

交通行政执法

【交通行政执法概况】　2016年，全市查获交通运输违法案件7757宗，处理7585宗，结案率97.78%，其中，执法信息系统立案数3412宗，处理3240宗；开展交通公安联合执法的治超案件41宗；责令当事人停止违法行为并消除违法状态案件4304宗（含：投诉案件613宗，商事平台移交案件654宗，路政执法案件564宗，水路案件34宗，高速公路入口劝返案件2439宗）。全市没有发生“三乱”行为，无有效投诉、复议和诉讼，无发生重大安全责任事故和违法违规行为。

【道路运政执法】 2016年，联合市公安局组建江门市首支打击非法营运专责队，并联合制定执法行动方案，加强打击非法营运行为。是年，全市处理道路运政案件2901宗，其中，非法营运车辆349辆（“黑大巴”11宗），危险货物运输案件59宗，出租车违规经营案件70宗，机动车维修行业违规经营112宗，驾培教学违规行为9宗，其他运政违法案件1467宗，案件总数比上年增长45%。

【公路路政执法】 2016年，全市查处超限超载运输车辆2046辆，卸载货物4.71万吨。加强源头治超，召开各类座谈会12次，发放治超宣传资料5800余份；排查核实货运源头企业99家，与企业签订治超责任书29份，已向社会公示的第一批货运源头企业共6家；通过实地巡查、远程监控等方式，检查货运源头10企业25家，发出《责令改正通知书》13份。加强路面治超，与公安交警部门建立超限车辆信息互通和移交机制，公安交警移交处理的超限车辆共320辆次，卸载货物1.02万吨；与云浮、阳江等市建立治超协作机制，强化与相邻地区之间的协调配合。加强高速公路出入口劝返工作。联合恩平、开平交通执法和公安交通管理等部门开展专项行动，处罚超限车辆15辆次，劝返超限超载车辆350辆次，公安交警处理违法车辆94辆次。是年，全市查处路政执法案件共564宗。联合有关部门拆除违法建筑物、构筑物、广告标牌设施及清理桥下空间堆积物共2.2万多平方米。制定《江门市交通综合行政执法机构与公路路政管理机构业务协作具体实施办法（征求意见稿）》，完善路政执法协作机制。联合公安交警、公路部门、高速公路公司开展案件查处工作，在打击高速公路逃费方面通过联合调查取证查处案件3宗，责令车主补交通行费约3.3万元。制定《江门市高速公路救援工作要求》，并与开阳高速、江门交警、阳江交警、阳江执法局等部门建立交通安全联勤机制。2016年，全市高速公路车辆救援服务工作未出现违规操作、投诉和因救援引发的重大险情二次事故。

【水路运政执法】 2016年，全市水路交通执法案件办理34宗。按计划完成江门辖区四级以上（含四级）航道,蓬江、江海两区航道和港口码头的执法监督检查工作；抓好航道审批项目执法监管；多次与江门、新会、台山航道部门开展联合执法行动，现场纠正各类航道违法行为；加强对辖区港口、码头作业经营巡查监管，并以危险货物港口码头为重点，开展专项整治执法行动；加强与港口海事部门的沟通联系，开展水上联合执法行动;与航道部门及周边市召开水路交通行政执法协调会，制定业务协作办法，抓好对“共水”航道的执法监管。是年，航道管理部门共告知移交案件11宗，结案率100%。

表26： 2016年江门至香港、澳门水路客运票价

单位：人民币（元）

等级	平日		节假日	
	香港	澳门	香港	澳门
贵宾房	240	100	260	110
头等	220	80	240	90
普通 套票（含往返）	单程：180 套票：290	单程：60 套票：90	单程：200 套票：330	单程：70 套票：110

表27：2016年全市社会客货运输、港口吞吐量情况

项目	货运量（万吨）	货运周转量（万吨/千米）	客运量（万人）	客运周转量（万人/千米）	港口吞吐量		
					旅客（万人）	货物（万吨）	集装箱（万TEU）
合计	14057.57	1694403.83	9746.23	606476.52	13.04	7922.75	123.76
陆运	10361.45	1024068.33	9555.59	601556.00			
水运	3696.12	670335.49	190.64	4920.52			

（江门市交通运输局）

【交通大会战】 2016年是江门交通大会战的决战年,江门市以“一大枢纽，四大路网”建设为重点，规划建设珠西综合交通枢纽江门站，谋划推进江肇高铁建设，打通“深（中）江通道”等跨珠江口大通道网络，加快中开高速等高速公路建设。推进以江门大道为中心的东部快速路网形成，构建以台开恩联城快速路为突破口的西部快速路网。江门大道中建设实现五洞-东甲立交段建成通车，规划建设东部联城高快速路网。启动台开快速路建设。江罗高速年内通车，加快广中江、中开、高恩高速建设和佛开高速三堡至水口段扩建，开展新会至高栏港、阳春至开平、开平至台山等高速前期工作。做好与港珠澳大桥、深中通道的规划衔接，重点完善中开高速沿线的三江、双水、水步、百合等关键节点，打造“深（中）江通道”，提升江门作为广佛、深港澳辐射粤西及大西南的门户战略地位，形成东西板块互联互通的大江门发展格局。完成珠西综合交通枢纽江门站立项，调整站场规划布局，推进深茂铁路江门段、南沙港铁路江门段建设，加快深茂铁路江门至深圳段、广佛江珠城轨等项目前期工作，谋划江肇高铁，编制城市轨道交通线网规划。推进高新区码头建设、广海湾港区码头与“空港”规划。推进公交一体，完善东部直达快线、快速公交、常规公交、微循环公交4个层次公交系统建设，打造智慧公交，实施车厢内部、候车亭无线上网。加快公交枢纽站综合开发建设，推进公共自行车项目、停车场的规划建设。推广新能源汽车在公共服务领域应用。

交通大会战项目推进 2016年2月5日，江门市召开2016年交通大会战项目推进会，有33个项目列入交通大会战项目，计划投资123亿元。会议强调，2016年是交通大会战的决战年，也是江门市委、市政府项目落实年的“头炮”，必须攻坚克难突破大项目，抢抓机遇谋划珠西枢纽，以决心不变、力度不减的“大道精神”打赢这场仗。会议指出，2016年是交通大会战的决战年，新形势下要紧盯中央政策抓住机会，江门大道的整个线型要全部拉出来，五洞、龙湾、东甲立交等要尽快形成互通；加快深（中）江通道中开高速、广中江高速江门段的建设，谋划珠西枢纽站，引入高铁、空港建设，以及大广海湾的物流枢纽港等工作。

珠西综合交通枢纽江门站 位于现在的广珠铁路江门南站车场西侧，建成后将形成广珠铁路、深茂铁路（江深段、江茂段）、广佛江珠城际及江恩城际的综合轨道交通枢纽站场，站场将预留城市轨道交通线、江门大道通道，构建综合换乘的交通核心。按照省委、省政府对江门市发展定位的要求，江门站定位为“江门市主要铁路客运站，珠中江都市圈地区性铁路综合交通枢纽，珠三角连接西翼与粤西联系的交通门户，珠三角地区大型高铁客运站”。2016年江门从三方面推进珠西交通枢纽的建设：做好珠西枢纽江门站项目前期工作，开展工程可行性研究报告的编制工作，争取年底前完成珠西综合交通枢纽（江门站）立项。加快推进深茂铁路江门至深圳段项目前期工作，深茂铁路江门至深圳段项目对沟通珠江东西两岸具有非常重要的意义，是推动珠西综合交通枢纽形成的关键项目，力争项目尽快动工建设。推动南沙港铁路江门段动工建设，加快广佛江珠城际轨道立项，争取项目早

日动工建设。

江门大道　江门大道是江门市联系广佛核心区和港澳特区，串联市域主要经济发展区域的南北走向交通大动脉。项目采用8车道主道+4车道辅道快速路标准建设，全线呈双“Y”字形，全长约123公里，总投资约240亿元，按江门大道北、江门大道中、江门大道南三部分组成，分段分期建设。江门大道全程大部分由高架桥、隧道构成，全程封闭不设红绿灯，在沿途设有辅道作为出入口。作为江门首条城市快速路，江门大道及其西延线全长约90公里，从与顺德对望的西江岸边，穿过江门城市最为发达、经济最为活跃的三区两市（蓬江、江海、新会、鹤山、台山）。江门大道在城区内通过双向4车道的辅道及互通立交，连接上城市内的道路。江门大道还在沿途通过互通立交串起广中江高速、江鹤高速、西部沿海高速等区域8条高速公路，构建起珠江西岸重要的交通干道。江门大道北主线于2016年2月5日试通车，江门大道北及江门大道中蓬江段主道完成年度计划的125.7%、辅道完成103%；江门大道南主辅道完成110.8%。

江罗高速江门段　江罗高速公路起点为鹤山市共和镇（佛开高速平莲互通），终点为罗定市华石镇，采用双向六车道高速公路技术标准。其中江门段全长47公里，总投资约55亿元，于2016年建成通车。江罗高速公路是广东省东西向的一条重要通道，建成后成为中山、江门等地通往广西的最短线路，是连接珠三角地区和大西南的一条重要通道。

新台高速南延线　新台高速南延线工程起于新台高速公路，终点斗山浮石，在斗山镇中和村附近设中和立交与西部沿海高速公路连接。路线全长约5.7公里，采用设计时速100公里的双向四车道高速公路技术标准。

广中江高速公路　线路全长67.3km，项目总投资151亿元。由江门至广州南沙高速公路（长50.16公里）及佛江高速公路江门段（长17.15公里）两部分组成，两者在顺德区均安镇天连村相交。除鹤山雅瑶赤草起点至狮子互通段约4.7公里，采用双向4车道高速公路标准外，其余路段均采用双向六车道高速公路标准。全线设互通17处，特大桥6座（其中斜拉桥4座）。路线以高架桥为主，桥隧比例为84%。

其中江门段穿越鹤山市雅瑶镇、蓬江区棠下镇、荷塘镇、潮连街、滨江新区、江海区。全长27.6km，设互通立交8处，特大桥3座（斜拉桥），大中桥梁27座，隧道1座，桥隧比达72%，总投资66.18亿元。广中江高速把佛开、江肇、佛江高速佛山段、广珠西、中山东外环、东新、江珠、江中、中开小榄支线等9条高速公路连成一个整体，形成一条从江门到广佛肇、深莞惠等经济发达地区的快速通道。

一体化建设推进　2016年，以交通建设为切入点，加快融入粤港澳大湾区，开拓城局。珠西综合交通枢纽江门站规划建设已完成规划定位并纳入省“十三五”规划，实现从城轨支线到综合交通枢纽、从过境站到珠西辐射粤西第一门户的转变。江顺大桥、江门大道北、江门大道中五洞-东甲立交段主线、广珠铁路、江罗高速、广中江高速一期、新台高速南延线、佛开高速九江大桥至三堡段扩建等一批交通基础设施顺利建成，江门大道南、中开、高恩等高速公路、深茂铁路等加快推进。区域错位发展格局初步形成，中心城区框架进一步拉开，滨江新城加快建设。江港澳合作继续深化，与澳门签订金融合作备忘录。　（雷栋）

东部三区一市“交通先行”　2016，江门交通大会战进入决战期，主战场所在的东部三区一市，随着江门大道、广中江高速、江罗高速、高新区公共码头、珠西综合交通枢纽江门站、广佛江珠城际轨道、五邑路扩建等重大交通项目的建成通车，一个外接内连、高效畅通的快速交通网络在东部三区一市建立起来。特别是自北向南长达123公里的江门大道，将把东部三区一市融合一起，共同构建一条“江门大道发展轴线”，实现同城共融。是年，江门交通大会战项目共33个项目，涉及总投资达984.45亿元，而东部三区一市列入全市交通大会战的项目共28个，涉及总投资达842亿元，当年总投资达114.87亿元。东部三区一市将以南北向双“Y”形布局规划建设的江门大道为主骨架，同步配套东西向城市干道，对接高速公路，构成“申”字形的市域高、快速路网，紧密联通大滨江区、银湖湾区、大广海湾区等重大经济板块。东部三区一市各个城市内部的“路城融合”也正在加速。杜阮北一路、迎宾西路、连海路、南山路、胜利南路相继动工建设。鹤山大道上跨江门大道北鹤山段跨线桥、滨江快线、江侨路列入交通大会战新增项目。礼睦路扩建工程开展征地拆迁工作及软基处理工程；国道G325线鹤山大雁山至桃源段全线初步设计已完成。

公交一体化服务　江门按4个层次（蓝巴：直达快线，绿巴：快速公交，黄巴:常规公交，红巴:微循环公交)对公交线网进行优化调整，确立以常规公交为主体、出租车和公共自行车为补充、新型交通系统为探索方向的发展定位，构建结构合理、层次分明、网线通达、换乘便捷、设施完善的公交一体化服务系统。在优化、整合公交线路方面，仅蓬江、江海两区已调整优化线路10条，新增线路11条。市汽运集团拟定荷塘至顺德均安、江海至中山古镇等毗邻市跨市公交线路发展计划，待相关站场配套建设完成并与顺德、中山相关部门协商一致后即可开通。鹤山龙口与佛山高明已经互通跨市公交线路。

高速公路建设 2016年，江门市高速公路建设共完成投资45.88亿元，完成年度计划42.8亿元的107.2%。高速公路通车里程达437公里，位列广东省第7。其中，江罗高速、广中江高速一期（龙溪至荷塘段）竣工通车；高恩高速、广中江高速二期建设加快推进；中开高速江门段、沈海高速三堡至水口段扩建工程启动建设；开春高速完成立项，并在阳江段率先开工建设；推进沈海高速开平至阳江段扩建、银洲湖高速、开台高速前期工作。

市区重点交通工程建设 江门大道完成投资21.3亿元。江门大道北、江门大道中五洞至东甲立交段主道建成试通车；江门大道中东甲立交至银鹭立交段主道加快建设；江门大道南有序推进，先行工程银鹭大桥抓紧施工。其他干线公路完成投资13.2亿元，除恩平大道及配套项目、一行路因调规等原因影响项目推进外，台开快速路及龙山支线、国道G325线鹤山过境公路新建工程主辅道、礼睦路扩建工程、会港大道一期、滨江大道鹤山延伸段（滨江路）、高新区公共码头首期、省道S364线江门五邑路外海大桥至江门大道段扩建工程按计划推进。全年累计完成新农村公路建设165.648公里，完成投资9859.5万元。江门高新区公共码头建设完成投资 2 亿元。那扶河及镇海湾出海航道疏浚工程开工建设，完成投资 1.5 亿元。江海综合客运枢纽竣工。

三通车、三启动 2016年12月28日，江门大道五洞至东甲立交主道、江罗高速和广中江高速一期三个重点交通工程建成通车。2016年底前，中开高速江门段、沈海高速三堡至水口段改扩建和江门市国省道PPP项目三个重点交通项目启动建设。

·链接·

三通车项目 江门大道五洞至东甲立交主道：江门大道项目采用8车道主道+4车道辅道快速路标准建设，全线呈双“Y”字形，全长约123公里，总投资约236亿元。项目由江门大道北、江门大道中、江门大道南三部分组成，江门大道北已在今年年初建成通车，本次通车的即为江门大道五洞至东甲立交主道。

江罗高速：江罗高速属于广东省高速公路网第四横线西段，起于平连互通（接佛开高速），途经江门市鹤山、新会、开平，佛山市高明，云浮新兴、罗定，在罗定与云岑高速及罗阳高速公路相接，线路全长约144.5公里。

广中江高速：广中江高速公路项目由两部分组成，分别是江门至广州南沙高速公路（江南段）和佛江高速公路江门段（佛江段）。项目路线总长约67.3公里，采用双向6车道。本次通车的是荷塘至龙溪段（一期），该路段起于江门市蓬江区荷塘镇荷塘互通立交，经顺德区均安镇、中山市古镇镇、江门市蓬江区潮连街道、江门市江海区外海街道，终于江中高速龙溪互通立交，全长26.9公里。

三启动项目 中开高速：中山至开平高速公路（含小榄支线）项目全长152.5公里（其中江门段85.5公里），主线采用双向6车道技术标准，设计时速为120公里/小时。中开高速是广东省高速公路网珠江西岸中东西向主要轴线之一，对接在建的深中通道。未来，从江门中心城区前往深圳的行车时间将只需1个小时左右。项目预计2020年建成通车。

沈海高速三堡至水口段改扩建工程：沈海高速三堡至水口段改扩建工程项目全长33.4公里，由原来的双向4车道扩建为双向8车道，投资估算总金额约35.13亿元，计划工期为4年。

江门市国省道PPP项目：项目包含国道G325线养护示范路及国省道“迎国检”路面改造工程、省道S364线五邑路（外海大桥至江门大道）扩建及综合管廊工程一级江侨路等市政道路改造工程，总投资29.55亿元。江门市国省道（国道G325、五邑路等）PPP项目是江门乃至广东省首个非收费公路PPP项目，并于2016年10月11日入选财政部第三批政府和社会资本合作示范项目。

航道管理

【航道管理概况】　江门市地处珠江三角洲西岸，依江靠海，河网交错，水道四通八达，西江、潭江贯穿市域辖区。江门航道局辖区航道维护里程1015.6公里。其中内河航道915公里，沿海航道100.6公里；维护标志1064座（盏）。主要航道西江下游、虎跳门水道、崖门水道、崖门出海航道、劳龙虎水道、潭江等，是全国内河航道规划“两横”和珠江三角洲“三纵三横三线”高等级骨干航道网组成部分。江门航道局严格执行《广东省航道局航道养护管理规定》《广东省航道维护标准》等养护制度和技术指标，加强道、标、船的维护管理，确保养护各项指标达到要求；加强航道行政管理，保护辖区航道资源。

【航道建设】　2016年，江门航道局推进辖区航道那扶河及镇海湾出海航道工程建设，该项目为省、市重点项目。航道整治里程44.5千米，其中那扶河从横板至寨门口24千米，镇海湾出海航道从寨门口至莽洲岛20.5千米，均按单向乘潮通航3000吨级海轮标准建设，工程建设内容主要包含疏浚工程、清礁工程、围埝工程及航标工程，工程总投资估算约37097万元。2016年，项目计划完成投资1.52亿元，实际完成投资1.5204亿元，在项目推进过程中，江门航道局克服地方配套资金落实不足、卸区选定及碍航渔栅、蚝排拆迁工作难度大等诸多困难，确保项目顺利推进。江门航道局抓好省航道支持保障系统江门航道局辖区航标和水位站工程建设，该工程主要内容为建设71座航标（其中新建26座，改建28座，备用17座）和1座浮子式遥测水位站，总投资概算为445.38万元，2016年7月4日，项目开工，11月30日完工，12月28日通过交工预验收。

【航道养护】　2016年，江门航道局严格执行航道巡查维护制度，加强航道巡查、探测和扫床，做好辖区主要航道滩段日常水情报送和网上公布工作。全年对西江下游、潭江、江门水道、虎跳门水道、劳龙虎水道、崖门出海航道等335公里进行扫床探测，组织实施并完成辖区航道维护疏浚工程1.6万立方米，妥善处理通航航道船舶搁浅、沉船、碰船等突发事件6宗，辖区各项保通航措施落实到位，航道水深保证率达到100%。严格落实航标养护制度，全年完成航标除锈大保养1059座次，检修各类灯器184盏次，更换器材90座次;加强航标遥控遥测使用监控管理，辖区安装使用遥控遥测系统的航标合计223座，更换RTU38座次；全年，辖区航标被碰、被盗合计55座，对失常的30座航标及时进行恢复；完成4座航标的基础加固维修及靠船设施和标路建设。全年辖区航标维护正常率达到100%，航道安全畅通。

【航道行政管理】　2016年，江门航道局依据《中华人民共和国航道法》《广东省航道管理条例》，履行航道行政管理职能，严格按程序抓好航政执法工作，保护辖区航道资源。一年来，重点抓好四项航道行政审批工作，推行政务公开、服务承诺制、首问责任制和限时办结制，推动航道行政执法和社会服务有机结合，行政审批事项全部纳入市电子监察范围，接受社会监督。全年完成各类航道行政审批62宗，其中跨（过）、临、拦河建筑物建设审批28宗，通航水域水上水下施工作业审批21宗，专用航标审批13宗。坚持审批与监管两手抓方针，建立与综合执法部门资源共享、工作互通的工作机制，加大审批事项监督力度，抓好审批项目施工监管等各项工作，保证航道行政管理各项工作落到实处，制止和查处各种航道违法行为。全年开展航道行政巡查766次，巡查里程达35520公里，及时查处航道违章施工行为31宗，均及时移交江门市交通运输综合执法局处理。（赵三中）

交通基础设施建设

【交通基础设施建设概述】2016年，江门市公路局管养总里程1066.406公里，其中普通国道3条，399.181公里，普通省道11条，里程667.225公里。一级公路520.921公里，二级公路427.809公里，三级公路117.241公里，四级公路0.435公里。

【国省道管养】 2016年，全市国、省道项目完成投资9.5765亿元。S271新崖线崖门苍山至黄屋段路面改造工程、S276腰那线恩平朗底至大田段路面改造工程、S367冲恩线线恩平内槐至大槐段路面改造工程完工。江门市国省道（国道G325、五邑路等）PPP项目于11月1日完成签约，12月15日正式开工。

【广中江高速公路建设】2016年，江门市公路局督促地方政府尽快完成棠下镇元岭村小组的狮子里互通与江肇高速公路拼宽段（北）1.2亩地交地，以及虎岭村1处220kv电塔占补工作。石山村阻工问题已基本解决。施工不断加快，三座跨西江特大桥中，继潮荷大桥5月合龙，江海大桥也在8月26日顺利合龙。年内要通车的一期工程（荷塘至龙溪段）路面工程全面铺开，完成约50%，11月底完成。会港大道工程完成立项规模调整，初步设计调整也已获交通局审批，预计近期可以完成。下一步将加快完成施工图设计及监理招标等工作，力争年内开工。国省道PPP项目各项工作得到较大突破。已完成了从恢复招标到招标评审、采购结果确认、公示等一系列工作，11月1日正式与中标单位中电建路桥集团有限公司签约，各项工作都得到高效落实。

【国省道“十三五”大项目前期工作】 2016年，国道G240线江门新会至台山段改建工程完成线路方案比选，并征求落实台山、开平、新会三个地区的意见。省道S270线鹤城至杜阮段扩建工程已完成工可，S364五邑路扩建工程正加紧开展各项专项评估。落实好江门大道北线及江门大道试通车后的临时管养工作，基本达到“完好、安全、畅通”的要求。积极研究编制“江门大道南”指路标志牌更新方案，做好高速公路和地方公路相关标志牌信息摸底调查。继续跟踪落实江顺大桥及江门大道管养模式，争取尽快明确。

【大中修项目养护】 2016年，除PPP项目外，8个大修（改造）项目中，基本完工的2个分别是恩平S276线朗底至大田段路面改造工程、恩平S367线内槐至大槐段路面改造工程。新会S271线崖门苍山至黄屋段路面改造工程、开平S367线台山冲蒌至恩平恩城段路面大修工程（K36+945～K45+540）已完成主体工程。正在推进的鹤山S273线荷尾至金屋段（江门监狱危险路段）改造工程、G325线鹤山大道起点平交口改造工程，台山S367线冲蒌至三合段路面改造工程（K0+000～K15+945）、台山S274线台山开平交界至温泉段改造工程（光明至三合镇政府段）等项目正加紧施工。

【桥梁改造】 2016年，台山S274线大同桥、开平S275线蚬冈桥完工并恢复通车。新会S364线潭江桥完成约84%，S270线红关桥完成约64%。台山S275线石仔桥、S274线汇源桥，市区S270线留田桥，鹤山S270线旺村桥等桥梁加紧前期工作，年底前启动实施。

【简政放权】 2016年，江门市公路局按照《江门市人民政府办公室关于印发江门市“1+3”清单动态调整管理工作方案的通知》《江门市人民政府办公室关于印发清理规范市政府部门行政审批中介服务工作方案的通知》等文件要求，梳理本单位行政审批事项，制定“1+3”清单目录，指导下属各局对市级下放的三项审批事项进行规范审批。做好行政审批规范化管理，清理一批遗留问题，对涉及供电、通信、燃气管道等涉路审批事项进行梳理审查，明确权责。规范公路桥梁与石油天然气管道、铁路等交叉工程管理，严格规范行政许可。应用网上办事大厅，对所有事项完善法律法规依据、申请事项描述、申请材料、许可流程、许可条件、结果文书、审批时限等审批应公开内容，全部实现网上咨询、网上申请、网上办理、网上查询的三级服务深度。推进路政电子巡查系统建设，为路政许可、执法等规范化管理创造良好的条件。

【行业管理体制改革】 2016年，江门市公路局根据《广东省人民政府办公厅关于印发广东省交通运输综合改革试点工作实施意见的通知》提出在用一年的时间进行改革试点，在2016年底实现交通运输管理体制改革取得新突破，理顺交通运输管理体制机制，推进“大交通”管理体制改革。推行国道、省道、县道、乡道的建设、养护一体化管理，强化公路行业的监督管理职能。做好应对准备工作，4月18日，江门市公路局到佛山公路局学习公路管养机制改革和大交通综合改革工作的经验做法。根据省厅、省局和市政府的部署，配合做好相关的调研和方案草拟工作。推进江门大道及江顺大桥管养中心的筹建。推进年票制改革准备工作，摸排涉及的收费站和年票征收窗口情况，评估管养的收费路段。（李颖钧）

海事管理

【海事管理概况】 2016年，江门港口货物吞吐量11630万吨、船舶进出港136115艘次，旅客运送量955万人次。全年列入统计的一般等级以上事故1起、死亡失踪0人、沉船0艘、经济损失473万元，同比分别下降66.7%、100%、100%和上升63%，辖区水上安全形势总体稳定。年内，江门海事局协助做好地方重点涉水项目建设的海事服务保障工作；为江中珠游艇俱乐部发展提供专业意见；指导古劳水乡旅游中心完善景区船舶、船员的规范化管理；完成废钢船登记11艘次，沿海废钢船拆解现场监管27艘次（其中四大央企所属船舶10艘次），内河船舶拆解的现场确认14艘次；研究协调解决摩托车携带蓄电池海路出口相关事宜；为地方涉水企业“减负”达2800万元。

【水上安全监督】 2016年，深化“侨乡幸福渡”党建品牌建设，6月，经市政府同意，联合印发《江门市交通运输局 江门海事局关于印发江门市渡口渡船安全“十三五”规划的通知》，提高江门市渡运安全管理水平。推进“侨海安畅”品牌工程建设，强化虎跳门风险航段及上下川岛海域等重点水域的安全监管整治效果，完善睦洲渡口硬件改造，稳步实施台山填海工程和川岛高速客船安全帮扶及共建方案。是年，江门海事局开展辖区水上交通安全和桥区水域的风险隐患排查、评估和治理活动，公布辖区水上交通安全风险源，对风险源实行分级管理；召开江门市水上交通安全专责小组工作协调会，专题研究和协调解决洪水期间鹤山辖区两座水上加油站过驳和供油作业存在的安全隐患问题；做好节假日和季节性气候的水上安全监管；开展“水上交通风险点危险源排查整治专项行动”“突发事件风险隐患排查整治”“珠江口平安卫士”“江门海事局安全生产月活动”“水上旅游安全年”“岁末年初水上交通安全生产大检查”等多个安全专项行动。全年完成巡航里程54235海里，巡航时间5046小时，出动船艇（车辆）2012艘次，执法人员4884人次。实施行政处罚473宗，查处超载154艘次。

【事故与应急】 2016年，江门海事局做好江门市船舶溢油应急设备库建设和管理，完成10个应急设备库的物资储备。7月，江门海事局组织召开江门海上搜救分中心年度工作会议，成立江门市海上和内河两支搜救志愿者队伍。全年江门海上搜救分中心共接报险情34宗，开展搜救行动33次，遇险人数173人，成功救助169人，搜救成功率97.7%。与2015年同期相比（1-12月，开展水上搜救50次，遇险人数349人，成功救助345人，搜救成功率98.9%。），搜救行动次数下降31.2%，遇险人数下降50.4%，搜救成功率略有下降。

【船员管理】 2016年，开展“幸福船员 畅行江海”船员服务品牌建设活动，推动江门辖区船员管理服务升级。开展船员履职检查、海船船舶配员和任解职检查等专项检查活动。做好“世界海员日”有关推优的评选及庆祝和宣传活动。是年，江门海事局送教上门，到新会小鸟天堂景区，为旅游客船船员开展小型客渡船船员培训；联合川岛镇人民政府、港务局和川岛船务公司，成立船员队伍可持续发展课题研究小组，完成《川山群岛海域陆岛客运船员队伍可持续发展研究》课题评审；加强川岛高速客船船员持证情况检查，向船员宣贯培训资讯，组织协调2期36人次到广州参加小海船船员适任培训，并在川岛水域参加实操考试，有效解决了川岛高速客船船员适任难题。是年共开展各类船员培训考试116期，参加培训船员2868人次，审批核发各类船员证书2000本。

【船舶检验】 2016年2月，江门海事局撤销新会海事处船检部门，由江门海事局船舶检验处负责江门辖区全部的船舶检验业务。受广东海事局船检中心委托编写《国外驻华检验机构/香港海事处建造检验船舶申请拖航检验管理办法》。全年共检验船舶1050艘次，总吨位526130，主机总功率269400.18千瓦，其中新建（含改建）船舶30艘次，总吨位

8672，主机总功率8564.10千瓦，共审批图纸35套。

【船舶监督检查】 2016年，国内航运公司安全管理体系审核发证权限下放至分支局后，江门海事局完成四家公司的审核发证；做好船舶污染物接收作业审批、试航作业报备、国际船舶进口岸审批等调整下放海事处的相关工作；做好取消船舶污染物接收作业单位备案的管理和取消船舶进出港签证的应对工作；做好集装箱称重公约生效的实施工作；理顺超航道等级船舶进港报备业务。是年，江门海事局开展“创建平安船舶”专项整治行动，落实“四类重点船舶（客船、危险品船、砂石船、易流态固体散装运输船舶）”的安全监管，明确治理重点工作的职责分工和细化工作要求，整治水上安全突出问题。通过地方政府促成，在签订新的渡口承包合同时，以保证金的形式加强对渡口承包人的监督管理，达到各有关部门协同管理的局面。年内，江门海事局还开展为期1个月的未持有有效国籍证书船舶专项清查工作；开展为期四个月的危险化学品安全专项整治工作；开展打击珠江口海域违法倾倒垃圾执法专项行动；开展航运公司安全与防污染管理的监督检查工作。全年，江门海事局开展海船船舶安全检查152艘次，内河船舶安全检查910艘次，与珠海、中山海事局开展珠中江船舶安全检查的联合执法行动。

（吴菁琳）

·责任编辑　关明珠·

城乡建设

Urban and rural construction

城乡规划

【城乡规划概况】 2016年，江门市城乡规划局贯彻珠西发展战略，落实“区域协同、经济蓄势、城市振兴、民生保障、政府提效”五大任务中的规划工作，全年办理规划业务案件3612宗。核发规划选址意见书59项，核发规划条件86项，核发建设用地规划许可证196项，建设工程规划许可证784项，规划验收项目789项。组织召开市规委会会议2次，市规委会审议项目34项。环艺专委会议7次，环艺专委审议项目38项。控规专委会议5次，控规专委审议项目44项。

【城乡规划制定】 2016年，江门市城乡规划局启动江门新一轮城市总体规划编制。将江门市全域规划、十三五近期建设规划纳入城市总体规划统筹考虑，完成现行《江门市城市总体规划（2011-2020）》实施评估报告。是年，开展《珠西枢纽新城概念规划》《台开同城（江门副中心）概念规划》《珠西智谷片区控制性详细规划》《中欧（江门）中小企业产业合作区空间发展研究》《江门水道沿线概念规划》《江门大道沿线概念规划》《江门市区义务制学校三年建设规划（2016-2018）》《圭峰山风景名胜区总体规划修编》《江门站综合交通枢纽规划》《江海区综合发展规划-总体城市设计》《新会主城区停车场建设专项规划》《崖海旅游产业集聚区规划》《南坦岛排水专项规划》《江门市白水带公园入口景观规划》等编制工作。

【规划项目研究】 2016年,江门市编制完成《南岸印迹工业遗址公园带概念规划》《小鸟天堂湿地公园概念规划》《南粤古驿道江门段规划研究》《华夏幸福江门产业新城概念规划方案》《江门科教新城概念规划》《新会区“潮人径”专项规划》《新会城河概念规划》《新会中心南下沉立交周边地下空间综合开发规划研究》《江门市新会主城区近期道路交通改善规划》等重点建设项目的规划研究。

【控制性详细规划编制】 2016年,江门市新编（修编）控规面积约9平方公里，编制完成《江门市良化地段控制性详细规划》《高新区2、3、4号地块控制性详细规划》《新会三联地段控制性详细规划》《新会产业转移工业园总规及（东区、临港一区、临港二区）控制性详细规划》《新会区经济开发区18、25号地块控制性详细规划》《珠西枢纽新城D、E、J管理单元控制性详细规划》《会城东北片区控制性详细规划》等控规编制，主城区累计政府批准控规67项，面积约170平方公里。

【镇街村庄规划编制】 2016年，江门市城乡规划局以推进“美丽乡村”作为村庄整治规划依据，结合各镇、街、村庄整治实际，提升村庄整治的创建工作。推进中心镇总体规划的目标，依职权完善相关规划工作，做好市域内中心镇专项统计工作，收集汇总和审核江门市14个中心镇的各项相关统计资料。督促各县级市完成县城控规和县市、中心镇近期建设规划的编制工作。

【城乡规划实施管理】 2016年，江门市城乡规划局按照《江门市人民政府关于印发<关于进一步理顺市区城乡规划管理体制及有关运行机制实施方案>的通知》（江府[2016]4号）要求，调整江门市区城乡规划管理体制，市区[含蓬江区(滨江新区)、高新区（江海区）、新会区]范围内有关城乡规划行政管理职责调整由市级统一负责，蓬江区、江海区、新会区政府和江门高新技术产业开发区管理委员会、市滨江新区管理委员会不再承担有关城乡规划行政管理职责。组建市城乡规划局蓬江分局、高新（江海）分局,为市城乡规划局直属行政机构，正科级。市城乡规划局新会分局由市城乡规划局派出机构调整为市城乡规划局直属行政机构，新会分局属下事业单位随新会分局一并上划市级管理。

【“阳光规划”实施】 2016年,江门实施“阳光规划”，促进政务提效，深化和完善规划管理体制调整，落实三个直属分局的相关人事安排，按“简化程序”的基本要求，梳理涉及审批事项的办事流程、技术标准、优化办公系统等基础信息，实现全局行政审批“统一办事流程、统一技术标准、统一办公系统”。推动行政审批标准化建设，制定“审批制”向“承诺制”转变工作方案，响应市委、市政府关于在投资项目审批过程中开展简政放权工作的要求，实施简政放权、简化流程、并联审批，努力实现审批提速。推进山体保护立法工作，按要求完成立法相关材料起草工作，并通过市人大审议。推进“邑门式”服务，规划窗口积极协助区行政服务中心全面铺开“邑门式”行政服务改革工作，全市统一规划，统一接口，统一标准，统一标识，提高服务质量和办事效率。狠抓落实，强化服务，以“三严三实”为标准，转变观念，主动帮促重点项目尽快上马，提供优质服务，及时为企业排忧解难，提高行政效能。

【城乡规划监察】 2016年，江门市城乡规划局落实国家和省城乡规划督察员制度。配合部派督察员开展规划督察图斑核查。配合住建部派督察员开展规划督察图斑156宗，其中违法建设图斑22宗。配合省城乡规划督察员按照“五督查一受理”为主要工作内容的巡察工作。按省住建厅关于开展省级以上风景名胜区规划和城乡规划委员会规范运作专项督察工作的通知要求，配合省派城乡规划督察员完成规划专项督察工作。全年受理规划业务有效信访事项303宗。（艾丽）

城市建设

【城乡建设概况】 2016年，江门市区共安排城市重点建设项目49项，其中，快速路网5项，市政道路29项，环境综合治理5项，园林城市6项，文化体育项目1项，居民保障项目3项，49个项目总投资274.05亿元，年度计划投资58.38亿元，实际完成投资55.84亿元，为年度投资计划的95.65%。篁庄大道西延线工程、北环路（江沙路-港口三路）扩建、福泉路、杜阮污水处理厂二期管网工程、潮连小海河示范段景观整治工程、圭峰山茶花园·名卉谷、新会区艇仔湖升级改造工程等、杜阮北一路扩建工程、市区道路维修改造项目、滨江绿道休闲驿站示范项目、江门市高速出入口绿化提升工程、2016年市区绿化专项、新会盆趣园、新濠景酒店片区升级改造工程共12项城建项目全面完成；江门大道五邑路至三江段主辅道工程、江门大道会城至崖门段（含银鹭大道）、江门大道五洞至五邑路段辅道、江门体育中心、迎宾西路建设工程、滨江新区规划二路（江沙路—滨江大道）、滨江新区丰乐路北延线（新南路-北环路）、滨江新区篁庄考场中心路、篁庄考场环湖路和天沙河桥、胜利南路延长线（广中江高速礼乐出入口连接线）、潮连大道升级改造工程、连海路（新港路-南环路）一期、南山路（江海路－五邑路）、新中大道（中沙路—胜利南路）、龙舟山山林防火管护工程、东庆南路至侨兴南路连接公路、明德三路和业兴三路（过境公路南段工程）、育德街(星河路-胜利北路)、里村大道保障性住房项目、胜利新村房屋解危改造项目、江门市区应急备用水源及供水设施工程等21个项目正在建设中；省道S270线三江至南门大桥段改造工程、滨江快线(发展大道-南山路)、甘棠路（发展大道－江北路）、潮连嘉和路（潮连大道－河边）、江侨路（原北环路江沙路至江门大道段）改造工程、白石大道东段（丰乐路-甘棠路）改造工程、迎宾路（胜利北路-江门大道）改造工程、里村保障房周边道路、发展大道(港口路－甘棠路)、蛇山路（甘棠路－海旁路）、市区人行天桥建设项目、江门港高新区公共码头疏港公路一期(一行路)、西门路、城北路改造工程、江海污水处理厂二期工程、市区黑臭水体整治工程、江海区农村易涝区整治工程等16项工程开展项目前期工作。

表28： 2016年江门市区重点城建项目表

情况分类	完成	开工	前期
项目名称	1、篁庄大道西延线工程 2、北环路（江沙路-港口三路）扩建 3、福泉路 4、杜阮污水处理厂二期管网工程 5、潮连小海河示范段景观整治工程 6、圭峰山茶花园·名卉谷、新会区艇仔湖升级改造工程等 7、杜阮北一路扩建工程 8、市区道路维修改造项目 9、滨江绿道休闲驿站示范项目 10、江门市高速出入口绿化提升工程 11、2016年市区绿化专项 12、新会盆趣园、新濠景酒店片区升级改造工程	1、江门大道五邑路至三江段主辅道工程 2、江门大道会会城至崖门段（含银鹭大道） 3、江门大道五洞至五邑路段辅道 4、江门体育中心 5、迎宾西路建设工程 6、滨江新区规划二路（江沙路—滨江大道） 7、滨江新区丰乐路北延线（新南路-北环路） 8、滨江新区篁庄考场中心路 9、篁庄考场环湖路和天沙河桥 10、胜利南路延长线（广中江高速礼乐出入口连接线） 11、潮连大道升级改造工程 12、连海路（新港路-南环路）一期 13、南山路（江海路－五邑路） 14、新中大道（中沙路—胜利南路） 15、龙舟山山林防火管护工程 16、东庆南路至侨兴南路连接公路 17、明德三路和业兴三路（过境公路南段工程） 18、育德街(星河路-胜利北路) 19、里村大道保障性住房项目 20、胜利新村房屋解危改造项目 21、江门市区应急备用水源及供水设施工程	1、省道S270线三江至南门大桥段改造工程 2、滨江快线(发展大道-南山路) 3、甘棠路（发展大道－江北路） 4、潮连嘉和路（潮连大道－河边） 5、江侨路（原北环路江沙路至江门大道段）改造工程 6、白石大道东段（丰乐路-甘棠路）改造工程 7、迎宾路（胜利北路-江门大道）改造工程 8、里村保障房周边道路 9、发展大道(港口路－甘棠路) 10、蛇山路（甘棠路－海旁路） 11、市区人行天桥建设项目 12、江门港高新区公共码头疏港公路一期(一行路) 13、西门路、城北路改造工程 14、江海污水处理厂二期工程 15、市区黑臭水体整治工程 16、江海区农村易涝区整治工程

【宜居城乡建设】 2016年，江门市住房和城乡建设局抓好新会区沙堆镇等2个宜居城镇和蓬江区杜阮镇龙眠村委会等14条宜居村庄创建工作。2个宜居城镇创建点投入5503.9万元，14条宜居村庄创建点投1640.18入万元用于完善基础设施建设及整治城镇街道立面、整治卫生死角、河涌综合治理、清理垃圾等城镇环境面貌整治工作。是年，新会区沙堆镇、台山市北陡镇共2个镇获得“江门市宜居城镇”称号，蓬江区棠下镇莲塘村委会、杜阮镇龙眠村委会；江海区外海街道办南山村委会、礼乐街道办丰盛村委会；新会区双水镇楼墩村委会、古井镇霞路村委会；台山市四九镇下坪村委会坡厚村、赤溪镇护岭村委会护岭村；开平市苍城镇下湾村委会、赤坎镇红溪村委会；鹤山市址山镇禾南村委会、古劳镇麦水村委会；恩平市君堂镇黎塘村委会、良西镇福坪村委会横屋村共14村获得“江门市宜居村庄”称号。

【村镇建设】 2016年，全市村镇建设总投资达33亿元，其中村镇住宅建设投资11.45亿元，住宅竣工面积92.53万平方米，年末实有住宅建筑面积8036.82万平方米；公共建筑建设投资28.63亿元，竣工面积23.05万平方米，年末实有公共建筑面积1218.67万平方米；生产建筑建设投资11.42亿元，竣工面积118.98万平方米，年末实有生产建筑面积3206.46万平方米；市政公用设施投资7.26亿元，主要用于村镇供水、燃气、道路桥梁、排水、园林绿化和污水、环境卫生和垃圾处理工程。镇区人均住宅建筑面积41.59平方米，农村人均住宅建筑面积30.9平方米；镇区实有道路1634.03公里，道路面积1242.34万平方米，农村实有道路6707.36公里，道路面积3310.73万平方米；镇区供水普及率达到96.34%，农村供水普及率达到90.16%；镇区燃气普及率达到92.08%，农村燃气普及率达到75.2%；镇区公园绿地面积302.69公顷，人均公园绿地面积8.06平方米；全市58个建制镇镇区建成区面积18855.84公顷。

【名镇建设】 2016年5月，江门市住房和城乡建设局根据《关于进一步做好广东名镇名村申报认定和管理工作的通知》（粤委农工办〔2016〕64号）要求，开展名镇名村示范村创建活动，按照创新、协调、绿色、开放、共享的发展理念，推进广东名镇名村示范村建设，补齐短板，提升新农村建设水平。2016新会区双水镇、台山市川岛镇、开平市赤坎镇现正按程序申报2016年“广东名镇”（结果暂未公布）。至年底，江门市有六个镇获得“江门市名镇”称号，其中共和镇、荷塘镇、斗山镇还被广东省委扶贫办、广东省住房和城乡建设厅评为“广东名镇”。

【绿道建设】 2016年，江门市住房和城乡建设局结合城市道路、公园潮人径建设，推进绿道建设，全市新建城市绿道约54.5公里。为了再现当年周总理到周郡视察的情景，我局结合滨江绿道升级改造，按照“修旧如旧”的原则，在滨江绿道周郡码头原址增设纪念公园。周郡码头纪念公园承载了独特的历史文化内涵。纪念公园已启用，成为党员干部学习党史、践行群众路线的教育基地，以及西江岸上独具魅力的风景线。开展滨江绿道延长线项目的规划选线工作，形成《滨江绿道延伸线项目-由滨江大道打通到古劳水乡的绿道走廊规划选线方案》。

建筑业

【建筑业概况】 2016年，我市各级住房和城乡建设行政主管部门贯彻建设工程相关法律法规和规章制度，以防范较大及以上建设工程质量安全事故为重点，开展房屋市政工程施工安全专项整治以及各类安全隐患排查，压实各方责任主体质量安全管理责任，围绕建筑业转型升级，推进优质工程、双优示范工地评选活动，鼓励企业用优质工程擦亮品牌。2016年，建筑业总产值250.6亿元，比上年增长10.9%。是年，江门市有资质的建筑业施工企业共277家，按资质等级分：特级资质1家，一级资质企业20家，二级资质企业105家，三级资质企业81家，不分等级资质企业37家，劳务分包企业33家。全市现有工程监理企业12家，其中甲级5家，乙级6家，丙级1家。

【建筑工程质量】 2016年，江门市纳入监管的房屋建筑和市政基础工程项目有2373项，总造价552.6053亿元，其中建筑工程总面积3421.57万平方米，比上年上升27.9%，市政工程总长度153097.1延米，比上年上升22.4%。全年办理竣工验收备案项目1095项，一次验收合格率达100%。全市建筑工程质量水平提高，江门市已通过省级以上工程奖22项，其中省建设工程优质奖3项，省建设工程金匠奖1项，省建设工程优质结构奖5项，省市政优良样板工程2项，省优秀建筑装饰工程奖1项，省建筑业绿色施工示范工程1项，省房屋市政工程安全生产文明施工示范工地9项。通过市优良样板工程奖16项（其中五邑杯3项）。江门市广东耀南建筑工程有限公司获得“全国建筑业先进企业”荣誉称号。

【建设施工安全】 2016年，全市无发生工程质量事故和较大及以上建筑施工生产安全事故，建筑施工生产安全控制在省、市下达的施工安全事故指标以内，建筑施工安全形势的总体保持稳定可控。2016年全市有1180名施工从业人员通过安全教育和考核获得“平安卡”，有768人参加特种作业人员培训。截至目前我市已办理产权登记的塔吊有770台，施工升降机有622台，物料提升机有3195台，桥式起重机2台，门式起重机11台。另外注销塔吊3台，注销施工升降机2台，注销物料提升机10台。

【建筑市场管理】 2016年，全市房屋建筑和市政建设工程施工类项目招标259项，工程招标控制价376518.67万元，中标金额360193.85万元，通过招投标节约投资16324.82万元，下浮率为4.34%。房屋建筑工程招标147项，招标控制价275049.08万元，中标金额264357.54万元，节约投资金额10691.55万元，下浮率为2.49%；市政工程招标112项，招标控制101469.59万元，中标金额95836.31万元，节约投资5633.28万元，下浮率为5.55%。严厉打击建筑施工转包违法分包行为工作，2016年1月至12月，全市在建项目数共1876个，全市检查项目数1999项，检查建设单位1672家，检查施工企业1494家。全市开展了清理规范工程建设领域保证金有关工作，对建筑企业在工程建设中缴纳的各类保证金进行全面清理规范，切实减轻企业负担，降低制度性交易成本，营造良好的企业发展环境，激发市场活力，促进公平竞争和建筑业稳健发展。

【勘察设计】 2016年，江门市有勘察设计单位73家。其中建筑专业23家，电力专业7家，勘察专业6家，水利专业3家，市政和公路专业各2家，还有一批专项设计、设计施工一体化单位。是年，江门市勘察设计行业完成合同额3.95亿元，比上一年增长8.2%（工程勘察完成合同额7224万元，比上年增加36.7%；工程设计完成合同额3.21亿元，比上年增长2.9%）。其中，建筑行业完成合同额1.19亿元，比上年增加16.2%，完成施工图建筑面积6.13万平方米；电力行业完成合同额1.83亿元，比上年增长52.2%；水利行业完成合同额4366万元，比上年增长39.8%；公路行业完成合同额585万元，比上年增长81.1%；市政行业完成合同额1021万元，比上年增长66%。年内市外建筑设计单位到江门市办理资质备案的合同额约2.75亿元，设计面积668万平方米。是年末，江门市勘察设计行业从业人员7387人。其中，具有技术职称的人员2278人，占从业人员的30.84%，比上年下降了2.5%；注册执业人员713人，占从业人员的9.65%，比上年下降0.8%。

【建设科技】 2016年，江门市绿色建筑推广工作形势良好，出台《关于加快实施绿色建筑行动的通知》，提出全市城镇范围内单体建筑面积大于1000平方米的新建民用建筑应至少达到《广东省绿色建筑评价标准》（DBJ/T15-83-2011）一星B级的要求；全市绿色建筑不断增多，是年，新增绿色建筑面积94.03万m2，其中万达广场获得运行阶段绿色建筑评价标识，是我市首个获得该类标识的项目。是年，江门市规模化可再生能源建筑保持良好的发展势头，广东金莱特电器股份有限公司光伏发电节能改造项目、广东富华铸锻有限公司光储一体化电站等项目建成并投入使用。是年，我市新增太阳能光伏发电装机容量12.76兆瓦，累计82.36兆瓦，每年共节约标准煤用量约26192吨，实现良好的社会效益和经济效益。是年，江门市共有新型墙材生产企业58家，生产能力约460万立方米/年，基本满足建设工程项目对新型墙体材料的需求。为加强新型墙材的监督管理，是年，江门市住建、发革、经信、国土、环保、工商和质监主管部门联合开展全市的专项整治行动，行动中对墙体材料生产企业转型升级、黏土砖生产用地、墙体材料生产企业的环境监督、墙体材料经营行动、墙体材料的质量、工程项目立项管理、在建工程应用等各个环节进行全面的抽查。是年，江门市出台《江门市预拌混凝土和预拌砂浆发展应用规划（2016-2020年）》，以规划促进行业有序健康发展，至年末，江门市有预拌混凝土搅拌站38家，生产线80条，年设计产能2394万立方米。为确保江门市预拌混凝土质量，保障建筑工程质量，江门市住房和城乡建设局每季度采取突击飞行抽检方式，开展对搅拌站主要生产用原材料砂、水泥、粉煤灰等进行抽检外，检测结果全部合格。

表29：　2016年江门市建筑业生产情况

地区	报送信息企业（个）	建筑业总产值（千元）	其中：			按构成分		
			装饰装修产值（千元）	在省内其他地级以上市完成的产值（千元）	在外省完成的产值（千元）	建筑工程产值（千元）	安装工程产值（千元）	其他产值（千元）
市辖区	22	645767	50375	150756		539244	63021	43502
蓬江区	34	2083341	17026	60534		1807888	194918	80535
江海区	12	620491	11387	55189		570603	49888	
新会区	46	1199441	32830			896028	151315	120914
台山市	26	3175157	95587	1307386		3101340	73817	
开平市	43	14923223	122411	3763586	1594770	12910030	1438825	550878
鹤山市	37	1530778	578			1195046	112321	12522
恩平市	14	884987	430	175740	246040	441178	390769	53040
合计	234	25063185	330624	5513191	1840810	21461357	2474874	861391

房地产业

【房地产市场管理】 2016年是三年去库存任务的第一年，江门市建设系统在省和市的统一部署下，制定去库存计划和方案，各地也相应出台相关文件并积极落实，以“控房价、稳市场、去库存、防风险”为总体目标，在全市的共同努力下，在货币、金融、税收等一系列政策的有力支持下持续活跃，较好地完成去库存任务。江门市房地产市场市场多项指标创下历史新高，开发投资回稳并逐步走高，市场供应量高位持平（批准预售面积615.48万平方米，比上年减少0.8%），成交量连续第二年保持中高速增长（商品房成交790.05万平方米，同比增长32.2%；存量房成交330.86万平方米，比上年增长7.1%），房价整体稳中略涨（比上年增长5.3%），去库存成效明显，为江门市经济平稳运行和落实供给侧结构性改革发挥重要的作用。但非住宅的库存量仍处高位，住宅库存区域结构不平衡，个别区域土地价格上涨明显和供求关系紧张导致三季度开始住房价格涨幅加快的等问题较突出。是年，全市房地产累计完成开发投资353.62亿元，比上年增加13.7%；新开工面669.71万平方米，比上年增加44.5%；竣工面积3012.32万平方米，比上年增加17.5%；批准预售面积615.48万平方米，比上年减少0.8%；商品房销售面积790.05万平方米，比上年增长32.2%；销售金额468.58亿元，比上年增长36.6%。商品住房成交均价5905元/平方米，比上年增长5.3%。

经初步统计，2016年底全市商品房库存约676.5万平方米。其中住宅约466.2万平方米，占总量的69%；商业，办公类约221.3万平方米，占31%。

表30：

时间	开发投资（亿元）	新开工面积（万平方米）	竣工面积（万平方米）	批准预售面积（万平方米）	商品房成交面积（万平方米）	商品房成交金额（亿元）	存量房成交面积（万平方米）
2016年	353.62	699.71	534.23	615.48	790.05	468.58	330.86
同比（%）	13.7	44.5	28.3	-0.8	32.2	36.6	7.1

表31：

	商品房成交						存量房成交	
	金额（亿元）	同比（%）	面积（万平方米）	同比（%）	住宅均价（元/平方米）	同比（%）	面积（万平方米）	同比（%）
全市	468.58	36.6	790.05	32.2	5905	5.3	330.86	7.1
蓬江江海	204.20	3.1	302.16	35.4	6727	4.4	116.60	36.7

表32：

	商品房成交				商品住宅待售套数	存量房成交		
	成交面积	住宅成交面积	住宅成交套数	住宅成交均价		成交面积	住宅成交面积	住宅成交套数
全市	790.05	675.91	60535	5905	40392	330.86	260.35	24793
	32.2	28.7	28.2	5.31	9.2	7.1	12.9	10.2
蓬江，江海区	302.16	251.21	23185	6727	9200	116.60	95.60	9397
	35.4	33.6	34.4	4.4	-34.3	36.7	34.1	30.4

2016年，制定《江门市市区商品房预售款监管实施细则》和《房地产项目手册》；发布《关于执行<江门市区存量房网上交易管理规则>相关问题的通知》，保留实施《江门市区存量房网上交易管理规则》，将适用范围扩大至四市三区，并要求四个县级市应尽快创造条件，争取早日实现与市交易系统的对接；与中国人民银行江门分行联合发布《关于开展银行托管存量房交易资金工作有关问题的通知》；印发新版《住宅质量保证书》和《住宅使用说明书》（以下简称“两书”）样本等，健全房地产开发监管。其中，全市房地产经纪机构备案数量全年增加99家，达103家；市住房和城乡建设局全年检查126家房地产开发企业、135个项目、18个已备案的房地产经纪机构、发出整改通知和违规预售通报各2份；江门中心城区（蓬江、江海）完成商品房预售许可审批的初审和缮证共172宗、预售证延期138宗、预售许可变更88宗；完成商品房现售备案工作148宗；完成房地产开发项目手册备案工作45宗；完成预售款申请审批2076笔，申请15165020161.47元，批款15062183687.01元，其中结算102笔，结算金额709401801.08元；完成商品房预售合同备案20340宗、变更注销业务3510宗。

【房屋征收管理】 2016年，江门市住房和城乡建设局制定印发《关于印发<江门市住房和城乡建设局关于贯彻《国有土地上房屋征收与补偿条例》工作指引>的通知》，组织全市房屋征收部门集中进行培训学习，促进江门市房屋征收规范操作。

【住房保障】 2016年，广东省下达江门市的住房保障任务为：城市棚户区开工650套（户），基本建成公共租赁住房2189套，新增租赁补贴75户。至年底，江门市城市棚户区改造新开工686套（户），完成率105.5%，基本建成公共租赁住房2266套，完成率104%，新增租赁补贴226户，完成率301%。2016年江门市保障性住房建设投入资金3.01亿元，其中，中央补助资金0.37亿元，省级补助0.13亿元，财政及其它资金2.51亿元。是年，江门市持续放宽公共租赁住房的申请资格，江门市区将符合申请公共租赁住房的家庭（含外来务工人员）月人均可支配收入定为1985元以下，符合申请廉租住房家庭的月人均可支配收入由990元以下上调至1200元以下。开平、恩平、鹤山三市也均上调家庭月人均可支配收入标准,其中，开平市将符合申请公共租赁住房的家庭月人均可支配收入标准调整为1624元以下；恩平市将符合申请公共租赁住房的家庭月人均可支配收入标准调整为1127元以下；鹤山市将符合申请公共租赁住房的家庭月人均可支配收入标准调整为1759元以下；台山市符合申请条件的月人均可支配收入标准为1673元以下。以上调整有效降低住房保障准入门槛，扩大住房保障覆盖面。保障性住房实行公开摇号配租，对获得住房保障资格的申请人配租政府投资建设的公租房，一律实行公开摇号配租，公租房配租全程公开，并由公证处公证。至年底，江门市政府投资建设的公共租赁住房举行摇珠分配14批次（其中市直2次，新会3次，台山3次，开平4次，恩平1次，鹤山1次），全市配租公共租赁住房2725户（其中市直369套，蓬江区788套，江海区52套，新会区278套，台山市390套，开平市336套，恩平市65套,鹤山市447套）,及时满足符合资格的家庭住房需求。对入住公共租赁住房的家庭,实行定期审查资格，对审查不通过或不参加审查的取消住房保障资格。至年底，全市清退不符合保障资格的实物配租家庭79户。是年，江门市住房和城乡建设局直管公房（含保障性住房）经营收入4633.19万元。比上年增长2.20%。直管公房修缮工程维修费资金共使用927.80万元，维修间次3192间次。组织各房屋管理单位对辖管房屋进行17次安全检查专项检查，检查房屋15185间次，并对涉及安全隐患的房屋及时安排施工单位维修处理，保障房屋居住安全。减免租住直管公房的低收入和残疾人士家庭251户，减免租金24.62万元。

【住房公积金】 2016年，全市缴存住房公积金46.28亿元，当年新开户单位697家,新开户职工6.77万人。全年提取住房公积金57.8万笔、42.49亿元。全年共发放个人住房贷款9246笔，28.5亿元。全年实现住房公积金增值收益6475.7万元。

【住宅专项维修资金】 2016年，江门市住宅专项维修资金新增交存15621.64万元，新增交存64539户，提取使用68.76万元，利息收入765.44万元。住宅专项维修资金余额61018.64万元，累计交存23.88万户。

【物业管理】 2016年，江门市物业管理项目367个，物业管理建筑面积4293.12万平方米。至2016年末，江门市共有物业服务企业260家，江门市物业从业人员约有13000人。

【房地产管理信息系统】 2016年，鉴于住建部门和国土部门职能的调整，房屋登记职能划归国土部门。为保证房地产交易和登记工作的正常运作并配合不动产登记平台的上线，2016年市住建局会同系统开发公司与不动产登记中心进行衔接，推进数据接口开发工作。

【房地产开发企业】 2016年，江门市有房地产开发企业533家。其中，蓬江、江海区133家，新会区100家，台山市76家，鹤山市63家，开平市89家，恩平市72家。

【问题楼盘处置】 2016年，受理并书面答复群众来信35宗；接待来访、答复电话咨询约1178批次，受理网上投诉、咨询367件等。2016年，江门市处置问题楼盘办公室研究处理江会路67号之一、之二、之三，港口一路178-180号商铺，范罗岗花园4幢、10-13幢，大湾新村103号，爱民市场C幢和北街海傍下街30号商住楼的问题，与江门军分区联系，摸查统计驻江门部队房地产项目军产权属登记处理问题等，问题楼盘的处置工作有序推进。其中，江会路67号之二、之三问题楼盘完成确权，并已发放之三《商品房权属登记证明书》103份，受理登记98份；幸福新村156-158幢工程基本完工；处理北街海傍下街30号16户水上人搬迁和北街医院6户单位福利分房的房屋办证工作。

城市管理

【市区市政公用设施管理】

蓬江区 2016年投入资金2200万元，完成社区、村、圩镇道路维修12万多平方米，完成维修砼路面11099平方米、沥青混凝土路面19744平方米、花岗岩挡车柱132条、沥青灌缝6502米、人行道5033平方米，新建及维修路侧石733.5米；投入资金525万，维修路灯灯饰1840盏、维修路灯2492盏、全年改造更换全新路灯329杆、改造更换全新灯具664盏、更换弯灯174套、改造表箱控制箱26套、补装单灯控制器530套、更换挂墙灯臂990支、改造线路长度23000多米、更换街码2380套、检修灯饰更换全新杜鹃花灯饰30套、投光灯饰180套；投入资金308万元，完成城区大、中、小桥的桥面及伸缩缝的维修工程，对城区32座桥梁进行常规检测。投入资金203万元，完成清疏下水道168公里、方渠9372米、维修明渠盖板460米、新建改造及维修下水道4528米、新建及更换各类沙井1405座、更换和补失沙井盖685个。完成对城郊30座市政排涝泵房的维修保养。

江海区　2016年，江海区市政维修处维修路面4万平方米，人行道2747平方米，下水道1121米；清疏下水渠道10千米，清疏井2898座；更换井套井盖624套，新开井218座，维修桥梁8座，市政路面及下水道维护投入资金1730.63万元。维修路灯296盏，完成各类路灯安全隐患整改63处，处理被撞路灯3起，更换破损灯具、灯罩297套，检修地下线61处，控制箱维修、改造56处，路灯维护及电费投入资金636万元。单位投入资金828.36万元。

新会区　2016年，清疏城区下水道341公里，维修排水下水管道422米，维修下水井607套，补充井盖765个，维修城市道路面积8405平方米，维修路灯10209盏，共投入资金712万元。

【市容环境卫生管理】　2016年，江门市制定2016年深化文明城市建设、推进城乡环境综合治理市容市貌整治提升工作方案，落实开展环境卫生提升行动，推动城乡环卫工作一体化，城区主次干道机械化清扫率达100%，全市城镇生活垃圾无害化处理率达100%。落实做好道路扬尘治理工作，抑尘车投入使用。“一县一场、一镇一站、一村一点”生活垃圾处理设施已全面建成并投入使用，“户集、村收、镇运、县（市）处理”的生活垃圾收运模式完善，鹤山市通过全省农村生活垃圾达标示范县验收。是年，在鹤山市召开广东省城乡生活垃圾处理条例珠三角西片宣贯工作，在台山市召开广东省生活垃圾无害化填埋场运营管理提升和保洁收运市场化运营工作现场会，组织编制《江门市城乡生活垃圾处理规划（2016-2020年）》，并开展市区建成区黑臭水体垃圾专项整治。

【燃气管理】　2016年，全市有35家燃气经营企业，其中管道天然气经营企业4家，液化石油气经营企业25家，汽车加气经营企业6家。全市天然气供气量为3.1亿立方米，液化石油气供气量为11.6万吨。全市城镇燃气普及率为96%，其中城镇居民天然气气化率为16.9%。至年底，全市已铺设天然气管道825公里，拥有管道天然气居民用户14.1万户，建成汽车加气站10座，天然气门站3座，液化石油气储配站26座，其中新铺设天然气管道159公里，新建天然气门站2座，新增管道天然气用户44426户。

【户外广告和景观设置管理】

2016年，江门市收到28个大型户外广告设置申请，经审批，准许24个大型户外广告设置。在市区范围开展户外广告专项整治行动，拆除未经许可擅自设置、不符合规划和设置标准的以及使用权期满的户外广告牌、路灯杆广告、楼顶广告；督促整改有碍城市景观、破坏建筑物风格、存在安全隐患的各类户外广告，规范市区大型户外广告的管理。是年，江门市制定《江门市路牌升级改造工作方案》，编制《江门市公共服务机构标识标志设置指南》《江门市公共服务类标识标志牌管养制度》《江门市标准地名标志设置规范》《江门市灯箱路牌设置规范》等技术规范。统一规范五邑大学和江门大道周边道路等路牌设置。

【城市综合管理行政执法】

2016年，配合市政府做好农博会、珠中江进出口商品展销会和创卫、环保模范城、创文等重大活动市容环境保障工作，出动500多人次。是年，联合公安交警、海洋渔业等部门开展打击海上违法倾倒垃圾专项行动，出动20多人次参加巡查执法。2016年，查处遥感规划图斑个图斑案件40宗，违建面积75万平方米(超过前3期43万面积总和)。清拆“小高层”，联合挂牌督办棠下“34宗超高层违法建筑”，其中19宗24栋高层违法建筑物已经清拆完毕，全市拆除处理的违法建筑948宗，面积498178.6平方米。是年，完成行政处罚案件44宗，结案率达90%以上。2016年5月，开通微信微博APP服务平台，增设“全民城管”“便民服务”等互动功能，受理并办结投诉1530件。是年，数字城管受理案件89546件，办结88223，办结率达到98.52%，数字化城管视频监控系统立案733宗。发挥语音提示系统治理城市“牛皮癣作用，查处“牛皮癣”电话号码2892个，行政处罚200宗，清理乱张贴乱涂画共188993多宗。（市住房和城乡建设局）

【城市供水】　2016年，江门融浩水业股份有限公司下辖4座供水厂，供水能力达60.5万立方米/日，已投入运行和在建的污水处理厂8座，污水处理能力37.5万立方米/日。1月起,江门市蓬江区、江海区居民实施阶梯水价方案，以3月起抄见的水量计价收费。以户为单位，按每户4人计，每户每月用水量第一阶梯为0-24立方米（含），可覆盖92%的居民家庭用水户，水价为1.47元/立方米；第二阶梯25-32立方米（含），可覆盖96%的居民家庭用水户，水价为2.21元/立方米；第三阶梯33立方米以上（含），水价为4.41/立方米。4月起，我市蓬江区、江海区各类别用水价格联动调升0.06元/立方米，居民用水第二、三阶梯水价按比例分别调整。

环境保护

【城市空气质量】 江门市国家直管监测站点空气质量，2016年，市国家直管监测站点空气质量比上年略有下降，空气质量达标天数为309天，达标天数比例84.4%，其中优152天、良157天、轻度污染46天、中度污染9天，重度污染2天，未出现严重污染天气。市国家直管监测站点二氧化硫年平均浓度为12微克/立方米，比上年下降25.0%；二氧化氮年平均浓度为34微克/立方米，比上年上升9.7%；可吸入颗粒物（PM10）年平均浓度为55微克/立方米，比上年上升10.0%；细颗粒物（PM2.5）年平均浓度为34微克/立方米，与上年持平；二氧化硫、二氧化氮、可吸入颗粒物（PM10）及细颗粒物（PM2.5）年平均浓度均达到国家二级标准限值要求。臭氧日最大8小时平均第90百分位浓度（O3-8h-90per）为162微克/立方米，比上年上升11.0%；一氧化碳日均值第95百分位浓度（CO-95per）为1.3毫克/立方米，比上年下降13.3%。市区降水pH年平均值为5.68，酸雨频率为32.2%，降水pH浓度值范围在4.66～7.0之间，属于酸雨区，比上年持续好转。各行政区（市、区）空气质量。是年，蓬江、新会、台山、开平、恩平及鹤山等两区四市空气质量达标天数比例在83.7%-98.3%之间，平均为89.8%。

表33： 各市、区2016年空气质量

区域	SO_2	NO_2	PM_{10}	CO	O_{3-8H}	$PM_{2.5}$	达标天数	有效天数	达标率(%)	综合指数
台山市	15	24	42	1.3	143	28	335	364	92.0	3.46
恩平市	17	19	51	1.6	110	32	357	363	98.3	3.49
新会区	10	27	49	1.3	155	29	305	344	88.7	3.67
鹤山市	16	34	57	1.7	134	37	316	357	88.5	4.25
蓬江区	12	36	57	1.4	158	35	304	363	83.7	4.25
开平市	16	27	55	1.5	151	42	317	363	87.3	4.26

注：1、除CO浓度单位为毫克/立方米外，其他监测项目浓度单位为微克/立方米。
2、江海区空气自动监测子站建设中，不纳入统计。

【水环境】 2016年，江门市区3个城市集中式饮用水源地水质优良，水质达标率稳定达到100%。县级以上集中式饮用水源地（包括台山城北水厂、开平大沙河水库、龙山水库及镇海水库、鹤山西江坡山、恩平锦江水库）水质达标率100%。江门市9个水污染防治监控地表水断面（包括西江的下东、布洲，潭江的牛湾、义兴、新美、苍山渡口，台城河公义、江门河上浅口、西海水道虎跳门）水质优良比例为88.9%，优于2016年度水质优良比例考核目标（≥55.6%）要求。西江干流、西海水道和潭江干流上游水质优，潭江干流中游水质良至轻度污染，江门河和潭江下游银洲湖段水质良好。近岸海域水质达标率100%。黄茅海、广海湾、镇海湾、上下川、海宴水质优，均符合《海水水质标准》（GB3097-1997）二类标准要求，铜鼓湾水质良好，符合三类标准要求。

【声环境】 2016年江门市区区域环境噪声等效声级平均值56.6分贝，优于国家区域环境噪声2类区（居住、商业、工业混杂）昼间标准；道路交通干线两侧昼间噪声质量处于较好水平，等效声级为69.96分贝，优于国家四级标准（城市交通干线两侧区域）；市区功能区噪声等效声级年平均值64.9分贝，2、3类区昼间和夜间，1、 4类区昼间均符合相应功能区的标准。

【建设项目环评审批】 2016年，江门市环境保护局为贯彻落实深化行政审批制度改革、加快政府职能转变的精神，根据市政府要求，与银洲湖管委会签订《事权委托书》，将建设项目环境影响评价文件审批和建设项目环境保护设施验收等两项行政许可事项委托银洲湖管委会行使。制定《江门市环境保护局派驻行政中心环保窗口快速办理行政许可方案》并建立“快速办理清单”，实现即办即取。推动交通基础设施、民生工程、大型骨干企业、生态环境工程等重点项目建设，为贴“绿标”项目开辟环评审批“绿色通道”，提前介入、主动服务。2016年全市环保系统共审批建设项目1507项，其中报告书项目93项，报告表562项，登记表852项。通过严格把关和强化服务，保障了我市经济健康持续发展。

【污染物总量减排】 2016年，江门市环境保护局围绕广东省下达给市的减排目标，开展部署落实。组织召开全市减排工作会议，由市长和主管副市长分别对年度污染减排工作进行动员部署。狠抓减排项目落实，加大对重点减排项目现场核查督办力度，对存在问题的减排项目下达整改督办通知，并派出专人进驻企业帮扶指导落实整改措施，确保减排工作落实到位；2016年省下达我市重点减排工程共14项，其中城镇生活污水处理厂及管网工程4项、平板玻璃污染治理9项和水泥厂脱硝工程1项，已全部完成。组织对各市（区）上年度总量控制目标完成情况、污染减排工程措施的落实情况、污染减排基础体系的建设和运行情况等三个方面工作进行考核评分。出台《“六河”流域工业污染源排污许可管理实施方案》，完成“六河”流域重点排污企业及国控重点污染源的总量分配和排污许可证核发，并按照国家和省的要求开展火电、造纸行业国家版排污许可证换发工作。

【水环境整治】 2016年，江门市环保局组织实施潭江流域“河长”责任制，定期开展河（段）长考核断面水质监测，并向社会公开结果，推动各项整治措施的落实。出台《江门市水污染防治行动计划实施方案》，明确深化工业污染防治、推进农村污染防治、整治城市黑臭水体等60项工作任务。印发实施《江门市黑臭水体（工业污染源）专项整治工作方案》，开展黑臭河涌流域范围内工业、农业和生活污染源排查，已向社会公开129家工业企业、6座污水处理厂、1795家畜禽养殖场（户）信息以及流域内生活污水处理情况。8月，召开全市水环境大整治暨黑臭水体治理动员大会，以潭江四个未达标断面和城市建成区六条黑臭水体治理为重点，对三区四市31个镇（街）实施挂牌督办，督办73项任务。完成镇级饮用水水源保护区划定工作，新划定镇级饮用水水源保护区56个。完成江门市集中式饮用水源地环境保护状况评估工作，完成饮用水源保护区规划建设，设置饮用水源保护区标志牌和隔离防护设施。开展2016年江门市地下水基础环境状况“双源”（地下水饮用水源、污染源）调查工作，编制江门市地下水基础环境状况调查评估报告。

【大气环境整治】 2016年，江门市环境保护局制定《江门市大气污染防治2016年实施方案》，将年度工作任务分解到各市、区、和各有关部门，建立部门协作机制，加大资金投入和实施力度，明确年度工作目标与任务，落实责任人。贯彻落实《广东省大气污染防治行动方案》，出台《2016年江门市工业锅炉达标整治专项行动方案》，推动高污染燃料锅炉整治、“黄标车”提前淘汰、城市扬尘污染防治等各项重点工作。至年底，江门市淘汰燃煤小锅炉120台，完成省下达的任务。累计完成重点行业挥发性有机物综合整治89家，淘汰“黄标车”12754辆。开展机动车环保检测，全年检测汽车25.6万辆，环保检测率84%。建成排气污染检测监管系统，实现机动车排气检测监控自动化、网络化、即时化和智能化。加强城市扬尘治理，落实多部门城市扬尘联防联控机制，开展联合执法检查，加强道路和建筑工地扬尘防控力度。

【城市噪声治理】 2016年，在城市环境噪声治理方面，江门市环境保护局加强规划引导，严格环境准入，将声环境质量改善作为污染防治工作的重要任务之一。在业务办理、审核等各个环节中严格声环境准入，规划环境影响评价文件要设立噪声污染防治章节，建设项目环评要明确改善声污染防治的措施要求，严格项目环境噪声“三同时”验收管理，未通过验收的噪声排放项目，一律不得投入运行。加强交通噪声、施工噪声、社会生活噪声污、绿色护考、工业企业噪声等重点领域噪声污染防治。加强对建筑噪声污染的源头控制工作。江门市所有建筑施工项目必须办理环境影响评价审批手续，并按环评要求控制噪声污染。建筑施工单位在施工过程中使用机械设备，可能产生环境噪声污染的，必须在工程开工前向环保部门进行排污申报登记。2016年全市新建建筑施工场所发放噪声排放许可证318件，施工工地夜间超时施工审批14个，工地使用锤击桩机审批7个，建筑施工环保验收 203件。全年全市收到噪声投诉1985件，占总环境投诉的13.43%，按时办结率100%。

【环境监管】 2016年，江门市环境保护局以“快严实”原则狠抓中央环保督察整改落实。中央第四环境保护督察组进驻广东督察，江门市各级环保部门以此为契机，主动借势、借力执法，推动构建环境“大执法”新格局，集中查处和打击一批环境违法行为，解决群众反映强烈的突出环境问题，中央督察组交办的170件环境问题举报已基本办结。“两法”衔接机制有新突破。市公安局、市检察院与市环保局联合制定出台了《关于强化污染环境案件行政执法与刑事司法衔接工作的意见》，建立“两法衔接”信息共享平台和备案机制，强化联动执法机制，“环保+公检”高压打击环境污染犯罪成新常态。2016年，全市各级环保部门联合公安、检察机关开展联动执法30余次，移送涉嫌环境污染犯罪案件27宗。从快从严查处了一批环境污染犯罪案件，严肃追究一批涉案人员刑事责任。2016年9月,江门市蓬江区法院公开审结的荷塘镇一无证电镀厂污染环境罪案，是自市公安局食品药品和环境犯罪侦查支队成立以来，侦办的首例案犯被判实刑的污染环境犯罪案件。铁腕执法精准治污。充分用足用好按日计罚、查封扣押、限产停产、移送行政拘留等执法手段，以严执法、铁手腕抓出一批实实在在的环境治理成果。是年，全市立案查处环境违法案件716宗，查处的按日计罚、查封扣押、限产停产、移送行政拘留和涉嫌环境污染犯罪的案件均呈上升态势。

【核与辐射环境管理】 2016年，江门市加强核与辐射管理工作，优化核与辐射项目环境影响审批和验收程序，做好重大项目环评服务审批工作，全年完成39个核与辐射项目审批、验收工作，完成220kV桥美站等32项输变电工程现状环境影响审查备案。开展核与辐射法律、核安全文化宣贯活动，举办2016年辐射安全培训工作，全市200余家核技术利用单位管理人员参训。组织开展辐射风险排查专项行动，出动执法人员254人次，检查核技术利用单位97家（次），消除辐射风险4项，收贮闲置放射源12枚，消除核安全隐患。全年未发生辐射安全事故，核与辐射环境安全稳定。

【环境宣传与教育】 2016年，江门市环境宣教紧密围绕生态文明建设和全市环保中心工作，发挥环境宣传教育引导能力，营造良好的舆论环境。加强微信、微博平台建设，拓展新媒体宣传。以内容质量为核心，完善运营管理机制；是年，发布微信432条，微博1188条，访问阅读量5.6万次，提高新媒体的传播影响力。坚持正确导向，强化主题宣传，与各主流媒体开展宣传合作，通过开辟专题专栏等形式，针对潭江水治理、黑臭水体整治、环境监察执法、中央环保督察等环保中心工作和重点工作进行报道，是年，各主要新闻媒体累计刊登江门市环保新闻200余次，接受各类媒体采访150多次；加强公众参与，做好品牌活动的宣传氛围。结合环境宣传月、“六.五”世界环境日、环境文化节，组织开展“珠中江+阳江”中学生环保宣传活动、新闻通气会、“绿色发展邑企在行动”媒体采访活动、“蓝天碧水秀美侨都”环保摄影大赛、环境监测开放体验活动以及环境宣传进社区、进企业、进机关、进校园等一系列丰富多彩的环境宣传活动，组织参与广东省中学生环保科技创意大赛、广东省中学生环保演讲比赛、环保电影大放送等宣传活动，调动公众参与环保的热情，在全社会营造良好的氛围。以开展绿色创建为基础，推进全市环境教育工作，开展全省绿色学校、绿色社区和环境教育基地的创建培育工作。2016年，江门市申报2所学校申报省级绿色学校、1个申报省环境教育基地，至年底，累计创建省级以上绿色学校77所，绿色社区15个，环境教育基地4个；国家级绿色学校3所，绿色社区1个；拥　有江门市级绿色学校158所，绿色　社区35个。

表34：　2016年环境空气质量情况表

年份	达到二级标准天数	全年有效天数	比例
2016	309	366	84.4%

表35：　2016年江门市区空气主要指标监测表

年份	达到二级标准的天数占全年有效天数的比例					
	二氧化硫	二氧化氮	可吸入颗粒物	一氧化碳	臭氧最大8小时平均值	细颗粒物
2016	100%	97.5%	99.2%	100%	89.1%	95.9%

表36：　2016年江门市区环境噪声统计表

单位：分贝

年份	区域环境噪声均值	交通干线噪声均值
2016	56.6	69.96

表37：　江门市省级以上自然保护区（列表记述）

序号	地　方	地域	成立时间	级别
1	上川岛猕猴自然保护区	广东台山	1990.01	省级
2	江门古兜山自然保护区	广东台山	2001.10	省级
3	恩平七星坑自然保护区	广东恩平	2007.01	省级
4	江门中华白海豚自然保护区	广东台山	2007.01	省级

（吕婉静）

·责任编辑　关明珠·

科技·教育

Technology and education

科学技术与知识产权

【科技工作概况】 2016年，全市各级、各部门贯彻市委、市政府工作部署，紧紧围绕“加快创新发展”，深入实施创新驱动发展战略，开展技术改造和核心技术攻关，狠抓高新技术企业、科技型小微企业培育和创新平台建设，创新人才队伍壮大，科技金融结合进一步融合，全市科技创新能力加速提升。

科技创新能力加速提升 2016年，制定科技发展“十三五”规划、“江门创造2025”、自创区建设实施方案。举办“中国青创汇”全国小微企业创业创新周活动。推动五邑大学开门办学，启动“环五邑大学创新经济圈”建设。国家知识产权试点城市通过验收。无限极参与研发的“油料功能脂质高效制备关键技术与产品创新”项目荣获国家科学技术进步奖二等奖。江门市获广东省2016年度科技进步奖一等奖1项、二等奖1项、三等奖4项，获得第十八届中国专利优秀奖2项，创历史最好成绩。

高新技术企业培育 2016年，发展壮大高新技术企业集群，组织三批次239家企业申报高新技术企业认定，其中217家通过认定，存量达357家，比上年净增161家，大幅增长82%。进入高新技术企业培育库的企业达256家。

科技型小微企业“江门标准”率先建立 2016年，在全国率先制定科技型小微企业认定标准和名录库，精准扶持科技型小微企业加快成长。全市小微企业名录库入库企业4.6万家，培育科技型小微企业1518家，9家科技型小微企业挂牌上市，226家成长为高新技术企业。是年，在全国深化简政放权放管结合优化服务改革座谈会上，李克强总理为“江门标准”点赞。

科技创新平台建设 2016年，建成全国博士后创新(江门)示范中心、中国（江门）“侨梦苑”华侨华人创新产业聚集区等国家级双创服务平台。建成国家级企业技术中心3个，国家级重点实验室2个，院士工作站3家，省级企业重点实验室1家，省级新型研发机构5家，省级企业技术中心32家，省级工程中心115家。加快科技企业孵化器建设，建成孵化器12家，其中国家级孵化器2家；在孵企业486家、毕业35家。

创新型人才队伍建设 2016年，出台人才强市“十四条”政策。引进海外高层次人才创业项目9个，国家“千人计划”项目2个，2人入选“广东特支计划”；有2个项目、58人入选“扬帆计划”。全市设立博士后科研工作站和创新实践基地54家，高级职称专业技术人才达1.2万名。

科技金融产业融合 2016年，建成3家科技金融综合服务中心、7家科技支行、2家科技小贷公司，打造“邑科贷”政银服务平台，发放科技贷款3.8亿元。与粤科金融集团合作，设立市科技风险投资基金，总规模10亿元。出台《江门市政府投资基金管理暂行办法》，设立先进装备制造产业、创业创新等5支政府投资基金。与澳门金融机构开展跨境金融业务，拓宽江门市企业融资渠道。

新一轮技术改造 2016年，出台《江门市“机器人应用”专项资金实施细则》《江门市工业企业技术改造事后奖补实施细则》等政策。在连续两年增长超100%的基础上，2016年完成技改投资184.39亿元，同比增长63.5%，增幅全省排名第四。大力推广机器人应用，50家企业上马“机器人应用”项目。

自主核心技术攻关 2016年，推进产学研合作，在资源循环利用、水性环保涂料、绿色照明等产业领域实施省、市重大科技专项，开展核心关键技术攻关。是年，承担省重大科技专项5项，获扶持资金2000万元；组织实施市级重点科技计划项目200项，推广应用科技成果600多项。全市专利申请量13365件，比上年增长40%；授权量6762件，比上年增长6%。其中发明专利申请量3244件、增长33%，发明专利授权量544件、增长7%。

【科技创新平台建设】 2016年，以增强产业自主创新能力为主线，加强政策资金支持，深化政产学研合作，加强指导和培育力度，大力建设科技创新平台,自主创新体系日趋完善。江门市已建成嘉宝莉、美达锦纶、大长江3个国家级企业技术中心和摩托车、半导体光电产品2个国家级重点实验室，3家院士工作站，1家省级企业重点实验室，4家市级重点实验室，5家省级、12家市级新型研发机构，115家省级、443家市级工程技术研究中心，3家省级、2家市级产学研结合技术创新联盟。规模以上工业企业研发机构建设覆盖率达16.64%，江门国家高新区达22.6%。创新服务平台52个，其他服务机构38个，基本覆盖江门市重点产业领域，为江门市创新驱动发展提供重要的支撑。

《江门市科研机构建设工作推进方案（2016-2020年）》 2016年，制定实施《江门市科研机构建设工作推进方案（2016-2020年）》，推进江门市科技创新平台体系建设。方案以“分类指导、梯次建设”的基本思路，建立省、市、区（产业园区、专业镇）、企业多级联动机制，主要从“引导各类企业自建科技创新平台，实现企业创新平台的‘从无到有’”“加大对已建科技创新平台的培育力度，实现创新平台建设水平的‘由低到高’”“推动各类科技创新平台服务向产业延伸，实现技术创新服务的‘由点到面’”三个层次，有序推进江门市科技创新平台体系建设。重点加速拓展科技创新平台建设在5亿元及规上工业企业中的覆盖面。

政策保障体系完善 2016年，研究制定江门市关于扶持重大科技创新平台建设实施办法、江门市关于支持引进大院名校共建研究院所试行办法、江门市关于江门市重点实验室建设资助试行办法，待政策制定出台后，将与已制定实施的《江门市科学技术局 江门市财政局关于支持新型研发机构发展试行办法》《关于江门市工程技术研究中心等科研机构建设资助试行办法》一起组成政策合力，对江门市各级别、各形式的科技创新平台形成政策扶持，推动科技创新平台体系的建设。

企业科研机构培育 2016年，加大新型研发机构的培育和建设，鼓励并支持珠西智谷智能装备协同创新研究院、南方教育装备制造研究院、广东陈皮研究院等建设成为市级新型研发机构，新组织认定广东富华车辆关键零部件研究院、嘉宝莉高性能环境友好涂料与涂装技术研究院、广东嘉士利食品营养健康与安全研究院3家单位为本年度第一批市级新型研发机构（市级新型研发机构达11家），为省级新型研发机构建设储备力量；重点支持大长江、广东南车、无限极、富华重工等重点企业以及已获认定的市级新型研发机构组建成为省级新型研发机构；本年度组织10家重点单位申报省级新型研发机构，有1家单位通过省认定，是年，江门市拥有省级新型研发机构5家。加大企业科研机构的培育和建设；加大主动服务力度，做到“三及时”（发布通知及时、指导申报及时、追踪问题及时），推进企业科技创新平台建设；重点依托研发条件较好的大中型企业、高新技术企业、创新型企业以及高层次人才团队企业，分批次建设一批市级、省级的企业科研机构或协同创新平台；新建1家省级、4家市级新型研发机构；1家省级企业重点实验室、5家市级重点实验室；3家省级产学研技术创新联盟；20家省级、212家市级工程技术研究中心；13家市级科技特派员工作站。其中嘉宝莉环境友好涂料技术广东省重点实验室建设等8个创新平台获得省立项支持，扶持资金达710万元。地方政府、企业开展产学研合作，计划共建一批举足轻重的科技创新平台；江门国家高新区和华夏幸福签约，力图打造珠西“新南山”；无限极与英国剑桥大学合作共建无限极剑桥研究中心，四方威凯与巴斯夫共建涂料实验室，维达与瑞典爱生雅合作共建企业研发中心。

表38：　　2016年新增江门市省级新型研发机构名单

序号	所属市区	机构名称	建设单位	认定文号
1	新会区	江门市智能装备制造研究院	江门市智能装备制造研究院有限公司	粤科产学研字〔2016〕163号

表39: 2016年新增江门市市级新型研发机构名单

序号	所在市区	机构名称	建设单位	认定文号
1	蓬江区	嘉宝莉高性能环境友好涂料与涂装技术研究院	嘉宝莉高性能环境友好涂料与涂装技术研究院	江科〔2016〕198号
2	台山市	广东富华车辆关键零部件研究院	广东富华重工制造有限公司	江科〔2016〕198号
3	开平市	广东嘉士利食品营养健康与安全研究院	广东嘉士利食品营养健康与安全研究院	江科〔2016〕198号
4	新会区	江门新会柑陈皮研究院	江门市新会陈皮村市场股份有限公司	江科〔2017〕6号

表40: 2016年新增广东省重点实验室

序号	所属市区	项目名称	承担单位	认定文号
1	蓬江区	嘉宝莉环境友好涂料技术广东省重点实验室建设	嘉宝莉化工集团股份有限公司	粤科规财字〔2016〕47号

表41: 2016年新增江门市市级重点实验室

序号	所属市区（单位）	机构名称	建设单位	立项文号
1	五邑大学	利物浦（江门）公共卫生产品研究所	五邑大学	江财工〔2016〕143号
2	江门市中心医院	江门市中心医院重点实验室构建	江门市中心医院	江财工〔2016〕143号
3	江门市职业技术学院	绿色功能材料创新平台	江门市职业技术学院	江财工〔2016〕143号
4	江门市人民医院	江门市人民医院重点实验室构建	江门市人民医院	江财工〔2016〕143号

表42： 2016年新增广东省产业技术创新联盟

序号	联盟名称	联盟单位	立项文号
1	广东省传声器产业技术创新联盟	恩平市海天电子科技有限公司、恩平市奥新电子有限公司、恩平市新盈科电声科技有限公司、恩平市帕思高电子科技有限公司、恩平市奥达电子科技有限公司、恩平市上格电子有限公司、恩平市卡赛特电子有限公司、恩平市邦华电子有限公司、恩平市艺星电子有限公司、恩平市雷蒙电子有限公司、恩平市仙笛音响器材有限公司、恩平市高尔电子科技有限公司、恩平市莱茵电子新科技有限公司、恩平市恩宝电子有限公司、恩平市西特尔电子科技有限公司、广州大学、广东工业大学、华南理工大学、中山大学、广东中南声像灯光设计研究院、广东省声像灯光科技促进会、广东演艺设备行业商会、恩平市电声行业协会、广东高鑫科技股份有限公司、广州高炬知识产权代理有限公司	粤科产学研字〔2016〕175号
2	广东省保健食品产业技术创新联盟	无限极（中国）有限公司；广东太阳神集团有限公司；金日制药（中国）有限公司；广州市赛健生物科技有限公司；广州理和健康产品科技有限公司；广州泽力医药科技有限公司；广州联存医药科技有限公司；广州王老吉药业股份有限公司；深圳海王集团股份有限公司；广州市东鹏食品饮料有限公司；完美（中国）有限公司；广州市美澳健生物科技有限公司；广东大印象保健品有限公司、广东工业大学；中山大学；华南理工大学；江南大学；南昌大学；广州中医药大学；广东药科大学、广东产品质量监督检验研究院；广东省微生物研究所；中国农业科学院油料作物研究所；广东省食品工业研究所、广东省保健品商会、中山市健康科技产业基地发展有限公司	粤科产学研字〔2016〕175号
3	广东省轨道交通装备产业技术创新联盟	中车广东轨道交通车辆有限公司、北京纵横机电技术开发公司 、广东国通克诺尔轨道车辆系统设备有限公司、江门中车轨道交通装备有限公司、江门恒之源交通设备有限公司、广东南奥交通设备有限公司 、江门市广润轨道交通实业有限公司、广东众城交通技术有限公司 、广东坚美铝型材厂（集团）有限公司、西南交通大学、北京交通大学、五邑大学、中国铁道科学研究院机车车辆研究所、中车青岛四方车辆研究所有限公司	粤科产学研字〔2016〕175号

表43：2016年新增江门市市级科技特派员工作站

序号	市区	项目名称	承担单位	认定（立项）文号
1	蓬江区	广东高正信息科技股份有限公司（项目研究方向：智能建筑设备弱电系统集成技术研究）	广东高正信息科技股份有限公司	江科[2016]179号
2	蓬江区	江门市竞晖电器实业有限公司（项目研究方向：智能小家电关键技术研发及产业化）	江门市竞晖电器实业有限公司	江科[2016]179 号
3	蓬江区	江门市利华实业有限公司企业科技特派员工作站	江门市利华实业有限公司	江科[2016]179 号
4	蓬江区	迪浪科技特派员工作站	广东迪浪科技有限公司	江财工[2016]143号
5	蓬江区	天地壹号饮料股份有限公司科技特派员工作站	天地壹号饮料股份有限公司	江财工[2016]143号
6	高新（江海）区	华石水性外墙艺术仿石涂料科技特派员工作站	华石涂料有限公司	江科[2016]179 号
7	高新（江海）区	江门谦信化工发展有限公司特派员工作站（项目研究方向：丙烯酸丁酯反应精馏合成工艺及产业化研究）	江门谦信化工发展有限公司	江科[2016]179 号
8	高新（江海）区	江门天诚溶剂制品有限公司特派员工作站（项目研究方向：醋酸丁酯反应系统能量控制与节能关键技术的研究）	江门天诚溶剂制品有限公司	江科[2016]179 号
9	高新（江海）区	广东聚科照明股份有限公司特派员工作站（项目研究方向：高光效倒装COB光源模组关键技术攻关及产业化）	广东聚科照明股份有限公司	江财工[2016]143号
10	高新（江海）区	量子高科（中国）生物股份有限公司科技特派员工作站	量子高科（中国）生物股份有限公司	江财工[2016]143号
11	新会区	江门市浩伦生态农业有限公司（项目研究方向：新垦区土壤培育与果菜高效生态栽培关键技术集成研究与示范）	江门市浩伦生态农业有限公司	江财工[2016]143号
12	开平市	广东华艺卫浴实业有限公司科技特派员工作站	广东华艺卫浴实业有限公司	江财工[2016]143号
13	鹤山市	宏元（江门）化工科技特派员工作站	宏元（江门）化工科技有限公司	江科[2016]179 号

【科技成果鉴定】 2016年度，全市有42项科技成果通过市级鉴定，其中会议鉴定12项；函审鉴定30项。量子高科（中国）生物股份有限公司完成的“益生元低聚果糖国家标准样品分离与制备”，由李锦记（新会）食品有限公司完成的“新型酱油制曲工艺自动化技术的研究与应用”等11项成果以会议形式通过市级科技成果鉴定。其中“益生元低聚果糖国家标准样品分离与制备”项目的实施成功分离并制备出6种纯度大于99.5%的低聚果糖国家标准样品，鉴定委员会认为该项成果整体技术达到国际先进水平。

（详见附表）

表44：　　2016年江门市科技成果鉴定一览表

（共42项，其中会议鉴定12项、函审鉴定30项）

序号	成果名称	第一完成单位	形式
1	改性橡胶高性能增韧剂的研究及应用	江门市德山复合材料科技有限公司	会议
2	进出口商品中有机锡化合物检测方法及应用研究	新会出入境检验检疫局综合技术服务中心	会议
3	热超导陶瓷涂层材料关键技术研发及应用推广	江门市华材新材料科技实业有限公司	会议
4	丰产高抗大肉丝瓜新品种的选育及高效栽培技术集成应用	江门市农业科学研究所	会议
5	新型酱油制曲工艺自动化技术的研究与应用	李锦记（新会）食品有限公司	会议
6	维达纸业（中国）有限公司	婴儿手口可用湿巾的研究与开发	会议
7	基于数据挖掘的网络运营支撑系统	中国移动通信集团广东有限公司江门分公司	会议
8	高频高速高多层印制板制作技术及产品	江门崇达电路技术有限公司	会议
9	益生元低聚果糖国家标准样品分离与制备	量子高科（中国）生物股份有限公司	会议
10	智能站牌公共出行服务系统	江门市公共汽车有限公司	会议
11	日本观赏食用菊花“黄球”引种应用研究初探	江门市东湖公园管理所	会议
12	环保型水性胶上光膜的研究与开发	开平市齐裕胶粘制品科技有限公司	会议
13	阴式子宫肌瘤剔除术的临床研究	江门市五邑中医院	函审
14	姜黄素联合三氧化二砷对骨髓增生异常综合征细胞株的杀伤研究	江门市五邑中医院	函审
15	温肾消喘膏方防治支气管哮喘的疗效及对免疫指标的影响	江门市五邑中医院	函审

续上表：

16	健脾益肾排毒方延缓慢性肾功能衰竭进展的临床研究	江门市五邑中医院	函审
17	余伯亮“针刺三法”学术经验总结与临床实践	江门市五邑中医院	函审
18	临床护理路径在十二指肠溃疡出血病人中的应用	江门市人民医院	函审
19	血清25羟基维生素D浓度与糖耐量减低患者中代谢参数关系研究	江门市人民医院	函审
20	肿瘤靶向治疗护理流程的临床研究	江门市人民医院	函审
21	华法林抗凝治疗慢性阻塞性肺疾病疗效观察	江门市人民医院	函审
22	子宫内膜电切术治疗子宫腺肌病的临床疗效观察	江门市人民医院	函审
23	重型颅脑损伤后颅内压与神经特异性烯醇化酶变化的相关性研究	江门市人民医院	函审
24	Tim-3及其配体与与女性生殖器肿瘤分级和预后的相关性研究	江门市人民医院	函审
25	急性脑梗死患者的血浆溶血磷脂酸水平与脑梗死的病因分型的临床研究	江门市人民医院	函审
26	江门市女性心血管疾病危因素评估与跟踪观察	江门市人民医院	函审
27	麦冬地龙汤治疗晚期肺癌合并肺感染患者的临床研究	江门市人民医院	函审
28	甘露醇开放血脑屏障后应用神经生长因子对颅脑损伤及高血压脑出血治疗的研究	江门市新会区人民医院	函审
29	探讨一对一责任制陪伴分娩联合无创接生法的临床应用效果	江门市新会区妇女儿童医院	函审
30	骶韧带与耻骨阴道肌交叉缝合联合骶棘韧带悬吊术治疗盆腔器官脱垂的疗效分析	江门市新会区妇女儿童医院	函审
31	开放植骨结合负压封闭引流治疗感染性骨不连的临床研究	江门市人民医院	函审
32	原发乳腺癌前哨淋巴结阳性患者非前哨淋巴结转移的预测因子	江门市妇幼保健医院	函审

续上表：

33	免疫抑制性共刺激分子PD-1对肺结核患者T细胞免疫功能影响的研究	江门市中心医院	函审
34	预防早产儿侵袭性真菌感染的临床研究	江门市中心医院	函审
35	右冠状动脉疾病-现状与进展	江门市中心医院	函审
36	他汀类药物对慢性阻塞性肺疾病大鼠模型的保护作用及机制	江门市中心医院	函审
37	头位不同的高度对颅内压影响及指导治疗的研究	江门市中心医院	函审
38	腹腔镜肾部分切除术治疗肾肿瘤的临床研究	江门市中心医院	函审
39	纳米碳吸附5氟尿嘧啶在乳腺癌淋巴结转移模型中的应用	江门市中心医院	函审
40	克罗米芬加HMG超促排卵在体外受精中的应用	江门市中心医院	函审
41	多层螺旋CT多模式重组在复杂髋臼骨折术前检查中的应用	鹤山市中医院	函审
42	颅内血肿的神经内镜治疗	江门市中心医院	函审

【创建省、市级工程技术研究开发中心】 2016年，江门市围绕市先进装备制造业、新材料等产业和科技发展的需求，逐步形成以企业为主体，产学研相结合，国家、省、市级创新平台梯次发展的良好局面。支持无限极与英国剑桥大学合作共建无限极剑桥研究中心，四方威凯与巴斯夫共建涂料实验室，维达与瑞典爱生雅合作共建企业研发中心。2016年新增省级工程技术研究中心20家，市级工程技术研究中心212家，位居珠三角前列。

表45: 2016年新增广东省工程技术研究中心

序号	地区	市工程中心名称	依托企业	批准文号
1	市直	江门市新会陈皮研究所工程技术研究开发中心	江门市五邑中医院	江科〔2016〕180号
2	蓬江	江门市变频空气能热水器工程技术研究中心	江门菲普森电器制造有限公司	江科〔2016〕180号
3	蓬江	江门市无极灯绿色照明工程技术研究中心	广东电力士照明科技有限公司	江科〔2016〕180号
4	蓬江	江门市微型电机工程技术研究中心	江门市自信电机有限公司	江科〔2016〕180号
5	蓬江	江门市鼎林车架工程技术研究中心	江门鼎林车架有限公司	江科〔2016〕180号
6	蓬江	江门市海藻泥漆研发及涂装应用工程技术研究中心	江门市蓬江区慧邦涂料有限公司	江科〔2016〕180号
7	蓬江	江门市多功能智能小家电工程技术研究开发中心	江门市蓬江区裕威倡电器实业有限公司	江科〔2016〕180号
8	蓬江	江门市高性能建筑材料及涂料工程技术研究开发中心	广东嘉宝莉科技材料有限公司	江科〔2016〕180号
9	蓬江	江门市高质量摩托车汽缸体工程技术研究开发中心	江门市本丰精密机械有限公司	江科〔2016〕180号
10	蓬江	江门市注塑磁性复合材料工程技术研究中心建设	江门协立磁业高科技有限公司	江科〔2016〕180号
11	蓬江	江门市绿色建筑材料工程技术研究中心	江门市中建科技开发有限公司	江科〔2016〕180号
12	蓬江	江门市微型小型水泵工程技术研究中心	江门麦加道机电厂有限公司	江科〔2016〕180号
13	蓬江	江门市高效培养基工程技术研究中心	江门市凯林贸易有限公司	江科〔2016〕180号
14	蓬江	江门市汇海安全高效饲料工程技术研究中心	广东汇海农牧科技集团有限公司	江科〔2016〕180号
15	江海	江门市抛光设备系统工程技术研究中心	江门市顺宗抛光设备有限公司	江科〔2016〕180号
16	江海	江门市智能插座工程技术研究中心	江门市江海区金龙辉电器有限公司	江科〔2016〕180号

续上表：

17	江海	江门市高端工业制冷设备及塑胶成型辅助设备工程技术研究中心	江门市携成机械有限公司	江科〔2016〕180号
18	江海	江门市LED节能环保照明（博拓）工程技术研究中心	江门市博拓光电科技有限公司	江科〔2016〕180号
19	江海	江门市LED智能家居照明工程技术研究中心	江门市泰坦尼照明电器有限公司	江科〔2016〕180号
20	江海	江门市高能效磁性元件工程技术研究中心	江门市智尊科技电子有限公司	江科〔2016〕180号
21	江海	江门市联创智能家居工程技术研究中心	江门市联创发展有限公司	江科〔2016〕180号
22	江海	江门市高端数控机床工程技术研究开发中心	江门市江海区杰能机电科技有限公司	江科〔2016〕180号
23	江海	江门市特种工程塑料聚芳醚砜树脂工程技术研究中心	江门市优巨新材料有限公司	江科〔2016〕180号
24	江海	江门市优质注塑成型磁性材料工程技术研究中心	江门麦威电子科技有限公司	江科〔2016〕180号
25	江海	江门市新型缓控释制剂工程技术研究中心	广东隆信制药有限公司	江科〔2016〕180号
26	江海	江门市LED灯工程技术研究中心建设	江门市普锐高科照明有限公司	江科〔2016〕180号
27	新会	高低压成套开关设备工程技术研究中心	广东金泽电气（集团）有限公司	江科〔2016〕180号
28	新会	江门市华津优质钢材冷轧工艺工程技术研究开发中心	江门市华津金属制品有限公司	江科〔2016〕180号
29	新会	江门市优质冷轧板材、钢管工程技术中心	江门市华睦五金有限公司	江科〔2016〕180号
30	新会	新型橡胶产品制造工程技术研究中心	广东江裕中鼎橡胶制品有限公司	江科〔2016〕180号
31	新会	江门市城镇污水处理工程技术研究中心	江门市新会区龙泉污水处理有限公司	江科〔2016〕180号
32	新会	金佣网交互远程交易系统工程技术研究中心	江门市金佣网有限公司	江科〔2016〕180号
33	新会	江门市工业自动化装备工程技术研究中心	江门市星光自动化科技有限公司	江科〔2016〕180号

续上表:

34	台山	高强度环保跳床工程技术研究中心	台山市志高兴五金塑胶有限公司	江科〔2016〕180号
35	台山	直流无刷电机工程技术研究中心	台山市捷达电器有限公司	江科〔2016〕180号
36	台山	江门市钢管塔先进制造工艺工程技术研究开发中心	广东吉达铁塔科技有限公司	江科〔2016〕180号
37	台山	广东省新型铝合金材料工程技术研究中心	台山市金桥铝型材厂有限公司	江科〔2016〕180号
38	开平	集成电路封装工程技术研究开发中心	开平帛汉电子有限公司	江科〔2016〕180号
39	开平	江门市节能中央空调工程技术研究中心	开平市高美空调设备有限公司	江科〔2016〕180号
40	开平	江门市PVC管工程技术研究中心	开平市亿洋塑胶制品有限公司	江科〔2016〕180号
41	恩平	江门市智能无线音频系统工程技术研究开发中心	恩平市帕思高电子科技有限公司	江科〔2016〕180号
42	鹤山	江门市高功率搅拌机工程技术研究中心	鹤山市恒凯电器有限公司	江科〔2016〕180号
43	鹤山	广东省江门市金益节能环保工程技术研究中心	鹤山市金益铜业有限公司	江科〔2016〕180号
44	鹤山	江门市数控钢筋加工机械工程技术研究中心	鹤山市鹤建机械有限公司	江科〔2016〕180号
45	鹤山	江门市高性能聚氨酯工程技术研究中心	广东聚盈化工有限公司	江科〔2016〕180号
46	鹤山	江门市特种高温合金材料工程技术研究中心	广东华鳌合金新材料有限公司	江科〔2016〕180号
47	蓬江	智能终端工程技术研究中心	江门市奥威斯电子有限公司	江科〔2016〕231号
48	蓬江	新能源及节能技术研发中心	江门电力设计院有限公司	江科〔2016〕231号
49	蓬江	江门市UV净味漆工程技术研究中心建设	江门市国美化工有限公司	江科〔2016〕231号
50	蓬江	江门市无线网桥工程技术研究中心建设	江门市拓达电子有限公司	江科〔2016〕231号

续上表：

51	蓬江	江门市新型粉末冶金制品及先进生产技术工程技术研究中心	广东东睦新材料有限公司	江科〔2016〕231号
52	蓬江	江门市摩托车发动机工程技术研究中心	江门王野摩托车制造有限公司	江科〔2016〕231号
53	蓬江	江门市东吉智能自动售货机工程技术研究中心	江门市东吉五金制品有限公司	江科〔2016〕231号
54	蓬江	江门市精密汽车及摩托车零部件工程技术研究开发中心	江门市鼎豪汽摩部件有限公司	江科〔2016〕231号
55	蓬江	江门市中高端汽车音响系统工程技术研究中心	江门市益利达汽车电子有限公司	江科〔2016〕231号
56	蓬江	江门市超高清显示器工程技术研发中心	江门市唯是半导体科技有限公司	江科〔2016〕231号
57	蓬江	江门市摩托车设计与制造（珠峰）工程技术研究中心	江门市珠峰摩托车有限公司	江科〔2016〕231号
58	江海	江门市倒装LED芯片的COB光源模组系统工程技术研究中心	广东华辉煌光电科技有限公司	江科〔2016〕231号
59	江海	江门市新型柔性线路板工程技术研究中心	江门市江海区永创鑫电子有限公司	江科〔2016〕231号
60	江海	江门市LED绿色环保户外装饰照明工程技术中心	江门市中亚光电有限公司	江科〔2016〕231号
61	江海	江门市木质家具工程技术研究中心	江门健威家具装饰有限公司	江科〔2016〕231号
62	新会	江门丽宫国际食品新会陈皮深加工工程技术研究中心建设	江门丽宫国际食品有限公司	江科〔2016〕231号
63	新会	江门市有机硅工程技术研究中心	江门市新会区雅顺有机硅有限公司	江科〔2016〕231号
64	新会	江门市不锈钢餐厨具工程技术研究中心	江门市基达不锈钢制品有限公司	江科〔2016〕231号
65	新会	江门市实用、节能、环保小家电产品工程技术研究中心	江门市新会区浩信电器制造有限公司	江科〔2016〕231号
66	新会	广东新会陈皮工程技术研究中心	江门市新会陈皮村市场股份有限公司	江科〔2016〕231号
67	台山	江门市芦荟产业发展工程技术研究中心	台山美环健芦荟制品有限公司	江科〔2016〕231号

续上表：

68	台山	江门市钎焊新材料工程技术研究中心	力创（台山）电子科技有限公司	江科〔2016〕231 号
69	台山	江门市铝合金精密压铸加工件工程技术研究中心	广东鸿特精密技术（台山）有限公司	江科〔2016〕231 号
70	台山	研磨抛光工程技术研究开发中心建设	台山市远鹏研磨科技有限公司	江科〔2016〕231 号
71	台山	高端智能塑胶电动玩具工程技术研究中心建设	台山粲乐塑胶电子制造有限公司	江科〔2016〕231 号
72	恩平	江门市高性能无线电声器材工程技术研究开发中心	博兴电子(恩平)有限公司	江科〔2016〕231 号
73	恩平	江门市新型安全鞋工程技术研究开发中心	百卓鞋业（恩平）有限公司	江科〔2016〕231 号
74	鹤山	江门市高性能高分子材料工程技术研究中心	广东德塑科技有限公司	江科〔2016〕231 号
75	鹤山	江门市金碧晖改良型家具工程技术研究中心	鹤山市金碧晖家具制造有限公司	江科〔2016〕231 号
76	鹤山	江门市防火铸铝木门工程技术研究中心	鹤山天山金属材料制品有限公司	江科〔2016〕231 号
77	鹤山	江门市低质速生材密实化及功能改性工程技术研究中心	鹤山市木森木制品有限公司	江科〔2016〕231 号
78	蓬江	江门市农产品新品种引进和选育工程技术研究开发中心	广东鲜美种苗股份有限公司	江科〔2017〕6 号
79	蓬江	江门市新型橡塑制品制造工艺工程技术研究开发中心	广东鸿美达科技有限公司	江科〔2017〕6 号
80	蓬江	江门市环保高性能电池工程技术研究中心	江门金刚电源制品有限公司	江科〔2017〕6 号
81	蓬江	江门市新型环保无纺布工程技术研究中心	江门市恒通无纺布有限公司	江科〔2017〕6 号
82	蓬江	江门市高温不粘涂料工程技术研究中心	江门四方英特宝涂料有限公司	江科〔2017〕6 号
83	蓬江	江门市数字化印刷工程技术研究中心	广东兴艺数字印刷股份有限公司	江科〔2017〕6 号
84	蓬江	江门市青少年儿童环保家具工程技术研发中心	江门市新远森家具有限公司	江科〔2017〕6 号

续上表：

85	蓬江	江门市特种覆铜板材料工程技术研究开发中心	江门盈骅光电科技有限公司	江科〔2017〕6号
86	蓬江	江门市高性能机油滤清器工程技术研究中心	广东安飞汽车配件有限公司	江科〔2017〕6号
87	蓬江	江门市激光器工程技术研究开发中心	广东瀚盈激光科技有限公司	江科〔2017〕6号
88	蓬江	江门市智能化协同OA办公软件系统工程技术研究中心	广东思索科技有限公司	江科〔2017〕6号
89	蓬江	江门市高端摩托车工程技术研发中心	江门轻骑华南摩托车有限公司	江科〔2017〕6号
90	蓬江	江门市环保高分子密封材料技术研究中心	江门市本和密封技术开发有限公司	江科〔2017〕6号
91	蓬江	江门市车载电子系统工程技术研究中心	江门市蓬江区弘亿电子科技有限公司	江科〔2017〕6号
92	蓬江	江门市精密摩托车零部件工程技术研究中心	江门格威精密机械有限公司	江科〔2017〕6号
93	蓬江	组建江门市工程技术研究中心	江门江菱电机电气有限公司	江科〔2017〕6号
94	蓬江	江门市智能微电机工程技术研究中心	江门凯信科技实业有限公司	江科〔2017〕6号
95	蓬江	江门市智能电风扇工程技术研究中心	江门市蓬江区德信电器有限公司	江科〔2017〕6号
96	蓬江	江门市金属表面处理剂工程技术研究中心	江门市蓬江区荷塘镇诚信精细化工厂	江科〔2017〕6号
97	蓬江	江门市家用塑料五金挂件工程技术研究中心	江门市蓬江区嘉宝盛塑料五金厂有限公司	江科〔2017〕6号
98	蓬江	江门市耐用不锈钢制品工程技术研究中心建设	江门市蓬江区新荷不锈钢制品有限公司	江科〔2017〕6号
99	蓬江	江门市智能制造工程技术研究中心	江门市瑞世德机械有限公司	江科〔2017〕6号
100	蓬江	江门市高端、智能展示器材工程技术研究开发中心	江门市天域展示器材有限公司	江科〔2017〕6号
101	蓬江	江门市高性能输送机械制造工程技术研究开发中心	江门市南方输送机械工程有限公司	江科〔2017〕6号

续上表：

102	江海	江门市新型覆铜面板材料工程技术研究中心	江门建滔电子发展有限公司	江科〔2017〕6号
103	江海	江门市高性能微型PCB钻头工程技术研究中心	江门建滔高科技有限公司	江科〔2017〕6号
104	江海	江门市光固化UV涂料工程技术研究中心	江门市凌云涂料有限公司	江科〔2017〕6号
105	江海	江门市节能环保LED照明工程技术研究中心	江门市辉翔灯饰有限公司	江科〔2017〕6号
106	江海	江门市绿色节能照明工程技术研究中心	江门市龙源灯饰照明有限公司	江科〔2017〕6号
107	江海	江门市砂光设备系统工程技术研究中心	江门市信贝利机械有限公司	江科〔2017〕6号
108	江海	江门市智能家居LED照明工程技术研究开发中心	江门市耀翔实业有限公司	江科〔2017〕6号
109	江海	江门市LED节能灯具工程技术研究中心	江门市天舜光电科技有限公司	江科〔2017〕6号
110	江海	江门大诚先进医疗器工程技术研究开发中心	江门大诚医疗器械有限公司	江科〔2017〕6号
111	江海	江门市发动机供油供气系统工程技术研究中心	江门华联工业有限公司	江科〔2017〕6号
112	江海	江门市高端抛磨材料工程技术研究开发中心	江门杰利信抛磨材料有限公司	江科〔2017〕6号
113	江海	江门市精密电路板工程技术研究中心	江门全合精密电子有限公司	江科〔2017〕6号
114	江海	江门市节能环保LED吸顶灯工程技术研究中心建设	江门市柏兰登照明有限公司	江科〔2017〕6号
115	江海	江门市环保新型感光电子材料工程技术研究开发中心建设	江门市阪桥电子材料有限公司	江科〔2017〕6号
116	江海	江门市高精密电路板工程技术研究中心	江门市奔力达电路有限公司	江科〔2017〕6号
117	江海	江门市高端LED节能灯具工程技术研究开发中心	江门市博林照明科技有限公司	江科〔2017〕6号
118	江海	江门市工程塑料工程技术研究中心	江门市德众泰工程塑胶科技有限公司	江科〔2017〕6号

续上表：

119	江海	江门市（嘉威）智能小家电工程技术研究中心	江门市嘉威电器实业有限公司	江科〔2017〕6号
120	江海	江门市高精度电路板制造工程技术研究中心	江门市江海区科诺微电子有限公司	江科〔2017〕6号
121	江海	江门市合金成形模具工程技术研究中心建设	江门市江海区宇辉五金制品有限公司	江科〔2017〕6号
122	江海	江门市LED显示屏工程技术研究中心	江门市骏达光电科技有限公司	江科〔2017〕6号
123	江海	江门市（亮美）高效节能LED工程技术研究中心	江门市亮美电子有限公司	江科〔2017〕6号
124	江海	摩托车仪表关键技术工程技术研究中心	江门市隆吉减震器有限公司	江科〔2017〕6号
125	江海	江门市智能家电工程技术研究中心	江门市品高电器实业有限公司	江科〔2017〕6号
126	江海	江门市LED植物生长光质调控工程技术研发中心	江门市赛宁灯饰有限公司	江科〔2017〕6号
127	江海	江门市废水处理技术及工程设计工程技术研究中心	江门市三清环境技术工程有限公司	江科〔2017〕6号
128	江海	LED灯具高效节能工程技术研究开发中心	江门市英特视界科技有限公司	江科〔2017〕6号
129	江海	江门市高级不锈钢餐厨制品工程技术研究中心建设	江门市宇辉西厨设备有限公司	江科〔2017〕6号
130	新会	中顺纸业生活用纸工程技术研究中心	江门中顺纸业有限公司	江科〔2017〕6号
131	新会	江门市新辉新材料工程技术研究中心	新辉（中国）新材料有限公司	江科〔2017〕6号
132	新会	江门市优质牛皮卡纸工程技术研究中心	江门市明星纸业有限公司	江科〔2017〕6号
133	新会	江门市环保型尼龙纤维单丝复合材料工程技术研究开发中心	江门市新会区大新化学纤维厂	江科〔2017〕6号
134	新会	江门市钕铁硼磁粉工程技术研究中心	江门市新会区宇宏科技有限责任公司	江科〔2017〕6号
135	新会	江门市特种气体工程技术研究中心	江门市新会特种气体研究所有限公司	江科〔2017〕6号

续上表：

136	新会	江门市功能性建筑涂料工程技术研究中心	江门市铨胜涂料有限公司	江科〔2017〕6号
137	新会	江门市中高端临床医疗仪器、设备工程技术研究开发中心	广东百生医疗器械有限公司	江科〔2017〕6号
138	新会	江门市混凝土制品及生产工艺工程技术研究中心	广东广泽实业有限公司	江科〔2017〕6号
139	新会	江门市健康休闲食品工程技术研究开发中心	江门澳崎高质食品有限公司	江科〔2017〕6号
140	新会	江门市海星游艇工程技术研究开发中心	江门市海星游艇制造有限公司	江科〔2017〕6号
141	新会	江门市大功率高效高速电机工程技术研究中心	江门市华创电机有限公司	江科〔2017〕6号
142	新会	江门市利隆五金小家电工程技术研究中心	江门市利隆五金电器实业有限公司	江科〔2017〕6号
143	新会	磨具关键技术工程技术研究中心	江门市双益磨具有限公司	江科〔2017〕6号
144	新会	江门市高端塑料薄膜印刷包装工程技术研究中心	江门市祥利包装彩印有限公司	江科〔2017〕6号
145	新会	江门市先进五金制造工艺工程技术研究开发中心	江门市新会区先锋五金制品有限公司	江科〔2017〕6号
146	新会	智能环保桶工程技术研究中心	江门市新会区亿诺五金制品有限公司	江科〔2017〕6号
147	新会	江门市专用车工程技术研究中心	中集车辆（江门市）有限公司	江科〔2017〕6号
148	新会	江门市特种船舶工程技术研究中心	中交四航局江门航通船业有限公司	江科〔2017〕6号
149	新会	江门市智能锁具工程技术研究中心	广东科裕智能科技有限公司	江科〔2017〕6号
150	新会	江门市智能控制设备工程技术研究中心	广东省江门市新会电气控制设备厂有限公司	江科〔2017〕6号
151	新会	多元化安全健康烘焙专用油脂工程技术研究中心	广东鸿信食品有限公司	江科〔2017〕6号
152	新会	江门市控制电气设备工程技术研究中心	广东省江门市金达峰自动化有限公司	江科〔2017〕6号

续上表：

153	新会	江门市新粮动物营养饲料工程技术研究中心	广东新粮实业有限公司	江科〔2017〕6号
154	新会	江门市食品烘焙工程技术研究中心	江门市澳新食品有限公司	江科〔2017〕6号
155	新会	江门市不锈钢餐厨具工程技术研究中心	江门市宝盈不锈钢制品有限公司	江科〔2017〕6号
156	新会	江门市长河化工工程技术研究中心	江门市长河化工实业集团有限公司	江科〔2017〕6号
157	新会	江门市人造合成皮革工程技术研究中心	江门市大丰皮革有限公司	江科〔2017〕6号
158	新会	江门市智能金属垃圾桶工程技术研究开发中心	江门市聚晟五金制品有限公司	江科〔2017〕6号
159	新会	江门市负极材料工程技术研究中心	江门市荣炭电子材料有限公司	江科〔2017〕6号
160	新会	江门市合成树脂工程技术研究中心	江门市三木化工有限公司	江科〔2017〕6号
161	新会	江门微电脑电磁加热电开水器工程技术研究开发中心	江门市腾飞实业有限公司	江科〔2017〕6号
162	新会	江门市高效智能电热水壶工程技术研究中心	江门市先盈五金电器有限公司	江科〔2017〕6号
163	新会	江门市真空保温瓶胆镀铜工艺工程技术研究中心	江门市新会金瓶金属制品有限公司	江科〔2017〕6号
164	新会	江门市环保型聚乙烯纤维编织线复合材料工程研究中心	江门市新会区大生纤维编织厂	江科〔2017〕6号
165	新会	江门市橡胶发泡材料工程技术研究中心	江门市新会区发达运动用品有限公司	江科〔2017〕6号
166	新会	江门市新会区恒隆塑料制品有限公司	江门市新会区恒隆塑料制品有限公司	江科〔2017〕6号
167	新会	江门市旋转变形钢制柜体结构工程技术研究中心	江门市新会区华堡钢具有限公司	江科〔2017〕6号
168	新会	江门市速食粉面制品工程技术研究中心	江门市新会区罗坑爽爽粉面制品厂有限公司	江科〔2017〕6号
169	新会	江门市正一电工线材工程技术研究中心	江门市新会区正一电工线材有限公司	江科〔2017〕6号

续上表：

170	新会	江门市卓高厨房小家电节能关键技术工程技术研究中心	江门市新会区卓高电器制品有限公司	江科〔2017〕6号
171	新会	江门市绿色塑料包装工程技术研究中心	江门市新会三江塑料包装有限公司	江科〔2017〕6号
172	新会	江门市玻璃深加工工程技术研究中心	江门耀皮工程玻璃有限公司	江科〔2017〕6号
173	新会	江门市健康冰淇淋制品工程技术研究中心	香港阿波罗（江门）雪糕有限公司	江科〔2017〕6号
174	台山	江门市粉末涂料工程技术研究中心	台山广安霖化工有限公司	江科〔2017〕6号
175	台山	江门市LED节日灯具工程技术研究中心	广东隆达光电科技有限公司	江科〔2017〕6号
176	台山	江门市铝合金轮毂工程技术研究开发中心	台山市富诚铝业有限公司	江科〔2017〕6号
177	台山	江门市化学药工程技术研究中心	台山市新宁制药有限公司	江科〔2017〕6号
178	台山	江门市智能小家电工程技术研究中心	台山康达电器制品有限公司	江科〔2017〕6号
179	台山	江门市功能性小家电工程技术研究开发中心	台山市捷威电器有限公司	江科〔2017〕6号
180	台山	江门市高新照明电器工程技术研究中心	台山市仕本电器有限公司	江科〔2017〕6号
181	台山	江门市高精度铝型材成形工程技术研究中心	台山市台铝铝业有限公司	江科〔2017〕6号
182	台山	江门市多功能中纤板工程技术研究中心	台山市威利邦木业有限公司	江科〔2017〕6号
183	台山	江门市音响设备工程技术研究中心	台山途乐音响科技发展有限公司	江科〔2017〕6号
184	台山	饲料生产工程技术研究中心	江门海大饲料有限公司	江科〔2017〕6号
185	台山	多功能、多元化环保易洁酒店餐厨用品工程技术研究中心建设	日泰五金制品（台山）有限公司	江科〔2017〕6号
186	台山	江门市塑料片材工程技术研究中心	台山市宝峰塑料五金有限公司	江科〔2017〕6号

续上表：

187	台山	江门市优质健康方便食品工程技术研究中心	台山市合众食品企业有限公司	江科〔2017〕6号
188	台山	江门市新科印花新材料工程技术研究中心	台山新科化工制品有限公司	江科〔2017〕6号
189	开平	高分子高聚合度PVC树脂工程技术开发中心	开平市宝来塑胶制品有限公司	江科〔2017〕6号
190	开平	高端水龙头研究开发中心	广东伟祥卫浴实业有限公司	江科〔2017〕6号
191	开平	江门市中高端汽车养护用品工程技术中心	广东月福汽车用品有限公司	江科〔2017〕6号
192	开平	江门市智能监控管理系统工程技术研究中心	开平百事通计算机工程有限公司	江科〔2017〕6号
193	开平	江门市优质精密陶瓷阀芯工程技术研究中心	开平市翰森卫浴有限公司	江科〔2017〕6号
194	开平	基于伺服驱动的全电动吹塑机工程技术研究开发中心	开平雅琪塑胶机械模具厂	江科〔2017〕6号
195	开平	智能高端卫生陶瓷洁具工程技术研究中心建设	开平金牌洁具有限公司	江科〔2017〕6号
196	恩平	江门市多功能无线数字传声系统工程技术研究开发中心	恩平市鼎力音响设备有限公司	江科〔2017〕6号
197	恩平	江门市纳米活性碳酸钙制备工程技术研究中心	恩平市汇翔实业有限公司	江科〔2017〕6号
198	恩平	江门市高性能音响器材工程技术研究开发中心	恩平市仙笛音响器材有限公司	江科〔2017〕6号
199	恩平	江门市专业音响设备工程技术研究中心	恩平市新盈科电声科技有限公司	江科〔2017〕6号
200	恩平	江门市建筑陶瓷制备工程技术研究中心	广东荣高陶瓷有限公司	江科〔2017〕6号
201	鹤山	江门市氧化锆制备工程技术研究中心	广东华旺锆材料有限公司	江科〔2017〕6号
202	鹤山	江门市新型多功能电动滑板车工程技术研究中心	鹤山市创泰科技发展有限公司	江科〔2017〕6号
203	鹤山	江门市食品烧烤设备工程技术研究中心	鹤山市极品五金电器有限公司	江科〔2017〕6号

续上表：

204	鹤山	江门市漆包线工程技术研究中心	鹤山市江磁线缆有限公司	江科〔2017〕6号
205	鹤山	江门市高性能电喇叭工程技术研究中心	鹤山市信成配件有限公司	江科〔2017〕6号
206	鹤山	江门宏元水性高分子环保材料工程技术研发中心	宏元（江门）化工科技有限公司	江科〔2017〕6号
207	鹤山	江门市食品加工装置工程技术研究中心	江门市欧迪斯电器有限公司	江科〔2017〕6号
208	鹤山	江门市高性能高效率压缩机储液器工程技术研究中心	江门市森德制冷器材有限公司	江科〔2017〕6号
209	鹤山	江门市精制冷冻鱼工程技术研究中心	江门市振业水产有限公司	江科〔2017〕6号
210	鹤山	江门市热泵式干衣机工程技术研究中心	江门市金环电器有限公司	江科〔2017〕6号
211	鹤山	江门市智能环保家具工程技术研究中心	广东鸿业家具制造有限公司	江科〔2017〕6号
212	鹤山	江门市速冻食品工程技术研究开发中心	鹤山市占里欣得食品有限公司	江科〔2017〕6号

【专业镇转型升级】 2016年，江门市贯彻落实《广东省科学技术厅关于加强专业镇创新发展工作的指导意见》（粤科函产学研字〔2016〕54号）文件精神，以及广东省专业镇协同创新工作现场会精神，实施创新驱动发展战略，加强专业镇产业协同创新中心建设，实现专业镇各创新要素协同创新发展。利用高校及科研院所力量，开展“江门市专业镇转型升级顾问小组示范计划”、建设好江门市川岛镇滨海旅游电子商务服务平台和荷塘灯饰公共技术服务平台等，通过推动蓬江区、司前镇、川岛镇等示范性专业镇的转型升级发展、带动全市专业镇的转型升级。推进省级专业镇认定培育工作。经过一年多来的培育和发展，台山市大江镇的传统家具产业成功通过省级技术创新专业镇的认定。全市共建23个省级、10个市级专业镇，专业镇产业规模和创新水平提升。争取省级科技资源，加强专业镇公共创新服务平台建设，为专业镇转型升级注入强大动力。江门市注重对专业镇的培训，学习借鉴先进地区的发展经验。发动市内省级专业镇参加由省专业镇促进会组织的专业镇培训交流活动，实地学习考察山东省青岛市等3市经济发展情况，学习产业政策制定、科技合作、园区规划及平台建设等经验。

【科技重点项目】 2016年，江门市一方面引导企业开展自主科技创新，一方面推进产学研合作，在资源循环利用、水性环保涂料、绿色照明等产业领域实施省市重大科技专项，开展核心关键技术攻关。2016年江门市嘉宝莉集团“多用途高固体含量羟基聚丙烯酸酯树脂及水性双组份工业涂料”等5个项目获得省应用型科技研发专项立项，获扶持资金2000万元；组织实施市级重点科技计划项目200项，推广应用科技成果600多项。通过产学研结合，优势互补，共组研发团队，针对大健康产业、汽车零部件产业、水性环保涂料产业、绿色照明等产业领域一系列关键问题，实施一批省市重大科技专项，突破了一批核心关键技术。是年，江门市通过产学研合作，研发新产品200多个，实现产值20多亿元，新增利税2.5亿元。

【科技合作与交流】 2016年，发挥深圳作为国家首个创新型城市、国家自主创新示范区的示范作用，以及江门作为国家级小微双创示范城市、“珠西战略”策源地和主战场的战略优势，推动江深双创合作，促进两地在创业创新平台、体制机制改革、人才建设等多方面展开对接，实现珠江东岸与西岸联动发展，并与全国15个小微双创示范试点城市共同形成“1+15”双创的全国格局。根据《广东省科学技术厅关于发布2017年广东省科技发展专项资金前沿与关键技术创新类项目（粤港联合创新领域）指南的通知》（粤科函合字[2016]1770号）的精神，推荐嘉宝莉、嘉士利、海信、朗天等公司申报的粤港项目4项。以高新技术产业促进会为载体，主办或协办各类展会活动，包括全国“双创活动周”江门分会场展会、会员单位走访活动、西安科技交流对接活动等，通过高新技术产业促进会协助，联系和推荐江门市一大批优秀的创新创业企业到各式平台展示和推介，促进江门市科技企业的发展。与中国科学院金属研究所、西北工业大学、华南理工大学等开展技术交流与合作，收集到华中科技大学、湖南大学、武汉大学等高等院校500多项科技成果，通过市技术交易中心网站向企业发布，帮助技术成果供需双方进行对接合作。11月3日，市技术交易中心举办智能智造工业4.0和智能家居研讨会，会议邀请华南理工大学现代制造信息系统研究中心孙延明主任和深圳创新设计研究院焦丽华副院长分别就智能智造工业4.0和智能家居产品创新设计内容与江门企业分享交流，得到企业的好评。

【防震减灾】 2016年，按照《防震减灾法》要求，江门市地震局坚持“以防为主，防抗救相结合”的防震减灾工作方针，坚持走防震减灾与经济社会相融合的发展道路，不断强化监测预报、震灾预防和紧急救援三大体系建设，较好地完成年初制定的各项工作任务。

24小时值班制度和做好地震信息报送 自2015年1月实行地震24小时值班制度以来，江门市地震局值班人员严格遵守值班制度，坚守岗位，尽职尽责，及时准确报告震情灾情信息，2016年向市政府报告《震情速报》和《突发事件信息专报》共27期，《地震简报》12期和季度地震活动情况4期，没有发生迟报、漏报、误报现象。

“7·31”广西梧州5.4级地震处置 2016年7月31日，广西梧州市苍梧县发生5.4级地震，江门市多数群众有感。地震发生后，江门市地震进行应急处置指挥工作，收集和上报震情，做好地震信息发布工作，做好释疑解惑工作，加强防震减灾宣传，采取多种有效措施应对此次地震，维护江门的社会稳定，受到广东省地

震局表扬。

防震减灾“十三五”规划编制 2015年上半年，江门市防震减灾“十三五”规划编制工作启动。2016年4月8日，规划通过专家论证。4月22日，《江门市防震减灾“十三五”规划》印发。

江门市地震应急指挥中心建成 2016年11月，江门市地震应急指挥中心建成。江门市地震应急指挥中心面积达170平方米，集通信、指挥、调度和值守于一体，具备灾情速报、快速响应、辅助决策等功能，做到通讯快速、准确、保密，实现省市地震应急指挥中心视频互联，达到高速有效的指挥，为今后地震应急工作打下坚实基础。

地震烈度速报与预警工程项目台址勘选 国家地震烈度速报与预警工程项目是国家和省“十三五”重点项目，江门市列入广东省项目的重点建设地区。江门市地震局高度重视项目建设，专门成立工作小组，加强对台站勘选及用地工程项目的领导协调，经过一个多月的实地考察、仔细测试和记录等选址工作，4月上旬，完成全部的6个基准站、15个基本站、79个一般站的台址勘选，为下一步地震烈度速报台站建设做好前期准备。

地震应急演练 2016年9月21日，江门市地震局组织开展2016年江门市地震应急通讯及现场处置模拟演练，市、县、镇、村相关单位工作人员和防震减灾助理员180多人参与演练。2016年12月27日,江门市地震局组织开展江门市突发地震事件“双盲”演练，江门市和各市（区）地震工作部门参与演练。此次演练以“双盲”形式进行，即演练前不通知参演人员演练时间、地点和演练内容，以更贴近实战的情景检验预案、锻炼队伍、磨合机制和提升能力。江门市地震局还参加每月进行1次的省市地震应急指挥系统联调和应急演练，指导学校等企事业单位进行地震应急疏散演练。

江门市地震应急基础数据管理及应用系统建设 2015年8月，江门市地震局实施“江门市地震应急基础数据管理及应用系统开发项目”，建设地震应急基础数据的管理和应用系统。2016年11月3日，“江门市地震应急基础数据管理及应用系统开发项目”通过专家组验收，专家组认为：地震应急基础数据管理及应用系统功能符合国家、行业标准，功能齐全，易用性好，项目能为防震减灾和地震应急工作提供良好的决策支持服务。

示范工程建设 2016年，江门市地震局委托五邑大学专业团队对江门市11个示范社区和13条地震安全农居示范村的工程的建设和财政资金的使用情况进行调查，形成相应的报告。2016年5月27日，《江门市地震安全示范社区项目总结验收报告》和《江门市地震安全农居示范工程建设项目绩效评价报告》印发。2015年8月24日，市政府办公室印发《江门市创建广东省防震减灾示范城市实施方案》（江府办函〔2015〕147号）。2016年5月4日，市政府召开全市防震抗震救灾工作联席会议暨创建广东省防震减灾示范城市工作推进会议，总结前段时间示范城市创建工作成果，并对今后的示范城市创建工作进行部署。2016年6月23日和8月23日，江门市地震局先后两次到阳江市地震局调研，借鉴学习阳江市防震减灾示范城市创建的成功经验和做法。是年，江门市新增蓬江区环市街道怡康社区、江海区礼乐街道文昌沙社区、新会区会城街道碧桂园社区和鹤山市沙坪街道凤凰社区4个社区的地震安全示范社区创建培育工作；蓬江区环市街篁庄社区、江海区滘头街道仁美社区、江海区礼乐街道文苑社区、新会区会城街道南园社区和新会区会城街道明兴社区5个省级地震安全示范社区正在申报“国家地震安全示范社区”。

防震减灾知识宣传普及 2016年5月7日，围绕“减少灾害风险，建设安全城市”主题，江门市地震局联合新会地震台举办“新会地震台公众开放日”宣传活动。江门市地震局还开展和参加“平安中国”等一系列宣传活动以及防震减灾知识“五进”等活动。5月19日，到新会大鳌镇参加江门市科技文化卫生三下乡“科普集市”活动，悬挂防震减灾宣传横幅，派发地震知识宣传折页。5月10日、5月12日和5月17日，江门市地震局分别在恩平海外联谊学校、江门市农林小学和江门市怡福中学等中小学校举办防震减灾知识讲座，指导学校进行地震应急疏散演练。“7•31”广西梧州5.4级地震发生后，8月1日接受江门电视台采访，介绍本市受此次地震的影响情况，并宣传应急避震知识。

【科技型中小企业技术创新基金项目】 2016年，江门市采取创新基金项目申报与创新创业大赛捆绑联动的方式进行，通过宣传、发动、培训等活动，涌现一批符合产业和科技政策、技术含量高的创新项目。是年，江门市获得省创新专项资金项目立项5项，扶持资金150万元；组织申报市创新资金项目123项，获得市级创新基金项目立项17项，资助经费570万元（其中市本级财政安排资金285万元，辖区市、区财政安排285万元）。市创新资金拉动辖区资金、省创新专项资金比为1：1：0.53，通过创新基金的支持，将带动企业投入6000多万元，预计实现产值约2亿元，政府资金投入带动产出比达1：35.1。完成13项国家级、90项市级创新基金项目的跟踪管理服务；按时完成9项国家级、9项省级和8项市级目的组织验收工作。

【农业科技计划项目】 2016年，江门市强化现代农业科技支撑，助推江门市向农业强市发展。重点支持本市农业科研机构、农业龙头企业等单位组建创新平台，支持广东汇海农牧科技集团有限公司、广东鲜美种苗股份有限公司等8家农业龙头企业组建市级工程技术研究中心。组织推荐广东绿爱生物科技股份有限公司等6个单位申报2016年度广东省农业科技项目，增强农业创新能力。支持农业技术示范与推广活动，由江门市农业科学研究所申报“特色蔬菜品种与节水节肥技术集成应用示范”和“优质高产绿肉节瓜新品种的选育与示范推广”项目，均获得2016年度省科技厅立项支持，分别给予30万元和15万元的专项资金支持。

【知识产权创造】 2016年，江门市首次突破万件大关，专利申请量达到13365件，比上年增长39.87%，其中发明专利申请3244件，比上年增长33.06%；专利授权6762件，比上年增长5.92%，其中发明专利授权544件，比上年增长7.09%；江门市有效发明专利2135件；全市PCT国际专利申请76件，比上年增长52%。结合国家小微企业创业创新基地城市示范工作，在国内率先建立科技型小微企业标准体系和名录库，目前已公布确定六批1311家企业进入名录。落实《江门市知识产权局科技型小微企业专利创造扶持办法》，对科技型小微企业、专利服务机构提出倾斜性扶持措施，推动科技型小微企业的创新发展，营造“大众创业，万众创新”的社会氛围。2016年，组织2批次江门市科技型小微企业专利创造资助项目申报，安排资金384.715万元用于资助2110项专利申请和授权，惠及360家科技型小微企业。是年，江门市小微企业获得授权专利2141件，小微企业的创新和知识产权保护能力逐步激发。

【知识产权运用】 2016年，推进国家知识产权试点城市建设，江门市知识产权运用能力得到提升。2016年10月，江门市国家知识产权试点城市建设通过省知识产权局考核验收。

知识产权质押融资推 2016年，通过制定完善知识产权质押融资和专利评估的扶持政策，受理知识产权质押贷款项目备案申请14项，贷款需求9210万元，实现专利质押融资贷款2409万元。江门市还与建行江门市分行搭建合作平台，出台《科技型小微企业“邑科贷”业务管理办法》，设立风险准备金池，推动专利贷等五款子产品的信贷业务。2016年8月，江门市被国家知识产权局确定为专利质押融资试点。

专利保险试点 2016年8月，江门市被国家知识产权局确定为专利保险试点，通过制定《江门市专利保险试点工作方案》，研究设计被市场认可、操作性强的专利保险种类和运营模式，促进知识产权与金融资源的结合，保障知识产权价值实现，助力企业创新发展。

“企业知识产权管理规范”国家标准实施 2016年，无限极（中国）有限公司、鹤山广明源光科技股份有限公司、天地壹号饮料股份有限公司、雅图高新材料有限公司和江门市新会区森木古典家具有限公司先后通过《企业知识产权管理规范》管理体系认证外审认证，通过开展贯标工作，规范企业自身知识产权管理工作，提升企业知识产权管理水平。

产业发展专利导航 实施江门市轨道交通装备产业发展专利导航工程项目，建立江门市轨道交通装备产业专利信息专题数据库，形成江门市轨道交通装备产业发展专利导航研究报告及产业转型升级决策建议等，发挥知识产权对产业发展促进作用，助推江门市战略性新兴产业发展。

【知识产权保护】 2016年，江门市重视知识产权宣传教育工作，将其作为知识产权工作的重要组成部分常抓不懈，以企业、商会、行业协会、孵化器和产业园区为主要阵地，发挥下属科技服务中心和专利代理机构的作用，将政策宣讲，知识普及作为重点，全市知识产权保护意识提升到新的高度。2016年，开展以“加强知识产权保护运用，加快引领型知识产权强省建设”为主题的一系列知识产权宣传教育活动，4月25日，市知识产权局在火炬高新技术创业园开展知识产权进园区主题活动。4月26日，举办一期知识产权保护和贯标培训班，提高知识产权行政人员管理水平，提升企业知识产权创造、运用、管理和保护能力。12月15日，举办美国知识产权制度巡回研讨会，提高企业专利涉外实务能力，加强知识产权对外合作交流。通过举办形式多样的知识产权宣传培训活动，促使知识产权意识提高，增强人们对政府保护知识产权的信心，对推动科技自主创新、实施知识产权战略起到积极的作用。2016年，江门市严格执法致力优化社会创新环境，做好日常执法与专项行动相结合的行政执法工作体系，利用行政保护程序简单、流程快、时间短、成本低的优势，打击各类专利违法行为，维护专利权人的合法权益，着力营造良好市场秩序。是年，立案专利侵权纠纷案件18件，假冒专利案件2件。建立知识产权信息协作共享机制。为加大打击知识产权侵权假冒违法犯罪力度，完善知识产权保护长效机制，形成知识产权保护合力，2016年4月，市知识产权局联合江门海关、市中级人民法院、市公安局、市工商局等五部门建立知识产权信息共享协作机制，协作机制明确各部门收集、共享知识产权侵权假冒案件信息的责任，建立联络员制度和定期联席会议制度。为深化行政执法体制改革，积极稳妥地推进简政放权工作，制订《江门市知识产权局　江门市科学技术局关于进一步加强专利行政执法工作的意见》，切实加强专利行政执法工作，建立健全长效机制，发挥专利行政执法工作在推动大众创业、万众创新中的重要作用。

【产学研结合】　2016年，探索产学研合作新模式，发挥市高新技术产业促进会等行业协会的号召力和影响力，组织江门市高新技术企业赴上海交通大学、复旦大学、同济大学、湖南大学、湖南师范大学、中南大学等开展技术交流与合作。引进这些名校大院科技特派员达230名，实施重点科技成果转移转化项目100项。支持有实力的企业承担应用型科技研发项目，发挥企业研发能力和技术优势，与高等院校、科研单位等合作开展技术研发，实施科技成果转化应用，提高企业技术水平。广东华艺卫浴实业有限公司、嘉宝莉化工集团股份有限公司等企业主导开展的省应用型科技研发专项资金项目获得立项，立项资金达2000万元。其中广东华艺卫浴实业有限公司主导的“新一代环保黄铜水龙头关键技术开发与产业化应用”技术项目，立足卫浴行业对新一代环保黄铜水龙头材料的重大共性需求，围绕其产业化过程中涉及的新材料开发、产品设计、高效制备加工、制造成本评价、产品检测与质量控制等关键技术，进行中试和产业化研发，实现其一体化成型，形成其应用标准，生产出多样化的成套系列产品，构建其应用示范生产线，通过以点带面，推动新一代环保黄铜新材料在行业内的运用并提升产品制造的自动化水平，实现水龙头产业从“低铅”向“无铅”的转型升级。项目实施后，预计累计新增产值10亿元，新增利税1.2亿元。推动企业与高校联合组建创新联盟。组建“广东省轨道交通装备产业技术创新联盟”等3大省级，“广东省水性涂料产业技术创新及知识产权保护战略联盟”及“广东省电子废弃物循环利用产业技术创新战略联盟”等4大市级产学研产业技术创新联盟，实现企业、高校和科研机构在战略层面的有效结合，全力提升产业的整体创新水平。

【高新技术企业及产业发展】　2016年，江门以发展培育科技型小微企业为抓手，构建“科技型小微企业—高企培育入库企业—高新技术企业—创新型企业”多级联动、逐级提升的科技型企业育成体系，培养和发掘一批拥有核心关键技术的优秀企业。

科技型企业发展培育　2016年，组织239家企业申报高新技术企业，通过217家，比上年净增161家，增幅82%，使全市高新技术企业存量达357家。据2016年高新技术企业统计数据，高新技术企业工业总产值1142.88亿，净利润110.96亿，实际上缴税费总额81.90亿，享受减免税总额15.39亿元。组织266家企业申报省高新技术企业培育入库，成功入库227家，获省高新技术企业培育奖补资金9675.96万元。常年受理江门市科技型小微企业名录库申报，把入库的科技型小微企业作为培育高企的后备梯队，至2016年底在库企业1518家。组织127家企业393个产品申报2016年广东省高新技术产品认定，有366项产品被认定为广东省2016年高新技术产品。有5家企业被评为2016年广东省创新型企业，至此江门创新型企业17家。

财政扶持引导　2016年，加大财政支持和引导科技创新的力度，积极组织开展各类科技创新项目申报，2016年度省下达扶持资金16979.06万，市级财政下达扶持资金1926.84万，为高新技术企业发展提供有力支持。

科技创新平台和载体建设　2016年，江门市构建以高新区为核心，统筹全市创新活跃区域的“1+6+N”创新格局，引领带动江门全市创新驱动发展。2016年江门基本实现科技企业孵化器全覆盖，全市建成孵化器12家，其中国家级孵化器2家，国家级孵化器培育单位1家。总面积约27万平方米，在孵企业约520家，累计毕业企业约200家。江门市建成的众创空间达到8家，包括省级众创空间试点2家，国家众创空间备案单位2家。总面积1.4万平方米，服务团队项目210个。

科技与金融结合 2016年，发挥“江门市小微企业科技信贷风险准备金”（简称“邑科贷”）作用，面向科技型小微企业提供融资服务，利用财政资金的杠杆效应，带动建行江门分行向江门科技型小微企业提供3亿元的科技贷款。2016年审核通过11家企业的申请，企业获得融资1460万元。贯彻落实《江门市科技金融专项扶持资金操作细则》，持续开展市级科技金融扶持资金科技贷款贴息，鼓励企业利用科技支行的科技贷款实施科技开发项目。2016年，共确定了74个项目为江门市级科技金融扶持资金贷款贴息备案项目，通过备案的贷款规模为5.665亿元，其中47家单位申请结算，拉动贷款金额4.1亿元，结算金额35213万元，共安排扶持资金623.9151万元。与2015年结算相比，拉动银行贷款额增长73%，对企业的贴息扶持增长38%。

“江门市科技风险投资基金”运作 2016年，引导社会资金向高新技术及战略性新兴产业聚集，为科技企业创新发展拓宽融资渠道。江门市风险投资基金总规模达6.4亿元，已合共投资项目14个，总投资额26538.45万元。首期基金募集规模达2.5亿元，已确定投资项目9项，总投资额21188.45万元，二期基金募集规模达9000万元，投资项目3项，投资额合共1850万元。指导和推动鹤山市与省粤科金融集团设立2.5亿的粤科新鹤创业投资基金，投资项目2项，合共3500万元。高新区设立江门启迪之星天使投资基金，规模达5000万元。

加强与金融机构合作 2016年，引导商业银行依托国家高新区、科技园区合理布局和设立科技金融机构。全市设立科技支行6家、科技小贷公司2家，设立一站式的广东省科技金融服务中心江门分中心和江门高新区分中心开展配套服务，使科技企业融资余额实现翻番。2016上半年，全市高新技术企业融资余额为204.24亿元，比年初增加103.08亿元，增长101.90%。

广东省科技金融服务中心江门分中心建设 2016年，借鉴江门市社会信用体系服务平台建设工作经验，搭建江门市科技金融信用信息服务平台，该平台集纳企业、金融机构和政府部门的大量信息和数据，通过“信用培育+信用评级+融资推介+政策扶持”模式进行线上线下对接，引导金融机构加大对科技型企业的信贷支持，为科技型企业融资对接起到重要作用。2016年，完成评级的高新科技企业和科技型中小微企业获得融资达50亿元。

表46：

广东省2016年高新技术企业名单
（江门市部分）

序号	企业名称	证书编号
1	广东彩格科技有限公司	GR201644000436
2	广东电力士照明科技有限公司	GR201644000449
3	广东科杰机械自动化有限公司	GR201644000528
4	广东顺畅科技有限公司	GR201644000600
5	广东四方威凯新材料有限公司	GR201644000619
6	广东天地壹号食品研究院有限公司	GR201644000625
7	江门市奥威斯电子有限公司	GR201644001144
8	江门市道生工程塑料有限公司	GR201644001147
9	江门市科业电器制造有限公司	GR201644001153
10	江门市力泰科技有限公司	GR201644001155
11	江门市瑞期精细化学工程有限公司	GR201644001157
12	江门市兴江转向器有限公司	GR201644001158
13	江门市兴艺印刷有限公司	GR201644001159
14	广东邦民制药厂有限公司	GR201644000428
15	广东恒健制药有限公司	GR201644000479
16	江门吉华光电精密有限公司	GR201644001143
17	江门市贝尔斯顿电器有限公司	GR201644001145
18	江门市博林照明科技有限公司	GR201644001146
19	江门市迪司利光电股份有限公司	GR201644001148
20	江门市高力依科技实业有限公司	GR201644001149
21	江门市高翔电气智能化有限公司	GR201644001150
22	江门市凯立信电气科技有限公司	GR201644001151
23	江门市科隆达半导体照明有限公司	GR201644001152
24	江门市蓝羽建筑粘合剂实业有限公司	GR201644001154
25	江门市鲁班尼光电科技有限公司	GR201644001156
26	江门市兆业科技有限公司	GR201644001160
27	江门市阪桥电子材料有限公司	GR201644001161
28	广东科隆生物科技有限公司	GR201644000531
29	广东科裕智能科技有限公司	GR201644000533
30	广东新会中集特种运输设备有限公司	GR201644000650

续上表：

序号	企业名称	证书编号
31	广东新拓计算机科技有限公司	GR201644000654
32	广东月福汽车用品有限公司	GR201644000680
33	开平东豪材料科技有限公司	GR201644001170
34	开平法兰多卫浴有限公司	GR201644001171
35	开平牵牛生化制药有限公司	GR201644001172
36	井平市翰联电力设计有限公司	GR201644001173
37	开平市齐裕胶粘制品科技有限公司	GR201644001174
38	开平市亿洋塑胶制品有限公司	GR201644001175
39	广东聚盈化工有限公司	GR201644000518
40	广东天保新材料有限责任公司	GR201644000624
41	广东珍宝健康日用品科技有限公司	GR201644000683
42	鹤山市君子兰涂料有限公司	GR201644001070
43	恩平市新盈科电声科技有限公司	GR201644000216
44	广东迪浪科技股份有限公司	GR201644002097
45	广东东吉智能设备有限公司	GR201644002103
46	广东恒勃滤清器有限公司	GR201644002168
47	江门菲普森电器制造有限公司	GR201644003759
48	江门江菱电机电气有限公司	GR201644003763
49	江门今科机床有限公司	GR201644003764
50	江门凯信科技实业有限公司	GR201644003765
51	江门轻骑华南摩托车有限公司	GR201644003767
52	江门市恒通无纺布有限公司	GR201644003771
53	江门市力丰电机有限公司	GR201644003778
54	江门市蓬江区伟生机械有限公司	GR201644003781
55	江门市蓬江区茵豪电器有限公司	GR201644003782
56	江门市瑞世德机械有限公司	GR201644003783
57	江门市新远森家具有限公司	GR201644003785
58	江门市中磁机电有限公司	GR201644003786
59	乔登卫浴（江门）有限公司	GR201644003833
60	广东大冶摩托车技术有限公司	GR201644002085
61	广东聚科照明股份有限公司	GR201644002238
62	广东普加福光电科技有限公司	GR201644002315
63	广东万木新材料科技有限公司	GR201644002411

续上表：

序号	企业名称	证书编号
64	广东伟创科技开发有限公司	GR201644002422
65	江门建滔电子发展有限公司	GR201644003760
66	江门建滔高科技有限公司	GR201644003761
67	江门建滔积层板有限公司	GR201644003762
68	江门麦威电子科技有限公司	GR201644003766
69	江门市德众泰工程塑胶科技有限公司	GR201644003770
70	江门市宏丰电子科技有限公司	GR201644003772
71	江门市嘉威电器实业有限公司	GR201644003775
72	江门市江海区凯辉光电器材厂有限公司	GR201644003776
73	江门市君盛实业有限公司	GR201644003777
74	江门市联创发展有限公司	GR201644003779
75	江门市蒙德电气股份有限公司	GR201644003780
76	江门市顺宗抛光设备有限公司	GR201644003784
77	江门天钇金属工业有限公司	GR201644003787
78	广东百生医疗器械有限公司	GR201644002049
79	广东富华铸锻有限公司	GR201644002122
80	广东广泽实业有限公司	GR201644002142
81	广东鸿业机械有限公司	GR201644002179
82	广东华冠新型材料有限公司	GR201644002190
83	江门市华津金属制品有限公司	GR201644003773
84	江门市华睦五金有限公司	GR201644003774
85	广东鸿特精密技术（台山）有限公司	GR201644002178
86	广东吉达铁塔科技有限公司	GR201644002213
87	广东泰奇克光电科技有限公司	GR201644002383
88	台山市新宁制药有限公司	GR201644003897
89	广东开平红荔铝业有限公司	GR201644002241
90	广东龙心医疗器械有限公司	GR201644002275
91	开平赛道龙头配件有限公司	GR201644003800
92	开平市高美空调设备有限公司	GR201644003801
93	广东东旭化学工业制造有限公司	GR201644002106
94	广东华鳌合金新材料有限公司	GR201644002203
95	广东世运电路科技股份有限公司	GR201644002359
96	广东雅佳新型节能高分子材料有限公司	GR201644002457

续上表：

序号	企业名称	证书编号
97	鹤山市鹤建机械有限公司	GR201644003687
98	鹤山市精工制版有限公司	GR201644003688
99	江门市博盈焊接工程有限公司	GR201644003768
100	江门市德商科佐科技实业有限公司	GR201644003769
101	雅图高新材料有限公司	GR201644003913
102	百卓鞋业（恩平）有限公司	GR201644001383
103	恩平市帕思高电子科技有限公司	GR201644001812
104	恩平燕怡新材料有限公司	GR201644001813
105	广东安飞汽车配件有限公司	GR201644004937
106	广东东睦新材料有限公司	GR201644004989
107	广东海信电子有限公司	GR201644005024
108	广东鸿美达科技有限公司	GR201644005041
109	广东科炬高新技术创业园有限公司	GR201644005122
110	广东睿智隽永科技有限公司	GR201644005413
111	江门劳士国际电气有限公司	GR201644006856
112	江门市本丰精密机械有限公司	GR201644006859
113	江门市德盛高精密模具厂有限公司	GR201644006863
114	江门市规划勘察设计研究院	GR201644006865
115	江门市华锐铝基板有限公司	GR201644006867
116	江门市建联检测股份有限公司	GR201644006871
117	江门市联壹咨询管理有限公司	GR201644006877
118	江门市敏华电器有限公司	GR201644006879
119	江门市蓬江区弘亿电子科技有限公司	GR201644006880
120	江门市蓬江区盈通塑胶制品有限公司	GR201644006881
121	江门市唯是半导体科技有限公司	GR201644006887
122	江门市盈德钢化玻璃制品有限公司	GR201644006903
123	江门市裕浩家用电器有限公司	GR201644006905
124	江门市振力机械有限公司	GR201644006906
125	广东华科新材料研究院有限公司	GR201644005061
126	广东三志照明有限公司	GR201644005217
127	广东永创鑫电子有限公司	GR201644005345
128	江门飞科光电有限公司	GR201644006854
129	江门朗天照明有限公司	GR201644006855

续上表：

序号	企业名称	证书编号
130	江门荣信电路板有限公司	GR201644006857
131	江门市奔力达电路有限公司	GR201644006858
132	江门市博拓光电科技有限公司	GR201644006860
133	江门市创艺电器有限公司	GR201644006862
134	江门市富美康保健仪器科技有限公司	GR201644006864
135	江门市恒天科技有限公司	GR201644006866
136	江门市嘉胜照明有限公司	GR201644006870
137	江门市江海区奥琪化工科技有限公司	GR201644006872
138	江门市君业达电子有限公司	GR201644006876
139	江门市隆吉减震器有限公司	GR201644006878
140	江门市三清环境技术工程有限公司	GR201644006883
141	江门市山沃照明有限公司	GR201644006885
142	江门市亚泰智能抛磨科技有限公司	GR201644006901
143	江门市英特视界科技有限公司	GR201644006902
144	江门市宇泉灯饰科技有限公司	GR201644006904
145	江门市资迪科技环保有限公司	GR201644006907
146	信义环保特种玻璃（江门）有限公司	GR201644007067
147	广东华南精细化工研究院有限公司	GR201644005064
148	广东千色花化工有限公司	GR201644005196
149	广东盛方化工有限公司	GR201644005237
150	江门市超卓科技有限公司	GR201644006861
151	江门市华延自动化设备制造有限公司	GR201644006868
152	江门市基达不锈钢制品有限公司	GR201644006869
153	江门市金钩包装机械有限公司	GR201644006873
154	江门市钧崴电子科技有限公司	GR201644006875
155	江门市三木化工有限公司	GR201644006882
156	江门市双益磨具有限公司	GR201644006886
157	江门市先盈五金电器有限公司	GR201644006888
158	江门市新会区大新化学纤维厂	GR201644006889
159	江门市新会区浩信电器制造有限公司	GR201644006890
160	江门市新会区恒隆塑料制品有限公司	GR201644006891
161	江门市新会区康美制品有限公司	GR201644006892
162	江门市新会区龙泉污水处理有限公司	GR201644006893

续上表：

序号	企业名称	证书编号
163	江门市新会区森木古典家具有限公司	GR201644006894
164	江门市新会区先锋五金制品有限公司	GR201644006895
165	江门市新会区先骏化工制品有限公司	GR201644006896
166	江门市新会区亿诺五金制品有限公司	GR201644006897
167	江门市新会区正一电工线材有限公司	GR201644006898
168	江门市新会区卓高电器制品有限公司	GR201644006899
169	江门市雅枫纸业有限公司	GR201644006900
170	江门骅弘颜料有限公司	GR201644006908
171	中车广东轨道交通车辆有限公司	GR201644007102
172	中集车辆（江门市）有限公司	GR201644007105
173	力创（台山）电子科技有限公司	GR201644006932
174	台山燊乐塑胶电子制造有限公司	GR201644007044
175	台山市富诚铝业有限公司	GR201644007045
176	台山市捷达电器有限公司	GR201644007046
177	台山市宁华电力设计有限公司	GR201644007047
178	台山市新建业（药用）五金包装有限公司	GR201644007048
179	台山市心华药用包装有限公司	GR201644007049
180	台山市远鹏研磨科技有限公司	GR201644007050
181	台山新欣电器厂有限公司	GR201644007051
182	广东建成机械设备有限公司	GR201644005088
183	广东欣丰科技有限公司	GR201644005300
184	开平百事通计算机工程有限公司	GR201644006915
185	开平金牌洁具有限公司	GR201644006916
186	开平市佰益饲料科技发展有限公司	GR201644006917
187	开平市汉玛克卫浴有限公司	GR201644006918
188	开平市嘉仁乳胶设备制造有限公司	GR201644006919
189	开平市亿展阀芯有限公司	GR201644006920
190	开平市中投能源实业有限公司	GR201644006921
191	开平雅琪塑胶机械模具厂	GR201644006922
192	广东德和科技股份有限公司	GR201644004982
193	广东红日星实业有限公司	GR201644005055
194	广东华旺锆材料有限公司	GR201644005067
195	广东汇龙涂料有限公司	GR201644005079

续上表：

序号	企业名称	证书编号
196	广东伟强铜业科技有限公司	GR201644005286
197	广明源光科技股份有限公司	GR201644005415
198	鹤山倍狮科技有限公司	GR201644006772
199	鹤山国机南联摩托车工业有限公司	GR201644006773
200	鹤山建豪电光源有限公司	GR201644006774
201	鹤山市恒保防火玻璃厂有限公司	GR201644006775
202	鹤山市鸿图铁艺实业有限公司	GR201644006776
203	鹤山市巨隆铝业有限公司	GR201644006777
204	鹤山市明鹤电力建设有限公司	GR201644006778
205	鹤山市明可达实业有限公司	GR201644006779
206	鹤山市未来我来温控卫浴有限公司	GR201644006780
207	鹤山市亿源电器实业有限公司	GR201644006781
208	鹤山天山金属材料制品有限公司	GR201644006782
209	江门市金环电器有限公司	GR201644006874
210	江门市森德制冷器材有限公司	GR201644006884
211	恩平市奥新电子科技有限公司	GR201644004759
212	恩平市鼎力音响设备有限公司	GR201644004760
213	恩平市恩宝电子有限公司	GR201644004761
214	恩平市雷蒙电子有限公司	GR201644004762
215	恩平市西特尔电子科技有限公司	GR201644004763
216	恩平市奕马企业有限公司	GR201644004764
217	广东百强陶瓷有限公司	GR201644004947

【科技园区建设】 2016年，江门市委市政府高度重视珠三角国家自主创新示范区建设工作，成立江门市建设珠三角（江门）国家自主创新示范区领导小组，以市政府名义制定和实施《江门市人民政府关于印发<珠三角（江门）国家自主创新示范区建设实施方案（2016-2020年）>的通知》（江府〔2016〕15号）。构建以高新区为核心，统筹全市创新活跃区域的“1+6+N”创新格局，引领带动江门全市创新驱动发展。建立高新区一区多园管理机制，除原设在江海区的国家级高新区外，蓬江区、鹤山市和开平市在相关园区已陆续加挂高新区分园区的牌子，夯实江门国家自创区建设的基础。夯实全市江门国家自创区载体，确定全市江门国家自创区具体区块分8个片区，总规模49.8881平方公里，其中高新区作为核心区占63.88%。狠抓高新区建设，江门高新区集江门国家自创区核心区、江门全国小微企业创业创新示范城市核心区、国家创新型特色园区、“侨梦苑”核心区和全国博士后创新（江门）示范中心具体运作管理单位等多项市的战略性重点创新工作于一身，实现创新资源的快速集聚。2016年高新区实现“创新”立区，在科技金融方面，设立江门启迪之星天使投资基金和江门粤科二期基金，募集资金约1.2亿元，其中江门粤科二期基金对3家

企业累计投放1850万元。在加强人才建设方面，制定《江门市高新区促进博士后创新创业暂行办法》《江门高新区创业创新人才、团队扶持奖励暂行办法》，通过启动资金资助、安家补贴、项目土地安置、贷款贴息激励措施，加大吸引和留住人才力度。在创新产业载体方面，打造中欧（江门）中小企业国际合作区光机电一体化产业基地和江门高新区（江海区）大健康产业核心区。在高端创新平台方面，与五邑大学共建国际大健康研究院，并引进利物浦热带医学院参与组建。2016年，高新区各项创新指标均走在全市的前列，R&D占GDP比值、高新技术产品产值占工业总产值比值、国家级高企数量增幅、发明专利人均拥有量等指标均居全市第一。其中新增国家高企42家，增幅达86%，总量达91家；现有科技型小微企业257家，技术合同成交额4134万元，新增市级以上工程技术中心45家，增幅86.53%。创建市级众创空间5家、市级孵化器6家，其中国家级孵化器和国家备案众创空间各1家，双双实现“零的突破”。

【孵化器、众创空间建设】2016年，加快孵化器的培育与建设，7个县区均加快筹建科技企业孵化器，基本实现科技企业孵化器全覆盖。新认定市级孵化器8家，其中，江门市大学生创业孵化服务中心通过国家级孵化器培育单位认定，江门市高新技术创业服务中心有限公司获批国家级孵化器称号；是年，全市建成孵化器12家，其中国家级孵化器2家，国家级孵化器培育单位1家；总面积约27万平方米，在孵企业约520家，累计毕业企业约200家。是年，加快发展小微企业众创空间建设，3家众创空间被认定为广东省级众创空间试点单位，2家在国家备案，市级通过验收7家。江门市建成的众创空间达到8家，包括国家众创空间备案单位2家，省级众创空间试点单位2家。总面积1.4万平方米，服务团队项目210个。其中江门高新区的启迪之星（江门）众创空间先后获得市级、省级众创空间资质认定，并成功在国家众创空间备案。

【特色产业基地建设】 2016年，3个国家火炬特色产业基地(国家火炬计划江门半导体照明特色产业基地、国家火炬计划江门新材料产业基地、国家火炬计划江门纺织化纤产业基地)发展情况持续稳步增长。基地内企业数1038家，认定为高新技术企业95家，工业总产值614.44亿元，净利润28.62亿，承担省级科技项目21项，市级科技项目35项。

【重大科研成果】 2016年，抓好省科技奖励组织工作，在获国家、省科技奖数量、质量再取新突破，国家、省科技奖的组织申报重点关注和推荐在新材料、新能源、电子信息、生物医药和节能环保等先进装备制造业和战略性新兴产业的优质成果。根据《国务院关于2016年度国家科学技术奖励的决定》（国发[2017]2号），授予无限极（中国）有限公司参与完成的“油料功能脂质高效制备关键技术与产品创制”科学技术成果为国家科学技术进步奖二等奖。根据《广东省人民政府关于颁发2016年度广东省科学技术奖的通报》（粤府[2017]6号），江门市获得广东省科学技术奖一等奖1项，二等奖1项、三等奖4项。第一完成单位获奖总数为4项。其中，无限极（中国）有限公司主要完成的“中草药多糖快速筛选、制备关键技术及产业化应用”为广东省科学技术奖一等奖，这是江门市实体工业企业首次荣获省科学技术奖一等奖，位居珠三角前列。

表47： 2016年度江门市获国家科学技术进步奖获奖项目

序号	奖项	项目名称	完成单位	主要完成人
1	二等	油料功能脂质高效制备关键技术与产品创制	中国农业科学院油料作为研究所、无限极（中国）有限公司、嘉必优生物技术（武汉）股份有限公司、大连医诺生物有限公司、西安中粮工程研究设计院有限公司、湖南大三湘茶油股份有限公司、武汉轻工大学	黄凤洪、邓乾春、汪志明、马忠华、吴文忠、曹万新、刘大川、郑明明、赖琼玮、杨湄

表48: 2016年度江门市获广东省科学技术奖获奖项目

序号	奖项	项目名称	完成单位	主要完成人
1	一等	中草药活性多糖快速筛选、制备关键技术及产业化应用	无限极（中国）有限公司、华南理工大学、中国科学院上海药物研究所、广州中医药大学、西北大学	马忠华、赵谋明、丁侃、周联、王仲孚、秦垂新、姚松君、游丽君、唐健、林恋竹、李捷、李德灵、马方励、黄生权、胡明华
2	二等	瓜果类蔬菜土传真菌病害成灾机制及防控技术研究与应用	广东省农业科学院植物保护研究所、中国农业科学院蔬菜花卉研究所、广西大学、广东海洋大学、广东省农业有害生物预警防控中心、江门市植保有限公司、广东省农业科学院作物研究所	林壁润、蒲小明、杨祁云、徐伟松、何红、谢丙炎、沈会芳、张景欣、刘晓鹏、任小平
3	三等	耐久防紫外吸湿排汗聚酰胺纤维及高档面料的关键技术与产业化	广东新会美达锦纶股份有限公司、五邑大学、华南理工大学	杜文琴、陈欣、严玉蓉、狄剑锋、宋明、邹建光、黄闯标
4	三等	新型高抗硫LED芯片保护材料的关键技术研究及产业化	仲恺农业工程学院、广东万木新材料科技有限公司、广州科技职业技术学院	陈循军、尹国强、崔英德、张文彬、张步宁、胡巧玲、郑华桂
5	三等	钛筒式电解机的设计与研发	励福（江门）环保科技股份有限公司	朱振华、李三梅、蒋发权、陈冰
6	三等	高性能特种工程塑料聚亚苯基砜PPSU工业化生产技术	江门市优巨新材料有限公司	王贤文、黎昱、高玉斌、龚维、罗志辉、方倩、盛亚落

【科学技术奖项目】 2016年，做好市科技管理工作，通过科技奖励激发全市创新热情，按照《江门市科学技术奖励实施办法》及实施细则的有关规定，经过形式审查、学科（专业）评审，市科技奖评审委员会综合评审，以及网上公示和异议处理等程序，择优评选出85项优秀科技成果。根据《江门市人民政府关于颁发2016年度江门市科学技术奖的通报》（江府〔2017〕7号），授予这批科技成果2016年度江门市科学技术奖，其中一等奖10项，二等奖32项，三等奖43项。

表49： 2016年度江门市科学技术奖获奖项目

序号	奖项	项目名称	完成单位	主要完成人
1	一等奖（10项）	丰产优质大肉丝瓜新品种的选育及高效栽培技术集成应用	江门市农业科学研究所	陈仕军，冯锦乾，黄爱政，刘朝东，张子鹏，邝美玲，康玉珍，温健新，黄健超，肖仕楼
2		基于智能速度规划及可重构高性能五轴数控机床的关键技术攻关与产业化	广东科杰机械自动化有限公司	李国森，王小东，林业宏，王先利，吴庭贵，彭嘉伟，黄桂武
3		立体卷铁心H级绝缘非包封干式电力变压器	海鸿电气有限公司	许凯旋，梁庆宁，宋丹菊，龙丽琼，刘长英
4		U型永磁同步电机定向控制技术研发及产业化应用	江门市地尔汉宇电器股份有限公司	卓春光，马余洋，区长钊，池文茂，曾海燕，黄振华，王红标，黄访新
5		移动智能终端产品用积层挠性电路板	台山市精诚达电路有限公司	陈兵，苏章泗，韩秀川，陈亮，万建华，陈兰兰，张勇新
6		纳米杂化技术及其在功能化聚酰胺6纤维中的应用	广东新会美达锦纶股份有限公司、东华大学	朱美芳，肖茹，赵维钊，王宏志，陈 欣，谌继宗，张青红，马敬红，李细林，周 哲
7		HDI系列无毒固化剂的开发及产业化	嘉宝莉化工集团股份有限公司	陈荣华，张心亚，黄洪，殷代武，瞿金清，谭卉文，莘建忠
8		超支化聚氨酯/丙烯酸酯UV光固化树脂研究及产业化	江门市制漆厂有限公司，江门职业技术学院，华南理工大学，五邑大学	程建，孙宁，童真，姜少华，黄晓昌，徐朝华，李珩，李亦彪，廖广健，柳宇航
9		他汀类药物对慢性阻塞性肺疾病大鼠模型的保护作用及机制	江门市中心医院	黄炎明，熊萍，左万里，周伟，仝金斋，张春来，钟雪莺
10		余伯亮“针刺三法”学术经验总结与临床实践	江门市五邑中医院	林海波，余伯亮，李爱青，孔庆活，雷霆，符小聪，许延林，谭志
11	二等奖（32项）	新型酱油制曲工艺自动化技术的研究与应用	李锦记（新会）食品有限公司	王罡，吴劲松，伍锦明，吴育声，刘社近，钟卓彬，梁展鹏
12		益生元低聚果糖国家标准样品分离与制备	量子高科(中国)生物股份有限公司，山东省分析测试中心	魏远安，段文娟，谢拥葵，陈子健，刘峰，王晓，伍剑锋
13		高速全自动LED金线球焊线设备关键技术研究与产业化	广东科杰机械自动化有限公司	王小东，周振财，李炳锐，赵飞麒，赵挺，冯宁，叶国能
14		高速节能智能化数字控制挤出复合机关键技术研究与产业化	江门市辉隆塑料机械有限公司	许锦才，王涛，黄伟伦，肖红，李锦棠，汤启立
15		专用车高性能制动鼓的研发及其自动化生产	广东富华铸锻有限公司	吴志强，周建文，郭维伟，张建勇，曹承均，杨青松，罗柏清
16		新型脉冲电流手工弧焊机的研发及产业化	江门市保值久机电有限公司	翁良轩，李德顺

续上表：

17		磁悬浮废水源冷热水机研发应用	江门市达能环保节能科技有限公司	平武臣
18		新型智能锁封成套技术的研究与应用	江门市大光明电力设备厂有限公司，五邑大学	李仕奇，孔凡国，林彩麟，谭振豪，杨宏仓，李瑛，林岳凌
19		大功率 LED 驱动电源无电解电容滤波技术的开发及产业化	江门市华凯科技有限公司	李卫国，杨富征，谭永良，李嘉颖
20		高频高速高多层印制板产品的研究与产业化	江门崇达电路技术有限公司	汪广明，张华勇，宋建远，敖四超，寻瑞平，韦昊，戴勇
21		基于数据挖掘的网络运营支撑系统	中国移动通信集团广东有限公司江门分公司	王珊珊，杨菊花，郑钢，梁超，陈永根，区旭青，梁宇凯
22		采用微熔新工艺的压力传感器开发及产业化	新会康宇测控仪器仪表工程有限公司，上海旦宇传感器科技有限公司	罗小勇，熊贵林，沈绍群，梁庭壮，李树成，阮炳权
23		一种从电镀污泥中综合回收有价金属的工艺	江门市长优实业有限公司	赵世贞，田吉平，王强，陈荣宇，刘明星，赵君凤，孟欢
24		婴儿手口可用湿巾的研究与开发	维达纸业(中国)有限公司	王波，廖畅，谭振雄，郭海英，陈连岳，阮女满，林仲仙
25		紫外-红外双重固化涂料研发	广东四方威凯新材料有限公司	方芳，朱洪江，王伟，李淑艳，郑敬康
26	二等奖（32 项）	一种核壳结构的铝酸盐绿色荧光粉的研制	江门市科恒实业股份有限公司	钟华，丁雪梅，陶颖，万国江，黄瑞甜，吴建华，陈伟
27		改性橡胶高性能增韧剂的研究及其产业化	江门市德山复合材料科技有限公司	吴德山，陆宗术，黄伟强，张琦
28		智能站牌公共出行服务系统	江门市公共汽车有限公司，五邑大学，江西华兴信息产业有限公司	冯敬佳，骆达荣，梅国良，肖健华，吕国文，陈佳凤，李伟良
29		Heysea Yachts 系列个性定制化游艇系统研发及产业化	江门市海星游艇制造有限公司	冷学华，马晓东，关良智，钱银福，黄剑平，雷浩，陈卫忠
30		不锈钢环保着色新工艺	江门市福斯特金属表面处理技术发展有限公司	梁伟平
31		进出口商品中有机锡化合物检测方法及应用研究	新会出入境检验检疫局综合技术服务中心	彭晓俊，邓爱华，庞晋山，谌瑜，梁伟华，秦汉
32		纳米纤维/石英晶体微天平微量氨气传感器	五邑大学	贾永堂，于晖，董凤春
33		多维度功能化金属银纳米结构的可控合成及应用开发研究	五邑大学	何鑫，李锋，张梅，曾庆光，罗坚义，刘源，张文庆
34		开放植骨结合负压封闭引流治疗感染性骨不连的临床研究	江门市人民医院	何伟东，许国华，容锡沧，杨明明，黄新宇，许鸿灏，梁观宝
35		右冠状动脉疾病-现状与进展	江门市中心医院	张高星，谭文锋，彭宇程，张学芳，高伟栋，孙刚

续上表：

36	二等奖（32项）	CD4＋＞350/ul中国成人HIV感染者早期启动HAART治疗的获益与风险评估	江门市中心医院，江门市疾病预防控制中心，广州市第八人民医院，台山市人民医院，江门市新会人民医院	甄沛林，何纲，丁佩佩，郑南才，蔡卫平，吴兴柳，黄劲华
37		纳米碳吸附5-氟尿嘧啶在乳腺癌淋巴结转移模型中的应用研究	江门市中心医院	周毅，杜春花，陈志梅，李勇，王兴，李俊达，陈春梅
38		江门市女性心血管疾病危因素评估与跟踪观察	江门市人民医院	余泽洪，陈林祥，廖亚勇，宋立红，陈小林，王晓霞，吕彩霞
39		腹腔镜肾部分切除术治疗肾肿瘤的临床研究	江门市中心医院	曹嘉正，廖勇彬，余新立，庞健，吴荣海，程洲平，付锦高
40		阴式子宫肌瘤剔除术的临床研究	江门市五邑中医院	姚慧兰，梁艳菁，聂耦莲，余洁，农嫒生，李丽晶，周光丽
41		子宫内膜电切术治疗子宫腺肌病的临床疗效观察	江门市人民医院	熊小琴，布占红，朱虹
42		健脾益肾排毒方延缓慢性肾功能衰竭进展的临床研究	江门市五邑中医院	杨爱成，梁子安，刘小玲，吴光付，陈芳，马春成，李杰峰
43	三等奖（43项）	水稻病虫害绿色防控技术示范推广	江门市农作物病虫测报中心站，开平市农业综合服务中心（开平市植物保护与检疫站）	陆英发，郑向华，张振锋，劳育英，蓝子胜
44		高酸度山楂汁液态发酵山楂醋技术的研究与开发	天地壹号饮料股份有限公司	熊贤平，左永奎，张志永，曾彬，冯雪红
45		鳗鱼安全养殖及出口技术指南	江门出入境检验检疫局检验检疫技术中心	王春利，李天宝，刘炜，王婷，孙玉慧
46		UL灯具检测体系的分析与研究	江门出入境检验检疫局检验检疫技术中心，五邑大学，广东出入境检验检疫局检验检疫技术中心	付东明，温为才，张磊敏，李敏，籍芳
47		CROWS货运仓储系统装备	广东新会中集特种运输设备有限公司	李升奇，孔河清，赵建刚，伍国权，张前先
48		纳米杀菌智能变速空气能热水器技术创新与推广应用	江门菲普森电器制造有限公司，广州科技职业技术学院	王波涌，吕海燕，罗球锐，黄元盛，刘毅华
49		摩托车油箱自动化焊接线	广东大冶摩托车技术有限公司	陶冶，李胜荣，韩鹏，应才苏，林本健
50		高速智能玻璃磨边机永磁电机	开平市新东亚电机有限公司	李春光，陈先慧，陈彦清，甄平标，陈进国
51		集装箱的起吊和堆码结构	广东新会中集特种运输设备有限公司	黎泽深，孔河清，罗超军，姚学文，陈成光
52		基于OPGW光电分离接口技术的输电线路在线巡视系统研究与开发	广东电网有限责任公司江门供电局	赵建青，邱玩辉，刘洪洁，李振宇，周伟航

续上表：

53	三等奖（43 项）	玻璃高速全自动包装柔性设备研制与应用	江门市利华实业有限公司，江门职业技术学院	邝忠卫，黄贤德，郭健波，欧阳兆彰，张晓宇
54		新型节能无线麦克风	恩平市西特尔电子科技有限公司	吴健凡，吴健新，冯少雄，李华平
55		MP-350T 微型打印机研发及产业化	新会江裕信息产业有限公司	梁钊伟，黎家杰，莫润泉，谢斌，杨立志
56		无线智能 3D 拍摄系统	江门市圆美道科技有限公司	严文骏，许顺尧
57		执手可快速换向的指纹门锁	广东科裕智能科技有限公司	雷志能，梁锡钊，林锡杰，林泽财，李龙慰
58		智能抗干扰会议系统	恩平市海天电子科技有限公司	张佳尧，余炎焜
59		新型铝型材的硬质阳极氧化膜的制备工艺的研发	台山市金桥铝型材厂有限公司	杨翠颜，刘一峥，陈晓俊，李干希
60		醋酸丙酯高效环保创新工艺技术的开发及应用	江门谦信化工发展有限公司	赵楚榜，于冬娥，张浩宁，何文晖，王鹏
61		环保型水性胶上光膜	开平市齐裕胶粘制品科技有限公司	罗吉尔，列永潮，谭詠文
62		高功率大容量圆柱形锂离子电池关键技术的研究	江门市力源电子有限公司	傅舒顺，何青，陈吉，浦绍标，戴馥晓
63		水性高性能防水装饰二合一砂浆的研发	广东嘉宝莉科技材料有限公司	林杰生，张旭，梁斌，章毅，叶海杰
64		醋酸乙酯节能提产创新工艺研究开发	江门天诚溶剂制品有限公司	于冬娥，赵楚榜，何文晖，叶四华，李艺强
65		两片式轮毂的研发与制造	广东迪生力汽配股份有限公司	谭红建，曾春华
66		WEI-2000 型烟气排放自动监测系统（超低量程）	广东伟创科技开发有限公司	李汉汉，李泽彪，王春宝，梁社楼，谭辉
67		竖式卷式膜法深度净化回用水装置	广东创源节能环保有限公司	陈冰心，臧立新，邝欢玲，伍伟辉，曾昭政
68		基于集装单元化物流包装关键技术与物流周转箱产业化	江门市海森机械配件有限公司	姚本海
69		一种流动收缩各向同性可替代高抗冲击聚苯乙烯的改性聚丙烯材料的研制及产业化	广东天保新材料有限责任公司	张金柱，许亚玲，杨峰，狄烁
70		姜黄素联合三氧化二砷对骨髓增生异常综合征细胞株的杀伤研究	江门市五邑中医院	曾英坚，范佳鑫，李章球，吴建伟，李元明
71		原发乳腺癌前哨淋巴结阳性患者非前哨淋巴结转移的预测因子	江门市妇幼保健院，中山大学孙逸仙纪念医院	黄晖，苏逢锡，陈凯，李顺荣，吴建南
72		p14ARF 基因治疗增强骨肉瘤化疗敏感性及其机制研究	江门市中心医院	原向伟，黄秀芳，陈忠羡，范全，梁胜根
73		急性脑梗死患者的血浆溶血磷脂酸水平与脑梗死的病因分型的临床研究	江门市人民医院	王丹，任庆华，黄伟刚，任志军，万婷玉
74		重型颅脑损伤后颅内压与神经特异性烯醇化酶变化的相关性研究	江门市人民医院	赵鹏洲，吴敬伦，李雪贞，冯家强，余瑞钿

续上表：

75	三等奖（43 项）	甘露醇开放血脑屏障后应用神经生长因子对颅脑损伤及高血压脑出血治疗的研究	江门市新会区人民医院	吴国彪，陈永群，卢天喜，苏荀大，钟立行
76		免疫抑制性共刺激分子 PD-1 对肺结核患者 T 细胞免疫功能影响的研究	江门市中心医院，江门市结核病防治所	何纲，丁佩佩，区秀丽，汤志强，李秀娟
77		预防早产儿侵袭性真菌感染的临床研究	江门市中心医院	刘郴州，林丽丹，温碧霞，郭青云，关浩锋
78		温肾消喘膏方防治支气管哮喘的疗效及对免疫指标的影响	江门市五邑中医院	李影捷，陈照南，叶丽燕，惠萍，宋天云
79		不同浓度氨基酮戊酸光动力疗法治疗中重度痤疮的临床应用研究	江门市中心医院	郭晓兰，杨文彪，何家俊，李秀娟，黄芳仪
80		骶韧带与耻骨阴道肌交叉缝合联合骶棘韧带悬吊术治疗盆腔器官脱垂的疗效分析	江门市新会区妇女儿童医院	赵银卿，周秀春，李莉，陆坚，赵雪芳
81		华法林抗凝治疗慢性阻塞性肺疾病疗效观察	江门市人民医院	张志萍，刘慕英，黄兰卿，梁红卫，李伟棠
82		肿瘤靶向治疗护理流程的临床研究	江门市人民医院	刘杏仙，陈素红，梁梅兴，李云香，陈春霞
83		麦冬地龙汤治疗晚期肺癌合并肺感染患者的临床研究	江门市人民医院	黄东彬，钟英豪，李本珊，管静，徐振杰
84		一种固定化酶催化生产胞磷胆碱钠的方法	开平牵牛生化制药有限公司	刘桂祯，黄炯威，周华润，莫世艺，劳伟明
85		头位不同的高度对颅内压影响及指导治疗的研究	江门市中心医院	胡惠贤，陈玉珍，伍益，娄艳华，黄篆缘

【深江合作】 2016年10月28-30日，江门市在珠西云谷众创空间举办江门市大众创业万众创新活动周系列活动暨江门市科技创新创业大赛表彰及江深合作推进会。活动现场，珠西云谷与深圳市优宝创科技有限公司、深圳天天生活科技有限公司等多家深圳企业现场签约入驻。通过签约进驻、交流对接等形式，推动合作走向深化。现场各位出席嘉宾还共同启动首届深圳创业沙拉（江门）。该活动作为市创新创业大赛的一个分赛事，创造良好的创业氛围，帮助江门年轻的创业者对接深圳甚至是国外的一些优秀孵化资源和风投。

·责任编辑　关明珠·

教育

综　述

【教育事业概况】 2016年是江门市创建“广东省推进教育现代化先进市”的收官之年，也是“十三五”规划的开局之年，江门市教育工作贯彻落实创新、协调、绿色、开放、共享的发展理念，坚持以办人民满意教育为宗旨，以促进教育公平为基本目标，以立德树人为根本任务，以“教育提质”和全面推进教育现代化为主线，以促进教育均衡优质标准化发展为重点，围绕江门市实施“东提西进”“同城共融”，打造“三门”，建设“三心”发展战略，深化教育改革与创新，提升教育发展整体水平。

【教育经费投入】 2016年，江门市公共财政预算安排的教育经费投入73.47亿元，比上年增长3.89亿元，增幅5.59%，依法落实教育经费的“三个增长”，落实2016年公共财政教育经费占公共财政预算支出比例22.47%，优先满足教育的需要，增加财政对教育的投入，发挥财政投入的主渠道作用。

【教育“创现”“创强”】 2016年，江门市教育创强、争先、创优工作再创佳绩。恩平市成功创建“广东省推进教育现代化先进县（市、区）”称号，江门市成功创建“广东省推进教育现代化先进市”并接受省人民政府授牌。28个镇完成“广东省教育强镇”复评；5所幼儿园创建为“江门市一级幼儿园”。

【教育“创强”“争先”】 2016年1月，恩平市成功接受“广东省推进教育现代化先进县（市、区）”督导验收；2016年4月，广东省人民政府同意授予江门市“广东省推进教育现代化先进市”称号并颁发牌匾。蓬江区环市街道、棠下镇和潮连街道；江海区礼乐街道和外海街道；新会区司前镇、崖门镇、罗坑镇、沙堆镇、大鳌镇、三江镇和睦州镇；台山市台城街道、三合镇、北陡镇、海宴镇；开平市龙胜镇和大沙镇；鹤山市沙坪街道、址山镇、桃源镇、鹤城镇、共和镇和古劳镇；恩平市大田镇、圣堂镇、良西镇和东成镇等28个镇完成“广东省教育强镇”复评。江门市率先实现“教育强镇”100%覆盖，“教育强县（市、区））”100%覆盖，义务教育“均衡县”100%覆盖，“省教育现代化先进县（市、区）”100%覆盖，走在全省前列。

【优质学校（幼儿园）建设】 鹤山市沙坪街道智立方幼儿园和古劳镇连城幼儿园、蓬江区汇景湾幼儿园和萃锦园溢杰幼儿园、新会区雅智乐双语幼儿园等5所幼儿园建成“江门市一级幼儿园”。是年，新会区通过“全国中小学责任督学挂牌督导创新县（市区）”国家验收，蓬江区、鹤山市完成“全国中小学责任督学挂牌督导创新县（市区）”省级验收。

【教育信息化】 2016年，全市基本完成城镇中小学接入带宽不低于500M，其他学校不低于100M宽带接入互联网的任务，100%学校建成校园网，100%学校建有校本教育资源库，100%的学校实现电子政务、电子校务，100%学校建有计算机教学室，100%多媒体教学设备进班级，部分地区和学校已经从数字校园向智慧校园探索迈进。部署开展2015-2016年度“一师一优课、一课一名师”活动，有16612位教师在国家平台上报名，成功晒课14595节，晒课数占全市老师比例46.60%，在全省排行榜中位居第6，超额完成省教育厅下达的晒课覆盖率30%的任务指标。参加省级以上优课评比，有233节课被评为省级优课，51节被评为部级优课。1月至7月，全市55所学校按计划认真组织实施智慧校园试点项目，充分利用平台在教学、学习和管理等方面进行改革创新。

【师资队伍建设】 2016年，贯彻落实中小学教师工资福利待遇“两相当”和农村教师津补贴制度,完善中小学校教师绩效工资分配方案，全市中小学教师工资和福利待遇与公务员同幅同步提高,农村中小学教师工资福利待遇大幅提升。是年，台山、开平、恩平、鹤山四市提高农村教师岗位津补贴标准，每月发放农村教师岗位津贴人均达1000元以上，并把津贴补助范围扩大到了农村地区的幼儿园和高（职）中学校的教师。江门市中小学教师人均年收入与当地公务员平均工资水平相当，农村中小学教师人均年收入超过城区中小学教师收入。制定《江门市乡村教师支持计划具体实施办法（2016-2020年）》（江府办〔2016〕32号），向全市印发加快推进江门市“乡村教师支持计划”。是年，市、市（区）两级着力加大农村教师队伍建设投入，安排480多万元对农村教师开展学历提升、跟岗学习、校长领导力提升、班主任能力提升、教师信息技术应用能力提升、农村美术音乐教师素质提升等多种专项培训。江门市制订和实施“乡村教育之星”培养计划，培育农村高素质师资。是年，全市招聘教师438名，其中补充农村学校的近300名。贯彻执行《关于促进江门市义务教育师资均衡发展的实施意见》，坚持实行义务教育学校校长及教师交流轮岗制度，促进师资均衡配置；蓬江区、江海区、新会区、台山市、开平市和恩平市去年已先后制定印发《教师交流轮岗的具体实施方案》，已常态开展义务教育学校校长及教师交流轮岗工作；是年，全市义务教育阶段参与交流的教师2135人，占总人数的6.25%。贯彻落实《江门市人民政府加强中小学高素质专业化教师队伍建设的实施意见》（江教发字〔2013〕12号）和《江门市基础教育名师工程推进方案》（江教发字〔2014〕11号），完善省、市、县、校四级培养阶梯，坚持整体推进，分类实施，项目驱动，混合培训，学用结合的原则，依托“广东省教师发展中心”和江门职院等高校培训机构，组织中小学教师参加“国培”“省培”“市培”“县培”和“校本培训”项目，全年培训达174285人次。组织名师培养对象、骨干教师参加高端研修，超过400位名师培养对象以及学科骨干教师，参加北京大学、北京师大和省二师等院校的高级研修班，进一步提高专业人才水平；组织幼儿园骨干教师、特别是农村幼儿园骨干教师参加任职资格和能力培训，人数达200人以上；加快推进江门市“乡村教师支持计划”，举办4期农村紧缺学科教师和农村骨干班主任培训，参加培训的农村教师每年达800多人；组织农村美术教师参加“江门市中小学美术教师美术书法作品展，并明确农村美术教师获奖人数占1/3以上比例，鼓励农村美术教师积极创作和参展；组织江门市“乡村教育之星”培养计划的培养对象，外出参观学习拓宽教育视野、挂职跟岗实践锻炼；把“名师大讲堂”开到农村学校巡回授课；发挥网络远程平台资源优势，组织城乡学校结对开设“同步课堂”活动，把名师优质课堂同步送到农村学校，培育农村高素质师资。推进“教师信息技术应用能力提升工程”，组织全市中小学（幼儿园）教师参加“教师信息技术应用能力提升工程”培训，全市参加培训已达30414人，达到应参训人数的73.5%，完成广东省要求的工作目标。

【教育教学研究】 2016年，贯彻课程标准，全面推进素质教育，印发《江门市2015-2016学年度普通高中课程开设指导意见》；强化教学的过程管理和质量监控，组织普通高中各年级期末调研测试，并及时做好数据统计和分析，充分发挥其诊断和指导作用；加强课堂视导，及时科学指导，深入市直、四市三区高中学校听课调研，做好课堂教学分析与评价，开设专题讲座，根据各学校的实际情况作具体的指导，解决学校教学中的困难和疑惑，促进学校优化课堂教学。

备考质量提高　2016年，组织全市教研员、全体高三教师学习考试大纲及说明，科学安排教学和组织高考备考工作。聘请全国著名的专家对各学科的全体高中教师进行培训，研究新课标高考教学与备考策略，成立江门市2016届九个学科高三中心备课组加强备考研究，召开全市高考工作总结交流会。先后组织全市高三调研测试、省高考适应性测试和江门市高考模拟考试，做好质量分析，召开江门市高考模拟质量分析研讨会，高效备考。组织教研员、教师参加省内外的高三教学研修班学习活动，编写考前备考建议与专题训练，提升高考冲刺阶段的备考水平。

高考成绩创历史新高　2016年，本科入围人数创历史新高，全市本科入围人数达到13423人，比上年增加935人，其中江门一中本科入围人数达到1213人（连续六年超过1000人）。全市本科入围率达到49.50%，创历史新高，其中鹤山和市直分别为69.12%和69.03%。重点本科入围人数大幅增加，全市重点本科入围人数3153人，比上年净增633人，其中开平、市直分别增加174人、165人。2016年本科入围率达49.50%，跃居全省第7。

义务教育发展　2016年，贯彻国家和省关于教育质量综合评价改革精神，探索有江门特色教育教学质量评价体系，形成《江门市2016年初中阶段协同教育质量评价方案》，落实考评工作。质量评价方案明确各单位的质量管理目标，管理措施，加强过程管理和质量监控，助推教学质量的提升。印发《江门市中小学教学常规管理工作若干意见（试行）》，并把该项活动开展情况纳入“江门市2016年高中阶段教育质量评价”和“江门市2016年初中阶段协同教育质量评价”中。在总结江门市近年开展的有效教学基础上，结合省课程体系改革实验项目的开展，市教育局制定《进一步推进全市中小学课堂教学改革的指导意见》，推进高效课堂的探索试验。深化基础教育课程改革，贯彻落实《教育部关于全面深化课程改革落实立德树人根本任务》文件精神，创新教研方式，加强教研室、学校、教师的交流学习，共同探索提升教师专业化水平。2016年先后在小学、初中和高中三学段的六所学校举办6场主题为“深化课程改革，创新育人模式”的中小学课堂教学观摩交流活动，活动包括学校特色展示、教学研讨和校长论坛三大版块。活动内容丰富，课堂教学质量高、富有探索性，每次活动均吸引数以千计的外地和本市教育同行参与。活动对探索高效课堂模式，提升学校办学水平的策略和方法，促进全市教育质量稳步提高。为探索学生综合素质评价，培养学生实践能力，提高学生科学素养，组织实施初、高中物理、化学、生物实验操作考查工作，全市初二、初三和高二理科学生参加了物理、化学、生物三个学科的实验操作考查。全市统一、严格、规范的实验操作考查得到学校、老师、学生和家长的高度好评。协助招生办做好“2016年广东省初中毕业生学业考试”相关工作，探索创新初中英语听说考试的命题和阅卷方式方法，推进中考七个学科网上评卷工作等。通过上下沟通，通力合作，不断完善等方式，高效有序、按期保质保量地完成。推进国学读书工程，传统文化教育。举办三届江门市“国学小达人”大赛，数千师生参与比赛。组织国家社会科学基金“十二五”规划重点课题《中华优秀传统文化教育研究》子课题《中小学国学教育的研究与实践》立项申报，全市有83所学校成功申报立项，全方位多维度推动国学读书工程的开展。落实新课标理念，实施素质教育，提升科学素养，举办江门市第三届“小小科学家”少年儿童科学教育体验活动和江门市科学课程教师专业素养与科技创新发明竞赛活动。组织指导教师参加2016年广东省小学信息技术、通用技术优质课展示交流活动，获广东省一等奖1人、二等奖2人；指导学生参加第22届全国青少年信息学奥林匹克联赛（广东省赛），获省一等奖9人；指导学生参加2016年广东省中小学创客大赛，获特等奖4名，一等奖5名；指导学生参加全国中小学生科学教育体验活动总决赛，获全国金奖22人、银奖23人、铜奖25人。其中，恩平市第一小学五（5）班学生吴昊旻，被评为“全国十佳选手”。

教育科研水平提升 2016年，贯彻落实党的十八大精神，提升江门市教育科研水平，把教育科研工作与常规教研工作有机结合,5月，召开全市教科研工作会议，传达广东省年度教育科学研究及教学研究工作会议精神，总结交流江门市近几年教育科研的成绩和经验，部署近期江门市教育科研和教学研究工作。组织江门市年度基础教育优秀教学论文评选，通过学校初评、市区评选推荐，地市择优评选表彰等方式，促进教师对教学研究，提升个人的理论水平。开展课题申报和研究。2015－2016学年度江门市获得广东省课题立项107项，江门市实验项目立项154项。推进《广东省基础教育课程改革实验项目》。成立《广东省基础教育课程改革实验项目》领导小组。启动广东省基础教育课程体系改革实验项目。探索以项目实验研究推进教育教学质量提升，全市中小学申报154个子项目，由校长牵头负责开展研究。新会、开平、台山启动广东省基础教育课程体系改革实验项目。各市、区推进项目实验，教师课改意识增强，先进的教学理念逐步转化为教学行为，实验成效逐步呈现。根据市委市政府《2012年市政协“一号提案”办理工作方案》要求，市教育局负责将江门市华侨历史、特点、文化、精神等内容编入《江门历史》乡土教材并通过广东的评审，纳入《广东省地方教材目录》，有2万名学生在使用，12月组织《江门历史》优秀课例展评。该教材被广东省社科联评为“广东省优秀社会科学普及作品”奖。增强学校课程改革意识，落实教学常规管理，加强教研组建设，探索加强和规范教研组建设、提高教学质量和促进教师团队发展的策略和方法，开展《创新展评模式，加强教研组建设，促进教师专业成长实验研究》，先后组织普通高中星级教研组评选、普通高中学科教研组年度工作总结和义务教育学校先进教研组评选等活动，全市中小学校踊跃参加。评出普通高中星级教研组99个评选活动。2016年已收到小学、初中、高中教研组申报材料近90份，高中学科教研组年度总结300多份，组织8场教

研组建设成效展评活动，促进教研组的规范建设和学科教学的提升。探索中小学特色学校创建的策略与路径，及时总结成功经验、发现典型案例。本年度组织开展“广东省中小学特色学校创建”优秀方案征集活动，获省奖的优秀建设方案共22个，其中获一等奖4个，二等奖6个，三等奖12个，获奖数居全省前五名。

教研活动渠道拓宽 2016年，、各级教研部门拓宽教研活动渠道。开展新课标教材培训活动，邀请省内外知名专家、杰出教师，结合江门市教学状况和新课改形势要求，以“课例+讲座+互动”等形式开展教材培训，深受教师欢迎。2016年9-10月，开展涵盖全市小学、初中、高中各学段共22个学科的近万名任课教师的培训。根据教育部和省的要求，在全市中小学全面部署“一师一优课，一课一名师”活动，教师开展“晒课、研课、磨课”活动，落实“优课”研磨、评选和推荐工作。全市晒课近15000节，晒课数和优课数均居广东省前列。举办“音韵传经典——江门市2016年国学教育与吟诵培训”活动，邀请到中华吟诵学会秘书长徐健顺教授、副秘书长朱立侠博士后莅临授课，江门市国学教育工作者及国学爱好者300余人聆听讲座。印发《江门市中小学优质课例展评“十三五”规划方案》，推进课堂教学改革。全学年举行小学、初中和高中三个学段15个学科课堂教学比赛，近千名教师参加初赛和决赛，数千教师参与观摩学习。同台切磋交流，提升年轻教师的教学能力，涌现出一批教学能手，在国家和广东省的教学比武中取得优异成绩。2015-2016学年度，有8名教师获得国家级教学评比奖项，445名教师获得广东省级及以上教学评比奖项。其中有：晓琼老师获“全国‘十佳’小学外语教师”；丁玉华老师获全国十省第八届小学数学优质课展评一等奖；梁婉清老师获第十届全国中小学外语教师教学基本功大赛优秀课展评（录像）一等奖；李艳老师所执教《写童话》一课荣获广东省第二届小学语文青年教师观摩活动中获得全省特等奖，名列作文教学类课型第一名；蒋志伟和黄晓莺两位老师分别荣获广东省中学青年教师数学问题讲授核心片段展示评比活动高中组和初中组特等奖；程创亮老师和刘红娟老师双双荣获广东省第八届小学数学说课比赛一等奖，创江门市参加省说课比赛的最好成绩（广东省仅有两个地级市双获一等奖）；李艳玲老师和李彩燕老师双双获得广东省小学品德综合课优秀教学成果评选一等奖；邝珍深老师获广东省中学思想品德优质课初中一等奖；曾燕和黄幼玲老师分别获得第二届广东省中学地理教师技能展示交流活动微课展示和课堂展示一等奖；彭丽梅老师获省小学信息技术优质课交流展示一等奖；陈坚毅老师获广东省中学化学和生物实验教师实验操作与创新技能竞赛全省第一名和创新奖。组织江门市学科“名师大讲堂”系列活动25场，邀请本地区多位省市名师亲自上示范课、说课和讲座，约6500多名教师现场聆听分享。开展普通高中青年教师基本功比赛，把解读新课标、解读新教材、解读高考考纲、解答高考题作为比赛的主要内容，有效地帮助青年教师练内功、强素质。到今年共举行六届，近万人次参加比赛，教师教学基本功得到有效的提高。组织教研员和教师到市外和省外观摩优质课比赛和参加新课程教学研讨培训等活动，聆听专家讲座，直面名师课堂，学习先进教学理念和教学方法。

【扶困助学体系建立】 2016年，市教育局建立健全江门市扶困助学体系，确保贫困家庭学生不因贫失学。落实对农村人均年纯收入低于1500元以下的贫困家庭子女义务教育阶段学生给予生活费补助制度；是年，江门市有17941名学生列入广东省“一补”（补助生活费）对象，补助资金512.917万元。落实中等职业学校免学费政策和国家助学金制度。是年，全市有约37736人中职学校学生受惠，免学费补助资金约1.40亿元；2016年全市资助中职学校学生3094人，发放国家助学金约602.2万元。落实普通高中家庭经济困难学生和高中阶段困难转复退军人子女资助政策；2016-2017学年共资助高中阶段家庭困难学生905人，补助资金71.01万元。是年，落实普通高中国家助学金政策，资助江门市普通高中在校生中家庭经济困难学生，发放助学金1553.7万元。落实学前教育资助制度，资助家庭经济困难学前儿童、孤儿和残疾儿童4164人，发放资助资金397.57万元。引导和鼓励企业、个人、社会团体等面向各级各类学校依法设立奖学金、助学金，资助家庭经济困难学生完成学业。是年，市教育局收到五邑慈善会助学金等捐资98万元，资助中小学生840人。

【成人教育】 2016年，江门市有各级各类民办学校412所，在校学生15.4万人。其中，民办大专院校1所，在校学生8727人；民办中等职业学校1所，在校学生883人，占全市中职学生总数的1.5%；民办普通高中7所（含完全中学6所）、民办初中24所（含九年一贯制22所），在校中学生25375人，占全市中学生总数的11.84%；民办小学6所，学生33745人，占全市小学生总数的11.02%；民办幼儿园373所，幼儿85000多人，占全市在园幼儿总数的61%。民办中小学（不含中职学校）在校生5.912万人，约占全市中小学生总数的11.4%。民办义务教育阶段学生54121人，约占全市义务教育阶段学生总数的12.3%。民办高中阶段教育学生5882人，约占全市高中阶段教育学生总数的4.3%。2016年市教育局通过竞争性分配获得省级民办教育发展专项资金490万元，全市各级财政设立市直民办教育专项资金890万元，用以资助全市民办教育优质特色发展，帮助民办学校改善办学条件，提升师资水平。是年，以市政府名义出台《江门市人民政府关于加快民办教育发展的措施（试行）》。

【新疆高中、西藏幼师班开办】 2016年，江门市培英高级中学承接第12批4个内地新疆高中班学生160名，来自新疆各地市（州）。现有内地新疆高中班15个，在校学生550人。2016年第8届内地新疆高中班毕业生有95名，全部参加高考，取得优异成绩，本科入围率达到94.7%。2016年，江门幼儿师范学校内地西藏中职班在校学生数已达148人，其中男生95名，女生53人，藏族学生145名，汉族学生3名。分别来自日喀则、山南、拉萨、林芝、那曲、阿里等六个地区。是年，该校为西藏培养25位毕业生，毕业后返回西藏7个地区从事幼教工作。江门幼儿师范学校承办内地西藏中职班是广东省唯一一所承办内地西藏中职学前教育班的职业院校。

基础教育

【学前教育】 2016年，全市有幼儿园552所，在园幼儿14.38万人，适龄幼儿学前三年入园率113.4%。共有专任教师（含园长）10701人，专任教师学历达标率99.39%。建立健全管理制度，规范幼儿园办学行为。发展公办幼儿园，出台江门市普惠性民办幼儿园认定、扶持和管理实施细则。加大力度扶持公办幼儿园和普惠性民办幼儿园。推进规范化幼儿园和优质幼儿园建设，促进学前教育规范优质发展。

表50：　2016年全市幼儿园基本情况

幼儿园数（所）	班数（个）	招生数（人）	在园生（人）	毕业生（人）	教职工		园舍占地面积（万平方米）	园舍建筑面积（万平方米）
					合计（人）	专任教师（人）		
552	4486	50268	144031	45107	16345	8952	170.57	113.56

【义务教育】 2016年，江门市义务教育阶段学校490所，其中小学316所、九年一贯制学校47所、初级中学95所、完全中学32所；其中民办学校36所。全市义务教育阶段学校普通在校学生为44.62万人，其中，小学31.39万人、初中13.23万人。民办学校在校生为5.70万人。小学学龄儿童入学率100%，五年保留率98.25%；小学毕业生升学率100%。初中阶段教育毛入学率为122.29%，初中三年保留率93.47%，初中毕业生升学率为98.33%。小学辍学率为0，初中辍学率为0.33%。

【普通高中学校】 2016年，全市普通高中学校46所，其中完全中学32所。在校学生7.63万人。全市高中阶段教育毛入学率为98.27%。

【特殊教育】 2016年，江门市有特殊学校6所。义务教育阶段适龄残疾儿童少年在校学生为1643人，三残儿童入学率为97%。实施全市“送教上门”国家特殊教育改革实验区各项工作，实现全市适龄残疾儿童少年受教育全覆盖。完善特殊儿童少年随班就读服务体系，全市建有40个随班就读资源教室，规范特殊儿童少年随班就读资源教室建设和管理，为普通学校残疾学生提供特殊教育、康复训练和咨询等发挥重要作用。江门市形成以普通中小学附设特殊教育班和随班就读为主体、特殊教育学校为骨干、送教上门为补充的特殊教育办学格局，使每一个残疾孩子能接受合适的教育，满足适龄“三残”儿童、少年的教育需求。

【民办教育】 2016年，全市有各级各类民办学校412所，在校学生15.4万人。其中，民办大专院校1所，在校学生8727人；民办中等职业学校1所，在校学生883人，占全市中职学生总数的1.5%；民办普通高中7所（含完全中学6所）、民办初中24所（含九年一贯制22所），在校中学生25375人，占全市中学生总数的11.84%；民办小学6所，学生33745人，占全市小学生总数的11.02%；民办幼儿园373所，幼儿85000多人，占全市在园幼儿总数的61%。民办中小学（不含中职学校）在校生59120万人，约占全市中小学生总数的11.4%。民办义务教育阶段学生54121人，约占全市义务教育阶段学生总数的12.3%。民办高中阶段教育学生5882人，约占全市高中阶段教育学生总数的4.3%。是年，市教育局通过竞争性分配获得省级民办教育发展专项资金490万元，全市各级财政设立市直民办教育专项资金890万元，用以资助全市民办教育优质特色发展，帮助民办学校改善办学条件，提升师资水平。是年，以市政府名义出台《江门市人民政府关于加快民办教育发展的措施（试行）》。

【基础设施建设】 2016年，做好学校建设规划，各市（区）政府做好中小学校舍基本建设工作，加大资金对校舍建设的投入，加快学校基础设施建设，将中小学校舍基础设施建设工作与学校布局调整、学校标准化建设紧密结合起来。2016年全市投入基本建设资金33661.1万元。其中财政拨款24438.2万元，自筹及其他资金9222.9万元(其中,单位自筹资金93.2万元，社会资金4000万元，个人集资3482万元，无偿捐赠1647.7万元)。完成建筑面积154412平方米(其中教学及辅助用房109258平方米，行政办公用房5242平方米，生活服务用房23537平方米，其他用房16375平方米)。是年，新开工建筑面积140690平方米，新增土地面积251782平方米，新增固定资产26256.2万元。3月10日，广东江门幼儿师范高等专科学校新校区建设工程可行性研究报告通过江门市发展改革局批复。9月1日，江门市特殊学校扩建工程建成并投入使用。10月12日，在召开的中共江门市委工作会议上，市委书记林应武将“解决教育学位不足”的“三二一”工程作为“书记工程”放在六件民生实事之首。

【教师继续教育】 2016年，加强特殊教育教师队伍的培训，安排专项资金组织特殊教育教师参加特教专业培训，已组织培训120人次。鼓励教师参加学历提升计划，加大继续教育专项经费用于学历提升的比例，鼓励教师积极提升学历层次；除用好省专项资金外，台山、开平、恩平三市在地方政府的支持下，加大教师学历提升的投入资金，通过对取得学位的教师进行奖励补助、全额学费报销等措施，吸引大批教师进行学历提升；江门市幼儿园专任教师大专以上学历比例、义务教育阶段专任教师本科以上学历比例、高中阶段专任教师研究生以上学历比例均逐年提高。至2016年10月，江门市各学段的学历比例已达到并超过“广东省推进教育现代化先进市”的有关要求。

【名师工程】 2016年，江门市现已形成三个专业高质的名师梯队，包括有陈育庭领军的一批在全国、全省均有影响力的教育专家型名师，有李爱东等一批在全市具有高知名度的市级名师，有一大批县（区）级名师、学科带头人和教育教学骨干。江门市已有省级名校长2人,名教师3人,名班主任10人；有省级校长工作室主持人2人,教师工作室主持人9人,班主任工作室主持人3人；有在岗特级教师42人；新一轮省百千万培养对象20人；有地市级名校长23人,名教师51人,名班主任27人,学科带头人95人,江门教育专家培养对象46人；市政府重大决策专家咨询论证委员会专家委员3人,优秀中青年专家和拔尖人才3人；有县级名校长78人,名教师363人,名班主任81人,学科带头人1486人。还有已入库的各级“名师”培养对象过千人。

【德育工作】 2016年，坚持“立德树人”，以推进素质教育为核心，推进德育领域改革，提高人才培养质量，促进江门市中小学德育工作规范化发展。设立中小学素质教育专项经费20万，增强中小学活动育人和文化成效。完成德育（创文）特色学校及示范点创建70所。其中，国家级2所（航空特色示范校1所；科技特色学校1所）；省级6所（科技特色学校4所；绿色学校2所）；地市级62所（江门市文明校园示范点20个、江门市青少年科学教育特色学校20所、江门市青少年科学教育特色学校创建单位11个、环保类特色学校11

所）。荣获德育类省级以上优秀组织奖2项。中小学师生个人获奖人次262人，（广东省最美少年和广东省美德少年各1人，优秀学生17人，优秀团员16人，班主任个人奖项4人，省科技专项个人96人次，优秀指导老师127人）；荣获国家级奖项的学生有9人。12月底，组织了全市中职学校“文明风采”活动，征得优秀作品1000多件，推选601件参加省复赛;童谣创作也首次亮相全省《价值观•记心间》荣获广东省优秀童谣三等奖。评选出市美德少年92人;以开展海上丝绸之路申遗宣传推广活动为契机，组织台山市编排台山教育节目《打龙船》成功入选全国影视校园文化春节联欢晚会。主打“侨都”品牌活动，成功举办全市第三届高中生辩论赛，组织师生赴香港进行辩论赛交流活动，举办江澳两地学校结对交流活动，多元化推进侨文化。以科研引领德育，完成广东省德育研究结题71项，征集2017年中小学德育科研课题选题57项，完成2017年省德育专项和省中小学德育课题申报43项。借力创文，提升师生文明素养，新建中央彩票资助乡村学校少年宫3所，自建乡村学校少年宫6所，乡村学校少年宫示范点8个（省级1个、市级7个）。下半年，以乡村学校少年宫为据点，打造“一镇一名宫，一校一特色”的乡村学校少年宫模式探究，全市各少年宫的品牌活动项目类型多达50种，新增加“飘色、醒狮、民歌”等深受学生喜爱的项目。新会区黄冲小学乡村学校少年宫设立的蔡李佛拳项目被写入中央文明办编写的《乡村学校少年宫使用指导及案例汇编》。

【德育队伍建设】 2016年，实现省、市、县三级德育队伍的有效衔接和培训的全覆盖，并以省、市、县“名班主任”工作室为抓手，开展德育工作队伍培训工作。全年举办各级名班主任工作室培训18期，组织班主任和德育干部到珠海、深圳、中山等地交流6次，举办全市基础教育系统德育、团队干部培训班、年轻班主任专业技能培训、中职德育培训、德育学科培训等，受训人次2011人。新增广东省名班主任4人，广东省名班主任培养对象3人，江门市名班主任培养对象30人，举办江门市第六届班主任专业能力大赛。

【体卫艺教育】 2016年，联合江门市体育局承办江门市第八届运动会，学校组比赛涵盖中国象棋、健美操、排球、网球、围棋、毽球、足球、乒乓球、田径、篮球和羽毛球等11个项目；举办江门市中小学美术教师美术、书法作品展。举办全市中小学健康教育说课比赛，有20名教师参加，其中13名教师获得奖励；组织师生参加省组织的“勿忘国耻 圆梦中华”主题电视演讲比赛和首届广东省中小学心理教师专业能力大赛。加强师资培训，组织各学校体育、艺术骨干教师、卫生骨干1600多人次参加由广东省、江门市举办的各类体育、艺术和卫生培训班，让广大的教师学习先进的教育理念，提高其教育教学和业务水平，增强广大卫生保健人员的业务能力。是年，江门市创建10所广东省学校体育场馆向社会开放示范单位、11所2016年全国青少年校园足球特色学校、72所江门市足球推广试点学校和53所江门市足球特色学校、5所广东省中小学心理健康教育特色学校、11所广东省体育传统项目学校。充分发挥特色学校的示范和引领作用。大力发展校园足球，加快江门市校园足球运动发展，市教育局下发2016-2025年江门市青少年校园足球四级联赛方案，计划利用10年的时间，通过足球联赛推动江门市校园足球的发展；11月10-12日，举办江门市“映美杯”2016年青少年校园足球四级联赛冠军赛，全市44支冠军队参赛。加强学校卫生工作，开展形式多样的健康教育活动，通过卫生督查和卫生评价督促各地各学校落实卫生管理工作，落实晨检、因病缺勤登记和网络直报工作。

【安全教育】 2016年，江门市创建全市有10所学校荣获第五批广东省安全文明校园称号、5所学校获得“广东省中小学心理健康教育特色学校”，新增1所“广东省交通安全文明示范校”，新增5所“江门市交通安全文明示范校”，28所“江门市中小学毒品预防教育示范学校”。市教育局被评为“江门市2015年度消防安全工作先进单位”，荣获2015年广东省第三届中小学安全知识暨防溺水知识网络竞赛活动优秀组织奖。完成市政府下达的2016年安全责任考核目标。全年召开4次全市学校安全工作紧急会议，召开2016年江门市学校安全管理工作会议。举办2016年江门市基础教育安全管理综合能力提升培训班。2016年，联合公安、消防、交管、食药监、住建、国土、水务等部门对全市的学校（幼儿园）开展学生校园周边综治治理、消防安全交通安全、校车专项检查、危化品安全、食品卫生安全、地质灾害、学生溺水等校园安全隐患排查。全年组织检查组248个，检查人员4816人次，抽检学校（幼儿园）1031所，发现安全隐患617处，完成隐患整改617处，整改率达100%，全方位开展安全教育，开展预防溺水、交通安全、消防安全、禁毒宣传、防范校园伤害等各类安全教育活动，组织开展应急疏散演练，并通过“校园网”、“校园安全管理平台”、“校讯通”、“致家长的一封信”等方式向家长和学生发出安全提示信息。累计全年各级各类学校组织应急疏散演练达2000多场次。悬挂安全宣传横额6000多条、张贴宣传画2000多幅、发布防灾减灾等安全信息250万多条，派发安全教育宣传资料250万多份，出版墙报专栏4600多期，分发《居安思危，备战人防》科教片500本，《首届广东省大学生文明交通宣传作品创意大赛》作品集5000份，组织师生观看警示片1000多场。切实做到计划、教材、课时、师资“四到位”，让全市中小学生接受安全知识教育全方位、全覆盖，增强全市广大师生的安全意识。

表51：　　2016年全市中、小学校基本情况

项　目	学校数（所）	教学班数（个）	招生人数（人）	在校生数（人）	毕业生数（人）	教职工数		校舍占地面积（平方米）	校舍建筑面积（平方米）
						合计	专任教师（人）		
合　计	510	11678	129488	523352	118934	25272	18699	10998521	4253321
普通中学	188	4404	72053	208611	71885	10385	9562	5183866	2127508
其中：初中	142	2895	45992	132318	45158	7386	6885	4167248	1442470
高中	46	1509	26061	76293	26727	2999	2677	1016618	685038
小学	316	7193	57310	313894	46961	14682	8952	5774474	2099583
特殊教育	6	81	125	847	88	205	185	40181	26230

职业教育与成人教育

【职业教育】　2016年，全市有中等职业学校24所（含普通中专、成人中专、职业高中和技工学校），在校生57186人，教职工人数2968人，其中专任教师2656人；其中国家级重点中职学校12所（含技工学校2所）、省级重点中职学校2所；全市有4所中职学校成为立项建设的国家中职教育改革发展示范学校（含技工学校1所）；4所学校被认定为广东省示范性中等职业学校；2所学校被教育部确认为承担制造业和现代服务业技能型紧缺人才培养培训工程任务学校；全国数控技术职业教育实训基地1个，全国高技能人才（机电项目）培养基地1个，江门市高技能人才培训基地2个，一体化教改示范单位1个。是年，江门市中等职业教育已形成农林牧渔类、土木水利类、加工制造类、轻纺食品类、交通运输类、信息技术类、医药卫生类、休闲与保健类、财经商贸类、旅游服务类、文化艺术类、体育与健身类、教育类、公共管理与服务类等14大类专业群，开设了66个专业。有国家级重点建设专业1个，广东省中等职业学校重点建设专业（点）25个。

表52： 2016年全市中等职业教育基本情况（含技工学校）

中职学校（所）	专业数（个）	招生数（人）	在校生（人）	毕业生（人）	教职工		校舍占地面积（平方米）	校舍建筑面积（平方米）
					合计	专任教师（人）		
24	66	18492	57186	16408	2968	2656	1596090.58	842433.58

【成人高考】 2016年，全市报考人数为8523人，其中专升本1773人，大专6750人。为切实做好2016年全国成人高考的各项工作,在省考试院的统一指挥下，江门市招生、公安、保密、交警、环保、电力、无线电管理等部门的紧密配合,采取有效措施，加强考试管理，加强安全保密，严肃考试纪律，全体监考员忠于职守，履行职责，坚决遏止考生的违纪舞弊行为，维护考试的正常秩序，为考生创造公平、公正的竞争环境，确保这次考试安全顺利，平稳完成。是年，成考江门市录取7150人，其中，专升本1355人，大专5795人，总录取率约为83.9%，其中，专升本76.4%，大专为85.9%。2016年江门电大院校录取开放教育生3824人，其中，本科792人，专科3032人。

【农村成人教育】 2016年，全市共有各类成人技术培训机构153所；农村成人文化技术培训学校62所；其他培训机构（含社会培训机构）91所。共开设教学班（点）2779个，结业生数447843人次，注册学生数427601人次。全市有成人中等专业学校1所，在校学生4042人，教职工人数248人，其中专任教师219人。全市电大系统有学历教育在校生数大专9550人，本科2410人，网络教育2117人，非学历教育培训人数45823人，社区教育参与人数23999人。建设完善邑学网资源，上传约3000个网络课程资源供市民学习。推行全民终身学习周系列活动，开展43场“送教进社区”系列活动，为市民提供多样化的教育资源和形式。

【自学考试】 2016年，江门市开考1月、4月、7月和10月共四次自学考试，开考专业130个，其中本科专业69个，专科专业61个。开考类型有面向社会的自学考试大考、独立办班自学考试、高职高专相沟通自学考试。全年合计报考人数8752人。6月和12月审核办理自学考试毕业证书两批，合计毕业生人数650人。开设全国计算机等级考试（NCRE）、全国英语等级考试（PETS）、商务管理证书和金融管理证书等多项社会化考试项目。（刘巨波）

高等教育

【五邑大学】 2016年，学校设有17个教学院（部），拥有工、理、经、管、文、法、艺术等7个学科门类，45个本科专业，6个一级学科硕士学位授权点，27个二级学科硕士学位授权点，2个专业硕士授权类别。各类在籍学生23000余人，其中全日制本科生18000余人，研究生335人。教职工近1100人，其中教师1000余人。五邑大学贯彻落实省委省政府关于建设高水平理工科大学的要求和胡春华书记调研学校的讲话精神，明确高水平工科大学建设思路，完善深化发展思路，完善顶层设计，加快引育高层次人才，加强学科建设，深化人才培养模式多样化改革，提升科技创新和服务发展能力，推进特色鲜明的广东省高水平工科大学创建工作，学校成为广东省首批普通本科转型试点高校和省市共建高校。

教育教学 2016年，应用型人才培养模式多样化改革深入开展，以提高学生综合实践能力为抓手，落实转型发展方案，从总结实践成果和探索新平台两方面着手深入开展人才培养模式多样化改革；巩固提升改革成果，召开第三届校企协同育人研讨会，举办校企协同育人成果展，总结建设经验，促进校企协同育人模式可持续发展；加强“综合实验班”内涵建设，做好新班组建和在建班级质量监控工作，与6家企业签订共建“综合实验班”协议，顺利完成叶氏化工、奔力达、北京铁道所等3个新班的组建工作；探索校政行企共建专业与学院，构建协同育人、产教融合新平台，联合组建全国首个“教育装备学院”，筹建“机器人学院”，筹建“知识产权保护”“科技金融与投资”等“综合实验班”，推动学校人才培养模式

改革工作走向新的高度。加强质量工程项目管理，搭建四级项目体系，注重培育，引导广大教师持续深入地开展教学改革与建设；强化开题论证-中期检查-结题验收全程管理，增强项目建设效果；是年，获批省质量工程建设项目立项6项，省教学改革项目立项12项，其中，“化学工程与工艺”专业获批省重点专业建设点，“通信工程”“建筑学”专业获批省特色专业建设点；16项省质量工程项目通过2015年度验收并被认定为省级项目；校级质量工程项目立项31项，培育21项。开展硕士点评估工作，加强培养条件建设，督促4个工程硕士专业学位授权点根据教育部专项评估专家意见制定整改方案，落实建设措施；组织新增教育硕士5个授权领域接受全国教育硕士专业学位教指委专家组检查，明确专业学位研究生人才培养条件方面存在的不足和努力方向；组织教育硕士、建筑与土木工程2个新建硕士点加强建设力度，迎接2018年合格评估；开展2016年学术型学位授权点自我评估工作；加强研究生教育改革，与境外高水平大学建立研究生联合培养基地，专设基金选送研究生境外学习，提升研究生培养质量和导师队伍学术水平；推进培养质量提升计划，获批省教育厅建设项目7项，参与省专业硕士改革项目5项；强化导师队伍建设，开展2016级导师招生资格遴选工作；加强研究生培养过程管理，试行“331”（提前确定校内外导师,提前让学生进入导师课题组,提前确定学生学习基地；导师课题与研究方向一致，学生选修课、论文选题、开题、论文研究内容可保持一致，学生的企业行业实习工作与论文研究内容相一致）研究生培养模式，提升培养质量。加强实验实训基地建设，着力开展“十三五”重大建设项目现代工业生产技术综合训练中心建设，制定完成建设规划；增设现代工业生产技术综合训练中心和创新创业学院;顺利完成轨道交通实践教学基地第三期建设任务，立项建设计算机学院实验中心、化学与环境工程学院实验中心项目;加强众创空间建设，支撑学生创新创业能力培养，小微企业众创空间建设项目顺利通过市级验收，获得150万元奖补，众创空间在孵项目24个，已孵化企业6家;强化项目带动，组织学生积极参加大学生创新创业训练计划项目，获批40项国家级、72项省级大学生创新创业训练计划项目和17项“攀登计划”项目。学生在省级以上各类竞赛中取得新成绩，获奖总数317项，较2015年增长19.62%，其中，学生创业项目“觅土在线——农地流转综合服务平台”首次作为省7所高校之一参加中国“互联网+”大学生创新创业大赛全国总决赛并获银奖；机电工程学院代表队荣获全国大学生机械创新设计大赛一等奖和二等奖各1项，实现学校在该项赛事国家级获奖零的突破，同时也是本届赛事广东省仅有的2项国家级一等奖获得者之一；再获“全国大学生网络商务创新应用大赛”全国总决赛一等奖2项；荣获第八届“省长杯”工业设计大赛金奖。2016届本科生初次就业率为97.96%，比全省本科生初次就业率（94.80%）高3.16%，位列广东省公办本科院校第二；2017届本科生2016年底就业率为41.77%，比2016届本科生同期就业率（38.45%）高3.32%。

科学研究　2016年，科研经费稳步增长，年度科研经费6052.6万元，较2015年增长近60%，其中，项目经费4269.7万元，科技服务费1782.9万元；全年获得科研项目313项，其中纵向项目122项；获得国家自然科学基金4项，省部级项目39项，市厅级项目79项；重大项目有所突破，纵项到位经费超100万元项目4项，较2015年增长33.33%；首次获得1500万元重大科研项目，实现建校以来千万级项目零的突破。深化校地融合，与江门市高新区、恩平市、鹤山市等签订战略合作协议,重点打造新型研发机构等平台建设；与英国利物浦热带医学院和江门高新区管委会共同合作组建学校首个新型研发机构“江门大健康国际创新研究院”，完成登记注册手续并开始投入运作;联合香港科技大学、鹤山市政府筹建“江门市新材料及装备产业研究院”;与广东省生产力促进中心共建广东省首家“广东省生产力促进中心工业设计创新服务平台”子平台依托单位。“侨乡文化与遗产”协同创新发展中心在省厅绩效检查评估中获优秀等次；荣获江门市哲学社会科学优秀成果奖14项，其中，专著类特别奖1项、论文类一等奖2项、研究报告类一等奖1项；学术著作《上古音及相关问题综合研究》荣获江门市哲学社会科学优秀成果奖首个专著类特别奖；《有国才有家：南洋华侨郑潮炯的史诗》获广东省优秀社会科学普及作品，成为江门市唯一获奖作品；艺术设计学院继获国际权威设计类奖“红点设计奖”“德国IF产品设计奖”，凭借作品“碉楼生铁壶”再获美国IDEA

奖；全校发表论文491篇，较2015年增长18.31%，其中，三大索引159篇，比上年增长26.19%；SCI收录75篇，比上年增长20.97%；其中一区期刊发表论文6篇、二区期刊发表论文20篇；青年教师发表论文246篇，比上年增长52.8%；“光电材料与器件”创新团队成员在超级电容研究中取得重要进展，研究成果发表在国际著名材料类一区期刊（SCI影响因子为8.262）。是年，签订横向合同191项，到位经费1503.63万元，比上年增长28.52%。全年专利申报数151件，专利授权数50件，其中发明专利授权12件；专利转让3件。大健康及清洁生产学科簕菜课题组取得阶段性研究成果，为恩平簕菜的推广及其产业化发展奠定了基础。艺术设计学科顺利完成江门标志性历史街区——“江门墟顶”改造工程设计项目；设计作品新中式家具，被选入G20峰会领导人下榻的杭州西湖国宾馆贵宾接待室。以侨乡文化研究中心为主要学术依托的江门方济各·沙勿略墓园—大洲湾遗址入选我国2018年世界文化遗产申报推荐项目“海上丝绸之路：中国史迹”首批申遗遗产点名单。

人才培养　2016年，学校应届毕业生4169人，本科生毕业生初次就业率为97.96%，比全省本科生初次就业率（94.80%）高3.16%，列省公办本科院校第二。人才培养质量不断提高，学生在省级以上各类竞赛中取得新成绩，获奖总数317项，较2015年增长19.62%。其中，学生创业项目“觅土在线——农地流转综合服务平台”首次作为省7所高校之一参加中国“互联网+”大学生创新创业大赛全国总决赛并获银奖；机电工程学院代表队荣获全国大学生机械创新设计大赛一等奖和二等奖各1项，实现学校在该项赛事国家级获奖零的突破，也是本届赛事广东省仅有的2项国家级一等奖获得者之一；再获“全国大学生网络商务创新应用大赛”全国总决赛一等奖2项；荣获第八届“省长杯”工业设计大赛金奖。

对外交流　学校不断拓展对外交流与合作，提高教育国际化水平。加强与欧美、亚太区高校的交流合作，开展多种形式的交流访学活动，全年派团访问12所国（境）外高校，接待12批次国（境）外高校代表团及专家学者来访交流，与西班牙布尔格斯大学等4所国外高校签订合作备忘录。选派40名教师、144名学生到国（境）外开展长短期培训和学术交流。承办马来西亚、印尼海外华裔青年“中国寻根之旅”江门营、马来西亚沙巴州四邑公会联合会妇女考察培训营等活动，增进海外华裔新生代对中国的了解和文化认同。积极引进国外智力，全年共聘请来自美国、加拿大、澳大利亚、日本等国的长短期外教13人。发挥校董会桥梁作用，凝聚海内外乡亲关心支持学校发展。全年校董会事务活动近60次。赴港澳参加侨团活动20多次，接待侨胞来访73批次，接待人数达到1020人次。全年接受捐赠1498万港元。充分挖掘校董资源，联系访问香港理工大学等港澳高校及科研院所，协助开展实质性的科研合作项目、引进高层次人才和团队；引荐港澳著名人士来校举办讲座

立德树人　2016年，学校全面开展思想政治工作，贯彻落实习近平总书记在全国高校思想政治工作会议上的重要讲话精神，构建思想政治工作齐抓共管大格局。加强宣传思想工作培训，严格执行校园网新闻管理制度，办好校报传递正能量，加强对外宣传工作，提升学校社会知名度；加大对校园网络舆情的监管力度。开展维护政治安全专项整治工作，完成境外原版教材、对外交流合作、学生社团等专项排查整治工作。加强思想政治教育工作队伍建设，首次组织马克思主义学院全体教师和部分总支书记参加中共中央党校专题学习培训，提高思想政治教育工作队伍的理论水平。充分发挥党团组织的主导作用，协同共建共育单位，利用“与信仰对话”“青马工程”等载体，开展纪念建党95周年暨红军长征胜利80周年等主题教育活动，并获评“与信仰对话·飞Young中国梦”主题教育活动省级项目。

表53：　2016年五邑大学基本情况表

教职工（人）	建筑面积（平方米）	教学设备（万元）	图书（万册）	实验室（间）
1032	541244	16213.56	161.08	158

表54：　　2016年五邑大学基本情况表

本科学生及专业设置情况					硕士研究生及学位授权点情况			
项目 层次	在校学生（人）	招生（人）	毕业生（人）	专业设置（个）	在校学生（人）	招生（人）	毕业生（人）	硕士学位授权点/授权领域（个）
普通本科生	18122	4826	4255	45				
成人学生	4459	1456	1777	24	335	139	114	硕士学位授权一级学科点6个；硕士学位授权二级学科点（不含一级学科覆盖点）5个；专业硕士学位授权类别2个
留学生	18（其中学历教育2人，非学历教育16人）							

【江门职业技术学院】 2016年，学校开设有材料技术系、电子与信息技术系、经济管理系、机电技术系、教育与教育技术系、外语系、艺术设计系和思想政治理论课教学部等8个教学单位。专业设置涉及应用化工技术、高分子材料应用技术、复合材料加工与应用技术、供用电技术、工程造价、机械设计与制造、数控技术、模具设计与制造、计算机辅助设计与制造、机电一体化技术、电气自动化技术、汽车检测与维修技术、汽车技术服务与营销、计算机应用技术、计算机网络技术、计算机信息管理、应用电子技术、电子工艺与管理、智能产品开发、染整技术、表面精饰工艺、食品分析与检验、金融管理与实物、会计电算化、国际商务、营销与策划、工商企业管理、物流管理、康复治疗技术、旅游管理、酒店管理、社会工作、应用英语、商务英语、文秘、语文教育（师）、英语教育（师）、美术教育（师）、思想政治教育（师）、初等教育（师）、学前教育（师）、艺术设计、电脑艺术设计、珠宝首饰工艺及鉴定、室内装饰设计、网站规划与开发技术、电子商务、视觉传达艺术设计、音乐表演等音乐表演等51个专业。全校有教职工739人，其中专任教师610人，具有副教授以上高级职称的138人，讲师、工程师269人，另有一支由专家、学者和企业高级工程技术人员组成的一百多人的校外兼职教师队伍。在校生17417人，其中全日制专科生12367人，成人专科业余生4758人，五年一贯制全日制（中职段）学生292人。应届专科毕业生3916人，成人专科业余毕业生860人。招收全日制大专生4017人。继续教育培训2.46万人次。2016年是学校全面完成省级示范校建设任务的冲刺之年，坚持“崇尚创新、优化内涵、彰显特色、追求卓越”的建设思路，以示范校和创新强校工程建设为抓手，加强“政校园企侨”协同联动，推进创新创业教育改革，全年57项主要工作完成了54项，完成率达95%。贯彻落实《中共中央办公厅关于坚持和完善普通高等学校党委领导下的校长负责制实施意见》《广东省高等学校领导班子成员党建责任清单》等文件精神，推进依法治校、依法治教工作。推进校地、校企合作，学校区域职教龙头地位凸显，提升服务发展能力。开展“一岗双责”和党建工作责任制，书记抓基层党建工作成效明显，学校“基于基层党组织生活项目化的党员工作站创建及运行机制建设项目”列为广东省委组织部备案重点实施项目。开展“八小时以外”活动监督管理，为示范校迎检提供坚强的纪律保障。

教育教学改革 2016年，坚持“政府主导、校企主体、校校合作、园校共融、侨力共襄”的建设思路，学校与台山市人民政府合作共建“江门职业技术学院新宁学院”，致力建成集全日制高等职业教育、职业培训、技术研发、社会服务“四位一体”的高素质技术技能人才培训基地，开创江门首个县级市与高校合作办学的先例。创新和深化“政校园企侨”协同联动，先后与三区

四市签订战略合作框架协议，合作共建产业合作平台、共建智库和共建共享共用人才资源库。市职教联合会会员单位增加到160家，合作开展7个“订单班”人才培养。与广东省侨之选商贸有限公司投资筹建的“侨梦苑商贸人才培养基地”落户学校。紧贴区域产业转型升级的发展需要，学校新增电子商务技术、物联网应用技术、人力资源管理等专业，调整优化专业结构。加强创新创业人才培养，基本上实现将创新创业教育有效融入核心专业课程教学。深化“学校＋企业＋岗位”的专业建设模式，开展“一产业一特色一专业（群）”建设，培育8个校级品牌专业。推进微课、慕课等网络课程建设，1门课程获得省级在线网络课程立项。加强教研教改工作，15项质量工程教研教改项目获省级立项；机电类协同育人平台评为省级项目，是全省16个高职类项目之一。学校在广东省高职院校教学管理要点检查考核评比中评为“优秀”等级，居于全省17所获得优秀院校的第13位。学校2016年毕业生初次就业率99.95%，专业对口率达84.97%，新生报到率达90.41%，继续居全省高职院校前列，学校人才培养质量等到社会广泛认同。

科学研究与学术交流 2016年，学校为企事业单位提供技术开发、技术服务共163项，其中，获省科技计划项目1项，省哲学社会科学规划项目2项，学年对外技术服务到款额达到398.71万元，比上年增长34%；专任教师主持在研技术开发（攻关）课题共152项，实际到账经费213.81万元。加强经费投入，做好4个校级协同创新发展中心、5个工程技术开发中心和职业院校重点创新平台的后期建设，立项建设54项应用科研能力提升计划项目。各类专利取得了21项授权，其中获得发明专利授权4项、实用新型专利授权16项、外观设计专利授权1项。全校教职工发表核心论文28篇，被SCI、EI、ISTP收录的论文有66篇。加大专业创新创业教育力度，专门设置创新创业公共必修课程，并在专业课中融入创新创业教育课程，开设“大学生创新创业能力培养”“MOOCS”“五邑侨乡文化（创业精神）”及“SYB”等课程。学生参加创新创业大赛屡获殊荣，在“挑战杯•创青春”广东大学生创业大赛终审决赛获得5银7铜的好成绩；在“挑战杯•彩虹人生”广东职业学校创新创效创业大赛中获得特等奖2个，一等奖6个，二等奖12，三等奖1个，总分取得全省高职院校第一名，其中“风叶发电机”代表广东省参加国赛获得三等奖；在第二届中国“互联网+”大学生创新创业大赛“青苹果杯”广东省分赛中获优秀组织奖；学生科研项目获得了全省“攀登计划”大学生科技创新项目立项资助共22万元，总额在全省高职院校排第一。学校积极筹建的江门市“小微企业众创空间”，获得市政府100万元支持投入。国际交流方面，学校派出机电技术系骨干教师18人赴德国学习先进的职业教育经验和模具（机电）专业技术，学习德国先进的塑料成型和模具设计制造专业技术；应波兰波兹南市和俄罗斯圣彼得堡市的邀请，以学校原党委书记康绍华为团长的学校代表团一行5人，对波兰、俄罗斯进行了为期8天的访问，此次访问开创了学校与“一带一路”东欧国家高校及教育、文化机构合作的先河，对提升学校对外开放格局，扩大“中国侨都”的国际影响力和知名度产生了积极的影响。境外交流方面，学校多次派出专任教师及相关专业学生赴澳门拜访澳门旅游学院，共同协商共建旅游业人才培养基地的具体实施方案，与澳门旅游学院进行旅游管理人才共同培养项目，引入澳门职业技能认可基准的学习与考试，与先进考评体系接轨，提升学生专业技能。

思想政治工作 在2016年广东省高校校园文化优秀成果评选中，学校推选的4项成果全部获奖，成果“传承侨乡文化 践行核心价值”名列高职院校榜首，获特等奖殊荣。扎实推进文化校园建设，“艺术节”“技术节”“书香节”“道德讲堂”“江潮讲坛”等活动各具特色；开展“一系一品”校园文化品牌品评选，评出校级文化品牌7项。校报在全省高校校报评选中实现奖项全覆盖，处于先进行列。在国家、省市级媒体发表消息超过130篇次，光明网、中国教育报、中青在线、中国高职高专网等发表长篇文章7篇，推介示范校建设成果；学校官微进入中青报“全国职业职院微信公号排行榜”，稳居百强之列；引入光明网视频终端，成为全省首家落地高校。学校宣传思想工作得到广东省委教育工委肯定，在广东省高校宣传工作会议上作为六所高校之一作经验介绍。

师资队伍建设 2016年，坚持人才强校战略，总结绩效工资改革经验，完善绩效管理体系，印发《江门职业技术学院聘用人员管理办法（2016修订）》。加强师德教育，弘扬学校教职工的敬业、奉献的优良传统，促进高素质师资队伍建设。建立教师发展中心，开展专业带头人、骨干

教师、青年教师及兼职教师培养培训，打造专兼结合的“双师素质”教师团队，其中98名教师认定为双师素质教师；组织开展创新创业教育、微课设计与制作等专题培训6场，有250多名教师参加各级高职教育培训。紧抓新入职教师的培训工作，组织32名新教师参加广东省高校教师岗前培训，全年累计41名新教师成功申报高校教师资格。5名教师获正高级专业技术资格，11名教师获副高级专业技术资格。

扶困助学　2016年，开展诚信教育，培养学生的诚信意识，构建诚信教育和管理体系。做好学生奖助勤贷工作，2016年全年发放奖学金297.84万元，受奖学生2367人次；助学金669.63万元，受助学生2224人次；国家助学贷款（包括生源地贷款）56.492万元，贷款学生91人。

表55：　2016年江门职业技术学院基本情况表

年度	教职工（人）	在校学生（人）	招生（人）	毕业生（人）	建筑面积（万平方米）	教学设备（万元）	图书（万册）	实验室（间）	专业设置（个）
2016大专部	739	12367	4017	3916	29.25	8551.14	68.48	179	51个专业
五年一贯制（中职段）		292	92	101					

（唐祖军）

【江门市广播电视大学】　2016年，学校围绕“三大支柱，一平台；三个服务，一中心”转型发展目标，改革创新，按照年初制定的工作计划不断推进，取得可喜成绩：2015年基层电大绩效考核优秀，评为国家数字化学习资源中心优秀分中心，江门市安全文明校园，江门市交通安全文明示范学校，国家开放大学招生工作先进单位，广东省成人教育先进单位；江门社区大学成为“国家开放大学社区教育实验基地”、“江门市社会工作专业人才培训基地”。中职团队获2016年“挑战杯”广东职业学校创新创意创业大赛中职组二等奖。

在开放教育方面开设有法学、会计学、工商管理、行政管理、市场营销、社会工作、土木工程（建筑管理）、学前教育（学前教师教育方向）等8个本科专业，设有会计学（财务会计）、汽车（维修）、机械制造与自动化(机电)、建筑施工与管理、英语（商务）、行政管理、工商管理(企业管理)、工商管理(市场营销)、室内设计、电子商务、学前教育、社会工作、广告（设计与制作）、计算机网络技术（网页设计）14个大专专业。在中职教育方面，设有会计、模具制造技术、市场营销、室内艺术设计与制作、商务英语、物流服务与管理、汽车运用与维修、平面广告设计与制作、机电技术应用、文秘、农村经济综合管理等14个中专专业。是年，全年招收开放教育2017人；网络教育271人；业余中职47人；白天班中职1008人。学历教育在校生8503人，其中开放教育5146人（含教学点934人），网络教育（奥鹏、中大）541人，中职2816人。非学历培训超1万人次。学校有教职工110人，其中专任教师61人，高级职称10人，中级职称34人。五邑地区电大系统共有教职工296人，其中专任教师206人，高级职称44人，中级职称122人。

教学质量　2016年，蓝斌的《基层电大向服务全民终身学习新型高校转型的思考——以江门市广播电视大学为例》在《广东开放大学学报》发表；熊英发表《地级市中心城区社区教育内涵建设模式研究》论文，李雅旺发表《贪污贿赂犯罪量刑问题初探》论文。中职教育方面,通过“无手机实训课堂”、“真人图书馆”班会课等多种形式加强学生管理，举办各项课余活动，提升校园文化，14秋机电班吴杰民同学被评为“江门市优秀学生”，15机电班马伟龙同学被评为“最美南粤少年”。2016年工贸学校学生就业率90.89%，双证率68.83%；省开大附属中职学生就业率92.03%，双证率44.62%。是年，获得省、市级各类职业技能竞赛奖项100人次，在第十二届“文明风采”、省中等职业学校教师信息化教学大赛、全国大（中职）学生创业实战网络电视大赛等比赛中屡获佳绩，学生作品《乐游信息科技有限公司创业计划书》获“挑战杯”广东职业学校创新创意创业大赛中荣获中职组二等奖。

教育教学研究 2016年，依托江门市终身教育学会的平台，汇聚系统和社会智慧开展社区教育、终身教育研究，在开平电大召开2016年年会暨第二十七次研讨会，收到论文及资源110篇，本土视频资源和实验点实践探索颇有特色。终身教育研究基金项目共收到14个项目申报，最后确定5个项目立项。学校与市政协教科文卫体委员会及致公党江门市委员会共同开展社区教育调研，对江门市各政府有关部门单位和社会团体开展问卷调查，详细了解各单位社区教育情况，还到宁波、温州等社区教育先进地区实地考察，形成《关于整合社会资源，推进江门市社区教育发展的调研报告》，报送市政府得到高度重视。学校《整合我市社会资源共推社区教育研究》《江门海上丝绸之路史话》两个课题获得2016年度江门市哲学社会科学研究规划课题立项。通过科研的带动，推动学校的内涵发展。是年，深化开放教育业余班教学改革，由传统的面授课转变为“面授+网授”，利用学习平台改变教学模式，解放师资，调整教师的工作重点，从日常教学走向课程管理；通过规范教师网上资源建设、引导学生网上学习，推动学校现代远程教学发展，丰富网上教学资源。是年，做活社区教育，建设市民身边的大学。根据《教育部关于办好开放大学的意见》精神，社区教育已经成为各级开放大学、电大的新功能。创新发展社区教育是学校转型发展的新动能。依托“一院一品”项目在五邑地区开展10个社区教育实验点建设，蓬江区3个、江海区2个、新会区、台山市、恩平市、开平市和鹤山市各1个。开展“全民终身学习周”活动，教育局以蓬江区全民终身学习周活动开幕式为示范，召开现场会，全面铺开全民终身学习周活动，扩大社区教育的社会影响力。江门社区大学在召开的全国社区教育工作研讨会、省电大系统校长培训会和省成教协会社区教育专委会上获邀作经验介绍，获批成为“国家开放大学社区教育实验基地”。是年，深化老年教育基地，2016年开设96个班，就读老年人近3000人次。依托社工基地，联合相关部门和社会组织开展社区教育，与市人民银行、市金融消费权益保护联合会合作开展“金融教育进社区”系列活动，在江门市四市三区全面开展30场左右的金融教育进社区培训讲座和助力青年创业创新公益性讲座，并在青年创业者中挑选2-3个优秀创业项目，为其提供创业咨询指导和服务，协助取得各种政策、资金支持扶持。

学术交流 2016年，派遣教师21人次参加国开、省开的计算机、英语、法学等11个专业、课程的培训和交流会议；有5名教师参加广东开放大学5个教学团队；3名教师分别担任教育管理、学前教育本科和专科3门省管课程的责任教师；多名教师参与省校相关课程的建设。

思想政治工作 2016年，电大党委贯彻落实中央、省委、市委的部署，在全校党员中开展“学党章党规、学系列讲话，做合格党员”学习教育（以下简称“两学一做”学习教育）。制定学校党委开展“两学一做”学习教育方案和活动安排，邀请市直党课讲师团成员上专题党课，党员领导干部带头讲党课，加强集中学习和自学引导、建立个人学习台账，撰写学习心得，推动党内教育从“关键少数”向广大党员拓展、从集中性教育向经常性教育延伸；党员领导干部认真学习《关于新形势下党内政治生活的若干准则》和《中国共产党党内监督条例》，围绕“三严三实”和“两学一做”要求，对照《准则》和《条例》，开好民主生活会，开展批评和自我批评，坚定理想信念、提高党性觉悟，增强政治意识、大局意识、核心意识、看齐意识，巩固学习教育成果，确保在守纪律讲规矩、真抓实干、推动学校战略转型发展上见成效。

结合党员义工“双百行动”，领导干部带领党员到迦南社区开展党员义工志愿服务，即席挥毫写春联赠居民，慰问困难党员，清扫社区卫生等，全年开展党员义工志愿服务活动4场，参与党员人数约250人次，服务时数近1000小时。到“两新”党建结对共建单位——开平参皇公司及其下属台山分公司开展学校交流，共同探索适应非公有制经济企业特点的党建工作。以支部为单位，与迦南社区3户贫困户建立结对帮扶机制，开展精准扶贫精准脱贫工作，到贫困户家中了解情况，并送上慰问金和慰问品，制定相应的扶贫方案，确保精准扶贫措施落实到位。以“六有”建设为抓手，完善党员活动室，推动亮身份、亮业绩、亮形象工作的开展，全体党员佩戴党徽，不忘身份，不忘初心，加强日常教育、提高服务意识、严格规范管理，增强党组织的凝聚力、战斗力。严肃纪律教育，全体党员同志发起倡议，签订《严肃会风会纪，树立优良作风承诺书》，自觉转变会议作风，遵守会议纪律，以良好会风带动工作作风，切实发挥党员干部示范带头作用。

师资队伍建设　2016年，根据有关条例和上级选拔任用干部的有关规定，结合实际工作需要，对科级干部空缺职位进行补充。经过党委研究等程序，调整1名正科级干部到资源处、1名副科级干部到社教处工作，在年龄结构、资历结构等方面完善校内干部队伍的梯队建设，加强中层管理力量。

表56：　2016年江门电大基本情况表

教职工（人）	在校生学生（人）	招生（人）	毕业生（人）	建筑面积（万平方米）	教学设备（万元）	图书（万册）	实验室（间）	专业设置（个）
110	4270	2017	2030	41106	1363.7	7.18	14	36

（潘美容）

【广东南方职业学院】　广东南方职业学院是2009年3月经广东省人民政府批准、教育部备案成立的一所综合类普通高等职业学院。学院由江门市广华科技教育投资有限公司投资举办，到目前已投资5.5亿元人民币。学院占地面积502285.18平方米，校舍总建筑面积307251.79平方米，实训场所及附属用房111514平方米，教学仪器设备总值5685.21万元，馆藏图书96.13万册。开设专业25个，在校生9160人。教师总数522人，专任教师418人，校外兼职教师104人。机构设置有5个教学系部，4个教辅部门，11个职能部门。在校学生9220人，已有五届毕业生走上工作岗位。

教育教学工作　2016年，基本办学条件有重大改善，实现跨越式发展，投资1300多万元，购置工业4.0智能制造系统等设备，建起高职院校首家工业4.0智能制造车间，建起49个校内实训室，使教学科研设备值达到5006.33万元，生均设备值5358.37元。是年，学院招生质量三提高：录取率提高，上线率提高，报到率提高。三年制高职计划招生4540人，录取4525人，录取率为99.70%；其中填报学院第一志愿的有1103人，上线率23%；新生报到率2015年为69%，2016年为72%。招生质量是学院办学以来最好的水平。毕业学生创三高：就业率高，专业相关度高，满意度高。学院2016届毕业生初次就业率为95.19%，毕业半年就业率为98.54%。教学管理规范，注重专业内涵建设，加大重点专业建设力度；人才培养方案编制更加适宜高职教育的特点，课程改革取得重要突破，实现以工作岗位技能需要调整课程内容、以工作过程重组教学内容、以课程体系融合教学内容、以产业转型升级的发展趋势需要增设新的教学内容、以人的全面可持续发展要求调整课程内容的改革；突出技能训练和实践教学。面向区域支柱产业、重点产业培养技术技能人才，2016届毕业生就业率为100%的专业是机电一体化技术、模具设计与制造、数控技术等，95%以上的有计算机应用技术；2016届毕业生45%在江门市就业，98%在广东、小珠江三角洲就业。学院专门成立“创新创业学院”，组建师资团队，开展创新创业系列教育，分模块分阶段开设必修课、选修课和在线开放课程；聘请成功企业家进校讲座，举办大学生系列“科技文化节”“职业生涯规划大赛”“创业大赛”“创意大赛”等活动。贯彻执行国家的教育方针和有关民办高等教育政策，坚持依法办学，加强规范管理，理顺调整内部结构，依法保障校长、教师和学生的合法权益。学院注重长远发展问题和人才培养质量，注重学生综合素质和专业技能的培养，服务社会经济的发展。学院落实教育部厅关于建立职业院校教学工作诊断与改进制度的文件精神，建立学院内部质量自主保证体系和诊改制度，为保证人才培养质量奠定制度基础。

教育科研　2016年，广东南方职业学院提出到2020年把学院建成省内知名度高有一定影响力的高职院校的目标定位；提出以管理类和工科类并举，工科类为重点的综合类高职院校的办学类型定位；明确以三年全日制为主的高等职业技术教育办学层次定位；确立以高职教育为主体，成人教育、职业培训为两翼的办学形式定位；确定立足江门、依托珠江三角洲经济圈，面向社会，成为适应地方经济社会发展的高素质技术技能型人才培养基地和各类人员职业技能培训基地的服务面向及功能定位；确定以校企合作、工学结合、职业素养+职业能力+专业特长的办学模式和培养模式定位。提出培养适应生产、建设、管理和服务一线需要的高素质技术技能型人才的培养目标定位；提出强化工科专业，提升传统专业，开拓新兴专业，打造重点专业的专业建设定位；秉承“求德、求知、求能、求业”的办学理念和“励耘明德、止于至善”的校训，围绕人才培养和主动服务地方经济社会发展需要，走创新发展、内涵发展、特色发展和可持续发展之路。提出校训：砺耘明德　止于至善；提出具有高职教育特色的办学理念：求德、求知、求能、求业。制定了整体规划、分步实施、量力而行、滚动发展的发展方略；提出文化育人、教书育人、管理育人、服务育人、环境育人的五位一体育人途径，形成“八八四四三三”的育人特色。工科专业主导，文理经管并举，学院坚持规模适度、重在内涵、重在质量、重在能力、改革创新、持续诊改、结构科学、体制机制优化的发展模式，使学院从无到有，从有到大，从大到优，实现“万名学子、千亩校园”颇具规模的发展目标。

学术交流　2016年，学院鼓励和支持学术交流活动，与江门职业技术学院、广东省机电技术职业学院、中山职业技术职业学院、广东省水电职业技术学院签定了对口交流合作协议。

思想政治工作　2016年，贯彻落实党的十八大和十八届四中全会精神、全国教育工作会议及全国高等院校党建工作会议精神；学习贯彻国家和广东省中长期教育改革和发展规划纲要，落实党的教育方针，为培养高素质技术技能型人才提供政治保证。按照育人为本、德育为先的要求，把“立德树人”作为根本任务，坚持贯彻“五位一体”“八八四四三三”育人思路，把社会主义核心价值观教育融入大学生思想政治教育工作的全过程，帮助他们树立正确的“三观三信”。充分发挥思想政治理论课的主渠道作用，拓展大学生思想政治教育的有效途径，形成全员育人、全过程育人、全方位育人的良好氛围，改进和创新思想政治工作方法，避免简单粗暴，注重人文关怀和心理疏导。发挥党团组织的政治优势，发挥学生会的桥梁作用，做好学生干部的教育培训工作，带领广大学生自我教育、自我管理、自我实践、自我服务。围绕学校的教育、教学、改革、发展稳定，密切结合教学管理、人事管理、后勤管理等各项工作。采取措施加强校园综合治理工作，使全体教职员工有安全感，幸福感。注重人文关怀和心理疏导，分别不同层次，采取多种方式，增强思想政治工作的针对性、时效性。使干部作风、教师教风、学生学风协同推进，为学校教育教学改革和事业发展提供强有力的精神保证。

师资队伍建设　2016年，学院高度重视师资队伍建设，坚持人才强校战略，坚持以“扩大总量、提高素质、优化结构、稳定骨干”为方针，以激励机制为导向，以外引、内培高层次领军人才为重点，以全面提升教师素质能力为核心，创新机制体制，强化保障措施，建设一支适应高职教育、德才兼备、结构合理、业务精湛、充满活力的高素质、专业化的教师队伍。现有教师522人，其中专任教师418人。师生比为17.85；高级职称教师98人，占专任教师总数的23%；硕士研究生教师132人，占专任教师总数的32%；“双师素质”教师253人，占专任教师总数的60.5%。一支以专业带头人为龙头，中青年教师为骨干，双师素质教师为核心，结构合理，相对稳定的教师队伍已基本形成。在聘用、评优、职务晋升等方面都把师德师风作为重要考核内容，对考核不称职的教师实行一票否决制。在业务素质培养上，通过培训、大赛、进修、下企业实践锻炼等多种途径，使教师的双师素质得到显著的提高。是年，8名中青年骨干教师晋升为副教授，学院参加省厅举办的各类培训班135人，派访问学者3人，下企业实践锻炼25人，完成教学教改项目25项，参加各级大赛获奖教师53人。教师素质的提升为提高人才培养质量起到重要作用。

表57：　　2016年广东南方职业学院基本情况表

教职工（人）	在校学生（人）	招生（人）	毕业生（人）	建筑面积（万平方米）	教学设备（万元）	电子图书（GB）	纸质图书（万册）	实验室（间）	专业设置（个）
522	9160	4640	3100	25	5685.21	1024	93.13	68	25

（蔡晓琳）

·责任编辑　关明珠·

文化
Culture

文化事业

【文化事业概况】 2016年，江门市擦亮“世遗文化 中国侨都”城市文化品牌，加强邑商文化研究，建设广东省华侨文化经济合作创新示范市；推动文化振兴、以文融城；推进市县镇村四级文化教育场馆整合，带动全市各级各类文化资源的融合提升；加快现代公共文化服务体系建设，实施文化下乡、文化惠民工程；深化对外文化交流，扩大江门文化的影响力。

【文化体制改革】 2016年，《江门市粤剧团体制改革方案》经市文改办报市政府并得到批复同意，将江门市粤剧团（公益三类）改革为江门市粤剧传习所（公益二类），完成历时5年的江门市粤剧团体制改革，为振兴和推动江门市粤剧发展奠定基础。

【公共文化服务体系建设】 2016年，印发执行《江门市人民政府关于印发〈江门市关于加快构建现代公共文化服务体系的实施方案〉的通知》（江府〔2016〕19号），推进江门市现代公共文化服务体系建设，提高公共文化服务效能。新会区及白沙国学堂传统文化推广项目分别入选广东省第二批省级公共文化服务体系示范区和示范项目名单。按照省文化厅的部署，分批启动图书馆、文化馆总分馆建设试点，江门市开平市图书馆、文化馆被列入首批试点单位。全市文化场馆进行资源整合，推进公共文化场馆建设，成立江门五邑联合图书馆、五邑联合文化馆、五邑联合美术馆和江门五邑粤剧曲艺联盟。江门五邑联合图书馆集中全市8个公共图书馆、2个民办图书馆（开平市关族图书馆、司徒氏图书馆）、五邑大学图书馆、江门职业技术学院图书馆、江门中医药学校图书馆和工人文化宫职工图书馆，其中江门市五邑图书馆、蓬江区图书馆、新会区景堂图书馆、台山市图书馆、开平市图书馆以及江门中医药学校图书馆等六所图书馆实现图书通借通还，开平市作为试点启动县（市）域公共图书馆总分馆建设，2016年底前实现县（市）、镇（街）公共图书馆文献通借通还；江门五邑联合文化馆汇集全市8个公共文化馆和3家民间文化组织（南国曲艺社、江门市展鹏音乐曲艺团、玉韵清曲乐苑），2016年联合文化馆组织5场文艺演出，并完成人才库组建工作；江门五邑联合美术馆共吸纳江门市美术馆、江海区美术馆、新会区美术馆、台山市美术馆（台山市书画院）、开平市美术馆、蓬莱轩美术馆、广东省东仓里美术馆、林锵云美术馆、凤飞云美术馆、华辉书画院等10家成员单位，联盟共组织策划展览150余场，如“迹化山川——许钦松山水写生展”“意向之河——杨尧大型写意油画展”“画说碉楼——五邑名家碉楼写生作品展”巡回展等多场形式多样、内容丰富、艺术特色鲜明的大型美术展览，累计接待群众、艺术爱好者达30万余人次，带动全市公共美术馆和民营美术馆互通互联、优势互补、资源共享、协同服务，实现在展览、典藏、宣教等方面的交流、合作，为广大市民提供优质的美术服务；江门五邑联合博物馆成员单位有江门市博物馆、新会区博物馆、台山市博物馆、鹤山市博物馆、恩平市博物馆和开平市华侨博物馆、江门市蓬江区岭南古民俗文化传承馆和荣获“2015年联合国教科文组织亚太区文化遗产保护奖(优秀奖)”的仓东教育基地。完成对江门五邑联合博物馆标志的著作权登记。召开江门五邑联合博物馆联合理事会会议并通过《江门五邑联合博物馆章程》。举办大型展览5场，分别为《“珠联璧合•邑邑生辉”全国第一次可移动文物普查成果展》《一门三院士 共筑中国梦》《卅载辉煌百年圆梦——新宁铁路肇建110周年专题展》《金山伯的荣耀——近代江门侨汇文物展》《孙中山与华侨》展览，全年累计在五邑本地举办巡回展览8个，共22场。与广东省文物考古研究所合作，在陈白沙纪念馆内举办公众考古开放日活动，并邀请省内考古专家开设讲座，对联合博物馆成员单位的业务骨干开展培训；成立江门五邑粤剧曲艺联盟，成员有江门市粤剧团、江门市戏剧家协会、江门市曲艺家协会、江门市展鹏音乐曲艺团、新会区粤剧团、会城曲艺团、新会区政协联谊曲艺团、荷塘镇三良曲艺社、杜阮镇民声音乐社、棠下镇振兴曲艺社、台山市新凤鸣曲艺社、台山市汶村粤剧团、台山广东音乐团、开平市民乐团、开平市曲艺团、潭江曲艺社、开华曲艺社、恩平市粤剧团、恩平市音乐曲艺社、鹤山市南国粤剧团、老干乐社、大家乐乐社、猛龙艺术中心（猛龙曲艺社）等23个单位，开展“江门市首届粤剧曲艺私伙局大赛”“2016年江门市红豆飘香进校园”“粤剧艺术课堂进校园”“2016年度江门市粤剧曲艺新秀表演大赛”“2017江门市粤剧展演活动周”“送戏下乡进社区”等一系列联合演出活动，打造具有江门侨乡特色的粤剧曲艺品牌。

【非物质文化遗产保护】 2016年，罗沛贤（罗氏柑普茶）、冯炎良（咏春拳）、邝活发（泮村灯会）和钟松友（新会鱼灯）4名传承人入选江门市第4批非物质文化遗产代表性传承人名录。联合举办为期20天的“广东省非遗传承人群（雕刻、刺绣）研修班”（50人），首次配合省完成培训工作，成为市非遗工作亮点。“文化遗产日”期间，举办2016年江门市“中国文化遗产日”非物质文化遗产系列宣传活动，展开三区四市巡展；国家级非遗项目新会葵艺和其代表性传承人廖惠林、省级非遗项目茶坑石雕刻技艺其和代表性传承人林志明参加广东省文化厅在清远连南举办的2016中国文化遗产日广东主会场的活动；新会葵艺、白沙茅龙笔制作技艺参加云浮郁南组织的文化遗产日活动；组织国家级项目新会葵艺赴台湾参加“第三届‘守望精神家园——两岸非物质文化遗产月’展演（示）活动；组织国家级项目新会葵艺、白沙茅龙笔制作技艺参加2016广东（佛山）非遗周暨佛山秋色民俗文化活动；组织新会葵艺、新会陈皮参加在梅州举行的“第四届客家文化创意产品博览交易会”。

【文化品牌塑造】 2016年，举办江门市迎新音乐会、江门市首届粤剧曲艺私伙局大赛、江门市粤曲新秀表演大赛、江门市高雅艺术（交响乐）进校园系列活动、“红豆飘香进校园”系列活动等大型文化活动。依托各类节日成功举办新春舞会、迎新音乐会、“我们的节日”“共筑中国梦”等主题活动。承办“同饮一江水”2015广东打工者歌唱大赛（江门赛区）周赛、月赛。

【公共文化建设】 2016年，江门市统筹推进各项文化惠民工程，形成市、区（县）、乡镇、村居四级公共文化服务体系。拥有8个公共文化馆，8个公共图书馆，3个公共美术馆；镇（街）文化站73个，华侨农场文化站1个，全市文化站总面积11.5万平方米且已全部达级，其中特级文化站16个，一级文化站53个，一级以上文化站达标率93%，超过《珠三角规划纲要》所要求的标准，其中蓬江区、江海区、台山市、开平市的镇（街）文化站已全部达一级站以上，达标率为100%；5个二级文化站于2016年底按一级站标准完成升级工程，已向省文化厅申请评估定级。自然村、社区文化室1325个，建成“五有”文化室1316个，农家书屋995家。完成2个基层综合性文化服务中心示范点、6个镇（街）文体广场示范点试点建设；完成291个基层文化设施公共电子阅览室建设。

【对外文化交流】 2016年，新会葵艺赴台湾参加第三届“‘守望精神家园——两岸非物质文化遗产月’展演（示）活动”。6月19至24日，新会区青年粤剧团赴澳门参加哪吒太子宝诞暨哪吒值理会成立六十七周年庆粤剧演出；五邑联合文化馆特邀香港著名笛子演奏家陈鸿燕，12月26日联合江门乐团共同演出“珠联璧合·邑邑增辉”——2017年江门市迎新音乐会；五邑联合美术馆联合澳门国际版画研究中心，3月26日至4月7日在广东省东仓里美术馆举办“从丝绸之路再出发一带一路美术作品交流展”环球巡展江门站展览活动。

【文化信息资源共享工程】 2016年，全国文化信息资源共享工程江门地市级支中心继续开展地方特色数据库建设，完成五邑籍院士数库第二期13位院士数据建设；参与数字图书馆推广工程联建，完成江门市政府公开信息整合服务项目（第一期）建设。江门地市级支中心数据库资源总容量达20TB。地市级支中心和各县给支中心继续推进“数字图书馆推广工程”“文化信息资源共享工程”“公共电子阅览室建设工程”等国家公共数字文化建设三大工程的建设，加强数字文化产品的供给。

【文化市场综合执法】 2016年，全市文化执法队伍出动执法人员11762人次，检查各类文化市场经营单位4006家次，责令改正184家次，办理举报44宗，全年先后开展77次专项执法行动，27次联合执法行动，对50家违规经营单位作出行政处罚，配合相关部门查处取缔90个非法地摊游商、5家无证照网吧和2家无证照歌舞娱乐场所，收缴各类非法出版物34839件（张），全年无“扫黄打非”重大案件，无文化市场安全生产重大责任事故。

【江门市文化馆】 2016年，策划上演2场“江门市歌舞团大型原创音乐舞蹈作品——梦圆侨都”晚会，获得社会各界一致好评。

全年组织群众性文化活动34场，开展“送戏下乡”大型文艺活动30场。举办2016年江门市新年合唱音乐会；8场品牌活动“激情广场大家唱（跳）”；永远跟党走——江门市第十二届“百歌颂中华”歌咏活动：歌手大赛（初赛、决赛）和合唱大赛；1场“唱响时代主旋律——江门市庆祝建党95周年暨红军长征胜利80周年大型广场歌会”。开展高雅艺术进校园活动，组织江门市交响乐团进鹤山一中、江海区外海中学、开平市开侨中学进行演出。承办“同饮一江水”2016广东打工者歌唱大赛（江门赛区）并获得优秀组织奖，江门市通俗唱法歌手陈颖怡在总决赛角逐中荣膺“年度杰出歌手奖”。举办各类培训班206期；联合江门市残联举办“残疾人免费声乐培训班”等，培训人数达11000人次。坚持全年为中老年人及业余团队提供免费活动场所，全年累计受惠人数达35360多人次。举办“庆祝中国共产党建党95周年暨纪念红军长征胜利80周年”等各类展览共26场，参观人数达到58000人以上。

【江门市美术馆】 2016年，配合做好本馆原址升级改建工程以及招标工作。举办“国学培训班”“音韵传经典——古诗词的吟诵原理与方法”“音韵传经典——江门市国学教育与吟诵培训”等数十场形式多样的吟诵活动。出版四期《江门五邑联合美术馆馆刊》，开展《侨都江门名人画传》编制工作，印刷出版《侨都江门名人画传（卷一）》。王畅怀同志漆画作品《静谧》入选第四届全国漆画展，中国画作品《碉楼遗韵》入选小学课本；方国明同志中国画《岷山栈道》入选纪念中国共产党建党95周年暨红军长征胜利80周年广东省美术作品展；冼为农同志美术作品《风和日丽》、《山娃》分别入选广东省第七届水彩、粉画展以及广东省第十三届美术书法摄影作品联展。通过社会捐赠、以展促藏、出资购买等形式收藏美术作品35件，充实、丰富美术馆的馆藏体系。根据“全国美术馆藏品普查项目”要求，2016年全年采集、审核和报送藏品数据425件。成立中国画学会，加强江门市国画爱好者们之间的交流与合作，提升中国画家的创作水平。

【江门市博物馆】 2016年，江门市博物馆管理的陈白沙纪念馆、五邑华侨华人博物馆、陈少白故居、新宁铁路北街站旧址全年共接待观众91.1万人；江门市博物馆全年举办临时性展览14个，流动巡展20次，对外交流展览 12次，其中赴北京展出展览3个。推进第一次全国可移动文物普查工作，年内完成馆藏藏品数据审核工作，并配合市普查办完成对全市数据的审核工作。编辑出版《而立道更远——江门市博物馆建馆三十周年纪念文集》《珠联璧合·邑邑增辉——江门市第一次全国可移动文物普查成果精选图录》，与江门电视台合作推出以推广“中国侨都·江门”为题材的特色动漫卡通片《华哥与侨妹之信守望·爱回家》，对宣传、保护本地文物起重要作用。抓好馆藏文物保护，对馆藏的书籍、字画、旧有及新入藏的档案类纸质藏品逐批次地进行杀虫。继续推进库房藏品系统整理，全年完成5000多件/套新征集藏品及资料的初步整理工作以及3000多件/套藏品复制件的整理工作。全年征集反映五邑各地侨乡历史、人文文化、金融商业、宣传教育、社会管理等方方面面的藏品资料约2139件/套，接受社会各界捐赠藏品资料约136件/套。与江华小学首度携手共建“华侨文化教育实践基地”，开展江门市首批“中英”双语小导赏的活动。全年在白沙祠举办国学堂活动13场。与广东省考古所合作举办“第二届广东科技考古基地开放日”活动。“白沙国学堂”成功入选第二批创建省级公共文化服务体系示范项目，江门市博物馆被评为“2016年度全国社科组织先进单位”“2016广东省优秀人文社会科学普及基地”“江门市直机关十大先进基层党组织”。1人被评为2016年度全国社科工作先进个人。

【江门市粤剧团】 2016年，创作投排《五邑盛开文明花》等3台粤剧精品小戏，演出场次85场，观众人次约222500人次，创经济收入约80多万元。其中为广大乡村村民和社区市民、企业员工、学校师生送戏演出40场。把位于四市三区的7所学校定为“粤剧培训基地”试点学校，开展粤剧艺术进课堂活动，打造“特色校园”特色课程。承办“江门市首届粤剧曲艺私伙局大赛”“五邑粤剧曲艺联盟粤剧演出活动周”“2016年度江门市粤曲新秀大赛”活动。

【江门市五邑图书馆】 2016年，五邑图书馆新增纸质图书50000册，电子图书17000种，订阅报刊1131种。目前五邑图书馆分馆和流动图书馆合计62所，五邑图书馆总馆及各分馆共举办讲座102场，读书活动508场，展览80场，接待读者超过135万人次。以江门五邑联合图书馆名义组织举办大型读书活动、文化节、书香拥军、文化助残活动208场次，深入城市乡镇、街道农村，工厂以及学校，促进江门市不同层级不同系统图书馆在读者服务、阅读推广、文化惠民等方面的多元融合和联动，部分为跨地区或全市性大型读书活动。推进“数字图书馆推广工程”“文化信息资源共享工程”“公共电子阅览室建设工程”等国家公共数字文化建设三大工程，加强数字文化产品的供给。推出集服务便民、知识慧民于一体的公益服务项目——“市民身边的讲座·百科讲坛进社区活动”，邀请专家学者进社区举办知识讲座，已惠及10多个社区的市民群众。成立义工队伍三支，义工人数达390人次，为全市图书馆活动开展提供协助。其中“市民身边的图书馆”志愿服务项目被广东省文化厅评为“2016年度广东省文化志愿服务示范项目”。征集五邑地方文献2200件，目前地方文献藏量达4万多件；在全国可移动文物普查中，完成古籍审核上报5010册。

表58：　2016年江门市各市(区)图书馆情况

图书馆名称	级别	编制（人）	馆舍面积（平方米）	馆藏纸质文献（万册）	电子图书（万种）	等级
江门市五邑图书馆	地市级	36	8471	86万	60万	国家一级
新会区景堂图书馆	县级	30	6510	57万	75万	国家一级
鹤山市图书馆	县级	9	2000	24.6万	11.5	国家一级
开平市图书馆	县级	10	4800	41.2万(含乡镇分馆)	5.2	国家一级
恩平市图书馆	县级	14	2741	18.2万	9.4万	国家一级
台山市图书馆	县级	18	5875	26万	36万	国家一级

表59：　2016年五邑图书馆社区分馆情况

序号	分馆名称
1	幸福社区图书分馆
2	岭梅社区图书分馆
3	白沙社区图书分馆
4	范罗岗社区图书分馆
5	象山社区图书分馆
6	农林社区流动图书馆
7	丰乐社区图书分馆
8	良化西社区图书分馆
9	良化北社区图书分馆
10	甘化社区图书分馆
11	外海街道图书分馆

续上表：

序号	分 馆 名 称
12	麻三村图书分馆
13	前进村流动图书馆
14	育德社区图书分馆
15	新中社区图书分馆
16	桥南社区图书分馆
17	荷塘镇高村图书分馆
18	荷塘镇霞村图书分馆
19	潮连坦边社区图书分馆
20	潮连富冈社区图书分馆
21	礼乐新丰村图书分馆
22	礼乐跨龙社区图书分馆
23	礼乐镇龙村流动图书馆
24	礼乐丰盛村流动图书馆
25	杜阮金朗社区图书分馆
26	银城社区图书分馆
27	滘北富横图书分馆
28	盛华社区图书分馆
29	侧贤社区图书分馆
30	棠下镇周郡村图书分馆
31	智荟城服务中心图书分馆
32	杜阮镇图书分馆

文化产业

【印刷业】 2016年，江门市通过年度核验的各类印刷企业1286家，从业人员数为51635人次，工业总产值3514331.95万元，居全省前列，仅排在深、莞、穗之后。2016年，通过推进版权社会服务和版权保护工作力度推动江门市版权相关产业健康发展，版权保护工作有新突破。2016年，作品著作权自愿登记数量为443件，居广东省前列；完成省督办的8家企业软件正版化工作。2016年，江门市各类书店518间，满足市民的文化需求、促进文化产业发展和建设文化名市。

【动漫影视演艺业】 2016年，第十二届国（深圳）国际文化产业博览交易会在深圳会展中心举行。江门市18家企业组成江门代表团参展，5天的成交额和意向成交额达480多万元。江门市文广新局荣获文博会优秀组织奖，江门市展团获优秀展示奖。江门市参展企业获得本届文博会多个奖项，包括由卢志江制作的《檀雕松鹤如意椅》获得中国工艺美术文化创意奖金奖、张瑞亨创作的作品茅龙神韵获得中国工艺美术文化创意奖银奖等7个奖项。2016年，第六届江门侨乡动漫节在五邑华侨广场会展中心举行，以“文明城市，快乐动漫”为主题，展览面积超过1.2万平方米，展位160多个，参展企业120多家。本届动漫节的动漫燃歌大赛、宅舞大赛、声优大赛、Cosplay挑战赛和英雄联盟竞赛，设有近百个奖项。现场来自江门本地、港澳、珠海和中山等地的Cosplay社团、燃歌、宅舞、声优、英雄联盟爱好者150支队伍参加比赛。2016年，江门市电影总票房 188957381元，放映总场次323793场，观影6457427人/次，票房排名在广州、深圳、东莞、佛山、中山、惠州、珠海之后，位列全省第八位。截至2016年12月，江门市有营业性影院35间，银幕167张（其中IMAX2张），有座位总数25293个。

【广播电视行业管理】 2016年，对广播电视安全播出实施有效监管，在中央和省重要会议——G20峰值、元旦、春节、国庆等重要节假日期间做好安全播出保障，严格执行零报告制度，严防各类安全播出、安全生产事故尤其是重特大事故的发生，确保播出安全。组织全市广播电视播出机构抓紧安全生产工作，开展安全生产和安全播出的各项安全演练。在全市范围开展新闻出版广电系统深入排查安全生产隐患的活动，防止各类安全生产事故尤其是重特大事故的发生。全年广播电视行业持续健康有序发展。

文物博物

【文物保护和管理】 2016年，向中央、省、市争取各项文物经费支持，争取上级文物保护资金1066万元，推进或完成8处国家级、省级文物保护单位的保护规划编制工作，实施或完成文物保护工程14项。4月，广东省普查办组织专家对江门市普查登录数据进行评估验收，江门市第一次全国可移动文物普查数据登录工作被评定为优秀等次。组织编著《珠联璧合 邑邑增辉——江门市第一次全国可移动文物普查精选图录》，出版《江门墟顶历史文化内涵发掘研究》。严格落实文物安全工作，狠抓文物管理制度化建设，落实日常巡查制度，确保全市文物安全。整合全市文物博物资源，由江门市博物馆、新会区博物馆、台山市博物馆、鹤山市博物馆、恩平市博物馆和开平市华侨博物馆发起，吸纳相关行业性博物馆、纪念馆、民间博物馆加盟，组建成立江门五邑联合博物馆，以“资源共享，优势互补”为原则，打造统一的学术、收藏、展览、宣传、教育、人才、信息等多方面的交流与合作平台。

【开平碉楼与村落保护】 2016年，开展赤坎镇三门里、塘口镇方氏灯楼、蚬冈镇锦江里和百合镇马降龙碉楼与村落的安防系统工程通过省专家组验收。完成8座碉楼维修，开展2间遗产地民居维修工作。世界遗产监测工作持续完善。担负开平碉楼与村落世界文化遗产气象监测任务的自力村、锦江里、马降龙三套气象监测系统（站）建成投入使用。启动2016年开平碉楼与村落世界文化遗产周期性监测工作。5月17日，开平市世界遗产管理中心与五邑大学广东侨乡文化研究中心签订协议共建碉楼文化研究中心。与五邑大学合作完成第二期开平碉楼灰塑研究项目。强化黄金周、节假日期间的文物安全生产检查工作，严格执行带班和值班制。坚持严格执行周二、周四定期或不定期巡查制度和带班值班制，确保文物安全。利用“中国文化遗产日”、“碉楼保护月”、“博物馆日”等重要节假日、纪念日，通过多种形式宣传保护开平碉楼与村落世界文化遗产。

【江门五邑华侨华人博物馆】 2016年，华博馆接待量为54.8万人（次），其中领导嘉宾约10万人（次），外宾（含境外）约7万人（次），学生团队约5.5万人（次）。华博馆重要接待人物包括：国家文物局副局长宋新潮、国家林业部副部长彭有冬、广东省副省长蓝佛安、国侨办副主任任启亮、中国载人航天工程办公室副主任杨利伟等等；外宾方面：加拿大驻中华人民共和国广州总领事馆政治、经济及公共事务领事陶思德先生（Stephen Doust）、美国第一位华人法官刘成威、墨西哥驻广州总领事卡洛斯·希拉尔特等。强化博物馆的免费开放服务，“馆校合作”加大力度招募江博文化志愿者，开展江门市首批“中英”双语小导赏的活动。组织各类展览及交流展览、规范公示开放时间和要求、更新文明参观标识、强调参观秩序、开展未成年人主题教育活动等。开展讲解员培训，提升讲解员素质和水平。运用多媒体，开展江门市博物馆官微发布工作。探索完善博物馆的配套服务功能。

【考古发掘工作】 2016年7月，配合国家文物局水下文化遗产保护中心做好川岛海域水下文化遗产调查工作，继续深化对川岛水域进行水下考古调查和相关研究。4月，委托省文物考古研究所对紧邻大洲湾遗址的莫大湾展开考古调查。10月至11月，委托省考古所对大洲湾遗址与新地村天主教堂遗址展开考古发掘，已发现新的挖掘成果，为江门海上丝绸之路申遗工作提供新的佐证材料。

【第一次可移动文物普查】2016年，江门市“一普”工作共完成录入并上传至全国可移动文物信息登录平台藏品数据54000多件/套，登录总数居全省第二位。2016年4月，省普查办组织专家对江门市普查登录数据进行评估验收，江门市普查登录工作被评定为优秀等级。目前江门市已完成《江门市第一次全国可移动文物普查报告》的编写并上报省文物局，挑选普查精品文物出版《珠联璧合·邑邑增辉——江门市第一次全国可移动文物精选图录》。江门市“一普”工作基本完成。

【侨汇文物展览】 2016年5月，江门市挖掘地方特色资源和华侨文化资源，在国家图书馆举办《一门三院士 共筑中国梦》展览；7月，在2016年“水立方杯”海外华裔青少年中文歌曲大赛和“中国寻根之旅·魅力北京”活动期间，在水立方举办“金山伯的荣耀——中国侨都·江门近代侨汇展”；11月“孙中山与华侨”专题展在国家图书馆展出。上述展览均引起轰动，人民日报、中央电视台、求是杂志求是网、光明日报、中央人民广播电台、金融时报、中国文化报、中国文物报、中新社、北京电视台、文物天地杂志等众多中央、地方媒体进行采访报道，提高江门市的知名度。

【海上丝绸之路中国史迹点申遗】2016年，江门市擦亮“世遗文化·中国侨都”城市文化品牌，推进海上丝绸之路史迹点申遗。江门“海丝”申遗史迹点具备文化线路申遗的三大要素：一是产品的生产和交易，如大洲湾遗址是外销瓷贸易集散地。二是交通线路的保障，台山属于沿海地区，在明朝川岛海域航海航运已相当发达，上川贸易岛更是通向国际航线的临界点；明朝在今天的台山广海镇设立广海卫城、烽火台等海防机构和设施，都是保护航线和贸易的有力保障。三是在产品贸易过程中衍生文化交流，宗教文化的传入，例如上川贸易岛的方济各·沙忽略墓园，新地村天主教堂遗址等。

海上丝绸之路遗址考察与保护展示方案论证会 2016年4月22—25日，“台山上川放洋岛海上丝绸之路遗址考察与保护展示方案论证会”在台山上川岛举办，邀请国内外专家考察，对上川贸易岛“海丝”遗存展示和环境整治方案进行审议论证。

海上丝绸之路申遗史迹点 2016年6月29日，国家文物局确定台山上川岛方济各·沙勿略墓园、大洲湾遗址为我国海上丝绸之路申遗史迹点，新地村天主教堂遗址为备选点。江门市“海丝”申遗史迹点清单、申遗文本、保护规划纲要及江门市政府申报函经广东省文物局上报国家文物局。

“方济各·沙勿略墓园——大洲湾遗址”入选国家海上丝绸之路申遗预备名录 2016年，台山市“方济各·沙勿略墓园——大洲湾遗址”入选我国2018年世界文化遗产申报推荐项目“海上丝绸之路：中国史迹”（简称“海丝”）首批申遗遗产名单，新地村天主教堂遗址被列为关联点，标志着江门成功入选国家海丝申遗预备名录。

江门市海上丝绸之路文化遗产保护办法 于2016年10月1日起施行。《保护办法》确定江门海上丝绸之路文化遗产范围，明确江门海上丝绸之路文化遗产保护的基本原则，以及各级政府和部门的职责，规定遗产所在地应建立专家咨询委员会，并规定保护资金的来源。《保护办法》是江门拥有立法权后制定的第一部规章，也是江门海丝申遗工作四要件——“立法、本体保护、环境整治、遗迹展示”中重要且基础性的一件。《保护办法》划定江门海丝文化遗产的范围，包括上川贸易岛（含台山广海卫城城墙和紫花岗烽火台、紫花岗摩崖石刻、大洲湾遗址、方济各·沙勿略墓园、新地村天主堂遗址等）、新会官冲窑址和“南海Ⅰ号”水下文物保护区（台山水域）等；明确江门海上丝绸之路文化遗产的保护应当坚持保护为主、加强管理、合理利用的原则，保持其真实性和完整性。《保护办法》规定市、县级人民政府应当将本行政区域内的海上丝绸之路文化遗产保护纳入本级国民经济和社会发展规划，所需经费列入本级财政预算。《保护办法》提出，鼓励公民、法人和其他组织通过捐资、捐赠、担任文物保护志愿者等方式参与海上丝绸之路文化遗产的保护工作。鼓励和支持高等院校、科研机构或者个人开展海上丝绸之路文化遗产保护的科学研究，提高海上丝绸之路文化遗产的科研水平。鼓励和支持社会组织和个人开展

海上丝绸之路文化遗产保护和合理利用的合作与交流。

“上川贸易岛”海上丝绸之路申遗项目保护工程启动 2016年10月28日，“上川贸易岛”海上丝绸之路申遗项目保护工程启动仪式在台山上川岛举行。中国文化遗产研究院、江门市文广新局和台山市有关领导、有关部门代表、川岛镇群众代表等参加启动仪式。台山海上丝绸之路遗迹，即“方济各·沙勿略墓园——大洲湾遗址”，位于上川岛。其中，方济各·沙勿略墓园是西班牙传教士方济各·沙勿略安葬之地，始建于1552年，是明朝至清朝中西宗教文化交流的重要遗址，为研究海上丝绸之路对中国文化、宗教等方面的影响提供了重要证据，具有很高的历史价值；大洲湾遗址是当年葡萄牙人开展瓷器贸易的集散地，直至后来葡萄牙人正式入居澳门才结束这段历史。台山是当时民间海上贸易点，也是大航海时代由欧洲开辟到中国的第一个贸易点，在“海丝”申遗中有独特的位置。申遗城市的相关申遗点工程施工定于2017年7月1日前完成。

上川岛角逐广东省“十大海丝文化地理坐标” 从2016年11月1日开始，位于台山上川岛的海上丝绸之路“方济各·沙勿略墓园——大洲湾遗址”参加为期1个月的广东省“十大海丝文化地理坐标”网络投票评选活动。广东省有初选入围的30个地理坐标参与10强角逐。

“海丝”博物馆修建 2016年，江门市计划把大洲小学旧址改造修建成上川岛“海上丝绸之路”博物馆，场馆改造和海上丝绸之路遗产文化内涵展示设计同步进行。修建该博物馆，重点是讲清川岛在我国古代海上丝绸之路中的重要地位这一史实，突出江门作为我国古代海上丝绸之路重要节点中的特色和意义。南宋古沉船‘南海一号’也是在川岛海域打捞出水，该博物馆还展示‘南海一号’的相关内容，突出上川贸易岛历史地位的发现。

新闻出版

【江门日报社】 2016年，江门日报社以“责任担当年”为抓手，新媒体建设成效显著，在2016年度中国报业新媒体影响力排行榜上，《江门日报》列全国地市级党报第一名；在清博盛典暨新媒体大数据峰会上，《江门日报》荣获2016年最具影响力城市日报新媒体奖，排名全国第六，居地级市日报第一；“江门发布”微信公众号的发布量、阅读量、点赞量等多次获得全国第一。8月，全媒体中央控制室运行，实现“一体策划、一次采集、多种生成、多元呈现、全天滚动、全媒传播”效果。“直播江门”APP上线以来，实现对地方重大新闻、突发新闻的直播报道，通过三区四市党代会、健走马拉松等大型事件报道，至年底获7万多下载量。中国江门网发挥本地新闻资讯第一门户网站作用，提高微视频与专题视频制作水平，市党代会召开时，推出首部展示江门发展面貌的VR（虚拟现实）大片。完成全国、省、市“两会”以及市委工作会议、市第十三次党代会等重大会议报道。以“更本土、更融合、更互动”为主要理念的新一轮版面优化于6月实施，推出深读、邑商、微事、舆情、品吧等新版面新栏目。发挥中控室新的采编枢纽作用，依托“直播江门”APP、微信公众号等新媒体平台，以全媒体形式，直播市第十三次党代会以及三区四市党代会盛况。民生新闻报道力度加大，增设“百姓说事”“天天3.15帮你维权”等栏目，关注街坊百姓，主动排忧解难。经济专题报道推行“强内容、助经营、多融合”理念，抓热点，做深度，出精品，全年推出50多个策划。地方新闻版方面，配合主报版面优化，关注镇街发展，推出“解剖小微双创龙胜镇样本”等多篇优秀深度稿件。推进实施“全媒体、全覆盖”战略，2016年媒体融合亮点频频。至年底，“江门日报”微信粉丝超25万人，该微信号影响力排名处于广东媒体公众号前5位，为江门粉丝量最大的媒体号。由本报运营的“江门发布”微信粉丝超40万人，为江门粉丝最多、影响力最大的政务号，微信号影响力位于广东第三、全国第四，其发布量、阅读量、点赞量等多次获得全国第一。8月，举办主题为“风华30”纪念《江门日报》创刊30周年系列庆祝活动。12月，“江门发布”微信公众号获评“最具传播力政务微信公众号”。政企专题宣传影响力增强，推出32版《蓬江崛起》特刊、36版《高新跨越》特刊。

（赵玉环）

【中国江门网】 2016年，中国江门网强化“全媒体”发展，集中拓展手机移动端（两微一端），稳妥发展互联网PC端、视频新闻。重点发展“两微一端”代管理业务，取得良好的成绩。配备设备更佳的全媒体网络直播车，完善全媒体传播能力。试验新的传播技术和手段，利用VR技术航拍江门城市新风貌，以及VR直播江门党代会和两会等活动。中国江门网日均读者点击量达20万次，长期位居广东省地市报网站前三名。

广播电视

【江门市广播电视台】 2016年，江门市广播电视台三大电视自办频道收视稳中有升，成为广东省四个收视增长的地市台（佛山、中山、江门、韶关）；电视主频道公共频道市场份额位居第四位，综合频道比上年上升三位，排名第9位；广播两个自办频率收听率继续高居江门本地前两位，占有超过60%的本地广播市场份额，其中FM93.3获得2015年度全国最受欢迎的旅游广播前五名；精品创优实现荣获广东省广播影视奖“十四连冠”的新突破；打造出“广电核心业务+一网+两微+一端”的全媒体矩阵，其中“江门邑网通”注册用户已突破32万，江门市广播电视台全媒体矩阵宣传影响力进一步提升。

【广播节目创新】 2016年，广播节目方面围绕市委、市政府中心工作，抓好重点工作和社会热点宣传，配合市府办、市直机关工委做好广播品牌栏目《民生热线》的升级改版工作，邀请市长、副市长和三区四市负责同志等上线。江门电台FM100.2首档可视电台直播节目《一不小心上了镜》开播，并通过“江门邑网通”和“一直播”APP同时进行全程直播。该节目是引领广东省内电台节目新潮流的“可以看的广播节目”。中国科学院院士梁思礼因病去世，派出记者前往北京采访，成为唯一赴京采访报道的江门本地媒体。

【电视节目创新】 2016年，电视新闻宣传方面重点策划《创新发展拼开局》《交通大会战，走马大项目》《小微双创，雏鹰飞翔》《贯彻六中全会精神，狠抓各项任务落实》《迎接党代会，迈向新里程》等一系列重大主题报道，完成“中国青创汇”全国小微企业创业创新周、2016年江门市重点城市建设项目推介会、第五届世界江门青年会等重大活动的宣传。完成江门大道航拍片、《飞阅江门2016》等系列专题纪录片的摄制，受到市领导的充分肯定。其中，江门大道航拍片累计点击量超过50万人次，创造江门广播电视台精品电视专题片点击量的新记录。启动《他乡五邑人·大洋洲篇》的摄制工作。做好重大主题公益宣传，全年制作电视、广播公益广告310余条。做好品牌新闻节目，《社区发言人》栏目突出以人为本服务群众、化解矛盾力促和谐的宗旨，受到社会各界的肯定，入选广东省宣传思想文化工作创新案例。公共频道晚八点档自办节目日渐成熟，《江门房地产》、《大car司》等节目吸引相对稳定的收视群体。教育频道联合江门文明网打造的首档自办教育类资讯节目《江门文明校园巡礼》，制作播出节目25期，推进江门市的文明校园建设。

【全媒体建设】 2016年，加快推进媒体融合发展，打造出“广电核心业务+一网+两微+一端”的全媒体矩阵。其中，“邑网通”作为融媒转型的重点项目之一，继被市政府发文定位为江门地区唯一的政务、民生、金融移动应用掌上门户APP，以及被列入江门市“十三五”规划“智慧城市”建设的重点项目之后，2016年又被正式列入江门市“互联网+”行动计划（2015-2020）和市重点督办工作任务。目前已推出包括新闻资讯、违章处理、车票预订、实时公交、预约挂号等在内的近30种服务功能，其中的资讯功能模块已经成为江门本土最权威、快捷的信息发布渠道，最高单条新闻阅读点击量突破20万人次。截至12月31日，“邑网通”用户下载安装数达32.58万人次。江门市广播电视台加大微博、微信等新媒体平台建设，在2016年广东广播电视新闻年会上，“人民网·泽传媒”公布“2015年全国电视媒体微信微博传播排行榜”，江门市广播电视台主微信公众号在全国121个城市台微信公众号影响力排名中位居第二、在广东省城市台微信公众号影响力排名中位居第一，江门市广播电视台官方微博在全省城市台微博影响力排名中位居第二。

【无人机航拍项目】 2016年，启动“飞阅江门2016”大型航拍活动，是继“飞跃江门2012”之后的又一次大型航拍活动，也是江门“以文融城”工作的一个重点项目。为做好此次航拍，抽调16名骨干，在广东省城市台中率先成立专业的航拍团队——“江门广电飞虎队”。已制作完成30个航拍片。把无人机航拍业务转型至低空遥感航拍测绘领域，购置和配套固定翼测绘无人机平台，并向社会推出各类低空遥感航拍测绘专业技术服务，包括3D实景建模等全线低空航测服务项目。

档案·地方志

【档案和地方志概况】 2016年，江门市档案局（馆）、江门市地方志办依法治档和依法治志，加强档案方志业务督导，巩固和提高市（区）档案工作成果，推进年鉴编纂及地方志资料年报工作，聘请第二批12名江门市地情学者组成专家库，为江门市地方志事业发展提供智力支持。

【档案馆业务建设】 2016年，江门市档案局（馆）、江门市地方志办全年接收市直单位的文书档案2124卷、34954件，专门档案1413卷，实物档案2件，征集档案55卷；全年接收34个单位的《全宗卷》。开展照片、视频档案的征集，通过合同、委托等方式向社会购买服务，征集政务活动照片、侨刊照片、江门老照片等2475张，重要政务活动视频资料200条。完成档案20411卷、78177件，资料（书籍）2339册的消毒入库工作。开展档案数字化工作，完成馆藏档案260万页的加工任务。7月，江门市档案修裱中心正式挂牌成立，是广东省档案局2016年决定新增的6个区域性档案修裱中心之一，主要任务是组织开展对本行政区域及周边地区国家重点档案的抢救；全年修裱国家重点档案270卷，完成抢救国家重点档案数量的1/3。加强档案开放利用鉴定工作，对江门市档案馆馆藏原已确定为开放的5711卷档案进行重新鉴定、划控。是年，接待来馆查阅利用档案资料人数1289人次，提供档案资料1595卷、1062件，复印档案资料4879页，拍摄照片54张，接听电话查档300人次；接待各中小学、大中专院校学生和社会团体、各界人士15批次、895人次前来参观“6．9国际档案日——江门市档案方志主题书法展”和“镜头下的侨乡老建筑”图片展览。

（刘映霞）

【基层单位档案管理】 2016年，江门市档案局促进档案工作常态化业务检查机制，创新评分制方式，延续对市直单位档案工作年度检查。到多个单位进行300多次档案业务指导、检查，推动档案目标管理工作的开展，江海区礼乐街道礼乐小学、新会区粮食局、新会区社会基金管理局等3个机关事业单位晋升为省特级档案综合管理单位。对全市与民生关系密切的建设项目重点跟踪对象进行指导服务工作，分别对鹤山市沙坪河河道整治工程（二期）、台山市西南海滩堤围工程、省道364江门过境公路五邑路大修一期工程、线省道365改造工程、省道364线江门、新会过境公路新建工程、台山市烽火角水系整治工程大隆洞河支流端芬河一期工程、江珠高速公路江门段项目工程、江门市天沙河引水增流工程等重点建设工程项目进行档案专项验收。扶助蓬江区白沙街道明文社区综合档案室建设成为江门市社区示范综合档案室。推进档案工作规范化、标准化管理，接收全宗卷51个单位。

【档案执法宣传与专业教育】 2016年，围绕国际档案日举办系列宣传活动，6月4日，联合江门市文学艺术界联合会、江门市书法家协会、江门书法院在江门市东湖白沙艺苑开展“江门市档案方志主题书法展”，邀请全市50名中国书法家协会和广东省书法家协会优秀书法家创作作品展出，将展览作品编印成画册免费赠送市民。6月8日，在东湖广场举办“档案与民生”现场宣传活动，普及档案知识，开展现场互动和解答咨询，通过电子屏幕播放图片档案的文化知识，派发宣传资料和家庭档案盒。10月，与江门市法制局联合对全市部分单位开展档案行政执法检查，分组对江门市人力资源和社会保障局、江门市旅游局、新会区水务局、新会区大泽镇人民政府、台山市农业局、台山市赤溪镇人民政府、鹤山市科工商务局、鹤山市雅瑶镇人民政府等8个单位的档案组织管理、档案基础业务、档案信息化建设、档案开发利用等方面实地检查。是年，开办专题（实体）培训班10期，包括：归档文件整理规则培训班（1期）、重大建设项目档案工作培训班（2期）、会计档案工作培训班（1期）、农村土地承包经营权确权登记办证档案管理工作培训班（6期），参训人数共2760人。8月起依托珠海市档案网络教育培训平台，举办江门市档案人员网络培训班，包括：档案人员岗位培训班（1期），参训并领取证书人数240人次。档案人员专题实操培训班（12期），参训并领取证书人数145人。

（刘绮云）

【年鉴编纂】 2016年，江门市各市、区执行广东省地方综合年鉴编纂规范，为提高年鉴质量，2016年开始实施年鉴评议、审读相结合的制度，在未出版之前，邀请相关专家提前对年鉴进行审读，加强年鉴审核把关。是年，江门全市年鉴基本全面实现“一年一鉴，当年出版”的年鉴工作要求。配合《珠江三角洲城市群年鉴》组稿工作，提供江门地情资料。

【地情资源开发利用】 2016年，江门市档案局（馆）、江门市地方志办加大地方志文献搜集收藏力度，做好历代旧志的收集工作，包括散佚在外地、甚至海外的旧志并扫描保存；开展地方文史资料的收集工作，包括五邑各地的侨刊、文史资料、家谱族谱；做好老照片的收集工作，特别是散存于民间的反映侨乡历史文化变迁的老照片，通过江门日报、报摊设点、网站宣传、现场接受咨询等方式面向市民宣传，鼓励普通市民参与地方志建设，征集工作进展良好；与捐赠市民做客江门电台“在线观察”访谈节目，扩大征集工作影响力；重视侨乡文化，对全市140多个侨刊社发出征集函，征集到近250份历史侨刊和文史资料，为地情书的编研提供资料参考。是年，围绕社会热点和群众关心的民生工程，开展资料搜集、整理和编纂工作，编印《资政参考》2期；编辑《江门档案方志》4期；出版《镜头下的侨乡老建筑》画册，宣传普及侨乡老建筑；收集江门地区家规家训，与纪委合编《五邑优秀传统家训》。配合广东省地方志办参与古驿道保护利用工作，做好南粤古驿道沿线历史文化遗产、相关史料的挖掘、整理，及时跟进古驿道调查新发现、新成果。各市、区也在地志资政方面做好落实，新会地志办出版《新会近代革命风云录》；调研文章《浅探打造新会乡村游品牌的新途径——以古井霞路“皇族村”发展古村落旅游为例》被选中参加“广东省直单位第四届工作技能大赛暨市直机关工作技能邀请赛”；撰写的调研文章《结合“学宫文心”，浅谈新会民俗文化旅游发展策略》，在区委主办的期刊《新会调研》中全文刊登；做好革命遗址和革命纪念设施保护工作，调研罗坑镇林锵云故居、下沙村下马里舞龙山抗日炮台和大鳌镇桃荫别墅，并提出美丽乡村游和红色革命游相结合的建议。江海区撰写江门造纸厂历史纪实编研文章5篇，在“江门高新”微信公众号公开发表。

【信息化建设】 2016年,完成档案数字化加工260万页，做好数字化场所、设备、网络环境、数据载体、档案实体、数字化副本的安全管理，数字化比例达81.8%（按2010年馆藏量计算），提前完成广东省档案局下达的目标；筹划开展数字档案馆（室）建设；市档案局把门户网站、OA办公系统、档案管理系统按《信息安全等级保护管理办法》做第二级备案，并经市公安局审批同意；做好全国网站测评和局网站栏目内容更新、补充的相关工作，通过网站安全检测，对网站系统安全策略进行整改，实行重要数据安全防护，建立防篡改系统；局网站全年发布信息1293条，访问量达57万人次；地情网全年发布信息599条，访问量达47万人次；通过“五邑档案方志”微信公众号推送信息955条，其中原创信息293条，粉丝数433；在政务微博推送信息1098条，粉丝105；全年通过在线和离线方式移交电子文件3624件，经审核后在“广东省网上办事大厅江门分厅政务公开电子文件中心”公开电子文件3047件，至今在“电子文件中心”公开电子文件（含目录和全文）有38978份，阅读量达200多万人次；举办2016年江门市档案人员网络培训班，通过在线《学习档案工作概论》《文书档案管理》《科技档案管理》《档案保护》《档案利用与服务》《电子文件管理》等6门课程，共有419人参加培训，经考试及格后有242人获得档案人员岗位培训证书；是年，蓬江、新会、鹤山馆藏纸质档案数字化比例均超70%，提前达标。

（市档案局 信息科）

【自然村落历史人文普查】 2016年，江门市《政府工作报告》把这项工作纳入其中，并通过考核督办的形式层层推进。江门各级政府采用倒逼机制、层层抓落实，确保自然村落历史人文普查工作扎实推进。江门市、县、镇三级政府均成立以党委、政府分管地方志工作的领导任组长的自然村落历史人文普查工作领导小组。江门市分管副市长多次听取全市自然村落历史人文普查工作的情况，要求做好该项工作的宣传工作，动员和组织社会力量参与其中，并重点引导自然村及村民积极支持普查工作的开展。2016年7月，江门市在鹤山召开全市地方志工作现场会，时任江门市政府副市长、现任市人大副主任的吴国杰，市政府副秘书长梁启华，四市三区分管地方志工作的领导参加会议，各地地方志系统负责人作自然村落历史人文普查经验的交流，互相借鉴优秀经验、共同研讨工作中的实际困难，并提出解决的思路。普查工作中发现一些史料、史实：蓬江区收集到棠下良溪古村、潮连古渡头、白沙街石湾直街等古驿道资料，明确石湾庙、明德坊、雪峰寺、油糖会馆等遗址所在；新会区收集到十几本具有历史价值的家谱、沙堆镇那伏村《那伏乡土志》、罗坑镇石嘴（沙岗）《林氏族谱简略》、崖门镇《旺冲史记》、《司前龙舟习俗》等书籍和资料，在司前、会城、大泽等镇（街）发现清朝道光二十年（1840年）版的《新会县志》记载的一段古驿道古驿道，在罗坑镇发现新宁铁路牛湾火车码头遗址、芦冲双拱涵洞桥遗址和颇具规模的清代古民居群；在大泽镇发现晚清著名海军爱国将领林国祥故居、老女桥、响水桥；在司前发现明朝六部尚书何熊祥故居，新宁铁路桥墩遗址、新建村鹿洲里双拱涵洞桥遗址、转乡桥、瓦岗桥；还有会城新盛街古道、会城汤氏祠堂、新会华侨中学内新宁铁路最大的车站及一批古旧民居等历史人文遗迹；开平初步核实一些史实：水口镇有进士9人、举人64人，武进士5人、武举人22人，历史上有“岭海儒林”之称，“泮村灯会”入选国家级非物质文化遗产，广州“八和会馆”首任会长邝新华是开平人，宋代大文豪苏东坡被贬惠州时路过开平留下的古迹“苏公渡”等。

【旧志史料征集编研】 2016年，江门市档案局（馆）、江门市地方志办与江门市文广新局、江门日报社等多个单位合作，对散存于五邑各地的侨刊、文史资料、家谱族谱、老照片，以及《新宁县志》《新会乡土志》《那伏乡土志》《旺冲史记》等旧志史料开展征集。通过挖掘地方志资源，开发出版《五邑优秀传统家训选编》《侨乡文书抗战史料选编》《侨乡书信抗战史料选编》《镜头下的侨乡老建筑》《新会古今》《清凉天地——新会葵艺》《新会百年大事回眸》《新会近代革命风云录》等编研项目成果，其中《清凉天地——新会葵艺》获广东省第六届民间文艺学术著作奖二等奖，其简介被收录广东省人民政府地方志办为纪念广东新方志编修30周年而编纂的《广东地方志纪事·地情书篇》。

【档案地方志宣传】 2016年，江门市档案局（馆）、江门市地方志办联合江门日报社等报刊媒体，在《江门日报》连续推出26期“走进五邑祠堂——解读中国侨都文化密码系列报道”，受到读者的热捧。新会区的调研文章《矜庄自重 勤政务实——古冈廉吏的官德特点》，在《国企清风》及广东省纪委“南粤清风网”刊载；调研文章《浅探打造新会乡村游品牌的新途径——以古井霞路“皇族村”发展古村落旅游为例》，被区直机关工委推荐选送参加“广东省直单位第四届工作技能大赛暨市直机关工作技能邀请赛”。

卫生·体育

Health and sports

卫生

【卫生事业概况】 2016年，江门市有卫生机构1590个，其中医院、卫生院106个，村卫生室893个；有床位21329张，其中医院、卫生院床位19344张；有卫生人员32990人，其中卫生技术人员27353人，含执业（助理）医师9298人、注册护士11892人。全市常住人口456.01万人，全市出生人数46036人，出生人口性别比108.19，出生率10.06‰，自然增长率4.13‰。

【医药卫生体制改革】 2016年，江门市启动建设“卫生强市”，打造“健康江门”。制定《江门市建设卫生强市实施意见》《江门市医疗卫生强基创优行动方案·2016-2018年)》《江门市构建医疗卫生高地行动方案（2016-2018年）》三个主要文件，指导推进卫生强市建设工作；江门市被纳入第四批城市公立医院改革国家联系试点城市，全市18家城市公立医院取消药品加成，实现药品零差率销售；贯彻落实政治局委员、省委书记胡春华到江门调研时的指示精神，在全市范围内实行“1+N+N医联体”管理，在新会区、台山市、开平市、鹤山市和恩平市人民医院和中医院各选定1个镇（街道）基层医疗机构建设分院，10个试点分院按二级医院标准建设；启动全省综合医改示范市创建工作，加快推进建立健全组织制度、规范药品监管机制、加快医保整合进程、改革医院管理体制、推进分级诊疗实施、推动医养服务结合、着力改善医疗服务、家庭医生签约服务、加快发展社会办医、改革人事薪酬制度、推进“医联体”建设、健全综合监管体系、加快信息平台建设等13项医改重点项目；出台《江门市促进社会办医加快发展若干政策措施（试行）》，加快促进社会办医发展。

【卫生计生系统政风行风建设】 落实党风廉政建设主体责任和监督责任，党委书记与基层党组织书记、机关科室负责人签订《党风廉政建设责任书》，层层传导责任。对市直单位的年度考核中，专门把党建工作考核单列评分，公布考核结果，强化各级党组织党建“业主”意识。在“两学一做”学习教育活动中，局党委全体委员都分别给党员授课，形成浓厚的学习氛围。2016年，市卫生计生局机关及市直各医疗卫生计生单位74名领导干部共开展谈话提醒1227人次，其中29名处级干部带头开展谈话496人次。在5·12国际护士节开展“感动天使，讲述身边的故事”微演讲活动，表彰全市三十年护龄的护理人员519人。通过扬清去浊，传播江门市医疗服务行业的正能量。及时调整江门市卫生计生局纠正行业不正之风工作领导小组，切实落实卫生计生行政部门行业作风建设责任。巡查暗访，加强监督。坚持暗访、查处、追责、曝光“四管齐下”，针对容易发生政风行风问题的环节、地点和对象，加大监督的力度。2016年10月31日至11月18日，市卫生计生局开展2016年大型医院巡查工作，组织专家对江门市中心医院、江门市人民医院、开平市中心医院等3家三级综合医院开展巡查工作。加强医院医疗质量管理，规范医疗服务，改善医疗服务行动计划重点工作。医院财务管理不断加强，基本实现财务管理的制度化、规范化和标准化。2016年12月，市卫生计生局组织开展加强医疗管理和纠正行业不正之风专项督查行动，开展自查自纠，对查实违反“九不准”等行业不正之风的问题要进行严厉查处，加强药品的集中采购管理，防止腐败行为发生。

【药品、医用耗材招标采购】 2016年10月，根据广东省卫生计生委《关于印发第二类疫苗集中采购实施方案的通知》（粤卫〔2016〕112号）的要求，自2017年起，江门市疾病预防控制中心、预防接种单位对第二类疫苗的采购均实行第三方药品电子交易平台省级集中采购。根据《广东省卫生和计划生育委员会等九部门关于印发广东省医疗机构医用耗材交易的办法（试行）的通知》（粤卫〔2016〕53号）规定，江门市所有政府办基层医疗卫生机构、县级以上公立医疗机构与卫生计生服务机构于2016年10月26日正式启动广东省第三方药品电子交易平台医用耗材挂网交易工作。

【卫生信息化】 2016年，由江门市卫生计生局统筹建设江门市预约诊疗平台，市民可通过多种途径、多种形式（医疗机构门诊自助机、网站、微信、手机App、电话114、邑网通等）进行预约挂号，随时了解江门市中心医院、江门市五邑中医院、江门市人民医院、江门市妇幼保健院、江门市第三人民医院、江门市第二人民医院等专家及门诊的号源信息。2016年通过预约平台预约的达40万多人次，比上年增加25万多人次，增长率达166.47%。2017年将对预约诊疗平台实施升级改造，使群众实现当天预约当天就诊。

【卫生计生宣传教育】 2016年，市卫生计生局局长宋华、副局长周津明分别围绕健康江门、“十三五”规划等热点话题接受江门日报、江门电视台等专访，通过本地主流媒体回应群众对全市卫生计生最关心话题。“全面两孩”政策实施后，召开新闻发布会、在微信微博开通“二孩时代”专栏、开展节假日宣传活动，突出宣传“全面两孩”政策及相关规定，确保“全面两孩”政策的实施。抓新媒体宣传搭建政民沟通新渠道。发动全市卫生计生系统加强微信微博公众号的建设，至年底，全市卫生计生系统开通微博181个，微信175个，关注人数已超过30万人次，仅江门市卫生计生局微信公众号——健康五邑侨乡关注人数已超4万人，2016年推送信息240条。2016年，局组织召开“江门市实施‘全面两孩’政策新闻通报会”“江门市实施国家基本公共卫生服务项目媒体见面会”2场新闻发布会；向新闻媒体提供卫生计生系统的工作动态、系统内典型先进人物事迹等新闻信息37篇，加强对卫生计生工作的宣传报道；接受各大新闻媒体记者发来采访提纲56篇，并做到及时跟踪回复。通过在互联网和《广东卫生计生舆情日报》等渠道收集舆情，加强与市委宣传部、公安部门沟通，排查卫生计生舆情信息。

【农村卫生】 2016年，江门市有乡镇卫生院65间，实现一镇一院的目标；已建农村卫生站893间，基本达到区域行政村卫生站设置规划要求。推进乡镇卫生院标准化建设，第一批11家乡镇卫生院标准化建设项目已全部完工。开展群众满意的乡镇卫生院建设活动，2016年江门市恩平市大槐镇中心卫生院、蓬江区荷塘镇卫生院、鹤山市鹤城镇中心卫生院、台山市广海镇中心卫生院、台山市海宴镇卫生院、新会区大鳌镇卫生院、新会区古井镇中心卫生院、新会区罗坑镇中心卫生院、新会区崖门镇卫生院等9家卫生院被国家卫生计生委评为2015-2016年度“群众满意的乡镇卫生院”。推进农村卫生站公建民营规范化建设，在2015年全市完成60家空白村卫生站建设的基础上，2016年完成规范化建设49间，并有50间处于施工状态。推行乡村医生“一村一站一万元”补贴制度，并在此基础上，分别给予东、西部村卫生站每年5000元和3000元的额外补贴。

【社区卫生】 2016年，江门市设置社区卫生服务机构24个，其中社区卫生服务中心15个，社区卫生服务站9个，形成3-10万人或每个街道1个社区卫生服务中心的格局，城市社区卫生服务基本覆盖所有城镇居民，受益面达到98%以上，建立起优质、便捷、高效的社区卫生“十五分钟”服务圈。全部社区卫生服务机构已纳入城镇医保定点机构。2016年，江门市启动为期5年的社区卫生服务提升工程，每年创建一批优秀社区卫生服务机构作为示范单位，发挥示范引领作用。

【中医工作】 2016年9月6日，成立江门市卫生和计划生育局中医科；开展“弘扬大医精诚，提升中医药服务能力”主题活动，广东省中医药局徐庆锋局长亲临江门市作“弘扬大医精诚，回归中医人的精神家园”为题的专题辅导报告，勉励江门中医人补足精神之钙，为中医药事业作出更大的贡献。建立以县级中医医院为龙头，以社区卫生服务中心、乡镇卫生院、社区卫生服务站、村卫生室为主体，社会资本举办的中医医疗机构为补充的基层中医药服务网络。提供中医药服务的社区卫生服务中心、乡镇卫生院占比分别为100%、98.44%；进一步加强医疗机构中医“治未病”科建设，培养和提高中医药预防保健专业技术人员的能力和素质，构建中医特色明显、技术适宜、形式多样、服务规范的“治未病”预防保健服务网络；组织开展各类中医药培训项目，提高基层中医医疗机构临床骨干的业务水平，加大中医药适宜技术的推广力度；举办中医药健康管理服务规范培训班，做好60岁以上老年人、0-6岁儿童中医药健康管理服务工作，推广中医体质辨识知识，推进国家基本公共卫生服务项目实施。推进广东省传统医学确有专场医师资格考核考试工作的实施；组织开展中药饮片专项检查，切实加强中药饮片采购、验收、保管等质量管理，完善采购、验收、储存工作制度并严格落实，保证中药饮片质量；深入基层医疗机构开展中医药工作调研，了解并掌握全市情况夯实工作的基础。

【医政工作】 2016年，促进社会办医。落实准入、审批、扶持等政策，编制公开社会办医指南，优化社会办医环境；推动、鼓励医师多点执业，全市共有140多名医师登记多点执业备案。加快推进银葵医院建设项目，按建设进度拨付政府补助资金。江门市有社会办医疗机构970个，占比57.70%。推进医养结合，江门市成为首批国家级医养结合试点城市。编制印发《江门市构建医疗卫生高地行动方案（2016-2018年）》，创高水平医院和国家重点专科。推动基因检测、分子诊断等领域与医疗机构的合作与发展；开展重点专科评选、评估管理等工作；制定医务人员出国研修培训计划。在广东省率先制订印发加快推进分级诊疗制度建设实施方案。开展对口支援县级医院、基层医疗机构，开展“百医牵百村”精准医疗扶贫，医疗机构检查检验结果互认，推动区域医疗资源共享。实施县级医院专科特设岗位计划和关键设备配置，提升县级医院综合能力。提升医疗服务能力，完成编制区域医疗机构设置规划（2016-2020年）；开展2016年度大型医院巡查，促进公立医疗机构健康、可持续发展；完成江海区人民医院二级评审工作；开展病案质量管理培训；加快临床路径推广；加强合理用药合理诊疗、药品管理；规范医疗机构设置与审批、医疗技术准入与临床应用管理；强化血液质量安全管理，实施核酸检测工作，修订江门市无偿献血管理办法；开展院感培训督导，加强重点部门、重点环节、医疗废物管理；加强医疗机构行风建设；妥善处理医疗纠纷，维持良好医疗秩序。提高群众满意度，江门市各医疗机构创新性地推出多项便民利民惠民措施，优化诊疗服务流程，创新医疗服务模式，规范诊疗服务行为，并通过利用信息化手段推动群众便捷就医，努力构建和谐医患关系，取得阶段性成效。2016年，广东省卫生计生委委托第三方开展全省57家县级人民医院群众满意度调查工作，江门市县级人民医院患者总体满意度为84.56分，在广东省15个地级市中排在第1名。2016年度江门市县级人民医院员工总体满意度为76.11分，在广东省15个地级市中排在第2名。在广东省57家县级人民医院患者满意度排名中，台山市人民医院排在第1名，医院员工总体满意度中恩平市人民医院排在第3。广东省91家综合医院满意度排名：江门市人民医院第2名，江门市中心医院第23名；中医类医院满意度排名，江门市五邑中医院第4名；妇幼保健院满意度排名：江门市妇幼保健计划生育服务中心第3名。2016年，由台山市卫生计生系统医务人员负责柔性援疆任务，援疆队员积极发挥技术优势，开展新技术、新项目，参与医院管理，提高受援医院综合服务能力。

【医学教育与科研】 2016年，制定方案、落实补助、加大投入，采取住院医师规范化培训和转岗培训两种方式开展全科医师培训；2016年招全科医生住院医师规范化培训学员26人，其中5＋3规培学员5人，3＋2规培学员21人；组织两批共528人参加全科医师转岗培训；全市共有297人通过全科医生转岗培训考核，取得合格证书。至年底，全市有全科医师870名，每万常住人口拥有全科医师达1.91名，比上年提升36%。落实补助经费，实施定向免费培养乡村医生计划，争取广东省卫生计生委和教育部门支持，扩大招生规模，2016年招生人数达141人，141名学员中，大专学历4人，高中（中职）学历51人，学员普遍学历和素质较高。加强江门市中心医院和江门市五邑中医院等两个国家级住院医师规范化基地建设和管理，建立培训管理办法，完善实施方案、招录程序、专项资金管理、学员待遇等各项规章制度，使工作走向系统化、标准化、规范化。2016年，招生培训学员114人，招录完成率超100%。按照国家、广东省科学技术研究项目管理的有关规定，鼓励卫生计生系统参加省、市科研项目申报,并做好项目的评审及中后期管理工作。全市卫生计生系统获得2016年度江门市科学技术奖27项，其中一等奖2项，二等奖9项，三等奖16项。获得2016年度医药卫生计生科研项目480项，其中省部级科研项目11项，市厅级科研项目352项，市卫生计生局立项117项。全市发表论文1226篇；其中ＳＣＩ收录期刊12篇，国内核心期刊290篇。

【无偿献血】 2016年，全市献血量累计1170.72万毫升（含机采），42793人次（含机采）参加无偿献血，分别比上年增长2.16%和1.07%，合计完成全年献血目标量的98.45%。其中，鹤山市、恩平市、江门市直等完成目标献血量；新会、开平、台山、江海等接近完成年度献血目标任务的95%以上；蓬江区相差较大，但较上年增长明显。2016年度，全市全血献血量1089.58万毫升，40098人次参加无偿献血，分别比上年增长2.68%和增长1.83%。除江门市直、台山市和江海区的献血量和献血人次同比均有所下降外，其他各市区均有不同程度增长。2016年，全市单采血小板4056人份，2695人次参加机采献血，分别比上年下降4.34%和9.08%。2016年全市累计全血献血量1089.58万毫升，其中团体献血占52.14%，献血屋献血占39.39%，街头献血占8.47%。

【卫生应急】 2016年，江门市以防控输入性寨卡疫情、人感染H7N9禽流感等重大传染病疫情为工作抓手，推动完善卫生应急体系建设，促进卫生应急能力全面提升。全市制作宣传短片播放、公益广告合共约2500期，发放宣传单张、张贴海报25多万张，通过手机短信、微信、微博、网站等推送信息达60000多条。全年全市报告H7N9病例4例（死亡3例，危重1例）；寨卡病例13例，均确诊为输入性病例，没有本地病例。开展“5.28”台山端芬凤凰峡漂流事件医疗应急救援工作，事故收治的10名伤员全部伤愈出院。做好26项大型活动的医疗卫生保障工作。开展卫生应急队伍的培训和演练工作。

【疾病预防与控制】 2016年6月，经广东省考核评估显示江门市各项指标均达到国家《疟疾控制和消除标准》（GB26345—2010）的要求，达到消除疟疾的标准。艾滋病防控工作获表彰并在全国介绍经验。2016年3月，广东省疾病预防控中心通报，江门市和开平市获得“2015年度广东省艾滋病综合防治示范区工作优秀奖”；江门市疾病预防控制中心获得“2015年度广东省艾滋病防治主要措施落实质量优秀奖”。江门市在全国艾滋病综合防治示范区模式探索培训班上作创新模式经验的介绍，并得到肯定。严重精神障碍管治工作获省先进。超指标完成管理治疗任务，检出率超过5.00‰，患者管理率超过90%，规范管理率超过85%。江门市、新会区、开平市和江海区分别荣获广东省严重精神障碍管理治疗工作先进单位。各市、区按时按标准完成风病防治规划和梅毒防治规划自查评估任务。2016年4月，新会区获得广东省性病麻风病综合防治工作先进单位，并在全省性病麻风病防治工作会议上作经验介绍。全市226个预防接种机构均经过规范认证。2016年7月，经省专项考核评估，各项指标达到要求。抓好登革热、寨卡、手足口病、诺如病毒和流感等传染病防控工作，开展传染病疫情直报虚拟专网覆盖建设工作，2016年没有发生本地登革热疾病。抓好结核病患者健康服务工作和学校结控工作，承担实施“中盖结核病检测现场示范项目”试点工作，国家专家实施工作效果好、质量高。

【妇幼保健】 2016年，全市有妇幼保健机构6间，助产机构86间，具备母婴保健技术考核合格证1593人。妇幼健康三级服务网络日臻完善。结合两孩政策加强“母婴安康”系列工作，完善重症孕产妇、新生儿救治网络和专家组，成立江门市医学会围产医学分会，开展产科建设对口帮扶，加大对产儿科人员培训力度。加强0-6岁儿童健康管理、孕产妇健康管理工作，全市推广使用统一的孕产妇、儿童健康管理手册，印发《江门市产后访视及新生儿访视工作实施方案》，规范全市产后访视及新生儿访视工作。抓好农村妇女免费补服叶酸、妇女免费乳腺癌和宫颈癌检查、预防艾滋病梅毒和乙肝母婴传播等妇幼重大公共卫生服务项目。市中心医院、市妇幼保健计划生育服务中心顺利通过省卫生计生委组织的人类辅助生殖技术校验，市妇幼保健计划生育服务中心获批筹建开展体外受精—胚胎移植及卵胞浆内单精子显微注射技术。完成全市各级妇幼保健和计划生育技术服务机构资源整合工作，出台《关于实施两孩政策后改革完善计划生育技术服务管理的通知》，在全市范围内安装二代身份证药具自助发放机206台，其中鹤山市实现村居全覆盖。推进妇幼示范工程创建，台山市获得2016年省级妇幼健康优质服务示范县称号；江海区、新会区被命名为2014-2016年全国计划生育优质服务先进单位；新会区成为国家计划生育药具不良反应监测地区，市妇幼保健计划生育服务中心被确定为2016年省级儿童早期发展示范基地。

【卫生监督】 2016年，出动执法人员5469人次，出动执法车辆1436车次；对医疗机构的违法违规行为立案查处74宗，警告62户次，罚款69户次，罚款金额13.75万元，没收违法所得0.29万元；在打击非法行医方面，对无证行医个体或人员违法违规行为立案处理72宗，取缔未取得《医疗机构执业许可证》的诊疗场所176间次，罚款33.50万元，没收违法所得5.46万元，涉嫌犯罪移送公安机关3宗。公共场所监管：全年共出动执法人员12555人次，出动执法车辆2709车次；检查店户9610户，立案查处72宗，警告55宗，罚款金额9.04万元，查处无证经营单位56间。

【爱国卫生】 至年底，江门市有国家卫生城市1个，广东省卫生城市4个；国家卫生镇（县城）2个（另蓬江区杜阮镇、鹤山市共和镇通过国家爱卫会技术评估，成功创建成国家卫生镇，未命名），广东省卫生镇20个，广东省卫生村499个，市卫生镇18个，市卫生村1896个。广东省卫生村受益人口覆盖率达10.29%，改水受益率为99.11%，自来水普及率为97.33%，卫生厕所普及率92.69%，无害化卫生厕所普及率89.25%。

【国家卫生城市复检】 2016年4月，江门市通过国家卫生城市省级复查。

【卫生村镇创建】 2016年8月，蓬江区潮连街道通过国家卫生镇复审；2016年12月，蓬江区棠下镇、台山市斗山镇被省爱卫会重新确认为省卫生镇。2016年，蓬江区杜阮镇、鹤山市共和镇通过国家爱卫会技术评估，成功创建成国家卫生镇（未命名）；全市完成创建7个省卫生镇，分别是新会区古井镇、大泽镇，台山市汶村镇，开平市苍城镇、大沙镇，鹤山市的鹤城镇、桃源镇，于2016年12月被广东省爱卫会确认为省卫生镇。2016年，全市完成创建省（市）卫生村751个。其中省卫生村138个，市卫生村613个，农村卫生创建工作上一个新台阶，卫生村受益人口90.6万人。

【全民健康教育】 2016年，江门市配合省卫生计生委开展“健康中国行”广东省主题宣传活动周活动：开展全市农民健康知识竞赛，选拔出台山市作为江门市代表队参加广东省的决赛，获得“全省农民健康知识竞赛”团队奖、情景剧表演、最佳人气奖三个一等奖。开展“每天一万步，健康我做主”倡议行动暨“万步健走”活动，组织市直卫生计生系统、蓬江区和江海区直机关事业单位、村（居）干部职工及当地群众约1000多人参加万步健走活动。开展江门市健康教育巡讲活动，范围遍布全市三区四市，巡讲活动受众人群达1000余人次，受到干部群众的欢迎。以“全面两孩”政策及生育健康知识集中宣传季活动、病毒性肝炎预防知识专题宣传、《广东省人口与计划生育条例（修正案）》专题宣传、卫生与健康“两会一纲”专题宣传活动为契机，举办文艺汇演、开展健康讲座、免费咨询义诊服务、发放宣传资料，2016年全市卫生计生系统举办义诊咨询服务654场，文艺演出136场，健康讲座342场，全市免费义诊咨询服务人数超10万人次。2016年蓬江区被国家卫生计生委选为第二批全国健康促进县（区）项目的试点地区之一。

（江门市卫生和计划生育局）

体育

【体育事业概况】 2016年，江门市体育局编制印发《江门市体育事业发展“十三五”规划》和《江门市全民健身实施计划（2016-2020年）》，为推动“十三五”时期市体育事业发展提供指引和路径支撑。举办第八届市运动会，产生545枚金牌（其中竞技组407枚，学校组138枚），田径有23人次14项、举重有2人次2项市纪录被刷新，涌现一批优秀体育苗子。江门“飞鱼”何健彬出征里约奥运会，江门籍残疾人运动员李汉华、熊桂艳、刘辅梁在里约残奥会上共获得1金1银2铜，市体育局荣获广东省参加第15届残奥会集体突出贡献奖。在2016年省锦标赛中，获金牌10枚，银牌19枚和铜牌32枚。承办2016年广东省健身气功站点联赛、广东省第二届百街千镇乒乓球比赛、广东省第一届传统龙舟争霸赛，2016广东省青少年武术散打锦标赛、中国排球联赛（2015-2016）广东男排台山主场赛事、第十九届“振兴杯”全国女子排球精英赛，举办第四届中国侨都健走马拉松大赛、第四届WNDA国际双节棍王争霸赛暨广东侨武英雄汇，全市经常参加体育活动的人口比例超过45%。新建并启用江门市国民体质监测中心，城乡居民体质达标率达82.6%。新成立江门市体育运动爱好者协会、江门市水上运动协会、江门市微型马拉松跑步协会和江门市排球协会，全市各级社会体育指导员达13229人。江门市被评为广东省青训俱乐部特色城市，有11所学校被国家教育部授予“全国校园足球特色学校”。有11所学校被评为2016—2020年度广东省体育传统项目学校，“江门市紫茶青少年体育俱乐部”“江门市新会区平山青少年体育俱乐部”被评为（2016—2018）国家级示范性青少年体育俱乐部。全市体彩全年总销量达4.14亿元，比上年增长22.04%，完成总任务比例118.31%，创历史新高。

【群众体育】 2016年，推进江门体育中心、各市（区）、镇（街）全民健身广场（公园）、社区（行政村）体育健身场地以及健身路径的建设，完善元宝山体育公园向群众开放的硬件、软件设施，全市新增公共体育场地面积126280平方米。全市12个街道已建有1500平方米的体育公园

（广场），覆盖率达到100%。有60个乡镇已建成3000-5000平方米的乡镇农民健身工程，覆盖率达到98%。全市所有行政村均有公共体育设施，其中应建农民健身工程的行政村已100%完成。在四市三区同步举行第四届中国侨都健走马拉松大赛，近10万人参加。举办马拉松健步走、自行车骑行活动、三人篮球赛、龙舟大赛、九人排球、武术醒狮等，开展全民健身活动。各级政府、体育部门、社会团体以及单项体育协会共举办149次全民健身竞赛活动，全市经常参加体育活动的人口比例超过45%。承办2016年广东省健身气功站点联赛、广东省第二届百街千镇乒乓球比赛、广东省第一届传统龙舟争霸赛，中国排球联赛（2015-2016）广东男排台山主场赛事、第十九届“振兴杯”全国女子排球精英赛等。举办2016“中国侨都”杯第四届WNDA国际双节棍王争霸赛暨广东侨武英雄汇、2016广东省青少年武术散打锦标赛等，传承和发展侨乡武术文化。2016年，新增登记体育组织11个、健身气功站点22个，新成立江门市体育运动爱好者协会，江门市水上运动协会、江门市微型马拉松跑步协会和江门市排球协会，市级体育类社会协会达38个。各体育协会相继举办第三届珠中江“元老杯”足球比赛、市第二十届体育舞蹈晚会、市第十七届体育节老年人广场舞邀请赛等，并组织开展义赛活动，为慈善公益活动筹集善款。市篮球协会组队参加2016年广东省男、女子篮球联赛，市老年人体育协会、乒乓球协会、篮球协会、羽毛球协会、网球协会等协会参加“珠、中、江、澳”体育交流活动。2016年，全市公共体育场馆免费或低收费向社会开放率达100%，公共体育服务的功能显著增强。开展体质监测工作，城乡居民体质达标率达82.6%。坐落在元宝山体育公园内，作为2016年市政府的督办项目，江门市国民体质监测中心建成。各体质测定与运动健身指导站每周定时免费对群众开放，蓬江、江海新建县级体质测定与运动健身指导站点。加强社会体育指导员队伍建设，全市各级社会体育指导员达13229人。社会体育指导员开展全民健身志愿服务40000多次，开展科学健身讲座24次。选派社会体育指导员参加第三届广东省社会体育指导员健身技能展示大赛获佳绩。

【竞技体育】 2016年，江门“飞鱼”何健彬出征里约奥运会，参加男子4×100米自由泳比赛。江门籍残疾人运动员李汉华、熊桂艳、刘辅梁在里约残奥会上共参加7个项目，获得1金1银2铜，1个第四名和1个第五名。彭健峰获2016年世界跳水大奖赛三米板第一名和亚洲跳水锦标赛三米板第一。黄焯钦参加全国马术盛装舞步锦标赛，勇夺男子个人赛1金1银，并与队友合作，为广东队夺取团体金牌。台山男排参加全国排球高水平后备人才培训基地训练营比赛获得第四名。江门市体育运动学校上送运动员取得各项全国锦标赛以上赛名次，有7人10次第一名，2人4次第二名，1人1次第三名。2016年，重新确定命名80所江门市体育传统项目学校（2016－2018年周期），每年给予1万元的经费支持，大力解决学校体育器材陈旧、不足的问题，为学生进行体育锻炼提供良好条件。有11所学校被评为2016—2020年度广东省体育项目学校，“江门市紫茶青少年体育俱乐部”“江门市新会区平山青少年体育俱乐部”被评为（2016—2018）国家级示范性青少年体育俱乐部。市体育运动学校申报“国家高水平体育后备人才基地（2017-2020）”通过初审，筹建现代化综合训练馆通过立项。鹤山市业余体校顺利完成搬迁工作，训练、生活环境得到改善。全年向省报批国家一级运动员8人，审批国家二级运动员55人，审核批准二级裁判员143名，三级裁判员45名。是年，江门被评为广东省青训俱乐部特色城市，制定《关于打造“一百百”足球工程，创建“国家青少年足球培训试点城市”的实施方案》《江门市关于推进青少年校园足球发展的实施意见》等文件，加大对校园足球经费投入，推广校园足球。评定72所江门市首批青少年校园足球推广试点学校，53所江门市首批青少年校园足球特色学校，有11所学校被国家教育部授予“全国校园足球特色学校”。举办江门市“映美杯”2016年青少年校园足球四级联赛冠军赛、2016年江门市首届青少年7人足球赛等。举办多期校园足球教练员、裁判员培训班，共有200多人参训。

【体育产业】 2016年，以市场化运作为基本手段，扶持千色花、搏牛等职业俱乐部发展，支持鼓励社会力量举办商业性和群众性体育赛事与培训活动。广东搏牛体育产业发展有限公司以承接广东省武术散打队为契机，承办2016年广东省青少年武术散打锦标赛。广东珠超俱乐部有限公司，是广东省五人足球职业联赛主办单位，现已获得珠超联赛四连冠，国内五人足球最佳明星球员俱乐部，国内最具品牌价值五人足球俱乐部，举办2015-2016赛季侨梦苑·千色花珠超联赛、2016广东足球超级联赛（江门赛区）暨“清华苑杯”江门足球超级联赛、2016江门市五人足球超级联赛等赛事。2016年，全市体彩年销量达4.14亿元，比上年增长22.04%，完成总任务比例118.31%，创历史新高。推动网点建设和培训帮扶，体育彩票销售网点规模达到342个。提升体彩从业人员水平，全年举办10个主题共68场业务培训，超过2万人次参加。

【体育安全生产监管】 2016年，全市现有高危体育项目经营企业152家，其中游泳项目139家，漂流项目4家，潜水项目2家，海浴场6家，卡丁车项目1家，已取得经营许可证的有104家，已注销许可证的有8家，待审批的有5家，尚未申请的有35家。吸取“528”台山端芬凤凰峡漂流淹溺事故教训，加强全市高危险性体育项目经营场所安全生产监管工作，规范行政执法，落实安全责任，加强安全检查，强化隐患整改。召开全市高危险性体育项目安全生产工作会议，组织高危应急预案演练活动，巩固并提高管理人员预防及应急处理事故的能力。实行高危险性体育项目经营场所备案管理，全年对三区四市的高危险性体育项目经营场所检查40家次，发放13份停业整改通知书。加强体育行业特有职业技能鉴定工作，全年举办五期游泳救生员培训班及一期社会体育指导员（游泳）培训班，参加培训的学员超过300人，排在广东省前列。

【江门市第八届运动会】 2016年8月8日，由江门市人民政府主办，江门市体育局、江门市教育局承办的“中国侨都 邑邑生辉”江门市第八届运动会开幕，8月18日闭幕。本届市运会参照广东省第十四运动会设竞技体育组（17个项目）和学校体育组（11个项目）两个组别，由三区四市组成代表团参赛，参赛运动员约4500人，领队、教练员达850人，所有项目赛事分设在蓬江、新会、台山、恩平（合共13座比赛场馆）进行。本届市运会产生545枚金牌（其中竞技组407枚，学校组138枚），田径有23人次14项、举重有2人次2项市纪录被刷新。新会、台山、鹤山名列代表团金牌总数前三，新会、鹤山、台山名列代表团总分前三。（朱非白）

·责任编辑 关明珠·

社会民生

Social livelihood

人力资源和社会保障

【人力资源和社会保障概况】 2016年，江门市人力资源和社会保障局完善社会保障体系，提高保障能力，优化人才服务，深化人事制度改革，构建和谐稳定的用工环境,落实深化改革、补齐短板、托住底线、防范风险的目标任务。

【就业创业】 2016年，江门市新增就业4.75万人，城镇登记失业率2.38%;开展创业培训2421人次,举办师资培训班2期，培养师资60人。出台《江门市市级就业创业专项资金管理办法》，提高资金使用的安全性、规范性和效益性。开展“一对一”就业帮扶服务，实施“互联网+失业救济”，失业人员“一站式”服务站点增至73个。印发《关于做好江门市创业孵化基地认定和管理工作的通知》，新建江门市大学生创业孵化基地西区分基地，扩大创业孵化基地规模，实施一园两区管理新模式。创业孵化基地现有在孵创业团队77个，是年新入驻创业团队36个，新增带动就业306人。优化创业孵化服务措施，修订财税代理和工商代办补贴办法，升级光纤网络，筹建“创客咖啡”，举办创业沙龙、创业宣讲活动等。江门市大学生创业孵化基地被评为小微双创示范基地重点基地，获得850万元专项奖补资金。推进珠西先进产业优秀人才“双创”（创业创新）园建设，预计建成后可同时容纳100家创业团队入驻孵化，带动就业达500人，年直接产值达1亿元。新增应届高校毕业生到中小微企业就业补贴自动推送信息、用工备案个人确认等功能。全市发放就业补助补贴资金14146.76 万元，惠及就业扶持对象9.50万人。发布四期“寻企”“寻人”启事，实现重点补贴项目发放的突破。开展“就业援助月”“春风行动”“南粤春暖行动”“民营企业招聘周”等活动，全年举办专场招聘会426场，提供岗位15万个，进场求职12.6万人次，达成就业意向约7万人，成功就业约4.5万人。

【职业技能培训】 2016年，江门市出台《江门市高技能人才培育资助办法》，完善江门高技能人才培养、评价、使用、激励机制。全年劳动力技能晋升培训补贴18477人次，发放补贴3176.24万元。增加高端技能人才培育四大资助项目：资助高技能人才培育平台、资助高技能领军人才、资助高级技师、资助培育国际接轨高技能人才的企业。推动“名师工作室”建设，德国莱比锡工商联合会决定与江门技师学院合作培养工业技能4.0人才。省内首创以职业培训联盟实现高技能人才“菜单式”培养，发动本市企业、职业技术院校、技工院校、职业培训机构、科研机构和行业协会自愿组建职业培训联盟。为193家企业提供“菜单”服务1156人次。全年组织开展职业技能鉴定64973人，获得职业资格证书41013人，鉴定合格率为63%。全市新增高技能人才13796人。和省职业技能鉴定指导中心探索依托中车广东轨道交通车辆有限公司打造“省市企”共建企业技能人才评价示范基地。全市新增12家技能人才自主评价企业，新增参评人数达1039人，江门市企业技能人才评价的企业数、工种数和评价人数排在全省前列。

【人事管理】 2016年，江门市招考公务员职位905个，录用公务员821人。开展粤东西北地区乡镇事业单位专项公开招聘，招聘岗位344 个。组织17家事业单位赴广州、南京开展高校现场招聘，招聘岗位105个，确定拟聘用人选70人。全年推出事业单位岗位1214个，机关雇员岗位60个，完成聘用事业单位工作人员812人，雇用机关雇员45人。2016年，市直事业单位共引进高层次人才56名、紧缺人才2名。首次将年度考核优秀名额与本单位绩效考核排名挂钩，督促各部门重视绩效考核工作。印发《关于进一步规范事业单位人员聘用工作的通知》，对事业单位人员聘用管理提出更明确、具体的要求。

【人才队伍建设】 2016年，江门市推进博士后创新示范中心建设，选址确定在万达写字楼七楼建设（约1800平方）。推进人才公寓储备和人才驿站建设，制定《江门市高层次人才驿站管理办法》，推进温泉、海岛、景点、体育健身等驿站项目的落实。出台实施《江门市人民政府关于完善体制机制加快建设人才强市的若干意见》及十项配套政策。引进海外高层次人才创业项目9个。引进国家“千人计划”项目2个，实现江门市国家“千人计划”人才“零”的突破。广东杰士农业科技有限公司的“农用生物刺激物产品工艺研发专家服务活动”

被国家人力资源社会保障部批准为“2016年万名专家服务基层行动计划示范项目”，实现江门市该示范项目零的突破。协助11家重点企业委托省外专局赴国外招聘海外高层次人才；组织5家企业参加中国国际人才交流大会。开展人才项目申报工作，其中：1个项目入选2016年“海外赤子为国服务行动计划”，获得国家人力资源社会保障部15万元资金资助；1个项目入选“广东省2016年留学人员创业启动资助项目”，获得省人力资源社会保障厅10万元资金资助；1个项目入选“2016广东省海外名师项目”，获得省人力资源社会保障厅1.74万元资金资助；2人入选“广东特支计划”，获得省财政厅60万元资金资助；58人、2 个项目入选“扬帆计划”，获得省财政厅259万元资金资助；海归博士后李阳成功入选国家“万人计划”，是江门市首名入选该项目的高层次人才。国家人力资源社会保障部批复同意在江门市试点建设“全国博士后创新（江门）示范中心”。举办2016年两院院士、“千人计划”专家暨创业导师江门行、南方医科大学专家江门行、全国百名旅游博士江门行、海外人才江门行暨校企对接等活动。成立江门市人才研修院及“经纶侨都智库”。举办两期中国侨都（江门）博士后大讲堂”学术报告会。在美国、加拿大、香港建立3家人才服务工作站和3家示范中心国际孵化基地。与澳门科技大学建立战略合作关系，该校科研成果在同等条件下优先在江门市转化，并为江门从事科研创新的人才提供、共享必要的人才力量和实验设备、设施。创新示范中心与美国、加拿大、俄罗斯、法国、英国、澳大利亚等国家的学生学者联谊会签订战略合作协议。全市新增16家单位设立博士后创新实践基地，新设基地数量居全省第一。至年底，全市有博士后创新实践基地43家，博士后科研工作站11家，在站博士后11人，待进站博士后7人，2016年进站博士后4人，当年出站博士后2人。全市组织开展公务员初任培训649人，正副科级、正副股级中层干部任职培训679人，“职业道德建设”全员培训20862人，网络培训4636人，军队转业干部适应性培训47人，人力资源开发研讨班100人。

【劳动关系协调】 2016年，江门市处理劳动保障监察案件5247宗，其中，拖欠工资案件2888宗，涉及拖欠工资人数12986人，涉及拖欠工资额10909万元；全市人力资源社会保障部门处理来信来访事项10911批次，涉及人数15748人次；处理突发事件153宗，涉及劳动者8437人。开展以“构建和谐劳动关系、维护职工劳动权益”为主题的宣传活动；举办人力资源社会保障政策讲座、编印《江门侨乡人力资源》专刊，搭建政企沟通平台。强化劳资纠纷风险排查预警，采取网格巡查、重点检查、科技专查、专项检查等方式，加大隐患排查力度。建立劳资纠纷风险隐患滚动排查三级（地市、市区、镇街）台账，实行每月逐级定期报送制度，对矛盾隐患进行统一管理，落实专人负责、专项跟进，做到当月排查当月化解。开展网上用工备案申报专项执法行动，督促全市用人单位依法进行就业合同登记备案和用工情况申报。落实抓捕欠薪逃匿人员有功部门及个人奖励制度，做好拒不支付劳动报酬行为涉嫌犯罪案件的调查、移送工作，严厉打击恶意欠薪行为。全市移送涉嫌拒不支付劳动报酬罪案件57宗，涉及人数1974人，涉及金额1580.73万元。推进义务调解员制度，建立义务调解员工作台账，核发调解员证326个。全市劳动人事争议仲裁机构受理案件6256宗，涉及人数11007人，结案6130宗，法定审限内结案率98.98%；调解2401宗，涉案金额16301.27万元。

【城镇职工基本养老保险】 2016年，江门企业职工养老保险退休人员月人均增发养老金127.06元，调整后全市职工养老保险月平均养老金为1896.56元。推进机关事业单位养老保险制度改革，成立市级改革工作领导小组，研究制定改革工作计划，印发《江门市人民政府关于贯彻落实机关事业单位工作人员养老保险制度改革的通知》。

【城乡居民基本养老保险】 2016年，江门市城乡居保基础养老金最低标准由每人每月100元提高到每人每月110元。在蓬江区和江海区扩大全征地农民养老保障工作试点范围，截至2016年12月底，全市实施全征地农民基本养老保障政策试点的行政村（社区）35个，已认定全征地农民50565人，已纳入养老保障范围28127人。其中，领取全征地农民市基础养老金1200人；享受参保补贴13938人；领取城镇基本养老保险待遇12989人（含一次性趸缴保费9383人）。严格审核征地项目社会保障工作落实情况，至年底，审核征地项目社会保障工作落实情况38宗，应纳入养老保障范围人数9188人，计提养老保障资金9294.588万元。推进被征地农民养老保障资金分配工作，将被征地农民养老保障资金4.83亿元划拨至村集体经济组织。

【医疗保险】 2016年，江门市深化医疗保险支付制度改革，出台基本医疗保险付费方式改革试行方案，从2017年1月1日实施，实行医保基金预付机制，基本医疗保险付费总额控制。出台按病种付费工作方案，对多发病、常见病以及部分重特大疾病实施按病种付费，有效地控制医疗费用不合理增长。拟定《江门市基本医疗保险城乡一体化改革方案（征求意见稿）》。扩大家庭医生覆盖面，至年底，10个家庭医生团队共签约和建档居民22205人，其中：慢病患者7681人；提供基本医疗服务168070人次，其中：诊疗服务58896人次，随访服务104834人次，上门服务3829人次，健康体检4340人次。完善职工医保普通门诊统筹制度，新增一个门诊选点，增加参保人就医便利性，满足参保人多样化就医需求，相应增加一个报销额度，参保人待遇水平得到进一步提高。创新扶贫方式，建立健全困难群众医疗保障扶贫制度，对符合条件的困难群众100%实施医疗保障精准扶贫，按规定提供精准全额资助。2016年各级财政对城乡居民医保的补助标准提高到年人均420元。建立定点医药机构协议管理制度。

【失业保险】 2016年3月1日起至2020年底止，失业保险费率由2%降至1%，其中，用人单位费率由1.5%降至0.8%，个人费率由0.5%降至0.2%。督促落实发放失业保险“稳岗补贴”，是年，有58家企业通过审核，发放稳岗补贴总金额1072.76万元，惠及企业职工61560人。

【工伤保险】 从2015年10月1日起至2016年6月30日，江门市工伤保险缴费费率在2015社保年度的基础上统一下调0.05%。出台江门市工伤保险费率浮动管理办法，从2016年7月1日起,用人单位由现行的三类行业缴费细化为八类行业进行缴费，2016年7月1日起至2017年6月30日，各用人单位的缴费费率暂按所属行业基准费率确定，2017年7月1日起执行费率浮动。出台《江门市建筑业工伤保险工作实施方案》，明确建设单位应在项目开工前一次性足额缴纳工伤保险费。全市共有139 名工伤职工接受工伤康复治疗。

【生育保险】 2016年7月1日至2017年6月30日期间，继续执行职工生育保险费率优惠政策，职工生育保险费率维持0.5%不变，个人不缴费。实施生育保险直接结算，公布生育保险定点医疗机构首批名单，在定点医疗机构可直接结算符合国家和省规定的生育医疗费用。

【“邑门式”政务服务平台投入运行】 2016年11月3日，江门市“邑门式”政务服务全面启动仪式在市行政服务中心举行，“邑门式”政务服务平台投入运行，实现全市覆盖、全省首创、全国领先。按照“1+7+74+1324”（即1个地级市法人“邑门式”中心、7个市（区）级法人“邑门式”中心、74个镇（街）自然人“邑门式”中心、1324个村（社区）公共服务站）模式，江门在全国率先建成覆盖市县镇村四级、全市统一的“邑门式”公共服务综合管理平台,打造“15分钟便民服务圈”。74个镇(街)“邑门式”公共服务中心实现镇(街)一级政务服务网络全覆盖，打通政府服务群众的“最后一公里”。“邑门式”公共服务管理平台系统依托网上办事大厅，对全市范围内的公共服务事项的基础数据实行统一的标准化配置，统一全市公共服务的互联网入口。“一个界面”可受理、审批、办结，处理信息、责任人及办理结果等将全程留痕，有迹可查。首批16个部门的302个事项纳入“邑门式”，68项业务可实现全城通办，最低生活保障申请、企业退休人员社会化管理、换（补）领居民身份证等业务均可在四市三区范围内实现异地申请，市民在不同的邑门式公共服务中心均可享受到相同的标准化的服务体验。江门市计划从三方面提升“邑门式”政务服务：加强标准化管理，实行统一考核;深化“邑门式”系统二期开发，实现更多事项的异地申请、同市通办，并继续推广“侨都之窗”自助服务平台，拓宽自助服务终端覆盖面;抓好“放管服”，将“邑门式”服务事项延伸至村(居)办理，完善面向企业法人的“邑门式”服务，推行“两无两藏”。

【“大民政”综合保障体系建设“十三五”规划发布】 2016年8月2日，江门市印发《江门市“大民政”综合保障体系建设“十三五”规划》（以下简称《规划》），提出政府从养老服务市场逐步退出，建立以社会资本参与为主体的养老服务市场，至2020年，建成以居家为基础、社区为依托、机构为支撑的功能完善、规模适度、覆盖城乡的养老服务体系。《规划》还编制未来五年江门“大民政”工作发展规划，提出建立适度普惠型的助残制度、培育发展社会组织发挥其社会治理的主体作用、按照公共服务均等化要求普及城乡社区服务、按照小康社会生活标准提高综合社会救助水平、加大儿童福利的普惠力度等措施。

养老服务市场完善 《规划》提出，政府从养老服务市场逐步退出，建立以社会资本参与为主体的养老服务市场。探索公办、公建养老机构运营体制改革，2017年开展试点，2018年逐步向全市推广。推动敬老院改造升级，2020年前，对基础设施落后且不能搬迁和整合的敬老院改造完毕，符合区（市）养老服务规划布局的敬老院，通过公办民营转型升级为区域性养老机构，其他的逐步改建成居家养老服务设施。鼓励和扶持社会资本办养老机构，2016年，修订民办养老机构管理实施细则，进一步完善民办养老机构扶持优惠政策，2020年，民办养老机构及公办民营、公建民营等养老机构比例达到50%以上。

居家养老服务水平提升 《规划》提出，城乡居家和社区养老服务设施覆盖率要达到100%；推广购买社工机构居家养老服务；推广完善养老助残网格化；建立完善“平安通”紧急呼叫系统。建立经济困难的失能、失智、失独、高龄等户籍老人护理补贴制度；支持各类院校和职业培训机构设置老年医学、护理等相关专业或培训项目；鼓励医疗机构与养老机构合作共享资源；全面落实80岁以上高龄老人政府津贴制度。

普惠型的助残制度建立 《规划》提出，建立适度普惠型的助残制度。提高残疾人生活津贴和重度残疾人护理补贴标准，扩大受惠面。到2017年，低保残疾人生活津贴标准提高到每人每年1800元，重度残疾人护理补贴提高到2400元/年。对符合条件的残疾人家庭及时纳入最低生活保障范围。同时将重点实施残疾儿童抢救性康复项目，加快残疾儿童康复机构规范化建设，逐步提高各类残疾儿童康复救助的补贴标准。

儿童福利的普惠力度加大 《规划》提出，结合江门孤儿和艾滋病病毒感染儿童基本生活费自然增长机制，2020年，机构养育标准达到每人每月1800元，分散养育标准达到每人每月1000元。江门还推动适度普惠型儿童福利体系建设。2016年，在江海区开展试点工作；2018年底前，推广到东部三区一市；2020年底前，全市适度普惠型儿童福利体系全面建立。探索将事实无人抚养儿童、残疾儿童、重病儿童、困境家庭儿童等特殊儿童群体纳入保障范围，通过保障基本生活、发放生活补贴、完善医疗康复、加强教育服务等形式提高困境儿童生活质量。

综合社会救助水平提高 《规划》明确指出，要按照小康社会生活标准，提高综合社会救助水平。江门统筹推进全市低保标准一体化，逐步缩小各市（区）人均补差差距，促进低保保障均等化；逐步扩大低保救助的覆盖率，逐年提高城乡低保救助标准，2018年，实现城乡低保标准一体化，低保救助标准达到当地区（市）上年度居、村民人均消费支出的30%以上；2020年底前达到40%以上。对无劳动能力、无生活来源且无人照顾的老年人、残疾人以及未成年人等特困人员，《规划》要求逐步提高基本生活供养标准，2017年前达到当地居民上年度人均可支配收入的70%以上；2020年前达到当地居民上年度人均可支配收入的80%以上。江门还制订医疗救助办法，对重点对象在定点医疗机构发生的政策范围内住院费用中，经基本医疗保险、大病保险及各类补充医疗保险、商业保险报销后的个人负担费用，按不低于80%的比例给予救助，年最高救助限额不低于5万元。

“邑门式”公共服务推行 在城乡社区服务体系建设方面，《规划》提出要进一步深化村（居）公共服站建设，完善市（区）、镇（街）、村（居）公共服务平台三级服务网络，推行“邑门式”公共服务；加快“邑家园”社会服务综合平台建设，大力推动“三社联动”，建立以社区为平台、社会组织为载体、社会工作专业人才为支撑的“三社联动”模式。在2018年前，全市围绕“邑家园”建立完善的基层综合服务平台体系。到2020年，全市逐步建立城市社区网格化管理机制。

社会组织培育发展 《规划》提出深化社会组织登记制度改革，2017年前全面实行网上申报，并重点培育、优先发展行业协会商会类、科技类、公益慈善类、城乡社区服务类社会组织，提升社会组织的服务功能。推进社会团体与行政机关脱钩，确立社会团体的法人地位，提升依法自治水平和服务社会能力。江门还完善社会组织综合监管体系，按照“统一登记、各司其职、协调配合、分级负责、依法监管”的要求，明确登记管理机关、行业管理部门、业务主管单位以及相关职能部门职责，加大事中事后监管力度，切实履行各自的监

管责任。

计划生育

【计划生育事业概况】 2016年，江门市常住人口年末总人口为456.01万人，出生人数为46036人，自然增长率为4.13‰；江门市户籍人口政策生育率为97.28%，对比上年全年提高4.06个百分点，政策外多孩率为0.91%，对比上年全年降低0.12个百分点；流入半年以上流动人口政策生育率为96.09%，对比上年全年提高5.54个百分点，政策外多孩率为0.93%，对比上年全年降低0.67个百分点；户籍人口出生人口性别比为107.51。（以上计划生育数据统计口径为2015年10月1日至2016年9月30日。）

【人口计生目标管理】 2016年，江门市人口计生考核办先后对全市36个镇、街人口计生目标管理责任制进行现场考核或重点数据质量督查，对其余未现场考核的38个镇、街进行综合评估；对16个市卫生计生兼职单位计生综合治理情况进行考评。蓬江区白沙街、环市街、潮连街、杜阮镇，江海区江南街、外海街，新会区双水镇、会城街、沙堆镇，台山市都斛镇、大江镇，开平市赤坎镇、水口镇、三埠街、长沙街，鹤山市鹤城镇、沙坪街、古劳镇，恩平市大槐镇、东成镇全面完成人口计生目标管理责任制指标，位于全市先进行列。江门市发展改革局、江门市教育局、江门市公安局、江门市财政局、江门市人力资源社会保障局全面完成人口计生综合治理职责。其余镇、街和市人口计生兼职单位2016年度人口与计划生育目标管理责任制考评达标。

【计划生育利益导向政策调整】 2016年，江门市提高计划生育利益导向奖扶标准，全市农村部分计划生育家庭奖励标准从每人每月120元提高到每人每月150元；全市计划生育特殊困难家庭扶助金由原来的死亡800元/伤残500元分别提高到死亡1000元/伤残800元。全市共增加1603.63万元用于上述两项计划生育利益导向政策的调整。全面兑现计划生育各项奖励扶助。2016年，全市各项奖扶人数共11.75万人，发放金额 1.24亿元。其中城镇独生子女父母计划生育奖励43272人，发放金额4088.6688万元；农村部分计划生育家庭奖励28267人，发放金额4391.663万元；农村计划生育节育奖 44674人，发放金额2729.805万元；计划生育家庭特别扶助 1270人，发放金额1170.74万元。各项奖励金和扶助金及时、准确划拨到对象的账户中，政策落实率和及时率达100%。

【综合治理出生人口性别比】 2016年，江门市建立查处和打击“两非”工作机制，采用不定期检查与专项监督相结合的方式，加强母婴保健卫生监督执法，健全区域协作机制，联合公安、食药、工商等部门开展专项执法行动，对“两非”违法行为保持高压打击态势。全市各级开展打击“两非”专项行动，全年共出动人数1300多人次，排查医疗卫生机构、个体私营诊所、药店等400多间。重点对开展母婴保健技术、B超诊断的医疗卫生机构进行督查，采取暗访等多种形式，深挖案源。江门市共查处涉嫌“两非”行为案件6宗。2016年，全市出生人口性别比107.4，基本处于正常值。

【关爱计生贫困家庭】 2016年，计生保险业务整体保费规模较上年同期增长15%，参保保费首次突破600万元，累计达到623.7万元，赔付金额320万元，赔付人数1358人，综合赔付率达到51%。省计生协、省人口基金会、中国人寿广东省分公司联合开展2016年“失独家庭”综合保险赠送公益活动，为江门市计生困难家庭766人赠送的保险资金达15万元；江海区成为全省5个创建全国计划生育基层群众自治示范县（区）之一，得到江门市财政部门12万元资金支持；2016年共筹集“一元爱心”捐款69000元，用于救助全市计生贫困户27户，每户帮扶2500元。

【流动人口计生服务管理】 2016年，江门市流动人口共1392658人，其中跨省流入843780人，省内流入254984人，流出人员293894人。全市各镇（街道）在流动人口信息互联互通、异地查询、跟踪监测、动态管理工作方面已进入常态化。全市PADIS协查信息反馈率100%、反馈及时率99.95%、PADIS通报信息接收率98.86%、接收及时率94.25%、省内流动人口业务通报处理及时率100%。完成流动人口动态监测调查工作。2016年全国流动人口卫生计生动态监测调查工作，涉及江门市的7个市、区，10个镇、街道，20个村居、社区。在全省参加动态监测的62个县（市、区）的综合评分中，江门市的恩平市、台山市实现所有调查项目指标“0差错”，数据质量的“总误差率”为“0”，并列排名全国和全省的第1位。

【全面两孩政策实施】 2016年，江门市贯彻实施新修订的《人口与计划生育法》《广东省计划生育条例》，召开新闻通报会，通过江门电视台、电台、报刊等主流媒体向市民做好全面两孩政策的解释工作；利用微信、微博、网站、短信等多种形式进行宣传，提高群众对新政策的知晓率；出台热点问题解读，引导公众合法生育，为“全面两孩”政策在江门市顺利实施营造良好社会舆论氛围。将出具计划生育证明、生育登记、再生育审批等服务项目纳入“邑门式”公共服务中心办理。通过信息化手段推进工作，生育登记、再生育审批服务事项推行网上办理，为群众提供更便捷的服务。江门市妇幼保健院等多家医院开设“二孩生育门诊”，为市民二孩生育开辟绿色通道，提供孕检、康复、保健提供等医疗服务。全市取消凭“施行计划生育手术证明” 施行取出宫内节育器手术和十四周以上人工终止妊娠手术规定，落实免费服务。做好对育龄妇女的免费孕前优生检查和孕期保健服务工作，对婚后、孕期、产后、术后的育龄妇女定期进行温馨随访，切实提高计划生育优质服务。

民政

【民政工作概况】 2016年，江门市各级民政部门以深化“大民政”为抓手，构建起覆盖城乡的大民生保障格局。江门市代表广东省接受民政部督查调研民政重点工作落实情况，获得“江门市民政工作扎实创新，成效欢欣鼓舞”的高度评价；民政部副部长宫蒲光到江门市调研考察时，赞扬市民政工作有特色、有创新，社会服务便民贴心；荣获“广东省双拥模范城”“全省优秀地市”称号。

【社会组织登记管理】 2016年，江门市各级民政部门依法登记社会组织3820家，其中社会团体2766家、民办非企业单位1052家、基金会2家，2016年新成立登记社会组织171家。推动社会组织等级评估工作有新进展，至年底，江门市各级民政部门对142家个社会组织认定评估等级，其中2016年认定27家。协助推进政府职能转移和购买服务工作，至年底，江门市各级民政部门先后审核认定21批具备承接政府职能转移和购买服务资质的社会组织目录，有235家社会组织纳入目录，作为政府选择社会组织承接职能转移和购买服务的资质依据。

【社会工作】 2016年，江门市民政局着力推进社工人才队伍建设，全市共有2696人报名参加全国社会工作者职业水平考试，873人通过。至2016年底，全市取得社会工作者职业水平资格证书的有2446人，其中助理社会工作师2081人，社会工作师365人；培养首批社会工作本土见习督导26名。社工机构发展迅速，至年底，全市成立社工机构112家，比2015年度新增18家；社工服务扩展到扶老助老、残障康复、青少年成长、社会福利、社会救助、慈善事业、社区建设、婚姻家庭、精神卫生、教育辅导、就业援助、职工帮扶、犯罪预防、禁毒戒毒、矫治帮教等领域。是年，开展全市社会工作行业调研和家庭综合服务中心社会工作调研，出版《江门市社会工作发展研究》书籍，为江门市社会工作服务标准化建设奠定基础；印发《江门市家庭综合服务中心社会工作服务指引》，加强江门市家综社工服务的标准化建设。

【基层政权与社区建设】 2016年，加强基层组织建设巩固村务公开民主管理工作，全市903个村、246个社区成功创建成为全省村（居）务公开民主管理示范单位，创建率分别达86%和90%。规范建设村务监督委员会，全市1051个村委会全部建立村务监督委员会，确保村务监督委员会有人员、有场所、有牌子、有章子、有经费、有规程、有奖惩、有培育。启动村（社区）“两委”换届选举筹备工作，市出台《关于认真做好村（社区）“两委”班子换届准备工作的通知》（江委基层治理领导小组〔2016〕2号）《关于印发江门市第七届村民委员会换届审计工作方案的通知》（江农〔2016〕239号）有关文件，各地按照有关要求认真做好深入调查摸底，摸清基本情况，提前排查整治，组织考察及换届审计等工作。推进农村社区建设试点工作，选取蓬江区、江海区作为省、市农村社区建设试点单位，并分别确定2个镇（街）18个试点村；市申报江海区外海街道麻三村委会、礼乐街道英南村委会申报全国农村社区建设示范单位。推进邑家园全覆盖建设，2016年，江门市推进邑家园家庭综合服务中心（以下简称邑家园）建设工作，全市1325个村（居）邑家园全部完成建设并投入使用，全市73个镇（街）枢纽型邑家园已全部完成建设，实现邑家园服务村（居）全覆盖。邑家园通过“三社”联动（社区、社会组织、社工）、“三建”齐动（党建、社建、群建）、“三工”互动（党员义工、社工、义工）的服务格局，为群众提供贴心齐全的综合服务（党建服务、行政服务、长者服务、扶贫服务、生育服务、残疾人服务、职工心理健康服务、青少年服务、妇女儿童服务等服务内容，结合实际增加“X”项本地特色项目），该项目被江门市直属机关工作委员会评为2016年江门市直机关“管理创新奖”表扬项目。

【老龄工作】 2016年，江门市老龄工作按照“党政指导、社会参与、全民关怀”的老龄工作方针，围绕“五个老有”目标推进各项工作。10月22日，市老龄办在东湖广场举办“敬老爱老，全民行动”敬老文艺晚会，市欢乐合唱团、市紫杜鹃艺术团、市夕阳红艺术团等12个老年文艺团体用他们的歌声和舞蹈欢庆自己的节日，展示老年人的活力和风采。11月7日，市老龄办在东湖影剧院举办第七届老年人文艺汇演，市老干部活动中心等14支老年文艺表演队伍表演了18个节目，有大合唱、小组唱、舞蹈、地方曲艺等，还有五邑方言咸水歌。表演队用他们自编自导的歌舞，歌颂伟大的党、伟大的祖国，歌颂欣欣向荣的五邑侨乡。11月16-17日，市老龄办在江门市太白金星乒乓球馆举办2016年老年人乒乓球赛，市直、五邑大学、蓬江、江海、新会、台山、开平、鹤山、恩平等9支队伍参加比赛。新会、蓬江、恩平代表队分别获得男子团体冠、亚、季军；新会、开平、台山代表队分别获得女子团体冠、亚、季军；蓬江陈策勋、台山陈水生、新会周锦浓分别获得男子单打个人冠、亚、季军；新会钟丽珍、五邑大学雷乐怡、鹤山包惠芳分别获得女子单打个人冠、亚、季军。是年，全市老年人协会共1282个，参加人数25万人，其中村（居）老年人协会1014个，参加人数21.5万人；其他老年社团、基金会236个，参加人数0.22万人。

【优抚安置】 2016年，江门市有享受抚恤补助的优抚对象23093人，其中残疾军人959人，“三属”313人，在乡复员军人975人，带病回乡退伍军人2044人，部分参战涉核退役人员8701人，铀矿开采退役人员385人，享受老年生活补助的农村籍退役人员9333人、部分烈士子女（含部分错杀被平反人员子女）43人，“五老”人员340人。全年抚恤补助总开支约16633万元（含伤残抚恤金），其中中央和省财政拨款约9156万元，地方财政配套资金约7477万元。各类定恤定补标准较去年有较大幅度的提高，切实保障优抚对象的生活，其中：烈属抚恤金月平均标准城镇1962元，农村1651元；因公牺牲军人遗属抚恤金月平均标准城镇1716元，农村1529元；病故军人遗属抚恤金月平均标准城镇1620元，农村1440元；在乡复员军人生活补助月平均标准1077元；带病回乡退伍军人生活补助月平均标准627元；部分参战涉核退役人员生活补助标准580元；“五老人员”平均每人每月493元。全市兑现优待军属户数2220户，总兑现金额约2562.68万元。2016年，做好安置退役士兵及军队离退休人员工作，全市接收退役士兵1012人，其中城镇退役士兵146人，城镇复员士官14人，农村退役士兵741人，农村复员士官94人，转业士官13人，服役10年以上复员士官3人，1至6级患病义务兵1人。选择自主就业999人，政府安排工作13人，安置率100%，全市发放一次性安置补助金约2214万元。

【“双拥”工作】 2016年，江门市促进军民融合深度发展，巩固和发展“同呼吸、共命运、心连心”的大好局面，与时俱进地抓好拥军优属各项任务的落实，推动双拥工作持续创新发展。

双拥工作新发展　2016年，开展各项走访慰问活动。全市各级充分利用元旦、春节和建军节等重大节日，大力弘扬拥军优属优良传统，认真做好节日期间的拥军优属慰问活动，2016年全市各级在元旦春节、“八一”建军节期间开展拥军优属活动，全年各级支持部队建设资金3073.53万元，各级财政增加安排部队专项经费、生活补助、部队建设等多项经费，帮助部队解决实际困难。

双拥宣传教育　2016年，江门市结合纪念建国67周年、建军89周年及红军长征胜利80周年为契机，开展宣传人民军队的丰功伟绩、拥军优属和拥政爱民先进事迹的教育活动，宣传在新一轮创建工作中涌现的模范单位和先进个人。创新双拥宣传形式，围绕双拥工作和军政军民团结的本质属性和重大意义、双拥工作的重要地位作用、做好新形势下双拥工作的目标任务，以命名表彰大会为契机，重点突出侨乡双拥主题，力促传统优势与信息技术有效融合，发挥双拥宣传阵地作用，充分利用报刊、双拥工作专栏、双拥简报、微信、微博平台等宣传媒体大力宣传报道双拥精神和国防知识，宣传双拥工作模范先进事迹。拓展宣传教育格局，全市各级初步形成常态多元化宣传网络，在市区广场、繁华街道、小区公共场所、交通要道出入口等设立双拥广告牌，张挂宣传标语，引导社会关心和参与双拥工作。同时结合"两学一做"学习教育活动，把弘扬军爱民、民拥军的优良传统贯穿其中，不断掀起新的双拥热潮。加强双拥文化建设，营造双拥工作浓厚氛围，在"八一"建军节期间联合市直部门举办"八一"军民鱼水情双拥文艺晚会；在"十一"国庆节期间联合各驻军部队成功举办江门市军民文明一家亲文艺晚会系列活动，首创举办军民歌唱祖国红歌快闪主题活动和举办驻军部队军备展，向广大市民展示驻军部队精神面貌和装备风采，加强国防教育工作。加强爱国主义教育宣传阵地建设，开平市周文雍陈铁军烈士陵园荣获国家级烈士纪念设施。

双拥获奖情况 2016年，江门市荣获广东省双拥模范城称号，新会区、台山市、开平市分别荣获广东省双拥模范城（区）称号，鹤山市雅图仕印刷有限公司荣获广东省爱国拥军模范单位，鹤山市民政局局长刘际宁和台山市川岛镇镇委书记赵智健同志荣获广东省爱国拥军模范个人称号。

【慈善事业】 2016年，江门市整合"扶贫济困日"和慈善公益万人行两大活动，以"精准扶贫•慈善众筹"为主题统一举办江门市2016年慈善公益活动。6月30日在台山新宁体育馆举办"善行侨乡-2016年江门市慈善公益晚会"，全市筹集善款人民币逾1.32亿元。举办江门市第一届慈善项目创意大赛并评选出5个项目纳入2016年慈善公益活动定向认捐项目。统一建立江门慈善网及市、县（区）慈善会官网和微信公众号，实现随手捐功能。

【儿童福利服务体系建设】
2016年，江门市提高孤儿和艾滋病病毒感染儿童供养水平，集中供养1340元/人/月、分散供养820元/人/月。全市共有孤儿732人，其中集中供养175人、分散供养557人；全年累计发放孤儿、艾滋病病毒感染儿童基本生活费871.924万元。落实事实无人抚养儿童基本生活保障制度，补助标准不低于500元/人/月。截至2016年12月，全市共有事实无人抚养儿童367人，其中属低保对象的249人、属非低保对象的118人；全年累计发放事实无人抚养儿童基本生活费173.2万元。高标准打造江海区全国、广东省普惠型儿童福利体系建设试点，推动儿童福利由补缺型向适度普惠型转变。

【救灾救助】 2016年，江门市部分地区相继遭受低温冷冻和台风灾害，全市3.39万人受灾，紧急转移安置灾民3776人，因灾全倒住房困难群众8户，农作物受灾面积4375.54公顷，直接经济损失7252.19万元，无因灾死亡人员。灾后，市本级补助每户全倒户10000元（五保户、孤儿每户12500元）、损房户每户2000元，县市（区）补助每户全倒户10000元（五保户、孤儿每户12500元）。至2017年春节前，全市重建因灾全倒户住房8间，修理因灾损房3间，灾区情况稳定。5月9-15日，开展"防灾减灾宣传周"活动，扩大减灾宣传的社会效应。5月12日，市应急救援志愿服务总队在东湖广场举行成立仪式，下设8支分队，分别参与水上救援、野外救援、应急通信、应急运输、遥感拍摄、生命搜救、危机介入、减灾宣传等内容，使零散的应急志愿者队伍实现了有效整合，是江门市成立的首支社会力量参与减灾救灾志愿队伍，在江门市社会力量参与防灾减灾工作领域具有里程碑的意义。全市创建综合减灾示范社区工作力度加大，是年，全市增创综合减灾示范社区10个（其中6个农村社区），11个社区获得2016年"全国综合减灾示范社区"称号。江门市已有110个社区完成创建"全国综合减灾示范社区"的各项工作，56个社区获得"全国综合减灾示范社区"称号。是年，江门市顺利实施低保提标，提标后，江门市城镇低保标准达到600元，农村低保标准达到500-600元。蓬江区、江海区、新会区、鹤山市实现城乡低保一体化。至年底，全市支出低保资金20977.2万元，比上年增加1539.1万元，增幅为7.9%；享受最低生活保障的家庭共28698户、58635人，约占全市户籍总人口的1.5%；城镇低保月人均补差469元，比2015年提高60元；农村低保月人均补差280元，比2015年提高42元，低保对象的基本生活得到了较好保障。是年，江门市执行新的农村五保供养标准，新标准按2015年当地农村居民人均可支配收入的70%确定，全市供养五保对象7697人，五保集中供养标准达到10448元/年，分散供养标准达到9676元/年，分别比上年提高1906元和1586元；全市全年共安排五保供养资金7524万元，比上年增加1358万元；至年底，全市共有敬老院69间，设置床位6411张。是年，江门市完善医疗救助制度，各级民政部门严格按照《广东省城乡特困居民医疗救助办法》规定，落实医疗救助政策，开展医疗救助"一站式"结算服务工作和重特大疾病医疗救助工作，促进困难群众治病难问题的解决；各市（区）城乡低保对象住院基本医疗救助比例提高到80%以上，特困供养人员按照100%的比例给予救助，对重特大疾病对象在救助限额和救助比例上给予更大支持；全市累计支出医疗救助金5496.41万元，救助困难群众97101人次，其中基本医疗救助金支出4416.17万元，救助37680人次；资助参保资金支出1080.24万元，为59421名低保、五保等对象参加城乡基本医疗保险提供资助，缓解困难群众的治病难问题。

【殡葬事业】 2016年，江门市殡葬管理目标考核工作获得广东省第五名，江门市殡仪馆荣获全国殡葬工作先进集体。全市新建公益性公墓1座、公益性骨灰楼5座、树（花、草）葬区1个。全市现建有绿色殡葬纪念设施5座。3月，印发《关于印发<江门市绿色生态葬法管理暂行办法>的通知》，将绿色葬法补贴标准提高至每份骨灰500元，并可在生态殡葬纪念设施刻名留念。组织举办全市性第8次骨灰免费海葬活动，有44户家庭共104人将76份先人骨灰撒向大海，并领取海葬证书63本。2016年全市共发放绿色生态葬法补贴6.41万元，共有133份骨灰获得补贴。全市实施免费城乡户籍居民殡葬基本服务，2016年累计免除殡葬基本服务费27992宗，免除金额2920.947万元。

【社会福利事业】 2016年，江门市加强社会福利机构和养老服务体系建设，新增养老床位3310张，累计设有各类养老床位24711张，比上年底增长15.5%，每千名老人拥有养老床位达33.4张。建立居家养老服务设施3478个，实现城乡村居全覆盖。新建民办养老机构5家，推动特困人员供养服务机构公建民营社会化改革17家。被列入全国第一批医养结合试点地区，并在全省医养结合工作会议上作经验发言。实施养老机构消防安全工程，开展全市养老机构消防安全专项整治行动，分类解决消防安全隐患。2016年，江门市销售各类福利彩票70877万元，筹集福利彩票公益金20929万元，其中上缴中央、省公益金13649万元，全市提留公益金7509万元。其中，江门市本级提留2247万元、蓬江区提留1573万元、江海区提留401万元、新会区提留1039万元、台山市提留476万元、开平市提留812万元、恩平市提留257万元、鹤山市提留704万元。2016年，根据民政部和财政部关于福利彩票公益金使用管理有关规定，经地方财政部门批准，2016年江门市福利彩票提留公益金支出6863.26万元,其中，市本级支出2247万元、蓬江区支出1485.55万元、江海区支出371.8万元、新会区支出1039万元、台山市支出252.53万元、开平市支出641.6万元、恩平市支出192.41万元、鹤山市支出633.37万元。2016年,江门市福利彩票公益金结余645.74万元，其中蓬江区结余87.45万元、江海区结余29.2万元、台山市结余223.47万元、开平市结余170.4万元、恩平市结余64.59万元、鹤山市结余70.63万元。2016年，江门市销售福利彩票7.08亿元，完成任务率为107.4%，比上年增长1.6%。其中电脑票5.72亿元，比上年增长2.8%，“刮刮乐”即开票6564万元，比上年负增长8.1%，“中福在线”7018万元，比上年增长1.8%。总体市场份额占63.1%，稳占市场主导地位。为江门市筹集福彩公益金7509万元，代征个人偶然所得税1260万元。

【村社区建设】 2016年，江门市推动城乡社区治理和服务创新，巩固村务公开民主管理工作，全市903个村、246个社区创建成为广东（居）务公开民主管理示范单位，创建率分别达86%和90%。全市1051个村委会全部建立村务监督委员会。推进城乡社区协商工作。启动2017年村（社区）“两委”换届选举筹备工作，各市、区深入调查摸底，提前排查整治，组织开展考察和换届审计等工作。蓬江、江海两区推进20个农村社区建设试点工作，推行班子联席会议制度和党群联席会议制度，建立健全村民（代表）会议制度，构建农村社区综合服务体系。

村（居）民自治 2016年，加强基层组织建设，巩固村务公开民主管理工作，全市903个村、246个社区成功创建成为广东省村（居）务公开民主管理示范单位，创建率分别达86%和90%。规范建设村务监督委员会，全市1051个村委会全部建立村务监督委员会，确保村务监督委员会有人员、有场所、有牌子、有章子、有经费、有规程、有奖惩、有培育。启动村（社区）“两委”换届选举筹备工作，江门市出台《关于认真做好村（社区）“两委”班子换届准备工作的通知》《关于印发江门市第七届村民委员会换届审计工作方案的通知》，各地按照有关要求认真做好深入调查摸底，摸清基本情况，提前排查整治，组织考察及换届审计等工作。推进农村社区建设试点工作，江门市选取蓬江区、江海区作为广东省、市农村社区建设试点单位，并分别确定2个镇（街）18个试点村。江门市申报江海区外海街道麻三村委会、礼乐街道英南村委会申报全国农村社区建设示范单位。

城乡社区建设　2016年，江门市推进邑家园全覆盖建设，各级推进邑家园家庭综合服务中心（以下简称邑家园）建设工作，全市1325个村（居）邑家园全部完成建设并投入使用，全市73个镇（街）枢纽型邑家园已全部完成建设，实现邑家园服务村（居）全覆盖。邑家园通过“三社”联动（社区、社会组织、社工）“三建”齐动（党建、社建、群建）“三工”互动（党员义工、社工、义工）的服务格局，为群众提供贴心齐全的综合服务（党建服务、行政服务、长者服务、扶贫服务、生育服务、残疾人服务、职工心理健康服务、青少年服务、妇女儿童服务等服务内容，结合实际增加“X”项本地特色项目），该项目被江门市直属机关工作委员会评为2016年江门市直机关“管理创新奖”表扬项目。

【收养登记】　2016年，江门市各级民政部门、各社会福利机构贯彻执行《中华人民共和国收养法》《中国公民收养子女登记办法》等收养政策文件规定，依法依规办理儿童送养工作和收养登记工作。是年，江门市办理收养登记125宗，解除收养登记3宗，其中市本级办理收养登记22宗。

【婚姻登记】　2016年，鹤山市、台山市、恩平市完成婚姻登记机关场地升级改造，按照国家3A标准打造服务场所。鹤山市民政局婚姻登记处成功将机构名称更正回“鹤山市民政局婚姻登记处”。全市已完成1990年以来的婚姻登记历史数据补录。蓬江区、江海区、新会区、台山市等地已完成新中国成立以来所有婚姻数据补录。蓬江区、江海区、新会区、台山市均开展免费婚姻家庭辅导服务。全市各婚登处提供结婚登记免费颁证服务。是年，全市民政部门婚姻登记机关办理结婚登记29999对，在民政部门婚姻登记机关办理离婚登记8115对。

【流浪乞讨人员救助】　2016年，全市各救助站（点）按照相关政策和文件要求，完善设施，做好流浪乞讨人员的住宿、饮食、交通等临时救助。2016年全市救助流浪乞讨人员6626人次，支出850.91万元。江门市救助站投入130万元完善了消防设施，翻新路面、楼体等基础设施，有效改善救助环境。未成年人救助保护中心大楼建设完成，完善配套设施并投入使用，大楼启用以来，已救助未成年人72人次。

【城乡居民最低生活保障】　2016年，江门市实施低保提标，提标后，城镇低保标准达到600元，农村低保标准达到500-600元。蓬江区、江海区、新会区、鹤山市实现城乡低保一体化。至年底，全市支出低保资金20977.2万元，比上年增加1539.1万元，增幅为7.9%；享受最低生活保障的家庭共28698户、58635人，约占全市户籍总人口的1.5%；城镇低保月人均补差469元，比2015年提高60元；农村低保月人均补差280元，比2015年提高42元，低保对象的基本生活得到了较好保障。

【“特困人员”供养】　2016年，江门市执行新的农村五保供养标准，新标准按2015年当地农村居民人均可支配收入的70%确定。全市供养五保对象7697人，五保集中供养标准达到10448元/年，分散供养标准达到9676元/年，分别比上年提高1906元和1586元。全市全年安排五保供养资金7524万元，比上年增加1358万元。至年底，全市有敬老院69间，设置床位6411张。

【医疗救助制度完善】　2016年，江门市各级民政部门严格按照《广东省城乡特困居民医疗救助办法》规定，落实医疗救助政策，开展医疗救助“一站式”结算服务工作和重特大疾病医疗救助工作，促进困难群众治病难问题的解决。是年，各市（区）城乡低保对象住院基本医疗救助比例提高到80%以上，特困供养人员按照100%的比例给予救助，对重特大疾病对象在救助限额和救助比例上给予更大支持。全市累计支出医疗救助金5496.41万元，救助困难群众97101人次，其中基本医疗救助金支出4416.17万元，救助37680人次；资助参保资金支出1080.24万元，为59421名低保、五保等对象参加城乡基本医疗保险提供资助，缓解困难群众的治病难问题。

民族宗教

【民族宗教概况】　2016年，江门市民族宗教事务局把握民族工作“两个共同”和宗教工作“两个根本”主体，促进民族宗教各项事业新发展，为江门市推进“东提西进，同城共融”。年初，《创新机制 促进民族团结进步创建活动深入开展》被广东省民族宗教委评为2014-2015年度全省民族宗教工作创新成果；市民族宗教局还被评为广东省民族宗教委表彰2015年度全省民族宗教信息工作先进单位。

【民族工作】 2016年，江门市民族部门把维护民族领域和谐稳定作为首要政治任务，放在突出位置。江门市全市没有发生涉及民族因素的恶性案（事）件，为江门市经济和社会发展大局做出应有贡献，江门市民族领域和谐稳定。

民族团结进步创建活动 2016年，江门市民族宗教事务局开展民族团结进步创建活动，出台《关于开展民族团结进步创建活动进宗教活动场所的通知》（江民宗发〔2016〕17号），形成创建活动的工作机制。江门市民族宗教局在全国民族团结进步创建活动示范地云南省昆明市举办2016年江门市民族团结进步创建活动“六进”培训班，市直和各市、区、镇街等有关单位62人参加培训班，取得了良好的效果。通过深入开展民族团结进步“六进”创建活动，达到在全社会广泛深入持久开展民族团结进步创建活动的目标要求，按照充分尊重和体现各族人民的主体地位和首创精神，组织和动员全市各族群众投身到民族团结进步创建活动之中，推动创建活动向深度、广度发展，实现好、维护好、发展好全市各族人民的根本利益，在全社会形成民族团结进步创建活动的良好氛围。11月上旬，江门市民族宗教局到各市、区和市直有关部门调研检查民族团结进步创建“六进”工作开展情况，并择优向省推荐命名表彰，调研并全面了解江门市民族团结进步创建活动，推动江门市民族团结创建工作深入开展。是年，江门市民族宗教局向广东省民族宗教委推荐江门市人力资源和社会保障局等8个示范单位为广东省民族团结进步创建活动示范单位，向国家民委推荐了江门市培英高级中学为全国民族团结进步创建活动示范单位。通过充分发挥先进典型的示范带动作用，扩大民族工作的覆盖面，增强民族工作的有效性，促进少数民族融入城市，推进党和国家民族政策的贯彻落实，促进社会经济发展。

民族团结进步宣传月活动 2016年9月，江门市直各有关单位和各市、区结合实际，利用广播电视、微信微博、召开座谈会、举办培训班、组织主题活动、悬挂横幅标语、现场派发资料等多种形式，组织开展形式多样的民族团结进步宣传“进机关、进企业、进社区、进乡镇、进学校、进宗教活动场所”活动，促进全市民族团结进步事业健康发展，在江门市营造良好的贯彻执行民族政策、依法管理民族事务的社会氛围。在本地媒体《江门日报》开辟民族团结宣传专栏，大力宣传党的民族理论、民族政策、民族法律法规、民族基本知识，共刊登5条民族团结宣传信息，文章宣传江门市各领域民族团结进步模范典型的感人事迹，展示江门市少数民族社会经济发展的各项成果。向全市各级各单位发放一批宣传资料，包括《民族团结小故事》、《民族基本知识》、《民族宗教1000问》、《中国民族》共2000本，发放宣传单张共28000份；三是江门市民族部门前往培英高中看望该校新疆班学生，与新疆班学生亲切交谈，并送上牛奶、水果等慰问品，勉励新疆班学生努力学习，为民族团结进步工作多作贡献。运用手机短信、网络平台等新型媒体向广大干部群众宣传民族团结进步的方针政策和法律法规。配合江门市创建文明城市工作，提供各种文字、图片资料介绍江门市民族团结进步工作情况。以开展民族团结进步宣传月为契机，通过走访、巡查等方式，开展民族领域矛盾纠纷的排查调处工作。

城市少数民族群众的服务管理 2016年，对少数民族流动人口进行公共政策培训，加强教育服务管理，增强少数民族流动人口法律意识和适应城市的能力，引导少数民族流动人口融入城市。关心外来少数民族群众生活，依法维护少数民族合法权益，帮助解决特殊需要和生活困难问题，采取有效措施切实防范和纠正公共服务领域歧视少数民族公民的现象；每年的古尔邦节、春节江门市民族部门皆前往慰问外来少数民族，细心了解他们在本地的工作、生活、经营等情况，对他们为江门社会经济发展和社会稳定所做的贡献表示感谢。解决生产经营问题，协助少数民族自主创业。对少数民族群众提供优先咨询、优先办理服务；减免少数民族办理卫生许可证的工本费，对从业人员预防性体检减半收费，免收卫生知识培训费；贯彻有关民族政策实行税收优惠规定，保护少数民族的合法权益；制定兰州拉面馆等小吃店的办证指引和要求，从经营面积、卫生设施和布局流程等方面充分尊重少数民族习惯，适当调整办证要求，引导其办理卫生许可证，促使少数民族餐馆合法经营。发挥企业民族工作联络员作用，做好企业民族工作。整合资源，发挥少数民族法律援助站的

职能，做好少数民族的法律援助工作。按照有关普通高校招收广东省少数民族聚居区少数民族考生的照顾录取政策文件的要求，做好少数民族学生高考招生录取工作和少数民族考生资格审核工作，以及对修订的照顾录取政策做好宣传解释工作。2016年9月，协助江海区解决一宗少数民族学生入学事宜。办理市民的民族成份更改，解答民族成份咨询50多次，举办一期全市贯彻实施《中国公民民族成份登记管理办法》培训班。

【宗教工作】 2016年，江门市宗教工作在市委、市政府正确领导和省民族宗教委的具体指导下，服从和服务全市工作大局，求真务实，团结拼搏，宗教工作各项工作取得显著成效，为构建和谐江门作出积极的贡献。2016年，江门市有宗教团体22个；教徒人数：佛教106390人；道教47160人；伊斯兰教420人；天主教4810人；基督教12145人，共170925人。

平安宗教活动场所创建 2016年，市民族宗教事务局帮助和指导市宗教界开展活动，推进以教风建设、安全管理、财务监督管理为重点内容的和谐寺观教堂创建活动。指导开展和谐寺观教堂和平安宗教活动场所创建活动；以“教风、和谐”为主题，在全市范围内开展和谐寺观教堂创建活动,提升宗教活动场所服务管理水平。组织各级宗教工作部门对全市宗教活动场所进行安全检查；指导全市各宗教团体开展防火安全宣传，提高广大教职人员和信教群众的防火意识。

宗教事务管理 2016年，江门市民族宗教事务局完善管理机制，创新宗教事务管理模式，以规范化建设为突破口，探索建立宗教团体自我管理的长效机制；宗教工作部门参与指导各地宗教活动场所建立健全内部管理制度；全市宗教活动场所建立人员、财务、消防等各项管理制度，宗教活动场所内部管理初步实现民主化和制度化。加强宗教团体组织建设，市宗教工作部门高度重视宗教团体队伍建设和人才培养，加强宗教团体班子建设，协助佛教协会、基督教两会、天主教爱国会、道教协会等宗教团体选好配强班子和换届工作，保证市宗教工作的稳定性和连续性。加强宗教政策法规的宣传学习，通过多种形式在宗教界全面开展以“学习全国及全省宗教工作会议精神”为主题的“宗教政策法规学习月”活动。12月5日，民族宗教事务局召开全市佛道教活动场所规范化管理工作会议，各市、区民族宗教事务局局长及宗教工作干部；市佛教协会、市道教协会正、副会长；全市佛、道教活动场所负责人；市、县（区）两级佛、道教协会工作的专职人员等54人参加工作会议，通过观看广东省佛道教活动场所规范化管理专题片；发放《广东省佛道教活动场所规范化管理现场经验交流材料》，大家共同学习和交流广东省佛道教活动场所规范化管理经验，贯彻落实全国、全省宗教工作会议和全省佛道教活动场所规范管理现场会精神，提升江门市佛道教场所管理法治化水平。举办宗教团体爱国爱教专题培训班。贯彻落实全国宗教工作会议精神，建设政治上可信、作风上民主、工作上高效的高素质宗教团体领导班子，6月13-17日在江西井冈山举办全市宗教团体爱国爱教专题培训班。

慈善公益活动 2016年，江门市各级宗教工作部门引导宗教界与社会主义社会相适应，组织发动宗教界为社会慈善公益事业作贡献。2016年广东省扶贫济困日活动中，在全市宗教界广泛开展扶贫济困宣传，引导宗教界依法依规开展活动，使宗教界熟悉政策，调动参与活动的积极性，推动扶贫济困活动的开展。通过多种途径宣传宗教界服务社会、热心公益的行为，。活动得到全市各宗教活动场所和宗教界人士的响应，宗教界通过举行法会、慈善晚会、扶贫助学、发动信徒捐款等多种形式开展宗教慈善活动，全市宗教界募捐善款928949元，这些善款分别用于扶贫、济困、助残、养老、支教、义诊。 （林俊荣）

·责任编辑 关明珠·

人物

character

模范人物

2016年全国五一劳动奖章

李海全，男，汉族，1978年3月生，广东省江门市（新会区）人，新会康宇测控仪器仪表工程有限公司位移传感器事业部经理。新会康宇测控仪器仪表工程有限公司是华南地区较大规模的专业从事各种压力传感器、变送器、磁致伸缩位移/液位传感器、配套仪表、控制系统工程生产、经营、设计的国家高新技术企业，广东省新型传感器工程技术研发中心。2013年产值8000多万元，2015年销售额为6000多万元。

李海全是新会康宇测控仪器仪表工程有限公司位移传感器事业部经理,高级工程师。在康宇公司负责的高新科技产品技术开发项目已达20多项。他带领团队为公司创造超过1.2亿元的经济效益，其中研发的SSI输出磁致伸缩线性位移传感器采样频率达到2.5KHz，具有如闪电般迅捷的响应速度，测量分辨率达到0.001mm，产品技术达到国际先进水平，同时该产品填补国内多年来的空白，属于国内首创的产品。他带出的团队有25多人成为公司的技术和管理骨干。他成绩突出，有实用新型专利和软件著作权各2项；有三个项目获市、区科学技术奖。2012年被评为广东省劳动模范，同年8月成立了以他本人的名字命名的江门市首个劳模创新工作室——“李海全劳模创新工作室”，担任技术领头羊角色，他带领创新工作室团队成员攻坚克难，技术创新，努力拼搏，为企业取得经济效益超过9000万元，推动了公司和创新驱动发展。

2016年先进集体和个人名录

全国工人先锋号

中烟摩迪（江门）纸业有限公司卷烟纸生产线

广东省五一劳动奖章

刘狄明　　广东万丰摩轮有限公司技术部经理

石　青（女）　　台山核电合营有限公司高级工程师

陈少波　　中国石化销售有限公司广东江门石油分公司主办科员

司徒健祥　开平牵牛生化制药有限公司班长

李练喜　　鹤山市共和镇卫生院副院长

王云荣（女）　　鹤山市公安局龙口派出所教导员

广东省五一劳动奖状

中国电信股份有限公司江门分公司

江门崇达电路股份有限公司

台山市冠荣金属制品有限公司

广东省工人先锋号

广东省江门中医药学校护理教研组

中国农业银行江门分行荷塘支行

开平金牌洁具有限公司研发部

江门恩平供电局恩城配电运维中心运维一班

·责任编辑　岑鲁宁·

区·县（市）概况

Overview of districts and counties (cities)

蓬江区

概 述

【行政区划】 蓬江区是江门市辖区,县级建制区，是江门市的中心城区，是江门市政治、经济、文化的中心。辖棠下、荷塘、杜阮3个镇和环市、潮连、白沙3个街道办事处，56个村民委员会，87个社区居民委员会。

【位置面积】 蓬江区地处北纬22° 56′ ～22° 79′ ,东经112° 47′ ～113° 15′ 之间，位于珠江三角洲西翼,江门市区蓬江河以北，北、东北分别与佛山南海区、顺德区隔江相邻，东南与中山古镇隔江相望，南与江海区、新会区相连，西与鹤山市沙坪、雅瑶接壤。辖区面积324.3平方公里。

【气候河流】 蓬江区地处北回归线以南，属亚热带海洋性季风气候。冬短夏长，气候宜人，雨量充沛，光照充足。无霜期在360天以上，全年无雪。蓬江区境内河流纵横，河涌密布，主要过境河流有西江、江门河、天沙河，2016年蓬江区风情、雨情、水情均比较平稳，全区未出现超警戒洪水位。全年降雨量1900毫米，比往年偏多。江河水库水位平稳，西江段未出现较大洪水，棠下天河水文站6月18日11时测得全年最高水位3.49米，未达到警戒水位，整个汛期全区水库均在汛限水位以下安全运行；全年影响全区的热带气旋有1个，共启动防风Ⅰ、Ⅱ级响应各1次，Ⅲ级应急2次，Ⅳ级3次，比往年偏多，汛期受台风影响转移人口407人，无重大人员伤亡事故及重大财产损失。

【人口民族】 2016年，蓬江区家庭户162670户，户籍总人口493363人。其中：男性人口243858人；女性人口249505人。出生人口6204人，人口出生率12.6‰，出生人口男女婴儿性别比为109:100。人口死亡率5.1‰，人口自然增长率 7.5‰。全年迁进人口4402人，迁出人口2652人。全区约有32个民族，其中汉族人口最多。

【华侨及港澳台同胞】 2016年，蓬江区籍华侨、港澳台同胞约有258704人。其中：华侨93404人，港澳同胞162066人，台湾同胞1390人。华侨分布在亚洲、欧洲、美洲、大洋洲、非洲五大洲44个国家和地区。亚洲最多，主要是马来西亚、新加坡、泰国、印度尼西亚、越南。其次是美洲，主要是美国、加拿大。大洋洲主要是澳大利亚和新西兰。

社会经济发展状况

【简述】 2016年，蓬江区实现地区生产总值（GDP）604.92亿元，同比增长8.5%。其中，第一产业增加值 8.1 亿元，同比下降2.1%；第二产业增加值 274.7亿元，同比上升8.2 %；第三产业增加值322.16亿元，同比增长9.1%。三次产业结构为1.33:45.41:53.26。在第三产业增加值中，批发和零售业下降3.5%，住宿和餐饮业增长1.8%，金融业增长3.1%，房地产业增长8.7%。人均GDP81862元，增长9.72%。

【工业】 2016年，蓬江区工业经济继续保持稳定、良好的发展态势。其中，全区完成规模以上工业增加值265.63亿元，同比增长8.7%,其中，轻工业增加值151.43亿元，增长15 %；重工业增加值116.77亿元，增长9.9%。工业投资88.44亿元，同比增长35.3%。技改投资31.16亿元，增长120.4%。装备制造业投资37.39亿元，增长93.8%。装备制造业增加值58.06亿元，同比增长14.4%。蓬江区继续坚持工业立区，落实“珠西战略”，大力发展先进（装备）制造业。发挥大长江、海信、嘉宝莉、天地壹号、科杰、江粉磁材等龙头企业的带动作用，做大做强相关产业集群。随着大长江摩托车研发中心、大长江技改项目、滨崎食品首期、天地壹号百草壹号项目、大健康产业园等项目建成投产或运营，全区已形成以大长江集团为龙头的摩托车及配件生产基地以及以海信集团为龙头的光通讯和视像装备生产基地，以康师傅、天地壹号为龙头的健康食品产业也得到进一步发展。

【农业】 2016年，蓬江区实现农业总产值18.62亿元，同比上升23%。蓬江区高度城镇化，种植业面积相对较小，以水稻、蔬菜为主，主要供应城区居民消费。全区农业种植面积 4046.67公顷，产值2.42亿元，同比上升6.6%，其中粮食作物种植面积1066.73公顷，粮食产量6468吨；蔬菜种植面积2676公顷；玉米面积161.33公顷，产量692吨；花生面积64.87公顷，产量225吨。畜牧业总产值12.92亿元，同比上升1.17%，其中生猪产值11.51亿元，同比上升0.87%；家禽（鸡、鹅、鸭）产值0.4541亿，同比上升22.23%。乳鸽产值0.9607亿元，同比上升3.86%。生猪存栏21.0464万头，同比下降25.48%，生猪出栏量71.9293万头，同比上升1.74%，饲养量92.9757万头，同比下降6.03%；家禽（鸡、鹅、鸭）存栏37.4万只，同比上升0.54%，家禽出栏量264.32万只，同比上升53.67%，饲养量301.72万只，同比上升44.23%；产鸽存栏44万对，同比上升3.04%，乳鸽上市640.5万羽，同比下降5.82%。全区水产品产值3.28亿元，同比减少7.08%；水产养殖面积39628亩，同比减少2.7%；水产品产量17769吨，同比下降4.9%。全年农村集体经济总收入12.31亿元，同比增加15.25%，其中集体收入超1000万元村有24条，占总村数32%；超500万元48条，占总村数65%；超300万元66条，占总村数89%。

【旅游业】 2016年，蓬江区旅游总收入72.77亿元人民币，同比增长20.03%。共接待游客572.18万人次，同比增长9.58%，其中接待过夜游客368.85万人次，同比增长11.52%；一日游游客接待255.83万人次，同比增长28.80%。蓬江区杜阮凉瓜协会、江门市旅游行业协会、江门五邑餐饮行业协会以“品健康美食 游蓬江美景”为主题，联合举办2016广东（江门）杜阮凉瓜美食旅游文化节。自5月31日新闻通气会暨杜阮凉瓜开摘仪式开始，凉瓜节活动长达11天，宣传期达1个月，是历届凉瓜节活动时间最长、内容最丰富、宣传攻势最大的一届，受到广大市民的关注与参与。

【个体私营经济】 2016年，蓬江区实有市场主体总数71802户（不含外资），与上年同期相比增长9.94%，其中实有个体工商户51946户、注册资金11.85亿元（人民币，下同）；私营企业17515户、注册资金294.14亿元；内资企业（即国有、集体及其关联公司）2253户，注册资金237.36亿元。新登记市场主体

9526户(不含外资),同比下降4.87%,其中新设立个体工商户6781户,同比下降11.66%;新设立私营企业2527户,同比增长18.19%;新设立内资企业206户,同比减少5.64%。

【固定资产投资】 2016年,全年固定资产投资 317.05亿元,比上年增长18.9%。分产业看,第二产业投资88.44亿元,增长31.58%;第三产业投资228.61亿元,增长14.69%。全区房地产开发投资116.29亿元,比上年增长21.94%。商品房施工面积732.88万平方米,下降4.75%;商品房竣工面积66.45万平方米,下降17.72%。商品房销售面积165.78万平方米,增长22.96%;商品房销售金额117.75亿元,增长26.58%。商品房待售面积74.21万平方米,下降4.23%。

【建筑业】 2016年,建筑业企业完成建筑业总产值 29.41 亿元,同比增长5.1%;竣工产值13.98 亿元,同比下降18.63%;新签合同额31.08 亿元,同比下降4.28%;施工面积170.74 万平方米,同比下降18.27 %;竣工面积69.16万平方米,同比增长11.55%;竣工价值8.9亿元 ,同比增长 8.54%。全区房地产项目新建成面积为125万平方米,工业项目新建成面积50.9万平方米,商贸项目新建成面积17.7万平方米。是年,新开工建设的重点工业项目有汉宇电器项目、金莱特厂区工程、康师傅项目、江粉高科技产业园厂区工程以及华福新能源项目;新开工建设的较大型房地产项目有越秀·碧桂园甘化厂项目、保利大都会中悦花园、新昌碧桂园滨江一号、紫莱胜坚紫悦花园、潮连桥底越秀天悦星院项目和健威广场(商住项目)。全区共42个项目办理招标备案,32个项目完成招投标,总中标价为4.42亿元,最高限价为4.54亿元,中标价平均下浮率2.79%,节约投资约0.13亿元。全年共5个工程项目获得市级荣誉,其中金丰家园商住小区等3项工程被评为2016年度江门市安全生产文明施工示范工地;山湖雅苑Y1-Y5等2项工程被评为2016年江门市建设工程优质奖。

【商业】 2016年,蓬江区实现社会消费品零售总额达246.13亿元,同比增长13.22%。全区城市经济持续快速发展,其中海逸城邦新天地已初具规模,吸引大昌超市、喜越泰莱、熹派等各大商家陆续入驻。推进区物流企业开展"互联网+物流"工作,强化供应链一体化服务,并致力搭建完善危化品仓储物流安全运作体系。杜阮镇按照区农贸市场改造升级的建设标准对杜阮中心市场升级改造。引进泓熙电商并创建"蓬江区珠西电商产业园",通过引入电子商务项目,有效帮助全区中小微企业从传统销售模式向电商模式转型升级,为中小微企业提供优质订单、优先贷款和优秀人才,带动创业风潮,并为制造业转型升级提供有力支撑。

【对外经济贸易】 2016年,蓬江区外贸进出口总额342.7亿元,同比增长6.8%,完成全年任务105.07%,进出口总额全市排名第一,增幅全市排名第二。其中出口291.5亿元,同比增长8.9%;进口51.2亿元,同比下降4%。全区合同外资21665万美元,同比下降12.36%,;实际利用外资3308万美元,同比下降79.39%。进出口商品以机电产品为主,增长较快,彩色电视机出口总值为23.5亿人民币,增长7.89%。空调出口总值为26.1亿人民币,增长198.72%。积极组织企业参加展会及外经贸活动,全年共组织区500多家企业参加广交会、香港春秋电子产品展、美国芝加哥国际家庭用品博览会、德国法兰克福春季消费品展等35个国内外展会。利用各种载体、平台、媒体、工具,积极宣传外经贸政策,落实各种帮扶企业措施,重点落实《2016年江门市外贸稳增长资金实施方案》以及《蓬江区2016年外贸稳增长资金实施方案》。全年共兑现外贸发展专项扶持资金3100多万元,受惠企业500多家。是年新批准外商直接投资企业38个,增资项目16个;合同外资金额21665万美元,完成市任务的108.33%;实际利用外资3308万美元,完成市任务的20.05%。新引进或增资扩产投资总额超千万美元的外资项目3个,分别是广东一汇食品实业有限公司投资总额5342万美元,注册资本1832万美元;江门市三七实业有限公司投资总额增资9158万美元,注册资本增资3053万美元;江门华基地产发展有限公司投资总额和注册资本均增资1379万美元。

【财政】 2016年,财政收入稳定增长,全区地方公共财政预算收入实现22.31亿元,同比增长8.7%;地方公共财政预算支出完成30.66亿元,同比增长2.81%。

【税务】 国税 2016年,全区共组织工商税收收入670473万元,同比增长15.26%,增收88777万元,其中国内税收收入

559411万元，同比增长17.11%，增收81713万元，完成市下达的全年税收收入预期目标的110.32%；海关代征收入111062万元，同比增长6.79%，增收7064万元。从国内税收中央库看，全区共组织国内税收中央库收入343279万元，同比增长2.56%，增收8558万元，完成市下达国内税收中央库预期目标的100.37%。从区库看，全区共组织国内税收区库收入56310万元，同比增长28.06%，增收12340万元，完成区政府调整后的全年区库收入预期目标。

地税　2016年，全区共组织税费收入800755万元，同比下降7.23%，减收62445万元，剔除营改增因素可比增长6.17%。其中，税收收入451095万元，同比下降15.28%万元，剔除营改增因素可比增长6.51%；市本级收入（不含营业税，市局统计口径）134414万元，同比增长4.87%，增收6248万元；区库收入（区财政局统计口径）115675万元，同比增长8.64%，增收9199万元。另组织费金收入349660万元，同比增长5.73%，增收18943万元。其中，社保费299582万元，同比增长7.46%，增收20805万元。

【金融】　2016年，金融机构人民币存款余额245.41亿元，较上年同期增长9.25%，其中：企业存款余额61.63亿元，较上年同期上升13.82%，城乡居民储蓄存款余额150.56亿元，较上年同期增长7.68%。金融机构人民币贷款余额150.64亿元，较上年同期增长0.8%，其中：短期贷款余额84.09亿元，较上年同期下降8.04%；中长期贷款余额66.55亿元，较上年同期上升14.73%。

【外事侨务及港澳台事务】
2016年，蓬江籍华侨、华人及港澳台同胞人数共258704人。侨资企业969家，侨捐项目150个。全区接待海外及港澳社团共58批，接待嘉宾、乡亲361人。其中，接待江门市侨青会、江门海归会、香港五邑青年总会、美西南学联访问团、荷兰荷美中心文氏兄弟一行、美国中田纳西州大学校长、美国中美国际文化交流协会、美国加州红木市市长等一行，参观珠西智谷和教育装备城；接待英国伦敦五邑同乡会首席副会长黎锦洪、古巴洪门民治党副主席唐仲喜、新加坡冈州会馆名誉会长卢鹤龄、理事长周奕年，美国美亚创新促进会徐丽雯会长一行、加拿大前省督李绍麟伉俪等嘉宾，向嘉宾推介蓬江区投资环境，引导参观华博馆、蓬江区著名新景点和新产业城；接待马来西亚沙巴州四邑联合会青年团、及印尼广肇总会组织的“2016中国寻根之旅”夏令营寻根团到访，做好海外华裔新生代联谊工作，吸引海外新生代回国观光创业。区政府组织美心集团、香港科技联盟有关负责人参加由广东省人民政府与香港贸易发展局联合举办的2016粤港经济技术贸易合作交流会。全区华侨华人、港澳同胞捐赠兴办公益事业达35项，共357.45万元。其中，捐赠用于教育事业49.18万元；卫生事业42.29万元；文体事业25.76万元；捐助慈善事业240.22万元。全年走访、慰问、扶贫、助学等活动34多次，共发放省扶持困难归侨救助资金共8.22万元，区扶贫救助金4.73万元。抓好侨务信访工作，处理涉侨的来信来访共14宗。办理身份证明23宗，办理华侨身份证明4宗，办理侨眷身份证明4宗，办理华侨回国定居15宗。全年上报获采用的侨务信息38篇，抓好《棠下侨刊》、《杜阮乡情》两刊审稿发行工作，全年两刊各出版2期，合计7500册。丰富侨务宣传手段，建立侨网、微博、微信三位一体的侨务宣传平台，及时发布侨务港澳工作动态、蓬江侨乡的经济社会发展信息。全年共办理因公赴港澳签注120批200人次，审核上报办理外国入境80批120人次。

【科技】　2016年，全年地方财政科学技术支出11821万元。认定有效省级新型研发机构3家、市级4家，省级工程技术研究开发中心28家、市级86家,高新技术企业79家。组织企业申报省级科技项目48项，申报市级科技项目115项。专利申请量3447件，其中发明专利625件。专利授权量1949件，其中发明专利授权量141件。

【教育】　2016年，蓬江区中等职业技术学校招生141人，在校学生557人，毕业生374人。普通高中招生1112人，在校学生3117人，毕业生 1153人。初中招生6654人，在校学生19602人，毕业生6443人。小学招生10360人，在校学生 57142人，毕业生8279人。幼儿园入园儿童6452人，在园幼儿20330 人。小学学龄儿童入学率100%，小学升学率100 %，初中适龄少年入学率100%，初中升学率100%，普通高中升学率88.86%。改革中心城区小学报名办法，采取户籍生网上报名网上确认，非户籍生安排在“邑门式”行政服务大厅进行报名审核，“热点学校”剩余学位通过电脑随机派位办法安排，体现公平、公开原则。公办中小学基本实现“一校一章程”，学校办学“有法可依，有章可循”。学校基本建立法律顾问制度、校务会议制度。规范办学行为专项督导、教师队伍建设、学校美育工作和体育三年行动计划专项督导、校园欺凌专项治理、初中学生编班工作情况调查、在职中小学教师有偿补课治理、校园安全专项检查等一系列的专项督导工作。创建责任督学挂牌督导创新区，通过省级评估验收。棠下、环市、潮连三镇（街）通过省级“教育强镇”复评。蓬江区教育局被教育部评为“义务教育质量监测实施‘县级优秀组织单位”。

【文化】 2016年，蓬江区借力五邑大学文化、体育资源促进区校融合，在五邑大学挂牌成立“蓬江区文献中心”“蓬江区全民健身运动基地”“蓬江区青少年体育训练基地”，设立“蓬江区体质测定与运动健身指导站”和“蓬江区青少年足球训练基地”。 为纪念“中国舞蹈之母”戴爱莲先生诞辰100周年，传承戴先生舞蹈艺术、舞蹈精神，蓬江区建成戴爱莲艺术楼，举办戴爱莲诞辰100周年纪念大会、纪念邮资封首发仪式、粤剧《爱莲爱国心》巡演、百姓健康舞大赛、2016年“戴爱莲杯”中国电信•电视舞蹈大赛一系列活动。在东湖影剧院举行的戴爱莲诞辰100周年纪念大会，中国舞蹈家协会、中央芭蕾舞团、北京舞蹈学院等领导出席活动，国内舞蹈艺术界大咖，省、市、区有关单位的领导嘉宾，学生代表将近1000人参加。9-10月，成功举办蓬江区第一届祠堂文化节活动，在6个镇街举办6场次与蓬江区祠堂密切相关的文化、体育活动，打造蓬江区有特色文化的体育和旅游品牌。9月10日，在茅龙书苑献章堂前举行以“开笔求勤奋，习礼正品行”为主题的小学生新生“开笔礼”仪式，以此激励学生们勤奋学习、尊师孝亲、仁爱处世。希望通过活动大力弘扬中华优秀传统文化，深入实践社会主义核心价值观，进一步巩固创文成果，增强道德教育的仪式感和庄重感，并以此作为未成年人思想道德建设的重要载体，纳入全民学国学活动之中。

【卫生】 2016年，全区有医疗卫生机构164个，其中：综合性医院1所、中西医结合医院1所，乡镇卫生院3所，社区卫生服务中心6所，综合性门诊部15所，其他医疗卫生机构139所（其中农村卫生站37个、社区卫生服务站15个）。床位数1760张；卫生技术人员2444人，其中执业医师597人、执业助理医师183人、注册护士889人、药剂人员150人、检验人员51人、其他人员574人。卫生技术人员高级职称92人、中级职称260人。全区无偿献血共采集全血537540ml，完成造血干细胞采样9份，100%满足区属医疗单位的临床用血需求。建立电子居民档案537871份，居民建档率为73.32%。为65岁以上常住老年人提供免费体检服务共24842人。蓬江区作为全国第二批健康促进区项目试点单位，实行“政府带动、部门联动、服务推动”战略,全面推进健康促进工作，举办2016年蓬江区迎新春健步走暨蓬江区创建全国健康促进区启动仪式、心理健康教育讲座、专题辅导班、健康知识竞赛、环湖健步走等活动。

【城乡建设】 2016年，投入资金2200万元，完成社区、村、圩镇道路维修12万多平方米，完成维修砼路面11099平方米、沥青混凝土路面19744平方米、花岗岩挡车柱132条、沥青灌缝6502米、人行道5033平方米，新建及维修路侧石733.5米；投入资金525万，维修路灯灯饰1840盏、维修路灯2492盏、全年改造更换全新路灯329杆、改造更换全新灯具664盏、更换弯灯174套、改造表箱控制箱26套、补装单灯控制器530套、更换挂墙灯臂990支、改造线路长度23000多米、更换街码2380套、检修灯饰更换全新杜鹃花灯饰30套、投光灯饰180套；投入资金308万元，完成城区大、中、小桥的桥面及伸缩缝的维修工程，对城区32座桥梁进行常规检测。全年完成清疏下水道168公里、方渠9372米、维修明渠盖板460米、新建改造及维修下水道4528米、新建及更换各类沙井1405座、更换和补失沙井盖685个。完成对城郊30座市政排涝泵房的维修保养。

【市区环境卫生管理】 2016年，蓬江区（不含荷塘镇、棠下镇、杜阮镇和潮连街道）环卫从业人员1600多人，负责辖区内清扫保洁面积约1000万平方米；新接管了迎宾广场、育德街（西）、星河路、东风大道、北环路（江侨路）的保洁工作，根据黑臭水体整治工作，将天沙河沿线绿道及防洪墙外侧岸坡纳入日常保洁范围；管理46座垃圾转运站（台）和60座公厕；改造了东堤湾、双龙、江门大桥、育德、农林及新之城6座转运站，新之城转运站改造完成后全面淘汰第一代压缩设备；改造了圩顶公厕及范罗岗公厕，达到“文明公厕”标准；生活垃圾统收统运，日产日清，全年清运垃圾约15.8万吨，处理粪便约1.35万吨，道路洒水、冲洗、降尘用水约8.1万吨。

【人民生活】 2016年，城乡居民生活水平不断提高，常住居民人均可支配收入37925.1元，增长9.54%，城镇居民人均可支配收入37858.6元，增长9.5%，农村常住居民人均可支配收入20171.8元，增长11.5%。城乡居民储蓄存款余额150.56亿元，增长7.68%。城乡最低生活保障对象2356人；发放低保救济金1161.47万元，增长17.47%。发放医疗救助金505.74万元，增长10.91%；共计救助7003人次，增加2173人次。全区五保供养人数100人，减少2人；全年落实供养经费126.79万元，增长12.9%。

【社会保险】 2016年，蓬江区城镇职工基本养老保险（含离退休人数）40.18万人，参加城乡居民基本养老保险8.30万人。城镇职工基本养老保险基金总收入180434万元，基金总支出181487万元，当期收支赤字1053万元，历年累计结余157342万元。城乡居民基本养老保险基金总收入6590万元，基金总支出5106万元，全区享受职工基本养老金的人数为6.94万人；基本医疗保险53.92万人（其中城镇职工基本医疗保险33.11万人、城乡居民基本医疗保险 20.81万人）。城镇职工基本医疗保险基金总收入78353万元，基金总支出86692万元，全区享受基本医疗保险待遇118.78万人次；失业保险22.01万人，失业保险基金总收入7691万元，基金总支出4346万元，全区领取失业保险金0.46万人，其中领取一次性失业保险金0.12万人；失业保险基金为失业人员代缴职工基本医疗保险费2.27万人次；参加工伤保险23.74万人，工伤保险基金总收入3738万元，基金总支出3348万元，全区享受工伤保险待遇0.12万人；生育保险22.82万人，基金总收入3042万元，基金总支出5075万元，全区享受生育保险待遇9.91万人次。

【工业园（区）建设】 2016年，江沙示范园区投入1.52亿元，用于推进园区道路、生产配套设施建设。其中园区交通道路建设方面，海信大道、金桐六路、金桐三路，莲塘二路均已完工；2016年新落户项目5个（分别为江粉磁材项目、天壹食品项目、秉信包装项目、顶正包材项目、一汇食品项目）计划总投资21.7亿元；新增动工建设项目3个（分别为江粉磁材项目、秉信包装项目、卓盛纸制品项目），完成供地手续项目5个（分别为秉信包装项目、顶正包材项目、蒙德电器项目、天壹食品项目、天地壹号增资扩产项目），涉及用地约375.9亩，全年园区工业总产值约140亿元。

【重点建设项目】 2016年，蓬江区列入江门市重点建设项目计划的项目共41项，计划总投资为486.54亿元，至2016年底完成投资81.44亿元，投资完成率105%。

【信息化建设】 2016年，蓬江区加快推进网络基础设施建设，推进“全光网城市”建设中的“铜改光”专项工作，累计完成辖区5万多户的“铜改光”，城乡光纤资源已基本实现全覆盖。稳步推进公共场所免费wifi建设，完成辖区各政务服务区、村居、公园、广场、医院和图书馆等场所约267个AP点实施工作。完成网上办事大厅蓬江分厅建设，落实“三率一数”工作要求，加强行政审批和社会事务服务事项标准化及业务流程优化工作。区进驻行政审批事项369项，区网上办事大厅总体上网办理率达76%。加强政务网站信息公开建设，对蓬江政务网栏目、功能及版面进行调整。贯彻落实政府信息公开工作，完成区党政机关网站集约化平台建设，将53个党政机关纳入集约化平台，有效整合各单位网站36个，推进政府信息数据资源统一汇聚和集中向社会开放。保障“邑门式”行政服务改革工作，建成7个自然人“邑门式”公共服务中心以及142个公共服务站，实现了“邑门式”镇街、村居全覆盖。联合邑门办、区市场监管局推进法人“邑门式”软件平台开发工作，建成蓬江区企业法人“邑门式”服务中心，为涉企审批服务事项提供“一窗式受理、一站式办结、一条龙服务”的全新服务。推进“侨都之窗”自助终端铺设工作，推进“一窗式”综合政务服务ATM机“侨都之窗”自助服务终端服务，联合邑门办在各镇街“邑门式”服务中心、各村居、第三场所等公共区域推进自助终端铺设，累计完成141台自助服务终端铺设工作，实现网上办事大厅预约、缴纳交通违法罚款、社保参保证明打印、个税清单打印、公积金查询以及政务咨询等自助便民服务。加快信息化与工业化融合发展，加强对企业应用信息技术进行改造升级的引导，强化信息化与工业化融合发展的舆论氛围。组织企业学习两化融化管理体系，学习先进企业两化融合经验及成功案例。加强政策宣传及专项申报指导，传达国家、省政策有关政策文件，组织企业申报各类专项资金扶持项目。全力配合2016年区域良好融合发展评估工作，组织重点工业行业企业完成填报。

【重大庆典活动】 中欧（江门）中小企业国际合作区智能制造、教育装备产业基地挂牌　2016年3月7日，在珠西智谷智能装备制造创新产业园正式挂牌。副市长吴国杰、蓬江区四套班子主要领导及区有关领导同志，各镇街、区直单位主要领导和企业代表见证产业基地揭牌。副市长吴国杰在挂牌仪式上作讲话，寄语蓬江区要紧抓机遇，加快制定实施基地建设方案，将智能制造、教育装备产业基地打造成为珠西创新智慧集聚区。

香港投资推介会　于2016年3月17日在香港The Mira Hotel（原香港美丽华酒店）举行，邀请约170名嘉宾出席，区委主要领导代表区委、区政府向港澳五邑籍乡亲和香港工商界精英、知名人士、企业家和社团代表推介蓬江区投资环境，会上有20个项目举行签约仪式，投资总额达14.32亿美元。市政府副市长吴国杰到会并作讲话。

全国文明城市创建暨建设志愿服务“爱心之城”启动仪式　2016年3月28日，以“同创文明城市 共建幸福家园”为主题的蓬江区2016巩固全国文明城市创建暨建设志愿服务“爱心之城”启动仪式在东湖广场举行。6个镇街代表宣读创文工作承诺书，表达紧抓创文工作的决心。有关领导还向5个创文职能部门代表和9个志愿服务队授旗，勉励大家积极行动起来，抓好常态化城市管理，共同为美丽新蓬江建设作贡献。

南方教育装备创新产业城开园仪式　2016年3月30日，全国首个教育装备创新产业城——南方教育装备创新产业城在蓬江区群华科技园正式开园。是日，海峡两岸教育装备合作示范园、南方教育装备创新研究院相继揭牌。

教育装备系列活动　2016年3月30日-31日，推进教育装备工作，国家教育部教育装备研究与发展中心和广东省教育厅于在江门蓬江区相继召开全国教育装备中心主任会议、第八届全省优秀自制教具大赛展评及颁奖典礼、广东省基础教育装备工作会议等系列活动。

全国区街深化改革与治理现场会　于2016年3月31日在逸豪酒店4楼国际会议中心召开。会议由中国社会工作联合会社区工作委员会主办。民政部基层政权和社区建设司巡视员蒋昆生，中国社会工作联合会副会长王国英，中国行政体制改革研究会副会长、国家行政学院教授汪玉凯，中国社会工作联合会副主任委员、上海市街镇工作协会会长潘烈青，以及来自全国各省市的120多名相关工作领导、专家学者参加现场会。会议向蓬江区政府颁发“全国行政服务改革示范城区”奖牌，以表示对蓬江区的行政服务改革进行肯定和表彰。

戴爱莲先生诞辰100周年系列纪念活动　2016年5月22日，中国当代舞蹈艺术奠基人、著名舞蹈艺术家、教育家戴爱莲先生诞辰100周年纪念。中国舞蹈家协会、广东省舞蹈家协会、江门市文联、蓬江区人民政府主办，江门市舞蹈家协会、蓬江区委宣传部承办，在5月举行主题为“追忆一百年 传承人人跳”的系列纪念活动，分别是戴爱莲先生诞辰100周年纪念大会，戴爱莲艺术楼揭牌、邮资封首发仪式、向戴爱莲雕像敬献鲜花，“传承戴爱莲先生舞蹈精神，打造中国舞蹈之城文化品牌”座谈会。

（江门）杜阮凉瓜美食旅游文化节启动仪式　2016年6月10日，在万达嘉华酒店举行（江门）杜阮凉瓜美食旅游文化节启动仪式。文化节为期11天，深挖蓬江区旅游资源，擦亮“杜阮凉瓜”的品牌，加快建设旅游强市。活动包括开摘形式、凉瓜诗书画图曲艺创作活动、凉瓜烹饪大赛、美食旅游欢乐日、万人美食之旅、千人凉瓜宴暨文艺晚会等。江门市副市长易中强、市政府副秘书长许彩华、市农业局局长郑少强等领导，区四套班子相关领导及各镇街、区直部门相关负责人，五邑地区餐饮行业代表、旅游行业代表、凉瓜种植户代表等参加活动。

江台教育装备展览会开幕式和研讨会　2016年7月12日，在南方教育装备创新产业城举办。教育部教育装备研究与发展中心处长刘俊波、省教育装备中心主任彭红光，副市长吴国杰，蓬江区区长温伟文到会并致辞。蓬江区四套班子有关领导以及来自台湾的40多余位学者和企业代表、产业城入驻企业负责人等参加开幕式。开幕式上，12家台资企业（机构）与南方教育装备创新产业城台湾教育新创中心签订意向入驻框架协议。待台湾馆落成后，企业（机构）将正式入驻南方教育装备创新产业城。

2016年蓬江区新兵入伍欢送大会　于2016年9月12日在蓬江会堂三楼召开，全区113名应征入伍的青年将陆续踏上征程。江门市常委、市征兵工作领导小组副组长、江门军分区司令员陈锋大校，时任蓬江区委常委、组织部长李欣立及蓬江区四套班子成员出席大会。欢送大会上，李欣立同志向应征入伍的青年们表示祝贺，并向鼓励子女入伍的家庭表示崇高的敬意。

中欧（蓬江）智能制造产业论坛暨投资环境推介会 2016年11月8日，由江门市人民政府指导，蓬江区人民政府主办，广东珠西智谷投资有限公司、珠西智谷智能制造协同创新研究院承办，中欧（江门）中小企业国际合作区服务中心、五邑大学、江门职业技术学院、广东同宏投资管理有限公司支持，分别在逸豪酒店国际会议中心主会场和各镇街的7个分会场隆重举行，吸引来自欧洲企业、协会及高校代表，国内智能制造产业企业代表，珠三角地区及江门地区商会、行业协会代表，蓬江区规模以上及上市企业、欧洲在蓬江区投资企业、小微双创企业代表约400人参加。主会场现场签约的优质项目达18个，计划总投资52.5亿元，副市长许晓雄、区委书记温伟文到会并致辞。

2016年“最美蓬江人”颁奖会 于2016年12月29日在蓬江会堂举行。江门市委宣传部副部长、市委党校常务副校长李纯，区四套班子领导成员、区直部门副科级以上领导干部、各镇街主要领导、分管宣传工作的领导、文化站长及受表彰的先进单位代表和个人等参加。“最美蓬江人”对最美身边好人、最美志愿楼长、最美城管、最美外来务工人员、最美环卫、最美警察、最美经营户、最美教师、最美医务人员、最美家庭10个类别进行表彰，各类别有10名获奖者。

表60： 2016年蓬江区国民经济发展情况表

项目	单位	2016年	比上年增长（%）
人口	万人	74.3	
土地面积	平方公里	324.3	
国内生产总值	亿元	604.92	8.5
人均国内生产总值	元	81862	9.72
工业总产值	亿元		
农业总产值	亿元	16.58	9.5
全社会固定资产投资	亿元	317.05	18.9
外贸出口总额	亿元	291.5	8.9
实际利用外资	亿美元	0.33 7	- 9.39
地方财政一般预算收入	亿元	22.31	8.7
社会消费品零售总额	亿元	246.13	13.22
城乡居民储蓄存款余额	亿元	150.56	7.68

表61： 2016年蓬江区基本情况简表

项目		单位	2016年
基本建设	高速公路营业里程	公里	
	公路通车里程	公里	
	港口泊位	个	
	航运通航里程	公里	
	发电装机容量	万千瓦时	
	年末固定电话用户	万户	
教育	中等专业学校	所	2
	在校学生	人	557
	普通中学学校	所	21
	在校学生	人	22719
	小学学校	所	45
	在校学生	人	57142
	在园幼儿	人	20330
	小学学龄儿童入学率	%	100
医疗文化体育	医院	所	2
	其中：县级医院	所	1
	等级医院	所	2
	卫生机构医院床位数	张	1694
	平均每千人拥有床位	张	
	影剧院(纯放映，无舞台)	间	
	体育馆（有管辖权）	座	

注：空白处表示未有数据。

附件一：

2016年蓬江区四套班子成员名录

中共江门市蓬江区委员会

书　记：王积俊（—2016.4）
　　　　温伟文（2016.8—）
副书记：冼国良（—2016.4）
　　　　温伟文（—2016.8）
　　　　邵　建（—2016.9）挂任
　　　　李欣立（2016.9—）
　　　　林伟勤（2016.4—）
　　　　陈常岷（2016.10—）挂任
常　委：叶石健（—2016.8）
　　　　李云龙（—2016.8）
　　　　李欣立（—2016.9）
　　　　赵　全（—2016.9）
　　　　雷治灿（—2016.9）
　　　　黄达斌（—2016.9）
　　　　邹　强（2016.9—）
　　　　朱金治（2016.9—）
　　　　林建中
　　　　何　莲（女）
　　　　文　丽（女，2016.9—）
　　　　张文新（2016.9—）
　　　　何惠能（2016.9—）
　　　　黄振中（—2016.12）挂职

蓬江区人大常委会

主　任：王积俊（—2016.4）
　　　　赵　全（2016.11—）
党组书记：徐　伟（—2016.9）
　　　　　赵　全（2016.9—）
副主任：伍厚德（—2016.8）
　　　　郭其庆（—2016.11）
　　　　徐　伟
　　　　黄锡炎
　　　　张长齐
　　　　何瑞鹏
　　　　林贤光

蓬江区人民政府

区　长：温伟文（—2016.9）
　　　　李欣立（2016.11—）
党组书记：李欣立（2016.10—）
　　　　　温伟文（—2016.10）
党组副书记：赵　全（—2016.10）
副区长：赵　全（—2016.9）
　　　　文　丽（女）
　　　　亢雁直
　　　　李达成
　　　　朱辉荣
　　　　张沃芬
　　　　黄达斌
　　　　谢法浩（2016.4—2016.7）挂职

政协蓬江区委员会

主　席：李永安
党组书记：李永安
副主席：申景亮（—2016.11）
　　　　陈锦旋（—2016.11）
　　　　赵洪辉
　　　　谢雁平
　　　　吕国荣
　　　　黄月嫦（女，2016.11—）
　　　　林永康（2016.11—）
　　　　廖炳华（2016.11—）

附件二:　　2016年蓬江区获市级以上先进集体名录

单位名称	奖项名称	授予单位	授予时间
中烟摩迪(江门)纸业有限公司工会卷烟纸生产线工会小组	全国模范小家	中华全国总工会	2016年1月
中烟摩迪(江门)纸业有限公司	全国工人先锋号	广东省总工会	2016年3月
江门市逸豪酒店行政部工会小家	广东省模范职工小家	广东省总工会	2016年9月
江门市竞晖电器实业有限公司工会委员会	广东省模范职工小家	广东省总工会	2016年9月
广东万丰摩轮有限公司工会委员会	广东省模范职工小家	广东省总工会	2016年9月
中国石化销售有限公司广东江门石油分公司	江门市十佳书香企业	江门市总工会	2016年12月
广东海信电子有限公司	江门市十佳书香企业	江门市总工会	2016年12月

附件三:　　2016年蓬江区获全国省市区劳模名录

姓名	性别	出生年月	籍贯	政治面貌	工作单位及职务	奖项名称	授予单位	授予时间
刘狄明	男	1969.10	浙江嵊州	中共党员	广东万丰摩轮有限公司技术部负责人	2016年广东省“五一劳动奖章”	广东省总工会	2016年3月

附件四:　　2016年广东省优秀工会工作者名录

姓名	性别	出生年月	籍贯	政治面貌	工作单位及职务	奖项名称	授予单位	授予时间
廖华	女	1982.05	广西宁明	群众	天地壹号饮料股份有限公司女职委主任	2016年广东省优秀工会工作者	广东省总工会	2016年9月

附件五：　　2016年发生在蓬江区内居全省或江门市之最

1、2016年，区国税局、区地税局成功创建成为第二批全省国地税合作县级示范区和全国百佳国地税合作县级示范区。两局在江门市行政服务中心联手打造的蓬江区国税地税联合办税服务厅是广东省进驻政务中心规模最大、“一窗通办”数量最多的办税服务厅。区国税局纳税服务股（办税服务厅）被评为“全国税务系统先进集体”，荷塘税务分局获得“广东省青年文明号”荣誉称号。

2、国家旅游局授予33墟街2016全国优选旅游项目名单。

3、2016年3月31日，民政部和中国社会工作联合会授予蓬江区“全国行政服务改革示范城区”和“全国社区志愿服务示范城区”。

4、2016年12月14日，江门市第二人民医院（环市街道社区卫生服务中心）建成全市首个“5A级”预防接种门诊。

·责任编辑　岑鲁宁·

江海区

概　述

【行政区划】　下辖外海、礼乐、江南3个街道。设社区居民委员会26个、村民委员会36个。

（吴家斌）

【位置面积】　隶属广东省江门市，位于江门市东南部，是中心城区之一。东北隔西江与中山市古镇镇相望，南接新会区睦洲镇，西依江门水道与新会区会城街道分界，北靠蓬江河南岸与蓬江区为邻。总面积109.16平方千米。（冯柱庭）

【气候河流】　属亚热带海洋性气候，全年平均气温22.6℃，温和多雨、阳光充足、四季常青。西江干流经江海区段全长13.23公里。

（吴嘉慧）

【人口 民族】　常住人口26.49万人。户籍人口16.12万人；常住出生人口3063人，人口出生率11.37‰，自然增长人口1964人，自然增长率7.29‰。大部分为汉族。（吴家斌）

【华侨华人及港澳台同胞】　据2016年江门市侨情普查结果，江海区旅居海外华侨、华人、港澳台同胞8.7万多人。主要分布在美国、加拿大、新加坡、马来西亚、越南、英国等31个国家和地区。旅外社团2个（旅港外海同乡会、香港礼乐同乡会）。

（吴家斌）

社会经济发展状况

【简述】　江门高新区（江海区）拥有珠三角（江门）国家自主创新示范区核心区、全国小微企业创业创新基地示范城市核心区、国家创新型特色园区、中国（江门）“侨梦苑”华侨华人创新产业聚集区和全国博士后创新（江门）示范中心五个国家级产业创新发展平台，是江门市落实广东省“珠西战略”的主战场、重要的制造业基地和科技创新中心。

经济实力提升　2016年，江门高新区（江海区）主要经济指标增长速度保持全市前列，地区生产总值增长7.3%，规模以上工业增加值增长8%，地方公共财政预算收入增长4.32%，固定资产投资增长20%，社会消费品零售总额增长11.5%。先进装备制造业加快发展，中美（江门）合作园二期项目加快开发，德尔福项目建成并投产，汽车零部件产业基地项目获广东省扶持资金支持；沈阳机床智能云制造平台项目成功落户，阪桥电子等5个亿元项目入驻。新业态发展势头良好，电商平台交易活跃。33项市重点项目投资完成率排名全市第一。园区扩能增效工作稳步推进，一批闲置工业用地、闲置厂房得到盘活，园区土地利用率有效提高；企业技改、转型升级和节能减排效益明显。

创新能力增强　在2016年度公布的116家国家级高新区排名中实现争先进位，知识创新和技术创新能力单项大幅跃升11位。企业自主创新主体地位凸显，国家高新技术企业总数、R&D（研究与开发）经费占比和高新技术产品产值占比均居全市第一。获评第二批国家小型微型企业创业创新基地、国家知识产权试点园区。创新载体提质发展，初步形成全链条孵化育成体系。高新创智城（总部科技园）开工建设，新建科技创新创业园和人才大厦等载体20万平方米，新认定国家级孵化器、众创空间各1家；引入大健康国际创新研究院等新型研发机构。加大企业扶持力度，减免小微企业税费1.4亿元，帮扶33家科技企业获得科技贷款3亿元，新增“新三板”上市企业1家。人才工作取得突破，全国唯一的博士后创新（江门）示范中心挂牌，并获评为“2016（第二届）全国基层人才工作优秀创新案例”、“万人计划”人才培育和“千人计划”专家项目落户实现零的突破。

城市面貌改善 2016年，府西小区整合开发，江门造纸厂、江门船厂等一批“三旧”改造项目进展顺利，“西江外滩”初步成型；陈少白广场等龙头公园升级改造和村居公园新建改建任务如期完成，黑臭水体治理取得初步成效；江门演艺中心及华侨华人创艺园启用，南岸印迹项目建设加快推进，潮人径江海段全线贯通；广中江高速江海段建成通车；高新区公共码头首期项目、连海路（新港路-南环路段）等交通大会战项目加速推进。

改革工作推进 2016年，江门高新区（江海区）探索招商机制新模式，组建产业招商、科技招商和服务企业3支专责队伍。探索与社会资本合作共建园区新模式，引入华夏幸福共建珠西产业新城项目。在全国国家级高新区率先实现企业“九证合一”，推行个体工商户“两证整合”。探索“双随机抽查+网格e监管”模式，在全省率先开发并运行“商事主体智能监管平台”。在全市首推涉企类服务事项“一窗通办”，全面完成街道公共服务平台建设。稳步推进政府职能转变和机构改革，单独设置区科技创新局和区安全监督管理局，提升高新区招商局的设置规格。

民生实事落到实处 2016年，江门高新区（江海区）“十大民生实事”全面完成。企业职工和城乡居民养老金、孤儿供养和残疾人“两个补贴”等标准稳步提高；全国适度普惠型儿童福利制度建设“先行示范区”试点工作取得阶段性成果；“邑家园”家庭综合服务中心实现全覆盖；城乡精准扶贫年度任务全面完成；创建国家一级文化馆和国家一级图书馆；促进义务教育师资均衡发展，首例学校“交钥匙”工程天鹅湾小学建成开学，“三二一”（2016年至2018年，蓬江区、江海区各新建不少于3所公办义务教育阶段中小学校；新会区、开平市、鹤山市各新建不少于2所；台山市、恩平市各新建不少于1所）工程规划编制率先完成；推进卫生创强工作，区人民医院创建成为二级甲等综合医院；推进街道社区卫生服务中心和村级卫生站规范化建设。开展和谐劳动关系示范区工程，加强信访维稳工作。落实“一岗双责”，全年没有发生较大以上安全生产事故。 （周桂英）

【工业】 2016年，江门高新区（江海区）实现工业总产值411.08亿元，增长4.50%；规模以上工业产值386.56亿元，增长4.30%；规模以上工业增加值81.79亿元，增长8.40%。实施珠西先进制造业发展五大行动方案，中欧（江门）中小企业国际合作区光机电一体化产业基地挂牌成立，汽车零部件产业基地获广东省4500万元专项资金支持，沈阳机床智能云制造平台华南总部项目成为珠西先进装备制造产业基金第一个投资项目。加快开发中美（江门）合作园二期，世界500强德尔福汽车线束项目投产。牵头发展大健康产业，完成核心园区规划编制，与五邑大学合作共建江门大健康国际创新研究院。全区大健康产业的规模以上工业总产值43.18亿元，增长9.5%。先进制造业、高技术产业和装备制造业增加值分别增长13.1%、15.1%和9.3%，占工业增加值比例保持位居全市第二。推进集约节约用地，盘活闲置工业用地175.25亩、厂房15万平方米，引进项目20个，总投资86亿元。兑现“历史留用地”536亩，完成土地利用总体规划中期评估及调整完善工作，实现全域永久基本农田划定。全年技术改造投资26.28亿元，增长107.7%，完成全年目标任务155%，在全市排名第二。市重点工业项目完成投资12.68亿元，完成计划投资额的111.2%。新增“阿里巴巴速卖通”电商平台，全区4个电商平台上线企业3000家。开展电机能效提升工作，降低企业经营成本；加强企业实施节能降耗、清洁生产的技术指导，淘汰落后产能，组织实施园区循环化改造工程。

（吴嘉慧）

【农业】 2016年，江门高新区（江海区）农业总产值10.07亿元，增长2.70%；36条行政村村级集体经济收入23286万元，增长27.86%。粮食作物播种面积3459亩，增长9.25%。全区水产养殖面积1.7万亩，主导品种南美白对虾，现对虾养殖面积4800亩，笋壳鱼、花锦鳝、巴鱼、泥鳅等新品种养殖面积增至3000亩。水产品产量为2.7万吨，总产值为4.8亿元。全区备案畜禽养殖场570户，生猪饲养量为17.6万头，上市量14.6万头；家禽饲养量23.6万只，上市量11.8万只。畜牧业生产总值为2.8亿元。落实涉农保险和农机购置补贴、开展基层农技推广体系建设与补助项目等工作。发挥农业示范基地和示范户的作用，开展一对一入户指导，发展葡萄、石斛、花锦鳝、锦鲤等优质品种，引导农业发展高产值和高附加值的产业。加强农产品质量安全监测，打击违规使用农业投入品行为，加强农畜产品、水产品监测和动物防疫、免疫工作，顺利通过省考核组的检查验收。全面开展城市"黑臭水体"（农业污染源）整治工作，关闭、搬迁畜禽禁养区内畜禽养殖场。做好贫困户建档立卡和挂钩联系工作及帮扶规划工作，落实市、区扶贫资金214.2772万元，通过知识技能培训、就业帮扶、教育助学、助医帮扶等系列措施，实施精准扶贫。全年40户134人实现脱贫，脱贫率22.7%。其中城镇8户20人、农村32户114人。（吴嘉慧）

【财政】 2016年，江门高新区（江海区）公共财政预算收入10.25亿元，增长4.3%；地方公共财政预算支出15.58亿元，增长9.4%，其中教育支出2.56亿元，增长3.9%。（吴嘉慧）

【税务】 2016年，江门高新区（江海区）工商税收总额34.32亿元，增长12.92%，其中国税税收22.72亿元，增长25.70%，地税税收11.60亿元，下降5.82%。（吴嘉慧）

【金融】 2016年，江门高新区（江海区）出台鼓励企业改制与进入代办股份转让系统挂牌管理等一系列科技金融扶持政策，培育和引导科技型企业到多层次资本市场融资。生和堂挂牌新三板、创业服务中心挂牌新四板，全区培育上市和挂牌企业9家，与券商签约10家。拓宽"政银保"渠道，从单一商业银行和保险公司扩充至全区的商业银行、保险公司等金融机构，受理33家科技企业申报共获3亿元的科技贷款。设立启迪之星天使投资基金并募集2000万元，粤科二期9000万元风险投资基金完成募集，设立全市首家民生银行小微支行。11月在澳门举办的"2016年江澳金融合作工作会议"上，江门国家高新区与澳门金融机构建立紧密合作伙伴关系。（吴嘉慧）

【固定资产投资】 2016年，江门高新区（江海区）全年累计完成固定资产投资110.41亿元，增长20.1%。其中区内市重点项目完成累计投资36.60亿元，增长15.30%；区重点项目累计完成投资62.44亿元，增长49.70%。（吴嘉慧）

【个体私营经济】 2016年，江门高新区（江海区）全区市场主体总量20440户，增长11.35%。其中个体工商户13748户，增长10.20%；私营企业6122户，增长14.73%；内资企业525户，增长5.85%；农民专业合作社45户，减少8.16%。商事改革以来，市场主体增长数量趋向平稳，全年新登记各类市场主体3377户，增长1.17%，其中新登记个体工商户2338户，减少7.04%；新登记企业1039户，增长26.86%。加大对中小微型企业扶持力度，建立"个转企"服务"绿色通道"，帮扶个体工商户46户转型升级为企业，转型为企业的注册资本达到4451万元。（吴嘉慧）

【建筑业】 2016年，江门高新区（江海区）全年发放施工许可证173项，建筑面积158.2万平方米，工程造价29.6亿元，办理工程竣工备案54项，建筑面积93.3万平方米。收取人防易地建设费192.4万元，新型墙材基金1188.9万元，散装水泥基金97.1万元，完成招投标52项。采取重点督查、明察暗访、突击检查等方式开展建筑施工风险点危险源、百日集中严整等专项行动，检查工程项目138项次，发出安全整改通知书138份，排查安全隐患699条，局部停工通知16份，全面停工通知书1份，下发扣分通知书44份。开展质量监督专项检查1次，发出工程质量整改通知书34份，质量问题整改意见117条；开展建材打假专项行动，抽检在建工地建材产品54批次，抽检结果显示所抽检建材产品基本合格。开展民用建筑工程项目建筑节能审查备案工作，建筑节能审查率100%；加强建筑节能材料的检测，全区新建建筑竣工验收阶段节能强制性标准执行率100%。推动可再生能源建筑应用，江粉磁材厂房项目等光伏发电节能改造项目陆续建成使用。推广使用新型墙体材料，落实"禁实限粘"政策。返退新型墙体材料专项基金461万元。建工程项目预拌混凝土使用率100%。盈基混凝土公司建成江海区首条全自动砂浆生产线。完成房地产投资额48.11亿元，增长67.46%。新开发房地产项目10个，报建面积

106.60万平方米，增长42.27%，主要项目有明泰城、星海湾华庭、海伦心苑、珑山居、龙溪新城、灏轩小区、朗晴新天地等。全区商品房销售面积70.14万平方米，增长113.65%；销售金额41.67亿元，增长113.91%；均价约每平方米6000元。继续推行以公租房为供给主体，实物保障与货币补贴并举的住房保障制度。全年受理审核公租房（含廉租房）保障资格申请105户，发放货币补贴89户、149人、30314.10元。通过发动社会力量投资建设，基本建成高宏实业有限公司宿舍楼项目公租房共175套，完成市下达的目标任务。成立老旧建筑安全管理工作专项检查小组，对各街道的危房进行检查，共排查城市老楼危楼25间（幢），发现疑似存在安全隐患房屋9间，排查农村房屋657间，发现疑似存在安全隐患房屋454间，并对存在问题落实整改。召开物业管理工作会议，对群众诉求集中的问题进行专题讨论，组织开展物业管理小区消防安全防控工作。指导物业管理小区成立业主委员会，提升我区住宅小区自治管理水平。（冯柱庭）

【商业】 2016年，江门高新区（江海区）全年实现社会消费品零售总额43.06亿元，增长12 %。从行业看，批发零售业实现零售额39.43亿元，增长13.6%；住宿餐饮业实现零售额3.63亿元，下降2.6%。（吴嘉慧）

【旅游业】 2016年，江门高新区（江海区）打造"全域旅游"，发挥乡村旅游示范效应。举办礼乐葡萄旅游节，吸引游客18万多人次，拉动旅游消费5000万元，提高农民收入和带动餐饮行业的发展。完善旅游设施建设，实施步行径标识牌安装，完成6条100公里的步行径路径标识设置工作。完成新建及改建旅游厕所各2座。加快公园城市建设，完成陈少白广场（江海绿化广场）综合性公园改造升级，启动白水带森林公园、礼乐湿地公园的规划建设，新建改建17个村居公园；启动白水带旅游驿站建设。推进创建"国家森林城市"，落实资金260万元，对全区13个社区公园进行升级改造。"南岸印迹"潮人径全线贯通，完成沿线灯光提升工程。

（吴嘉慧）

【对外经济贸易】 2016年，江门高新区（江海区）全年外贸进出口总额182亿元，增长3.12%，完成全年目标任务的103.12%；其中出口132亿元，增长2.71%，完成年度计划的101.69%。外商直接投资全年完成合同17.36亿美元，增加6.76%，完成年计划的115.76%；实际吸收外资金额0.2亿美元，完成年计划的18.31%，下降80.85%。发动区内中小型异地出口企业浩发服装、凯骏机电等一批企业回归本地出口。全年累计兑现各项外贸类扶持资金29个批次、1910万元，受惠企业305家次。组织企业参加香港灯饰展及电子展、澳门环保展、泰国亚洲食品展、意大利米兰摩托车展、智利机械与电子展、加博会、广交会等境内外展览会，进一步拓展企业外贸市场。（吴嘉慧）

【外事侨务及港澳台事务】 2016年，旅比华人专业人士社团、秘鲁开平同乡会、中秘基金会会长、多伦多华侨华人科技考察团，美国地产投资商、太平洋门户投资基金创办人黄关端仪，美亚创新促进会中国首席代表徐豪，香港江门同乡会、香港五邑总会、美国华盛顿州中国统一促进会会长方伟侠一行、澳门青创企业代表、香港卓汇理财集团一行、厄瓜多尔客商等社团首领和知名人士到江海区考察参观，共接待海外考察团组15批265人次。创建"侨梦苑"，以建设侨乡创业创新国际平台。建立"侨梦苑"微信公众号、制作PPT和宣传片，设立"侨梦苑"华侨华人创业创新发展基金。大力集聚侨资侨智，全年有50批、709人次海外高层次人才到江门"侨梦苑"考察，形成项目集聚、人才吸聚效应。（吴家斌）

【交通运输】 2016年，江门高新区（江海区）交通四通八达，毗邻香港、澳门，水路距澳门53海里，距香港96海里，有高速豪华客轮航班往返港澳，单程只需2小时。附近有广州、深圳、珠海、澳门等机场。融入珠三角一小时生活圈，江中、江鹤、江珠三条高速公路交汇于区内，建设中的广中江高速北延线贯穿境内。广珠城际轻轨在区内设3个站点，规划中的深茂铁路穿境而过，与广珠铁路江门南站距离不足1千米。区内有江门港澳客运码头、中外运货运港口和正在建设的高新区公共码头，距离国家一级港口、广东省第二大内河港新会港12千米。完成全区首批27个智能公交停靠站的建设和升级改造。启动南湖公园临时公交首末站，通过优化117路和24路等公交线路及新开6条公交线路；完成演艺中心首末站建设和公交线路配套，至此全区公交线路36条路、营运车辆191台。（冯柱庭）

【教育】 2016年，江门高新区（江海区）通过广东省第一批全国义务教育发展基本均衡区复检。外海、礼乐街道通过广东省教育强街复评，完成2016年国家义务教育质量监测工作。高考本科上线人数292人，本科上线率32.09%，其中重点37人，增长率42.3%，报考入围率91.52%，高考入围率全市排名第二。作为江海区首个“交钥匙”工程，投资4000多万元新建天鹅湾小学，并于12月落成启用。新增滘头小学、礼乐二中、麻园中学、华兴小学等4所学校教学楼，动工兴建中路小学、礼乐中心小学教学楼、外海中学宿舍楼。升级改造滘头小学、麻二金紫学校、礼东小学等学校3个运动场。新增校舍面积38088.2平方米。投入150多万元，推进“民生”工程改造一批老旧厕所。是年，全面实施免费义务教育，推进新生招生体制改革，全年一年级外地生源超过58%以上。公开招聘新教师35人，其中本科33人、研究生2人。中小学教师学历全部达标，高中教师研究生率15%。教师交流轮岗实现制度化、常态化，实现县域内师资配置基本均衡。完成第八轮正、副校长空岗竞聘工作，新聘校长比例23%，新聘副校长比例33%。建立省中小学教师、校长工作室江海区工作站3个，开设市名班主任莫斯汝工作室、广东省名教师钟燕青工作室。

（吴家斌）

【科技】 2016年，江门高新区（江海区）落实珠三角（江门）自主创新示范区实施方案，全年带动科技投入1529万元，R&D经费占GDP比重2.83%，居全市第一。推动“科技小微企业—高企培育—国家高企”梯度化发展，累计入库科技型小微企业255家，高新技术企业90家，比2015年实现倍增。获批成为国家知识产权试点园区。加快小微“双创”核心区载体建设及服务提质，推进高新创智城、珠西云谷小微基地、高新区科技创新服务中心等综合配套平台建设，火炬大厦建成投入使用，新认定国家级孵化器1家，市级孵化器4家，众创空间5家，逐步建成“众创空间（前孵化器）—孵化器—加速器—专业园区”完整的孵化育成体系，为企业成长全生命周期提供场地、服务等专业支撑。全年小微企业营业收入335亿元，新增就业人数8500人，技术合同交易额869万元，授权专利数520个，位居全市前列。落实小微企业费用减免3400多万元，小微企业税收减免5000万元；全区各类市场主体突破2万户，增长10.97%。

（吴嘉慧）

【文化】 江海区推进公共文化服务体系建设，区文化馆通过全国第四次评估定级达标为国家一级，文化站100%达标为广东省一级；共建国家一级图书馆、美术馆启用；文化馆新址搬迁启用；江门演艺中心正式运营。梳理文化行政审批“邑门式”服务项目并制定办事指南，做好“南岸印迹”的相关资料搜集整理和文物及非遗保护工作，文化娱乐场所零事故。举行第二届“陈少白”文学艺术奖评选、“南岸情.高新梦”文艺晚会，开展区文化艺术节、粤剧之夜和暖企迎春送欢乐到基层等群众文化品牌系列活动。全年送戏下乡92场，开展免费艺术培训476课时，义务挥春3场。区文化馆邱菁萍荣获第三届“广东省基层先进文化工作者”称号；曾小洁、邱菁萍、何峰三位文化骨干获得江门五邑联合文化馆舞台艺术类“优秀创作人才”称号并入选创作人才库。开展文艺精品创作，小品《真情》、歌曲《花蓼花》获江门市群众文艺作品评选一等奖，小品《恐惧“证”》获广东省群众文艺创作一等奖，国画《红色的记忆》、油画《老屋》等作品入选广东省美术作品展。

（吴家斌）

【卫生】 2016年，全区各级各类医疗机构85家，其中区综合医院1家，区中西医结合医院1家，社区卫生服务机构5家，门诊部7家，诊所、医务室等36家。各级、各类医疗卫生机构共有卫生技术人员798人，其中执业（助理）医师297人，注册护士362人，平均每千人口卫技人员3.07人。卫生事业单位人员编制463人，实际在岗卫生从业人员577人，其中在编数308人，临聘人员269人。住院编制床位485张，实际开放床位518张，实际开放床位每千人口床位1.99张。江海区人民医院通过“二甲”评审，并挂牌二级甲等综合医院。外海、江南街道社区卫生中心纳入区人民医院管理，礼乐街道社区卫生服务中心纳入区中西医结合医院管理。投入60万元实施村级卫生站升级改造，建成规范化的村卫生站32个、社区卫生站8个，实现“一村一站”工作目标。率先在全市提出建设基层医疗机构中医药综合服务区，并新建设村卫生站中医药示范点1个。全区35间基层医疗机构开展家庭医生签约式服务，建立家庭医生式服务团队18个，服务对象37655人。全区开展规范化电子建档182442人份，建档率70.12%。全区无偿献血487750毫升，完成年度目标献血量的84.68%。受理医疗机构设置审批19间，取缔非法行医的诊所11间。开展以防蚊为重点爱国卫生运动，出动8千人次，清理孳生地580处、卫生死角1099处、清运垃圾202吨；出动专业消杀人员228人次，消杀器械用量120台次，投成蚊喷杀用药203公斤、投放鼠谷474余公斤。2015年10月1日至2016年9月30日全区出生1910人，其中政策外出生12人，政策生育率98.69%；常住人口政策生育率97.91%，政策外多孩率0.68%。创建国家级计生基层群众自治示范村（社区）3个、省级示范村（社区）15个，75%的村（社区）达到国家级示范村标准。投入523万元及时足额兑现各项计生优待奖励政策。计生奖励扶助落实率100%，当年征收立案率100%，征收标准符合率100%。加强优生优育优教指导服务，推进“全面两孩”政策。（吴家斌）

【体育】 2016年，全区有5000平方米的全民健身广场9个，含篮球场、乒乓球或羽毛球场、健身路径、文体舞台等设施，1000平方米的文体小广场54个，全区文体广场总数63个，达到全区全覆盖，走在全市前列。人均体育面积1.4平方米。在区文化馆设立江海区体育彩票中心和区国民体质监测中心，开放监测受人员达1300多名。组团参加市第八届运动会，取得金牌8面、银牌7面、铜牌10面。江海区文化广电体育局获得广东省第十七届“体育节”先进单位称号。

（吴家斌）

【城乡建设】 2016年，江门高新区（江海区）启动农村重点易涝区整治工程，按照先急后缓、分步实施原则，江海区农村重点易涝区整治工程第一期的礼乐南冲电排站项目完成初步设计，并通过银行贷款6000万元。全年投入基层农田水利建设资金380万元，完成农村基层农田水利建设项目13项，加高加固堤围14公里，重建、新建排涝泵房5个，清淤疏浚河涌4.8公里，重建小型水闸1座。加强汛期安全检查，强化三防问题清单整治，开展三防抢险救灾演练等措施，成功抗击“妮妲”“海马”等台风袭击，确保全区台风暴雨期间零伤亡。开展社区道路维修改造项目，基本完成白水带景区南入口人行径、礼德街、裕安花园道路等5条社区道路的升级维修改造项目。对南山路、清澜路等一批水浸黑点进行疏通改造，改善积水现象。结合省、市开展五年治理违法建设工作计划实施治理工作，加大对各类违章建筑的查控力度，完成2016年违法建设治理目标任务24500平方米。完成产业园区扩能增效盘活175.125亩闲置土地任务。新增供地项目3宗，面积305.9亩；完成改造项目2宗，面积164.4亩。做好重点项目规划研究，完成《江门科教新城概念规划》《江门市白水带公园入口景观规划》《“珠西创城、侨都硅谷”江门国家高新区（江海区）发展规划图册》《江门市白水带公园及周边地区概念规划》《江门市江海区城市发展综合规划·总体城市设计》等规划编制。全区“三旧”改造通过市政府审批项目认定17宗、面积1591.43亩，办理“三旧”改造方案审批12宗、面积1071.09亩。其中完成项目供地3宗、面积305.9亩。沙津横头股围工业区“三旧”改造项目完成投资额7亿元、江门船厂“三旧”改造项目B、D地块开挖地下室和打桩工作，江门造纸厂“三旧”改造项目一期主体工程完工，兰花食品有限公司“三旧”改造项目，2015年开盘销售、滘头银星股份合作经济社“三旧”改造项目完成并销售、春燕棉纺厂（一期）“三旧”改造项目完成投资额6.945亿元。

（冯柱庭）

【环境保护】 2016年，江门高新区（江海区）推进“龙头公园”白水带森林公园建设，完成白水带森林公园桃花园、市花园消防配套设施、高速公路绿道、麻三村至映月桥登山径、公园绿道慢行系统配套设施等升级改造建设工作，完善公园配套设施。推进白水带四门相通建设，并实现四门简易相通。按照一村（居）一公园建设要求，完成28个社区公园新建改造任务。完成陈少白广场、龙溪湖公园、江南釜山公园和外海茶庵寺公园景观和配套设施升级改造工作。推进高新工业园区内金瓯路、连海路等10条绿化景观路的升级改造。全年新建和改造垃圾中转站8座、改造公厕1座，新配置各式垃圾箱（桶）、果皮箱1200个。2016年市下达江海区黄标车和老旧车淘汰任务762辆，其中黄标车443辆，年内完成淘汰老旧车和黄标车913辆，其中淘汰黄标车454辆。按照市政府对黑臭水体整治工作的统一部署，启动全区城市黑臭水体综合整治工作，全面完成152户畜禽养殖场的清理关闭任务。建立河岸、河道“一把扫”保洁工作机制。开展河道垃圾专项整治和清淤、引水增流措施。跟进上年度市级生态村创建后续工作，通过考核验收的外海街道七西村、礼乐街道雄乡村、丰盛村3个行政村完成生态村命名

工作。（冯柱庭）

【人民生活】 2016年，江门高新区（江海区）城镇居民人均可支配收入28190元，增长10.10%。城镇新增就业人数5545人，城镇失业人员再就业4376人，就业困难人员实现再就业360人，城镇登记失业率为2.38%；农村劳动力转移就业996人。全年保障城乡低保对象868户1861人，其中城镇低保对象304户548人，农村低保对象564户1313人，发放低保资金649.14万元。2016年1月1日起，城乡低保标准由每人每月550元提高至600元，月人均补差水平城镇为435元，农村为316元。（吴家斌）

【社会保险】 2016年，江门高新区（江海区）城镇职工基本养老保险参保人数150722人，其中企业职工基本养老保险参保人数124916人；城镇基本医疗保险参保人数206607人，其中城镇职工基本医疗保险参保人数126906人；失业保险参保人数87222人；工伤保险参保人数90876人；生育保险参保人数88862人；城乡居保参保人数50001人，社保保障卡持卡人数23.2万人。城镇职工基本养老保险本年累计征收71715万元，其中企业职工基本养老保险累计征收71267万元；城（乡）镇基本医疗保险本年累计征收34695万元；失业保险本年累计征收1875万元；工伤保险本年累计征收1298万元；生育保险本年累计征收878万元。

（吴家斌）

【工业园（区）建设】 2016年，江门高新区（江海区）加强园区配套设施建设。累计完成道路交通工程、生产配套设施建设和生活配套设施建设投资16.44亿元，进一步提升园区的发展环境。年度投资11.7亿元，推进会港大道、五邑路扩建，加快胜利南路延长线、连海路（新港路—南环路）一期、南山路（江海路—五邑路）、礼睦路、新中大道等主次干道建设，广中江高速江海段、沿江路演艺中心段建成通车。投资1.8亿元，完成16条市政道路改造升级，促进旧城区环境提升。创新政府和社会资本合作模式，与全国领先产业新城运营商华夏幸福成为在华南地区的首个合作伙伴，签订合作协议，对区内24.8平方公里合作区域进行整体开发运营，成立江门公司，完成合作区域概念性总体规划、空间规划和产业发展规划编制。（吴嘉慧）

【信息化建设】 2016年，江门高新区（江海区）落实信息大道建设工作，创建“光网示范县”，对全区现有铜缆通信网络全面升级改造，完成江海区3个街道及其下辖62个社区、村现有铜缆通信网络全面升级改造，实现户户通光纤。江海区被授予全江门市首个“光网示范区县”的称号。指导企业申报国家、省信息化扶持资金，重点推动德力光电、杰利信抛磨材料有限公司等一批企业通过信息化改造。协助完成“邑门式”系统与网上办事系统的深度整合，完善基层公共服务网络，实现全覆盖，年内完成网厅基础数据录入9125条。

（吴嘉慧）

【重点建设项目】 2016年，江门高新区（江海区）按照“四个一”（一个项目一个领导带一套人马一抓到底）的要求推进重点项目建设。全区年度总投资79.41亿元的71项重点项目累计完成投资额81.29亿元，完成率102.37%，超过时间进度2.37个百分点。其中列入省重点项目范围、年度总投资3.5亿元的3项，累计完成投资4.85亿元，投资完成率138.57%，超过时间进度38.57个百分点；列入市重点范围、年度总投资41.96亿元的33项项目，累计完成投资49.63亿元，投资完成率118.3%，超过时间进度18.3个百分点，位居全市第一。在71项项目中，超过时间进度、达到或基本达到时间进度64项，占全部重点项目的90.14%。其中进展较快的项目9项，包括江海区开放式创新创业平台锂电正极新材料扩产项目投产；江门广悦电化厂技改项目完成基础建设并试产；连海路（新港路-南环路段）一期工程完成箱涵工程，道路工程完成50%的工程量；滘头银星股份合作经济社“三旧”改造项目完成；名门一号小区开展建设；东华房地产云景华庭项目F2、F3幢完成收尾并交楼；汇嘉·南湾项目开展预售；天鹅湾小学完成项目建设并投入使用；南岸印迹项目完成灯光提升工程，潮人径全面贯通，江门船厂地块业主恒大集团进场建设。（刘杰）

【重大庆典活动】 2016年2月3日，高新区（江海区）在釜山公园举办南岸印迹灯光工程亮灯仪式。首期灯光工程投入500万元，由“始源江门”“照耀江门”“绿色江门”“高新江门”四个部分组成，展示江门百年工业发展变迁过程。6月启动南岸印迹潮人径江海段建设，8月全线贯通。9月30日，南岸印迹潮人径开通暨第二期灯光工程启动仪式在江新联围举行。

4月30日，江门演艺中心落成。2008年开始筹备。该项目占地面积4.13万平方米，由6座独立建筑组成，建筑面积6.3万平方米，投资4亿多元；为珠西最大的民营文化产业项目，建设规模为广东省第二大综合性演艺文化设施，仅次于广州大剧院。

7月15日，全国博士后创新（江门）示范中心在江门高新区（江海区）挂牌。同时启动经纶侨都智库，胡正寰院士和千人计划专家等30多名国内外知名学者被聘为首批“双导师”（全国博士后创新（江门）示范中心创新导师和江门市人才研修院导师）。11月26日，“江门市博士后创客空间”揭牌，来自中山大学、华南理工大学、华南师范大学以及高新区（江海区）的70名博士后、企业的博士参加仪式。

10月12日，江门高新区（江海区）与华夏幸福基业股份有限公司签订合作协议，这是华夏幸福在华南区域的第一个产业新城项目。合作约定区域面积24.8平方公里，按照“北有固安、中有嘉善、南有江门”的思路，打造成为华夏幸福产业新城的全国三大标杆之一。通过对接区域战略（深中江走廊+粤西门户）、立足产城融合（产业升级+城市功能）、实施模式创新（开发驱动+创新驱动）等三大实施路径，打造成为菁英汇聚的粤西都会城、智慧创造的高新产业城和蓝绿交融的花园宜居城。

12月19日，天鹅湾小学建成启用，这是江海区第一例“交钥匙”工程，也是全市“三二一”工程提出以来首所完成建设并启用的学校。学校占地面积31亩，建筑面积13000平方米，办学规模36个班、学位1800个。（黎家宁）

表62： **2016年江海区国民经济发展情况**

项　目	单　位	2016年	同比（%）
人口	人	264900	1.5
土地面积	平方千米	109.16	持平
国内生产总值	亿元	158.51	7.8
人均国内生产总值	元	60350	6.9
工业总产值	亿元	411.08	4.5
农业总产值	亿元	10.03	2.3
全社会固定资产投资	亿元	110.41	20.1
外贸出口总额	亿元	133.18	2.61
实际利用外资	亿美元	0.28	-0.85
地方财政一般预算收入	亿元	10.25	4.3
社会消费品零售总额	亿元	43.06	12.0

（吴嘉慧）

表63： 2016年江海区基本情况

项目		单位	2016年
基本建设	高速公路营业里程	千米	—
	公路通车里程	千米	
	港口泊位	个	
	航运通航里程	公里	
	发电装机容量	万千瓦时	
	年末固定电话用户	万户	
教育	中等专业学校	所	0
	在校学生	人	0
	普通中学学校	所	6
	在校学生	人	9208
	小学学校	所	16
	在校学生	人	15760
	在园幼儿	人	8301
	小学学龄儿童入学率	%	100%
医疗文化体育	医院	所	2
	其中：县级医院	所	2
	等级医院	所	2
	卫生机构医院床位数	张	518
	平均每千人拥有床位	张	1.99
	影剧院	间	1
	体育馆	座	1

（吴家斌）

附件：

2016年江海区四套领导班子成员名录

中共江门高新技术产业开发区工作委员会

书　记：梁许赞（—2016.9）
　　　　彭章瑞（2016.9—）
副书记：周惠红（女，—2016.11）
　　　　汤惠红（女，2016.11—）
　　　　颜　强（—2016.8）
　　　　刘　兵（2016.8—）
委　员：庞正华（—2016.8）
　　　　刘　兵（—2016.8）
　　　　杨　蕾（女，—2016.8）
　　　　何　腾（—2016.8）
　　　　黄伟权（—2016.8）
　　　　李云龙（2016.8—）
　　　　郑耀强
　　　　赵晓斌（2016.8—）
　　　　陈焕溪（2016.8—）
　　　　陈　诚（2016.9—）
　　　　吴　旭（—2016.9）
　　　　李　丹（2016.9—）
　　　　罗时勇（—2016.8）
　　　　钱杰润（2016.8—）
　　　　曾计开

江门高新技术产业开发区管理委员会

主　任：梁许赞（—2016.9月）
　　　　彭章瑞（2016.9—）
常务副主任：周惠红（女，—2016.12）
　　　　汤惠红（女，2016.12—）
副主任：庞正华（—2016.8）
　　　　何　腾（—2016.8）
　　　　黄伟权（—2016.8）
　　　　郑耀强（2016.8—）
　　　　陈焕溪（2016.9—）
　　　　任安良
　　　　谢　清

中国共产党江门市江海区委员会

书　记：梁许赞（—2016.9）
　　　　彭章瑞（2016.9月）
副书记：周惠红（女—2016.11）
　　　　汤惠红（女，2016.11）
　　　　颜　强（—2016.8）
　　　　刘　兵（2016.8—）
常　委：庞正华（—2016.8）
　　　　刘　兵（—2016.8）
　　　　杨　蕾（女，—2016.8）
　　　　李云龙（2016.8—）
　　　　郑耀强
　　　　赵晓斌（2016.8—）
　　　　刘晓蓉（2016.1—）
　　　　吴　旭（—2016.9）
　　　　李　丹（2016.9—）
　　　　罗时勇（—2016.8）
　　　　钱杰润（2016.8—）
　　　　章正军

江门市江海区人民政府

区　长：周惠红（女，—2016.11）
　　　　汤惠红（女，2016.11）
常务副区长：庞正华（—2016.9）
　　　　陈　诚（2016.9—）
副区长：吴　刚（—2016.9）
　　　　唐建安（—2016.9）
　　　　陈焕溪（—2016.9）
　　　　刘晓蓉（—2016.9）
　　　　陈　诚（—2016.9）
　　　　王作青（2016.9—）
　　　　谭良伟（2016.9—）
　　　　丑继明（2016.9—）
　　　　李国和（2016.1—）
　　　　区　用（2016.9—）
　　　　于　琦（2016.6—）

（黄俭维）

·责任编辑　岑鲁宁·

新会区

概述

【行政区划】 2016年，新会区辖大泽、司前、罗坑、双水、崖门、沙堆、古井、三江、睦洲、大鳌10个镇和会城街道、经济开发区、圭峰管委会3个派出机构，其中圭峰管委会和会城街道合署办公。

【位置面积】 新会区地处北纬22°5′15″—22°35′01″、东经112°46′55″—113°15′43″之间。位于广东省南部，珠江三角洲西南部，西江、潭江下游。东西最大相距48.8公里，南北最大相距54.5公里，大陆海岸线长87.56公里。北与江门市蓬江区、江海区接壤，东与中山市相连，东南与珠海市斗门区相邻，西南与台山市交界，西与开平市接界，西北与鹤山市相接。全区面积1354.71平方公里。

【气候河流】 新会位于北回归线以南，属亚热带海洋性季风气候，温和湿润，雨量充沛，热量充足，无霜期长。2016年平均气温23.2℃，比常年平均偏高0.8℃，其中10月、12月显著偏高2度以上；年降雨量2056.4毫米，比常年偏多248.1毫米，1月雨量显著偏多近10倍，为历年同期最多；日照时数1586.6小时，比常年偏少147.5小时。年初高温干燥，初雷（4月20日）和开汛（5月11日）为历年最迟。影响区域的台风有7个，分别是1604号台风“妮妲”、1608号台风“电母”、1614号台风“莫兰蒂”、1617号台风“鲶鱼”、1619号台风“艾利”、1621号台风“莎莉嘉”和1622号台风“海马”，其中“妮妲”影响最大，前后期分别出现了冰雹和普降大暴雨。受寒潮影响，出现新会观测站有记录以来的第一次雨夹雪天气现象。

境内河流属珠江三角洲水系，河道纵横交错。西江、潭江两大干流穿境而过，其中潭江流经会城溟祖咀至崖门口一段称作银洲湖，全长35.1公里，宽1.5—2公里。境内河流集雨面积在50平方公里以上的有双水下沙河、崖门甜水坑；集雨面积10—50平方公里的有天等河、天湖水、田边冲、古兜冲、古井冲、火筒滘、横水坑、沙堆冲等8条。

【人口民族】 2016年，全区户籍人口75.8万人；出生人口8912人，死亡人口5104人；人口出生率11.76‰，自然增长率5.02‰。是年末人口主要构成中，男性占49.8%，女性占50.2%；0—17岁占16.2%，18—60岁占63.3%，60岁及以上占20.5%。全区以汉族为主，有壮族、瑶族、土家族、苗族、蒙古族等35个少数民族。各镇均有少数民族人口，境内没有少数民族人口相对聚居点。

【华侨华人及港澳台同胞】 2016年，全区有华侨华人、港澳台同胞约64万人，其中华侨华人约25万人，港澳台同胞约39万人；华侨华人主要分布在世界70个国家和地区。

社会经济发展状况

【简述】 2016年，新会区围绕“兴业惠民、治吏简政”和打造“三门”建设“三心”要求，应对经济下行压力，推动全区经济社会平稳发展，全国百强区排第53位，比2015年上升2位。全年实现生产总值539.97亿元，增长6.5%；规模以上工业增加值243.03亿元，增长4.1%；固定资产投资287.83亿元，增长16.6%；地方一般公共预算收入46.92亿元，增长9.2%；社会消费品零售总额237.16亿元，增长13.2%；外贸进出口总额278.76亿元，增长3.4%；实际利用外资1.6亿美元，增长2.8%。城乡面貌焕然一新，社会事业全面发展，人民生活更加殷实。

【工业】 2016年，全区规模以上工业总产值943.87亿元，增长0.04%。规模以上工业增加值243.03亿元，增长4.1%。先进制造业规模以上工业增加值111.9亿元，占全区规模以上工业增加值比重46%，其中装备制造业规模以上工业增加值55.33亿元，减少2.4%。高技术制造业规模以上工业增加值3.69亿元，占全区规模以上工业增加值比重1.5%，同比持平。规模以上工业销售产值864.06亿元，减少3.8%；产品销售率91.5%；利润总额68.14亿元，减少2.6%。七大支柱产业规模以上工业增加值中，装备制造业减少2.4%，纸及纸制品业增长14.9%，纺织服装业增长10.2%，食品业减少17.5%，建筑材料业增长19.1%，精细化工业增长29.7%，金属制品业增长9.2%。

【农业】 2016年，全区农林牧渔业生产总值69.4亿元，增长3.2%；其中农业（种植业）17.86亿元，林业1.16亿元，牧业15.12亿元，渔业33.96亿元，农林牧渔服务业1.3亿元。农作物总播种面积62.81万亩，总产13.52万吨。新会柑种植面积3.28万亩，产量4万吨。生猪上市量45.14万头，存栏量28.27万头。家禽上市量1829.52万只，年末存栏量598.86万只；珍禽上市量1424.5万只，存栏量312.1万只。农业机械化水平不断提高，农业机械总动力28.25万千瓦，农作物耕种收综合机械化水平59.3%。水稻耕种收综合机械化水平82.8%，其中水稻机耕率99%，机插率48%，机收率96%。林业用地面积65.2万亩，其中生态公益林面积25.2万亩，商品林面积40万亩。特色农业长足发展，新会柑、陈皮及陈皮茶全产业产值25亿元，新会陈皮列入广东省8个岭南中药材立法保护品种之一。发展安全优质农产品公共品牌，取得无公害农产品认证企业16家，产品26个；绿色食品认证企业4家，产品7个。新型农业经营主体不断发展，市级以上重点农业龙头企业13家，其中省级5家；农民专业合作社325家，其中市级示范社34家、省级示范社13家、国家级示范社2家。开展农村土地承包经营权确权登记颁证工作，完成确权方案制定的农村集体经济组织1678个，占应确权的95%；进行指界后张榜公示的农村集体经济组织1281个，占应确权的72.5%。

【财政】 2016年，全区一般公共预算收入46.92亿元，增长9.2%，其中区级23.47亿元，镇级23.45亿元，分别增长13.7%和5%。全区一般公共预算支出64.02亿元，增长1.4%，其中区级41.96亿元，下降2.4%，镇级22.06亿元，增长9%。

【税务】 国税　2016年，组织国税收入84.42亿元，增长10.6%，其中海关代征收入7.96亿元，增长14.7%；国内税收收入76.46亿元，增长10.2%，税收收入增速、增量和总量居全市首位。优化税收征管体系，实施“营改增”改革，四大行业7200多户纳税人顺利过渡“营改增”。建立国地税联动工作机制，建成18个联合办税服务厅、126个联合办税窗口，实现全覆盖。推动“互联网+税务”，研发试点江门市国地税联合工作平台，进一步简化办税流程，推广网上申领、速递、回单柜、二维码等服务，设置24小时自助办税终端机，全面落实小规模纳税人按季申报，取消信用A级和B级纳税人发票认证手续。落实税收优惠政策，为27600户增值税纳税人减免税额2.5亿元，为2700户企业所得税纳税人减免税额7.4亿元，受惠面达100%。区国税局办税服务厅、三江税务分局顺利通过省“青年文明号”复评。

地税　2016年，组织税费收入59.42亿元，剔除“营改增”因素影响，增长8.8%，其中税收收入30.66亿元，增长12.5%；组织社保基金收入24.09亿元，增长6.5%；其他费金收入4.67亿元，减收715万元。全面深化征管体制改革，推广管事制新模式、铺开营改增试点和资源税改革，推进“互联网+税务”模式。创新征税手段，建立国税地税联合办税服务厅，开展银税互动、业务通办、便民办税春风行动，提升纳税人的办税体验。坚持依法治税工作主线，开展税务稽查，全年查补税款5409万元。加强纳税信用管理，帮助28户诚信企业获得金融贷款，对失信企业采取网上公布、强制执行等惩戒措施。落实优惠政策，全面减免税费超3.3亿元。

【金融】 2016年，金融事业发展良好，银行类金融机构存款余额805亿元，增长9.5%；贷款余额438亿元，增长13.9%；存贷比54.4%；广发证券、华林证券、光大证券、广州证券、安信证券等5家证券公司A股和基金交易额1502亿元；全区保险业保费收入约8.1亿元，增长10.2%。持续推广创新型金融服务，“助保贷”累计发放贷款7240万元，“葵乡惠农贷”累计发放贷款148万元，“政银保”累计发放贷款310万元。政策性农业保险顺利推进，续保参保农户12.5万户，续保参保率97.1%；小额贷款和融资性担保业务健康发展，拥有小额贷款公司2家，贷款余额5.35亿元；融资性担保公司2家，在保余额5亿元。成立“江门市新会区金融行业工会联合会”，开展创新创优金融业务。

【固定资产投资】 2016年，新会区按照“项目落实年”工作部署，狠抓超亿元以上大项目落地，推进装备制造业、重大基础设施、三产项目等建设，全区固定资产投资保持快速健康发展态势。全年完成投资287.83亿元，增长16.6%，其中第二产业投资134.13亿元，增长13.8%；第三产业投资153.7亿元，增长19.1%。

【个体私营经济】 2016年，全区个体工商户44162户，增长6.1%，资金总额12亿元，增长8.4%；其中农、林、牧、渔业389户，采矿业1户，制造业8913户，电力、热力、燃气及水生产和供应业4户，建筑业636户，交通运输、仓储和邮政业439户，信息传输、软件和信息技术服务业87户，批发和零售业23488户，住宿和餐饮业4443户，房地产业63户，租赁和商务服务业911户，科学研究和技术服务业107户，水利、环境和公共设施管理业14户，居民服务、修理和其他服务业4355户，金融业2户，教育87户，卫生和社会工作20户，文化、体育和娱乐业202户，其他1户。私营企业9132户，增长13.8%，注册资本165.1亿元，增长16.5%；其中农、林、牧、渔业174户，采矿业12户，制造业3780户，电力、热力、燃气及水生产和供应业31户，建筑业402户，批发和零售业2829户，交通运输、仓储和邮政业245户，住宿和餐饮业73户，信息传输、软件和信息技术服务业150户，金融业44户，房地产业333户，租赁和商务服务业628户，科学研究和技术服务业193户，水利、环境和公共设施管理业33户，居民服务、修理和其他服务业169户，教育7户，文化、体育和娱乐业26户，其他1户。

【建筑业】 2016年，全区建筑业健康发展，拥有建筑安装企业35家，其中二级资质企业13家、三级资质企业22家，从业人员5000人；建筑业总产值9.28亿元，减少17.9%；建筑业税收4.8亿元，增长19.9%。在建工程建筑面积494.47万平方米，减少7.6 %，工程造价95.94亿元，增长11.8 %；建筑工程竣工备案面积167.84万平方米，减少22.7%，工程造价24.57亿元，减少22.5%。受理工程招标备案60项，办理施工合同备案150宗。加强新型墙材应用和建筑节能推广，验收使用新型墙材建筑工程235项，建筑面积298万平方米，新型墙材使用率达98.2%；建筑节能设计报审备案 206项，备案率达100%。积极开展建设工程创优活动，获评江门市安全生产文明施工示范工地1项、新会区优良样板工程12项、新会区安全生产文明施工示范工地12项。

【商业】 2016年，全区商贸经济形势总体平稳，市场供求总体平衡，消费品市场保持畅旺。在册登记商贸企业4650家，个体户3.36万户，注册资金111.61亿元，从业人员超20万人。社会消费品零售总额237.16亿元，增长13.2%，其中限额以上社会消费品零售单位257家，限额以上消费品零售总额72.21亿元，增长20.4%。大润发、华商百货、华润万家、盛新百货、永利超市、壹加壹超市、国美电器、苏宁电器、大洋电器等主要商场超市营业总额7.86亿元，水果食品批发市场、江门厨具市场、五邑机电五金城、汽车和摩托车交易市场等主要专业批发市场营业总额63.91亿元，龙泉酒店、御景酒店、迎宾馆、古兜酒店、冈州宾馆等主要餐饮企业年营业总额3.44亿元。拍卖企业7家，全年开拍53场，成交额8408.77万元；典当企业4家，典当总额9664.01万元。美吉特城市综合体基本建成，万达广场落户。电子商务发展迅速，建成11个镇级农村电商服务站、50个村级农村电商服务点，筹建新会区电子商务行业协会。建立新供销特色农产品微商城，注册“葵客”品牌，线上销售特色产品达300多种。

【旅游业】 2016年，全区旅游业蓬勃发展。全年接待游客1600万人次，增长18%；旅游总收入93亿元，增长17%；景区游客超600万人次，增长23%；过夜人数350万人次，增长22.8%。旅游节庆活动精彩纷呈，成功举办第二届中国（新会）香文化博览会暨首届新会小冈香文化博览会、2016中国最美村镇评选颁奖典礼暨新会旅游推介会、首届新会红木文化旅游展览会、2016新会陈皮美食旅游节、2016首届新会青柑·柑普茶交易会等活动。旅游项目加快建设，大力推进圭峰山创5A景区，发行“圭峰山历史文化丛书”——《儒韵圭峰》，完善龙泉—绿护屏潮人径配套设施，基本建成绿护屏茶花园——名卉谷；升级改造古兜温泉景区，建成古兜温泉小镇新入口和古兜温泉大道。启动“旅游厕所”升级建设工程，全年建成旅游厕所11间。加快开发乡村游，罗坑镇获评“2016年江门市乡村旅游示范镇”，会城茶坑村获评“2016年江门市乡村旅游示范村”，古井霞路村获评“广东省古村落”（第五批），崖门古兜小镇获评“2016中国最美村镇特色奖”。

【对外经济贸易】 2016年，全区进出口总值278.8亿元，增长3.4%，其中出口193.9亿元，增长5.2%；进口84.9亿元，下降0.3%。出台《2016年新会区促进外贸形势回稳向好工作方案》，区财政配套资金1500多万元，对出口回稳增长、小微企业出口信保、仓储物流服务企业、跨境电子商务平台、一般贸易和旅游购物商品出口等5方面实施鼓励支持，有效扭转外贸持续下滑局面；大力发展外贸新业态，开展旅游购物、一般贸易、跨境电商和通关一体化等进出口业务；搭建市场推广平台，组织300多家企业参加境内外展览展销活动，开展“新会产品”“新会区域品位”宣传推介，拓展外贸外销渠道。

【外事侨务及港澳台事务】 2016年，新会区全年接待海外及港澳等来访98宗、来电85宗、来信23宗，处理由上级政府和侨务部门转来信访案7宗，受理华侨回国定居46宗，办理因公临时赴港澳（出国）团组256批、439人次，受理外国人入境申请26批、32人次。协助江门市举办2016印尼雅加特世界青年大会，协助江门市筹建香港五邑总会，举办香港—新会足球慈善友谊赛，组织马来西亚青少年来新会开展夏令营活动。

【交通运输】 至2016年末，全区公路通车里程1336.8公里，公路密度每百平方千米98.68公里；高速公路55.6公里，等级公路1281.2公里，其中一级公路226.7公里，二级公路115公里，三级公路500.3公里，四级公路439.2公里；公路桥梁 352座23314延米，其中大桥29座16087延米；经营性码头泊位106个，其中万吨级泊位4个。全区交通行业公路运输完成客运量2407万人，旅客周转量50854万人公里，分别减少1.4%和5.2%；完成公路、水路货物运输量3024万吨，减少1.5%；货物周转量445904万吨公里，增长14.7%；完成港口货物吞吐量2873万吨，增长1.7%；集装箱吞吐量31.7万TEU，增长10.8%。拥有公共汽车370辆，其中LNG清洁能源车103辆，油电混合型公共汽车64 辆，纯电动公交车93辆；现有公交线路86条，年新增和优化公交线路12条，全年客运量约2300多万人次。全年交通基础设施完成投资30.18亿元，增长39.1%。一批重点交通建设项目顺利推进，其中江门大道五邑路至东甲立交段主线通车，新中一级公路三江至睦洲段、S270线三和平交至金牛头桥路面完成改造，小冈大桥和七堡大桥扩建工程完成桥梁主体工程，虎坑大桥扩建顺利推进；新（改）建城市道路12公里。航道及港口码头建设持续加快，崖门5000吨级出海航道疏浚工程二期完工，天马港二期万吨级码头配套设施加快完善，良发码头竣工验收，亚太纸业配套码头二期工程一标段主体完工。推进省重点项目建设，深茂铁路新会段完成征地拆迁，新台隧道全线贯通，中开高速银洲湖特大桥动工建设。

【邮政】 2016年，全区邮政业务（含邮政企业、邮储银行和速递物流）总收入1.23亿元，邮政业务量分别为函件243.8万件、包件4.84万件、特快专递35.88万件。全区邮政营业点23个，一星级投递部6个，四星级投递部1个；邮路总长度5736千米，乡村通邮率100%，其中农村投递路线28条3364千米、城市投递段道33条2372千米；福农站62个，村邮站100个，基本实现全覆盖。举办以“启超家教助成长”为主题的第十二届中小学生书信比赛，吸引全区10多万名中小学生和5000多名家长参加，并出版书信比赛优秀作品集。

【通信】 2016年，新会通信基础设施建设全面提质，完善光纤高速传输系统通信网络，新增光纤接入用户9.6万户，光纤入户率达65.5%，比上年提高29.6个百分点。推进信息化建设，新建公众移动通信基站478个，新建基站站址数量306个，移动宽带普及率60%。公共WIFI建设步伐加快，新建公园、广场、医院等公共区域WLAN热点139个，4G信号覆盖面达90%。

【教育】 至2016年末，全区中小学107所，其中国家级重点职校（含技校）3所、国家级示范性普通高中2所。义务教育学校103

所，其中公办96所、民办7所，均为省义务教育阶段标准化学校。幼儿园137所，其中规范化幼儿园127所，占92.7%。中小学教职工编制6424名，其中小学2842名，初中2021名，普高1497名，中职84名。幼儿园专任教师1703人。是年，全区中高考继续保持全市领先地位。省大专以上上线人数5626人，其中重点线上线人数674人、本科上线人数达2879人。参加中考初中毕业生9025人，总平均分513.8分，其中优秀生2014人，优秀率22.4%，中考各学科平均数、尖子生人数、一分三率等指标继续处于全市领先位置。深入推进教育现代化建设，完成“全国义务教育发展基本均衡区”国家复查迎检工作。获评“广东省中小学校责任督学挂牌督导创新县（市、区）”称号，通过“全国中小学校责任督学挂牌督导创新县（市、区）”国家级认定实地核查，7个镇高质量完成广东省教育强镇复评任务。

【科技】 2016年，新会区科技研发（R&D）投入占GDP比重提高至2.3%，高新技术产品产值占规模以上工业总产值比重达34%。全年专利申请量2221件，其中发明专利申请量651件；专利授权量977件，其中发明专利授权量107件；获省科技奖项目2项、市科技奖项目19项、区优秀科技成果奖项目24项；纳入各类科技计划项目132项，其中省级9项、市级86项、区级37项，江门市同力环保科技有限公司“工业燃煤锅炉超低排放技术与装备的研发及产业化”、广东德鑫制药有限公司“新药‘金芍胶囊’临床试验研究及节能高效提取浓缩关键技术产业化研究”、新会康宇测控仪器仪表工程有限公司“基于MEMS技术的SOI背压式高过载压力传感器研发及产业化”3个项目，列入省应用型科技研发专项资金项目；国家高新技术企业61家，省级工程技术研究开发中心19家，市级工程技术研究开发中心79家，省、市新型研发机构3家，市级科技企业孵化器3个，市级众创空间2家，市级院士工作站2家，国家、省、市级科普（科技）教育基地10个，全国科普示范社区1个，省科普示范社区3个。创新平台加快建设，维达集团爱生雅亚洲产品研发中心试运行，袁隆平院士工作站落户，无限极功能油脂技术获国家科技进步奖二等奖。科普下乡蓬勃开展，举办科普下乡活动7次、科普文艺晚会2场、科普讲座22场，惠及群众6.2万人次。

【文化】 2016年，新会区通过“中国曲艺之乡”复评，获第二批省级公共文化服务体系示范区创建资格。全区11个镇（街）文化站达省一级站建设标准，景堂图书馆成为江门地区首家开通自助借还书系统的图书馆，区博物馆被评为“广东省基层文化工作先进单位”，区文化馆通过复评成为国家一级馆。融入五邑联合馆建设，实现与江门三区四市公共文化服务互联互通。“学宫文心”保护开发进展顺利，投入180万元完成学宫附属建筑化龙桥、棂星门修缮工程。文物保护成绩喜人，建成碑刻馆，寻回县志记载的摩崖石刻“喷雪飞涛”和明清求雨祭礼的“龙王坛”，完成全国第一次可移动文物普查。文化品牌进一步擦亮，成立区文工团并成功首演，在葵城中学设立“新会鱼灯”技艺制作传承基地，在司前石步小学设立“司前金龙”培训基地，在大鳌中学设立“咸水歌”培训基地，在崖门黄冲小学、冈州中学设立“蔡李佛拳术”培训基地。全年开展送文化下基层活动80场、送电影下乡2316场，举办展览68场，63件文艺作品在省以上比赛中获奖。是年，全区有区级文艺协会10个、镇级文联11个、业余文艺社团100多个，各门类国家级会员38名，省级会员183名（会籍203个），区级会员2100多名，国家级文保单位1处，省级文保单位8处，市（区）级文保单位39处；国家级非遗项目3个，省级非遗项目8个，市级非遗项目17个，区级非遗项目23个，特级文化站3个，一级文化站6个，二级文化站2个，文化娱乐经营场所121家，印刷复制企业384家，出版物零售单位150多家。

【卫生】 至2016年末，全区有各类医疗机构24家，其中公立医疗卫生机构20家，民营医院4家；设置病床4000张；执业医师1763人，执业助理435人，护士2654人。以区人民医院和古井镇中心卫生院为试点，推进区镇医疗卫生服务一体化，促进优质医疗资源下沉。落实公立医院药品零差价补偿，让利群众1240万元。开展家庭医生和健康管理团队签约服务，家庭医生服务团队增至57个，家庭医生增至98人。妇幼保健院新院启动设计招标，人民医院放疗中心完成直线加速器安装。古井、睦洲、崖门、罗坑、三江、沙堆6家镇卫生院完成医院综合大楼新（改）建工程。创建群众满意的乡镇卫生院，崖门、大鳌、古井、罗坑4家镇级卫生院顺利通过省、市复核。城区卫生水平逐步提高，大泽、古井镇成功创建广东省卫生镇，51条自然村获评“广东省卫生村”，114条自然村获评“江门市卫生村”。精神病防治工作取得进展，精神疾病社区防治模式成为国家级示范品牌。全年无重大疫情发生。

【体育】 2016年，新会区竞技体育成绩喜人，新会籍运动员参加省级以上体育竞赛获12金、8银、4铜，其中，何健彬获亚洲游泳锦标赛4×100米自由泳接力赛冠军，黄焯钦在全国马术盛装舞步锦标赛中获2金1银；新会组队参加江门市第八届运动会获金牌300枚和总分6255.29分“双第一”，实现市运会“八连冠”，同时获得最佳赛区奖、体育道德风尚奖。加强体育运动人才培养，全年向上级输送体育苗子23人。举办第21届冬泳赛、第18届迎春足球赛、第15届传统醒狮邀请赛等26项活动体育赛事，引进中国三对三篮球联赛（新会赛区）比赛、广东省传统龙舟争霸赛、中国侨都（江门）国际青少年室内五人制足球嘉年华等高水平体育赛事。加强健身指导，举办首届体质达人测评比赛。完善体育设施建设，升级改造新人民游泳池高级池和北门体育场田径跑道。

【城乡建设】 2016年，全区主城区建成区面积39.57平方公里，建制镇建成区面积36.75平方公里，城镇化水平62.8%。房地产持续稳步发展，完成投资51.72亿元，增长2.1%；商品房新开工面积141万平方米。惠民工程进度加快，广雅学校动工建设，人民球场停车场主体工程完工，珠西枢纽新城、新会城河、思成湖水系等完成概念性规划，城乡一体化规划（2015—2030）和镇级总体规划完成初步修编。“三旧”改造与村级物业转型升级加快，投入近10亿元完成改造面积280亩。公园城市建设成效明显，小鸟天堂获批成为国家湿地公园试点，盆趣园升级改造、圭峰山茶花园·名卉谷和石涧公园二期加快建设，新（改）建城乡公园70个，建成“潮人径”超200公里，新增城区绿地25万平方米。启动“五改六有七提高”幸福新农村建设“升级版”，完成130个自然村改造。小城镇建设完成投资28.5亿元，建筑面积100万平方米，位居全国中小城市新型城镇化质量百强区第26位，崖门古兜小镇获评“中国最美村镇”，沙堆镇获评江门市宜居城镇，双水镇霞路村、古井镇楼墩村获评江门市宜居村庄，罗坑成为江门市乡村旅游示范镇，会城文教小镇、崖门旅游小镇入选江门市12个特色小镇。

【环境保护】 2016年，全区环境质量保持稳定，城区空气降尘量符合广东省通用标准，PM2.5达标率98.6%，PM10达标率99.7%。区内主要江河中，西江水系基本保持Ⅱ-Ⅲ类水质，潭江干流总体达到Ⅲ类水质，城市集中式饮用水源地水质保持优良。完成减排任务，在全市“主要污染物总量减排”考核中获评“优秀”，11个重点污染减排项目获国家环保部认定，淘汰高污染燃料锅炉36台、黄标车和老旧车淘汰1972台。环境监管执法进一步加强，出动检查人员5482人次，检查企业2741家；作出行政处罚决定125宗，申请法院强制执行75宗，办理行政处罚行政复议案件7宗，办理行政处罚听证2宗，行政拘留环境违法案件7宗；处理群众信访事件2421宗，信访处理率达100%。

【人民生活】 2016年，新会区坚持民生优先，致力改善民生，民生支出46.7亿元，增长30%；城乡居民人均可支配收入2.5万元，增长10%；城镇新增就业人数7623人，城镇登记失业率低于3.2%；“大民政”建设加快推进，完成儿童福利院主体工程，推进区养老中心建设，升级改造农村敬老院12家，新建农村幸福院30家、居家养老服务站4家，全部镇建有长者食堂。出台精准扶贫精准脱贫三年攻坚实施方案，重点帮扶贫困户全部建档立卡。在全市率先建立城乡居民基本养老保险待遇正常调整机制，城乡基础养老金和城乡低保标准居全市前列。新建公共租赁住房714套，配租保障房278户。推动多元化办学，动工建设广雅教育城。公立医院实行药品零差价补偿，精神疾病社区防治模式成为国家级示范品牌。城乡生活环境不断优化，新建、改造城乡公园70个。启动农村污水处理设施建设，建成镇级污水处理厂4个。完成优质供水工程，城区居民喝上古兜山脉优质水。

【社会保险】 2016年，全区城镇（乡）基本养老保险（含离退休）参保人数69.5万人，其中城镇职工基本养老保险参保人数40.4万人，城乡居民养老保险参保人数29.1万人。城镇（乡）基本医疗保险参保人数75.6万人，其中城镇职工基本医疗保险参保人数30.11万人，城乡居民基本医疗保险参保人数45.59万人。全区工伤保险参保人数16.91万人，生育保险参保人数16.19万人，失业保险参保人数15.96万人。全年社保基金总收入30.02亿元，总支出31.22亿元（其中待遇支出29.30亿元），历年累计结余26.38亿元。

【工业园（区）建设】 2016年，全区有省级工业园区4个、镇级工业集中点24个，总规划面积15万亩，已开发面积6.15万亩，基础设施投入23.62亿元，进园企业1336家，园区工业总产值740.81亿元，税收45.56亿元。“5+6”工业园区发展势头良好，5个核心园区规模以上工业总产值342.2亿元，工业增加值80.14亿元，全口径税收19.1亿元，其中轨道交通产业园新引入投资超亿元项目4个，国家级珠西综合质量监测服务平台立项筹建；银洲湖纸业基地电力和蒸汽管网进一步完善，亚太二期即将投产，双水电厂“上大压小”项目动工；崖门环保电镀基地累计投入超21亿元，新引入企业8家。6个扩展园区成立开发建设专责队伍，新会装备产业园司前和大泽园区纳入中欧（江门）中小企业国际合作区，珠西化工集聚区纳入大广海湾产业发展专项规划。

【信息化建设】 2016年，全区信息化建设不断加快。移动宽带普及率60%，新建光缆长度1062公里，新增光纤接入用户96419户，光纤入户率65.5%，比去年提高近30个百分点。进一步规范管理政府门户网站，完善政府信息公开，加强政务信息安全，政务网络覆盖所有村（居）。深入推进电子政务，推进“邑门式”系统上线运行，推广网上办事大厅应用，完善电子公文交换系统，推动无纸化办公。加快实施“江门信息大道”建设，铜转光率达88%，示范镇大鳌镇完成全光网覆盖。

【重点建设项目】 2016年，新会区重点项目建设进展顺利。9个省重点项目累计完成投资46.92亿元，完成年度投资计划136.2%；49个市重点项目累计完成投资81.5亿元，完成年度投资计划113.4%；100个区重点项目累计完成投资134.47亿元，完成年度投资计划103.4%，其中90个项目超过或完成年度投资计划，占项目总数90%。10亿元以上重大项目加快推进，富华工程装备制造项目7、8号车间建成试产，亚太纸业二期完成土建工程，双水电厂“上大压小”项目煤场及厂房基建完成70%，中科创新广场一期独栋建筑主体工程完工、二期动工建设。

【重大庆典活动】 举办第二届中国（新会）香文化博览会暨首届新会小冈香文化博览会 2016年9月24日，新会区在北京人民大会堂举行第二届中国（新会）香文化博览会暨《新会小冈香文化产业发展规划》新闻发布会，邀请相关部委领导、专家学者以及心系香文化的各界人士共聚一堂，共同把脉中国香文化产业发展。10月13日，新会区在小冈香业城举办以“传承、创新—小冈香香飘万里”为主题的第二届中国（新会）香文化博览会暨首届新会小冈香文化博览会。会上，广东省广府文化研究会与双水镇人民政府签订《合作共建协议书》，广东省自驾旅游协会与双水镇人民政府签订《“美丽乡村、全域自驾”战略合作框架协议书》，小冈香业联合会和皮艾仕梵兄贸易有限公司签订《推广小冈香和天然檀香产品合作战略协议》。期间，主办方围绕活动主题，还举办了一系列宣传推广活动，吸引了约10万人参与，签约成交额达3亿元。作为新会传统特色产业，香产业发展历来备受新会区委、区政府高度重视，这次新闻发布会和香文化博览会的成功举办，让更多人认识新会、了解小冈香，助力小冈香走向全国，走出国门。

古兜控股成功上市 2016年12月10日，古兜温泉小镇举办“感恩有您·共创辉煌”古兜控股上市庆典活动，庆祝古兜控股在港交所创业板成功挂牌上市。江门市委常委易中强等市区领导，市旅游局、市旅游协会、市工商联、法国罗浮宫酒店集团、古兜控股有限公司等单位企业主要负责人，以及主流媒体等社会各界人士共300多人出席庆典活动。会上，广东古兜旅游集团有限公司与法国卢浮宫酒店集团共同签订《项目合作意向书》。古兜控股是中国温泉概念第一股、广东民营旅游企业第一股，它的成功上市标志着旅游与金融结合创造了新典范。

江门大道中五洞立交至东甲立交主道通车 2016年12月28日，江门大道中五洞立交至东甲立交主道举行试通车仪式。江门大道中五洞立交至东甲立交段全长约26公里，属于江门大道中段。其中，五邑路（龙湾立交）至东甲立交段属于江门大道新会段（五邑路至三江段）的一部分，长约5公里，按双向8车道主道+双向4车道辅道标准建设；该路段起点为五邑路立交隧道，经会城大道、新峰路、跨冈州大道东，沿新会大道到东甲立交。江门大道中五洞立交至东甲立交主道的建成开通，标志着新会区的交通建设迈上新的里程。

表64： 新会区2016年国民经济发展情况表

项目	单位	2016年	同比（%）
人口	人	757988	0.28
土地面积	平方千米	1354.71	—
国内生产总值	亿元	539.97	6.5
人均国内生产总值	元	62252	6.1
规模以上工业总产值	亿元	943.87	0.04
农业总产值	亿元	75.61	3.5
全社会固定资产投资	亿元	287.83	16.57
外贸出口总额	亿元	193.96	5.2
实际利用外资	亿美元	1.65	2.8
地方财政一般预算收入	亿元	46.92	8.2
社会消费品零售总额	亿元	237.16	13.2
城乡居民储蓄存款余额	亿元	583.49	8.83

表65： 新会区2016年基本情况

项目		单位	2016年
基本建设	高速公路营业里程	千米	55.6
	公路通车里程	千米	1336.8
	港口泊位	个	106
	航运通航里程	千米	338
	发电装机容量	万千瓦	2
	年末固定电话用户	万户	19.7
教育	中等专业学校	所	3
	在校学生	人	9570
	普通中学学校	所	39
	在校学生	人	44358
	小学学校	所	65
	在校学生	人	62125
	在园幼儿	人	24719
	小学学龄儿童	%	100%

续上表：

项目		单位	2016年
医疗	医院	所	24
	其中：县级医院	所	5
	等级医院	所	15
	卫生机构医院	张	4000
	平均每千人拥有床位	张	4.55
文化	影剧院	间	5
体育	体育馆	座	13

附件一：

2016年新会区四套领导班子成员名录

中共江门市新会区委员会

书　记：魏志平

副书记：文　彦

李广义（—2016.9）

梁明建（2016.8—）

常　委：魏志平

文　彦

邹　强（—2016.8）

梁明建

黄淑质（女）

梁远球（—2016.9）

罗时勇（2016.8—）

黄伟民

李惠文（—2016.8）

聂加伟（2016.9—）

宋　岩（2016.8—）

张晓潭

陆锦健（2016.9—）

张华景（2016.9—）

吴志伟（挂职）（2016.10—）

江门市新会区人大常委会

主　任：魏志平（—2016.11）

梁远球（2016.11—）

副主任：刘建民（—2016.11）

张莲友（女）

叶剑敏（—2016.11）

邹达明（—2016.11）

李健驰（—2016.5）

聂加伟（—2016.11）

钟景贤（2016.11—）

吴捷雄（2016.11—）

陈华操（2016.11—）

李俊杰（2016.11—）

江门市新会区人民政府

区　长：文　彦

副区长：聂加伟（2016.11—）

程学斌（—2016.11）

梁远球（—2016.11）

黄锐楼

施国亨（—2016.9）

郑祖才（2016.9—）

谢　清（2016.9—）

李福达（2016.9—）

谢惠雯（女）（—2016.11）

梁凤琼（2016.11—）

张　斌（挂职）（2016.4—）

周传艳（女）（挂职）（2016.4—）

黄月嫦（女）（挂职）（—2016.9）

政协江门市新会区委员会

主　席：林社攸

副主席：陈社胜（—2016.11）

林炳焕（—2016.11）

李炳鸿（—2016.11）

刘建新（—2016.11）

钟景贤（—2016.11）

邓佩兰（女）

邹达明（2016.11—）

谢惠雯（2016.11—）

黄寿根（2016.11—）

陈维盛（2016.11—）

附件二： 2016年区内发生的居世界、亚洲、全国、全省或全市之最

1.根据《2016中国中小城市发展报告·绿皮书》公告，新会区入选2016年度中国中小城市综合实力百强区（53位）、最具投资潜力中小城市百强区（92位）、中小城市创新创业（双创）百强区（96位）、中小城市新型城镇化质量百强区名单（26位）。

2.新会区崖门古兜小镇获颁“2016年中国最美村镇特色奖”。

3.新会区顺利通过复评，获评“中国化纤产业名城（2016-2018）”。

4.新会区获评“第一批全国中小学校责任督学挂牌督导创新县（市、区）”，是江门市唯一获此殊荣的（市）区。

5.小鸟天堂获批成为国家级湿地公园试点，是江门市首批国家级湿地公园。

6.无限极（中国）有限公司、维达纸业（中国）有限公司入选2016广东省百强企业榜单，是江门市入选的仅有两家企业。

7.以新会陈皮为代表的广陈皮入选广省首批立法保护岭南中药材品种。

8.新会陈皮跻身2016年全国区域品牌价值百强榜，品牌价值37.08亿元。

9.无限极“油料功能脂质高效制备关键技术与产品创新”项目荣获国家科技进步奖二等奖，这是江门市首次获得国家科技进步奖。

附件三： 新会区2016年获全国系统表彰先进单位名录

荣誉名称	获奖单位	获奖时间	颁证单位
全国先进基层党组织	会城北门社区	2016年7月	中国共产党中央委员会
“十二五”期间全国麻风畸残矫治手术工作先进集体	新会区皮肤医院	2016年12月	中国疾病预防控制中心麻风病控制中心
全国航天特色学校	梁启超纪念中学	2016年4月	中国宇航学会
全国青少年校园足球特色学校	新会大泽初级中学 新会大泽吕金铨学校 新会大泽五和小学	2016年6月	教育部

附件四： 新会区2016年获全国系统表彰先进个人名录

荣誉名称	获奖个人	性别	所在单位及职务	获奖时间	颁证单位
全国水利系统‘六五’普法先进个人	陈自强	男	新会区水务局法规与安全监管股股长	2016年12月	水利部
全国基层卫生岗位练兵和技能竞赛农村全科医疗项目三等奖	袁小波	男	江门市新会区沙堆镇卫生院院感管理科副主任	2016年12月	国家卫生和计划生育委员会、中华全国总工会

·责任编辑 岑鲁宁·

台山市

概　述

【行政区划】 2016年末，台山市辖台城街道和大江、水步、四九、白沙、三合、冲蒌、斗山、都斛、赤溪、端芬、广海、海宴、汶村、深井、北陡、川岛16个镇。年末，全市有村民委员会277个，居民委员会36个。根据台山市人民政府办公室《印发台山市海侨经济开发建设管理委员会主要职责、内设机构和人员编制规定的通知》，设立台山市海侨经济开发建设管理委员会，负责对原海宴华侨农场有关事务管理等工作，为市政府派出机构，正科级，与海宴镇人民政府合署办公。原海宴华侨农场管辖的4个村（居）委会（即青山、新河、南丰、五丰）归并入海宴镇。

【位置面积】 台山市位于广东省珠江三角洲西南部，北纬21°34′～22°27′，东经112°18′～113°03′，之间。南濒南海，北靠潭江，东北与新会区相连，西北与开平市为邻，西南部与恩平、阳江两市毗邻，东南隔崖门海口、黄茅海与珠海市斗门区相望。陆地总面积3286.3平方公里，其中海岛面积248平方公里。面积大于500平方米的岛屿有126个，上川岛面积最大，为137.16平方公里。其次是下川岛、大襟岛、漭洲和乌猪洲。

【气候特征】 台山市属亚热带季风型气候，夏季盛吹南风，冬季盛吹北风，受海洋天气影响显著，夏季不酷热，冬季不严寒，气候温和，雨量充沛，日照充足，热量丰富。年平均气温22.3℃，最热的月（7月）平均气温28.4℃，最冷的月（1月）平均气温14.2℃。年均降雨量2007.7毫米，沿海地区2200毫米，年均暴雨日有10天。雨季正常始于4月上、中旬，结束于10月上旬，降雨集中在4—9月，占全年雨量的85%；冬春少雨，10月一次年3月雨量只占全年15%。每年5—11月是台风影响季节，相对集中在7—9月，年均有3～4个热带气旋影响台山。风的地理差异，沿海大于陆地，年平均风速陆地为2.4米/秒，沿海为5.0米/秒，两者相差1倍，尤以热带气旋和冷空气带来的强风更为明显，一般可相差2—3级。因冷空气、热带气旋造成8级以上的大风，沿海平均每年约30天，而陆地仅4.5天。（注：气温、降水等气象要素统计源于1981到2010年气象观测数据）

2016年，台山市平均气温23.1℃，偏高0.8℃，极端最高气温36.9℃（7月8日），极端最低气温1.6℃（1月24日），年降雨量2200.7毫米，偏多1成。3月12日开汛，偏早约3周；年内有1604号台风“妮妲”、1617号台风“鲇鱼”、1621号台风“莎莉嘉”和1622号台风“海马”四个台风的环流影响，属于台风影响偏多年份。

【主要河流】 台山境内河流分属两个流域，北部河流由东南向西北流归潭江，属珠江流域水系河流；南部和西南部河流从北向南注入南海，属粤西沿海诸小河水系河流。全市集雨面积100平方千米以上的河流10条，主河道总长334.4千米。其中属珠江水系河流有潭江、新昌水、五十水、三合水、公益水和白沙水6条，属粤西沿海诸小河水系河流有大隆洞河、斗山河、那扶河和深井河4条。集雨面积小于100平方千米直接流入南海的河流7条，南部有东滘河、赤溪河、曹冲河、大马河，西部有海宴河、汶村河和那琴河。

【人口民族】 2016年末，全市户籍总人口97.05万人，比上年增加2230人。其中男性49.3万人，女性47.75万人，非农业人口39.52万人。全市人口出生率13.53‰，死亡率7.74‰。全市有百岁寿星103人，其中，男19人，女84人。水步镇茅莲村委会永华村汤媚初（女性）年龄最大，为114岁。

根据2011年8月户籍人口统计，台山市有少数民族户籍人口1.04万人，其中，男1005人、女

9424人，少数民族人口占总人口1.06%。全市有民族32个，人数较多的少数民族有壮族、瑶族、苗族、土家族等。

【华侨华人港澳台同胞】 台山是全国著名侨乡，2015年，旅居海外华侨、华人、港澳台同胞共计130多万人，分布在世界五大洲91个国家和地区（包括港、澳、台地区）。

社会经济发展状况

【简述】 2016年，全市生产总值353.7亿元，比上年增长7.6%。其中：第一产业增加值58.79亿元，同比增长3.5%；第二产业增加值185.91亿元，同比增长8.2%；第三产业增加值109.0亿元，同比增长8.7%。在第三产业增加值中：交通运输、仓储和邮政业增长5.3%，批发和零售业增长6.2%，住宿和餐饮业增长6.1%，金融业增长4.5%，房地产业增长13.5%，营利性服务业增长18.7%，非营利性服务业增长8.1%。人均生产总值3.72万元，比上年增长7.5%。三次产业结构比例为16.6：52.6：30.8。

全年地方公共财政预算收入24.33亿元，比上年增长1.43%，地方公共财政预算支出45.27亿元，比上年增长3.78%；完成固定资产投资222.05亿元，比上年增长7.1%；社会消费品零售总额207.89亿元，比上年增长12.41%；全年外贸进出口总额132.2亿美元，比上年增长4.3%；农村常住居民人均可支配收入14808元，比上年增长8.8%；城镇常住居民可支配收入22846元，比上年增长9.0%；城镇居民人均住房面积40.96平方米，比上年增长3.07%。

【工业】 2016年，台山市工业经济规模不断壮大、发展质量不断提升。全年实现工业总产值697.4亿元，比上年增长6.7%，其中规模以上工业总产值602.7亿元，比上年增长6.9%，规模以上工业增加值比上年增长8.1%。工业生产按经济类型分：国有控股企业同比增长25.5%；股份制企业同比增长3.6%；外商及港澳台商投资企业同比增长6.9%。全市十大支柱产业产值中：农副食品加工业同比增长14.6%；皮革、毛皮、羽毛及其制品和制鞋业同比下降1.9%；造纸和纸制品业同比增长33.5%；橡胶和塑料制品业同比增长43.0%；金属制品业同比下降0.6%；通用设备制造业同比增长9.9%；汽车制造业同比增长15.4%；电气机械和器材制造业同比增长4.1%；计算机、通信和其他电子设备制造业同比下降1.1%；电力、热力生产和供应业同比下降15.4%。

【农业】 2016年，台山市农林牧渔业总产值113.88亿元，比上年增长4.4%。其中：种植业产值32.74亿元，同比增长5.3%；林业产值1.74亿元，同比增长43%；牧业产值10.1亿元，同比下降6.6%；渔业产值67.27亿元，同比增长4.9%。全年粮食播种面积109.17万亩，比上年增加1.21万亩；甘蔗种植面积1.60万亩，同比减少0.08万亩；花生种植面积7.04万亩，比上年减少1.28万亩；蔬菜种植面积24.98万亩，比上年增加3.35万亩；水果种植面积8.12万亩，比上年增加0.01万亩。全年粮食总产量39.99万吨，比上年增加0.72万吨；甘蔗产量9.01万吨，比上年减少0.08万吨；花生产量1.20万吨，比上年减少0.2万吨；蔬菜产量30.81万吨，比上年增加3.58万吨；水果产量4.82万吨，比上年增加0.55万吨。全年完成人工造林面积405亩，幼林抚育作业面积1万亩，成林抚育面积10.12万亩。全市森林覆盖率达48.84%，比上年提高0.08个百分点。全年肉类总产量3.95万吨，比上年减少0.15万吨，其中：猪肉产量2.62万吨，同比减少0.07万吨；禽肉产量1.28万吨，比上年减少0.08万吨。全年水产品总产量39.73万吨，其中：海水产品产量25.32万吨，比上年增加0.49万吨；淡水产品产量14.41万吨，比上年增加0.17万吨。

【财政】 2016年，台山市以“保工资、保运转、保民生”为工作重心，千方百计抓收控支，全力推进财政改革、强化财政监督，圆满地完成市人大通过的财政收支预算。全年实现地方公共财政预算收入24.33亿元，比上年增长1.43%，地方公共财政预算支出45.27亿元，比上年增长3.78%。

台山市本级财政对民生投入204728万元，比上年增加17248万元，增长9.2%。

【税务】 国税 2016年，台山市国家税务局组织工商税收收入309552万元，比上年减少6.75%，减收22394万元。其中，国内税收收入289980万元，比上年减少7.85%，减收24703万元，完成年度任务的101.39%，超收3980 万元；海关代征收入 19572万元，增长13.38%，增收2309万元。市库收入66395万元，比上年减少7.36%，减收5276万元，完成年度任务的81.10%。台山电厂入库税款88433万元，比上年减收48973万元，减少35.64 %。若剔除台山电厂减收因素后，国内税收收入增收24270万元，增长7.71%，市库收入增收 5654万元，增长7.89%。

地税　2016年，台山市地方税务局组织税费总收入30.68亿元，比上年减少2.8%，减收0.88亿元。其中，税收收入16.32亿元，比上年减少8.49%，减收1.51亿元；社会保险费收入12.4亿元，比上年增长6.19%，增收0.72亿元；其他收入1.96亿元，比上年减少4.47%，减收0.09亿元。

【金融】　2016年末，台山市金融机构各项存款余额518.22亿元，比上年末增长8.02%。其中：境内存款余额490.46亿元，比上年末增长8.06%；境外存款余额27.77亿元，比上年末增长7.34%。年末各项贷款余额293.47亿元，比上年末增长21.3%，在各项贷款中：境内贷款余额291.6亿元，比上年末增长21.6%；境外贷款余额1.87亿元，比上年末增长28.5%。

【固定资产投资】　2016年，台山市全社会完成固定资产投资222.05亿元，比上年增长7.1%。从登记注册类型来看，内资186.19亿元，同比增长1.2%；港澳台商投资19.77亿元，同比增长15.7%；外商投资16.09亿元，同比增长160.1%。从产业划分来看，第一产业投资0.72亿元，同比下降59.5%；第二产业投资124.87亿元，同比下降9.6%；第三产业投资96.46亿元，同比增长43%。

全市房地产开发投资48亿元，同比增长86.1%；商品房施工面积333.22万平方米，同比增长15.52%；商品房销售面积84.62万平方米，同比增长55.38%。

【建筑业】　2016年末，台山市持有资质等级的建筑企业23家，全年自行完成施工产值32.97亿元，同比增长22.98%；竣工产值19.81亿元，同比增长18.84%；全年房屋建筑施工面积270.49万平方米，同比下降25.77%；房屋建筑竣工面积120.85万平方米，同比下降8.55%。建筑工程竣工验收合格率100%。

【商业】　2016年，台山市社会消费品市场繁荣兴旺，全年实现社会消费品零售总额207.89亿元，比上年增长12.41%。按地域划分，城镇零售额实现128.11亿元，增长12.01%；农村零售额实现79.78亿元，增长13.05%。按行业划分，批发零售贸易业零售额实现185.7亿元，增长12.57%；住宿和餐饮业零售额实现22.19亿元，增长11.04%。在限额以上秕发和零售业商品销售额中，粮油、食品、饮料及烟酒类销售额比上年增长16.17%；服装、鞋帽、针纺织品类销售额比上年增长46.08%；五金、电料类销售额比上年增长18.6%，中西药品类销售额比上年增长15.98%，家具类销售额比上年增长103.69%，石油及制品类销售额比上年增长8.86%，化工材料及制品类销售额比上年增长2.59%，汽车类销售额比上年增长45.43%，其他类销售额比上年增长26.02%。

【旅游业】　2016年，台山市有旅游景区（点）29个，其中4A旅游景区2个；旅游饭店134家，其中五星级1家，三星级3家。旅行社13家，营业部2家，全市旅游从业人员2.92万人。

是年，完成《台山市旅游服务业发展“十三五”规划》《台山市全域旅游发展五年行动计划（征求意见稿）》的编制；为加强旅游工作的部门间协调配合，推动台山旅游业持续健康发展和创建国家企业旅游示范区，市政府发文《关于建立台山市旅游工作部门间联席会议制度的通知》；成立台山市文化旅游集团、台山市海丝申遗办公室，完成对相关史迹点考古调查勘探、专题调研、资料整理、申遗文本编写、保护规划纲要编写等工作；旅游项目、旅游厕所、旅游交通指引标识、潮人径等建设有新亮点；台开恩世遗文化旅游度假区创建工作有新进度；举办多个大型旅游推介活动，有力地推动台山旅游业的全面发展。全年接待游客突破1000万人次，比上年增长16%；旅游收入72.4亿元，增长22.7%。由广东经济学会、广东县域经济研究与发展促进会联合举办的《广东县域旅游竞争力报告2016》发布，台山以4.394分名列第2位，从2011年起实现六连上榜“十强”。

【对外经济贸易】　2016年，台山市外贸进出口总额132.2亿元，比上年增长4.3%。其中：出口额101.2亿元，同比增长12.3%；进口额31亿元，同比下降15.3%。实现贸易顺差70.2亿元。按出口企业类别分，外贸企业出口34.78亿元，同比增长141%；三资企业出口65.15亿元，同比下降14%。按出口商品类别分，机电产品出口61.45亿元，同比增长5%；铝型材及铝制品出口2.38亿元，同比下降7%；纺织品出口1.79亿元，同比下降7.3%。按主要出口商品国别分，对美国出口45.8亿元，同比增长1%；对香港出口18.3亿元，同比增长52%；对澳大利亚出口2.68亿元，同比下降44%；对加拿大出口6.9亿元，同比增长117%。全年共批准外资项目29个，其中新批项目15个；合同外资金额2.05亿美元，同比下降16.8%；实际利用外资1.41亿美元，同比下降30.94%。

【外事】 2016年，台山市办理因公出境证照240批318人次，其中，办理因公出国证照3批、14人次；港澳通行证271批345人次。5月17日，台山市访问团一行拜访美国密尔布瑞市市政府，受到市议员李伟忠、前任市长高思卓、红杉市市长朱健文、密尔布瑞市友好城市委员以及中美国际文化交流协会、全美李氏公所元老等热情接待。全年共接待外宾8批48人次，以巴布亚新几内亚矿业部长、人民进步党议员拜伦·陈为团长的巴新政府议会联合考察团一行到访，考察台山核电，拜访拜伦·陈祖籍地斗山江潮村；接待回乡探亲访友乡亲、社团来访208批次，包括美洲至孝笃亲公所、巴西侨团两次来访等；国外社团回乡恳亲活动15批次，包括全美溯源堂恳亲代表大会、美国都斛同乡总会首届恳亲会、第五届世界海宴都同乡联谊恳亲大会等。

【侨务及港澳台事务】 *海外交流联谊* 2016年，台山市外事侨务局、市归国华侨联合会协助市政府接待海外重点社团及重点人士有：澳门台山赤溪田头同乡会访问团一行13人；巴西广东同乡总会副会长苏新亮、巴西江门五邑青年联合会会长陈文添、巴西里约江门五邑青年联合会会长甄广瑞等首长一行10人；美国华盛顿州副州长布拉德•欧文带领美国西雅图肯尼迪中学校长米高•普拉托、国际部主任特里•克罗斯怀特一行15人；美洲萃胜工商总会一行70多人等。

对外宣传 2016年，台山市35家侨刊乡讯均正常出版，共出版72期，发行27万册，其中对外24万册。《新宁杂志》出版4期，发行3.2万册，其中对外发行2.8万册。5月13日，举办台山市基层侨务工作者暨侨刊乡讯采编人员培训班，各镇街（场）负责侨务工作干部、侨刊乡讯采编人员、侨联委员参加。9月22—23日，组织全市侨刊乡讯采编人员40多人前往南雄珠玑巷采风，研究了解姓氏文化，感受韶关深厚的历史文化底蕴，进一步提高办刊水平。9月，《新宁杂志》第三期起新辟“海上丝绸之路”专栏，为台山“海上丝绸之路”申遗发出“华侨声音”。新辟“华侨理想论坛”专栏，让华侨畅谈理想以及与家乡的情结，对祖国、对家乡发展期望，对新生代华侨祈盼；及时在“台山侨务”微博和微信公众号上更新政务动态。

捐赠管理 2016年，台山市接受华侨港澳同胞公益事业捐赠86宗，捐赠总额折合2601.033万港元（改革开放以来，全市累计接受华侨港澳同胞公益事业捐赠19245宗，总额23.2593亿港元）。主要项目有：李伯荣捐资249.87万港元，其中捐资226万港元建设大江镇公益小学200环形塑胶跑道、捐资12万港元建设大江镇沙浦村便民电子阅览室、捐资11.87万港元“星衢博爱送万家”慰问活动。香港台山商会捐资836.2万港元，其中捐资新宁小学300万港元，新宁体育馆235万港元，台山市海宴镇卫生院内科、儿科住院楼150万港元，教育基金61.2万，台山市深井镇卫生院救护车35万港元，“一元爱心日”活动捐款30万港元以及光明行动25万港元。

【交通运输】 2016年，台山市公路通车里程2823.9千米，其中：高级公路138.42千米，一级公路74.35千米。各种运输方式完成货运周转量84974万吨千米，比上年下降23%，其中：公路货运周转量20819万吨千米，同比增长15%；水路货运周转量64155万吨千米，同比下降30%。完成客运周转量76563万人千米，同比下降15%，其中：公路客运周转量72873万人千米，同比下降16%；水路客运周转量3690万人千米，同比增长1%。港口货物吞吐量975万吨，同比下降1%；其中集装箱243万吨，同比增长11%；港口旅客吞吐量366万人，同比增长1%。

【邮政通信】 2016年，台山市完成邮电业务总量75935万元，比上年增长5.96%。年末全市共设邮政局(所)34处，其中支局10处；全市固定电话用户22万户；移动电话用户92.48万户；互联网用户22.97万户。

【教育】 2016年，台山市有独立设置的幼儿园68所，在园幼儿2.45万人；全市共有小学53所，在校学生4.98万人；初中31所，在校学生2.19万人；高中7所，在校学生1.38万人；中等职业学校7所，在校学生共0.78万人。特殊教育学校1所，在校学生279人。全市小学学龄儿童入学率100%，初中学龄人口入学率100%，初中毕业生升学率97.67%。全市普通高中和职业高中高考升学人数4564人，高中升学率79.09%。预算内教育经费拨款11.71亿元，比上年增加0.58亿元，增长5.3%，占市财政总支出的26%；华侨港澳同胞为兴建校舍、增添设备和奖教奖学助学，捐资1021万元。

【科技】 2016年，台山市拥有县级以上科研机构1个，科技活动机构经费使用总额6.92亿元。年末全市共拥有专业技术职称人员26935人，其中获中级以上职称948人。年末全市累计认定市（地）以上民营科技企业59家。年末全市拥有市（地）级以上高新技术企业56家，其中省级24家。累计认定高新技术产品296种。全年高新技术产品产值176.77亿元。

【文化】 2016年，台山市拥有文化站18个，博物馆1个，公共图书馆1个。公共图书馆藏书量62万册。县级广播电台和电视台各1座，广播电视转播台2座，卫星电视地面站11座，电视人口覆盖率100%，有线电视用户18.66万户。

【卫生】 2016年，台山市共有医疗卫生机构367个，床位3360张，卫生技术人员4628人，其中：执业医师1095人。其中：综合医院2个，床位1124张，卫生技术人员1420人；中医院1个，床位380张，卫生技术人员563人；眼科医院1个，床位20张，卫生技术人员19人；基层医疗卫生机构357个，床位1616张，卫生技术人员2085人；专业公共卫生机构6个，床位220张，卫生技术人员541人。全市每千人口拥有卫技人员4.87人。全市医疗卫生机构实有床位3360张，每千人口病床数3.53张。全市277条行政村设有卫生站255个，乡村医生257人，应建卫生站覆盖率100%，达到一村委会一乡医的要求。全市三级医疗卫生保健网已形成，是国家实施初级卫生保健的基本达标市。全市辖区医疗卫生机构门诊诊疗人数494.2万人次，同比2015年增加22万人次；出院病人14.7万人次，同比2015年减少0.3万人次。市域内住院率88.4%。

【体育】 2016年，台山市共投入体育活动经费200多万元，举办全市性群众体育竞赛活动13项，参加竞赛活动3.7万多人。全市人均体育场地设施面积2.2平方米。经常参加各类体育活动的人数占全市总人口的53%。是年，台山市体育健儿参加全国排球高水平后备人才培训基地训练营比赛获得第四名；参加广东省青少年排球锦标赛获得第二名；参加广东省男子六人排球联赛获得第三名；参加江门市第八届运动会，获得175枚金牌、85枚银牌、85枚铜牌。

【城乡建设】 2016年，台山市交通一体先行破题，深茂铁路台山段加快建设，台开快速正式动工，中开高速台山段开始征地。新区拓展方兴未艾，南新区新行政服务中心、新宁小学一期、台南大道一期基本建成，珠影星光城、华侨文化广场及博览馆、新档案馆等项目扎实推进，引进保利地产等高端商住项目，现代新城强势崛起；北新区龙山湖生活配套区环境提升，产城要素逐步融合；金星湖、高佬山、东区河滨等公园紧锣密鼓开展建设，骏景湾、昌大昌广场等综合体拔地而起，城市功能日臻完善。继续以名镇名村试点建设为突破口，以名镇名村建设带动全市农村宜居建设，开展村庄卫生净化、道路硬化、环境绿化等村庄整治和农村生活垃圾无害化处理，累计建成农村生活垃圾压缩式转运站21座，农村生活垃圾有效处理率约为90%。成功创建江门市宜居城镇1个、宜居村庄2个，赤溪镇被授予“江门市宜居城镇”称号、汶村镇高朗村委会高朗村和深井镇井东村委会牛屎冲村被授予“江门市宜居村庄”称号。

【环境保护】 2016年，市区空气环境质量良好，达到国家大气环境质量二级标准：二氧化硫年均浓度为15微克/立方米，二氧化氮年均浓度为24微克/立方米。饮用水源水质达标率100%；城市水域功能水质达标率100%，跨市河流交接断面水质达标率100%；区域环境噪声平均值和交通干线噪声平均值分别为55.9分贝和69.2分贝，达到国家考核标准。全年审批环保建设项目197项，“三同时”建设项目环保投资3395万元。全年环境污染治理完成投资4311万元。全市现有环境监测站1个，环境监测人员24人。建立烟尘控制区1个，烟尘控制面积21.3平方公里。建有污水处理厂6座，全市污水处理厂集中处理率92.7%。工业废水处理排放达标率100%；工业烟尘去除率98.0%；工业二氧化硫去除率55.0%；工业固体废物综合利用率100%。

【人民生活】 2016年，台山市城镇新增就业5118人，年末城镇失业人员再就业3755人，全年城镇实有登记失业人员4899人，城镇登记失业率2.38%。全年开展农村劳动技能培训双转移就业1566人。是年全市有各类社会福利院23个，床位2918张。全市五保供养人数2538人。全市享受最低生活保障待遇人数1.82万人，全年发放低保救济金4742万元。全市全年发放基本医疗救助金1290万元。农村常住居民人均可支配收入14808元，比上年增长8.8%；城镇常住居民人均可支配收入22846元，比上年增长9.0%。城镇居民人均住房面积40.96平方米，比上年增长3.07%。全年保障性住房建设基本建成240套，其中缠溪公租房项目140套，四九镇长龙工业区台山市世昌纸业包装有限公司宿舍楼100套。新增发放廉租住房租赁补贴21户，全年发放补贴款10.7万元。全年完成保障性住房建设投资4498万元。至年底，全市累计正在实施住房保障2282户，其中租赁补贴67户，公共租赁住房实物配租2183户，经济适用住房32户。

【社会保险】 2016年，台山市参加社会基本养老保险79.94万人次，其中：城镇职工基本养老保险32.34万人次。参加失业保险8.04万人次。参加工伤保险9.42万人次。参加基本医疗保险86.51万人次，其中：参加城镇职工基本医疗保险14.06万人次。参加生育保险9.17万人次。全年保费收入17.15亿元，全年保费支出22.41亿元。

【工业园（区）建设】 2016年，台山市工业新城完成固定资产投资8891万元，已累计投入基础设施建设资金约14.59亿元（2015年数应更正为13.67亿元）。园区主干道和局部路网完善，生活配套项目已建成。抢抓“珠西战略”机遇，全面推进水、电、路网、科研设施、生活配套建设，获生态广东宣传文明奖；紧紧围绕新能源汽车、装备制造业、汽车零部件等主导产业项目开展精准招商，挂牌成立中欧（江门）中小企业国际合作区清洁能源及装备产业基地，新引进天丞汽配、腾达塑料制品等21个优质项目。广海湾工业园区大马桥首期工程完工。江门港广海湾港区广海湾作业区防波堤工程、广海湾作业区进港航道工程列入交通部水运“十三五”发展规划。与赤溪镇“园镇融合”推进顺利。安托山项目完成征地补偿工作，省农产品加工示范园区项目推进顺利，参与组织举办“6·28”“2016大广海湾经济区（台山片区）&工业新城台山投资洽谈会”。香港惰性拆建物料处置工程进展良好，完成处置量1356万吨。累计处置总量10034万吨，堆填陆域总面积6.83平方千米。

【信息化建设】 2016年，台山市信息化发展指数为98.5，互联网用户22.97万户，其中光纤接入用户新增15.2万户，光纤入户率达60%，全市光纤总覆盖能力达到50万户；新增4G基站392座，3G基站230座；全市新增WLAN热点数130个，新增AP热点500多个；固定电话用户22万户，同比下降6.38%；移动电话用户92.48万户，同比增长1.07%。是年，开展公共区域免费wifi项目一期建设，全市共部署122个AP热点，接入江门免费wifi项目的统一认证方式，实现全江门联网，为市民提供免费上网及政务办事等服务。推广OA系统应用，白沙镇、市食品药品监督管理局OA系统正在部署当中，全面推行电子化、无纸化办公。

【重点建设项目】 2016年，台山市列入省重点项目10项，年度计划投资73.5亿元。列入江门市重点项目31项，年度投资计划89.8亿元，完成年度投资额为94.39亿元，完成年度计划的105.1%。

表66：　2016 年台山市国民经济发展情况

项　目	单　位	2016 年	比上年增长（%）
人口	万人	97.05	0.23
土地面积	平方公里	3286.29	0
国内生产总值	亿元	353.7	7.6
人均国内生产总值	万元	3.72	7.5
工业总产值	亿元	697.4	6.7
农业总产值	亿元	113.88	4.4
全社会固定资产投资	亿元	222.05	7.1
外贸出口总额	亿元	101.2	12.3
实际利用外资	亿美元	1.41	-30.94
地方财政一般预算收入	亿元	24.33	1.43
社会消费品零售总额	亿元	207.89	12.41
住户存款余额	亿元	384.84	6.96

表67：　2016年台山市基本情况

项　目		单　位	2016 年
基本建设	高速公路营业里程	公里	
	公路通车里程	公里	
	港口泊位	个	
	航运维护里程	公里	
	发电装机容量	万千瓦	
	年末固定电话用户	万户	22
教育	中等专业学校	所	4
	在校学生	万人	0.77
	普通中学学校	所	38
	在校学生	万人	3.58
	小学学校	所	53
	在校学生	万人	4.98
	在园幼儿	万人	2.45
	小学学龄儿童入学率	%	100
医疗文化体育	医院	所	23
	其中：县级医院	所	4
	等级医院	所	22
	卫生机构医院床位数	张	3360
	平均每千人拥有床位	张	3.53
	影剧院	间	1
	体育馆	座	2

附件一：

2016年台山市四套班子领导成员名录

中共台山市委员会

市委书记：张　磊（2015.05～）
市委副书记：卢永权（任至2016.08）
李健慈（任至2016.09）
李惠文（2016.08～）
刘志方（2016.09～）
市委常委：伍仲晃（任至2016.09）
方国韶（2016.09～）
叶荣超（任至2016.08）
彭大荣（2016.08～）
马品高
郭海平
李新潮（任至2016.09）
罗海华（2016.08～）
何国航（任至2016.08）
廖辉文（2016.09～）
梁小青（女）（任至2016.09）
李白云（女）（2016.09～）
陈瑞琪（2016.09～）
邝俊杰（任至2016.09）
李炳均（挂职，任至2016.12）
李新潮（2016.11月～）
黄伟红（女）（任至2016.11）
李新潮（2016.11月～）
卢永权（任至2016.08）
李惠文（2016.08～）

台山市人大常委会

主　任：张　磊（任至2016.11）
黄伟红（女）（2016.11～）
副主任：李新潮（2016.11月～）
蔡红珍（女）（2016.11月～）
郑大有（2016.11月～）
谭钜安
叶锐箭（2016.11月～）
黄沃旋
黄新伟（任至2016.04）
梅新益（任至2016.11）

台山市人民政府

市　　长：卢永权（任至2016.11）
李惠文（2016.11～）
副市长：方国韶
关耀东（2016.09～）
吴年积
李超华（2016.11～）
张慧琳（2016.11～）
赵智健（2016.11～）
伍仲晃（任至2016.11）
陈翠芹（女）（任至2016.11）
余中华（任至2016.11）
谭良伟（任至2016.09）

台山市政协委员会

主　席：谭康乐（任至2016.11）
李健慈（2016.11～）
副主席：伍仲晃（2016.11～）
陈翠芹（女）（2016.11～）
陈力君（2016.11～）
梁小青（女）（2016.11～）
梁永波
蔡红珍（女）（任至11月）
刘志方（任至2016.11）
郑大有（任至2016.11）
吴强盛（任至2016.11）

附件二：　　2016年台山市获全国性表彰的先进单位和先进个人名录

一、先进单位

台山市国家税务局团总支部，共青团中央2016年4月授予全国五四红旗团委（团支部）

台山市人民检察院，最高人民检察院2016年5月授予全国先进基层检察院

台山市粮食购销总公司，中国粮食行业协会2016年8月授予全国放心粮油示范工程示范加工企业

汶村镇义工志愿服务总队，共青团中央、中央文明办、民政部、水利部、中国残疾人联合会、中国志愿服务联合会2016年12月授予第三届中国青年志愿服务项目大赛金奖

台山市国家税务局，中华全国总工会2016年12月授予全国工会职工书屋示范点

二、先进个人

林昌明，男，台山市红岭种子园园长，国家林业局2016年5月授予全国生态建设突出贡献先进个人

罗和足，男台山市林业局总工程师，全国绿化委员会、中华人民共和国人力资源和社会保障部、国家林业局2016年8月授予全国绿化先进工作者

方凤养，女，台山市台城街道办事处卫生和计划生育局干部，中华人民共和国国家人口和计划生育委员会2016年11月授予从事人口和计划生育工作满十年（工龄三十年）《计划生育工作者荣誉证书》

马慕婷，女，台山市台城街道办事处卫生和计划生育局干部，中华人民共和国国家人口和计划生育委员会2016年11月授予从事人口和计划生育工作满十五年《计划生育工作者荣誉证书》

朱杏香，女，台山市台城街道办事处卫生和计划生育局干部，中华人民共和国国家人口和计划生育委员会2016年11月授予从事人口和计划生育工作满十五年《计划生育工作者荣誉证书》

·责任编辑　岑鲁宁·

开平市

概述

【行政区划】　2016年，全市共辖三埠、长沙2个街道办事处，月山、水口、沙塘、苍城、大沙、马冈、龙胜、赤坎、塘口、百合、蚬冈、金鸡、赤水13个镇。全市有44个社区居民委员会，226个村民委员会。

【位置面积】　开平市位于广东省中南部、珠江三角洲西南面，地跨北纬21°56′～22°39′,东经112°13′～112°48′；东北连新会，正北靠鹤山，东南近台山，西南接恩平，西北邻新兴。全市总面积1659平方千米，境内南北西部多低山丘陵，东、中部多丘陵平原，潭江自西向东横贯市腹，地势自南北两面向潭江河谷地带倾斜，海拔50米以下的平原面积占全市面积的69%，丘陵面积占29%，山地面积占2%。

【气候】　2016年平均气温22.9℃，比常年偏高0.3℃，年最高气温37.3℃（7月30日），年最低气温2.0℃（1月24日）。年总降雨量2120.1毫米，较常年偏多13.3%，年最大日雨量137.2毫米（1月28日）。年总日照时数1349.4小时，较常年偏少24.2%。全年出现26天高温，分别为6月6天、7月9天、8月10天、9月1天；全年出现5天最低气温低于5℃的低温日，分别是1月4天，2月1天。年内降水分布不均匀，其中1月、3月和10月显著偏多，分别为常年同期的11.4倍、2.6倍和2.2倍，6月和12月显著偏少，分别比常年同期偏少56.1%和78.0%。1月22日至26日，受近年最强寒潮影响，24日最低气温为2.0℃，平均气温3.6℃，出现了少见的霰和雨夹雪，为本站有记录以来第一次记录雨夹雪。1月27日至29日，受南支槽和偏南气流共同影响，我市出现暴雨到大暴雨的降水过程，28日降水量为137.2毫米，破历史一月份日降水量记录。年内受2个热带气旋影响，分别是1604号强台风"妮妲"和1621号台风"莎莉嘉"。受"妮妲"影响，8月2日市区降水量为106.8毫米。

【人口民族】　2016年，户籍总

人口68.66万人，其中：男性34.29万人，女性34.37万人，人口密度为每平方公里413人，非农业人口23.63人，占总人口的34.42%。全年出生人口1.06万人，出生率15.46‰。死亡人口0.48万人，死亡率6.98‰。人口自然增长率8.48‰。比上年上升3.35个千分点。全市民族以汉族为主，占全市总人口98.18%（2010年人口普查数据），其余为蒙古族、回族、藏族、苗族、布依族、满族、瑶族、土家族、黎族、高山族。

【华侨华人及港澳台同胞】 开平市是全国著名侨乡。至2016年底止，旅居海外的华侨、华人、港澳台同胞共78万人，分布在世界上67个国家和地区。

社会经济发展情况

【工业】 2016年，全市规模以上工业企业256家，规模以上工业增加值121.0亿元，比上年增长7.6%。工业总产值537.9亿元，比上年增长13.4%。工业总产值中，按轻重工分：轻工业增长10.9%，重工业增长15.4%；按企业经济类型分：外商及港澳台商投资企业增长 13.0%；股份制企业增长19.6%；其他经济类型增长-13.1%。（以上工业数据为月快报数据）

（开平市统计局）

【农业】 2016年，全市农业总产值56.61亿元，比上年增长4.2%；农村居民可支配收入16315.9元，比上年增长10.80%。全年农作物播种面积103万亩，粮食收获面积69.9万亩同比减0.3万亩，总产28.5万吨（薯类按鲜薯产量口径统计）同比增0.3万吨，其中水稻全年收获面积61.8万亩同比减0.2万亩、亩产350公斤同比增3公斤、总产21.6万吨同比增930吨。全年蔬菜收获面积23.2万亩同比增近2000亩、总产29.8万吨同比增产1800吨；水果面积5.9万亩，与上年持平，总产3.7万吨。生猪全年出栏55.5万头，同比减少4.4%；家禽出栏3813万只，同比增加3.4%。目前存栏生猪32.1万头，家禽1531万只。淡水渔业养殖面积12.5万亩，其中精养池塘面积约7.1万亩。全年水产品总产量达5.3万吨，其中淡水养殖产量约4.9万吨，同比增长2%。

现代农业强市建设　2016年，新增开平市级农业龙头企业3家，新成立农民专业合作社18家，认定开平市级家庭农场33家。全市共有省级龙头企业7家，江门市级龙头企业15家，开平市级龙头企业25家。2016年全市农机总动力达到38.5万千瓦，水稻机耕率99.5%，机收率99.2%，机插率48%，水稻耕、种、收综合机械化水平达到84%。高标准农田建设项目顺利推进，2014年度5.08万亩高标准基本农田建设已全面完成。加大金融支农力度，积极探索农业金融合作贷新模式，启动了新一轮农业“政银保”合作贷款，累计发放贷款7480万元。

强农惠农政策落实　2016年，推行农业“三项补贴”改革，全市发放农业扶持保护补贴资金5000万元；政策性水稻保险实现全覆盖，全年完成水稻参保面积约60万亩，基本实现全覆盖，各级财政保费补贴总额近1200万元，其中镇级60万元、县级270万元，免收农户负担保费240万元，为全市水稻生产提供2.4亿元灾害风险保障。落实农机购置补贴，全年办理农机购置补贴105.7万元，补贴机具89台，受益农户133户。

国家农产品质量安全示范县创建　2016年，开平市创建国家农产品质量安全县，成立由庞正华市长担任组长，分管黄国忠副市长担任副组长，农业、食药监、市场监管、卫生等部门及各镇政府为成员单位的国家农产品质量安全县工作领导小组。市编办成立农产品质量监管和科教信息股，安排1名工作人员负责创建工作。在各镇、街农业综合服务中心加挂农产品质量安全监管公共服务站牌子，开平市财政配套资金240万元用于完善镇级农产品质量安全检验检测体系建设。建设村级监管队伍，每个村级组织配备不少于1名食品质量安全协管员，全市聘任村级协管员270名，工作经费标准为每人每月不少于300元。2016年，开平市种植业产品抽检样本6451份，合格率99.77%；水产品检测样本56个，合格率100%；畜产品共抽检猪尿样本9442份，合格率100%。

农业生态环境保护　2016年，推进饮用水源地畜禽养殖场整治工作，保障饮用水源安全。完成全市包括大沙河、镇海水库在内的饮用水源保护区周边养殖场关闭或拆迁任务，其中大沙河、镇海水库一级保护饮用水源地养殖场148家（大沙河121家，镇海20家，西坑7家）已于12月26日全部完成拆迁。推进世界银行贷款农业面源污染治理项目实施，2016年项目总投资200万元，参加农户7010户，参与水稻面积2.8万亩。通过宣传培训、示范带动、统防统治等措施，项目区全年减少化肥施用量520吨，减少农药用量11200公斤，改善生态环境，促进农业生态可持续发展。加大渔业资源保护力度，2016年两次在潭江河开展人工增殖放流活动，放流各类鱼苗350多万尾，使潭江渔业资源得到休养生息。

脱贫措施落实 2016年，开平市扶贫户897户3221人（城镇140户414人、农村757户2807人）、17条重点帮扶老区村全部落实帮扶措施，累计投入各类帮扶资金3493.1万元（包含江门市级扶贫资金1986.17万元、开平市扶贫专项资金440.93万元、镇级扶贫资金144.394万元、帮扶单位扶贫资金33万元、村自筹348.006万元、行业扶贫资金540.6万元），实施项目966个，其中帮扶到户691.46万元，实施项目898个，帮扶到村2801.64万元，实施项目68个。扶贫户到2016年12月31日有269户达到脱贫标准，实现30%的脱贫目标；全市226条村委会通过落实基本公共服务均等化补助和资源激励型财政补贴（含农村基层组织补助）1521.17万元，全部村集体收入达到15万元以上。

农村综合改革 2016年，开平市农村土地承包经营权确权工作全面铺开，至2016年12月31日全面完成确权面积实测工作，全市确权指界面积达47万亩，发放了第一批“中华人民共和国农村土地承包经营权证”。 （司徒重诗）

【财政】 2016年，全市地方一般公共预算收入实现219510万元，完成经市第十五届人大常委会第三十八次会议审议通过调整预算（下同）的104.96%，比上年（可比口径，下同）增收12857万元，增长6.22%。全市一般公共预算支出实现341451万元，完成调整预算的98.31%，比上年增支3190万元，增长0.94%。全市民生支出达到2016年投入民生资金250445万元，比2015年增长4.31%。积极深化各项财政改革。编制2017-2019年部门中期财政规划，完善市级项目库管理，持续扩大项目预算绩效评价范围，2016年市直各部门预决算和“三公”经费公开力度进一步加大，提高财政管理水平。贯彻落实各项行政事业性收费减免政策，切实为企业减低成本。 （沈薇）

【税务】 国税 2016年，开平市国家税务局累计组织工商税收收入233466万元，同比增收39247万元，增幅20.21%；（剔除海关代征部分）累计组织国内税收收入226049万元，同比增收38282万元，增幅20.39%，完成江门市国家税务局下达的国内税收收入预期目标的113.02%，超收26049万元。其中：中央库收入（不含海关代征）135992万元，同比增收2078万元，增幅1.55%；省库收入39249万元，同比增收27468万元，增幅233.16%；市库收入50775万元，同比增收8703万元，增幅20.69%，完成开平市府下达市库预算收入预期目标的100.18%，超收92万元，顺利完成市县两级税收收入预期目标，为支持地方经济持续健康发展作出积极贡献。 （梁惠英）

地税 2016年全市地税系统共组织税费收入328558万元，同比下降6.21%，减收21773万元，可比增长5.06%，其中：实现税收收入186594万元，同比减收25466万元，同比下降12.01%，可比增长6.96%，其中中央级收入42507万元，同比增收2155万元，同比增长5.34%；共享省库收入39311万元，同比减收10109万元，同比下降20.46%，可比增长20.19%；市县级收入99516万元（含“契、耕”两税），同比减收13583万元，同比下降12.01，可比增长3.25%。费类全年实现收入141964万元，同比增长2.67%，增收3693万元。其中：社保费收入124829万元，同比增长3.48%，增收4193万元；教育费附加收入6090万元，同比增长4.98%，增收289万元；文化事业建设费收入21万元，同比下降59.62%，减收31万元；堤围费收入2953万元，同比下降27.34%，减收1111万元；残保基金收入1866万元，同比增长23.58%，增收356万元；地方教育附加收入4062万元，同比增长5.07%，增收196万元；工会经费收入2114万元，同比增长0.38%，增收8万元；价格调节基金收入27万元，同比下降88.46%，减收207万元。

（关立敏）

【金融】 至2016年末，全市有金融机构10家（银行类），其中国有商业银行4家，股份制商业银行3家，政策性银行1家，邮政储蓄银行1家，农信联社1家。至2016年12月末,人民币各项存款余额525.19亿元，比年初增加45.34亿元，增长9.45%；人民币各项贷款余额为266.16亿元，较年初增加41.04亿元，增长18.23%。全市涉外收入15.97亿美元，同比减少13.00%，涉外支出4.21亿美元，同比减少1.80%，涉外收支顺差11.76亿美元，同比减少16.40%；银行结汇收入11.35亿美元，同比增长2.82%，售汇支出2.39亿美元，同比减少19.38%，结售汇顺差8.96亿美元，同比增长10.95%。 （冯阜强）

【固定资产投资】 2016年，开平市全市固定资产投资总额255.07亿元，比上年增长22%，增长速度在江门四市三区中排第一。其中：房地产完成投资31.31亿元，增长12.37%。全社会投资中，第一产业完成投资5.22亿元，比上年增长127.11%；第二产业完成投资126.16亿元，比上年增长21.38%；第三产业完成投资123.70亿元，比上年增长20.23%。

（容凤兰）

【个体私营经济】 2016年，全市在册登记的商业企业和个体商户共18226户，同比增长1.981%。其中，商业企业1692户、个体商户16534户，分别增长18.654%和0.535%。经营面积超8000平方米的大型超市3家（华润万家、昌大昌、大润发）。全市在册登记的商品交易市场(农贸市场)49个，其中，专业批发市场4个，农贸市场45个。年交易额超亿元市场有4个（开平市绿皇家禽批发市场、开平市百汇副食果菜批发市场、开平市新昌市场、开平市幸福购物广场）。 （开平市科工商务局）

【建筑业】 2016年，全市建筑企业46家，其中特级企业1家、一级企业7家、二级企业10家、三级企业14家、劳务分包企业8家、乙级监理企业1家、混凝土企业5家。广东耀南建筑工程有限公司获评中国建筑业竞争力200强企业和全国建筑业先进企业，广东金辉华集团有限公司获评全国优秀施工企业和全国建筑业先进企业。建筑业实现产值150.78亿元，同比增长15.08%；荣获地级市以上建设工程优质奖10项。建安和房地产地税收入8.90亿元，占全市地税总收入的47.72%。 （罗琼珠）

【商业】 2016年，开平市受小排量车辆购置税优惠政策的影响，汽车销售增长速度全年保持两位数的增长，带动社会销售品零售总额指标发展速度逐月回升。1-12月份，开平市累计完成社会消费品零售总额174.09亿元，同比增长10.73%。其中批发业16.15亿元，同比增长18.29%；零售业138.50亿元，同比增长10.13%；住宿业1.21亿元，同比下降6.94%。餐饮业18.24亿元，同比增长10.48%。

（开平市科工商务局）

【旅游业】 2016年，开平市有旅游景区（点）6个，其中4A旅游景区1个；星级酒店2家，其中五星级1家，三星级1家。旅行社5家，旅行社分社1家，营业部15家，全市旅游从业人员1332人。是年，开平市纳入国家首批全域旅游示范区创建单位，开平碉楼文化旅游区创建国家5A级旅游景区工作已通过广东省旅游局验收，并上报至国家旅游局。新增5条潮人径，旅游厕所、旅游交通标识、旅游驿站等配套设施逐渐完善。百合镇马降龙村成为开平市第二个国家级传统村落。全年开平市接待游客总计598.85万人次，比上年增长4.50%，全年旅游总收入63亿元，比上年增长20.94%。是年，广东经济学会、广东县域经济研究与发展促进会发布《广东县域旅游竞争力报告2016》，开平市位列2016年度广东省县域旅游竞争力第一。

【对外经济贸易】 2016年，经开平三埠港口岸（三埠港货运码头装卸点）进出口货物共665472000千克，同比下降10.29%。其中进口201927000千克，同比下降12.68%；出口463545000千克，同比下降9.20%；进出口集装箱有47729标准箱，同比下降13.35% 。（2016年，三埠港口岸进出口货运数据由广东省三埠港客货运输合营有限公司提供；2015年前包括2015年的进出口货运数据由开平海关提供）

2016年，开平市实现进出口总值147.0亿元人民币，同比增长1.9%。其中，出口总值122.2亿元，同比增长2.3%；进口总值24.8亿元，同比持平。主要进出口市场包括美国、东盟(10国)、欧盟(28国)和日本等国家和我国香港地区，主要出口产品包括机电产品、服装及衣着附件、纺织纱线、织物及制品、空气调节器(车用除外)以及农产品等。

（科工商务局 杨宏波）

2016年开平市新批设立外商直接投资企业21家，增资项目5个；全年合同外资8603万美元，同比增长325.89%；实际吸收外资1288万美元，同比下降76.62%。新批合同外资超1000万美元的项目有5个，港澳依然是开平市主要投资地区，其次是欧洲国家。2016年外商投资主要行业是通用设备制造业。全年实际利用外资主要来源新批项目开平百汇模具科技有限公司和增资项目开平中业房地产有限公司。目前，开平市进出口企业的贸易方式主要是加工贸易和一般贸易，据海关统计，2016年全市一般贸易进出口额高达12.71亿美元，已超加工贸易，成为主要贸易方式。

（科工商务局）

【外事侨务及港澳台事务】 2016年，开平市全年政审和办证共上报批件205批；办理出境签注

210人次；办理外国人入境38批43人次。全市接受华侨、港澳台同胞捐赠2173多万元港币，兴办教育、卫生、慈善、文化和福利等公益事业。全年共接待海外侨胞4622人次。全市21种侨刊乡讯出版65期，印数16万册，对外发行9万多册。尽力运用新媒体焕发“集体家书”的新功能，促进侨刊乡讯可持续发展。充分利用国际互联网、微博、微信，及时反映家乡经济社会的发展变化，收集侨情信息及对家乡建设发展的意见建议，三大平台携手互动，加强侨务宣传效果。在加强宣传侨务工作方面，还向上一级侨网、报纸媒体等联系发稿。截止至今，被中国侨网采用的达20多篇，同时，被中国新闻网、中国日报等多媒体网站转载稿件20多篇，广东侨网采用稿件达50多篇，江门外事侨务网采用稿件近100篇等。全年受理侨务来信来访共计105件，已办结93件，结案率89%。

【交通运输】 2016年，全市交通基础设施建设完成投资约5.02亿元（不含上级投资），完成年度投资计划的104.44%，交通基建项目建设顺利推进。江罗高速全面建成通车，深茂铁路、中开高速、高恩高速开平段建设加快实施，开春高速、佛开高速三堡至水口段和开阳高速扩建工程前期工作有序推进。台开快速路前期工作基本完成，已开展征地拆迁工作。开平快速干线南线段已建成通车，东、西线及北线东延线一期工程建设稳步推进。完成省道冲恩线、县道月沙线、乡道齐三线等改造工程建设，完成新农村公路硬底化建设19.88公里。截至2016年底，全市公路通车总里程达1777.05公里，其中境内高速公路41.80公里，公路密度达到107.19公里/百平方公里。全市营运客、货车辆共5000多辆。全市航运通航里程104公里，港口经营企业18家，生产经营性泊位30个。（张怀远、彭华溢）

【邮政】 2016年，邮政开平市分公司围绕邮政集团公司提出“一体两翼”的发展思路，以“重点发展代理金融业务，均衡发展邮务类业务”工作思路，按照省市公司的总体部署，围绕建设“六大机制”，促进“六量提升”的思路，推进“六大工程”，较好地完成各项目标任务，达到企业效益和员工收入同步提高，提升邮政竞争力，促进邮政持续健康发展。全年创收7156万元，完成年度收入计划104.47%。2016年完成幕桥、新昌邮政网点的整治工作，落实马冈营业所搬迁整治重新开业工作，提升网点的硬件设施。另外完成龙胜、马冈、苍城、金鸡、赤坎五个职工小家建设，正对邮政办公大楼及办公场地进行整治改造，大大提升网点的竞争能力，同时提升基层员工的向心力和改善办公条件。是年，完善对员工薪酬的考核，出台代理金融网点人员薪酬分配及积分考核办法和金融网点负责人考核办法，强化员工考核的绩效导向、贡献导向、效益导向，完成年度薪酬分配方案修改，重点体现网点负责人的“小老板”薪酬地位且月度业务发展奖挂钩余额、银保险、银信通等重点金融KPI考核指标。2016年代理金融收入累计5323.75万元，代理金融收入同比去年同期4581.54万元，增收742.21万元，同比增长16.2%，除交易业务收入、储蓄其他手续费收入、及国内汇兑收入分别减收33.44万元、26.6万元及4.51万元外，其他项目均同比实现增长，累计完成2016年收入目标5200万元的102.4%。是年，加大假日市场开发力度，落实各个主题营销策划和布置工作，开展水务安全宣传月活动、社保续保通知商函、轩汇豪庭等楼盘宣传项目。成功招商安监局、公安局、疾病控制中心、燕塘牛奶、移动等单位，2016年书信节项目收入共12.5万，为历年来招商最好的一次。邮资封累计报审26万元，主要是充分利用轩汇豪庭、中业新城等业主名址库信息，开发建材、装修、家具、家电、灯饰、卫浴等相关行业邮资封；农村电商共建站点80家，在各网点的积极配合下，83%的商家能够达到A类掌柜标准，全区排名第一，多次受到江门市分公司的表扬。2016年邮务类业务收入累计完成1308万元，完成年度计划进度（1430万元）的91.47%，同比增加12万元，与上年同期基本持平。是年，全市已经完成5个支局网点的职工小家建设，配备有专门的厨房及餐厅，员工宿舍全部装有空调，活动室有文体设施、空调、无线WIFI，大部分小家配备洗衣机，支局员工居住和生活条件得到改善。我们做好部分支局小家建设外，还增加每月员工生日会，不定期网点座谈宴会，每月员工座谈会，员工家访等方式，加强与一线员工的交流和互动，改良饭堂用餐质量和送餐用具。组织员工开展丰富多彩的文娱活动，如成立羽毛球、篮球、瑜伽等兴趣小组，各工会小组根据各自需求组织会员外出活动，举办全员健身登山活动等，工会根据实际安排费用分片分区举行有益文体活动，增强企业凝聚力和员工队伍向心力，缓解员工工作压力，增进员工间的感情交流。以“送清凉、送温暖、送关怀”形式开展慰问活动。开展夏天送清凉饮料和“双11”期间对一线员工进行慰问，对患重病的员工家属进行家访探望和慰问共11人次。

（冯宏景）

【通信】 2016年，中国电信开平分公司围绕“转型、创新、共享”三大发展方向，基础业务取得有效突破，新兴业务高速成长，核心能力快速集聚，实现全业务收入2.4亿元，移动入网5.2万户，光宽入网5.6万户，光宽净增4.6万户，全年发展天翼高清3.3万户，同比增长336%，增长率江门全区排名第一。严格落实电话用户实名制，加强与公安机关的合作联动，深入开展防范打击通讯信息诈骗行动。中国电信开平分公司获得“江门市文明单位”称号。辖下水口营销服务中心被评为中国电信集团“四小建设示范点”。

信息大道开平段建设 中国电信开平分公司联合市政府召开建设“全光网城市”动员会，以点带面，掀起全光网城市建设高潮。在全市和各乡镇范围内推进光纤改造和宽带全覆盖，城市区域布局千兆宽带接入网，光宽用户已超10万户，实现城市、乡镇全光覆盖；年底全市整体光宽渗透率达到90%，实现全光城市目标，光渗透率江门全区排名第三，马冈成为江门全区首个夺取农村光宽渗透率110%全光奖的区域。顺应“互联网+”新趋势，配合各级政府部门开展“互联网+智慧开平”建设，主要聚焦智慧政府、智慧产业、智慧民生三大领域。在核心商圈加强卖场店建设，水口全网通手机城实施高标准建设运营。与市科工商务局、市经科中小企业服务中心创新合作，共同打造“开平市中小微企业互联网+创业创新基地”，为“互联网+小微双创”项目提供展示、交流平台，基地成为“供给侧结构性改革”其中一个示范基地、创新中心、孵化器。年底完成市区99%以上、乡镇区域96%以上的4G信号覆盖，全市范围持续掀起升4G热潮，4G用户渗透率超85%，江门信息大道开平段建设取得了可喜的成效。

通信基础网络建设 重点布局4G网络，搭建4G骨干IPRAN承载网络，全年开通4G基站188个。互联网+基础建设，中继光缆建设皮长445公里,共1.8万线对公里。组建龙头、曙光等5大核心城域网MSE骨干汇接，业务直接通往深圳宽带IP骨干数据出口。构建三大城乡传输骨干10G波分环网，全市重点乡镇均可通过波分设备汇聚10G电信业务至江门、广州、深圳核心出口。2016年光网建设以成片光提速为目标，实施成片规划性投入，建设端口12.5万，城市乡镇网格单元区域实现100%光覆盖，为开平提供优质的光接入服务，成片光提速迁转同时，解决一代DSLAM退网、PSTN退网问题，实现“铜退”从而滚动性拉动光投资，全年“退铜”2.8万线对公里。全年新建OLT节点56套，累计建设6076个PON口，可承载支撑38.88万线。完成16套OLT 10G上行链路扩容割接。共新增60多条GE上行链路，新增了6条10GE互联链路，确保网络畅通。光进铜退工作全面铺开，针对传统固话、传统DSLAM采取优化割接退网，完成一代AD设备的全面退网。对全市的机房铜缆接入设备进行优化接入，停用基础网原有的老旧设备，逐步降低机房的能耗。

（电信局）

【教育】 2016年，全市有中小学88所，其中完（高、职）中10所、独立初中19所、小学56所、九年一贯制学校3所，另有广播电视大学和特殊教育学校各1所；有幼儿园89所，其中市级公办幼儿园3所、镇级公办幼儿园18所、民办幼儿园68所。全市在校中小学生共99942人，其中小学生53513人、初中生24960人、普通高中生15712人、职业高中生5620人、特殊教育学生137人，小学、初中入学率100%，初中毕业生升学率99.5%；在园幼儿总数26643人，学前三年入园率99.29%。全市公办教职工6710人，专任教师5954人，在职特级教师1人、高级教师474人、中级教师4227人；普通高中专任教师学历达标率100%、研究生学历占15.22%，中职学校专任教师学历达标率100%、研究生学历占10.14%，初中、小学和市级公办幼儿园专任教师学历达标率100%。

教育综合实力突破 6月，被省教育厅正式确定为“广东省社区教育实验区”；10月，被省确定为第一批广东省教育资源公共服务平台专题数字教学资源应用和示范推广试点区；11月，龙胜、大沙两镇顺利通过省教育强镇复评验收，至此，全市15个镇（街）全部通过广东省教育强镇第一轮复评；11月，经过市政府第十五届78次常务会议审议通过《开平市教育事业发展第十三个五年规划》，为全市未来5年教育事业的发展描绘了宏伟蓝图；12月，创建全国第二批“国家级农村职业教育与成人教育示范县”工作全部就绪。

教育均衡发展 2016年，加强学校基础设施建设，建成苍江

体育场（全民健身广场）、沙冈小学自强教学点教学楼和宝源小学教学综合楼；梁金山小学教学楼和功能楼均已完成主体工程，水口镇第三小学新建工程进展顺利。扎实推进教育信息化，全市投入2514.7万元，完成各学校内网升级，100%学校（园）开通视频会议系统。

高考成绩开创新纪元　2016年，全市在考生人数再减少210人的情况下，取得了恢复高考以来最好成绩。第一批（重点）本科626人，增幅达38.5%，居江门市第一。本科以上2889人，总人数及增幅居江门市第一。音、体、美等术科成绩稳居江门市第一，长师中学有1位学生被清华大学美术学院录取，成为开平市艺术类考生考入清华大学的第一人。全市本科入围率达51.99%，每万人口本科入围率达到42.42，均创历史最高纪录，居江门市第二。开平市教育局再次荣获江门市普通高考教研管理优秀奖、高中阶段教育质量管理一等奖。

“强师振教”工程　2016年，开展“教师培训年”活动，组织各类培训105班次，教师参加培训达18600人次、校本培训6800多人次。实施“三名”工程，培养名校长、名教师、名班主任。实施“学历提升”工程，招聘研究生、优秀本科教师62人，在职教师攻读硕士学位、本科共158人。实施“奖教提质”工程，全年发放奖教金达115万多元。组织开展“一师一优课”、“名师大讲堂”和“晒课”等活动。收集教师论文1100多篇，其中870多篇获奖。

特色教育成果　2016年，全市中小学校以促进学生全面发展、个性发展为方向，开展“一校一特色、一校一品牌”建设，形成以“体育运动、琴棋书画、书香校园”为主的三个特色育人系列，引领学校走内涵发展之路。其中属于“体育运动”特色类的学校有32所，属于“琴棋书画”特色类的学校有25所，属于“书香校园”特色类的学校有15所。在开平教育信息网开设“特色学校建设”专栏，总结、推广特色教育成果。

捐资兴教　2016年，广大华侨、港澳台同胞和社会热心人士捐资兴教，共捐资3000多万元，支持教育发展。其中水口镇热心企业和热心人士捐资近1000万元，支持新建水口镇三小；旅美乡亲谭广生先生及开侨中学校友捐资800多万元，支持学校新建综合楼；开平一中校友捐资800多万元，支持建设大礼堂；热心人士黄汝梅女士捐资300万元，支持建设梁金山小学；余氏宗亲捐资港币100万元，建设风采华侨中学学生宿舍大楼。先后设立和颁发“开平市奖教金”“开平市文化促进会奖教金”“在园恩荣文化促进会奖教奖学金”“澳门开平工商联合会奖教奖学助学金”“开平市农信社奖教金”“中国人保财险奖教金”，发放总额达330多万元。　（教育局）

【科技】　2016年，开平市实施科技兴市，推动企业创新发展战略。全市专利申请2608件，每万人发明专利申请量9.86件，专利授权869件。开平市新增认定22家高新技术企业，全市累计达42家。完成27家高新技术企业培育入库工作。开平市新增13家企业被认定为省、市级工程技术研究中心（其中省级3家，江门市级10家）。认定开平首家科技企业孵化器（试点）。成立首家科技银行开平农信社翠山湖科技信用社。　（李雁萍）

【文化】　2016年，全市15个镇（街道）综合文化站升级达到省一级站标准，其中三埠、长沙、大沙、金鸡4个综合文化站达到省特级站标准。新建长沙街道文体服务中心和文化体育广场，开展经常性群众文体活动。完成开平市非物质文化遗产展览馆建设，建设行政村（社区）综合性文化服务中心示范点6个。在省的总分馆制模式和江门的联合馆制模式的融合推动下，形成覆盖全市、城乡一体、管理规范的新型公共文化服务网络。博物馆建设工程进展顺利，文化馆通过加强网站、微信公众号以及电子阅览室等新媒体宣传平台建设，拓宽便民数字文化服务渠道。

公共文化服务体系建设　2016年，开平市策划举办展览52个，累计接待展览观众及美术爱好者15万多人次。全年完成放映农村电影3071场次（含异地务工人员专场公益电影359场次），努力打造“不出村口的电影院”。开办“我在这里成长”——暑期公益艺术培训班，共计17个培训点，53个班别，艺术门类包括语言艺术表演、扬琴、开平民歌、竹笛、舞蹈、茶艺、灰雕、粤剧等，招收学员1000多人。创新推动11个镇街同步办班，进一步提升基层文化场馆、站服务效能，促进艺术教育普惠化。同时，市图书馆组织阅读推广等活动11个，举办古琴等各类培训班（含公益培训班）13次。送戏下乡到全市各镇合计50场次，送书下乡共计9620册次。“潭江春色”新春系列文化活动、周末艺术小剧场、“我们的节日”主题系列晚会、金秋曲艺敬老活动周、“星梦成真”珠影广场杯青少年才艺大赛、新年音乐会等活动各具特色、精彩纷呈，承办、协办各类专题文化活动，得到上级部门的支持和肯定。如“广州百名老共产党员风采”大型摄影展、“墨韵·清风”反腐倡廉书画摄影作品展等。挖掘“开平碉楼与村落”历史文化资源，打响“碉楼之乡”品牌。启动开平舞台剧《碉楼梦》前期创作工作，目前已完成文学本第一稿，启动词曲创作。下大力气抓好文艺精品的创作，鼓励各艺术门类的文艺工作者深入基层采风创作，支持文艺爱好者参加上级部门举办的各项比赛，实现创作、比赛双丰收。冯永胜获第五届广东省南雅奖书法篆刻展铜奖，彭雪玲获“全球微粤曲大赛”（第二季）总决赛优秀奖，开平市曲艺团的折子戏《穆桂英招亲》获江门市首届粤剧曲艺私伙局大赛金奖。

文化市场管理和文化产业培育 2016年，把好行政审批关，做好“印刷经营许可证”“出版物经营许可证”的年审工作；把好日常管理关，加强文化产业发展调研工作；把好执法巡查关，2016年共出动文化市场执法人员1259人次，检查各类文化经营单位415家次。目前，全市共有印刷企业141家（产值超5000万元的3家），电影院6家（设有影厅25个，座位3844个），网吧50家（正常营业33家，新增和改造升级的网咖10家）。共有出版物经营单位73家，歌舞娱乐场所27家。总投入3亿元的水口珠影文化广场，配套电影院、歌舞娱乐场所、游戏游艺场所、网吧、出版物发行等文化项目。

文化遗产保护 选取赤坎镇三门里、塘口镇方氏灯楼、蚬冈镇锦江里和百合镇马降龙碉楼与村落等重点区域，开展安防系统工程，做好昌庐等8座碉楼与民居修缮工作。搜寻到与本地相关的书画、书画等文物或资料，全年征集文物共56件（套），确保市博物馆新馆陈列布展需求。举办《千姿百态的碉楼建筑艺术图片展》等5个专题展览。多形式开展文物宣传活动，举行“国际博物馆日”、“中国文化遗产日”、“碉楼保护月”活动启动仪式，在市区和4个世界文化遗产点、立园悬挂宣传标语，宣传文物保护法律法规，营造良好的社会氛围。印刷出版书刊《泮村灯会》，完成《开平市非物质文化遗产》和《开平民歌》初稿创作；在长师中学、达德小学、东汇城、赤水镇、蚬冈镇等地分别开展“非遗巡展”。新建成的开平市“非遗”展馆已对外开放，举办“非遗展览进校园”及各镇街巡展，承办2016年江门市非物质文化遗产项目图片巡展（开平站）。“开平灰塑（开平灰雕）”入选广东省第六批省级非物质文化遗产代表性名录项目。

（刘晓莉）

【卫生】 2016年，开平市卫生和计划生育局贯彻落实“两学一做”学习教育，深化医药卫生体制改革，提升医疗技术服务能力，强化公共卫生和重大疾病防控，完善基本公共卫生体系，提升人口计生服务水平和居民健康保障水平。开平市有医疗卫生计生机构256间（个），其中政府举办的医疗机构21间，公共卫生机构4间，民营医院2间，民营门诊部18间；全市开放病床2550张，每千人口有病床3.6张，每千人口有医生2人，每千人口有护士2.5人，医生与护士的比例为1:1.23。公立医院运营基本稳定，全市公立医院门诊人数322.77万人、住院人数85966人，建立居民健康纸质和电子档案400346份，无孕产妇死亡。是年，全市人均基本公共卫生服务经费达45元，组织以卫生院临床医生为中心的社区服务团队，上门为居民提供团队式、签约式、个性化的健康服务。全年无甲类传染病病例，乙类传染病1437例，丙类传染病3644例。登革热、人感染H7N9禽流感等重大传染病疫情控制良好，未出现疫情的暴发流行，未发生寨卡病毒疫情，并顺利通过省“消除疟疾工作”的考核评估，获得省艾滋病综合防治示范区工作优秀奖和严重精神障碍管理治疗工作先进单位。落实农村卫生创建、健康促进、农村改厕、除害防病等重点工作，定期开展爱国卫生清洁大行动。苍城镇、大沙镇已通过省卫生镇的考核验收，马冈镇通过江门市卫生镇考核验收，完成153条省市卫生村和900户家庭户厕建设任务。是年，统筹安排基层卫生院各项经费，向专业技术人员倾斜，适当拉开收入差距，提高基层医务人员积极性。5间试点县级公立医院全面取消药品加成后，通过调整服务价格，逐步破除以药补医机制。全年5家试点单位累计减轻患者药品负担4323万元。推广中医适宜技术，逐步推进基层薄弱卫生院改建，完成龙胜、赤水卫生院改造和19间卫生站公建民营建设。选送20名学员到上级医学院校学习，为卫生站培养优秀接班人，选派17名中级以上临床医师对口帮扶革命老区卫生站，落实医疗“精准扶贫”工作。依托市中心医院优质资源建成医学检验和病理诊断中心，推进“互联网+健康医疗”服务，成立医特专家中心，为群众提供省市专家远程会诊服务及线下医疗服务。开平市中心医院全科医生规范化培训基地已完成全部9层主体工程建设，中医院迁建项目一期新门诊综合大楼主体工程及安装工程基本竣工。2016年1月1日，“全面两孩”政策全面实施，开平市出生人口增长稳定。全年度出生7200人，符合政策生育率98.06%，出生率10.32‰，自然增长率3.50‰，出生人口性别比为105.54。实行“先生育后登记”和网上受理审批等便民措施，落实免费孕前检查、出生缺陷综合防治、孕期优生健康检查、新生儿疾病筛查、产后访视等惠民项目，为农村育龄妇女提供家庭医生式签约上门服务，普及生育健康常识和技术指导。安排计生奖励帮扶资金1595万元，共奖励对象14902人。印发宣传资料10万余本，及时更新各类宣传标语。做好出生人口监测和基础信息清查，落实流动人口均等化服务。是年，开展各类专项执法20余次，打击非法行医和打击“两非”违法行为，加强对社会民营门诊的监督检查。出动执法人员2867人次，执法车辆777车次，巡查各类管理相对人529户次，集中销毁牙床、注射器等医疗器械一大批，处理各类信访案件1316宗，处置医疗纠纷21宗。

【体育】 2016年，开平市政府印发《开平市全民健身实施计划（2016-2020年）》，推动“十三五”时期全市体育事业发展。

全民健身服务体系完善 2016年7月，开平市苍江健身广场建成投入使用，该体育场地（包括文体中心楼）总投入约3000万元，占地面积约2.6万平方米，广场开放后每晚约有群众1000人次；2016年广东省体彩下拨10张乒乓球台、2套健身路径，支持开平市10条村（居委会）体育设施建设;今年全市新添2个A级社会体育指导员服务站点，现共有5个A级服务站点；2016年共培训社会体育指导员223人；举办第四届“中国体育彩票·最美翠山湖”自行车骑游活动、春季健走马拉松活动、江门市第十七届“体育节”活动暨2016年开平市“8.8”全民健身日——广东省第二届百街千镇乒乓球（开平赛区）、足球联赛、篮球联赛等大型体育赛事（活动）十多项。

竞赛训练 2016年，开平市运动健儿在江门市八运会上获金牌总数122枚（团体总分3081分），并获得“江门市第八届运动会体育道德风尚奖”称号。其中，竞技组田径代表队丙组队员在5个比赛项目中打破江门市记录。全年市体育局联合市教育局举办中小学生篮球赛、排球赛等校园体育活动共4次。市青少年（甲组）足球队代表江门市参加2016年广东省“省长杯”足球赛，并获得较好成绩；2016年全市12所学校被评为“2016-2018年度江门市体育传统项目学校”，澄江小学被评为“2016-2020年广东省体育传统项目学校”，成为开平市第一所省级体育传统项目学校。

体育产业发展 2016年，开平市新增2个游泳场所取得《高危险性体育项目经营许可证》，全市共有11家游泳池取得该许可证；对全市27家高危险性体育项目（游泳池）进行行政许可现场检查30天，检查次数78次，强化隐患整改，实现安全生产零事故。开平市体育中心拓展运营思路，不断提升为民服务水平，全年服务群众健身12.3万人次，举办体育赛事和文体活动93场次，社会效益和经济效益得到普遍提升；2016年我市体育彩票销售额5200万元，全市共有网点55个，全年冠名举办多项体育公益活动，为我市体育事业发展奠定了扎实的基础。（开平市体育局）

【城乡建设】 *建筑业* 2016年，全市建筑企业46家，其中特级企业1家、一级企业7家、二级企业10家、三级企业14家、劳务分包企业8家、乙级监理企业1家、混凝土企业5家。广东耀南建筑工程有限公司获评中国建筑业竞争力200强企业和全国建筑业先进企业，广东金辉华集团有限公司获评全国优秀施工企业和全国建筑业先进企业。建筑业实现产值150.78亿元，同比增长15.08%；荣获地级市以上建设工程优质奖10项。建安和房地产地税收入8.90亿元，占全市地税总收入的47.72 %。（罗琼珠）

【环境保护】 建设项目环评审批和窗口服务 2016年，以提高群众对环保工作满意度为抓手，优化服务，提高效率，全年驻市行政服务中心窗口共受理事项超过35000项，其中：环评审批事项246项，项目竣工验收100项，排污许可证核发157个。

治污减排 2016年开展排污权核定，初步制定开平市国控32间企业四项污染物的排放总量分配方案；开展污染物总量减排，完成迳头污水处理厂减排项目，相关减排台账已上报江门市，报上级考核认定。

水环境整治 2016年，制订印发《开平市水污染防治工作方案》《开平市2016年水污染防治

工作目标和重点任务》和《开平市2016年水污染防治挂牌督办重点任务分解》。以改善水环境质量为核心，深入推行潭江流域水环境保护“河、段长”责任制。开展饮用水源地周边畜禽养殖场整治，养殖场拆迁有序进行，饮用水源保护区周边环境得到有效改善；对一批拒不签订拆迁补助协议的养殖场，依法对其进行立案处理。

大气环境整治　2016年，制定并印发2016年度大气污染防治工作方案，全年淘汰高污染燃料小锅炉34台；淘汰黄标车和老旧车2199辆，超额完成上级下达的淘汰任务。

环境监管　2016年开展环境执法大检查，重点结合组织实施“双随机”制度和环保执法“大练兵”的部署，对重点排污企业开展突击检查和错时检查，加大环境执法力度，打击违法排污行为。全年共对65宗违法行为实施行政处罚，发出《行政处罚决定书》65份，送达《责令改正违法行为决定书》52份。运用法律手段，实施1宗行政拘留、4宗查封扣押和2宗按日连续处罚，向公安机关移送1宗涉嫌环境犯罪案件。

环境宣传和教育　举办2016年“六五”世界环境日宣传活动，提高市民的环保意识。开展环境橱窗文化创建活动，依法宣传环保新法新规，以《中华人民共和国大气污染防治法》为内容，制作环境保护法律法规宣传海报，分别张贴于市内的18个环境文化橱窗，供市民阅读与学习。　（环保局）

【人民生活】　2016年，全市城镇居民人均可支配收入24599元，增长6.7%；农村居民人均可支配收入16315.9元，增长10.8%。住户储蓄存款余额376.66亿元，比年初增长8.02%。城市人均公园绿地总面积18.19平方米/人。全年城区空气质量优良以上天数317天。年末全市共有全国文明村1条，广东省文明村镇7条，江门市标兵文明村33条，江门市文明村镇33条，江门市生态文明村18条，江门市精神文明创建工作先进镇（街）2个，江门市文明社区2个。

【社会保险】　2016年全市城镇基本养老保险、城镇（乡）基本医疗保险、失业保险、工伤保险、生育保险、城乡居民养老保险参保人数分别为24.58万人、62.64万人、8.22万人、8.95万人、8.70万人、32.10万人。各项社保待遇均依时足额发放，2016年开平市全市离退休人员44670人，享受城乡居保待遇100323人，领取失业保险金2352人，享受工伤保险待遇537人，生育保险待遇49498人次，办理基本医疗住院报销74955人次，特定病种门诊结算284736人次，普通门诊结算322548人次。全市支付各项社保待遇17.83亿元，其中养老保险金11.06亿元（含城乡居保养老金1.38亿元），基本医疗保险待遇59722.38万元，公务员医疗补助3464.06万元，失业保险待遇1787.34万元，工伤保险待遇1331.91万元，生育保险待遇1398.52万元。2016年各项社会保险基金收入18.37亿元，其中：城镇基本养老保险为88148.26万元、城镇（乡）基本医疗保险66109.11万元、公务员医疗补助3729.16万元、失业保险3432.78万元、工伤保险1417.18万元、生育保险1117.61万元、城乡居民养老保险19750.13万元。各项社会保险基金结余22.03亿元。

【工业园区建设】　2016年，翠山湖新区打造三大产业平台，1月4日，创建江门市小微企业创业创新示范基地；2月29日，建立中欧（江门）中小企业国际合作区新材料产业基地；10月24日，建立江门国家高新区开平翠山湖科技园，并规范表述园区名称为“江门国家高新区开平翠山湖科技园”。依托三大产业平台，翠山湖飞跃发展迈向新征程，连续第5年（2011—2015年）在广东省产业园考核中被评为优秀等次，2015年第三度名列广东省第一；连续第两届（2014-2016、2016-2018）被评为广东省工业园五星级服务园区。

综合经济实力增强　2016年，翠山湖管委会通过“协助国地税综合服务改革、建成全市首个联合办税厅，抓好行政审批事权改革、推动企业加快建成投产”等措施，使园区经济继续保持平稳较快增长。全年园区规模以上工业增加值135410万元，比上年增长36.11%；一般公共财政预算收入7176万元，比上年增长1.07%；固定资产投资641180万元，比上年增长2.23%；外贸出口总值91539万元；社会消费品零售总额2135万元，比上年增长10%。

招商引资　2016年，翠山湖开展“招商引资持久战”活动，全年共引进工业项目16个，投资总额27.25亿元，并与国家电投广东公司达成53亿元综合能源项目投资框架协议。项目包括鸿福堂集团健康产品项目（总投资超10亿元，在翠山湖建立国内最大健康产品生产基地），达豪生物科技（总投资3亿元，主营电子四害治理产品）、高美空调三期（总投资1.08亿元，主营中央空调设备）、西班牙凯赛德（中欧项目，总投资1.5亿元，主营陶瓷混合阀芯），以及西班牙陶丽西新材料（中欧项目）、腾盛模架、顺昶纳米、翔丰电子等项目。全年成功新增了永丰智威电气、博士达金属制品、西班牙陶丽西、顺昶纳米等7家投试产企业。截至2016年底，翠山湖累计已签约项目达139个、投资总额275亿元，其中已落户企业88家、实现投试产企业57家、在建项目18个、签约已购地项目13个。

产城融合 2016年，翠山湖贯彻“项目落实年”要求，通过“领导挂钩联系、任务细分倒逼、进度督办分析”等措施，加快各重点项目建设。全年投入2.5亿元（至今累计投入基建资金26.5亿元），确保每项工程高标准规划、高质量建设。完成广场北路、西湖二路延长段、城东一路东侧排洪渠建设，翠山湖大道东延线实现通车，城南三路完成路基工程；完成商业中心配套、员工村四期市政配套2个工程；完成国汇饭堂、北师大杰慧幼儿园、跨境电商快件分拣清关中心、翠山湖农信社（科技信用社）、翠山湖青年创客咖啡5个配套项目；新建翠湖春天商住配套、翠山湖消防站2个基建项目。园区建成大型基建配套项目15个。

暖企服务能力优化 2016年，翠山湖把握好“亲商、清商”的新时期政商关系，继第一届（2014-2016）后，再度获评第二届（2016-2018）广东省工业园五星级服务园区。创新成立行政审批局、客商接待中心，加上原有企业服务中心，由3大服务平台共同推出“一站代办、并联审批、亲商暖企”等服务。在园内建成开平首个国地税联合办税大厅，让企业和群众足不出园就能够享受到优质税务服务。成立翠山湖安监办、招聘专职安全检查员，抓好安全排查、环保考核、食堂抽查、消防演练等安全监管工作。举办2轮大型招聘会、举办免费技能培训，助力企业招聘约1600人次，促进企业发展人才优势全新制作翠山湖官方网站、手机网站、微信微官网，新增中、英、日、繁语言界面，以焕然一新的面貌为客户提供通畅资讯服务。开展送法律入企业、商会企业互访、产业联盟座谈、科技成果转化会、不锈钢品牌盛典、校企产学研合作等特色活动，扶持企业做大做强。

资源优势整合 2016年，翠山湖贯彻开平市委、市政府的决策部署，推动同城共融，加快翠山湖科技园和月山镇的管理体制调整，先后创新成立翠山湖（月山镇）行政审批局、招商局、城镇建设管理与环保局、财政局等机构，整合两地组织优势和发展资源，打造开平市产业园经济大平台。以翠山湖核心区8909亩土地为中心来扩容发展，3月成功获广东省批复，新增8242亩土地纳入省产业集聚发展范围，一并享受省产业转移政策。规划将翠山湖核心区和产业集聚区进行整合，申报纳入国家名录的省级经济开发区，材料已通过省发改委批复、报国家发改委待批。与辖区上苑村签定征地协议，收回上苑村国有土地使用权1027.975亩；联合月山镇完成翠山湖大道东延线工程全线征地工作。

综合能源配套升级 2016年，翠山湖突出抓好园区综合能源的基础设施建设。8月8日，与国家电投集团广东电力有限公司签订总投资53亿元的综合能源项目投资框架协议，翠山湖能源产业配套发展取得重大突破，将为园区企业提供更多元化的冷、热、电多联供的综合能源服务。

创业创新能力提升 2016年，翠山湖重点打造翠山湖小微企业创业创新基地，创建为江门市小微双创重点示范基地。该项目占地300亩，有国汇工业园和跨境电商创业基地两大功能区。其中，国汇工业园成功引进中小企业18家，承租厂房17幢。跨境电商创业基地，包括跨境电商快件分拣清关中心和金山创客空间2大板块，清关中心于4月顺利落成启用，金山创客空间成功吸纳超过30家微企业和创业团队进驻。是年，翠山湖举办“翠山湖杯”第一届开平市创业创新大赛，加强青年创业资源对接，助推开平市及园区创业经济加快发展。（胡普伦）

【信息化建设】 2016年，推进网上办事大厅建设工作，在网上办事大厅平台发布村（社区）的服务事项。建设市基层公共服务平台，分六个栏目，分别是开平分布、党务服务、政务服务、村级组织运作服务、生产生活服务和咨询投诉。开展村居基层公共服务综合管理系统的建设，实现开平市村（社区）工作人员的台账管理、证明打印、村务管理等功能。开展“邑门式”公共服务综合管理平台部署实施工作，并接入广东省和江门市统一身份认证平台，协助市行政服务中心做好各镇街“邑门式”系统软件培训工作，从2016年9月底起，各镇街正式使用“邑门式”公共服务管理平台系统。

电子政务 2016年1月，对原开平市农村直通车ADSL组VPN网专线进行光纤升级，升级后镇级带宽为20M，村级带宽为10M。3月，为了提高“三级公共服务站点”对外办事效率和方便居民的业务

办理，开平全市共286个“三级公共服务站点”（16个镇、办事处、翠山湖新区、270个村居委会）需开通免费公共WIFI服务。10月，编制《关于征求开平市公共场所免费WIFI热点选址意见的函（开科工商务函[2016]134号）》《关于配合做好开平市“邑家园”公共场所免费WIFI热点建设的函》（开科工商务函[2016]155号），推动开平市公共场所免费WIFI热点建设，做好100个公共场所免费WIFI的建设工作。

两化融合　2016年3月，组织企业申报省级企业转型升级专项资金设备更新（机器人应用）专题项目，其中广东鹏大五金制品有限公司的“机器人自动焊接技术改造项目”获批26万补助资金。7月，组织广东嘉士利食品集团有限公司申报2017年省工业与信息化发展专项资金，该公司申报“健康食品互联网与工业融合创新智能制造示范项目”材料已上报省。9月，根据（江经信推〔2016〕40号）文件要求，组织市两化融合贯标试点企业参加广东省经济和信息化委举办的2016年两化融合管理体系培训班。组织开平市盈光机电科技有限公司和开平金牌洁具有限公司申报2017年两化融合贯标试点企业，材料已上报，等待公布结果。

（伍健锋）

无线电频率应急安全保障　2016年4月25—29日，广东预备役频谱管理大队机动监测四队在开平市百合镇国防教育基地举办培训班，培训内容包括：军事基础课目训练；形势和国防教育、反恐应急频谱管控演练、频谱管理专业训练。机动监测四队全体官兵、江门市无线电管理系统预备役后备力量共50人参加，加强基层队站作战能力建设，夯实预备役官兵军事训练和频谱管理业务基础。5月17—20日，广东省无线电管理办公室在开平市百合镇国防教育基地举办广东省频谱使用评估和打击治理非法设台专项活动技术培训和竞赛活动。国家无线电监测中心、省经济和信息化委、省无线电监测站、广东预备役频谱管理大队、各地级以上市及顺德区无线电管理机构、省无线电管理协会、省无线电公共技术服务中心的领导和有关人员共150人参加。竞赛共分为三个科目：业务知识笔试、“黑广播”查找、频谱使用评估。这是为了检验和锻炼业务技术人员业务技能，提高省无线电监测技术队伍的整体水平，促进无线电监测业务的有效开展，完成打击治理非法设台专项活动任务和频谱使用评估专项工作任务而组织这次培训班。开平市科工商务局做好配合工作，做好前期的部门协调沟通以及活动期间的后勤接待工作。2016年6月，开平市无线电移动监测系统（包括监测车辆和压制系统）建成交付试用，经过五个月的测试，2016年11月3日，专家组在江门市无线电监测站通过审核项目承建单位提交的验收材料、听取项目实施情况报告、现场进行观测、查验系统功能演示，经质询和讨论，验收专家组一致同意通过验收。根据《关于印发江门市应对突发事件无线电安全保障处置方案的通知》（江无办〔2014〕4号）和《关于印发开平市通信保障应急预案的通知》（开府办〔2011〕27号）的规定，2016年9月13日，开平市科工商务局制定《开平市无线电频率安全保障处置方案》，成立开平市无线电频率应急安全保障队伍，共16人，其中，梁卫民任总指挥，余秀珍任副总指挥，协调工作负责人1人，无线电技术人员7人，后勤保障2人，车辆调度4人。10月18日，开平市科工商务局在百合镇达维国防教育训练基地举办无线电频率应急安全保障培训班。市科工商务局无线电频率安全保障队伍全体人员参加，培训采用专家授课、交流学习与实际操作相结合，有无线电信号源查找、监测黑广播，培训得到江门市无线电监测站领导与专家亲临现场指导，提高无线电频率安全保障队伍人员的整体业务水平，促进无线电监测业务的开展，做好无线电频率应急通信保障工作。　（开平市科工务局）

【跨境电商快件分拣清关中心】　2016年5月，开平跨境电子商务快件分拣清关中心正式运营，是全国首个县级跨境电商快件分拣清关中心。该中心由开平市翠山湖科技产业园区提供场地平台，中国邮政速递物流公司江门市分公司与中国航天国际控股有限公司2家央企合作负责投资运营。该中心进驻海关、检验检疫通关查验机构，具备“进出口快件分拣清关中心+保税仓”的运营功能，实行“一点接入、一次申报、关检联办、一点反馈、信息共享”的通关模式，主要以个人物品（快件）进出口清关、跨境电子商务快件B2C进出口清关业务和B2B2C进口保税清关业务及邮政EMS快递业务为主。

【赤坎镇入选“第一批中国特色小镇”】　2016年，赤坎镇入选“第一批中国特色小镇”名单。赤坎镇开埠于清朝顺治年间，至今已有360多年历史。由于中外沟通频繁，赤坎古镇形成绵延2000多米的骑楼商街，至今保存较好的骑楼多达600多座。

表68：开平市2016年国民经济发展情况

项　　目	单　位	2016年	同比（%）
人口	人	686601	0.59
土地面积	平方千米	1658.6	0
国内生产总值	亿元	310.04	7.1
人均国内生产总值	元	43753	7.38
工业总产值	亿元	121.0	7.6
农业总产值	亿元	暂无	暂无
全社会固定资产投资	亿元	255.07	21.98
外贸出口总额	万元	1222241	2.3
实际利用外资	万美元	1288 7	-6.62
地方财政一般预算收入	万元	219474	6.20
社会消费品零售总额	亿元	174.09	10.73
城乡居民储蓄存款余额	亿元	376.66	8.02

（市统计局）

表69：开平市2016年基本情况

	项　　目	单　位	2016年
基本建设	高速公路营业里程	千米	41.8
	公路通车里程	千米	1777.046
	港口泊位	个	30
	航运通航里程	千米	104
	发电装机容量	万千瓦	3.03
	年末固定电话用户	万户	14
教育	中等专业学校	所	3
	在校学生	人	4496
	普通中学学校	所	30
	在校学生	人	40672
	小学学校	所	56
	在校学生	人	53513
	在园幼儿	人	26643
	小学学龄儿童入学率	%	100

续上表：

医疗文化体育	医院	所	6
	其中：县级医院	所	4
	等级医院	所	6
	卫生机构医院床位数	张	2860
	平均每千人拥有床位	张	4.1
	影剧院	间	6
	体育馆	座	1

（市统计局）

附件：

2016年开平市四套领导班子成员名录

中共开平市委员会

书　记：黄耀雄

副书记：庞正华（2016.8—）

余雪俊（—2016.8）

李沃华

常　委：黄耀雄

庞正华（2016.8—）

余雪俊（—2016.8）

李沃华

陈军凯（2016.8—）

叶锐箭（—2016.8）

谭良发

陈伟成

凌华威

蔡　凌（—2016.8）

简锦聪（挂职—2016.8）

颜海娜（女）

何武健

开平市人大常委会

主　任：张星杰（2016.11—）

黄耀雄（—2016.11）

副主任：李宝贞（女）

黄旭征（—2016.11）

黄婉慈（女，—2016.11）

邝业礼

余荣深（—2016.11）

吉　喆（女）（2016.11—）

陈百浓（2016.11—）

谢常荣（2016.11—）

冯健楚（2016.11—）

开平市人民政府

市　长：庞正华（2016.11—）

余雪俊（—2016.11）

代市长：庞正华（—2016.11）

副市长：何武健（2016.11—）

陈伟成（—2016.11）

黄跃波（—2016.11）

林国宁

黄国忠

陈杰文

黄力奔（女）

陈　勇（2016.11—）

政协开平市委员会

主　席：梁民跃（2016.11—）

副主席：梁和平（—2016.11）

余荣深（2016.11—）

关位湛（—2016.11）

黄旭征（2016.11—）

关开宗（—2016.11）

黄婉慈（女，2016.11—）

杜海英（女，—2016.11）

何俊贤（2016.11—）

吉　喆（女，—2016.11）

郑永钦（2016.11—）

（司徒诗颖）

·责任编辑　岑鲁宁·

鹤山市

概述

【行政区划】 辖沙坪街道和雅瑶、龙口、古劳、桃源、共和、址山、鹤城、宅梧、双合9个镇，26个社区居民委员会，112个村民委员会，10个三峡库区移民村。市人民政府驻沙坪街道。

【位置面积】 位于广东省中南部，珠江三角洲西翼，北邻高明区，东北与佛山市南海区隔西江相望，东南毗邻江门市蓬江区、新会区，西南与开平市交界，西北接新兴县，总面积1082.73平方公里。325国道、江鹤高速公路、江肇高速公路、佛开高速公路和江肇公路纵横贯穿全市，客货船经西江水路可达香港、澳门，水陆交通通畅便利。

【气候水文】 地处北回归线以南，属南亚热带季风区，具有海洋气候特征。夏长冬暖，雨热同季，雨量充沛，光照充足。夏秋多台风暴雨，冬春有冷空气侵袭和偶有奇寒，无霜期长。全年总降雨量2303.8mm，最大日降雨量124.0mm(1月28日)；年平均气温22.6℃，最高气温37.4℃(7月30日)，最低气温2.2℃(1月24日)；年日照时数1640.1小时。鹤山紧靠西江，境内河流众多，主要河流有7条，全长共187.8公里，流域面积1003.28平方公里，除沙坪河属西江支流外，其余均属潭江水系。

【人口民族】 登记户籍人口总户数108473户，户籍总人口372140人，平均每户3.43人，城镇人口168538人,乡村人口203602人。按性别分：男性为185914人，女性为186226人。按年龄分：18岁以下66404人，18-34岁95417人，35-59岁138037人，60岁以上72282人。人口变动情况：出生人口入户4697人，死亡注销人口2481人。常住人口50.53万人。全市人口以汉族为主，有壮族、瑶族、回族等29个少数民族。

【华侨华人及港澳台同胞】 有旅居海外的华侨、华人和港澳台同胞36.4万多人，分布于50多个国家和地区，是全国著名侨乡之一。

社会经济发展状况

【简述】 面对严峻的经济形势，围绕“一城三中心”建设，紧抓“六大核心任务”和“三重一大”工作落实，出台实施了项目落实年、闲置低效地处置、市领导集中督导重点工作等措施，推动经济稳中向好，实现地区生产总值287.04亿元，增长8.2%，较好地完成了全年各项目标任务，实现了“十三五”经济的良好开局。

【工业】 工业经济稳步发展，全市规模以上工业总产值突破500亿元大关，新增规上工业企业26家，共和镇成为全市首个规上工业“百亿镇”。富华工业园、东鹏智造、得润电子等大项目动工，带动工业和装备制造业投资大幅增长41.8%和59.6%。全市共有规模以上工业企业356家，其中亿元产值企业103家，年产值超过10亿元企业有7家。2016年全市规模以上工业增加值137.99亿元，增长8.1%。规模以上工业总产值502.62亿元，增长5.8%，其中民营工业产值297.97亿元，增长5.7%。按轻重工业分，轻工业产值304.08亿元，增长2.6%；重工业产值198.54亿元，增长11.1%。按经济类型分，股份制企业293.42亿元，增长5.9%；外商及港澳台商企业产值204.56亿元，增长6.3%；其他经济类型4.64亿元，下降17.2%。工业销售产值457.69亿元，增长6.3%。工业产销率为91.1%。我市规模以上重大行业中，金属制品业产值80.46亿元，增长2.7%，占总产值比重为16.0%；电气机械及器材制造业产值54.34亿元，增长9.2%，占总产值比重为10.8%；计算机通信和其他电子设备制造业产值51.04亿元，增长19.3%，占总产值比重为10.2%；印刷和记录媒介复制业产值42.15亿元，增长21.1%；橡胶和塑料制品业产值38.89亿元，增长2.2%；化学原料及化学制品制造业产值34.44亿元，增长3.8%。

【农业】 培育新型农业经营主体，新增农业产业化组织39个。双合绿色蔬菜产业示范园成功纳入广东省（江门）粤台农业合作试验区建设项目，龙口花卉示范区建设进展顺利，抓好1.61万亩高标准基本农田建设。积极创建农业品牌，新增有机食品认证3个，完成无公害农产品复查换证14个，建设市级标准化示范区1个。全年农业总产值42.53亿元，增长4.1%。其中种植业产值17.17亿元，增长8.9%；林业产值1.47亿元，下降14.0%，畜牧业产值16.12亿元，增长2.5%；渔业产值7.34亿元，增长2.2%；农林牧渔服务业产值0.43亿元，增长1.8%。粮食种植面积24.29万亩，增长2.0%，总产量8.15万吨。其中水稻种植面积21.36万亩，增长1.6%，总产量7.45万吨，与去年基本持平；蔬菜种植面积18.32万亩，增长3.0%，总产量28.62万吨，下降3.2%；花生种植面积1.82万亩，总产量0.46万吨，下降4.2%；水果产量0.86万吨；水产品产量6.17万吨，增长8.6%；肉类产量6.07万吨，增长2.7%，其中猪肉产量5.21万吨，增长3.0%。

【财政】 完成市十四届人大六次会议确定的预算任务。全市地方公共财政预算收入24.97亿元，增长6.0%。其中：增值税下降15.4%，营业税增长21.1%，企业所得税增长3.1%，个人所得税增长4.0%。全市镇(街)财政收入14.30亿元，增长5.5%，占全市财政一般预算收入的比重为57.3%。全部镇（街）财政收入超千万元，沙坪、雅瑶、共和、古劳、桃源、址山、鹤城、龙口8个镇（街）财政收入超亿元。地方一般公共财政预算支出29.9亿元，下降0.43%。

【税务】 国内税收收入25.18亿元，完成江门市局年度考核任务的105.36%；累计中央库收入（不含海关）14.7亿元，完成中央库考核任务的100.62%；累计市库收入5.82亿元,完成市库考核任务的100.42%。地方税收收入31亿元，剔除营改增影响可比增长9.12%，增收2.59亿元，其中：税收收入16.91亿元，可比增长16.08%，增收2.34亿元，中央级收入2.37亿元，同比增长6.19%，增收1379万元；省级收入3.08亿元，可比增长26.44%，增收6449万元；市县级收入11亿元，可比增长15.7%，增收1.49亿元，占鹤山财政税收收入的66.07%。

【金融保险】 全市金融机构人民币各项存款余额353亿元，比年初增长6.9%，其中:城乡居民储蓄存款余额216亿元，比年初增长7.0%。金融机构贷款余额244亿元，比年初增长10.7%。全年人寿及财产保险保费收入达7.39亿元，增长22.4%，其中财产保险保费收入为2.49亿元，增长12.1%，人寿保费保险收入4.89亿元，增长28.5%。

【固定资产投资】 2016年固定资产投资完成182.15亿元，增长18.4%，其中基础设施45.22亿元，增长66.7%；房地产开发38.56亿元，下降28.2%；其他投资98.37亿元，增长34.7%。按产业分，第一产业投资0.76亿元；第二产业完成投资89.76亿元，增长41.6%；第三产业完成投资91.62亿元，增长3.6%。

【个体私营经济】 全市私营企业4854户，注册资金191.70亿元，同比（下同）分别增长14.9%和64.0%。个体工商户22152户，注册资金9.69亿元，分别增长13.1%和22.5%。全市民营规模以上工业企业234家，占规模以上工业企业数69.44%；实现产值293.80亿元，增长9.1%，占规模以上工业总产值61.8%。

【建筑业】 全年资质等级以上建筑企业21个，实现建筑业增加值7.7亿元，增长4.5%。房屋建筑施工面积327.51万平方米，下降7.1%，房屋竣工面积127.68万平方米，增长21.6%。

【商业】 全市实现社会消费品零售总额161.77亿元，增长10.8%。按行业分，贸易批发业零售额15.11亿元，增长13.7%；贸易零售业120.68亿元，增长10.2%，以上两者占全市社会消费品零售总额的83.9%；住宿业零售额0.75亿元，增长14.2%；餐饮业零售额25.23亿元，增长11.0%。

【旅游业】 珠三角乡村生态旅游中心“一平台、三走廊、一集散地”建设初见成效，完成“岭南鹤武”专项策划并启动项目建设，擦亮“全球咏春文化原点、中国最美功夫水乡”品牌。全市旅游收入41亿元，增长20.5%；旅游接待人数518万人次，增长18.9%。截至2016底，全市共有旅游相关企业70多家，其中风景区（点）10个，省级森林公园2个，镇级森林公园3个；旅行社5家，旅行社分社1家，旅行社营业部14家；持证导游68人(其中中级导游5人)；商务酒店30多家（其中五星级1家、三星级1家），住宿客房4000间，床位7500多个。全市旅游业从业人员约8000人。大雁山森林公园免费对外开放，马耳山旅游度假区正式营业。双合镇被评为“广东省休闲农业与乡村旅游示范镇”，宅梧镇龙潭山入选国家2A景区，新认定一批江门市乡村旅游示范镇村。引进云乡生态园等一批重点文旅项目。古劳上升村入围“广东省古村落”。致力打造“岭南鹤武”品牌，各镇（街）围绕自身特色加大旅游开发力度，先后举办了“三夹龙舟”比赛、“十大名菜”评选、“泼酒节”“牛肉节”“森林光舞”嘉年华等多项活动。古劳水乡名声鹊起，打造“珠三角乡村生态旅游目的地”；加强旅游设施建设，大雁山创建4A级景区和古劳水乡创建3A级景区工作稳步推进，启动大雁山西门优化改造、南麓新景区和东门景区出入口规划工作，宅梧镇龙潭山风景区成功创建2A级景区。

【对外经济贸易】 全市外贸进出口总值150.3亿元，增长2.3%。其中出口129.8亿元，增长4.3%；进口20.5亿元，下降8.9%。主要出口商品：机电产品、传统劳动密集型产品、印刷品保持增长。2016年，鹤山市对美国、东盟及我国香港地区各出口33.9亿元、30.6亿元、8.9亿元，分别增长6.2%、16.2%和8.9%。对欧盟出口26.7亿元，下降1.5%。全年合同利用外资10557万美元，增长2.3倍。实际利用外资金额5698万美元，下降57.6%。

【外事侨务及港澳台事务】 2016年，办理外国商人入境邀请确认函19批共23人次，办理因公赴港澳签证153批共222人次，办理因公出国团组签证5批共17人次，为民营企业人员办理APEC商务旅行卡7批共9人次。市组织考察团赴智利、秘鲁进行考察访问，与拉斯孔德斯市政府举行《友好交往备忘录》签订仪式，推进鹤山市的友好城市工作。与市公安部门及上级侨务部门密切沟通，严格把关，细致了解登记在册的“两证”过期人员情况，核实其身份，做好华侨回国定居初审工作。2016年以来共受理25例，获批21例，其中对4例非华侨身份作出认定，解决“黑人黑户”问题，为群众办好事实事。落实教育惠侨政策，全年为26名符合条件的归侨、侨眷开具“三侨生”子弟证明；为7名香港同胞开具香港同胞身份证明，圆了他们回乡建房梦。做好侨务信访工作，维护侨界和谐稳定。2016年来，受理来信来访80宗（次），其中来信35宗（次），来访来电45宗（次）。走访慰问共137户困难归侨家庭，发放补助经费及慰问品，共计4万多元，为他们送上党和政府的关怀。践行精准扶贫，对确认的11名双合镇困难归侨子女进行帮扶助学；联系美国金银岛助学基金，资助1名单亲归侨的女儿读书；为患病困难归侨利某送上临时救助金。做好2016年度扶持贫困归侨专项资金发放工作，按上级有关文件精神，提出2016年度第一、二批专项资金使用和发放方案。第一批资金7.6万元、第二批资金15.95万元分别于6月中旬、12月上旬由财政局审核后，通过国库集中支付方式发放到困难归侨银行账户。

【交通运输】 深化交通大会战，完成交通基建投资18.6亿元。江门大道北西线、江罗高速鹤山段建成通车，国道G325（大雁山至桃源段）改线工程、江门大道北辅道、南沙港铁路鹤山段动工，佛开高速（三堡至水口段）改扩建鹤山辖区启动征地拆迁。建成农村公路37公里。镇南工业园、鹤山公园、十里方圆公交首末站投入使用。全年全市新建、改建、扩建地方公路70公里，全市公路通车里程达1808.36公里，其中：一级公路190.48公里，每百平方公里公路密度为164公里。高速公路通车里程103.6公里。全年鹤山市道路运输客运量完成692.9944万人，客运周转量34454.8140万人公里，货运量78.7455万吨，货运周转量4726.4323万吨公里。港口货物吞吐量为1686.41万吨，同比增长55.26%；港口集装箱吞吐量123503TEU，同比增长64.3%。港口客运量42429人次，同比减少5.8%。

【邮政通信】 全年邮政业务总量5524万元，邮政业务收入6597万元，邮路长度2361公里，年末邮政所14所。全市电话用户约73.62万户，其中固定电话约11.17万户，移动电话62.45万户。全市国际互联网用户约14.17万户。

【教育】 全年地方地方公共财政预算教育支出6.08亿元，下降7.4%。全面实施九年免费义务教育，全市义务教育补助资金7401万元，受惠学生4.92万人。全市共有6个镇通过了“广东省教育强镇”第二轮复评验收。新改扩建一批公办中小学，开办共和黎明实验学校、雅瑶振华学校等民校，全市新增各类学位5500多个。成功创建“省中小学校责任督学挂牌督导创新市”，6个镇（街）通过教育强镇复评。建成全省首个以县级环保局名义创建的省环保教育基地。完成市职业教育公共实训中心选址和实训车间建设规划，残疾人康复中心·特殊教育学校建设进入收尾阶段。加强学校信息化建设，全年共投入资金1389万元，新增或更新计算机室8间、学生电脑446台，多媒体教学平台78个，教师办公电脑385台。建成教育资源公共服务平台，建成并开通教育专网，全市各小学上网速度达100M，中学上网达500M。2016年，全市学校共有电脑室121间，电脑12632台，其中学生用机7728台，全市生机比达8：1；教师用机4904台，教师用机配备率达100%；全市学校多媒体教学平台1596个，其中普通教室1310个，普通教室教学平台配备率达100%。100%学校实现了“校校通、班班通”，并全部接入广东省教育视频网。学校图书馆藏书共2103913册，生均图书基本实现100%达标。

【科技】 促进企业自主创新，全社会研发经费投入占生产总值比重提升至2.5%以上。全年投入科技三项经费近245万元，申报省科技计划项目9项、江门市级39项。全市有国家级高新技术企业41家，全年专利申请受理量1430项，专利申请授权量929项，其中发明79项。创建市级企业工程中心21家。全市年末共有各类专业技术人员23485人，全年新增初级职称177人，新增中级职称120人，新增高级职称51人。2016年，1项科技成果（天保新材料公司的“一种流动收缩各向同性可替代高抗冲击聚苯乙烯的改性聚丙烯材料的研制及产业化”项目）获得2016年度江门市科学技术奖三等奖。17项科技成果获得2016年度鹤山市科学技术奖。加强创新平台建设，与高等院校合作共建创新创业联盟，与五邑大学共建“江门市新材料及装备产业研究院”，与江门职业技术学院签订战略合作协议，成立中欧创新中心。宇红纳米、亚洲厨卫城、职业农民创业创新基地分别被认定为江门市小微企业创业创新示范基地，宏谷新材料孵化器被认定为江门市孵化器试点，229家企业纳入江门市科技型小微企业名录。大力发展高新技术企业，新认定国家高新企业23家，市级工程技术研究中心21家。同方照明有限公司获“中国专利优秀奖”，广明源有限公司通过国家知识产权贯标企业认证。

【文化】 2016年，完成“岭南鹤武”专项策划并启动项目建设，擦亮“全球咏春文化原点、中国最美功夫水乡”品牌。市文化中心完成人防主体工程和部分临时公园建设，建成古劳镇梁赞文化公园、双合镇旅游文化广场、雅瑶镇全民健身公园。承办第四届江门健走马拉松鹤山赛，举办“三夹腾龙”龙舟大赛、狮王争霸赛、咏春表演赛等活动。原创舞蹈《精忠报国》在省第五届岭南舞蹈大赛上独揽三金，电视专题片《咏春在鹤山》获全国市县文化艺术专题一等奖，电视栏目《文明家园》被评为全国电视栏目二等奖。李汉华在里约残奥会上勇夺一金二铜。组团参加江门市八运会，取得总分第二的好成绩。推动文化繁荣发展，加强农家书屋后续管理，每个镇（街）建成1家农家书屋示范点，放映农村公益电影1716场。全力打造梁赞咏春文化名片，积极推广梁赞咏春文化，完成十里方圆咏春武馆进驻项目和鹤山咏春展示区建设，举办“2016年鹤山咏春拳表演赛”。鹤山咏春拳已进入市部分中小学校进行传承，暑假期间，组织咏春拳馆开放式教学24场。挖掘“岭南鹤武”文化元素内涵，编著鹤山咏春拳基础招式教程，完成《文脉——鹤山非遗图典》出版，重新加工《开派师祖——鹤山梁赞咏春拳》，创编梁赞咏春题材精品，编辑出版《鹤山梁赞　世界咏春》纪念册。支持“岭南鹤武”项目建设，开展古劳水乡文化旅游资源调查，设计制作安装238处标识牌。策划“岭南鹤武”项目启动仪式。桃源镇、宅梧镇申报创建省一级文化站。全市每个镇（街）建成农家书屋示范点1家，补充配置书籍、电脑、阅览桌、椅子、书架等一批设备。全年完成农村电影放映1706场，观众人数30多万人次。文化信息资源共享工程县级支中心共接待读者1万人次，提供免费上网时段1万小时，播放共享工程影片120场次。举办音乐、舞蹈、咏春拳、书法、美术等暑期免费文化培训班受惠群众达560人，邀请各级著名艺术家举办系列文艺讲座，举办各类文化展览20多场，组织免费文化服务活动80多场。举办各类文化演出活动40多场次。举办“我们的中国梦　文化进万家”——2016年欢声笑语贺新春系列文艺表演、江门市2016年“春之声”合唱音乐会、鹤山市慈善公益晚会、鹤山市重阳节庆祝建党95周年文艺晚会等大型综合文艺活动。累计上送各级文艺作品200余件，73件作品入选及获得各级奖励。其中，凌品权作词、李高泽作曲《咏春雄风》获广东省优秀影视歌曲银奖。梁彩虹、李高泽创作歌曲《三个小渔夫》获广东省第十届少儿艺术花会铜奖。冯小文《红灯停》、《南京街头》获得全国农民杯摄影大展中获手机类优秀奖等。

【卫生】 2016年，全市各级各类医疗卫生机构243个，其中二级甲等医院2家（综合医院1家、中医院1家），专科医院1家，疾病预防控制中心1个，卫生监督所1间，慢性病防治站1间，社区卫生服务中心2家，乡镇卫生院9家，农村卫生站112间；病床1365张，每千人拥有医疗床位2.7张，固定资产总值5.19亿元。卫生技术人员2655人，执业（助理）医师1167人，注册护士1226人，平均每千人拥有卫生技术人员5.3人，平均每千人拥有执业（助理）医师2.3人，平均每千人拥有注册护士2.4人。全年医疗机构完成诊疗304.79万人次，出院病4.54万人次。全市有万元以上大型设备 1295件。完成了城乡居保、职工医保、城乡医保等提标工作，城乡居民大病保险支付比例达65%，政策内住院医疗救助比例达80%。新设置社会办医疗机构21家，多点执业医师16人。加快促进分级诊疗体系建设。对28间村卫生站开展公建民营规范化建设，市直医院与基层医疗机构实施双向转诊。完成市人民医院新院区建设工程立项工作，址山镇卫生院综合大楼主体工程已封顶。设立奖励项目，由财政每年安排200万元，作为镇（街）卫生院“高级医疗技术人员引进奖”、“业务骨干贡献奖”等项目奖励经费。提高基层医疗卫生机构奖励性绩效工资的占比，提高人员积极性。市人民医院建一体化数字医院，信息系统覆盖全院各科室医疗业务流程，建立以电子病历为核心的综合健康信息平台和就诊“一卡通”，实现资源整合和提质增效。人民医院推进现代化医院精益管理，与江门市中心医院、中山大学附属第六医院建立对口支援关系，增设关节镜诊疗项目。全年累计出动执法人员526人次，执法车辆130多台次，检查医疗机构538间次，监督覆盖率为100%，开展医疗专项执法行动10项，取缔无证行医黑点27家，立案查处25宗，行政处罚25宗，罚款合计8.9万元，涉嫌构成非法行医罪移送公安机关1宗，非法医疗广告案移送市场监管部门1宗。全年共监督检查公共场所1169次，发出监督意见书1046份，责令限期整改73宗，立案查处18宗；监督检查集中式供水单位5间次，发出了卫生监督意见书5份；监督检查涉水生产企业4家，开展放射诊疗专项行动，对全市放射诊疗单位26家（含口腔诊所9家）进行地毯式督查，监督覆盖率100%。创建省卫生村40条，江门市卫生村66条。鹤城镇、桃源镇被评为广东省卫生镇，共和镇创建国家卫生镇工作顺利通过考核。全市新(改)建农村卫生户厕1050户。

【体育】 全年完成15个村“一个篮球场、两张乒乓球台”的升级改造；推进全民健身运动开展，全年组织开展各类体育比赛活动20多次参加人员共计4.89万人次。加强基层体育服务组织建设，完善镇级社会体育指导员服务站评估资助制度。完善国民体质测定与运动健身指导站建设，开展体质监测1400人次。参加江门市第八届运动会，取得146.5金、103银、122铜，总分4554分，总分位列第二名；竞技组金牌数第二、总分第二的成绩。第四届中国侨都健走马拉松大赛（鹤山赛场）在古劳水乡举办，参赛选手从雅图仕文化广场出发，经过水乡游客服务中心、机耕路，然后到梁赞文化公园、梁赞故居，再经五星村、村心村，到古氏大宗祠，最后返回终点雅图仕文化广场，全程10公里，近10000名鹤山市民参加比赛。2016年鹤山咏春拳表演赛在鹤山市十里方圆康体馆举办，共11支代表队参赛，恒晖武馆、非凡拳馆、古劳咏春拳馆、古劳坦克咏春拳馆获得一等奖；非遗文化展演之2016鹤山狮王争霸赛在鹤山市十里方圆举办，共有18支醒狮队参加比赛，鹤山逢贵龙狮团A队、鹤山百强堂B队获得一等奖；鹤山市咏春拳初段位技术考评在沙坪实验中学举行，329名学员全部通过考评，成为鹤山市首批拥有咏春拳段位的学员。

【城乡建设】 2016年，推进“一城三中心”建设。谷埠新区改造项目完成融资工作，游艇码头正在开展前期工作；美雅产业新城改造正进行前期工作；文化中心片区“三馆两心一宫”进展顺利。完成《鹤山市沿江山水景观带概念性总体规划及大雁山片区整体提升研究》、《鹤山城区慢行系统规划专项规划（2015—2020）》《鹤山市古蚕古桥片区概念性总体规划》等规划编制，启动《鹤山市城区地下管线综合管廊专项规划》《鹤山市城区海绵城市建设专项规划》编制工作。城镇扩容提质步伐加快，城乡面貌有了明显改善，实施小城镇扩容提质已开工项目162个，其中“八个一”建设项目87个，完成北湖公园改造一期、新湖路、裕民路、新鹤路等升级改造；改扩建63个村居公园、5个镇（街）公园和综合性公园。2016年创建宜居村庄2个：址山镇禾南村委会、古劳镇麦水村委会，2条行政村已按照建设清单完成创建工作，共投入资金190万元。共和镇新连村、古劳镇双桥村、址山镇新莲村和昆阳村、龙口镇四堡村和三洞村、鹤城镇东坑村和坑尾村共8条行政村的村庄整治工作，都已完成以农村“五改”为主要内容的整治，共投入资金863.87万元。完成沿江山水景观带等一批城乡规划。推进“三大片区”建设，市文化中心完成人防主体工程和部分临时公园建设。谷埠新区更新改造项目完成融资，并与意向投资方签订合作框架协议。美雅产业新城进入企业清退和投资洽谈阶段。沙坪河综合整治（一期）工程、大雁山西门改造和南门新建工程动工。完成鹤山大道两大交叉口、新鹤路改造，贯通中山路，启动新城路改造、十一号街、十二号街建设，北湖公园体育中心改造、白银山公园等市政项目进展顺利。完成《鹤山市新型城镇化规划（2016—2020）》编制，112个小城镇扩容提质“八个一”工程完工并开展中期考评；204个幸福新农村“五化”项目顺利推进，156个村（组）受惠。第二水厂扩容工程动工。四堡水厂及配套管网工程建成运营，5个镇实现村村通自来水。启动新一轮农网改造，完成电网投资2.2亿元，鸿江、昆中变电站建成投产。建成一批城乡污水管网，城镇污水处理率达91.06%。新铺设天然气管网32.1公里，管道天然气用户增至9776户。

【环境保护】 2016年，成功创建广东云乡、彩虹岭两个省级森林公园，启动古劳水乡省级湿地公园创建工作，北湖公园纳入县级湿地公园，新改建村（居）公园63个。建成“乡村绿化美化”示范村17个，森林碳汇造林234亩，新增生态公益林4万亩。主要饮用水源水质达到国家《地表水环境质量标准》中的Ⅱ类水标准（饮用水源标准）。区域环境噪声平均值为55.4分贝（A），达到国家《城市区域环境噪声标准》中的2类标准（商住区标准）。交通噪声平均值为68.7分贝（A）。严把项目的环保准入关，2016年共审批建设项目169个，其中工业项目60个，三产项目35个，房地产项目17个。污染源防治成效显著，全年立案查处环境违法案件149宗，整治违建项目836个，淘汰燃煤锅炉5台、黄标车及老旧车1972辆，完成中央环保督察交办件18宗。印发实施畜禽养殖管理办法和年度整治方案，依法关闭搬迁禁养区养殖场1393户。雅瑶河黑臭水体整治初见成效。启动新一轮农村污水处理设施、马山垃圾填埋场扩容（三期）工程建设，顺利通过省农村生活垃圾收处达标示范县考核。完成小农水重点县、1.61万亩高标准基本农田建设。城乡环境不断优化，升级改造镇级农贸市场3个，整治行政村8条，建成2条宜居村庄。完成义务植树39万株和龙口镇碳汇造林234亩，新增生态公益林4万亩，完成佛开高速景观林带抚育500亩。加快推进公园城市建设，创建省级森林公园2个、县级湿地公园1个、镇级森林公园3个，完成大雁山龙头公园规划方案。按照“十三五”规划和年度计划，将饮用水源水库第一重山1.73万亩商品林调整为生态公益林，更新改造234亩。加强节能减排，开展用电大户电机专项监察，提升高效电机1.6万千瓦，对15家重点企业开展节能监测考核，4家企业安装分布式光伏发电，多家企业用LNG取代燃煤，2家企业完成大用户直购电申请，8家企业通过省、市级自愿性清洁生产验收。

【人民生活】 2016年，完善民生投入增长机制，全年民生事业支出20.98亿元，占全年财政支出70.1%，全年鹤山市居民人均可支配收入为22684.7元，比上年增长9.4%；全年城镇常住居民人均可支配收入27851.9元，比上年增长9.0%；农村常住居民人均可支配收入14882.2元，比上年增长10.3%。实施积极就业政策，加大创业扶持力度，帮助高校毕业生自主创业，加强农村富余劳动力、失业人员、困难人员和退伍军人就业工作，城镇新增就业6205人，失业人员再就业4168人，城镇登记失业率2.39%。

【社会保障】 2016年，发放各类善款1489.2万元。全市有22.87万人参加职工养老保险，城乡居民养老保险参保率98.3%；基本医疗保险参保人员37.75万人，基本实现城乡居民全覆盖。设立全市首批家庭病床试点机构，累计建床64人次，大病保险支付比例达65%，政策内住院医疗救助比例超过80%。完成龙口敬老院公建民营改造，全市首个民办养老机构幸福寿星安老之家投入运营，新增床位316张。市残疾人康复中心，特殊教育学校主体工程完工。新建保障房276套，改造农村危房97户。启动新时期城乡精准扶贫工作，超额完成上级下达20%的年度脱贫任务。保障水平不断提高，城乡居民基础养老金每人每月由100元提升至135元，低保标准每人每月由550元提高到600元，累计发放低保金3052.56万元；农村分散五保供养标准每人每年不低于9445元，累计发放供养金614.05万元。被征地农民养老保障预存资金分配全面落实到村，征地社保资金完成分配4117.5万元。提前完成保障性住房建设任务，276套公租房的两个项目已竣工验收，共配租公共租赁住房382套；完成省下达鹤山市2015—2017年农村危房改造任务共97户。全力加快"村村通"自来水工程，有5个镇已完成任务。全市敬老院10间，社会福利院1间，共有床位数911张，收养人员394人。社区服务设施260个。散居供养622人。集体供养资金166.29万元。年内城镇居民最低生活保障为600元/月，农村居民最低生活保障600元/月。全市农村居民最低生活保障对象3021户5933人，城镇居民最低生活保障已保人数617人。落实保障资金2683.6万元。

【鹤山工业城（园区）】 位于市中部工业区，拥有完善快捷的交通网络，325国道、佛开高速、江鹤高速、江肇高速、双和公路、江罗高速、广珠铁路纵横交错，距离广州60公里、深圳150公里、香港93海里、澳门63海里，与广州、佛山、中山、珠海、顺德、肇庆、阳江、深圳等城市形成一小时生活圈。附近30—40公里内有三个国家级一类港口：鹤山港、江门高沙港（3000吨），新会深水港（1000吨），距离白云机场、珠海机场100公里，交通便利。工业城址山片区东邻325国道，距广州白云国际机场约100公里，附近与佛开、开阳、江鹤、新台沿海等多条高速公路互通。园区规划为工业发展区、商业服务区、科研教育区、员工生活区、公共活动区、高尔夫俱乐部六大功能，是高起点规划、高标准建设的科技型、低碳型、生态型、效益型现代化产业基地。加快推动中欧（江门）中小企业国际合作区（核心区）建设，编制《核心区建设实施方案》及工作清单，成功搭建多个国际合作平台，与西班牙吉胡埃洛市签订友好合作协议。园区基础设施逐步完善，完成平汉猫山工业区DN1200排水管安装等24项工程；污水处理设施等9项工程正在施工。专用车生产基地建设扎实推进，获得珠江西岸先进装备集约集聚发展资金——汽车及零部件产业集聚区专项扶持资金5000万元。富华机械园、得润电子园、博盈焊接、奇亮磨具、鑫镁超硬材料、福盛兴业机械、嘉天信科技钢结构、广之粤汽车等生产性项目进展顺利。成功举办投资环境推介会，签约广东蔚海IDC大数据中心等22个项目，计划投资超160亿元。

【信息化建设】 2016年，全市光纤入户率65.2%，比上年提高46个百分点。组织发动东古调味、牛力机械、鸿兴印刷、美雅实业等40家企业开展两化融合评估工作，指导振业水产成功申报省两化融合管理体系贯标试点企业。指导利联纸品成功通过两化融合管理体系评定。在江门市政府网站考评中，中国•鹤山政府门户网在江门各市区排名第二。鹤山政府门户网站微博粉丝量居江门各市区政务类之首。江门市政务公开评估报告中鹤山市位居榜首，主动公开政府信息34854条。实施信息化惠民工程，在全市政府办公场所、行政服务大厅、公园、医院等公共区域建成81个免费公共WI-FI热点。继续夯实市政务信息资源共享平台，平台累计采集数据82万条。在2016年的"第四届中国淘宝村高峰论坛"，沙坪街道中东西村和址山东溪村入围 "2016年淘宝村"；鹤山市被评为广东电商十佳县、广东大众电商创业十佳县和广东大众网购消费十佳县等；以新红阳家居为代表的O2O电商模式新兴发展。联同江门市经信局、公安局在雅瑶陈山村查获无人值守的智能"伪基站"设备1套；全年共监测到94.1MHz、95.1MHz、99MHz三个频率出现卖药黑广播，通过追踪定位发现信号均来自佛山高明、九江方向，最后通过江门通报佛山市无线电管理机构，成功取缔以上黑广播。分别为鹤山辖区内的中国移动公司88座通信基站、铁塔公司46座通信基站办理了备案手续。

【重点建设项目】 2016年，全市列入江门市重点建设项目43个，年度计划总投资40.6亿元，累计完成投资46.9亿元，完成率115.6%。全部项目完成情况：鹤山进出口物流中心建设智能化车检场、进口保税仓库、出口监管仓库及跨境电子商务营运中心，年度完成投资8000万元；国道G325线鹤山大雁山至桃源段改线辅道工程，年度完成投资24000万元；国道G325线鹤山大雁山至桃源段改线工程，年度完成投资36000万元；鹤山市沙坪河综合整治工程（第一期），年度完成投资12000万元；鹤山市杰洲污水处理厂污水管网一期工程，已完成鹤山大道17座顶管工作井（接收井）的施工、DN800管道顶管施工360米、实验中学校内DN200压力污水管道施工574米，年度完成投资1350万元；鹤山市村村通自来水工程，四堡水厂已完成，现正进行设备调试和水质检测工作，各镇管网部分已经基本完成，年度完成投资7000万元；鹤山市中小河流治理重点县综合整治及水系连通试点项目，雅瑶、桃源、共和三个项目区已全部完工，址山项目区完成形象进度100%，正在进行验收收尾工作，年度完成投资7000万元；鹤山华润燃气有限公司华润燃气中低压管道燃气工程项目，已完成中压干管铺设150公里，年度完成投资15000万元；鹤山市世安电子科技有限公司线路板包装及展示厅项目，年度完成投资4500万元；鹤山市得润实业投资有限公司通信设备生产项目，第2、3、4、5栋宿舍完成了主体工程，A、B、C厂房、1栋宿舍已完成基础工程，年度完成投资6700万元；鹤山产业聚集区城镇化发展项目，土地收储工作进度过半，德和路一期改造工程已完成，平沙大道改造工程已完工，创强路已完成立项批复，正在办理设计施工总承包招标核准，年度完成投资26600万元；广东富华机械集团鹤山工业园项目，厂房1、2、3、26、24、22、20、18、16、14、10，宿舍1-10、20-24已基本完成，余下厂房和宿舍已完成施工许可报建，并已开工，年度完成投资26000万元；鹤山工业城污水处理工程，采用A20+MBR+人工湿地工艺，建设日处理1.2万立方米污水设施，年度完成投资3900万元；江门天保再生资源发展有限公司包装废弃物（塑料）再生资源加工利用项目，研发中心建安工程已竣工完成，清洗干燥和加工车间厂房建安工程已竣工完成，办公楼建设基本完成，采购的设备已进厂安装，现在是调试阶段，年度完成投资7528万元；鹤山市工业城道路建设及新鹤路改造工程，年度完成投资5400万元；乡道竹禾线（Y086）至县道大圣线（X561）连接线工程（一期），除A区段正在铺设路面混凝土，其余已完成施工，年度完成投资9400万元；江门市东鹏智能家居有限公司节水型卫生洁具生产项目，二期厂房已取得施工许可证，正在施工中，年度完成投资11400万元；鹤山市专用车产业基地项目，已经收购专用车生产资质，首期孵化基地的土地及厂房已签订收购合同，101、103厂房已完成基础改造并加装吊车梁，完成消防改造及天面补漏等工作，广之粤公司已进驻使用，饭堂改造已完成，年度完成投资22400万元；鹤山市福盛兴业精密机械制造有限公司塑料铝合金制品生产项目，首期厂房、办公楼已经完成，年度完成投资3300万元；鹤山市宝华迪机械制造有限公司输送设备项目，厂房已基本完成，年度完成投资3300万元；鹤山市辉隆机械有限公司包装专用设备项目，正安装调试生产设备，年度完成投资2200万元；广东菱王实业有限公司电（扶）梯零配件生产项目，首期厂房已完工，年度完成投资3800万元；江门市博盈焊接工程有限公司锅炉管及锅炉堆焊项目，一期厂房建设工程已完工并投产，二期厂房工程前期工作已完成，现施工单位已定，准备办理施工许可，年度完成投资2700万元；中欧（江门）中小企业国际合作区，已完成合作区核心区道路约10公里；完成供水管约3.8公里；110KV变电站、完成供电电缆改迁2.1公里，年度完成投资21500万元；鹤山国际物流港项目，园区疏港主干道路正在进行路基土方施工，普洛斯物流园项目已完成仓库主体封顶，年度完成投资32200万元；广东嘉天信科技有限公司钢结构生产项目，首期厂房已完成，年度完成投资7500万元；广东爱力维车业有限公司自行车生产项目，基础及检测工作已完成，主体工程正在施工，年度完成投资2500万元；鹤山市文化中心（含公共人防工程），西区完成三层楼板建设，东区完成底板和地下一层顶板建设等，年度完成投资22450万元；鹤山市北湖公园周边环境改造工程，项目已基本完工年度完成投资1086万元；鹤山市残疾人康复中心·特殊教育学校，项目主体大楼已封顶，主体基础建设工程验收等，年度完成投资1800万元；鹤山国机南联摩托车生产基地，企业厂房改造工作亦已基本完成，年度完成投资20800万元；江门市科蓝环保设备有限公司环保科技设备项目已竣工，年度完成投资2700万元；江门镇怡摩托车有限公司年产钣金制品3万吨项目，已办理报建手续，目前已基本形成建筑主题结构，年度完成投资12700万元；广东闽江纳米科技实业有限公司紫炭黑生产项目，一期正在施工，二期正在平整土地，已完成整体的设计规划、环评等相关资料已上报，年度完成投资5400万元；鹤山市东古调味食品有限公司酱油食醋生产及技术改造项目，目前正在进行厂房建设，年度完成投资13400万元；鹤山市顺源科技有限公司涂层及层压纺织品生产项目，车间一，车间二已完工，现正准备装机试运行，年度完成投资10800万元；广东鑫镁超硬材料有限公司雾化合金粉生产项目，厂房正在建设，年度完成投资7100万元；鹤山市泰利诺电子有限公司电路板建设项目，年度完成投资2900万元；牛力机械制造有限公司高品质电动堆高车研发及产业化技术改造项目，年度完成投资5200万元；广东奇亮磨具有限公司金刚石、氧化镁磨块生产项目，年度完成投资13700万元；鹤山市宏德利塑胶有限公司年产PVC薄膜、塑胶制品生产项目，厂房正在建设，年度完成投资3300万元；鹤山市马耳山生态农业观光旅游开发及旅游基础设施建设项目，年度完成投资8600万元；亚洲厨卫商城项目，B区1—12栋商铺及附属设施已全部完成，大部分商家已进场营业，A区13—21栋商铺已全部封顶，A区园区道路施工已经开始等，年度完成投资24000万元。

【重大庆典活动】 普洛斯鹤山物流园奠基典　7月28日，普洛斯鹤山物流园在鹤山国际物流港举行奠基典礼。市四套班子领导伍培进、冯伟华、李勇战、冯细就、李健中和工业城管委会主任林锡波及有关部门负责人，普洛斯投资管理（中国）有限公司副总裁、鹤山项目总负责人宋舸及公司高层、员工等100多人出席庆典活动。普洛斯是全球领先的现代物流设施提供商，该公司业务遍及中国、日本。巴西和美国的113个主要城市，拥有并管理约5190万平方米的物流基础设施，形成一个服务于4000余家客户的高效物流网络。在中国普洛斯拥有遍布38个主要枢纽城市的229个物流园区，在不同的市场，均为客户提供网络化的服务平台，并在业务覆盖的各个市场内，形成一个覆盖主要物流枢纽、工业园区和城市配送中心等战略节点的高效物流网络。普洛斯鹤山物流园总用地面积212167.28平方米，该项目属新建物流配送中心，具有机械化作业程度高，周转快的特点，园区主要由六栋单层中转库，以及配套的装卸作业区、道路交通系统、停车场组成。

表70：　鹤山市2016年国民经济发展情况

项　目	单　位	2016年	同比增长（%）
人口(户籍)	人	372140	0.59%
土地面积	平方千米	1082.73	——
国内生产总值	亿元	287.04	8.2%
人均国内生产总值	元	56969	7.8%（按户籍人口计）
工业总产值	亿元	502.62	5.8%
农业总产值	亿元	42.53	4.1%
全社会固定资产投资	亿元	182.15	18.42%
外贸出口总额	亿美元	129.8	4.3%
实际利用外资	亿美元	0.57 5	- 7.6%
地方财政一般预算收入	亿元	24.97	6.14%
社会消费品零售总额	亿元	161.77	10.8%
城乡居民储蓄存款余额	亿元	216	7%（比年初）

表71：

鹤山市2016年基本情况表

项目		单位	2016年
基本建设	高速公路营业里程	千米	103.6
	公路通车里程	千米	1808.36
	港口泊位	个	18
	航运通航里程	千米	26.9
	发电装机容量	万千瓦时	——
	年末电话用户	万户	73.62
教育	中等专业学校	所	1
	在校学生	人	3024
	普通中学学校	所	17
	在校学生	人	21534
	小学学校	所	42
	在校学生	人	35284
	在园幼儿	人	20029
	小学学龄儿童入学率	%	100
医疗文化体育	医院	所	15
	其中：县级医院	所	3
	等级医院	所	12
	卫生机构医院床位数	张	1702
	平均每千人拥有床位	张	4.6
	电影院	间	5
	体育馆	座	8

附件一：

2016年鹤山市四套班子领导成员名录

中共鹤山市委员会

书　记：伍培进

副书记：林贤进（2016.8—）

施国亨（2016.8—）

谢锦波（—2016.8）

颜　强（—2016.8）

常　委：李勇战（2016.5—）

叶永雄

钟海军（2016.4—）

招文娟（女）

赵群笑（2016.8—）

林锡波（2016.9—）

余登伟（2016.9—）

李启明（—2016.9）

张学东（—2016.8）

甄荣毅（—2016.4）

邱文健（—2016.9）

陈常岷（—2016.5）

鹤山市人大常委会

主　　任：伍培进（—2016.11）
　　　　　冯细就（2016.11—）
副 主 任：冯细就（—2016.11）
　　　　　邓祺伟（2016.11—）
　　　　　林慧梅（女）
　　　　　温伟强
　　　　　冯宝能（2016.11—）
　　　　　叶志强（2016.11—）
　　　　　李活文（2016.11—）
　　　　　周国光（—2016.2）
　　　　　梁暖勋（—2016.11）
　　　　　张子峰（—2016.11）

鹤山市人民政府

市　　长：谢锦波（—2016.9）
　　　　　林贤进（2016.9—）
常务副市长：陈常岷（—2016.4）
　　　　　李勇战（2016.4—）
副市长：杨海泉
　　　　吕嘉琪（女）
　　　　李健中
　　　　吴健明
　　　　陈　文
　　　　段华伟（挂职，2016.6—）

政协鹤山市委员会

主　席：冯伟华
副主席：邓祺伟（—2016.11）
　　　　陈民军
　　　　杨衍泽（—2016.11）
　　　　黄建华
　　　　陈桂梅（女，—2016.11）
　　　　崔常平
　　　　梁暖勋（2016.11—）
　　　　张子峰（2016.11—）

附件二：

2016年鹤山市获全国先进名单

全国先进名单

鹤山海关党总支，2016年7月获海关总署授予全国海关先进基层党组织；
鹤山汽车总站，2016年10月获中国交通企业管理协会、交通行业优秀企业管理成果评审委员会授予2016年度全国交通运输文化建设卓越单位；
鹤山市工商业联合会，2016年5月获中华全国工商业联合会授予“全国“五好”县级工商联”称号。

·责任编辑　岑鲁宁·

恩平市

概 述

【行政区域】　2016年，恩平市辖恩城街道以及沙湖、牛江、君堂、圣堂、良西、东成、大田、横陂、大槐、那吉等10个镇，共174个村（居）委会。

【位置面积】　恩平市地处广东省南部，地跨北纬21°54′31″，东经111°31′23″。市境周界265.5公里，东至开平市、台山市，南邻阳江市，西接阳春市，北与新兴县接壤，全市土地面积1693.60平方公里，其中耕地面积59.4万亩。

【气候】　恩平市地处北回归线以南，属亚热带季风气候，主要特点是季风明显，气温较高，日照充足，雨量充沛，干湿季明显。春季气候宜人，但时有湿冷天气出现，夏季炎热多雨而漫长，秋季清凉干燥，没有气候意义上的冬季。2016年，恩平市气候属一般年景，平均气温22.4℃，较常年偏低0.3℃；年极端最高气温37.5℃，出现在7月30日，居恩平有气象记录以来第10位（由大至小）；极端最低气温2.1C，出现在1月24日，居恩平市有气象记录以来第9位（由小到大）。年降雨总量2524.6毫米，较常年值2552.9毫米相比，属正常年景，但时空分布不均匀。年日照时数1594.6小时，较常年1626.3小时偏少2%；年平均风速为1.7m/s，与历史平均值相等，属正常年景；全年气候突出特点是冬季天气异常、开汛早、台风偏少、汛期长等。年内共出现13次强降水过程。2016年出现罕见的冬汛，1月份出现4次明显降水过程，月雨量较常年同期偏多12倍，打破历史记录。3月21日，恩平正式开汛，较常年（4月11日）偏早21日。年内有1个热带低压和3个台风影响恩平，影响偏轻。2016年共出现18次主要冷空气过程，其中1月22日至26日出现寒潮天气，恩平有历史记录以来首次出现雾霾和雨夹雪天气。

【河流】 锦江位于珠江三角洲水系1级支流潭江的上游，发源于阳江市牛围岭山，自西向东流经恩平市大田、恩城、东成、圣堂、君堂等镇（街），全长128公里，集雨面积937平方公里，恩平市内流域面积1237平方公里，流域内耕地面积36多万亩，占恩平市耕地总面积的76%。锦江干流灌区以种水稻为主，是恩平市重点粮食产区。上游崇山峻岭，植被良好，雨量充沛，水资源丰富，已建成大（二）型锦江水库以及水沾、江北、恩城、塘洲、东成、江洲等梯级开发的水闸，兼顾发电。

朗底河（又称朗底水），位于锦江上游左岸，属山区性河流，发源于天露山脉的五马巡槽，自北向南流经朗底圩，在大田大岗头（土名）附近汇入锦江干流，全长27公里，集雨面积148平方公里，其中恩平市境集雨面积129.25平方公里。上游山高林密，是暴雨高发区，水资源丰富，河床比较陡，多砾石，平均比降13.4%，现已建小（一）型水库2宗，控制集雨面积29.4平方公里，总库容1580万立方米，已开发小水电16宗，装机容量7420千瓦，年发电量1558万千瓦时，水力资源仍有开发潜力。

牛江河（古称莲塘水），发源于天露山脉，向东南流经牛江、沙湖二镇，于沙湖镇蒲桥汇入潭江，全长44公里，流域面积252平方公里，其中恩平市内流域面积187.06平方公里，上游多山，下游为低丘平原，平均比降4.77%，植被良好，雨量充沛，水资源丰富，上游已建成西坑、宝鸭仔2宗中型水库及小（一）型水库2宗，小（二）型水库8宗，控制流域面积121平方公里，装机容量4880千瓦，设计年发电量1422万千瓦时。

良西河（古称潭流水），发源于大雾顶二十四坑，向东南流经良西镇龙山、福坪行政村和圣堂镇长安行政村，在圣堂圩海仔口汇入锦江，全长29公里，流域面积82.1平方公里，河床比降0.87%。

那吉河，属漠阳江水系，发源于鸭仔岭，向东南流经那吉镇的那北、朗寸、那吉、七星塘、石湾、五乡、坪塘等村和大槐镇的锦岭，在阳江市阳东区那龙圩与倒流河汇合汇入漠阳江，全长24.63公里，流域面积148.33平方公里，河床比降0.61%。

倒流河，发源于横陂镇方洞山，横跨横陂、大槐二镇，向南汇入阳江市那龙河，全长28.3公里，流域面积192.92平方公里。

【人口民族】 2016年，全市户籍人口49.4701万人（市统计局数据），增长1.08%，流动人口54019人，人口自然增长率4.61‰。年全市户籍人口出生5567人，计划生育率96.05%。在出生人口中，二孩出生人口2511人，占出生人口45.1%。市民以汉族为主体，占99.52%；少数民族28个，人口最多的少数民族是壮族，有280多人，其次瑶族250人，蒙古族230人。

【华侨及港澳台同胞】 恩平市是著名侨乡。有旅外华侨（华人）、港澳台同胞总数约50万人，分布全球60个国家和地区，其中港澳台同胞11万多人；委内瑞拉是恩平人主要移民目的地之一，恩平籍在委国的华侨（华人）约有21万人，占委国华侨（华人）近8成。近年由于委国局势不稳定，恩平籍侨胞在当地难以发展，越来越多的旅委乡亲选择回家乡创业。至2016年底，海归旅委乡亲超过3.5万人。

社会经济发展状况

【简述】 2016年，全市完成地区生产总值165.18亿元，比上年增长7.1%；规模以上工业总产值148.14亿元，增长3.1%；规模以上工业增加值35亿元，增长6%；地方一般公共财政预算收入10.03亿元，增长6.1%；固定资产投资126.32亿元，增长17.7%；社会消费品零售总额88.96亿元，增长10.5%；外贸进出口总额32.5亿元，增长12.9%。

【工业】 2016年，中欧（江门）中小企业国际合作区-智能装备制造基地挂牌成立，麦克风电声器材众创品牌揭牌运营；6月30日，市科工商务局联合市金融办、中国邮政银行恩平支行举办2016年小微“双创”政银企合作交流会，帮助企业开拓融资渠道，推动企业增资扩产，广东道氏、锦兴纺织等46个项目完成增资8.88亿元。组织电声行业抱团参加广州、上海、北京等三大专业灯光音响展览会，其中首次以“恩平麦克风”区域品牌特装亮相北京展，拓宽麦克风等电声产品国内外市场。全市实现规模上工业总产值148.14亿元，增长3.4%；规模上工业增加值35亿元，增长6%。全市工业投资86.15亿元，增长34.1%，完成江门市下达任务的130.99%；全市先进装备制造业增加值4.16亿元，增长10.8%；装备制造业完成投资36.54亿元，增速为38.4%；全市单位GDP能耗下降7.69%。

【农业】 2016年，全市农业总产值39.47亿元，增长9.57%；水稻种植面积42.37万亩，总产量13.54万吨，增长4.69%；春收马铃薯4.5万亩，总产9.6万吨；全年肉类总产量6.84万吨，生猪饲养量96万头，增长3%，生猪上市量65万头，下降16%；禽类饲养量1484万只，增长44%，禽类存栏量447万只，增长37%，禽类出栏量1037万只，增长48%；海洋渔业总产量47991吨，增长4.64%，海洋渔业总产值101849万元，增长5.3%。是年，全市有农业产业龙头企业15家（省级3家、江门市级5家、恩平市级7家），其中1家为江门市十大重点农业龙头企业；江门市级示范性家庭农场4家，省级示范性家庭农场4家；全市新发展农民专业合作社19家。全市有农民专业合作社223家，其中国家级示范社1家，省级示范社6家，江门市级示范社5家。全市共有国家地理标志产品1个，江门名特优新农产品6个，无公害农产品、绿色食品和有机食品37个。恩平基龙凤山鸡荣获广东省“十大名牌”系列农产品称号。农业集体“三资”管理进一步规范化。全市农村集体资产资源通过平台交易125宗，交易额9475.42万元，实现增值额790.85万元；小型工程发包406宗，工程总额9823.6万元，比预算降低成本326.47万元。推进农村土地确权登记颁证工作，全市外业调查指界确认承包地块294136块，面积332505亩；已完成外业调查的经济社1773个，完成96.9%；已张榜公示的经济社850个，完成46.4%，地块158413块，面积161265亩；签证确认承包农户875户，地块3850块，面积4706亩。

【财政】 2016年，全市一般公共预算收入100338万元，增长6.1%，完成预算的100.09%。其中，税收收入65817万元，占一般公共预算收入的比重65.6%；非税收收入34521万元，占一般公共预算收入比重34.4%。全市一般公共预算支出243949万元，同比减支4047万元，负增长1.64%，完成预算的94.71%。是年，全市财政总收入271306万元，其中地方一般公共预算收入100338万元，税收返还收入11749万元，财力性转移支付收入62187万元，专项补助收入77078万元，上年结余收入17561万元，地方政府一般债券转贷收入2393万元。全年财政总支出255480万元。其中一般公共预算支出243949万元，体制上解支出3484万元，出口退税专项上解支出1491万元，专项上解支出2491万元，安排预算稳定调节基金1412万元，地方一般债务还本支出2653万元。全市财政总收支相抵结余15826万元。

【税务】 3月、6月和9月，恩平市国税局分别开展一般纳税人、“营改增”和重点税源情况调查，掌握税源发展变化情况，落实组织收入跟踪机制。全年组织国内税收收入72930万元，增长27.05%，增收15528万元。其中，增值税收入57727万元，增长38.35%，增收16001万元；企业所得税收入10085万元，增长1.96%，增收194万元；办理出口退税18000万元，增长5.88%，增加1000万元；实现免抵调库5100万元。是年，全年组织税费收入140330万元，按可比口径（剔除营改增基数，下同）增长5.56%，增收7388万元。其中，税收收入79867万元，增长3.15%，增收2441万元；社保费收入53489万元，增长10.36%，增收5021万元；其他费金收入6974万元，下降1.05%，减收74万元。

【金融】 银行业 至2016年12月底，全市金融机构本外币各项存款余额226.78亿元，比年初增长5.57%，本外币各项贷款余额73.43亿元，比年初增长18.22%。存贷比32.38%。邮政银行、农商行根据农村实际开办林权、农业机械设备、订单农业质押贷款业务，创新涉农贷款质押方式，支持地方特色农产品产业链化发展。全市涉农贷款余额28.82亿元，增长5.56%。开展防范和打击非法集资、互联网金融风险专项整治以及涉众金融领域矛盾纠纷专项治理。全年查处涉嫌非法集资案件3宗，涉及71人，2169.05万元，案情稳定，未引发群体性上访事件。恩平被列为广东省农村普惠金融34个试点县之一，全面启动信用村创建工作，至12月31日，全面实施普惠金融“村村通”，建成1个县级综合征信服务中心，11个镇级、162个村级金融（保险）服务站、151个助农取款服务点。全市已完成农户信用信息采集58630户，完成率91.3%；完成农户信息录入5852户，完成率99.8%；信息导入农户政信系统成功产生信用得分的有58527户，完成率100%；创建信用村130个，创建率达86%。全市发放林权抵押贷款61笔3916万元，发放“政银保”合作农业贷款6笔2400万元，受惠群众523户；发放妇女小额担保财政贴息贷款55笔436万元，财政贴息26.54万元，受惠群众55人次。恩平市农村普惠金融工作顺利通过省验收组验收。

保险业　中国人民财产保险恩平支公司全年实现保费收入6544万元，增长14.73%；赔付金额2470.9万元，增长1.73%。

中国人寿恩平支公司全年实现自营保费收入21705.3万元，同比下降10.3%。其中寿险新单保费收入10830.5万元，下降24.3%；10年期以上首年期交保费2834.1万元，增长44.9%；短期险保费1151.4万元，增长19.%；意外险保费778.1万元，增长20.7%；续期保费9723.4万元，增长9.2%；办结满期给付3277件，给付保险金额19520.3万。

恩平市瑞丰小额贷款有限公司全年发生贷款36笔，累计贷款3349万元，同比减少3054万元，下降47.7%；其中涉农贷款8笔，累计贷款1130万元，同比减少770万元，下降40.53%，年末贷款余额5245万元，同比减少464万元，下降8.12%；全年营业收入765.8万元，下降0.25%。

证券业　江门华林证券恩平营业部2016年证券交易量142.86亿元，同比增长-59.50%；托管资产总额12.71亿元，负增长13%，实现营业收入1707万元，负增长61.93%。

【固定资产投资】　2016年，全市立项审批项目461个，投资总额49.74亿元，增资扩产项目43个，投入资金8.56亿元，工业技改投资16.73亿元，先进装备制造业完成投资33.11亿元；房地产业完成投资28.79亿元。全市全社会固定资产投资完成126.32亿元，增长17.7%。

【建筑业】　2016年，恩平市有建筑施工企业一级资质1家、二级资质2家、三级资质5家；监理企业1家、设计单位2家。全市在建工程291项，总投资32.62亿元，总建筑面积255.60平方米。2016年新开工程135项，建筑面积80.42万平方米，投资总额11.73亿元；竣工工程263项，建筑面积177.92万平方米，完成建筑业总产值18.26亿元，同比增长143%。

【商业】　2016年，餐饮住宿和商贸企业连锁经营稳步推进，举办“五一商品促销会”、车房文化节，促进消费。全市社会消费品零售总额完成88.96亿元，增长10.5%；加强再生资源回收行业管理，新增办理再生资源回收经营者备案登记23家，稳步推进“互联网+”农村淘宝项目建设，全市有48个农村淘宝村级服务站（合伙人35个，淘帮手60人，覆盖服务90多条自然村），完成第八批合伙人招募工作。全市农村淘宝村级服务站累计下单19.627万单，成交额2471.38万元。全市供销社系统实现购销总额4.3亿元，增长19%，其中总购进2.16亿元，增长20%。总销售2.18亿元，增长18.6%；全市基层供销社实现销售额12000万元。粮食事业平稳发展，完成储备粮收储10583吨；轮换的储备粮成交率100%，实现销售减亏53.61万元。粮食供应保障体系不断完善，全市共设置粮食应急加工网点7个、日加工能力490吨（稻谷）应急供应网点11个、日均库存量134吨（大米），应急运输网点3个，总运输能力122.4吨。

【旅游业】　2016年，全域旅游加快发展，全市旅游产业链总收入47.17亿元，增长20.26%；完成国道、省道旅游道路指示牌更新工作，新建旅游厕所7座；乡村旅游示范镇、示范村、示范点创建工作扎实推进，大田镇被评为全省休闲农业与乡村旅游示范镇，圣堂镇歇马村被评为全省休闲农业与乡村旅游示范点；良西镇被评为江门市乡村旅游示范镇；牛江镇昌梅村委会、那吉镇那西村委会分别被评为江门市乡村旅游示范村。旅游地产业发展势头良好，恒大泉都旅游城三期洋房、别墅开始全面建设；泉林黄金小镇那金谷舞台、餐厅、主楼、牌楼已完成建设；花海世界、梦幻香家堡等重大旅游项目建设顺利。10月9日，恩平泉林黄金小镇与全球最大度假集团地中海俱乐部成功签约，泉林黄金小镇将打造成地中海俱乐部在中国的首家以温泉为主题的度假村。第六届广东省县（市)域旅游综合竞争力评价研究，恩平被评为“旅游创新发展十强县（市）”和“广东省最具影响力旅游微信公众号”。

【对外经济贸易】 2016年，出台《恩平市2016年外贸稳增长扶持方案》，倒逼各镇（街）和园区做好陶瓷等产品回流出口工作，鼓励企业探索开展跨境电子商务和旅游购物商品出口等外贸新业态，培育新的外贸增长点。全市外贸进出口总值32.5亿元，增长12.9%。其中，出口总值27.5亿元，增长22%；进口总值5亿元，下降19.%；口岸货运量39336吨，合同利用外资7089万美元，下降36.6%，实际利用外资4764万美元，下降20.73%。

【外事侨务及港澳台事务】 全年接待海外华侨社团、港澳社团及著名侨胞参访团52个、1500多人次；协调帮助恩平籍委国乡亲向公安部门申请办理无犯罪证明（良民证），使2000多位乡亲在委国获得合法居留权；全年受理华侨和审批回国定居申请案224宗。全市共接受侨胞捐赠1678.602万元，兴办教育等项目27个。全年办理203批266人次的团组出访报批手续.其中半年多次往返香港9批9人次；三月二次往返香港46批48人次；三月二次澳门33批34人次；三月一次香港81批112人次；三月一次澳门29批41人次。一次性出国（境）经贸团组5批22人次，前往“一带一路”沿线国家进行经贸考察交流活动。

【交通运输】 2016年，全市实施交通基础设施建设项目8个，总投资10846.7万元。其中在建项目2个，完工项目1个，正在开展前期工作的项目5个，年度计划投资5405.6万元，至年末，完成投资2678.1万元。深茂铁路恩平段建设，中开、高恩高速建设和镇海湾航道疏浚工程顺利开展；恩平大道一期工程即将通车，完成省道腰那线、冲恩线大修。恩平大道二期、高铁客运站场快速路工程已完成立项工作，项目总投资分别为7.97亿元和2.83亿元。农村公路路面硬底化建设计划30.648公里，计划投资1883.9万元，至年末已完成投资1744.4万元，占计划进度93%。加快推进城市公交发展，新购置15辆新能源纯电动公交车投入运营，城区公交主干网络建设日趋完善，成功解决恩平工业园区、大槐工业园区、泉林黄金小镇与中心城区的互联互通。

【邮政】 2016年，中国邮政集团公司广东省恩平市分公司业务总收入近1亿元，同比增长20%；函件业务量超100万件，同比基本持平；包件业务量8万多件，增长14.9%，特快专递业务量近2万件，增长8.6%；汇兑业务量近0.5万笔，下降36%；报刊发行量近600万份，下降10%；机要业务量3600多件，增长1.8%；邮政储蓄年末余额近37亿元，同比增加15.6%；集邮业务量30.3万枚。

【电信】 2016年中国电信恩平分公司设营业网点14个，有固定电话用户10万户、宽带用户6万多户、移动电话用户7万户、天翼高清（IPTV）近4万户；家庭主流宽带由20M提升100M，整体光纤宽带用户平均带宽超50M，比2015年年末提升1.5倍。全年投入3500万元，建设基站153座，累计基站数超400座；联合社工机构，为政府支助的老人和残疾人提供“平安通”通信网络及平台，首批500台终端已投入使用。

中国移动恩平分公司在岗员工138人，至2016年年底拥有移动通信客户34万户，宽带客户3.6万户，推出广东移动APP和江门移动微信公众号和推出“一站式，星服务”举措，2016年广东移动标准客户服务质量得分98.6分，居江门各分公司前列。

中国联通恩平市分公司2016年新发展用户26805户，年末用户总数达81548户，其中固网用户13821户，移动用户65741户，固定电话用户1986户，全年业务总收3071.24万元。

【个体私营经济】 2016年，深化商事制度改革，推行“九证合一”及个体工商户“两证整合”签证制度改革，简化市场准入手续，降低投资创业成本，激发市场活力，个体私营经济有新发展。全市各类市场主体新登记3866户，其中个体户3230户，个体户升级为企业105户。全年净增市场主体2437户，净增注册资本15.65亿元。至年末，全市有各类市场主体21439户，同比增长12.8%。其中个体工商户17757户、私营企业2714户、内资企业740户，农民专业合作社228户及外资企业372户。

【教育】 2016年1月，恩平市被评为“推进教育现代化先进市”，市职教中心顺利通过省重点职中复评；10月，大田、圣堂两镇通过教育强镇复评验收；在

"2015年江门市7市（区）公众对本地基本公共服务满意度的平价"中，恩平市的"公共教育"得分90.32分，居江门7市（区）之首。教育质量稳步提升，全市2016年参加高考人数2275人，上线总人数1912人，其中第一批129人，第二批562人，第三批1218人。重本上线人数129人，同比净增32人，增幅32.9%。

【科技】 2016年，出台《中共恩平市委、恩平市人民政府关于实施创新驱动发展战略，加快创新型城市建设的意见》，加大科技投入，对初次通过认定的国家级、地市级高新科技企业、工程研究中心和专利申请及授权等，从专项资金中给予经费资助，促进科技企业发展。全市全社会研发经费2.76亿元，占地区生产总值比重1.7%；全市专利申请量681件，增长100.8%。其中发明专利申请量81件，实用新型专利申请155件，外观设计专利申请445件。全市专利授权量392件，增长44.65%。其中发明专利10件，实用新型专利申请81件，外观设计专利申请301件.全市有效发明专利63件。全市新增11家高新技术企业申报认定，全市有国家级高新技术企业17家；新增9家企业进行高企入库培育申报，全市高企入库培育企业16家，认定科技型小微企业90家；全市经认定的省市级以上工程技术研究中心23家，其中省级4家，江门市级19家，属规上企业的21家；建成江门市级科技企业孵化器1个（试点），孵化器面积1.1万平方米。2016年，全市技术交易合同额242万元。全市有15家电声行业企业与广州大学、广东工业大学等院校及广东中南声像灯光设计研究院等机构进行产业技术合作，成功组建广东省传声器产业技术创新联盟。"恩平市黄亚山茶叶专业合作社科普示范基地"成功申报国家"基层科普行动计划"项目，获得奖补资金。全年组织开展系列科普活动和专题讲座13场次，参与科普活动人数31300多人次。

【文化】 2016年，组织放映农村公益电影1600多场，送戏、送展览下乡、进社区、进校园30场次；组织恩平市2016年"4.23世界读书日"读书创作比赛，推荐作品56份参加广东省文化厅组织的评比，获一等奖5名、二等奖10名、三等奖13名、优秀奖28名和优秀指导奖1名。获中央和省各类专项扶持资金400多万元，推进文化基础设施建设，市文化馆、图书馆分别完成数字图书馆和电子阅览室建设，50个村（社区）电子阅览室的设施配置完善。组织参加江门市首届粤剧曲艺私伙局大赛分别获铜奖1个，优秀奖1个和组织奖1个。新建那吉文化站投入使用，良西文化站被评为省特级文化站，建设镇（街）文化广场2个，综合性文化服务中心示范点3个。君堂镇黎塘碉楼文化广场建成。广场占地面积12350平方米，总投入370万元，是目前恩平市规模最大、标准最高的村级文化广场。

【卫生】 2016年，恩平市有医疗卫生机构234家，二级甲等医院2家、二级一等医院1家。其中一类单位15家，民营医疗机构2家，村卫生室156家，诊所、医务室55家。全市卫生技术人员2362人，其中在编在岗1361人，临聘人员1001人。有技术职称正高6人，副高66人，执业（助理）医师854人、注册护士数816人。全市医疗机构病床总数1430张，平均每千人口拥有床数为2.84张。3月2日始，恩平市相关医疗卫生机构对已回国的南美侨胞，特别是旅居委内瑞拉的侨胞进行寨卡病毒全面检测，控制传染源。全年排查登记归侨1182人，完成采样筛查780人，筛查检出9例寨卡病毒病确诊病例，全部第一时间采取隔离救治措施，防止病毒传染扩散。6月8日，国家卫计委疾控局副局长贺青华率队到市调研寨卡病毒防控工作，对恩平的寨卡病毒防控工作给予高度肯定。出台《恩平市关于建设卫生强市的实施方案》《恩平市医疗卫生强基创优行动实施方案（2016-2018年）》，优化整合市镇医疗卫生资源。10月28日，市人民医院与沙湖镇中心卫生院一体化管理挂牌仪式举行。恩平市巩固省卫生城市顺利通过省复审组的复审，成功创建省市卫生村146条。沙湖镇全国流动人口动态监测调查质量评估工作获全国第一名。

【体育】 2016年，全市现有体育协会组织13个，在国家体育总局网上注册的三级以上社会体育指导员1598人（2016年新增150人），全市每万人拥有社会体育指导员20人。市体育中心包括体育场、体育馆、游泳场、综合训练馆和室外篮球场等所有场馆全部实行免费或低收费开放，其中在全民健身日和南粤幸福周，全日免费开放。组队参加江门市第八届运动会获得金牌70枚、银牌24枚、铜牌20枚。成功举办市中小学田径运动会，一人次一项打破江门市田径运动会纪录，八人次六项打破恩平市田径运动会纪录。

【城乡建设】 2016年，围绕“一河四山”（锦江河，鳌峰山、大松岭、大人山和泉林虎山）完善中心城区规划。完成“三旧”改造项目5个，盘活闲置土地843亩。商品房新开工面积50.77万平方米，增长118%，竣工面积71.84万平方米，增长74.1%。商品房销售面积57.39万平方米，销售额27.56亿元，商品房库存83.7万平方米，库存总量比上年底下降35.3万平方米，商品房库存消化周期由上年年底49个月下降到17.5个月，其中住宅类商品房消化周期16.9个月，非住宅类商品房消化周期18.6个月。推进公园城市建设，升级改造西门湿地公园、鳌峰公园，启动响水龙潭森林公园建设，西门体育公园、大松岭公园基本建成，镇海湾红树林湿地公园正式对外开放，建成镇级公园2个，新（改）建村居公园43个。绿化美化乡村25条。创建镇级森林公园4个，那吉镇成为省首批12个森林小镇示范镇之一。推进美丽乡村建设，完成89条行政村整治，创建江门市生态8条，农村生化垃圾无害化处理率100%。君堂镇黎塘村、良西镇横屋村成功创建江门市宜居村庄。

【环境保护】 2016年，恩平市环境质量保持平稳，集中式饮用水源江南干渠达到《地表水环境质量标准》（GB3838-2002）Ⅰ类水质标准；恩城水厂、古塔大桥、恩东大桥、义兴水质达到Ⅱ类水质标准。二氧化硫日平均值为0.012mg/m³，二氧化氮日平均值为0.033 mg/m³，检测项目全部达到《环境空气质量标准》（GB3095-2012）二级空气标准，全年空气质量达标率98.2%，位居江门市四市三区首位。陶瓷产业集聚区环境治理成效显著。沙湖、横陂陶瓷产业集聚区的陶瓷企业已完善除尘、脱硫、脱硝设施，完成污染源在线监控安装，与恩平市环保局的检测平台联网，实现24小时不间断监控。沙湖镇陶瓷产业集聚区污水处理厂已建成试运行。至12月底两大陶瓷产业集聚区企业污染治理设施正常运行，废气达标排放，周边的空气环境质量显著改善，各环境空气质量监测点的监测因子达到二级空气标准。至12月中旬，恩平市共淘汰“黄标车”422辆，占江门市下达任务的65.7%。落实“河（段）长制”，推进公仔河、仙人河、莲塘河治理；关闭畜禽禁养区养殖场93个；保护饮用水源，回收锦江水库第一重山商品林5766亩；推进城区生活污水处理厂（二期）建设。义兴水质自动监测站、沙湖空气质量自动检测站建成投入使用。恩平列为全省15个整县推进镇村污水处理设施建设示范县之一，全市5个镇污水处理厂、88个农村生活污水处理点设施建设已启动。

【人民生活】 2016年，恩平市深化基本公共服务均等化综合改革，优先保障底线民生，十件民生实事基本完成。2016年，基本公共服务支出12.31亿元，比2015年增加1.13亿元，增长10.09%。全市城镇新增就业6257人，城镇失业人员再就业3905人，就业困难人员实现就业503人，新增农村劳动力转移就业5502人。至12月底，城镇登记失业率2.39%，比江门市下达控制指标低0.81个百分点。建成公共租赁住房250套，改造农村危房295户，开展城乡精准扶贫，233户贫困户实现脱贫。完成公职人员工资调整，行政单位工作人员2124人，人均增加116元/月；事业单位工作人员5558人，人均增加66元/月，市机关单位雇员人均增加450元/月，并发放全年3000元节日补贴。加强市场价格监管，完善平价市场体系建设，建立保障低收入群体补贴机制。城镇居民人均年可支配收入19854.47元，增长7.4%，农村居民人均年可支配收入12107元，增长12.9%。

【社会保障】 2016年，恩平市企业职工养老保险缴费48958人，当月享受待遇27362人；城乡养老保险参保193006人，当月享受待遇59481人；职工基本医疗保险参保71581人，享受待遇218044人次；城乡基本医疗保险参保365926人，享受待遇422590人次；失业保险参保41747人，享受待遇3446人次；工伤保险参保51085人，享受待遇399人次；生育保险参保49115人，享受待遇16407人次。是年，恩平市社保基金（不含机关事业单位养老保险基金，下同）总收入107683万元，总支出105991万元，当期收支结余1692万元，滚存结余75030万元。其中企业养老保险基金收入55085万元，支出60028万元，当期缺口124843万元，滚存结余22319万元。城乡养老保险基金收入10213万元，支出8106万元，当期结余2107万元，滚存结余11535万元。职工基本医疗保险基金收入16109万元，支出17723万元，当期缺口1614万元，滚存结余6326万元。城乡居民基本医疗保险基金收入23556万元，支出17720万元，当期结余5836万元，滚存结余24193万元。失业保险基金收入1158万元，支出714万元，当期结余444万元，滚存结余7230万元。工伤保险基金收入727万元，支出1107万元，当期缺口380万元，滚存结余1171万元。生育保险基金收入835万元，支出593万元，当期结余242万元，滚存结余2256万元。各项社会保险待遇均按时足额社会化发放，无拖欠现象发生，全年共发放社保待遇101850.25万元，其中企业职工养老保险待遇57569.47万元。恩平市企业职工养老保险基金2016年缺口达2.3亿元。

【工业园（区）建设】 2016年，江门产业转移工业园恩平园区（简称恩平工业园）签约落户园区项目133个（其中机械制造项目44个），投资总额130.85亿元（其中机械项目50亿元），已建成投（试）产项目91个（其中机械项目20项），在建项目27个，新引进项目15个。用地面积880.79亩，投资总额19.87亿元。目前园区从业人员6000多人。恩平工业园区已建成通车主干道路13条，总长23公里，多条主干道与中心城区对接联网；绿化面积1万多平方米；园区污水处理厂和省质量监督电声产品检验站顺利运营。产业孵化工业基地（一期）已投入使用，中欧（江门）中小企业国际合作区智能装备制造基地及恩平市麦克风电声器材创业创新基地挂牌成立；核心生活配套区繁星小镇项目一期工程即将竣工；7112亩产业发展集聚区建设有序推进。其中大槐片区已完成1320亩地的平整和推进道路、污水管网等基础设施建设；东成片区启动建设。连续5年被省考评为优秀，被评为江门国家高新区和珠三角国家自主创新示范区。2016年，规模以上企业完成工业总产值29.1亿元，负增长3.5%；规上工业增加值7.4亿元，负增长0.4%；固定资产投资36.1亿元，增长25.5%，其中工业投资34.6亿元；实现税收（全口径）2.4亿元，负增长6%；公共财政收入5244万元，负增长14.2%。

沙湖新型建材工业城（基地） 2016年，规划开发面积1.2万亩，已有15家大型陶瓷企业落户，是恩平市重点陶瓷产业集聚区。2016年，重拳整治环境污染，建成工业污水循环再利用治理系统，废水达到零排放；开展工业废气治理，安装布袋除尘、琉球塔和脱硫塔脱硫设备，废气达标排放。集聚区的环保整治已通过环保部门的环境影响评估。新引进规上企业恩平市宏盛陶瓷企业有限公司，占地面积7万平方米，已投入5000万元，建成钢结构厂房1栋和仓库1栋；原有企业投入3.568亿元升级改造，扩容增效。其中，全圣陶瓷有限公司2400多万元扩建3条抛光线。

横陂临港建材工业园 2016年，园区内企业有华新水泥、汇翔化工以及4家陶瓷企业等规模上企业，通过技术改造和环境整治，促进生产发展。4家陶瓷企业18条陶瓷生产线已全部通过环评审批，转入正常生产，实现产值同比增长12.7%；华新水泥实现产值增长8.5%；汇翔化工实现增长56%。全年园区规上企业实现增加值46672万元，增长14.6%。

【信息化建设】 2016年，市涉税信息共享交换平台应用稳步推进，共享目录97项，通过平台共享的涉税信息数据13704条；网上办事大厅江门恩平分厅进一步拓展完善，与“邑门式”等项目数据互通，推进在市直部门应用和向村（居）委会延伸；完成恩城街道和牛江镇光纤网络建设；新版恩平政府门户网站8月份上线运行，开通“恩平政府网”手机版。

【重点建设项目】 2016年，恩平市共有19个项目列入江门市重点建设项目，计划总投资146.2亿元。其中，2016年计划投资25.09亿元，累计完成投资27.7亿元。有2个项目列入省2016年重点项目，累计完成投资5.085亿元。那扶河及镇海湾出海航道工程建设项目正式启动；深茂铁路恩平段征地工作全面完成，工程施工进展顺利。恩平市麦克风电声器材创业创新基地建设顺利推进，成功获得第一批江门市小微企业创业创新示范基地，奖补资金750万元。2016年基地入驻企业18家，实现营业收入6808万元，就业人数283人，技术合同成交额21万元，拥有授权专利54项。

【重大节庆活动】 2016恩平簕菜文化节开幕式 4月22日在泉林黄金小镇举行。本届簕菜文化节主要活动有簕菜产品发展研讨会、簕菜研究成果新闻发布会、簕菜文化美食品尝。

恩平一中98周年校庆庆典晚会 11月1日在一中广场举行。恩平市委常委、副市长吴彩堂，恩平市人大常委会副主任白云梅，以及恩平一中优秀校友欢聚一堂，共谋恩平一中未来发展新华章。

恩平首届菜心节 11月19日在大田山泉湾漫泉酒店开幕。广东省农科院副院长李康活，省蔬菜产业协会会长罗少波，恩平市领导吴月波、郑将统等出席开幕式活动。本届菜心节以“品菜心，泡温泉”为主题，突显“生态、绿色、养生”理念。

君堂镇黎塘文化广场落成庆典 12月18日隆重举行。恩平市领导吴彩堂、吴永芳、张红艺出席庆典活动。广场占地面积12350平方米，总投资370多万元，有世界首位女特级飞行员张瑞芬的铜像，是恩平目前规模最大、标准最高的村级文化广场。

冯如文化暨濑粉美食节 12月16日在牛江镇文化广场举行开幕式，恩平市委常委关凯宁，副市长白云梅出席开幕式活动。

表72： 2016年恩平市国民经济发展情况

项目	单位	2016年	同比%
人口	万人	49.4701	1.08
土地面积	平方千米	1693.60	
国内生产总值	亿元	165.18	7.1
人均国内生产总值	元	32936.69	6.64
规上工业总产值	亿元	148.14	3.1
农业总产值	亿元	39.47	9.57
全社会固定资产投资	亿元	126.32	17.7
外贸进出口总额	亿元	32.5	12.9
实际利用外资	亿美元	0.4764	-20.73
地方财政一般预算收入	亿元	10.03	6.1
社会消费品零售总额	亿元	88.96	10.5

表73： 2016年恩平市基本情况

项目		单位	2016年
基本建设	高速公路营业里程	千米	51
	公路通车里程	千米	1605
	港口泊位	个	5
	航运通航里程	千米	44.5
	发电装机容量	万千瓦时	7.65
	年末固定电话	万户	12
教育	中等职业学校	所	2
	在校学生	人	2543
	普通中学学校	所	25（其中特教1所）
	在校学生	人	20245

续上表：

项目		单位	2016 年
教育	小学学校	所	39
	在校学生	人	31957
	在园幼儿	人	13479（38 所）
	小学学龄儿童入学	%	100
医疗	医院	所	17
	其中县级医院	所	2
	等级医院	所	17
	卫生机构医院床位数	张	1430
	平均每千人拥有位数	张	2.84
文化	影剧院	间	7
体育	体育馆	座	1

附件一：

2016年恩平市四套领导班子名录

中共恩平市委员会

书　记：李灼冰

副书记：薛卫东（—2016.9）

谢超武（2016.9—）

杨健平（—2016.9）

何焕仍（2016.9—）

常　委：李灼冰

薛卫东（—2016.9）

谢超武（2016.9—）

何焕仍

李润娇（女，—2016.9）

叶仕钦（—2016.9）

赵晓斌（—2016.9）

吴月波（—2016.9）

杨健平（—2016.9）

周解波（挂职，—2016.9）

梁斌

陈伟文（2016.9—）

吴彩堂（女，2016.9—）

关凯宁（2016.9—）

郑成博（2016.9—）

郑立森（2016.9—）

禤活源（2016.9—）

吴永芳（女，2016.9—）

恩平市人大常委会

主　任：李灼冰（—2016.11）

李健忠（2016.11—）

副主任：李健忠（常务，—2016.11）

吴润富（—2016.11）

白云梅（女，—2016.11）

吴雅静（—2016.11）

冯国暖

罗炽雄（—2016.11）

吴月波（2016.11—）

叶蝉娟（女，2016.11—）

徐兆赞

岑仲平（2016.11—）

梁新庭（2016.11—）

恩平市人民政府

市　长：薛卫东（—2016.9）

谢超武（2016.11—）

常务副市长：禤缵灵（—2016.11）

副市长：谢超武（2016.9—2016.10，代市长）

董照杰（—2016.11）

陈百浓（—2016.11）
吴彩堂（女，—2016.11）
郑成博
白云梅（女，2016.11—）
朱立辉（2016.11—）
劳沈川（2016.11—）
岑安林（2016.11—）
张红艺（2016.11—）

政协恩平市委员会

主　席：卢国壮（—2016.11）
　　　　禤缵灵（2016.11—）
副主席：吴运作（—2016.11）
　　　　冯锡培（—2016.11）
　　　　叶蝉娟（女，—2016.11）
　　　　颜裕昌（—2016.11）
　　　　梁水长（—2016.11）
　　　　冯文锋
　　　　郑将统（2016.11—）
　　　　吴雅静（2016.11—）
　　　　吕琼锋（2016.11—）
　　　　余超群（女，2016.11）

附件二：　　　2016年恩平市获全国系统表彰先进个人名录

姓名	性别	所在单位及职务	表彰时间	荣誉称号	授予单位
谢顺锡	男	恩平市沙湖镇瑚晶大酒店总经理	2016年12月5日	全国先进个体工商户	全国个体劳动者协会

（周宜家）

·责任编辑　岑鲁宁·

社会经济统计资料

Socioeconomic statistics

2016年江门市国民经济和社会发展统计公报

江门市统计局 国家统计局江门调查队

2017年3月14日

2016年，全市贯彻落实中央、省、市的各项决策部署，主动适应经济发展新常态，围绕“兴业惠民、治吏简政”，全力打造“三门”、建设“三心”，求真务实、拼搏进取，经济社会发展取得新成就，“十三五”实现良好开局。

一、综　合

年末常住人口454.40万人，其中城镇人口295.63万人，占常住人口的65.06%；乡村人口158.77万人，占常住人口的34.94%。年末公安户籍人口393.93万人，人口密度414人/平方公里(户籍口径)。

表74：　　2016年全市及各市（区）人口数

市区	常住人口		户籍人口（万人）
	绝对值（万人）	城镇人口比重（%）	
全市	454.40	65.06	393.93
蓬江	74.30	99.50	49.34
江海	26.46	99.70	16.40
新会	86.74	64.32	75.80
台山	95.07	45.18	97.05
开平	70.99	55.85	68.66
鹤山	50.53	61.01	37.21
恩平	50.31	51.88	49.47

初步核算，2016年全市实现地区生产总值（GDP）2418.78亿元，比上年增长7.4%。分产业看，第一产业增加值189.13亿元，增长3.0%；第二产业增加值1147.45亿元，增长6.8%；第三产业增加值1082.2亿元，增长8.8%。在第三产业增加值中，交通运输、仓储和邮政业增长5.2%，批发和零售业增长2.6%，住宿和餐饮业增长4.0%，金融业增长5.4%，房地产业增长11.3%。三次产业结构为7.8∶47.4∶44.8。人均地区生产总值53374元，增长7.0%。

图1：2012-2016年地区生产总值及其增长速度

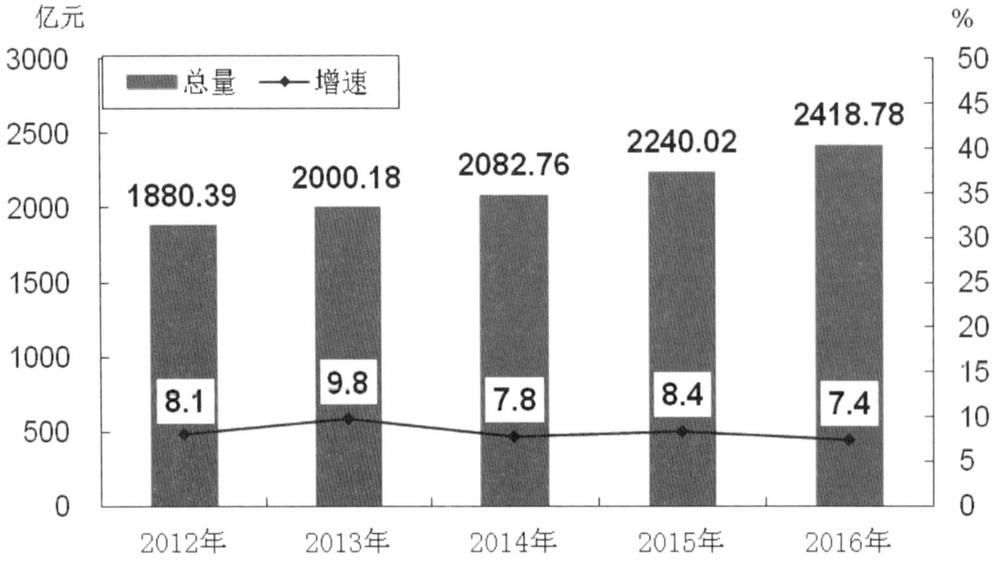

全年居民消费价格总水平上涨2.2%，其中食品烟酒类价格上涨4.4%，居住类价格上涨0.6%，交通和通信类价格上涨0.2%，教育文化和娱乐类价格上涨2.0%，医疗保健类价格上涨2.5%。农产品生产者价格上涨3.4%，工业生产者出厂价格下降0.7%，商品零售价格上涨1.4%。

图2：2012-2016年居民消费价格涨跌幅度

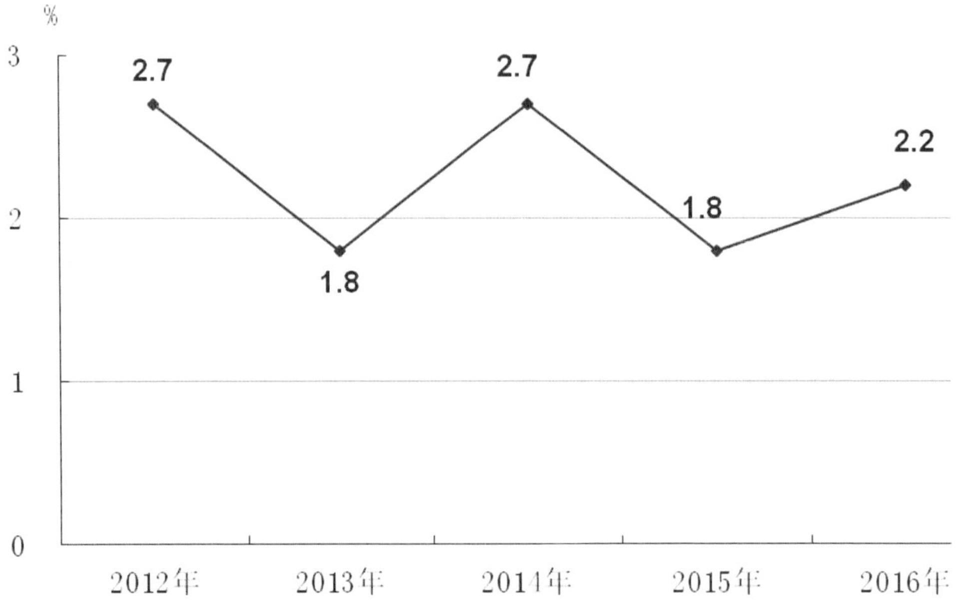

表75： 2016年居民消费价格指数

指标	价格指数 （上年	涨跌幅度（%）
居民消费价格	102.2	2.2
消费品价格	102.6	2.6
其中：一、食品烟酒类	104.4	4.4
#粮食类	102.9	2.9
菜类	113.9	13.9
畜肉类	111.6	11.6
禽肉类	106.3	6.3
二、衣着类	103.4	3.4
三、居住类	100.6	0.6
四、生活用品及服务类	100.4	0.4
五、交通和通信类	100.2	0.2
六、教育文化和娱乐类	102.0	2.0
七、医疗保健类	102.5	2.5
八、其他用品和服务类	102.2	2.2

全年城镇新增就业47520人，比上年减少1568人；城镇失业人员再就业32158人，减少522人；城镇登记失业率2.38%，上升0.01个百分点；促进创业人数4802人。

年末私营企业4.99万户，注册资金1098.71亿元，从业人数41.14万人，分别比上年增长15.5%、16.2%和7.8%；个体工商户21.08万户，注册资金58.25亿元，从业人数41.01万人，分别增长7.6%、12.4%和8.1%。

全年税收收入417.06亿元，比上年增长1.7%，其中，国税收入269.81亿元，增长10.3%；地税收入147.25亿元，下降11.1%。

全年地方公共财政预算收入204.13亿元，比上年增长5.4%，其中国内增值税下降5.9%、营业税增长48.7%、企业所得税增长2.5%、个人所得税增长7.6%、契税下降21.7%；地方公共财政预算支出292.97亿元，与上年持平，其中教育支出增长5.3%、社会保障和就业支出增长10.2%、医疗卫生支出增长7.6%、文化体育和传媒支出增长52.3%。

二、农　业

全年粮食作物播种面积287.24万亩，比上年增长0.3%；糖蔗种植面积2.74万亩，下降9.4%；油料种植面积17.40万亩，下降6.9%；蔬菜种植面积94.40万亩，增长2.4%。

全年粮食产量95.83万吨，比上年增长0.3%，连续三年丰收。糖蔗产量17.69万吨，下降6.3%；油料产量3.03万吨，下降6.1%；蔬菜产量137.99万吨，增长6.0%；水果产量28.40万吨，增长10.4%。

全年肉类总产量30.82万吨，增长0.1%。其中，猪肉产量21.52万吨，下降2.3%；禽肉产量8.49万吨，增长0.2%。全年水产品产量78.66万吨，增长2.0%。

图3：2012-2016年粮食产量及其增长速度

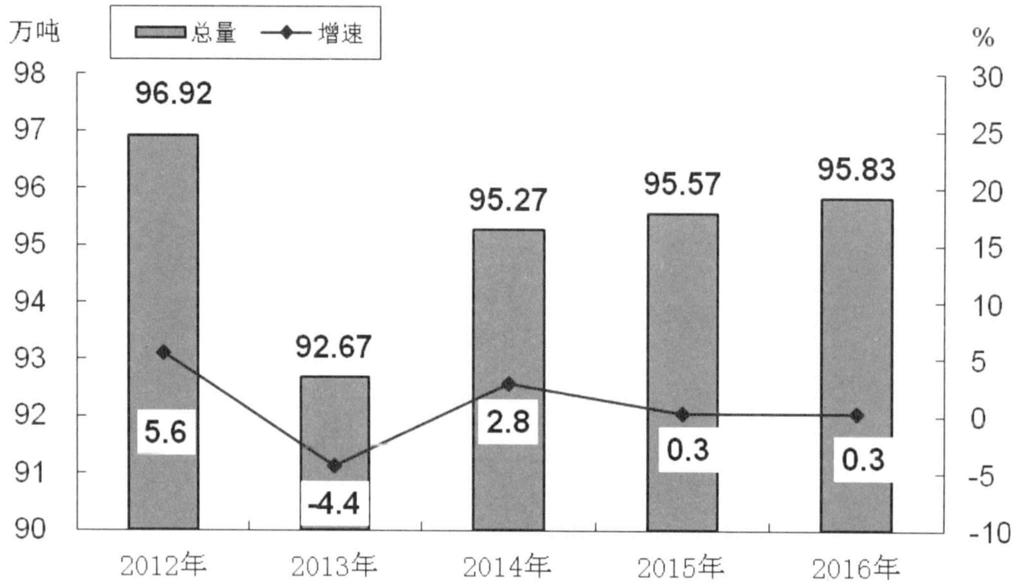

三、工业和建筑业

全年规模以上工业增加值增长7.0%，分注册类型看，国有及国有控股企业下降6.7%，民营企业增长11.8%，外商及港澳台投资企业增长5.9%，股份制企业增长9.3%，集体企业下降72.8%；分轻重工业看，轻工业增长8.8%，重工业增长5.2%；分企业规模看，大型企业下降2.9%，中型企业增长9.2%，小型企业增长14.9%。

高技术制造业增加值增长9.5%，其中，医药制造业增长15.3%，电子及通信设备制造业增长9.6%，计算机及办公设备制造业增长8.7%，医疗仪器设备及仪器仪表制造业下降12.6%，信息化学品制造业下降58.7%。

先进制造业增加值增长10.5%，其中，装备制造业增长9.6%，钢铁冶炼及加工业增长0.9%，石油及化学行业增长14.4%。装备制造业中，汽车制造业增长16.6%，船舶制造及修理业下降10.6%，环境保护专用设备制造业增长12.7%；钢铁冶炼及加工业中，钢压延加工下降1.1%；石油及化学行业中，橡胶制品业下降19.8%，化学原料及化学制品制造业增长16.0%，石油加工、炼焦及核燃料加工业增长21.9%。

优势传统产业增加值增长6.6%，其中，纺织服装业增长11.0%，食品饮料业下降4.8%，家具制造业增长11.2%，建筑材料业增长8.4%，金属制品业增长11.4%，家用电力器具制造业增长28.1%。

六大高耗能行业增加值增长4.1%，其中，石油加工、炼焦和核燃料加工业增长21.9%，化学原料和化学制品制造业增长16.0%，非金属矿物制品业增长1.2%，黑色金属冶炼及压延加工业增长3.3%，有色金属冶炼及压延加工业增长7.5%，电力、热力生产和供应业下降5.9%。

规模以上工业企业实现利润总额225.30亿元，增长1.7%。资产贡献率12.65%，资产负债率53.58%，流动资产周转次数2.26次，成本费用利润率6.07%，产品销售率94.22%，全员劳动生产率21.72万元/人。

图4：2012-2016年规模以上工业增加值增长速度

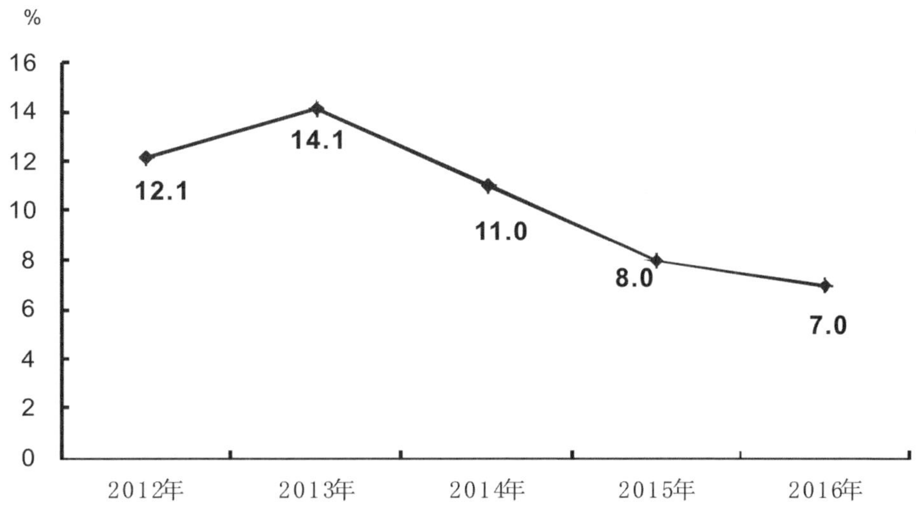

表76：　　2016年主要工业产品产量情况

产品名称	计量单位	产量	增长（%）
饲料	万吨	269. 63	2. 7
布	万米	60405. 10	-22. 9
服装	万件	29349. 30	49. 6
家具	万件	1141. 09	13. 9
机制纸及纸板	万吨	175. 84	14. 1
涂料	万吨	32. 81	3. 1
化学纤维	万吨	12. 29	-16. 3
塑料制品	万吨	47. 43	8. 9
水泥	万吨	481. 46	4. 0
平板玻璃	万重量箱	3542. 13	16. 6
铝材	万吨	8. 53	18. 2
金属集装箱	万立方米	235. 24	-23. 1
日用不锈钢制品	万吨	13. 52	22. 2
摩托车	万辆	255. 39 1	- 3. 9
原电池及原电池组	万只	102967. 00	29. 0
房间空调器	万台	325. 00	106. 1
电风扇	万台	1739. 80	20. 6
家用洗衣机	万台	132. 14	12. 1
打印机	万台	136. 21	24. 7
印制电路板	万平方米	291. 99	8. 8
灯具	万只	6051. 86	44. 5

全年建筑业增加值65.86亿元，增长5.9%。资质等级以上建筑企业169个。

四、固定资产投资

全年固定资产投资1517.77亿元，比上年增长16.0%。分经济类型看，国有经济投资312.64亿元，下降11.2%；港澳台及外商经济投资241.89亿元，增长24.7%；民间经济投资897.05亿元，增长19.6%。分产业看，第一产业投资8.87亿元，下降21.2%；第二产业投资694.25亿元，增长18.1%，其中制造业投资增长25.0%；第三产业投资814.65亿元，增长15.1%。

全市房地产开发投资353.62亿元，比上年增长13.7%。商品房施工面积2882.13万平方米，增长10.3%；竣工面积285.47万平方米，下降0.8%。商品房销售面积679.78万平方米，增长34.7%；销售额410.23亿元，增长43.0%。

图5:2012-2016年固定资产投资总量及其增长速度

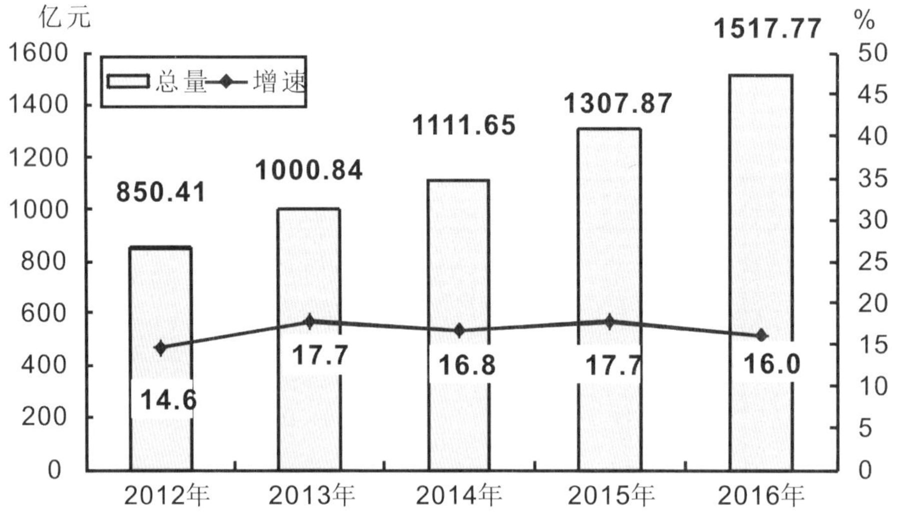

表77: 2016年分行业固定资产投资情况

行业	投资额（亿元）	增长（%）
固定资产投资	1517.77	16.0
农、林、牧、渔业	17.14	42.8
采矿业	3.55	- 5.9
制造业	572.86	25.0
电力、燃气及水的生产和供应业	117.85	-5.1
建筑业	0.00	- 00
交通运输、仓储和邮政业	157.17	13.1
信息传输、计算机服务和软件业	19.05	-8.7
批发和零售业	30.69	- 0.2
住宿和餐饮业	29.54	12.1
金融业	1.30	417

续上表：

行　　　业	投资额（亿元）	增长（%）
房地产业	381.26	16.5
租赁和商务服务业	11.30	439.2
科学研究、技术服务和地质勘查业	20.08	254.9
水利、环境和公共设施管理业	108.05	-6.8
居民服务和其他服务业	0.34	-72.2
教育	7.87	-9.8
卫生、社会保障和社会福利业	10.72	53.7
文化、体育和娱乐业	22.95	55.9
公共管理和社会组织	6.07	60.2

五、国内贸易

全年社会消费品零售总额1159.06亿元，比上年增长12.1%。分地域看，城镇消费品零售额879.82亿元，增长11.9%；农村消费品零售额279.24亿元，增长12.5%。分行业看，批发和零售业零售额1045.08亿元，增长12.5%；住宿和餐饮业零售额113.98亿元，增长8.5%。

在限额以上批发和零售业商品零售额中，粮油、食品、饮料、烟酒类比上年增长21.7%，服装、鞋帽、针纺织品类增长29.9%，化妆品类增长3.3%，金银珠宝类增长25.1%，日用品类增长19.8%，体育、娱乐用品类增长6.7%，电子出版物及音像制品类下降0.6%，书报杂志类下降11.2%，家用电器和音像器材类下降11.3%，中西药品类增长7.0%，文化办公用品类增长4.9%，通信器材类下降62.2%，石油及制品类下降1.1%，汽车类增长17.9%，建筑及装潢材料类下降19.2%。

图6：2012-2016年社会消费品零售总额及其增长速度

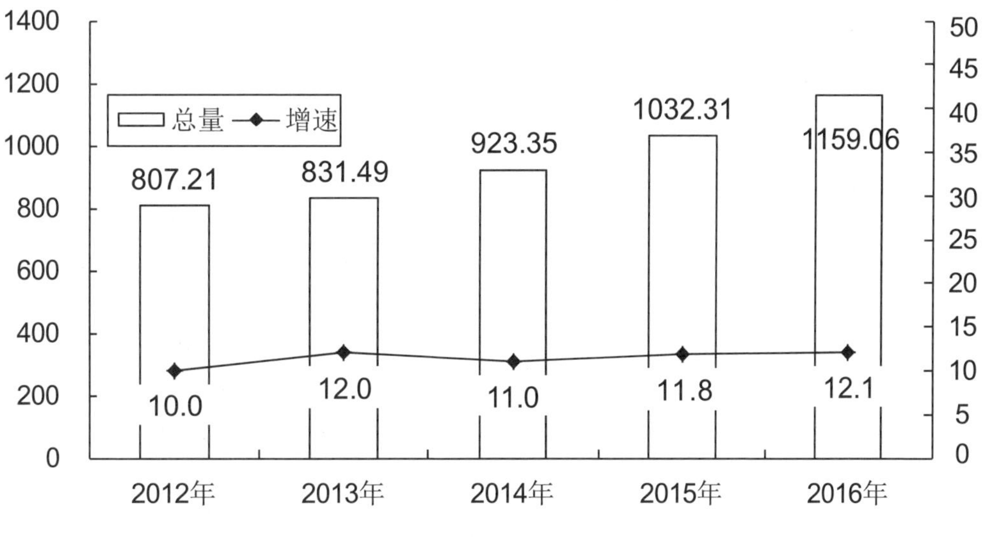

六、对外经济

全年海关进出口总额1261.8亿元，比上年增长4.1%。其中，进口总额268.2亿元，下降3.1%；出口总额993.6亿元，增长6.2%。分贸易方式看，一般贸易出口659.9亿元，增长12.6%；加工贸易出口312.6亿元，下降9.3%。分企业性质看，民营企业出口497.4亿元，增长20.4%；外商投资企业出口491.5亿元，下降5%。

全年合同利用外商直接投资10.76亿美元，比上年增长11.8%。实际利用外商直接投资4.76亿美元，下降45.8%。在实际利用外商直接投资中，分产业类型看，制造业下降31.3%，电力、燃气及水的生产和供应业下降47.8%，批发和零售业下降90.1%，房地产业下降24.6%。分地区看，来源于香港为2.47亿美元，下降51.1%；来源于澳门为0.17亿美元，下降69.5%；来源于新加坡为0.43亿美元，增长72.1%；来源于法国为0.71亿美元，下降56.4%；来源于英属维尔京群岛为0.30亿美元，下降48.4%。

图7：2012-2016年海关出口总额及其增长速度

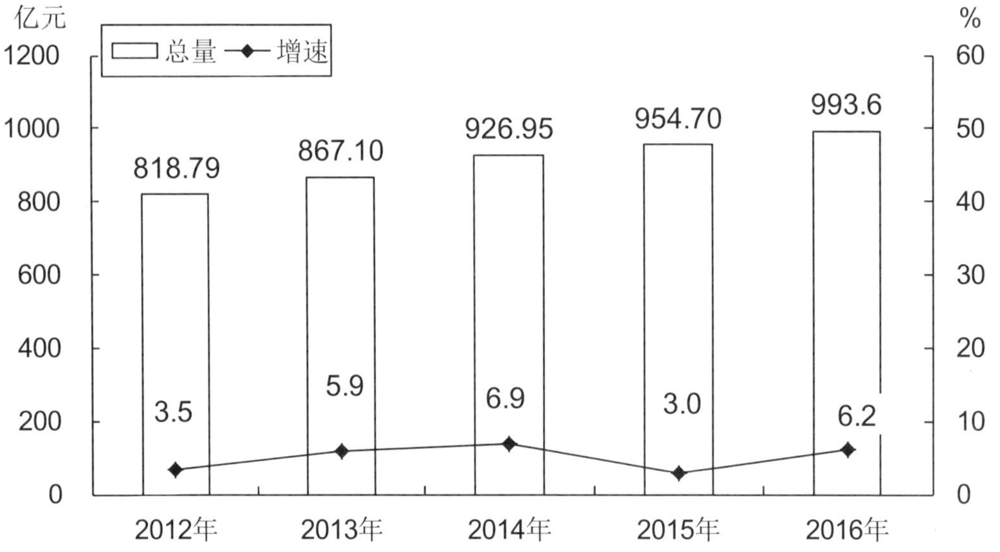

注：出口数据按当年的美元汇率折算为人民币。

七、交通、邮电和旅游

年末公路通车里程10085公里，其中高速公路437公里，一级公路741公里。

年末机动车拥有量250.57万辆，比上年末下降9.4%，其中，民用汽车保有量61.05万辆，增长17.0%，民用汽车中的私人轿车35.56万辆，增长19.6%；摩托车保有量189.20万辆，下降15.6%，摩托车中私人摩托车188.63万辆，下降15.5%。年末拥有机动船538艘，下降7.7%。

全年水陆货运量14058万吨，比上年增长6.7%；货运周转量169.44亿吨公里，增长6.9%。水陆客运量9745.64万人，增长5.5%；客运周转量60.65亿人公里，增长5.7%。港口货物吞吐量7923万吨，增长5.3%。

全年邮电业务总量166.02亿元（2010年不变价，下同），比上年增长62.7%，其中，邮政业务总量16.08亿元，增长27.8%；通信业务总量149.94亿元，增长67.6%。年末固定电话用户129.82万户，移动电话用户565.32万户。

全年旅游总收入409.90亿元，比上年增长20.7%。旅游住宿设施接待游客2000.56万人次，增长15.1%，其中，国际游客222.70万人次，增长14.2%；国内游客1777.86万人次，增长15.2%。旅行社组织境内游58.04万人次，增长5.3%；组织出境游14.71万人次，增长17.2%。全年旅游宾馆客房出租率62.3%。

八、金融和保险

年末金融机构本外币存款余额4030.37亿元，比上年末增长7.0%，其中，境内存款余额3870.42亿元，增长7.1%；境外存款余额159.95亿元，增长3.5%。金融机构本外币贷款余额2469.83亿元，增长11.4%，其中，境内贷款余额2449.33亿元，增长11.2%；境外贷款余额20.5亿元，增长29.7%。

年末各类保险公司53家。全年保费收入102.91亿元，比上年增长9.7%，其中，寿险业务保费收入72.65亿元，增长11.3%；财产险业务保费收入30.25亿元，增长6.2%。共支付各项赔款38.71亿元，增长5.7%，其中，寿险业务给付24.63亿元，增长8.3%；财产险业务赔款14.08亿元，增长1.4%。

九、科学技术和教育

全年地方财政科学技术支出9.47亿元，比上年增长20.1%。全市累计国家级高新技术企业357家；省级科技计划项目48项。专利申请量13365件，其中发明专利3244件；专利授权量6762件，其中发明专利544件。全市拥有各类专业技术人数18.72万人，增长4.2%，其中中级职称以上7.44万人，增长4.6%。

全年地方财政教育支出67.36亿元，比上年增长5.3%。全年高等教育(含成人教育)招生1.76万人，在校学生5.48万人，毕业生1.57万人。中等职业技术学校招生1.47万人，在校学生42.32万人，毕业生1.43万人。普通高中招生2.61万人，在校学生7.63万人，毕业生2.67万人。初中招生4.60万人，在校学生13.23万人，毕业生4.52万人。小学招生5.73万人，在校学生31.39万人，毕业生4.70万人。幼儿园入园儿童5.03万人，在园幼儿14.40万人。小学学龄儿童入学率100%，小学升学率100%，初中适龄少年入学率100%，初中升学率98.7%，高中升学率90%。全年共有2所学校被评为“国家级示范性青少年体育俱乐部（2016—2018）”，11所学校被授予“全国校园足球特色学校”。

十、文化、体育和医疗卫生

全年地方财政文化体育与传媒支出5.32亿元，比上年增长52.3%。年末全市拥有群众文化艺术馆8个，文化站74个。拥有公共图书馆8座，公共图书馆藏书量269.3万册，图书馆全年流通人数160.7万人次，图书外借数115.5万册次，图书馆阅览室坐席数2389个。拥有博物馆6个，博物馆文物藏品6.35万件，其中一级藏品5件。拥有地级市广播电视台1座，县级广播电视台5座。广播人口综合覆盖率100%，电视人口综合覆盖率100%，有线广播电视用户数92.46万户。

年末全市拥有体育场馆23个，市级体育类社会协会38个，各级社会体育指导员13229人。全市体育彩票年销售总额4.41亿元，比上年增长22.0%。江门籍体育健儿在国际赛事中，获得1项冠军；在全省赛事中，获得10项冠军。成功举办第四届江门健走马拉松大赛、2016“中国侨都”杯第四届WNDA国际双节棍王争霸赛暨广东侨武英雄汇；成功承办中国排球联赛（2015-2016）广东男排台山主场赛事、第十九届“振兴杯”全国女子排球精英赛。

全年地方财政医疗卫生支出30.1亿元，增长7.6%。年末卫生机构(含各类门诊，下同)1590个，其中医院41个。卫生机构床位21329张，其中医院15487张。卫生机构人员32990人，其中卫生技术人员27353人。卫生技术人员中执业（助理）医师9298人，注册护士11892人，药师（士）1830人，技师（士）1275人、其他卫生技术人员3058人。

十一、人民生活和社会保障

全年江门居民人均可支配收入24427元，比上年增长9.2%；人均生活消费支出17282元，增长10.7%。

全年城镇常住居民人均可支配收入29557元，比上年增长9.0%，其中工资性收入22555元，占全部可支配收入的76.3%；人均生活消费支出20459元，增长11.6%。

图8：2012-2016年城镇居民人均可支配收入及其增长速度

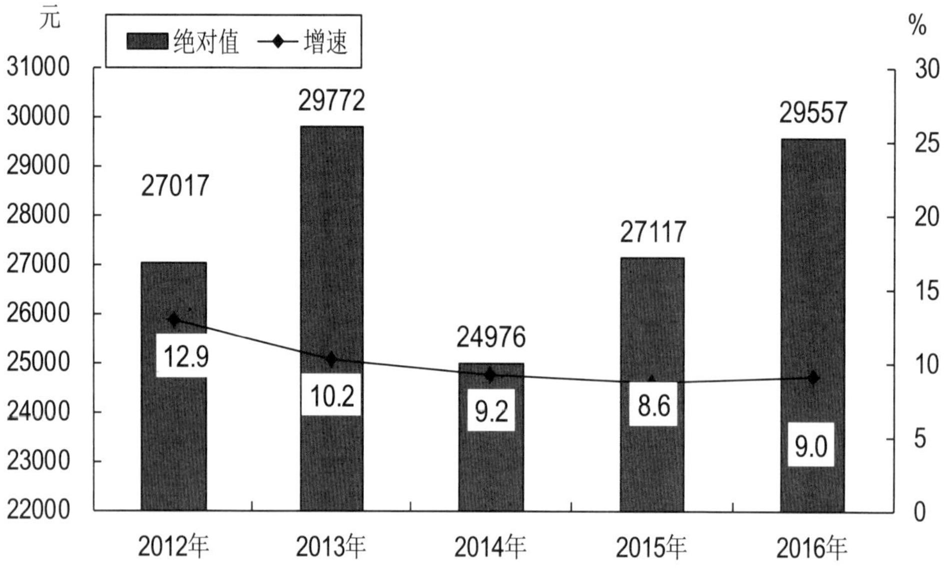

全年农村常住居民人均可支配收入15226元，比上年增长10.2%，其中工资性收入10645元，占全部可支配收入的69.9%；人均生活消费支出11584元，增长12.2%。

图9：2012-2016年农村居民人均纯收入及其增长速度

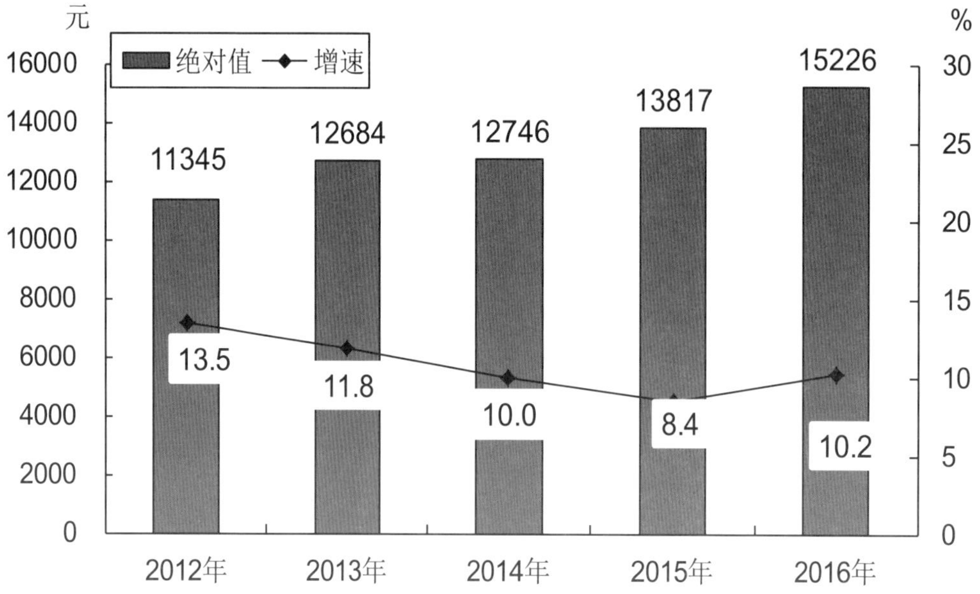

全年社会保险基金收入130.82亿元，比上年增长17.1%，其中基本医疗保险47.66亿元，增长8.5%；企业养老保险67.29亿元，增长9.9%。城乡基本医疗保险参保人数382.64万人，减少4.35万人；城镇职工养老保险参保人数193.57万人，增加1.59万人；失业保险参保人数76.87万人，增加2.15万人；工伤保险参保人数84.06万人，增加6.17万人；生育保险参保人数80.67万人，增加4.1万人。

年末社会福利院6家，福利院床位2954张，收寄养人数1303

人；敬老院69家，敬老院床位7252张，收寄养人数2381人；社区服务设施3780个，社区服务中心覆盖率100%。

年末城乡最低生活保障对象58635人，全年共发放低保救济金20977万元，比上年增长7.9%。年末五保供养人数7697人，全年落实供养经费7524万元，增长22.0%。全年医疗救助金支出5496万元，增长21.7%，救助97101人次。

十二、资源、环境和安全生产

全市年平均气温22.9摄氏度，比上年下降0.5摄氏度；年降雨量2275.5毫米，增加314.2毫米；年日照时数1594.5小时，减少258.9小时。

年末全市领海基线以内海域面积2886平方公里，拥有大小岛屿561个，其中大于500平方米海岛130个，海岛面积249.97平方公里，大陆岸线414.8公里。全市森林蓄积量2274.18万立方米，森林面积430.49千公顷，森林覆盖率46.29%；城市人均公园绿地面积17.75平方米。

全年规模以上工业综合能源消费量699.73万吨标准煤，比上年下降4.7%。全年全社会用电量248.5亿千瓦时，增长4.8%，分产业看，第一产业用电量11.7亿千瓦时，下降0.08%；第二产业用电量173.55亿千瓦时，增长4.2%，其中工业用电量增长4.1%；第三产业用电量30.7亿千瓦时，增长7.9%。城乡居民用电量32.55亿千瓦时，增长6.9%。

全市大气环境质量良好，市区空气质量达标天数比例为84.4%。全市主要河流水质良好，西江干流、西海水道和潭江干流上游水质优，潭江干流中游水质良至轻度污染，江门河和潭江下游银洲湖段水质良好。全市饮用水源得到有效保护，市区饮用水源水质达标率为100%。城市区域环境噪声平均值为56.6分贝，优于国家区域环境噪声二类区（居住、商业、工业混杂）昼间标准；道路交通干线两侧昼间噪声质量处于较好水平，等效声级为69.96分贝，优于国家四级标准（城市交通干线两侧区域）。

全年农作物受灾面积4376公顷，其中台风灾害3188公顷。自然灾害受灾6.05万人次，自然灾害直接经济损失7252万元。

全年共发生各类事故4263宗，比上年增加82宗；死亡338人，减少24人；受伤4045人，减少187人；经济损失4668万元，下降14.8%。其中，工矿企业职工伤亡事故16宗，增加1宗；经济损失2691万元，增长81.9%。道路交通事故3368宗，减少45宗；经济损失456.7万元，下降0.6%。火灾事故879宗，增加126宗；经济损失1220.3万元，下降62.3%。亿元地区生产总值生产安全事故死亡率为0.14，道路交通万车死亡率为1.26。

注：

1.本公报中2016年数据为初步统计数，统计图中2012-2015年数据为年报数。

2.地区生产总值、各产业、各行业增加值绝对数按现价计算，增长速度按可比价计算。

3.规模以上工业统计口径为2000万元及以上；固定资产投资项目统计口径为500万元及以上。2012年四季度，国家统计局实施了城乡一体化住户调查改革。2014年按照新的调查口径对外发布城乡一体的居民人均可支配收入和分城镇、农村常住居民人均可支配收入数据。由于新老调查方案在调查范围、调查对象、城乡划分标准、样本抽选、计算和汇总方式、指标口径等方面变化较大，改革后新口径数据和旧口径数据存在不可比的差异。

4.先进制造业包括装备制造业、钢铁冶炼及加工业、石油及化学制造业。高技术制造业包括核燃料加工工业、信息化学品制造业、医药制造业、航空航天器制造业、电子通信设备制造业、计算机制造业、医疗仪器设备制造业。六大高耗能行业包括石油加工炼焦及核燃料加工工业、化学原料及化学制品制造业、非金属矿物制品业、黑色金属冶炼及压延加工业、有色金属冶炼及压延加工业、电力热力的生产和供应业。

5.年末五种保险基金是指城镇职工养老保险、城乡（镇）基本医疗保险、失业、工伤、生育保险，不含城乡居民养老保险。基本医疗保险包括新农合参保人。

6.2012年以前空气质量优良率统计为3项污染物的API指数；2013年开始空气质量统计6项污染物的AQI指数。

表78: 2016年江门市经济社会发展主要指标

指标名称	单位	绝对值	增长（%）
常住人口	万人	454.40	0.5
地区生产总值	亿元	2418.78	7.4
其中:第一产业增加值	亿元	189.13	3.0
第二产业增加值	亿元	1147.45	6.8
第三产业增加值	亿元	1082.20	8.8
人均地区生产总值	元	53374	7.0
粮食产量	万吨	95.83	0.3
固定资产投资	亿元	1517.77	16.0
社会消费品零售总额	亿元	1159.06	12.1
海关进出口总额	亿元	1261.8	4.1
其中：出口总额	亿元	993.6	6.2
进口总额	亿元	268.2	-3.1
外商直接投资额	亿美元	4.76	-45.8
地方公共财政预算收入	亿元	204.13	5.4
地方公共财政预算支出	亿元	292.97	0.0
税收收入	亿元	417.06	1.7
其中：国税	亿元	269.81	10.3
地税	亿元	147.25	-11.1
金融机构本外币存款余额	亿元	4030.37	7.0
金融机构本外币贷款余额	亿元	2469.83	11.4
旅游收入	亿元	409.90	20.7
江门居民人均可支配收入	元	24427	9.2
城镇常住居民人均可支配收入	元	29557	9.0
农村常住居民人均可支配收入	元	15226	10.2
居民消费价格指数	%	102.2	2.2

2016年社会经济统计资料

表79： 江门市经济和社会发展情况（一）

指　　标	2015年	2016年
土地面积（平方公里）	9505.42	9505.42
年末常住人口（万人）	451.95	454.4
年末户籍人口（万人）	391.41	393.93
年末从业人员（万人）	242.92	244.07
第一产业（万人）	79.04	79.41
第二产业（万人）	95.86	95.95
第三产业（万人）	68.02	68.71
生产总值（亿元）	2240.02	2418.78
第一产业（亿元）	174.50	188.97
第二产业（亿元）	1084.73	1150.77
# 工业（亿元）	1023.06	1085.15
第三产业（亿元）	980.80	1079.05
人均生产总值（元）	49608	53374
生产总值增速（%）	8.4	7.4
第一产业增速（%）	3.2	3.3
第二产业增速（%）	8.6	6.8
# 工业增速（%）	8.5	6.9
第三产业增速（%）	8.9	8.7
人均生产总值增速（%）	8.1	7
农业总产值（亿元）	319.88	345.61
农业总产值增速（%）	3.2	2.8
粮食总产量（万吨）	95.57	95.83
全部工业企业单位数（个）	41622	44981
全部工业总产值（亿元）	4595.06	4880.40
# 规模以上（亿元）	3998.76	4274.38
规模以上工业增加值（亿元）	965.74	1065.80
规模以上工业增加值增速（%）	8.0	7.0
规模以上工业利润总额（亿元）	226.24	238.18
规模以上工业利润总额增速（%）	29.1	1.7
工业综合经济效益指数（%）	231.14	243.93

注：生产总值、工业及农业总产值均为现行价，增长速度按可比价计算。

表80：　　江门市经济和社会发展情况（二）

指　　标	2015年	2016年
固定资产投资额（亿元）	1307.87	1517.77
房地产开发（亿元）	311.01	353.62
客运量（万人）	9238	9746
货运量（万吨）	13177	10457
单位GDP能耗（吨标煤/万元）	---	---
单位GDP能耗（上升或下降%）	-6.63	-4.52
社会消费品零售总额（亿元）	1034.31	1159.06
海关进出口总额（亿元）	1231.8	1261.8
#进口总额（亿元）	277.1	268.2
出口总额（亿元）	954.7	993.6
实际外商直接投资（亿美元）	8.79	4.76
税收总额（亿元）	410.21	417.06
#国税（亿元）	244.67	269.81
地税（亿元）	165.54	147.25
地方公共财政预算收入（亿元）	199.01	204.17
地方公共财政预算支出（亿元）	292.90	293.21
人民币存款余额（亿元）	3631.19	3870.06
#城乡居民人民币存款余额(亿元)	2229.24	2401.42
人均储蓄存款余额（元）	49325	52848
人民币贷款余额（亿元）	2105.38	2367.06
在岗职工年平均工资（元）	54106	61366
城镇常住居民人均可支配收入（元）	27117	29557
农村常住居民人均可支配收入（元）	13817	15226
居民消费价格总指数（%）	101.8	102.2
高等院校在校学生（万人）	3.95	4.01
中等职业在校学生（万人）	5.97	6.91
小学在校学生（万人）	30.62	31.39
卫生机构病床数（张）	19838	21329
卫生技术人员数（人）	25840	27353

注：2013年海关进出口数据单位为亿美元。

表81：

各市（区）生产总值结构

2016年 单位：万元

指标	全市	蓬江	江海	新会	台山	开平	鹤山	恩平
生产总值	24187806	6049179	1585078	5399793	3567209	3100371	2870406	1651775
农林牧渔业	1914050	77694	58913	391277	633320	314632	232997	205217
工业	10851543	2668061	940953	2982153	1737442	1325909	1418655	483335
建筑业	659653	120643	13278	83180	122935	190713	77399	51505
批发和零售业	1973031	428165	91570	483822	209653	226671	317047	92933
交通运输、仓储和邮政业	921384	243091	91915	231705	96823	174816	106559	148198
住宿和餐饮业	357357	42843	6985	101807	62260	70536	65567	90708
金融业	1289116	495441	11012	191137	86928	110433	80132	39534
房地产业	1548036	390149	77489	153552	123593	165808	184552	96082
其他服务业	4673636	1583092	292963	781160	494255	520853	387498	444263
第一产业	1889680	77085	58015	385901	624940	312184	231044	200511
第二产业	11507651	2788704	954189	3065333	1859286	1516622	1496054	534840
第三产业	10790475	3183390	572874	1948559	1082983	1271565	1143308	916424

表82：

江门市行政区划

（2016年）

单位：个

市、区别	镇	街道办事处	村民委员会	居民委员会
全　市	61	12	1051	274
蓬江区	3	3	56	86
江海区	0	3	36	26
新会区	10	1	193	33
台山市	16	1	277	36
开平市	13	2	226	44
鹤山市	9	1	112	26
恩平市	10	1	151	23

表83：

江门市森林资源情况

（2016年）

指标	活立木蓄积量（万立方米）	森林覆盖率（%）	森林面积（千公顷）	森林蓄积量（万立方米）
全　市	2274.18	46.29	430.49	2215.50
蓬江区	87.35	30.60	9.92	83.14
江海区	10.55	11.15	1.27	9.36
新会区	270.76	33.74	45.44	266.59
台山市	745.67	48.84	142.16	718.42
开平市	338.98	43.06	67.50	341.42
鹤山市	372.10	49.99	52.82	351.70
恩平市	289.40	47.05	69.45	285.75
市直属国有林场	159.37	83.06	41.93	159.12

注：森林覆盖率，是指以行政区域为单位森林面积与土地面积的百分比。此表中森林面积为有林地+国家规定灌木+四旁林木面积；但是竹林和国家规定灌木无蓄积，四旁林木蓄积无法统计，故森林蓄积量为有林地中的乔木林蓄积。

表84: 各市（区）户籍人口情况

（2016年） 单位：人、户

年份	年末总人口	按性别分		按农业、非农业分		年末总户数
		男	女	非农业人口	农业人口	
全市	3939346	1982661	1956685	2009413	1929933	1186987
蓬江	493363	243858	249505	483045	10318	162670
江海	164035	81150	82885	164035	0	52097
新会	757988	377270	380718	400739	357249	234149
台山	970528	493007	477521	395223	575305	278026
开平	686591	342928	343663	236323	450268	198992
鹤山	372140	185914	186226	168538	203602	108473
恩平	494701	258534	236167	161510	333191	152580

表85: 户籍人口迁移情况

（2016年） 单位：人

年份	迁入		迁出		净迁移
	省内迁入	省外迁入	迁往省内	迁往省外	
全市	11548	8607	15021	9169	-4035
蓬江	2029	2373	1284	1368	1750
江海	1963	1263	1771	544	911
新会	1510	1151	2558	1767	-1664
台山	1264	1059	2985	2066	-2728
开平	1150	971	1693	1847	-1419
鹤山	1081	1100	1295	884	2
恩平	2551	690	3535	693	-987

表86： 各市（区）分行业在岗职工人数与工资情况

（2016年）

行　　业	年末人数（人）	平均人数（人）	工资总额（万元）	平均工资（元）
合　　计	562050	556320	3413926	61366
（一）按企业、事业、机关分组				
1、企业	440111	435534	2429134	55774
2、事业	76790	75814	602666	79493
3、机关	42947	42786	371873	86915
4、民营非盈利组织	255	251	1080	43024
5、其他	1947	1935	9173	47404
（二）按国民经济行业分组				
1、农、林、牧、渔业	494	491	2531	51558
2、采　矿　业	72	70	453	64714
3、制　造　业	297003	298182	1591771	53383
4、电力、燃气及水的生产和供应业	7767	7785	58049	74565
5、建　筑　业	38910	33503	178416	53254
6、批发和零售业	26604	26549	134702	50737
7、交通运输、仓储和邮政业	16953	16856	110484	65546
8、住宿和餐饮业	9305	9384	31343	33400
9、信息传输、计算机服务和软件业	6621	6574	52171	79359
10、金融业	17353	17234	170925	99179
11、房地产业	10241	10208	63283	61993
12、租赁和商务服务业	6936	6929	30934	44644
13、科学研究、技术服务和地质勘查业	4507	4472	30055	67208
14、水利、环境和公共设施管理业	5689	5674	23811	41966
15、居民服务和其他服务业	1420	1438	6396	44476
16、教育	40296	39583	302854	76511
17、卫生、社会保障和社会福利业	25305	25024	223606	89357
18、文化、体育和娱乐业	2400	2349	17709	75392
19、公共管理和社会组织	44174	44015	384433	87341

表87：江门市在岗职工年末人数

（2016年） 单位：人

市、区别	合计	国有单位	集体单位	其他单位
全市	562050	130795	14211	417044
蓬江	166438	31423	857	134158
江海	56101	6187	1404	48510
新会	95560	22044	2951	70565
台山	62798	23707	3932	35159
开平	75127	20169	2117	52841
鹤山	67716	14032	1926	51758
恩平	38310	13233	1024	24053

表88：江门市在岗职工工资总额

（2016年） 单位：万元

市、区别	合计	国有单位	集体单位	其他单位
全市	3413926	1064590	84297	2265039
蓬江	1206538	360811	4666	841061
江海	332322	63128	8398	260796
新会	577461	149160	33093	395207
台山	325776	159910	14043	151823
开平	433651	142419	10978	280254
鹤山	370580	105930	10359	254291
恩平	167598	83232	2760	81607

表89：

在岗职工年平均人数

（2016年）

单位：人

市、区别	合计	国有单位	集体单位	其他单位
全市	556320	129789	14100	412431
蓬江	165531	31159	843	133529
江海	56354	6193	1397	48764
新会	95694	22115	2947	70632
台山	62163	22920	3913	35330
开平	74674	20154	2038	52482
鹤山	68707	14005	1932	52770
恩平	33197	13243	1030	18924

表90：

在岗职工年平均工资

（2016年）

单位：元/人

市、区别	合计	国有单位	集体单位	其他单位
全市	61366	82025	59785	54919
蓬江	72889	115797	55349	62987
江海	58970	101934	60113	53481
新会	60344	67447	112295	55953
台山	52407	69769	35888	42973
开平	58073	70665	53868	53400
鹤山	53936	75637	53617	48189
恩平	50486	62850	26794	43123

表91： 城镇就业和失业变化情况

（2016年） 单位：人

	本年失业人员总数			本年失业人员安排就业人数		本年末尚有失业人员数		城镇登记失业率（%）
	合 计	本年新增失业人员		合 计	其中女性	合 计	其中女性	
		小 计	其中由就业转失业					
全 市	62523	37570	16772	32158	17737	24868	11787	2.38
蓬江区	13186	5708	3349	5310	3315	7439	3433	2.37
江海区	6744	4560	2077	4377	1795	2175	1261	2.38
新会区	12115	6592	4991	5448	2564	5502	2522	2.37
台山市	8169	4839	557	3720	1709	3309	1325	2.38
开平市	8681	5322	1101	5225	3064	3365	1330	2.38
鹤山市	7551	5783	328	4168	2403	1767	1129	2.39
恩平市	6077	4766	4369	3910	2887	1311	787	2.39

表92：

主要工业产品产量

（2016年）

产品名称	单位	生产量	产品名称	单位	生产量
盐酸	吨	113403	打印机	台	1362098
烧碱	吨	71723	彩色电视机	台	3369827
化肥（折纯）	吨	328135	组合音响	台	19479
涂料	吨	122890	发电量	万千瓦小时	2032117
化学纤维	吨	474275	其中：火电	万千瓦小时	1969439
塑料制品	吨	481.46	水电	万千瓦小时	6412
水泥	万吨	3542.13	风电	万千瓦小时	54433
平板玻璃	万重量箱	49791	太阳能发电	万千瓦小时	1832
日用玻璃制品	吨	10290.89	饲料	吨	2696272
瓷质砖	万平方米	85277	糖	吨	5069
铝材	吨	235.24	酱油	吨	1364824
金属集装箱	万立方米	135239	小麦粉	吨	244940
日用不锈钢制品	吨	290392	方便面	吨	2319
民用钢制船舶	载重吨	255.39	软饮料	吨	568882
摩托车	万辆	4427177	纱	吨	19946
变压器	千伏安	3875601	布	万米	60405
电动机	千瓦	226198	服装	万件	29349
电池	万只	102967	皮鞋	万双	486.20
家用洗衣机	台	1321433	家具	万件	1141.09
家用电风扇	万台	1739.80	机制纸及纸板	万吨	175.84
空调器	台	3249994	光电子器件	万只	831942
集成电路	万块	153257	灯具	万只	6051.86

表93: 各市（区）全社会工业企业数

（2016年） 单位:个

指标名称	全市	江门市区				台山	开平	鹤山	恩平
		合计	蓬江区	江海区	新会区				
全部工业总计	44981	25620	8632	5027	11961	3813	6162	7029	2357
一、规模以上企业	1998	1069	428	219	422	196	260	367	106
1、轻工业	1059	576	251	103	222	100	120	228	35
2、重工业	939	493	177	116	200	96	140	139	71
二、规模以下企业	42983	24551	8204	4808	11539	3617	5902	6662	2251
按工商登记类型分									
1、非个体工业	20026	12738	4579	3249	4910	1437	1958	2687	1206
2、个体工业	22957	11813	3625	1559	6629	2180	3944	3975	1045

表94: 各市（区）全社会工业总产值

（2016年） 单位:万元

指标名称	全市	江门市区		
		合计	蓬江区	江海区
全部工业总计	48803999	27270694	12574469	4145675
一、规模以上企业	42743780	25087555	11781788	3900461
1、轻工业	21945576	13962201	6552307	1753668
2、重工业	20798205	11125354	5229481	2146793
二、规模以下企业	6060218	2183140	792680	245215

续上表：

指 标 名 称	江门市区 新会区	台山	开平	鹤山	恩平
全部工业总计	10550550	6973802	6406453	5955109	2197941
一、规模以上企业	9405306	5998782	5310360	4908714	1438370
1、轻工业	5656226	2307073	2315671	2972431	388200
2、重工业	3749080	3691709	2994689	1936282	1050171
二、规模以下企业	1145245	975020	1096092	1046396	759571

表95： 工业企业主要经济效益指标

（2016年）

指 标 名 称	计算单位	合计	市 区		
			小 计	蓬江区	江海区
工业经济效益综合指数	%	243.93	256.61	249.58	194.40
1、总资产贡献率	%	12.76	13.03	11.41	10.20
2、资本保值增值率	%	112.80	109.84	116.71	110.62
3、资产负债率	%	53.90	54.88	53.43	49.02
4、流动资产周转率	次	2.26	2.07	2.56	1.73
5、成本费用利润率	%	6.20	6.77	4.95	7.05
6、全员劳动生产率	元/人	224063	243723	238512	155179
7、产品销售率	%	94.23	95.6	99.77	96.42

注：1、七大经济效益指标的国家标准值及权数：①总资产贡献率：10.7，权数为20；②资本保值增值率：120，权数为16；③资产负债率：60，权数为12；④流动资产周转率：1.52次，权数为15；⑤成本费用利润率：3.71，权数为14；⑥全员劳动生产率：16500元/人，权数为10；⑦产品销售率：96，权数为13。

续上表：

指 标 名 称	市区 新会区	台山	开平	鹤山	恩平
工业经济效益综合指数	302.62	327.92	235.81	173.14	189.02
1、总资产贡献率	15.92	14.09	13.65	11.08	4.89
2、资本保值增值率	102.58	110.21	146.07	104.10	129.71
3、资产负债率	58.89	50.34	46.05	55.89	64.90
4、流动资产周转率	1.72	2.86	3.05	2.11	2.54
5、成本费用利润率	9.51	8.07	4.84	3.69	1.27
6、全员劳动生产率	300893	339125	199289	132334	177130
7、产品销售率	90.03	93.13	92.03	91.72	91.52

表96：农村经济情况

指　标	单位	合 计	蓬江	江海	新会	台山	开平	鹤山	恩平
乡镇总户数	户	813470	43491	35106	164327	236831	126695	108408	98612
乡镇总人口	万人	283.43	15.54	10.67	56.43	84.53	47.08	37.18	32.00
乡镇劳动力	万人	187.33	10.34	6.60	34.97	56.29	37.58	21.72	19.83
农业总产值	亿元	345.61	15.55	10.76	69.40	113.88	56.61	42.53	36.88
增长速度	%	102.8	91.5	103.8	103.2	104.4	104.1	104.1	102.1
主要产品产量									
粮　食	万吨	95.83	0.46	0.13	15.19	36.28	22.34	8.15	13.27
甘　蔗	万吨	33.90	0.01	4.43	4.13	9.01	2.02	0.13	14.17
花　生	万吨	3.02	0.02	0.00	0.13	1.20	0.63	0.46	0.59
水　果	万吨	28.40	0.15	0.54	9.16	4.82	4.98	0.86	7.88
水产品	万吨	78.66	1.76	2.84	18.15	39.73	5.22	6.17	4.80
肉　类	万吨	30.82	3.55	0.77	5.82	3.56	8.08	6.07	2.96
蔬　菜	万吨	137.99	6.44	4.65	17.81	31.89	32.04	28.62	16.54

表97： 农业总产值

（2016年） 单位：亿元

市、区	合　计	种植业	林　业	牧　业	渔　业	农林牧渔服务业
全 市	345.61	118.47	8.07	84.60	128.56	5.91
蓬 江	15.55	3.00	0.02	9.11	3.27	0.15
江 海	10.76	2.97	0.00	2.11	5.46	0.22
新 会	69.40	17.86	1.16	15.12	33.96	1.30
台 山	113.88	32.74	1.74	10.10	67.27	2.31
开 平	56.61	24.94	2.45	23.28	5.35	0.60
鹤 山	42.53	17.17	1.47	16.12	7.34	0.43
恩 平	36.88	19.79	1.22	8.77	5.91	1.18

注：从2005年开始农业总产值由地级市单独计算，其结果可能不等于各市、区汇总数。

表98： 农业总产值增速

（2016年） 单位：%

市、区	合　计	种植业	林　业	牧　业	渔　业	农林牧渔服务业
全 市	2.8	6.0	-1.0	-0.7	2.3	9.6
蓬江	-8.5	20.2	-74.3	-19.9	7.3	0.2
江海	3.8	1.9	-53.7	2.8	5.3	3.3
新 会	3.2	3.5	48.5	3.3	0.9	47.4
台 山	4.4	5.3	43.0	-6.6	4.9	5.2
开 平	4.1	3.7	0.7	5.9	1.8	-2.2
鹤 山	4.1	8.9	-14.0	2.5	2.2	1.8
恩 平	2.1	19.4	-19.9	8.2	-26.9	0.1

表99： 主要农作物播种面积和产量（一）

（2016年）

面积：亩
亩产：公斤/亩
总产量：吨

市、区	农作物播种总面积	粮食作物（全年）		
		播种面积	亩产	总产量
全市	4366261	2872350	334	958300
蓬江	60695	16001	290	4636
江海	44126	3459	380	1313
新会	628083	471255	322	151926
台山	1504340	1039570	349	362816
开平	1027361	678916	329	223400
鹤山	485826	242850	336	81519
恩平	615830	420299	316	132690

续上表：

市、区别	（一）稻谷			①夏收		
	播种面积	亩产	总产量	播种面积	亩产	总产量
全市	2577130	344	886450	1239400	356	441650
蓬江	10323	324	3347	5025	347	1742
江海	2849	405	1155	1428	399	570
新会	401249	337	135247	199347	386	76866
台山	977143	355	346572	456378	357	163020
开平	601542	340	204463	292157	349	101924
鹤山	213617	349	74515	96247	359	34509
恩平	370407	327	121151	188818	334	63019

续上表:

市、区别	②秋收			(二)玉米		
	播种面积	亩产	总产量	播种面积	亩产	总产量
全　市	1337730	333	444800	51530	349	17990
蓬　江	5298	303	1605	2420	286	692
江　海	1421	412	585	88	318	28
新　会	201902	289	58381	14709	405	5963
台　山	520765	352	183552	8908	375	3340
开　平	309385	331	102539	18386	306	5634
鹤　山	117370	341	40006	4559	353	1609
恩　平	181589	320	58132	2460	294	724

续上表:

市、区别	(三)薯类			大豆		
	播种面积	亩产	总产量	播种面积	亩产	总产量
全　市	178090	1201	213900	38940	183	7107
蓬　江	2602	880	2290	522	215	112
江　海	207	1401	290	118	178	21
新　会	41697	1001	41750	7124	228	1624
台　山	36439	1407	51275	10534	149	1574
开　平	44218	1222	54055	11203	173	1938
鹤　山	21107	1047	22105	1242	200	248
恩　平	31820	1324	42135	8197	194	1590

表100：　主要农作物播种面积和产量（二）

（2016年）

面积：亩
亩产：公斤/亩
总产量：吨

市、区别	甘蔗			其中：糖蔗		
	播种面积	亩产	总产量	播种面积	亩产	总产量
全　市	55517	6106	338973	27416	6454	176934
蓬　江	19	3842	73	0	0	0
江　海	7614	5813	44259	0	0	0
新　会	8401	4918	41320	1199	2344	2811
台　山	16037	5620	90133	10916	5963	65097
开　平	4897	4123	20191	1236	2722	3365
鹤　山	302	4159	1256	0	0	0
恩　平	18247	7768	141741	14065	7512	105661

续上表：

市、区别	油料作物			其中：花生		
	播种面积	亩产	总产量	播种面积	亩产	总产量
全　市	173967	174	30257	173843	174	30241
蓬　江	980	231	226	973	231	225
江　海	0	0	0	0	0	0
新　会	5372	253	1357	5255	255	1342
台　山	70383	170	11964	70383	170	11964
开　平	41294	152	6273	41294	152	6273
鹤　山	18200	251	4565	18200	251	4565
恩　平	37738	156	5872	37738	156	5872

续上表:

市、区别	烟叶			木薯		
	播种面积	亩产	总产量	播种面积	亩产	总产量
全　市	0	0	0	35967	1594	57332
蓬　江	0	0	0	11	727	8
江　海	0	0	0	0	0	0
新　会	0	0	0	1035	1455	1506
台　山	0	0	0	7371	1450	10685
开　平	0	0	0	10494	1406	14753
鹤　山	0	0	0	300	1617	485
恩　平	0	0	0	16756	1784	29895

续上表:

市、区别	蔬菜			果用瓜类		
	播种面积	亩产	总产量	播种面积	亩产	总产量
全　市	944025	1462	1379917	22316	1641	36629
蓬　江	40140	1604	64392	191	1089	208
江　海	29116	1598	46528	2371	804	1907
新　会	115714	1540	178147	1853	965	1788
台　山	250752	1272	318928	11636	1836	21365
开　平	236681	1354	320380	648	2193	1421
鹤　山	183174	1562	286190	5617	1770	9940
恩　平	88448	1869	165352	0	0	0

表101：　　主要水果种植面积和产量

单位：亩
（2016年）　总产量：吨

市、区别	水果合计		柑、桔、橙		(二)香（大）蕉		(三)菠萝	
	年末实有面积	总产量	年末实有面积	总产量	年末实有面积	总产量	年末实有面积	总产量
全　市	311809	284006	69331	88871	60474	123305	459	374
蓬　江	1138	1529	76	70	811	1260	0	0
江　海	2541	5412	737	1474	796	2591	0	0
新　会	64558	91615	35743	49827	12352	27093	165	223
台　山	81222	48232	6706	4322	8897	23507	0	0
开　平	59789	49825	10435	10899	10916	23402	0	0
鹤　山	29496	8555	2196	3011	1665	1605	273	128
恩　平	73065	78838	13438	19268	25037	43847	21	23

续上表：

市、区别	（四）荔枝		（五）龙眼		（六）番石榴		(七)芒果	
	年末实有面积	总产量	年末实有面积	总产量	年末实有面积	总产量	年末实有面积	总产量
全　市	88855	18102	61095	20956	6397	11026	1891	1146
蓬　江	73	51	82	57	18	7	62	28
江　海	0	0	1	3	17	13	23	21
新　会	9208	4353	3708	2275	699	1904	330	261
台　山	47053	6448	13033	6044	0	0	373	462
开　平	13358	1428	12311	2020	4746	8111	595	276
鹤　山	9944	592	8216	589	917	991	508	98
恩　平	9219	5230	23744	9968	0	0	0	0

表102：　　各市（区）水产养殖面积

（2016年）　　单位：亩

市、区	合　计	海 水 养 殖	淡 水 养 殖
全　市	981825	343635	638190
蓬　江	40305	0	40305
江　海	17025	0	17025
新　会	161040	20040	141000
台　山	466305	312600	153705
开　平	123000	0	123000
鹤　山	78600	0	78600
恩　平	95550	10995	84555

表103：　　各市（区）水产品产量

（2016年）　　单位：吨

市、区	合　计	其中：淡 水 产 品
全　市	786593	466435
蓬　江	17564	17564
江　海	28439	28439
新　会	181500	127960
台　山	397263	144094
开　平	52171	52171
鹤　山	61665	61665
恩　平	47991	34542

表104：　　各市（区）畜牧业生产情况

(2016年)　　单位：头、只、吨

市、区	年末牛存栏量	年末羊存栏量	年末猪存栏量	全年肉猪出栏量	三鸟出售（万只）	禽蛋产量
全　市	39989	16750	1703829	2929020	71829335	33717
蓬　江	255	0	109060	392248	2414450	22
江　海	240	0	58550	108939	242764	660
新　会	244	923	282701	451449	18295193	823
台　山	14248	6757	253842	308952	9812106	5597
开　平	9735	5648	316258	663086	28904931	14897
鹤　山	5155	897	508556	708399	6893082	1067
恩　平	10112	2525	174862	295947	5266809	10651

表105：　　各市（区）肉类产量

(2016年)　　单位：吨

市、区	合　计	牛　肉	羊　肉	猪　肉	禽　肉	兔　肉
全　市	308186	1009	304	215226	84892	185
蓬　江	35527	12	0	30574	2230	3
江　海	7724	25	0	7460	239	0
新　会	58173	0	11	33195	22106	12
台　山	35626	376	87	22513	12641	9
开　平	80841	233	162	47706	31876	156
鹤　山	60674	222	17	52143	8162	5
恩　平	29621	141	27	21635	7638	0

表106： 各市（区）农业机耕、用电、化肥、水利情况

(2016年)

市、区	农村用电量（万千瓦时）	有效灌溉面积（公顷）	机收面积（公顷）
全　市	713272	115352	142869
蓬　江	20967	2057	1100
江　海	6623	1645	90
新　会	207759	19382	25817
台　山	295786	35369	59422
开　平	29712	21384	36190
鹤　山	18324	16259	20250
恩　平	134101	19256	0

续上表：

市、区	农业机械总动力（万千瓦特）	化肥施用量（折纯量、吨）	农药施用量（吨）
全　市	172.41	133704	6442
蓬　江	15.22	2970	81
江　海	2.09	5833	169
新　会	28.25	15879	1266
台　山	48.74	49056	2226
开　平	39.41	27533	1449
鹤　山	19.7	14864	545
恩　平	19	17569	706

表107：

工业投资总额

（2016年）

单位：万元

市、区	工业合计	#采掘业	#制造业	#电力、燃气及水的生产和供应业
全　市	6942542	35494	5728558	1178490
蓬江区	884404	0	767326	117078
江海区	445143	0	440943	4200
新会区	1341293	6858	1183438	150997
台山市	1249974	0	480977	768997
开平市	1261604	0	1213663	47941
鹤山市	897612	10700	833511	53401
恩平市	862512	17936	808700	35876

表108： 江门市房地产开发投资情况

（2016年）

分类	单位	全市	蓬江	江海	新会	台 山	开 平	鹤山	恩 平
房地产投资	万元	3536167	1162912	477759	529351	479992	313103	385609	187441
其中： 土地购置费	万元	363219	120646	82678	88386	4494	17181	49834	0
按工程用途分：									
其中：住宅	万元	2704922	825961	298632	418990	387883	271711	326731	175014
办公楼写字楼	万元	21382	11496	0	4521	1512	2038	1367	448
商业营业用房	万元	391315	158864	102176	32137	30908	17496	39739	9995
其他	万元	418548	166591	76951	73703	59689	21858	17772	1984
商品房屋建筑施工面积	万m^2	2882.13	732.09	294.79	500.90	333.22	423.82	387.99	209.33
商品房屋建筑竣工面积	万m^2	285.47	65.66	30.26	61.27	35.37	41.57	41.65	9.69
商品房实际销售面积	万m^2	679.78	165.78	72.06	114.42	84.62	96.87	91.89	54.13
其中：住宅	万m^2	621.89	141.89	68.20	101.05	82.24	90.45	85.80	52.27
商品房竣工房屋价值	万元	769244	174985	85493	215745	106940	44961	117738	23382
商品房实际销售额	万元	4102294	1177457	451903	806161	408372	511771	478256	268374
其中：住宅	万元	3730969	1035331	422395	717232	390852	469020	442614	253525
房地产开发企业	个	434	92	35	83	73	54	63	34

表109：

江门市房地产开发投资情况
（2016年）

分　　类	固定资产投资额
合　　计	15177723
一、按建设性质分	
1、新建	11379446
2、扩建	2024365
3、改建和技术改造	1286811
4、其他	487101
二、按行业分	
1、农、业、牧、渔业	171381
2、采掘业	35494
3、制造业	5728558
4、电力及水的生产和供应业	1178490
5、建筑业	-
6、交通运输、仓储和邮政业	1571664
7、信息传输、计算机服务和软件业	190547
8、批发和零售业	306861
9、住宿餐饮业	295353
10、金融业	12971
11、房地产业	3812572
12、租赁和商务服务业	113042
13、科研、技术服务和地质勘察业	200770
14、水利、环境和公共设施管理业	1080513
15、居民服务和其他服务业	3405
16、教育	78701
17、卫生、社会保障和社会福利业	107248
18、文化、体育和娱乐业	229457
19、公共管理和社会组织	60696
20、国际组织	-

表110： 江门市建筑业基本情况

（2016年） 单位：万元

分　　类	全市	蓬江	江海	新会	台山	开平	鹤山	恩平
一. 企业个数（个）	174	53	9	29	28	23	21	11
二. 建筑业合同情况(亿元)								
签订的合同额	455.97	56.34	4.94	22.79	58.19	253.23	46.82	13.65
1. 上年结转合同额	199.42	25.26	2.30	14.99	31.69	84.56	33.36	7.27
2. 本年新签合同额	256.55	31.08	2.64	7.80	26.50	168.67	13.47	6.39
三. 承包工程完成情况(亿元)								
1、直接从建设单位承揽工程完成的产值	240.83	29.26	4.62	8.19	33.61	144.37	12.87	7.90
①自行完成施工产值	238.14	28.87	4.62	6.85	32.97	144.06	12.87	7.90
②分包出去工程的产值	2.69	0.39	0.00	1.34	0.64	0.31	0.00	0.00
2、从建设单位以外承揽工程完成的产值	2.67	0.54	0.00	0.00	0.17	1.56	0.01	0.38
四. 建筑业总产值（亿元）	240.81	29.41	4.62	6.85	33.15	145.62	12.88	8.29
其中：装饰装修产值	2.99	0.52	0.19	0.20	1.70	0.38	0.00	0.00
在外省完成的产值	18.61	0.00	0.27	0.00	0.00	15.88	0.00	2.46
1、建筑工程产值	209.45	26.10	3.63	5.24	31.89	127.07	11.71	3.82
2、安装工程产值	23.91	3.13	0.50	1.39	0.76	13.04	1.17	3.93
3、其他产值	7.44	0.18	0.50	0.22	0.50	5.51	0.00	0.53
五. 竣工产值(亿元)	121.92	13.98	3.30	9.39	19.81	54.52	15.18	5.75
六. 房屋建筑施工面积(万平方米)	2414.59	170.74	20.87	105.21	270.49	1404.70	327.51	115.08
其中：本年新开工面积	824.94	54.87	12.97	22.98	113.25	518.06	68.31	34.49
七. 从业人员情况（人）								
计算劳动生产率的平均人数	59302	6923	1746	4058	12663	23252	6398	4262
年末从业人数	65332	6983	1720	4256	12797	22865	7308	9403
其中：工程技术人员	8452	1565	222	934	1205	2472	1356	698

注：以上数据的统计范围为资质以上建筑企业。

表111：　　江门市运输邮电业发展情况

指　标	单位	2010年	2011年	2012年	2013年	2014年	2015年	2016年
机动车辆总数	**万辆**	**197.93**	218.64	236.68	253.61	267.33	276.6	250.6
其中：汽车	万辆	27.88	31.97	36.12	41.01	45.7	51.83	61.05
# 轿车	万辆	13.86	16.42	19.07	22.54	26.25	30.96	36.92
摩托车	万辆	169.8	186.41	200.32	212.36	221.38	224.48	189.24
货 运 量	**万吨**	**7458**	8180	8996	9999	13926	13177	14057
其中：公路运输	万吨	4401	5246	5760	6487	9995	9471	10361
水运运输	万吨	3057	2934	3236	3512	3931	3706	3696
货 物 周 转 量	**万吨公里**	**1125467**	1071885	1152885	1350682	1682398	1584857	1694403
其中：公路运输	万吨公里	518351	581242	622407	713574	991596	936284	1024068
水运运输	万吨公里	607116	490643	530478	637108	690801	648573	670335
客 运 量	**万人**	**18096**	19052	19578	20102	9545	9239	9746
其中：公路运输	万人	17926	18870	19379	19906	9324	9047	9555
水运运输	万人	170	182	199	196	221	192	191
客运周转量	万人公里	589934	605515	644636	673124	596095	573605	606477
其中：公路运输	万人公里	584395	600131	639069	667633	590362	568441	601556
水运运输	万人公里	5539	5384	5567	5491	5733	5164	4921
货物吞吐量	**万吨**	**4964.63**	5914.17	6210.67	6737.08	7352.17	7524.62	7923
邮电业务总量	万元	1350771	233053	538270	600664	829559	1021786	1660173
固定电话用户数	万户	131.62	134.6	134.8	138.27	144.87	129	119.93
固定电话机总量	万部	131.62	134.6	134.8	138.27	144.87	129	119.93
移动电话机用户数	万户	443.3	512.41	592.93	599.26	600.86	614.2	623.91
固定电话普及率	部/百人	29.6	30.1	30.1	30.7	32.11	28.5	26.54

表112：

江门市社会消费品零售总额

（2016年）

单位：万元

市、区	社会消费品零售总额	增长（%）	按行业分		
			批发业	零售业	住宿和餐饮业
全　市	11590639	12.1	1106669	9344175	1139795
蓬江区	2461272	13.2	120250	2216614	124408
江海区	430621	12	36332	358006	36283
新会区	2371641	13.2	538629	1630318	202694
台山市	2078858	12.4	88993	1767934	221931
开平市	1740949	10.7	161521	1384995	194433
鹤山市	1617662	10.8	151084	1206797	259781
恩平市	889636	10.5	9860	779511	100265

表113：

江门市限额以上批发和零售业基本情况

（2016年）

单位：万元

市、区	购进总额	进　口	销售总额	批　发	出　口	零　售	年末库存总额
全　市	9290158	416767	10904406	7067667	1689077	3836739	574989
蓬江区	3815810	35839	5028062	2842927	785455	2185135	234386
江海区	1156960	130346	1243469	849524	208221	393945	67088
新会区	1920378	117274	2106214	1452136	340679	654078	107450
台山市	506021	676	546671	310278	62629	236393	46615
开平市	709466	38216	747419	523080	116541	224339	81695
鹤山市	1084804	94416	1131600	1038003	138958	93597	27742
恩平市	96719	0	100971	51719	36594	49252	10013

表114：

江门市个体工商户情况

（2016年）

指标	个体工商户		
	期末户数(户)	期末从业人员(人)	期末资金总额(万元)
总计	210804	410061	582522
一、按市分			
市　区	109827	188668	267252
台　山	28787	57801	74532
开　平	29731	69045	89416
鹤　山	24702	68945	111966
恩　平	17757	25602	39356
二、按行业分			
第一产业	2246	6763	76634
第二产业	34162	101815	123135
(1)采矿业	36	85	239
(2)制造业	30912	94703	106344
(3)电力、燃气及水的生产和供应业	39	133	1152
(4)建筑业	3175	6894	15400
第三产业	174396	301483	382752
(1)交通运输、仓储及邮电通信业	5269	8580	25964
(2)信息传输、计算机服务和软件业	531	872	1060
(3)批发和零售业	116710	179835	198620
(4)住宿和餐饮业	22712	58814	89238
(5)金融业	16	22	28
(6)房地产业	647	1101	1024
(7)租赁和商业服务业	4191	6871	12615
(8)科研,技术服务和地质勘查业	751	1291	1311
(9)水利,环境和公共设施管理业	83	248	613
(10)居民服务和其他服务业	21416	38851	41439
(11)教育	415	920	1537
(12)卫生,社会保障和社会福利业	260	672	1906
(13)文化,体育和娱乐业	1390	3400	7392
(14)其他	5	6	5

表115： 江门市私营企业情况

指标	私营企业		
	期末户数（户）	期末从业人员(人)	期末注册资本(万元)
总计	49903	411393	10987092
一、按市分			
市　区	33401	256001	6721174
台　山	3791	43446	1221824
开　平	4419	43109	1124941
鹤　山	5578	50775	1452954
恩　平	2714	18062	466199
二、按行业分			
第一产业	923	6556	268263
第二产业	20938	204506	4886220
(1)采矿业	112	1028	105280
(2)制造业	18424	181007	3832603
(3)电力、燃气及水的生产和供应业	202	1809	54934
(4)建筑业	2200	20662	893404
第三产业	28042	499331	5832609
(1)交通运输、仓储及邮电通信业	1008	7377	157948
(2)信息传输、计算机服务和软件业	1146	7525	135592
(3)批发和零售业	14374	99300	1786368
(4)住宿和餐饮业	757	7072	76815
(5)金融业	287	1989	484332
(6)房地产业	1787	14652	912916
(7)租赁和商业服务业	4762	332217	1426061
(8)科研,技术服务和地质勘查业	1933	14966	510267
(9)水利,环境和公共设施管理业	180	1411	54832
(10)居民服务和其他服务业	1129	7878	196612
(11)教育	112	696	10735
(12)卫生,社会保障和社会福利业	39	552	11511
(13)文化,体育和娱乐业	492	3493	54946
(14)其他	36	203	13675

表116： 2016年江门市居民收支情况

单位：万元

项　目	2016年
江门市居民人均可支配收入（元）	24427
#工资性收入	18291
经营净收入	1783
财产净收入	2121
转移净收入	2231
江门市居民人均生活消费支出（元）	17282
#食品烟酒	6690
衣着	700
居住	3441
生活用品及服务	917
交通通信	2523
教育文化娱乐	1949
医疗保健	790
其它用品和服务	271

表117： 全市能源消费基本情况

指　　标	单　位	2011年	2012年	2013年	2014年	2015年	2016年
一、 全社会综合能源消费总量	万吨标准煤	1070.01	1070.82	1097.06	1147.08	1160.04	1189.59
二、 规上工业能源消费情况							
综合能源消费量	万吨标准煤	811.61	748.31	852.46	786.28	730.64	699.73
其中：电力消费量	亿千瓦时	116.45	108.35	114.37	119.55	121.97	124.04
万元工业产值能源消费量	吨标准煤	0.17	0.25	0.28	0.22	0.18	0.16
万元工业产值电力消费量	千瓦时	239.47	357.48	371.8	329.74	300	283.41
节能量	万吨标准煤	48.63	-233.06	-92.97	218.42	136.59	85.05
节电量	万千瓦时	255731	-357661	-44056	152466	118928	71250
三、 用电情况							
全市用电量	亿千瓦时	187.68	196.14	207.3	227.87	237.13	248.50
其中：工业用电	亿千瓦时	133.12	136.62	148.26	159.16	164.43	171.10
居民生活用电	亿千瓦时	21.72	23.53	24.12	28.93	30.44	32.55
其中：乡村用电	亿千瓦时	8.89	9.56	9.23	10.79	11.54	12.30
城市用电	亿千瓦时	12.83	13.97	14.89	18.14	18.9	20.25
四、 主要物资消费量							
原煤	万吨	1408.1	1315.1	1508.39	1325.13	1200.26	1127.64
燃料油	万吨	31.18	19.9	20.69	18.53	18.7	16.82

备注：根据第三次全国经济普查结果对能耗总量自2010年度起进行修正。

表118： 海关进出口总额（按贸易方式分）

（2016年） 单位：万元

项目	进出口总额	进口总额	出口总额
总计	12617853	2681925	9935928
一般贸易	8023604	1425189	6598415
来料加工装配贸易	692638	308267	384371
进料加工贸易	3612571	870926	2741645
加工贸易进口设备	8412	8412	
外商投资企业作为投资进口的设备、物品	10169	10169	
保税仓库进出境货物	73150	57272	15878
其他	197309	1689	195620

表119： 海关进出口总额（分市、区）

（2016年） 单位：万元

市、区别	进出口总额	进口总额	出口总额
全市	12617853	2681925	9935928
蓬江、江海	5210254	1020181	4190074
新会	2787576	849255	1938321
台山	1470173	247931	1222241
开平	1502933	204724	1298209
鹤山	1321645	309853	1011792
恩平	325273	49981	275292

表120： 海关进出口总额（按企业性质分）

（2016年） 单位：万元

项目	进出口总额	进口总额	出口总额
总计	12617853	2681925	9935928
1、国有企业	68767	21266	47500
2、中外合作企业	151975	19737	132238
3、中外合资企业	1898549	514016	1384534
4、外商独资企业	4687025	1288689	3398336
5、集体企业	54728	9172	45557
6、私营企业	5756523	828932	4927591
7、其他	285	113	172

表121： 全市海关出口情况

（2016年） 单位：万元

项目	出口总额	增长（%）
总计	9935928	6.2
一、按贸易方式统计		
1、一般贸易出口	6598415	12.6
2、加工贸易出口	3126016	-9.3
其中：来料加工	384371	6.3
3、其他贸易出口	211497	
二、按企业性质统计		
1、国有企业出口	47500	-7.5
2、三资企业出口	4915108	-5.1
3、其他企业出口	4973320	15.2

表122：　外商直接投资情况

（2016年）

市、区别	项目个数（个）	合同利用外资金额（万美元）	实际利用外资金额（万美元）
全　市	123	107658	47634
蓬　江	38	21665	3308
江　海	13	17364	2014
新　会	23	21919	16512
台　山	15	20461	14050
开　平	21	8603	1288
鹤　山	9	10557	5698
恩　平	4	7089	4764

表123：　批准外商直接投资增减项目情况

（2016年）　单位: 个、万美元

市、区别	增资项目		减资项目	
	个数	合同外资金额	个数	合同外资金额
全　市	91	56274	24	10924
蓬　江	16	10939	7	2596
江　海	15	6915	1	40
新　会	26	23335	7	1419
台　山	14	1863	2	203
开　平	5	3286	6	6539
鹤　山	8	7487	1	127
恩　平	7	2449	0	0

表124： 全市外商直接投资分行业情况

（2016年） 单位：万美元

行　业	项目（企业）个数	合同外资金额	实际利用外资
总　计	123	107658	47634
一、第一产业	7	12188	196
1.农、林、牧、渔业	7	12188	196
农业	5	1481	196
二、第二产业	64	84366	42536
2、采矿业	0	0	0
3、制造业	62	76386	30130
纺织业	1	956	1348
医药制造业	0	0	0
通用设备制造业	9	15665	611
专用设备制造业	1	24	575
通信设备、计算机及其他电子设备制造业	5	9906	501
4、电力、燃气及水的生产和供应业	1	7340	12403
5、建筑业	1	640	3
三、第三产业	52	11104	4902
6、交通运输、仓储和邮政业	1	1873	560
7、信息传输、计算机服务和软件业	2	2	0
8、批发和零售业	29	5557	1409
9、住宿和餐饮业	3	4377	9
10、房地产业	5	-3769	2239
房地产开发经营	1	-5641	2149
11、租赁和商务服务业	10	927	153
12、科学研究、技术服务和地质勘查业	0	0	0
13、水利、环境和公共设施管理业	0	0	0
14、居民服务和其他服务业	1	564	532
15、教育	0	77	0
16、卫生、社会保障和社会福利业	0	0	0
17、文化、体育和娱乐业	1	1496	0

表125： 全市旅游发展情况

指 标	计算单位	2000年	2005年	2012年	2013年	2014年	2015年	2016年
旅游机构	个	64	90	158	168	172	185	175
旅游机构职工人数	人	7275	7900	8108	7997	8305	8736	8520
旅游宾馆	家	47	58	473	493	879	889	892
按星级分： 五星	家	1	1	6	6	6	5	5
四星	家	4	4	2	2	2	2	1
三星	家	6	20	17	18	15	13	9
二星	家	13	6	2	2	2	2	0
旅游宾馆客房	间	7033	9302	34590	35390	44121	44851	45487
旅游宾馆床位	张	14969	16922	60030	61030	66294	67156	68280
旅游宾馆客房出租率	%	37.92	54.6	61.85	61.2	65.1	66.5	65.2
旅游收入合计	亿元	37.45	49.7	185.28	223.28	279	339.62	409.9
国际旅游收入	万美元	8295	10500	69917	79767	84318	96887.1	109324.09
1、商品性收入	万美元	3019	3824	18956	19064	20152	23880.2	26150.09
2、劳务性收入	万美元	5275	6676	50962	60703	64166	73006.9	83174
国内旅游收入	亿元	30.59	41	141.16	173.89	227.19	279.81	337.31
旅游景点	处	23	30	62	62	64	64	66

注：1、2009年开始旅游宾馆数据包括所有住宿设施。2、2010年以前的旅游景点数据统计不齐。

表126：　　涉外宾馆（酒店）接待旅游者情况

（2016年）　　单位：人次

单位	合计	海外旅游者	1、外国人	2、香港同胞	3、澳门同胞	4、台湾同胞	国内旅游者
全市	20005624	2227013	505856	878509	631039	211609	17778611
蓬江	3716574	341554	69295	125945	100937	45377	3375020
江海	1250913	125906	17324	53977	43260	11345	1125007
新会	3505308	644192	87013	341316	185967	29896	2861116
台山	4004775	203110	86655	42954	39294	34207	3801665
开平	3120229	484201	95756	184968	166267	37210	2636028
鹤山	1816850	217350	52600	78800	57300	28650	1599500
恩平	2590975	210700	97213	50549	38014	24924	2380275

表127：　　涉外宾馆（酒店）接待旅游者情况

（2016年）　　单位：人天

单位	合计	海外旅游者	1、外国人	2、香港同胞	3、澳门同胞	4、台湾同胞	国内旅游者
全市	40317833	5973204	1625965	2300856	1517361	529022	34344629
蓬江	6054871	793872	187619	333044	221526	51683	5260999
江海	2051167	297500	46905	142734	94940	12921	1753667
新会	7321278	1742102	287143	853290	446321	155348	5579176
台山	8010957	559694	259965	115976	98235	85518	7451263
开平	6880867	1345209	335146	507338	415668	87057	5535658
鹤山	3990355	580755	175800	199900	133430	71625	3409600
恩平	6008338	654072	333387	148574	107241	64870	5354266

注：接待旅游者人数包括涉外宾馆（酒店）和其他设施接待人数。

表128：　　全市地方公共财政预算收支情况

单位：万元

指标	2016年	2015年	指标	2016年	2015年
财政预算收入合计	2041744	1990104	财政预算支出合计	2932116	2928957
增值税	430692	386150	一般公共服务	343394	293908
营业税	102285	210927	国防	8392	16935
企业所得税	148072	144500	公共安全	241436	230126
个人所得税	44467	41313	教育	671034	641516
城市维护建设税	137500	132047	科学技术	94638	79850
房产税	99551	87026	文化体育与传媒	57571	35370
印花税	28589	25616	社会保障和就业	457497	414189
国有资本经营收入	160980	117372	医疗卫生	299039	282413
行政事业性收费收入	131964	161086	节能环保	40033	45526
罚没收入	69216	70055	城乡社区事务	131004	103352
专项收入	127792	134020	农林水事务	250012	301744
其他收入	45231	479992	交通运输	109780	130729
			其他支出	14687	353299

表129：

银行信贷储蓄基本情况

单位：亿元

	2016年				2015年			
	人民币存款余额	人民币贷款余额	城乡居民储蓄存款余额	人均储蓄年末余额（元）	人民币存款余额	人民币贷款余额	城乡居民储蓄存款余额	人均储蓄年末余额（元）
全　市	3870.06	2367.06	2401.42	52848	3631.19	2105.38	2229.24	49325
市　区	2267.57	1483.14	1242.86	27352	2139.86	1353.05	1152.58	61993
台山市	492.44	289.39	373.54	8220	463.04	235.00	350.82	36897
开平市	525.19	266.16	376.66	8289	479.85	225.12	348.69	49308
鹤山市	352.85	243.98	240.31	5288	330.11	220.38	220.25	43840
恩平市	221.93	73.42	167.53	3687	211.29	62.11	156.32	31271

注：人均储蓄年末余额用常住人口计算。

表130：

保险业务基本情况

（2016年）

单位：亿元

	保费收入	
	财产保险公司业务	人身保险公司业务
全　市	30.25	72.65
蓬江区、江海区	13.30	50.10
新会区	6.39	6.04
台山市	2.70	4.27
开平市	3.68	4.01
鹤山市	2.49	4.89
恩平市	1.68	3.34

表131：

卫生事业发展情况

(2016年)

单位：个/张/人

指　　标	全市	市直	蓬江	江海	新会	台山	开平	鹤山	恩平
一、卫生机构数	1590	34	164	85	256	367	242	223	219
其中：医院	41	7	2	2	11	4	7	4	4
二、卫生机构床位数	21329	5894	1694	468	4105	3360	2869	1697	1242
其中：医院	15487	5329	1080	428	3078	1524	2305	986	757
三、卫生机构人员数	32990	7801	2444	914	6560	5457	4346	3192	2276
其中：医院	18215	6111	784	485	3692	2184	2687	1246	1026
其中：卫生技术人员	27353	6390	2120	777	5475	4628	3504	2655	1804
# 执业（助理）医师	9298	1923	780	291	1954	1505	1151	1022	672
执业医师	7543	1886	597	238	1581	1095	949	763	434
执业助理医师	1755	37	183	53	373	410	202	259	238
注册护士	11892	3159	889	349	2257	1952	1577	1078	631
药师（士）	1830	323	150	59	357	274	275	226	166
技师（士）	1275	312	69	32	223	220	179	129	111
其他卫生技术人员	3058	673	232	46	684	677	322	200	224

注：本表医院数不包含卫生院。

表132：

文化事业发展情况

(2016年)

单位：个/张/人

指　标	单 位	全 市	市直蓬江江海	新会	台山	开平	鹤山	恩平
一、 广播电视台数	个	6	1	1	1	1	1	1
广播电台节目套数	套	7	2	1	1	1	1	1
广播全年播出时间	时	48528	13130	6380	6570	8760	7118	6570
广播覆盖率	%	100	100	100	100	100	100	100
电视台节目套数	套	10	3	2	1	2	1	1
电视全年播放时间	时	52761	18738	7090	1997	15431	6585	2920
无线电视覆盖率	%	100	100	100	100	100	100	100
二、 公共图书馆	间	8	3	1	1	1	1	1
公共图书馆藏书	万册	269.3	113.14	57.25	25.34	21.21	24.6	27.8
图书流通人数	万人次	160.7	26.74	80	17.23	17.26	9.5	10
图书外借册次	万册次	115.5	42.3	23.2	20.93	8	9.5	11.6
阅览室座席数	个	2389	1140	158	260	383	182	266
群众文化艺术馆	间	8	3	1	1	1	1	1
文化站	个	74	9	11	18	15	10	11
三、 博物馆	个	6	1	1	1	1	1	1
收藏品件数	件	63472	36391	5269	7122	5398	4142	5150
其中：一级品	件	5	1	4	0	0	0	0

表133：

各类学校情况（一）

(2016年)

项　　目	单位	全市	市直	蓬江	江海	新会	台山	开平	鹤山	恩平
一、普通中学										
学校数	所	188	8	21	11	39	38	30	17	24
在校学生数	人	208611	12893	22719	10439	44358	35751	40672	21534	20245
教职工人数	人	10385	777	1116	223	1399	2281	2660	789	1140
其中：专任教师	人	9562	717	1094	212	1291	2058	2413	755	1022
二、 小学										
学校数	所	316	0	45	16	65	53	56	42	39
在校学生数	人	313894	2822	57142	21234	62125	49817	53513	35284	31957
教职工人数	人	14682	0	2501	695	2798	2548	2748	1619	1773
其中：专任教师	人	13877	0	2493	676	2768	2327	2471	1551	1591
三、 幼儿教育										
学校数	所	552	16	92	39	137	68	89	73	38
在校学生数	人	144031	6073	20330	8301	24719	24457	26643	20029	13479
教职工人数	人	16345	812	2867	1117	3202	2350	2498	2276	1223
其中：专任教师	人	8952	447	1420	545	1703	1421	1513	1181	722
四、升学率、入学率										
小学学龄儿童入学率	%	100.00	100.00	100.00	100.00	100.00	100.00	100.00	100.00	100.00
小学升学率	%	100.00	100.00	100.00	100.00	100.00	100.00	100.00	100.00	100.00
初中适龄少年入学率	%	100.00	100.00	100.00	100.00	100.00	100.00	100.00	100.00	100.00
初中升学率	%	98.79	99.94	100.00	100.00	98.97	97.57	98.88	98.86	96.10
高中升学率	%	91.45	100.00	93.82	98.76	85.91	80.99	93.97	99.64	78.49

表134：各类学校情况(二)

项目	单位	全市	市直	蓬江	江海	新会	台山	开平	鹤山	恩平
一、高等院校（全日制）										
学校数	所	3	3							
在校学生数	人	40055	40055							
教职工人数	人	2259	2259							
其中：专任教师	人	1840	1840							
二、中等职业教育学校										
学校数	所	37	9	4		5	7	6	2	4
在校学生数	人	69148	29715	557		10823	6774	4496	3024	1797
教职工人数	人	3370	1061	106		605	448	390	191	167
其中：专任教师	人	2994	949	86		531	402	355	177	156
1、普通中等专业学校										
学校数	所	21	7	2		2	4	3	1	2
在校学生数	人	16946	15942				1004			
教职工人数	人	579	538				41			
其中：专任教师	人	516	482				34			
2、成人中等专业学校										
学校数	所	1				1				
在校学生数	人	4042				4042				
教职工人数	人	248				248				
其中：专任教师	人	219				219				
3、技工学校										
学校数	所	3	1			1	1			
在校学生数	人	25917	7755			4207	1993			
教职工人数	人	902	220			182	98			
其中：专任教师	人	763	182			156	87			
4、职业高中										
学校数	所	12	1	2	0	1	2	3	1	2
在校学生数	人	22243	6018	557	0	2574	3777	4496	3024	1797
教职工人数	人	1641	303	106	0	175	309	390	191	167
其中：专任教师	人	1496	285	86	0	156	281	355	177	156

表135：

园林绿化情况

（2016年）

指　标	单　位	全 市	市 区	台 山	开 平	鹤 山	恩 平
城区面积	平方公里	920.40	566.00	33.00	152.00	81.40	88.00
其中:建成区	平方公里	281.29	152.00	30.50	33.46	26.92	38.41
建成区绿化覆盖率	%	41.96	44.08	35.41	44.92	33.64	42.01
建成区绿地率	%	38.77	42.12	30.61	40.10	29.77	37.17
绿化覆盖面积	公顷	18346.43	12493.41	1745.90	1502.88	945.64	1658.60
其中：建成区	公顷	11801.79	6699.87	1079.96	1502.88	905.48	1613.60
园林绿地面积	公顷	17858.48	12157.98	1814.38	1341.66	900.61	1643.85
其中：建成区	公顷	10905.97	6401.75	933.55	1341.66	801.31	1427.70
公园绿地面积	公顷	3804.25	2385.72	360.50	393.33	347.70	317.00
人均公园绿地面积	平方米	17.8	17.78	19.53	14.22	22.79	17.47
公园个数	个	161	107	14	12	12	16
公园面积	公顷	3546.44	2344.23	257.70	297.45	312.61	334.45

表136： 全市环境保护情况

指　　标	计量单位	2016年
可吸入颗粒物浓度年均值	毫克/立方米	0.055
二氧化硫浓度年均值	毫克/立方米	0.012
二氧化氮浓度年均值	毫克/立方米	0.034
集中式饮用水水源地水质达标率	%	100
近岸海域功能区水质达标率	%	100
区域环境噪声平均值	dB(A)	56.6
交通干线噪声平均值	dB(A)	69.96
工业废水排放量	亿立方米	0.92
工业二氧化硫产生量	吨	88110
工业二氧化硫排放量	吨	12204
工业烟（粉）尘去除量	吨	1413612
工业烟（粉）尘排放量	吨	9728
一般工业固体废物综合利用率	%	84.84
危险废物处置率	%	77.39
污水集中处理率	%	91.19
生活垃圾无害化处理率	%	100
空气质量达到及好于二级的天数	天	309

表137：全市社会保险情况

项　目	单位	2016年
社会保险基金收入	万元	1308236
其中：基本医疗保险	万元	476640
企业养老保险	万元	672903
城镇职工基本养老保险参保人数	人	1935710
农村社会养老保险参保人数	人	1560060
城乡基本医疗保险参保人数	人	3826387
失业保险参保人数	人	768675
工伤保险参保人数	人	840582
生育保险参保人数	人	806710
年末领取养老金的离休、退休人数	人	282902
城镇居民最低生活保障标准	元	600
农村居民最低生活保障标准	元	500 - 600

表138：全市社会福利情况

项　目	单位	2016年
社会福利院	间	6
社会福利院床位数	张	2954
社区服务设施数	个	3780
福利院入住人数	人	1303
敬老院	间	69
敬老院供养人数	人	2381
敬老院床位数	张	7252
年末低保对象户数	户	28698
其中：城镇	户	4627
年末低保对象人数	人	58635
其中：城镇	人	8335
离退休人员	人	2914

·责任编辑　黄晓益·

文献法规专载

Literature regulation

江门市人民政府令《江门市海上丝绸之路文化遗产保护办法》已经2016年8月30日江门市人民政府第十四届101次常务会议审议通过，现予公布，自2016年10月1日起施行。

江门市海上丝绸之路文化遗产保护办法

第一条　为了加强“海上丝绸之路·江门史迹”相关文化遗产的保护和管理，根据《中华人民共和国文物保护法》《中华人民共和国文物保护法实施条例》和《广东省实施〈中华人民共和国文物保护法〉办法》等有关法律法规，结合本市实际，制定本办法。

第二条　本办法所指的江门市海上丝绸之路文化遗产，是指“海上丝绸之路·江门史迹”相关文化遗产，包括上川贸易岛（含台山广海卫城城墙和紫花岗烽火台、紫花岗摩崖石刻、大洲湾遗址、方济各·沙勿略墓园、新地村天主堂遗址等）、新会官冲窑址和“南海Ⅰ号”水下文物保护区（台山水域）等。

第三条　本办法适用于本市海上丝绸之路文化遗产的保护、管理和利用。

第四条　海上丝绸之路文化遗产的保护，应当坚持保护为主、加强管理、合理利用的原则，保持其真实性和完整性。

第五条　市人民政府负责本行政区域内的海上丝绸之路文化遗产保护工作，组织、协调相关职能部门依照法定职责，做好海上丝绸之路文化遗产保护工作。

海上丝绸之路文化遗产所在地的县级人民政府负责本辖区内的海上丝绸之路文化遗产保护工作，依法树立标志说明牌，明确海上丝绸之路文化遗产管理责任单位和责任人，建立日常巡查、现场保护联动制度。

海上丝绸之路文化遗产所在地的镇人民政府（街道办事处）在县级文物行政主管部门的指导下开展安全检查和现场保护等海上丝绸之路文化遗产保护工作。

第六条　市文物行政主管部门负责本市海上丝绸之路文化遗产保护的监督管理工作，组织实施本办法。

县级文物行政主管部门负责本辖区内海上丝绸之路文化遗产保护的日常监督和检查工作，建立文物保护员制度。

发展改革、财政、民族宗教、城乡规划、国土资源、住房城乡建设、林业、环境保护、水行政、海洋渔业、旅游、教育、科技、工商、公安等主管部门在各自职责范围内共同做好海上丝绸之路文化遗产的保护工作。

第七条　海上丝绸之路文化遗产所在地的县级文物行政主管部门设立海上丝绸之路文化遗产保护专家咨询委员会。海上丝绸之路文化遗产保护专家咨询委员会的组成和工作制度，由海上丝绸之路文化遗产所在地的县级文物行政主管部门另行制定并向社会公布。

第八条　市、县级人民政府应当将本行政区域内的海上丝绸之路文化遗产保护纳入本级国民经济和社会发展规划，所需经费列入本级财政预算。

第九条　鼓励公民、法人和其他组织通过捐资、捐赠、担任文物保护志愿者等方式参与海上丝绸之路文化遗产的保护工作。

鼓励公民、法人和其他组织依法成立海上丝绸之路文化遗产保护社会基金，向海上丝绸之路文化遗产保护社会基金捐赠的款物专门用于海上丝绸之路文化遗产保护。海上丝绸之路文化遗产保护社会基金的募集、使用和管理，依照有关法律法规的规定执行。

第十条　市、县级人民政府应当组织开展本辖区海上丝绸之路文化遗产的研究和宣传，弘扬海上丝绸之路历史文化。

教育行政主管部门应当向中小学普及海上丝绸之路相关的历史文化和史迹保护知识。

第十一条　市、县级人民政府应当加强同有关地区、国家和国际组织的交流与合作，开展促进海上丝绸之路文化遗产保护的相关活动。

第十二条　任何单位和个人都有保护海上丝绸之路文化遗产的义务，有权举报、制止损坏海上丝绸之路文化遗产的行为。

对海上丝绸之路文化遗产保护管理工作做出突出贡献的单位或者个人，由当地人民政府或者相关文物行政主管部门给予表彰和奖励。

第十三条　海上丝绸之路文化遗产所在地的县级人民政府应当结合本地实际，组织编制海上丝绸之路文化遗产保护规划并依法报批实施。

海上丝绸之路文化遗产保护规划应当符合世界文化遗产保护管理的有关要求，明确保护管理主体、保护范围和建设控制地带，以及分级管理措施。保护范围和建设控制地带的划定，应当符合世界文化遗产核心区和缓冲区的保护要求。

保护规划的相应内容应当列入城乡建设规划。

经批准后的保护规划，不得擅自更改；如因情况变化确需更改的，应当报经原批准机关批准。

第十四条　在海上丝绸之路文化遗产保护范围内不得进行其他建设工程或者爆破、钻探、挖掘等作业。因特殊情况需要在文化遗产保护范围内进行其他建设工程或者爆破、钻探、挖掘等作业的，必须保证文化遗产的安全，并按照《中华人民共和国文物保护法》规定程序报批。

在海上丝绸之路文化遗产的建设控制地带内进行工程建设，不得破坏文化遗产的历史风貌；工程设计方案应当根据文化遗产的级别，经相应的文物行政主管部门同意后，报城乡建设规划部门批准。建筑物、构筑物的风格、色调和高度应当与文化遗产的历史风貌和周边环境相协调。

第十五条　实施文物的保养维护工程、抢险加固工程、修缮工程、保护性设施建设工程、迁移工程等工程的，应当按照《中华人民共和国文物保护法》和《文物保护工程管理办法》相关规定执行。

第十六条　禁止在海上丝绸之路文化遗产保护范围内实施以下行为：

（一）刻划、涂污、损坏文物以及损坏文物保护设施的；

（二）擅自进行取土、葬坟、采石、捞沙、建窑、采矿、毁林的；

（三）擅自迁移、拆除不可移动文物的；

（四）擅自修缮不可移动文物，明显改变文物原状的；

（五）违法排放污水、废气和其他污染物的；

（六）其他可能影响海上丝绸之路文化遗产安全及其环境的活动。

第十七条　海上丝绸之路文化遗产所在地的县级人民政府应当做好生态环境保护，防止生态破坏、水土流失和水资源污染，不得损害或者破坏海上丝绸之路文化遗产原生态资源；逐步将海上丝绸之路文化遗产周边第一重山范围内林木林地纳入生态公益林管理，对林权所有者应当依法给予补偿。

第十八条　海上丝绸之路文化遗产所在地的县级人民政府对不符合海上丝绸之路文化遗产相关保护规划的建筑物、构筑物应当逐步整改、迁建或者依法拆除，造成所有权人或者使用权人经济损失的，应当依法给予补偿；对周边的景观、植被等造成破坏的，应当责令相关责任人及时修复。

第十九条　在海上丝绸之路文化遗产保护范围内的文物遗迹应当实施原址保护；发现、出土的文物，应当交相应的文物行政主管部门或者其指定的国有文物收藏单位收藏。

第二十条　海上丝绸之路文化遗产所在地的县级文物行政主管部门应当加强对本辖区内的海上丝绸之路文化遗产的巡查监督管理力度，及时制止各种违法行为，对存在严重安全隐患的文物建筑及时采取措施进行维修，在存在安全隐患的文化遗产周边区域设置安全警示标志。县级文物行政主管部门可以根据文物保护单位的抢救、修缮、安全设施建设等需要向本级人民政府和上级文物行政主管部门申请专项经费。

第二十一条　海上丝绸之路文化遗产所在地的县级文物行政主管部门应当对本行政区域内的海上丝绸之路文化遗产作出详细台账记录，并报市文物行政主管部门备案。

第二十二条　市人民政府每年对本市海上丝绸之路文化遗产的文物保存状况进行一次检查评估，县级人民政府每年对本辖区的海上丝绸之路文化遗产的文物保存状况进行一次自查评估并将自查评估结果报市人民政府。

第二十三条　海上丝绸之路文化遗产属国有不可移动文物的，由使用人负责修缮、保养；属非国有不可移动文物的，由所有人负责修缮、保养。非国有不可移动文物有损毁危险，所有人不具备修缮能力的，当地人民政府应当给予帮助；所有人具备修缮能力而拒不依法履行修缮义务的，县级以上人民政府可以给予抢救修缮，所需费用由所有人负担。

第二十四条　海上丝绸之路文化遗产所在地的县级文物行政主管部门应当制定海上丝绸之路文化遗产保护应急预案。

发生危及海上丝绸之路文化遗产安全的突发事件时，海上丝绸之路文化遗产所在的县级人民政府及其文物行政主管部门应当立即采取必要的控制措施，依照相关法律法规及海上丝绸之路文化遗产保护应急预案开展应急保护救援工作，并同时向上级人民政府和上级文物行政主管部门报告。

第二十五条　制作出版物、音像制品等需要拍摄海上丝绸之路文化遗产馆藏文物的，制作电影、电视、录像、广告以及其他音像制品需要拍摄文物保护单位或者使用其进行演出的，文物管理者应当与其签订协议，约定文物保护措施。

第二十六条　海上丝绸之路文化遗产属国有不可移动文物的，不得转让、抵押。建立博物馆、保管所或者辟为参观游览场所的国有文物保护单位，不得作为企业资产经营。

利用海上丝绸之路文化遗产作其他用途的，按照《中华人民共和国文物保护法》相关规定程序报批。

第二十七条　海上丝绸之路文化遗产的保护管理单位可以结合本地海上丝绸之路文化遗产的地方特色，通过文化内涵挖掘展示、文化创意产品开发、参观旅游服务等方式进行保护利用。鼓励和支持设立展示和传播江门市海上丝绸之路文化的博物馆和陈列馆等。

展示与配套设施的设置应当与其整体环境、历史氛围和文化属性相协调。

海上丝绸之路文化遗产的利用应当尊重当地的宗教习俗和民间风俗，不得危及文化遗产安全，不得破坏文化遗产及其周边环境的真实性和完整性。

第二十八条　鼓励和支持高等院校、科研机构或者个人开展海上丝绸之路文化遗产保护的科学研究，提高海上丝绸之路文化遗产的科研水平。

鼓励和支持社会组织和个人开展海上丝绸之路文化遗产保护和合理利用的合作与交流。

第二十九条　相关行政管理部门及其工作人员、海上丝绸之路文化遗产保护管理责任人违反本办法规定，有下列行为之一的，对负有责任的主管人员和其他直接责任人员依法给予处分：

（一）未树立标志说明牌的；

（二）未建立日常巡查、现场保护联动制度的；

（三）未明确海上丝绸之路文化遗产保护管理责任单位和责任人的；

（四）未组织编制或者未按法定程序变更海上丝绸之路文化遗产保护规划的；

（五）未建立海上丝绸之路文化遗产台账记录的；

（六）未制定海上丝绸之路文化遗产保护应急预案的；

（七）发现破坏海上丝绸之路文化遗产的违法行为不予查处的。

第三十条　违反本办法规定，有下列行为之一，尚不构成犯罪的，由县级以上人民政府文物行政主管部门责令改正，造成严重后果的，处五万元以上五十万元以下的罚款；情节严重的，由原发证机关吊销资质证书：

（一）擅自在海上丝绸之路文化遗产保护范围内进行其他建设工程或者爆破、钻探、挖掘等作业的；

（二）擅自迁移、拆除不可移动文物的；

（三）擅自修缮不可移动文物，明显改变文物原状的。

违反本办法第十六条第一项规定，刻划、涂污、损坏文物尚不严重的，或者损坏文物保护单位标志的，由公安机关给予警告，可以并处二百元以下罚款；

违反本办法第十六条第二项、第五项、第六项规定的，由有关行政主管部门依照各自职责分工，依法给予行政处罚；构成犯罪的，依法追究刑事责任。

第三十一条　本办法自2016年10月1日起施行。

2016年江门市人民政府文件选目

江府〔2016〕1号	江门市人民政府关于印发2016年政府工作责任落实清单的通知
江府〔2016〕2号	江门市人民政府关于促进江门教育优质均衡发展的若干意见
江府〔2016〕3号	江门市人民政府关于颁发2015年度江门市科学技术奖的通报
江府〔2016〕5号	江门市人民政府关于印发江门市主体功能区规划的通知
江府〔2016〕6号	江门市人民政府关于完善体制机制加快建设人才强市的若干意见
江府〔2016〕7号	江门市人民政府关于印发《江门市促进社会办医加快发展若干政策措施（试行）》的通知
江府〔2016〕8号	江门市人民政府关于2015年度人口与计划生育目标管理责任制考评情况的通报
江府〔2016〕10号	江门市人民政府转发广东省人民政府关于大力推进大众创业万众创新的实施意见的通知
江府〔2016〕11号	江门市人民政府关于印发加快推进残疾人小康进程实施方案的通知
江府〔2016〕12号	江门市人民政府关于印发江门市供给侧结构性改革“1+5”行动方案及第一批供给侧改革去降补（六新六去）工作清单的通知
江府〔2016〕13号	江门市人民政府关于印发《江门市水污染防治行动计划实施方案》的通知
江府〔2016〕14号	江门市人民政府关于印发《江门市国家森林城市建设总体规划（2015-2024年）》的通知
江府〔2016〕15号	江门市人民政府关于印发《珠三角（江门）国家自主创新示范区建设实施方案（2016-2020年）》的通知
江府〔2016〕17号	江门市人民政府关于印发《江门市国民经济和社会发展第十三个五年规划纲要》的通知
江府〔2016〕19号	江门市人民政府关于印发《江门市关于加快构建现代公共文化服务体系的实施方案》的通知
江府〔2016〕20号	江门市人民政府关于实行中期财政规划管理的实施意见
江府〔2016〕21号	江门市人民政府关于印发江门市中华白海豚自然保护区管理办法的通知
江府〔2016〕22号	江门市人民政府印发《江门市关于进一步加快民营经济发展的若干措施》的通知
江府〔2016〕23号	江门市人民政府关于印发江门市投资准入负面清单（2016年本）的通知
江府〔2016〕24号	江门市人民政府关于聘请五邑侨智库侨界专家委员会委员、学术专家委员会委员的决定
江府〔2016〕25号	江门市人民政府关于印发《江门市人民政府加快民办教育发展的措施（试行）》的通知
江府〔2016〕26号	江门市人民政府关于贯彻落实机关事业单位工作人员养老保险制度改革的通知
江府〔2016〕27号	江门市人民政府关于印发江门市全民健身实施计划（2016－2020年）的通知
江府〔2016〕28号	江门市人民政府关于印发《江门市商事主体住所（经营场所）登记管理暂行办法》的通知

江府办〔2016〕2号	江门市人民政府办公室关于印发江门市政府投资基金管理暂行办法的通知
江府办〔2016〕4号	江门市人民政府办公室关于印发《江门市粮食安全责任考核办法》的通知
江府办〔2016〕5号	江门市人民政府办公室关于印发《江门市城乡规划局主要职责内设机构和人员编制规定》的通知
江府办〔2016〕6号	江门市人民政府办公室关于印发清理规范市政府部门行政审批中介服务工作方案的通知
江府办〔2016〕8号	江门市人民政府办公室关于印发《江门市新材料新能源及装备产业集群推进工作方案》的通知
江府办〔2016〕9号	江门市人民政府办公室关于印发《江门市重卡和商用车产业集群推进工作方案》的通知
江府办〔2016〕10号	江门市人民政府办公室关于印发《中欧（江门）中小企业国际合作区建设推进工作方案》的通知
江府办〔2016〕11号	江门市人民政府办公室关于印发《江门市轨道交通产业集群建设推进工作方案》的通知
江府办〔2016〕12号	江门市人民政府办公室关于印发《江门市集中集约用海规划》的通知
江府办〔2016〕13号	江门市人民政府办公室关于印发《江门市大健康产业集群推进工作方案》的通知
江府办〔2016〕14号	江门市人民政府办公室关于印发《江门市文化强市建设工作纲要（2016—2020年）》的通知
江府办〔2016〕15号	江门市人民政府办公室关于计量发展规划“十三五”期间的实施意见
江府办〔2016〕16号	江门市人民政府办公室关于印发江门市整合建立统一的公共资源交易平台实施方案的通知
江府办〔2016〕17号	江门市人民政府办公室关于印发《关于加快农村产权流转管理服务平台建设的实施意见》的通知
江府办〔2016〕18号	江门市人民政府办公室关于印发《江门市教育装备产业集群推进工作方案》的通知
江府办〔2016〕20号	江门市人民政府办公室关于印发江门市2016年度政府规范性文件制定计划的通知
江府办〔2016〕21号	江门市人民政府办公室关于印发江门市2016年度政府规章制定计划的通知
江府办〔2016〕26号	江门市人民政府办公室关于印发实施江门市市区低收入家庭优惠措施的通知
江府办〔2016〕27号	江门市人民政府办公室关于印发《江门市法制局主要职责内设机构和人员编制规定》的通知
江府办〔2016〕28号	江门市人民政府办公室关于印发《江门市简化优化公共服务流程方便基层群众办事创业工作方案》的通知
江府办〔2016〕30号	江门市人民政府办公室关于印发江门市“大民政”综合保障体系建设“十三五”规划的通知
江府办〔2016〕32号	江门市人民政府办公室关于印发江门市乡村教师支持计划具体实施办法（2015-2020年）的通知
江府办〔2016〕34号	江门市人民政府办公室关于印发江门市政务公开重点工作任务分工及进度安排方案的通知
江府办〔2016〕35号	江门市人民政府办公室转发广东省人民政府办公厅转发国务院办公厅关于在政务公开工作中进一步做好政务舆情回应的通知
江府办〔2016〕36号	江门市人民政府办公室关于印发《江门市海洋经济发展“十三五”规划》的通知
江府办〔2016〕37号	江门市人民政府办公室关于印发江门市水务发展“十三五”规划的通知

江府办〔2016〕38号	江门市人民政府办公室关于进一步完善江门市职工基本医疗保险普通门诊统筹的意见
江府办〔2016〕39号	江门市人民政府办公室关于印发江门市食品药品安全“十三五”规划的通知
江府办〔2016〕40号	江门市人民政府办公室关于印发江门市文化发展“十三五”规划的通知
江府办〔2016〕41号	江门市人民政府办公室关于印发《江门市生态环保“十三五”规划》的通知
江府办〔2016〕42号	江门市人民政府办公室关于印发江门市卫生计生事业“十三五”发展规划的通知
江府办〔2016〕43号	江门市人民政府办公室关于印发江门市综合交通运输体系发展“十三五”规划的通知
江府办〔2016〕44号	江门市人民政府办公室关于印发《江门市科学技术发展“十三五”规划》的通知
江府办〔2016〕45号	江门市人民政府办公室关于印发江门市教育事业发展“十三五”规划的通知
江府办〔2016〕46号	江门市人民政府办公室关于印发《江门市农产品“三品一标”认证奖励办法》的通知
江府办〔2016〕47号	江门市人民政府办公室关于印发《江门市安全生产“十三五”规划》的通知
江府办〔2016〕48号	江门市人民政府办公室关于印发《江门市消防工作“十三五”规划》的通知
江府办〔2016〕49号	江门市人民政府办公室关于印发《江门市大健康产业发展“十三五”规划》的通知
江府办〔2016〕50号	江门市人民政府办公室关于印发《江门市能源发展“十三五”规划》的通知
江府办〔2016〕51号	江门市人民政府办公室关于印发《江门市开放型经济发展“十三五”规划》的通知
江府办〔2016〕52号	江门市人民政府办公室关于印发《江门市新型城镇化“十三五”规划》的通知
江府办〔2016〕53号	江门市人民政府办公室关于印发《江门市服务业发展“十三五”规划》的通知
江府办〔2016〕54号	江门市人民政府办公室关于印发《江门市工业转型升级“十三五”规划》的通知
江府办函〔2016〕3号	江门市人民政府办公室关于印发江门市政府网站考评实施细则的通知
江府办函〔2016〕8号	江门市人民政府办公室关于印发《江门市迎接国家卫生城市复审工作方案》的通知
江府办函〔2016〕16号	江门市人民政府办公室关于印发江门市全面深化县级公立医院综合改革若干意见的通知
江府办函〔2016〕30号	江门市人民政府办公室关于印发2016年度江门市人民政府常务会议学法计划的通知
江府办函〔2016〕45号	江门市人民政府办公室关于对市区企业在全国中小企业股份转让系统、天津股权交易所和香港H股上市给予奖励的通知
江府办函〔2016〕47号	江门市人民政府办公室关于印发《江门市创建法治政府示范区工作方案》的通知
江府办函〔2016〕59号	江门市人民政府办公室关于延长《江门市市区住宅专项维修资金管理实施细则》有效期的通知
江府办函〔2016〕66号	江门市人民政府办公室关于印发2016年以市政府名义召开的全市性会议计划的通知
江府办函〔2016〕82号	江门市人民政府办公室关于全市粮食安全责任考核情况的通报
江府办函〔2016〕84号	江门市人民政府办公室关于印发《江门市进一步落实食品安全属地管理责任实施方案》的通知
江府办函〔2016〕92号	江门市人民政府办公室关于印发江门市深化供销合作社综合改革工作实施方案的通知
江府办函〔2016〕93号	江门市人民政府办公室关于印发江门市2016年慈善公益活动方案的通知
江府办函〔2016〕101号	江门市人民政府办公室转发市推进职能转变协调小组关于2016年江门市推进简政放权放管结合优化服务转变政府职能的工作要点的通知
江府办函〔2016〕104号	江门市人民政府办公室关于印发江门市2016年度政府网站考评方案的通知

江府办函〔2016〕120号	江门市人民政府办公室关于印发江门市2016年依法行政工作要点的通知
江府办函〔2016〕122号	江门市人民政府办公室关于进一步加强全市分市县住户调查工作的通知
江府办函〔2016〕124号	江门市人民政府办公室关于印发2016年江门市食品安全重点工作安排的通知
江府办函〔2016〕127号	江门市人民政府办公室关于印发江门市贯彻落实省府办公厅2016年政务公开工作要点分工方案的通知
江府办函〔2016〕130号	江门市人民政府办公室关于印发广东省网上办事大厅江门分厅建设2016年工作方案的通知
江府办函〔2016〕134号	江门市人民政府办公室关于印发江门市城市公立医院综合改革实施方案的通知
江府办函〔2016〕142号	江门市人民政府办公室关于印发江门市加强传染病防治人员安全防护实施方案的通知
江府办函〔2016〕173号	江门市人民政府办公室关于印发江门市城市地下综合管廊建设实施方案的通知
江府办函〔2016〕177号	江门市人民政府办公室关于印发江门市进一步促进旅游投资和消费实施方案的通知
江府办函〔2016〕181号	江门市人民政府办公室关于印发《江门市畜禽养殖污染综合整治工作方案》的通知
江府办函〔2016〕183号	江门市人民政府办公室关于印发落实质量强省推进质量强市工作方案的通知
江府办函〔2016〕196号	江门市人民政府办公室关于印发《江门市年度食品安全工作评议考核办法》的通知
江府办函〔2016〕220号	江门市人民政府办公室转发广东省人民政府办公厅关于修订重点领域信息公开专栏建设规范的通知
江府办函〔2016〕221号	江门市人民政府办公室关于做好江门市2017年无偿献血工作的通知
江府办函〔2016〕222号	江门市人民政府办公室关于印发江门市加快推进分级诊疗制度建设实施方案的通知
江府办函〔2016〕247号	江门市人民政府办公室关于印发《江门市成品油市场综合整治工作方案》的通知

附 录

Appendix

表139：　　2016年全市旅行社一览表

序号	许可证编号	组团社资质	旅行社名称	地址	电话
1	L-GD-CJ00121	出境游	江门市大方旅游国际旅行社有限公司	江门市白沙大道西6号	3502888
2	L-GD-CJ00122	出境游	江门市中国旅行社	江门市跃进路长乐里28号	3288880
3	L-GD-CJ00125	出境游	江门市国旅国际旅行社	江门市白沙大道西2号	3066333
4	L-GD-CJ00159	出境游	江门市飞扬国际旅行社有限公司	江门市建设路49号-10	3271122
5	L-GD-CJ00191	出境游	江门市春秋国际旅行社有限公司	新会区会城侨光北路28号126-128	6333333
6	L-GD-CJ00305	出境游	江门市交通国际旅行社有限公司	江门建设路42号	3270288
7	L-GD-CJ00354	出境游	江门市山水国际旅行社有限公司	江门市建设一路57号之三	3222816
8	L-GD-CJ00355	出境游	江门市中青国际旅行社有限公司	江门市聚德街22幢首层1-2 A-C	3912623
9	L-GD-CJ00362	出境游	江门市欢乐旅行社有限责任公司	江门市蓬莱路28号	3338628
10	L-GD-CJ00363	出境游	江门市时尚国际旅行社有限公司	新会区会城明庆路18号1座109	6109099
11	L-GD-CJ00364	出境游	开平市中国旅行社有限公司	开平市长沙文新路1号	2216608
12	L-GD00224	国内游	鹤山市中国旅行社	鹤山市沙坪镇北湖路1号	8833168
13	L-GD00225	国内游	江门市新会区海外旅游有限公司	新会区冈州大道中20号	6666668
14	L-GD00226	国内游	开平市广旅国际旅行社有限公司	开平市长沙东路3号地下第3卡	2212580
15	L-GD00227	国内游	恩平恩之旅旅行社有限公司	恩平市东门广场B座七号之一	7738289
16	L-GD00228	国内游	江门市星汇国际旅行社有限公司	江门市新会区会城东庆北路30号104	6339955
17	L-GD00231	国内游	江门市开心国际旅行社有限公司	新会区冈州大道71号二楼	6622777
18	L-GD00232	国内游	江门市教育旅行社有限公司	江门市白沙大道西16	3322999
19	L-GD00235	国内游	台山市川岛国际旅行社有限公司	台山市台城镇平湖路2号	5518228

20	L-GD00236	国内游	台山市中侨旅行社有限公司	台山市台城镇南门路 117 号地下	5528666
21	L-GD00237	国内游	江门市青年旅行社有限责任公司	江门市建设路 30 号	3276688
22	L-GD00238	国内游	江门广之旅旅行社有限公司	江门市白沙大道西 23 号首层	3501888
23	L-GD00240	国内游	江门白云旅行社有限公司	江门市跃进路 100 号首层	3271798
24	L-GD00242	国内游	江门市风光假期国际旅行社有限公司	新会区冈州大道东 50 号 101	6662333
26	L-GD00244	国内游	江门市阳光假期国际旅行社有限公司	新会区募兴路 20 号 103	6654555
27	L-GD00246	国内游	江门市假日旅行社有限公司	江门市美景路 9 号 101	3084488
28	L-GD00247	国内游	江门市新会方健旅行社有限公司	新会区会城东庆北路 5 号 3 座 101	6962222
29	L-GD00249	国内游	江门市新会理想国际旅行社有限公司	新会区会城侨兴北路 2 号 101	6337777
30	L-GD00250	国内游	广东中旅（江门）旅行社	江门市白沙大道 5 号	3502288
31	L-GD00252	国内游	开平市印象碉楼旅行社有限公司	开平市曙光东路城市广场 110-112	2225111
32	L-GD00253	国内游	江门市新浪国际旅行社有限公司	江门市新会区会城冈州大道中 52 号 107	6969700
33	L-GD00254	国内游	台山市乐途旅行社	台山市台城镇石花路科学馆内	5552788
34	L-GD00255	国内游	恩平市星晖旅行社有限公司	恩平市恩城飞鹅路经委飞鹅新村第六幢首层 2 卡	7187558
35	L-GD00256	国内游	江门市华厦国际旅行社有限公司	新会区会城圭峰路 3 号	6171111
36	L-GD00258	国内游	恩平市泉之旅旅行社	恩平市桥峰路 48 号金汇豪庭 1 号	7738788
37	L-GD00260	国内游	鹤山市八方商旅旅行社有限公司	鹤山市址山镇人民南路 98 号二楼	8412168
38	L-GD00261	国内游	鹤山市春秋假日旅行社有限公司	鹤山市沙坪镇前进路 28 号首层	8833872
39	L-GD00893	国内游	台山市启程国际旅行社有限公司	台山市台城镇海园华侨新村 47 号	5559997
40	L-GD00959	国内游	江门乐行国际旅行社有限公司	开平市幕沙路 63 号 102	2235336

41	L-GD00960	国内游	台山市乐行旅行社有限公司	台山市石花公园 26 号	5552666
42	L-GD01014	国内游	江门四海国际旅行社	江门白沙大道西 32 号之一	3098702
43	L-GD01047	国内游	台山市枫叶国际旅行社有限公司	台山市台城镇桔园路 3 号	5531177
44	L-GD01087	国内游	台山市粤游旅行社	台山市台城镇台海路 99 号 105	5552991
45	L-GD01229	国内游	台山中国旅行社	台山市台城镇通济路 1 号	5528788
46	L-GD01233	国内游	台山市侨城国际旅行社有限公司	台山市台城桔园路 3 号副楼	5515111
47	L-GD01327	国内游	江门市新会区华航国际旅行社有限公司	江门市新会区会城中心南路 37 号 112	6960005
48	L-GD01351	国内游	江门市康怡国际旅行社有限公司	江门市新会区冈州大道中 6 号 103	6969898
49	L-GD01429	国内游	台山市金铧国际旅行社有限公司	台山市台城健康路 7 号 102	5555306
50	L-GD01509	国内游	台山市名峰国际旅行社有限公司	台山市台城环北大道 49 号 102 房	5555581
51	L-GD01526	国内游	江门市侨乡国际旅行社有限公司	江门市江海区礼乐文昌花园 118 栋 3 号铺	3618196
52	L-GD01548	国内游	台山市旅游公司	台山市环北大道石花华侨新村 19 号	5525695
53	L-GD01554	国内游	中国国旅（广东江门）旅行社有限公司	江门市白沙大道西 16 号 123 室	3983930
54	L-GD01570	国内游	江门市蓬江区星辰国际旅行社有限公司	江门市建设三路 113 号 15 座二层 203、232 号铺位	3316621
55	L-GD01579	国内游	恩平市锦泉假期旅行社有限责任公司	恩平市美华东路 52 号中澳豪庭詠裕阁 101 号二楼	7772999
56	L-GD01740	国内游	江门市汇侨旅行社有限公司	江门市礼乐新民一路 18 号 1 栋 108、117A 商铺	3986602
57	L-GD01741	国内游	江门市新会区浪漫国际旅行社有限公司	新会区会城中心南路 7 号 117-5 铺	6965996
58	L-GD01935	国内游	江门市邦程旅行社有限公司	江门市蓬江区测贤里 37 号 4-11 二层自编 05 卡	3117777
59	L-GD01999	国内游	江门康辉国际旅行社有限公司	江门市江华一路 38 号	3926333
60	L-GD02008	国内游	鹤山市阳光旅行社有限公司	鹤山市沙坪镇东升路 37 号	8977038

61	L-GD02085	国内游	台山市金盛国际旅行社有限公司	台山市川岛镇上川岛飞沙滩旅游度假区海天路39号一楼1卡	5395777
62	L-GD02100	国内游	江门市江之旅旅行社有限公司	江门市迎宾大道西 50 号 108 室	3718666
63	L-GD02132	国内游	开平市尚游旅行社有限公司	开平市三埠区港口路 88 号 8 幢首层第 4 卡铺位	2161666
64	L-GD02222	国内游	鹤山市畅游旅行社有限公司	鹤山市沙坪镇新华路 191 号	8988921
65	L-GD02236	国内游	鹤山市国通旅行社有限公司	鹤山市沙坪镇新风路 27 号之二	8988985
66	L-GD02313	国内游	台山市川山群岛旅游发展有限公司	台山市川岛镇山咀港港口路 1 号（候客楼）二楼	5381881
67	L-GD02347	国内游	江门市汇信国际旅行社有限公司	江门市港口二路 1 号 1105 室	3303633

表140：　　2016年江门市星级饭店名录

序号	饭店名称	星级	地址	电话
1	江门市逸豪酒店	五	江门市迎宾大道中118号	3928888
2	开平潭江半岛酒店	五	开平市中银路2号	2333333
3	鹤山碧桂园凤凰酒店	五	鹤山市鹤山大道623号	8866388
4	江门丽宫国际酒店	五	江门市东华二路18号	3393388
5	台山碧桂园凤凰酒店	五	台山市台城镇沙岗湖开发区	5688688
6	新会龙泉度假酒店	四	新会区会城圭峰山龙潭景区	6182222
7	江门市荷塘园林大酒店	三	江门市荷塘镇瑞丰路11号	3737888
8	江门市新会区冈州宾馆	三	新会市圭峰路9号	6178888
9	新会新金田酒店	三	新会会城中心路15号	6622228
10	新会爱依华酒店	三	新会区会城镇冈州大道西6号	6703333
11	台山市下川王府洲别墅度假村	三	台山市下川王府洲度假区	5756183
12	台山市帝苑别墅度假村	三	台山市下川王府洲度假区	5757828
13	台山市海角城大酒店	三	台山市铜鼓镇	5983811
14	鹤山市叠翠山庄	三	鹤山市大雁山风景游览区	8820088
15	开平雅致酒店	三	江门开平市长沙曙光东路178号2幢	2290788

表141： 2016年江门市旅游景区（景点）一览表

序号	景区名称	等级
1	东湖公园	
2	白水带风景区	
3	叱石风景区	
4	陈白沙纪念馆	
5	五邑华侨华人博物馆	
6	新会圭峰山风景名胜区	AAAA级景区
7	古兜温泉小镇	AAAA级景区
8	新会小鸟天堂	
9	梁启超故居	国家重点文物保护单位
10	新会陈皮村	
11	崖门古战场文化旅游区	
12	新会古典家具城	AAA级景区
13	川岛旅游度假区	AAAA级景区
14	富丽湾温泉度假村	
15	喜运来温泉	
16	康桥温泉	AAAA级景区
17	台山颐和温泉城	
18	神灶温泉	
19	那琴半岛地质海洋公园	
20	浪琴湾度假村	
21	台山市赤溪镇铜鼓黑沙湾海浴场	
22	台山海角城旅游度假中心	
23	梅家大院	
24	开平碉楼（自力村、马降龙碉楼群、立园为主）	AAAA级景区
25	大雁山风景区	省级森林公园
26	古劳水乡	
27	梁赞故居	
28	双合镇	
29	色色摄影婚纱基地	
30	金山温泉旅游度假区	AAAA级景区
31	锦江温泉	AAAA级景区
32	帝都温泉	
33	泉林黄金小镇	
34	温泉乐园	
35	歇马举人村	中国历史文化名村
36	山泉湾温泉	AAAA级景区
37	33墟街	
38	星光公园	

（市旅游局）

表142： **江门市市级以上非物质文化遗产**

序号	类别	项目名称	申报市、区单位	市级(53项)	省级(27项)	国家级(7项)	备注
1	传统音乐	台山广东音乐	台山市文广新局	江府[2007]12号(2007年4月10日公布)	广东省人民政府粤府[2006]53号	国务院国发[2006]18号	江门市级第一批22项
2		大鳌咸水歌	新会区大鳌镇文化站	同上			
3		开平民歌	开平市文广新局	同上	广东省人民政府粤府[2013]118号		
4	传统舞蹈	荷塘纱龙	蓬江区荷塘镇文化站	同上	广东省人民政府粤府[2007]57号	国务院国发[2008]19号	
5		鹤山狮艺	鹤山市文广新局	同上	广东省人民政府粤府[2007]57号		
6	曲艺	开平卖鸡调	开平市文广新局	同上			
7		恩平木鱼	恩平市文广新局	同上			
8	传统体育、游艺与杂技	蔡李佛拳	新会区文广新局	同上	广东省人民政府粤府[2007]57号	国务院国发[2008]19号	
9		礼乐龙舟	江海区礼乐街道办事处	同上	广东省人民政府粤府[2007]57号		
10		咏春拳	鹤山市文广新局	同上	广东省人民政府粤府[2007]57号		
11	传统技艺	新会葵艺	新会区文广新局	同上	广东省人民政府粤府[2006]53号	国务院国发[2008]19号	
12		白沙茅龙笔制作技艺	江门市非遗中心	同上	广东省人民政府粤府[2007]57号	国务院[2008]19号	
13		新会鱼灯	新会区文广新局	同上			
14		双水山地风筝	新会区双水镇文化站	同上			
15		外海面制作工艺	江海区外海街道办事处	同上			

16		广合腐乳制作技艺	开平市广合腐乳有限公司	同上	广东省人民政府粤府[2012]20号		
17	民俗	台山浮石飘色	台山市文广新局	同上	广东省人民政府粤府[2006]53号	国务院国发[2008]19号	
18	民俗	跳禾楼	台山市文广新局	同上			
19	民俗	打龙船	台山市文广新局	同上			
20	民俗	泮村灯会	开平市文广新局	同上	广东省人民政府粤府[2007]57号	国务院国发[2008]19号	
21	民俗	双水蕉树龙	新会区双水镇岭头村委会	同上			
22	民俗	陈山香火龙习俗	鹤山市文广新局	同上	广东省人民政府粤府[2013]118号		
23	民间文学	崖门海战流传故事	新会区古井镇文化站	江府[2009]9号(2009年3月13日)	广东省人民政府粤府[2009]112号		江门市级第二批18项
24	传统舞蹈	三江龙乡游龙	新会区三江镇文化站	同上			
25	传统舞蹈	司前金龙	新会区司前镇文化站	同上			
26	传统体育、游艺与杂技	台山排球	台山市文化馆	同上			
27	传统体育、游艺与杂技	外海太虚拳	江海区外海街道文化站	同上			
28	传统技艺	古井烧鹅	新会区古井镇文化站	同上			
29	传统技艺	新会古典家具制作技艺	新会区古典家具行业协会	同上	广东省人民政府粤府[2009]112号		
30	传统技艺	金声狮鼓	开平市文化馆	同上	广东省人民政府粤府[2009]112号		
31	传统技艺	司徒浩毛笔	开平市文化馆	同上			
32	传统技艺	台山大江古典家具制作技艺	台山市文化馆	同上	广东省人民政府粤府[2009]112号		

33		江门东艺宫灯	江门东艺宫灯有限公司	同上	广东省人民政府粤府[2012]20号		
34		台山冲蒌编织	台山市文化馆	同上			
35		东古牌系列酱料制作技艺	鹤山市非遗保护中心	同上	广东省人民政府粤府[2012]20号		
36		新会陈皮	新会区非遗保护中心	同上	广东省人民政府粤府[2009]112号		
37	民俗	古劳三夹腾龙	鹤山市非遗保护中心	同上	广东省人民政府粤府[2015] 307号		
38		台山汶村庙会	台山市文化馆	同上			
39		玉桥民间传统艺术节	鹤山市非遗保护中心	同上			
40		恩平歇马励学制	恩平市文广新局	同上			
41	民间文学	陈梦吉故事	新会区非遗保护中心	江府函[2011]77号（2011年5月25日公布）	广东省人民政府粤府[2012]20号		江门市级第三批5项
42	传统音乐	恩平民歌	恩平市文广新局	同上	同上		
43		台山民歌	台山市文化馆	同上			
44	传统技艺	小冈香制作技艺	开平市非遗保护中心	同上	广东省人民政府粤府[2013]118号		
45		马冈鹅	鹤山市非遗保护中心	同上			
46	传统体育、游艺与杂技	周家拳	蓬江区非遗保护中心	江府函[2013]41号(2013年4月25日公布)			江门市级第四批4项
47	传统技艺	茶坑石雕刻技艺	恩平市文化馆	同上	广东省人民政府粤府[2013]118号		
48		大有凉果制作技艺	新会区	同上			
49	民俗	洪圣庙会	蓬江区非遗保护中心	同上			

50	传统音乐	冈州古琴艺术	新会区文化馆	江府函[2015]98号（2015年5月26日公布）			江门市级第5批
51	传统舞蹈	潮连芝山纱龙	蓬江区文体局				
52	传统技艺	罗氏柑普茶制作技艺	蓬江区文体局		广东省人民政府粤府[2015] 307号		
53	传统美术	开平灰塑	开平市文化馆				

（市文广新局）

表143：　2016年江门市省级重点文物保护单位

名称	地址	文物年代（份）
官冲窑址	江门市新会区古井镇官冲村碗碟山	唐
北门窑址	江门市新会区会城街道北门的猪乸岭及马山	待定
大洲湾遗址	江门市台山市川岛镇大洲村委会大洲湾	明
广海卫城城墙遗址	江门市台山市广海镇广海城居委会	明
紫花岗烽火台（与广海卫城城墙捆绑）	江门市台山市广海镇广海城居委会海永无波公园内	明
庙边学校旧址	台山市端芬镇庙边村委会蓝田村	中华民国十七年（1928）
方济各•沙勿略墓园	台山市上川岛山西麓	明-清

（市文广新局）

主题索引

说明

1. 本索引采用主题分析方法，按主题词汉语拼音顺序排列。

2. 本刊的《特辑》《大事记》《社会经济统计资料》《文献法规》和《附录》等篇目未作索引。

3. 索引的主题词后面的数字表示内容所在页码，数字后面的拉丁字母（a、b、c）表示该页自左至右的栏别。

A

B

C

D

E

F

G

H

J

K

L

M

N

P

Q

R

S

T

W

X

Y

Z